Fundamentos jurídicos de la educación

FUNDAMENTOS JURÍDICOS DE LA EDUCACIÓN
D.R. Luis Ángel Flores Martínez.

Calle Mc Kinley 36 oeste Mayagüez P.R. 00680

Distribución y ventas
Flores & FS Group Inc.
D-13 Tulipán
Estancias de Bairoa
Caguas, PR 00727-1263
Teléfono: + (1) 787-691-4673
lcdoluisflores@yahoo.com

Ilustración de portada: Antigua escuela superior "Luis Muñoz Marín", Cabo Rojo.

I.S.B.N.: 978-1-7337190-7-0

Fundamentos jurídicos de la educación

Luis Ángel Flores Martínez

A mis padres: Santos y Toñita,
que tanto trabajaron para que lograra mis sueños.
A mi esposa, Dra. Arline Milán Olivieri,
constante compañía en el camino,
y quien me ha regalado mis dos tesoros más preciados;
mis hijos: Lcdo. Yariel Flores Milán y Lcda. Lyann Arline Flores Milán

Sobre el Autor

El autor estudió sus grados elementales y secundarios en las escuelas públicas de Cabo Rojo. Obtuvo un Bachillerato en Sociología (BA) con concentración mayor en Trabajo Social, y concentraciones menores en sicología y en educación en la Universidad Interamericana de Puerto Rico. A nivel graduado obtuvo una Maestría en Ciencias de la Información (MLS) en la Escuela Graduada de Ciencias y Tecnologías de la Información, de la Universidad de Puerto Rico en Río Piedras; una Maestría en Administración y Supervisión Escolar (MAE) en la Universidad Interamericana de Puerto Rico en San Germán; un Juris Doctor (JD) en la Facultad de Derecho de la Universidad Interamericana de Puerto Rico y un Doctorado en Filosofía (PhD) con especialidad en Administración y Gerencia en el Instituto de Estudios Graduados de la Walden University en Minnesota. Su investigación para la disertación doctoral giró en torno a la satisfacción y compromiso laboral de empleados cuyo patrono ofrece servicios de cuidado de niños en el lugar de trabajo.

Ha prestado servicios en la Universidad Interamericana de Puerto Rico en diferentes capacidades. Fue director del Centro de Acceso a la Información, donde pudo adelantar la digitalización y transformación de los procesos de servicios al público. Allí también investigó la implantación del enfoque de calidad total en la prestación de servicios a los clientes y colaboró intensamente con los profesores del Programa de Educación General en la implantación de las destrezas de información en el currículo.

Más adelante, se incorporó a la facultad de estudios graduados en la División de Educación y Profesiones de la Conducta del Recinto Metropolitano. Allí ha enseñado cursos en torno a temas como: Gerencia (estratégica) en el ambiente escolar, Recursos humanos y relaciones laborales; Gerencia fiscal, Sistemas de información en la gerencia educativa; Conducta organizacional en instituciones educativas, Fundamentos jurídicos de la educación; Liderazgo instruccional (Supervisión), Administración de programas de educación especial, Desarrollo y futuro de la educación postsecundaria, Comunidades virtuales de aprendizaje, Problemas contemporáneos en la educación superior, Política pública en torno a los negocios, Estrategia empresarial, Fundamentos jurídicos de la educación especial, Relaciones laborales en la gerencia educativa, Planificación del presupuesto educativo, Fundamentos jurídicos de la educación superior, Enfoques contemporáneos y operacionales de la gerencia educativa.

El autor está certificado como profesor de diseño y docencia en Blackboard Learning System para ofrecer educación a distancia. Ha diseñado y ofrecido un gran número de cursos en línea en torno a las materias antes mencionadas. Como parte de sus responsabilidades académicas ha escrito una gran variedad de ensayos, artículos y manuales de estudio en torno a los temas relacionados con los cursos en línea que ha desarrollado. Además, ha tenido la oportunidad de asesorar y dirigir un número considerable de disertaciones doctorales de Educación.

El autor también ha participado en juntas consultivas del anterior Consejo de Educación Superior y la Middle States

Association of Colleges and Schools, para la evaluación de la acreditación de distintas instituciones de educación superior. Se ha desempeñado como profesor adjunto en otras instituciones de educación superior en Puerto Rico.

En el ámbito jurídico lleva más de 30 años ejerciendo la profesión de la abogacía en la jurisdicción de Puerto Rico. Ha prestado servicios Pro-Bono en el Colegio de Abogados y ha tenido la oportunidad de asesorar en casos relacionados con los derechos de los maestros de escuelas públicas y privadas, así como con niños y padres de educación especial.

Contenido

Índice de casos

PROPÓSITO Y ORGANIZACIÓN

I

Este libro ha sido diseñado para que los administradores y funcionarios escolares obtengan conocimientos básicos sobre las responsabilidades jurídicas inherentes al desempeño de sus funciones.

La información provista sobre las leyes, reglamentos y normas que afectan el funcionamiento de la escuela, deberes y poderes de los funcionarios gubernamentales, clarificará los temas tratados y les capacitará para tomar decisiones fundamentadas; sobre todo, cónsonas con nuestro orden socio-jurídico. Esto, a su vez, reducirá el número de reclamaciones y querellas que se presentan en los distintos foros, y evitará que los funcionarios que toman decisiones en los foros educativos enfrenten innecesarios conflictos en los tribunales locales y federales.

A estos efectos, los primeros temas que atiende este proyecto educativo son los siguientes :

(a) identificación de las fuentes de información jurídica

(b) aclaraciones en torno a conflictos que se suscitan en el desempeño de las funciones laborales.

Como corolario, el contenido de este material servirá de apoyo para abogados litigantes que atienden casos relacionados con el tema de la educación; y suplirá conocimientos legales específicos relacionados con el derecho educativo (*Education Law*), integrando temas de otros cursos que componen el núcleo de conocimientos necesarios para la práctica general de la profesión.

II

El libro está organizado en siete capítulos, precedidos por un prólogo que establece la necesidad de este recurso bibliográfico como apoyo a los funcionarios y administradores escolares.

El primer capítulo, se refiere al sistema de gobierno; los aspectos fundamentales en la separación de poderes del sistema republicano que nos contiene socialmente. También, un estudio sobre las diversas fuentes de la ley y el derecho, tal como se administran en los órganos de Gobierno. Se analiza, además, su influencia en el funcionamiento del sistema educativo.

El segundo capítulo, contiene un esbozo de los derechos constitucionales que se vinculan directamente con la operación de los sistemas educativos. Esos derechos constitucionales están recogidos en las cláusulas del debido procedimiento de ley e igual protección de las leyes. Comprende, también, un análisis riguroso de la libertad de expresión y la separación Iglesia-Estado; toda vez que en dichos principios jurídicos se reconoce parte de los derechos que los miembros de la comunidad escolar han adquirido en los últimos años.

El tercer capítulo, analiza el derecho a la educación, su conceptualización y procesos de reglamentación. Comenta, además, cómo opera la educación privada en Puerto Rico. Concluye con un análisis de los fundamentos en la legislación que sustenta el sistema de educación pública en Puerto Rico.

El cuarto capítulo, analiza los derechos y obligaciones de los maestros. El contenido de este capítulo fundamenta su análisis en el despliegue de los numerosos casos, desde el punto de vista de la jurisprudencia local, como de las jurisdicciones de los Estados Unidos de Norte América. El concepto de libertad académica o libertad de cátedra es estudiado con gran atención, porque es el núcleo de los derechos de los maestros y profesores. Se concluye con un análisis de la negociación colectiva y de las organizaciones magisteriales.

El quinto capítulo, trata de los derechos y obligaciones de los estudiantes. Estos derechos se han ampliado de forma vertiginosa en los últimos años. Antes, los tribunales de justicia no entraban a conocer las controversias educativas, ahora admiten querellas o reclamaciones, como consecuencia de la aplicación de los derechos estudiantiles. Estos cambios, sociales y económicos, han creado nuevos paradigmas educativos a base de las experiencias que confronta la sociedad. Dicha dinámica educativa provoca que los componentes de la comunidad escolar tengan que estar más atentos a los elementos que afectan el comportamiento de unos y otros. La ampliación de los derechos estudiantiles no puede concebirse en detrimento de los derechos docentes.

El tema central del capítulo sexto, es el análisis de la responsabilidad por daños en el ámbito educativo. Desde esa perspectiva, visualizamos cómo se han elaborado estos conceptos en las leyes y decisiones de los tribunales de justicia.

En este libro, se discuten los casos de impacto, en donde ha emitido sentencia el Tribunal Supremo de Puerto Rico, así como el Tribunal Supremo Federal y los tribunales de las otras jurisdicciones de Estados Unidos de Norte América, con relación al derecho en la educación. La lectura, análisis y comprensión de las decisiones de los tribunales, requiere conocimientos específicos en materia de derecho, que los estudiantes de educación, posiblemente, no han recibido. Muchos casos, presentados en este libro, incluyen la discusión de asuntos múltiples, especialmente aspectos procesales de complejidad jurídica. Por esa razón, los casos se han resumido, adaptando el contenido para mantener la atención del lector hacia el problema específico de educación que se plantea. En otras ocasiones, se han transferido literalmente (*adverbum*) muchas oraciones de la fuente original, con la correspondiente cita, para evitar cambios en su significado. Para clarificar la lectura, también se acotaron, hasta donde fue posible, las referencias internas de citas de otros procesos legales y fuentes de información. El resumen de los diversos casos estudiados se incluye con letra cursiva, para que se distingan del resto del contenido. Si el lector desea profundizar en los conocimientos de un proceso, recomendamos la lectura del caso completo, tal como lo publicó el tribunal respectivo. Este material está disponible en algunas de las bibliotecas jurídicas, o en varias bases de datos electrónicas que se encuentran disponibles en el Internet.

PREFACIO

El futuro de las naciones descansa en los principios éticos del bien común, que contienen y se expresan en cada sociedad. Los sistemas educativos deben transmitir los intrínsecos valores de esta ética a los jóvenes. Kant y sus discípulos afirmaban que, los individuos al momento de nacer poseen una serie de facultades que la educación debe desarrollar. La escuela despliega las potencialidades que tiene cada estudiante en su interior, las pule y perfecciona hasta el máximo (Beade, 2017). Mientras se lleva a cabo ese proceso de transformación personal, intelectual y física, la escuela -como institución social ideal- se convierte en un torbellino de ideas en el que participan distintas personas. El afrontar esa convivencia educativa resulta, con frecuencia, en un dilema para algunos de sus componentes. La interrelación de todas esas personas origina, en algunos casos, desavenencias de distinta índole e intensidad entre diversos protagonistas. Esas discrepancias se dan: entre maestros, entre alumnos y maestros, entre maestros y padres-madres, entre maestros y directores, entre alumnos, entre los mismos padres-madres; en síntesis, en todas las personas que participan de la comunidad escolar. Cuando no se le ofrece la debida atención al manejo de los conflictos que surgen entre los participantes, la escuela emerge como un territorio hostil para maestros, directores, alumnos, padres y madres. Por eso, el manejo adecuado de estos intereses contrapuestos exige una atención especial en la educación actual. Enfrentar el conflicto requiere el desarrollo de conocimientos y valores que propongan el proceso como uno de crecimiento y progreso para las escuelas, no un impedimento para su funcionamiento. El conflicto, visto desde esta perspectiva, se afronta como un valor en sí mismo, porque las posiciones discrepantes de los participantes generan debate, y ésa debe ser la base para la articulación de prácticas educativas liberadoras (Escudero, 1992, como se citó en Pérez-Archundia y Gutiérrez-Méndez, 2016).

La escuela es tan compleja, como complicados son los problemas y conflictos que se generan en la sociedad en general. Esos intereses contrapuestos y conflictos se han ido ampliando y complicando con el paso del tiempo. Las relaciones entre maestros, estudiantes, gerentes o administradores se llevó a cabo con relativa armonía hasta mediados de la década del 50. Los problemas que surgían se solucionaban internamente, mediante unas normas establecidas al amparo de la doctrina "*in locoparentis*"; esto significaba que los padres enviaban sus hijos a la escuela bajo el precepto de que los maestros ocupaban su lugar, desde una ética compartida. Los pocos casos que se presentaban en los tribunales se desestimaban frecuentemente, con base en la doctrina de abstención; porque la administración de justicia compartía esta ética en la formación escolar. Los integrantes del ámbito académico resolvían sus diferencias con el conocimiento experto, sin la intervención de terceros.

Esa situación cambió de forma radical desde la década del 50. La decisión del Tribunal Supremo de Estados Unidos de Norte América, en el caso de Brown v. Junta Escolar, (1954), permitió cierto reclamo de igualdad que muchos estuvieron solicitando por años.

En aquella época de la Guerra Fría, los Estados Unidos de Norte América se encontró con el hecho de que, en 1957, la Unión de Repúblicas Socialistas Soviética -URSS se le adelantó en la carrera espacial; por lo que procedió a invertir grandes cantidades de dinero en el desarrollo de las ciencias. Un número sustancial de jóvenes veteranos del ARMY, de las guerras de invasión del sudeste asiático, regresó y se integró a la sociedad a través de becas para estudios. También, el gran movimiento de reclamo y protección de los derechos civiles de los afroamericanos contribuyó, en esa época, a la amplitud de los servicios educativos. La educación se convirtió en una de las áreas más importantes de la sociedad, como efecto del impacto de toda esa movilización político-social.

Tanto los maestros, como los estudiantes, reclamaron su espacio en el escenario educativo. El Tribunal Supremo de Estados Unidos resolvió varios casos donde se reconocieron los principales derechos que garantiza la Constitución; especialmente los del debido proceso de ley y los derechos de libertad de expresión y asociación (Goss v. López ,1975); (Tinker v. Des Moines Indep. Cmty. Sch. Dist., 1969). Este proceso de ampliación de los derechos se desarrolló durante las próximas décadas. En ese sentido, se aprobaron leyes que impactaron directamente los sistemas educativos estatales y locales. Además, el gobierno federal aprobó leyes que conferían fondos para el mejoramiento de los ofrecimientos educativos, tanto en áreas de la educación especial, como en la educación vocacional y superior. (Individuals with Disabilities Education Act., 2004).

La ampliación de los derechos estudiantiles, a su vez, permitió una zona de litigio y aumentó el número de casos, donde padres e hijos presentaron reclamos contra los sistemas escolares. La escuela actual es una organización que se transformó orientada al establecimiento de los derechos estudiantiles. En consecuencia, los directores y maestros ahora trabajan en entornos desafiantes, que involucran componentes muy complejos (Butlin y Trimmer, 2018). Los maestros y estudiantes cuestionan, desde la legalidad de sus derechos, de forma consistente la autoridad de los funcionarios encargados de los sistemas educativos. Cada vez más, los administradores escolares enfrentan reclamos de parte de maestros, estudiantes, padres o empleados disconformes, cuando creen que se les han violado sus derechos. En muchas ocasiones, los reclamos por los derechos adquiridos se presentan en los tribunales de justicia Los tribunales de hoy día, por su parte, no aplican la doctrina de abstención, como en décadas pasadas, e intervienen para ampliar los derechos o responsabilidades de maestros y estudiantes (Eastern Washington University, 2020). Por su parte, los medios de comunicación, desde la directriz de informar, están muy pendientes de lo que sucede en el sistema educativo. A veces, los medios de comunicación, de forma poco asertiva, exponen a la opinión pública escenas escolares que demuestran ambigüedad en los roles entre padres, maestros, gerentes y estudiantes. Estas situaciones provocan que los profesionales de la educación confronten los asuntos jurídicos con cierto grado de ansiedad; su reacción primaria es llamar inmediatamente a los abogados y consumir recursos explorando el tema. Al enfrentar estos temas administrativos-judiciales, las autoridades escolares cometen errores que conducen a reclamaciones costosas, que consumen mucho tiempo y son potencialmente dañinas a la reputación de la escuela, independientemente de la reclamación presentada (Corkill y Hendricks, 1997). Las investigaciones realizadas en países como Estados Unidos, Canadá, y Australia tienden a demostrar que los administradores escolares no tienen un nivel adecuado en el conocimiento relacionado con los fundamentos del derecho y la educación (Burch, 2014; De la Houssaye, 2016; Eberwein, 2008; Ramos, 2000; Rivers, 2017; White, 2012). Decker, Eckes y Rippner (2020), investigadores de la National Association of Secondary School Principals, sostienen que las infracciones recientes, en torno a las leyes escolares en Estados Unidos de Norte América, no suelen ser causadas por ineptitud personal o irregularidades intencionales;

la mayoría de las reclamaciones, en el ámbito de las cortes, son el resultado de actuaciones de funcionarios que no comprendieron sus responsabilidades jurídicas.

Por tanto, la necesidad de los conocimientos jurídicos para enfrentar la educación emergente en las escuelas, se refleja en los cambios de roles y responsabilidades de los funcionarios escolares. Las autoridades deben estar conscientes de los nuevos reclamos; especialmente los referentes a problemas de seguridad y protección, los derechos de los padres u otros asuntos relacionados con los niños con diversidad funcional, la confidencialidad de la información, el uso del internet, los riesgos de accidentes e incidentes relacionados con la administración, responsabilidad extracontractual, evaluación del personal, derechos de expresión de los estudiantes y maestros, registros y allanamientos, etc. (Corkill y Hendricks, 1997).

Con esta nueva realidad escolar, se sugiere que los funcionarios escolares posean conocimientos prácticos de los principios jurídicos que conciernen a sus funciones diarias, como líderes a cargo de la gestión en su escuela. Algunos estudiosos de esta materia, consideran que los administradores escolares pueden funcionar de manera más eficaz y actuar con más confianza al tomar decisiones, en un entorno escolar tan litigioso, si son capaces de comprender los derechos y obligaciones que posee cada parte integrante de la comunidad escolar (Tie, 2014).

Los temas de la administración jurídica que enfrentan los funcionarios escolares, adquieren gran complejidad en las relaciones de poder o subordinación que se establecen en el ámbito educativo. Desde estas instancias, deben tratar con casos simples de negligencia hasta disputas complicadas que involucran discriminación en sus distintas modalidades: códigos de ética profesionales, conducta protegida y mala conducta de los estudiantes, protección del bienestar físico, mental y emocional de los estudiantes, hasta cuestiones relativas a los convenios colectivos y la negociación colectiva, afiliación sindical y contratos de enseñanza (Kutsyuruba, et al., 2019). Los resultados de investigaciones recientes, indican que los administradores y maestros desean adquirir capacitaciones y conocimientos jurídicos. El personal escolar manifiesta que desearían estar mejor preparados al respecto (Decker, et al., 2020). Se torna vital, por tanto, que los administradores y maestros posean conocimientos básicos de los asuntos jurídicos que afectan su desempeño, para vislumbrar cómo sus acciones pueden conducir a una reclamación (Tie, 2014). Los líderes de la comunidad escolar, sean maestros o directores, deben conocer los parámetros jurídicos que comprenden sus labores; de manera que puedan orientar sus acciones profesionales y protegerse de reclamaciones que pueden ir desde lo jurídico hasta lo ético (Kutsyuruba, et al., 2019).

Los funcionarios escolares, al adquirir conocimientos jurídicos, están mejor preparados para identificar y prevenir conflictos. A su vez, están en mejor posición para orientar a la comunidad escolar sobre los derechos y obligaciones de todas las partes (Stewart y Knott, 2002; Teh, 2009; como se citaron en Butlin y Trimmer, (2018). La National School Boards Association, anteriormente citada en Eastern Washington University, (2020) ha identificado una serie de áreas del derecho que debe conocer el equipo gerencial de una escuela. Algunas de las más relevantes son: equidad y discriminación, prácticas de contratación, derechos laborales de los empleados, educación especial y discapacidades, privatización y elección de escuelas, escuelas autónomas y privadas, vales y escuelas alternativas, derechos y disciplina de los estudiantes, respeto a los derechos constitucionales de los estudiantes, derechos religiosos, temas controvertidos, selección de libros de texto y materiales de la biblioteca, confidencialidad del estudiante, servicios de salud, inquietudes sobre enfermedades contagiosas y adaptaciones de salud, el papel de la religión, los derechos de la Primera Enmienda, el libre ejercicio y la libertad de expresión; problemas relacionados con la seguridad en las escuelas, la violencia, el acoso y la intimidación; y las nuevas inquietudes sobre el acceso y uso actual y futuro de Internet.

Capítulo I
Sistema de Gobierno

§1. Introducción

Este capítulo contiene: una presentación sobre la separación de poderes del sistema de gobierno que impera en Puerto Rico y en los Estado Unidos de Norte América, una acotación sobre las doctrinas constitucionales que se utilizan en su estudio, una descripción general de las fuentes donde se recoge el producto de las discusiones jurídicas, y un acercamiento a los asuntos que se debaten en las tres ramas del gobierno. Cuando un ciudadano enfrenta situaciones que impactan, de alguna forma, su vida en sociedad, toma conciencia de un concepto tan importante como lo es la organización de su gobierno. En algún momento, cada rama del sistema de gobierno afecta esencialmente alguna de las esferas de la vida. Los legisladores (el poder legislativo) afectan con sus actuaciones cuando aprueban leyes que son obligatorias para todos. El poder ejecutivo afecta cuando las implanta, y el poder judicial cuando procede a interpretarlas.

La separación de poderes se caracteriza por establecer múltiples rutas complementarias, para que la persona pueda expresarse en torno a cómo el gobierno está impactando su vida. Esto se logra a través del modo representativo de la acción legislativa, el modo participativo de las oficinas ejecutivas y el modo legalista de defensa de los derechos individuales que proporciona la acción judicial. Tal concepto de gobierno podría, fácilmente, ser leído como una justificación democrática de la separación de poderes. De acuerdo con esta línea de razonamiento, la separación de poderes requiere que cada rama de gobierno realice sus actividades, que ejerza, razonablemente, cada una de las tareas asignadas por el pueblo, es decir, la legislativa, ejecutiva y judicial (Achenbach, 2017).

§2. Separación de poderes

Esta doctrina fue concebida por filósofos de las ciencias políticas que, en el transcurso de los siglos, desarrollaron los cimientos para el ordenamiento constitucional de Estados Unidos de América y aquellos países que han adoptado el mismo sistema; como el caso de Puerto Rico. Diversos pensadores han explicado las razones por las que el ser humano se organiza como sociedad dentro del orden político del Estado. Filósofos de la Grecia antigua, como Platón o Aristóteles, reflexionaron y redactaron obras en las cuales describieron cómo debía constituirse un Estado, de acuerdo con los principios de la justicia. En los orígenes de Estados Unidos de América, la organización del Estado (por ser colonia inglesa) tenía un régimen mixto. Los ingleses constituyeron, a lo largo de las centurias, su Estado sobre las bases de ciertos pensadores griegos, quienes concibieron un régimen mixto.

El Estado inglés combina elementos de la monarquía, la aristocracia y la democracia para desarrollar las mejores características de cada uno de esos regímenes. De acuerdo con sus defensores, la gran ventaja de un régimen mixto era que combinaba los poderes del Uno, del Pocos y del Muchos. Los tres estamentos sociales representados por el monarca, los aristócratas y los plebeyos debían equilibrarse entre sí, aumentando la posibilidad de que cada segmento administrara con justicia sus decisiones y posiciones. Pero, tiene la desventaja de que puede degenerar el gobierno en una tiranía (Calabresi, et al., 2012).

Otros pensadores políticos sustituyeron la búsqueda de un Estado ejemplar, por la construcción de una teoría de gobierno en la cual se protegería, con prioridad, la libertad de los ciudadanos. La Doctrina de la Separación de Poderes actual, es reflejo de las contradicciones del absolutismo imperante en Europa durante los Siglos XVII y XVIII. En particular, los filósofos-políticos franceses de esa época, enfocaron sus discusiones y ensayos para evitar que las monarquías absolutas dejasen de ser tiranía (Calabresi et al., 2012).

John Locke, el teórico-político británico, reflexionó en su obra sobre los propósitos del Estado. El pensador argumentó que la razón primordial por la que los individuos sacrificaban parte de su libertad, era porque consentían en someterse a las reglas de un Estado que protegería el derecho a su propiedad privada (Waldron, 2012). Locke, adelantó las bases para desarrollar la Doctrina de Separación de Poderes. Según Locke, para que el Estado, como estructura política, pudiese cumplir el fin de garantizar la protección a la propiedad de los ciudadanos, era necesario que el poder estuviese dividido entre diferentes entes. El autor consideraba pertinente que las personas que ostentaran el poder de hacer leyes, también pudieran ejecutarlas (Gencer, 2010).

Locke, consideró obligatorio para el funcionamiento armónico del Estado, que el poder legislativo estuviese separado del poder ejecutivo. Sin embargo, poco reflexionó Locke sobre el poder judicial. En contraposición al pensamiento de Locke, el filósofo francés Charles Secondat, Barón de Montesquieu, consideró que el fin último de cualquier estructura estatal era garantizar la libertad política de sus ciudadanos. Montesquieu coincidió con Locke en que el poder debía dividirse entre diferentes entes, porque de lo contrario, toda persona a quien se le delegara poder estaría propensa de abusar de este. Para prevenir este abuso se requería que el poder se distribuyera. Montesquieu es, generalmente, reconocido como el padre de la moderna Doctrina de Separación de Poderes. Su modelo de división de poderes en tres (3) ramas –ejecutiva, legislativa y judicial- es el que ha inspirado la mayoría de los modelos constitucionales actuales (Waldron, 2012).

La Constitución de Estados Unidos de América, producto de la Asamblea Constituyente de 1787, fue el documento que, por primera vez en la historia, plasmó la Doctrina de Separación de Poderes, como la concibió Montesquieu. Su modelo doctrinal fue adaptado a las dificultades intrínsecas que conlleva el crear una estructura estatal para una comunidad política naciente. Con las incuestionables influencias de los escritos de Montesquieu, la Constitución de Estados Unidos de América reflejó, en parte, la Doctrina de Separación de Poderes (Bergman, 1991).

La Doctrina de Separación de Poderes en la Constitución de Estados Unidos de América, se basó en un supuesto teórico: la naturaleza humana llevaría a que las personas a cargo de cada rama intentarían usurpar el poder de las otras, pero el sistema constitucional permitiría que las violaciones constitucionales de una rama fueran lo suficientemente evidentes como para que las otras la contrarrestaran. Así, el esquema constitucional quedó sustentado en la desconfianza en la naturaleza humana. Por ende, además de ser un ingrediente para la fórmula de buen gobierno, indirectamente la Doctrina de Separación de Poderes aspira a regular la interacción de los seres humanos en una sociedad (A.A.R., Ex Parte, 2013).

La expansión que ha experimentado el Estado moderno ha causado el cuestionamiento de la Doctrina de Separación de Poderes por parte de algunos sectores (A.A.R., Ex Parte, 2013). La mayoría de estas críticas a la doctrina no van dirigidas a cuestionar su necesidad en nuestro sistema constitucional, sino a ventilar una frustración por la aparente ineficiencia en la forma de gobernar, por la misma separación del poder en tres esferas. El Tribunal Supremo de Estados Unidos de América reconoció esta realidad en el siglo XX, al expresar que la Doctrina de Separación de Poderes no se adoptó para promover la eficiencia, sino para evitar el ejercicio arbitrario del poder (A.A.R., Ex Parte, 2013).

La Doctrina de Separación de Poderes, en la Constitución de Estados Unidos de América, fue la misma que adoptó Puerto Rico, mediante el proceso de aprobación de la Constitución del Estado Libre Asociado de Puerto Rico de 1952. Es parte esencial del sistema de gobierno que nos articula como comunidad política (A.A.R., Ex Parte, 2013). La Constitución de Puerto Rico dispone que el gobierno del Estado Libre Asociado de Puerto Rico tendrá forma republicana y sus Poderes: Legislativo, Ejecutivo y Judicial. La Constitución, igualmente subordinada la soberanía del pueblo de Puerto Rico. El Poder Legislativo se ejercerá a través de Asamblea Legislativa, que se compondrá de dos Cámaras: el Senado y la Cámara de Representantes, cuyos miembros serán elegidos por votación directa en cada elección general. El Poder Ejecutivo se ejercerá por un Primer Ejecutivo, quien será elegido por voto directo en cada elección general. El Poder Judicial de Puerto Rico se ejercerá por un Tribunal Supremo, y por aquellos otros tribunales que se establezcan por ley (Hernández Denton, 2006).

Estas disposiciones, en la separación de poderes, afirma evitar la concentración del poder en una sola rama de gobierno. Establecen un sistema de pesos y contra pesos, que mantiene el equilibrio en el manejo del poder y asegura una eficiente interacción entre las tres ramas gubernamentales. Esta separación de poderes entre las tres ramas responde a dos criterios: (1) proteger la libertad de los ciudadanos, pues el poder no se concentra en una de ellas; y (2) salvaguardar la independencia de cada rama del gobierno, toda vez que se evita que una de ellas domine o interfiera con el poder de las otras. Respecto a la interacción que debe existir entre las tres ramas del gobierno para alcanzar el propósito que persigue la separación de poderes, el Tribunal Supremo de Puerto Rico ha expresado que esta estructura organizativa no significa que cada una de las tres ramas del gobierno deba desempeñarse con entera abstracción de las demás. Por el contrario, la intención fue crear un sistema armónico, con el propósito de generar un equilibrio dinámico entre poderes coordinados y de igual rango (Acevedo Vilá v. Meléndez Ortiz, 2005). La relación entre los poderes del gobierno debe ser equilibrada; su éxito depende de que cada entidad respete la autoridad de las otras y comprenda la interrelación de sus funciones. Su perdurabilidad requiere que cuando exista un conflicto sobre el alcance de los poderes constitucionales de cualquiera de sus componente, los tribunales intervengan con prudencia y deferencia para aclarar los contornos de la Constitución, para facilitar la resolución de las diferencias. La Constitución confiere determinadas facultades al Poder Legislativo y al Ejecutivo, pero la definición de sus contornos y la determinación de la validez de su ejercicio son asuntos asignados a los tribunales como árbitros finales de la Constitución. Es por eso, que al ejercitar su poder los tribunales deben actuar con la interpretación inicial de la Constitución que confiere independencia a cada parte del Estado (Acevedo Vilá v. Meléndez Ortiz, 2005).

La deferencia judicial que le conceden los tribunales a la Rama Legislativa y a la Rama Ejecutiva tiene como corolario que dichos poderes también otorguen la deferencia hacia los poderes conferidos por la Constitución a la Rama Judicial. De esa cuenta, se evita que se menoscabe el sistema republicano de gobierno. Conforme a lo anterior, al decidir si una actuación de la Rama Ejecutivo o de la Rama Legislativa viola el principio de separación de poderes, los tribunales deben examinar si dicha actuación concentra indebidamente el poder gubernamental en esa rama o si disminuye la independencia de alguna de las otras en cuanto al desempeño de sus funciones.

El Tribunal Supremo de Puerto Rico tuvo la oportunidad de afirmar que, a través de nuestra historia, ha sido proactivo en delimitar los contornos del poder de la Rama Judicial a la luz de la Doctrina de Separación de Poderes. Esta doctrina aspira a establecer una serie de fronteras entre las ramas constitucionales del ordenamiento jurídico. De acuerdo con sus señalamientos, estos límites no necesariamente son evidentes, pero sí son extremadamente poderosos y sus repercusiones permean todo nuestro ordenamiento. El Tribunal Supremo de Puerto Rico indicó, que la frontera más obvia que divide el ámbito de acción entre las ramas constitucionales de gobierno es nuestra Constitución. Además, garantizó que la Rama Judicial tendría el poder de resolver los casos y controversias que se presenten en los tribunales de Puerto Rico. Hace décadas, dejó claro que la esencia del Poder Judicial no puede ser destruida, convirtiendo el poder para decidir en una débil oportunidad para consultar y recomendar (Alvarado Pacheco v. ELA, 2013)

§3. Poderes del gobierno federal y los Estados

El ensayo anterior trató sobre algunos atributos particulares de cada una de las ramas en que se ha dividido el sistema republicano de gobierno. Ahora, analizaremos otro elemento del sistema que impera en Puerto Rico. El esquema de gobierno en los Estados Unidos de América es republicano; el poder ejecutivo a cargo del Presidente, el Congreso y la Cámara de Representantes constituyen el poder legislativo, y el Tribunal Supremo es responsable del sistema judicial (Alexander and Alexander, 2018). Los cincuenta estados y algunos de sus territorios, tienen sistemas republicanos de gobierno.

Desde la creación de la constitución federal, siempre han existido luchas de poder entre el gobierno federal y los estados. Es necesario, para la comprensión de la historia del sistema federal, conocer la relación que mantienen ambas entidades del cuerpo republicano. Esta relación del poder federal contra los poderes locales manifiestan sus contradicciones en cada una de las ramas en que se divide el gobierno federal. Es fundamental, para este ensayo, analizar cómo afecta el sistema federal la vida de los habitantes en Puerto Rico.

En el proceso histórico de conformación de Puerto Rico, recordemos que España mantuvo la soberanía sobre la isla por más de cuatro siglos. Formamos parte del cuerpo colonial de España. En 1898, como resultado de la Guerra Hispanoamericana y el Tratado de París, la soberanía de España sobre Puerto Rico fue cedida a los Estados Unidos. Se estableció que los derechos de los habitantes de la Isla estarían definidos por el Congreso de los Estados Unidos de América. Desde los inicios de la relación entre naciones, la dinámica de los Estados Unidos de América fue objeto de intensos debates sobre la manera en que la constitución federal se aplicaría a Puerto Rico. El Tribunal Supremo Federal resolvió que aplicaría la Constitución Federal a Puerto Rico como a los otros territorios adquiridos a finales del siglo XIX. Denominados por el Tribunal Supremo Federal como "Casos Insulares", ese cuerpo judicial concluyó que la Constitución Federal no aplicaba en su totalidad -por sí misma- a todos los territorios; solo los territorios incorporados a Estados Unidos de América estarían sujetos en su totalidad a las disposiciones de la Constitución Federal (ELA v. Northwestern Selecta, Inc., 2012).

El Tribunal Supremo Federal dictaminó, a inicios del siglo XX, que Puerto Rico era un territorio no incorporado, al cual se le aplicarían las cláusulas de naturaleza fundamental de la Constitución Federal. Ese alto tribunal ha establecido paulatinamente cuáles cláusulas de la Constitución Federal son de naturaleza fundamental y, por ende, de aplicación a Puerto Rico. Se resolvió, que se aplican a la isla la protección a la libertad de expresión de la Primera Enmienda, la protección contra registros y allanamientos irrazonables, la garantía a un debido proceso de ley, la garantía de igual protección de las leyes, y la cláusula de suspensión del hábeas corpus, entre otros (ELA v. Northwestern Selecta, Inc., 2012).

El gobierno federal, por su parte, es de un poder limitado en sus funciones. Con el pasar de los años, ha tenido un aumento en sus atribuciones. Los poderes del gobierno federal se dividen en: enumerados, implícitos e inherentes (Alexander and Alexander, 2018). Los poderes enumerados se encuentran en el Art. I, Sec. 8, Constitución de Estados Unidos. Dice ese artículo que el Congreso tendrá poder:

1. "Para establecer y recaudar contribuciones, impuestos, derechos y consumos; para pagar las deudas y proveer a la defensa común y bienestar general de los Estados Unidos;

pero todos los derechos, impuestos y consumos serán uniformes en todos los Estados Unidos.

2. Para contraer empréstitos a cargo de créditos de los Estados Unidos.

3. Para reglamentar el comercio con las naciones extranjeras, entre los diferentes Estados y con las tribus indias.

4. Para establecer un régimen uniforme de naturalización y leyes uniformes en materia de quiebra en todos los Estados Unidos.

5. Para acuñar monedas y determinar su valor, así como el de la moneda extranjera y fijar los patrones de las pesas y medidas.

6. Para proveer lo necesario al castigo de quienes falsifiquen los títulos y la moneda corriente de los Estados Unidos.

7. Para establecer oficinas de correos y vías de comunicación para correos.

8. Para fomentar el progreso de la ciencia y las artes útiles, asegurando a los autores e inventores, por un tiempo limitado, el derecho exclusivo sobre sus respectivos escritos y descubrimientos.

9. Para crear tribunales inferiores a la Corte Suprema.

10. Para definir y castigar la piratería y otros delitos graves cometidos en alta mar y violaciones al derecho internacional.

11. Para declarar la guerra, otorgar patentes de corso y represalias, y para dictar reglas con relación a las presas de mar y tierra.

12. Para reclutar y sostener ejércitos, pero ninguna autorización presupuestaria de fondos que tengan ese destino será por un plazo superior a dos años.

13. Para habilitar y mantener una armada.

14. Para dictar reglas para el gobierno y ordenanza de las fuerzas navales y terrestres.

15. Para disponer cuándo debe convocarse a la milicia nacional con el fin de hacer cumplir las leyes de la Unión, sofocar las insurrecciones y rechazar las invasiones.

16. Para proveer lo necesario para organizar, armar y disciplinar a la milicia nacional y para gobernar aquella parte de ésta que se utilice en servicio de los Estados Unidos; reservándose a los Estados correspondientes el nombramiento de los oficiales y la facultad de instruir conforme a la disciplina prescrita por el Congreso.

17. Para legislar en forma exclusiva en todo lo referente al Distrito (que no podrá ser mayor que un cuadrado de 10 millas por lado) que se convierta en sede del gobierno de los Estados Unidos, como consecuencia de la cesión de algunos Estados en que se encuentren situados, para la construcción de fuertes, almacenes, arsenales, astilleros y otros edificios necesarios.

18. Para expedir todas las leyes que sean necesarias y convenientes para llevar a efecto los poderes anteriores y todos los demás que esta Constitución confiere al gobierno de los Estados Unidos o cualquiera de sus departamentos o funcionarios."

Los poderes implícitos se encuentran en la última cláusula de la Sec. 8, que dispone que el Congreso tendrá poder para hacer todas las leyes que fueren necesarias y apropiadas. El Tribunal Supremo de Estados Unidos de América ha indicado que esta cláusula constituye una delegación adicional de poder al Congreso de Puerto Rico para que pueda aprobar toda legislación que estime conveniente para ejercer los poderes delegados expresamente (McCulloch v. Maryland, 1819).

Los poderes inherentes son aquellos con los cuales debe funcionar como nación. En las relaciones internacionales de Estados Unidos de América con otros países, la nación de Puerto Rico tiene los mismos poderes que cualquiera otra. La cláusula 3 de la Sec. 8, el Art. II de la Constitución de Estados Unidos de América permite al Congreso ampliar los poderes federales mediante la reglamentación del comercio. Por esa razón, se le conoce como la Cláusula de Comercio. De acuerdo con dicha disposición, el Congreso tiene poder para reglamentar el comercio con naciones extranjeras, entre los estados y con las tribus indias. Además, puede reglamentar:

1. "Actividad, o serie de actividades de intercambio comercial que en efecto se desarrollen entre dos o más estados.
2. Actividad que, aunque no sea intercambio comercial en el comercio interestatal, esté relacionada tan directamente con dicho intercambio, que deba considerársele como tal.
3. Actividad económica, aunque no sea propiamente de intercambio comercial, y se dé sólo dentro de un Estado sin estar relacionada directamente con el intercambio interestatal, si dicha actividad económica tiene un efecto económico sustancial sobre el comercio interestatal.

Ej. Relaciones obrero-patronales

4. Actividades económicas intraestatales cuyo impacto económico sobre el comercio interestatal sea trivial, si al considerar agregadamente el impacto económico de múltiples actividades similares sobre dicho comercio, resulta razonable pensar que dicho impacto agregado sea sustancial.

5. Actividades tales como la protección de los derechos civiles y la jurisdicción de los tribunales estatales en casos de custodia de menores."

La Cláusula de Comercio ha servido, a través de los años, como fuente amplia del poder reglamentario de la rama legislativa federal. A pesar de que la Constitución Federal no establece restricción alguna a la injerencia de los estados en el comercio interestatal, hace más de un siglo que el Tribunal Supremo de los Estados Unidos de América decretó que, en vista de la facultad congresional específicamente adscrita, existen unas prohibiciones implícitas al poder de los Estados en este renglón. Esta limitación regulatoria surge como contraparte al poder que le ha sido conferido expresamente al Congreso a través de dicho precepto constitucional (ELA v. Northwestern Selecta, Inc., 2012).

Por su parte, James Madison indicó que la Clausula de Comercio se redactó como medida para atender el abuso de poder ejercitado por los Estados al imponer cargas tarifarias sobre los productos provenientes de los otros Estados. Explicó que, más que concederle autoridad al gobierno central, tenía como fin prevenir la injusticia entre los propios Estados. El Tribunal Supremo Federal ha utilizado diversas teorías para apoyar el desarrollo de la doctrina de la Cláusula de Comercio a través de los años. Inicialmente, ésta surge como medida para atender los efectos económicos adversos en el colectivo de la nación norteamericana, sobrevenidos como resultado de los intentos de proteccionismo económico de los Estados individuales. Es decir, pretendía desalentar aquellas disposiciones reglamentarias dirigidas a beneficiar los intereses económicos dentro del estado que imponían cargas o restricciones a los competidores de fuera de sus lindes geográficos (ELA v. Northwestern Selecta, Inc., 2012).

El Tribunal Supremo de Puerto Rico ha indicado que de esa forma se destaca la importancia de operar conjuntamente como una nación; toda vez que se le reconoce cierto grado de autonomía fiscal a sus componentes. En síntesis, los Estados Unidos de América , en términos económicos, es una sola nación. El proteccionismo federal evita represalias entre los Estados miembros y genera una respuesta de trato igualitario, que brinda a sus residentes como un Estado partícipe. Igualmente, se protege la libertad de movimiento de los bienes entre los Estados y los demás componentes de la nación americana, que salvaguarda el libre acceso y competencia de los mercados constituidos por estos. Por otro lado, se les ha permitido a los Estados imponer medidas no discriminatorias, siempre y cuando éstas sean aplicadas de forma neutral; aunque ocasionen algún efecto adverso sobre el comercio interestatal. Ello, en parte, por entender que los intereses afectados dentro del Estado operan como salvaguarda contra el posible abuso legislativo ejercitado hacia los residentes de otros Estados (ELA v. Northwestern Selecta, Inc., 2012).

Las restricciones concomitantes a la Cláusula de Comercio no son de aplicación cuando es el propio Estado, en calidad de partícipe en el mercado y no como ente regulador, quien ejercita esta facultad a favor de sus propios ciudadanos. Los gobiernos Estatales tienen la responsabilidad de proteger la salud, seguridad y el bienestar de sus ciudadanos bajo su poder de razón de Estado. Es por ello que, tradicionalmente, gozan de gran discreción para legislar en torno a asuntos relacionados con estas áreas de interés. Los poderes de los Estados aparecen reconocidos en la décima enmienda de la Constitución Federal. Se consideran generales residuales. A tono con la décima enmienda, aquellos poderes que no se le delegan al gobierno federal se le reservan a los gobiernos de cada estado, por ende a su población (ELA v. Northwestern Selecta, Inc., 2012).

§4. Doctrinas constitucionales

El estudio de las doctrinas jurisprudenciales, en torno a los poderes del gobierno, nos permite comprender y analizar los conflictos que surgen cuando hay disputas que involucran controversias entre estos. Este apartado presenta un resumen de las doctrinas constitucionales. Los conceptos principales que se resumen son: justiciabilidad; legitimación activa; madurez; cuestión política; academicidad; campo ocupado y acción estatal. Una determinación de los tribunales presenta un potencial conflicto entre la Rama Judicial y alguna de las otras ramas del Estado. El Tribunal Supremo de Puerto Rico, como el de Estados Unidos de América, ha desarrollado varias doctrinas dirigidas a limitar ese ejercicio del poder por parte de los tribunales (Hernández Denton, 2006).

El Tribunal Supremo ha realizado esa limitación de poderes a base de unas doctrinas que se derivan de la misma Constitución y son elaboradas por el propio Poder Judicial como medidas de auto restricción. Su propósito es evitar entrar en conflictos innecesarios con las otras ramas de gobierno y para preservar la autoridad moral y el prestigio del Poder Judicial (Hernández Denton, 2006).

Caso o controversia

Justiciabilidad

Significa que para invocar con éxito el poder de revisión judicial, una controversia que ha de ser llevada a la atención del tribunal, no puede ser abstracta, general, indefinida o teórica. Debe ser una controversia definida, concreta en relación con el derecho aplicable a unos hechos particulares. Las partes deben tener intereses jurídicos antagónicos y lo que -en su día- sea resuelto judicialmente, tiene que afectar afectivamente las relaciones jurídicas de las partes. Cuando no existe una controversia, estamos ante un pleito colusorio, que es aquel donde no hay controversias entre las partes y el mismo se presenta con el fin de lograr una determinación judicial que sea obligatoria. Cuando esta situación se da, una de las partes se convierte en el que domina el litigio y no hay nada que solucionar entre ellas. Este tipo de casos están prohibidos en esta jurisdicción. Los tribunales se basan en el principio elemental de que su existencia se justifica únicamente para resolver controversias genuinas entre partes opuestas, con interés real en obtener un remedio que afecte sus relaciones jurídicas. Las únicas ocasiones en que un ciudadano tiene acceso al tribunal sin que exista una controversia real entre las partes, son los denominados casos ex parte (Vega Berríos, 2017). Estos tuvieron su mayor desarrollo en la jurisdicción de Puerto Rico, cuando se permitió el divorcio por consentimiento mutuo a través de una decisión judicial en la década del 70.

Además de este criterio constitucional de justiciabilidad, los tribunales han incorporado otros principios de auto limitación en materia de interpretación constitucional (Hernández Denton, 2006).

Legitimación activa

El Tribunal Supremo de Puerto Rico, al igual que el Tribunal Supremo de los Estados Unidos de América , ha resuelto que un caso no es justiciable cuando se presenta una cuestión política o una de las partes carece de legitimación activa para promover un pleito. Estas limitaciones al Poder Judicial descansan en dos premisas: que los tribunales únicamente pueden resolver asuntos que surgen de un contexto adversativo capaz de ser resuelto judicialmente, y que la Rama Judicial no intervendrá en áreas reservadas a otras ramas del gobierno. Legitimación activa ("standing"), cumple con el propósito de asegurar al tribunal que el promovente de la acción judicial tenga un interés de suficiente magnitud que lo motive a proseguir su causa de acción vigorosamente (Asociación de Maestros v. Secretario de Educación, 2002).

"En otro caso de la Asociación de Maestros, esta vez Asociación de Maestros de Puerto Rico-Local Sindical, v. Departamento de Educación, (2018), mediante la opinión de conformidad emitida por el Juez Asociado señor Rivera García, el honorable Tribunal Supremo de Puerto Rico indicó que los tribunales existen únicamente para resolver controversias genuinas surgidas entre partes opuestas que tienen un interés real de obtener un remedio que haya de afectar sus relaciones jurídicas". Por ello, se requiere "la presencia de una controversia genuina y viva, en la cual estén presentes intereses opuestos, y que al ser resuelta afecte las reclamaciones jurídicas de los litigantes". Esto garantiza que el promovente de una acción tenga un interés en el pleito "de tal índole que, con toda probabilidad, habrá de proseguir su causa de acción vigorosamente y habrá de traer a la atención del tribunal las cuestiones en controversia".

Expresó la opinión de conformidad, "Desde que adoptamos jurisprudencialmente el requisito de "caso o controversia" el ejercicio de la función judicial está supeditado a la existencia de una controversia justiciable. Esta doctrina de justiciabilidad consiste, a su vez, en un conjunto de doctrinas que nos guiarán en nuestra función de determinar si es preciso atender la validez estatutaria o constitucional de un asunto particular. Es decir, si existen "fuerzas subyacentes que motivan en realidad la abstención o intervención judicial en una situación dada". Entre esos principios está la legitimación activa (standing) de quienes acuden a los tribunales a vindicar sus derechos. En consecuencia, para determinar si una parte tiene legitimación activa es indispensable que el promovente de una causa de acción, en ausencia de un estatuto que la confiera, satisfaga los requisitos siguientes: (1) que ha sufrido un daño claro y palpable; (2) que el daño es real, inmediato y preciso, y no abstracto o hipotético; (3) que existe una conexión entre el daño sufrido y la causa de acción ejercitada, y (4) que el reclamo surja bajo el palio de la Constitución o de una ley. En términos generales, el principio de legitimación activa consiste en determinar quién puede acudir al tribunal en búsqueda de vindicar sus derechos. Como regla general, hemos establecido que las partes "tienen capacidad tan solo para plantear sus propios derechos contra actos alegadamente ilegales del gobierno". Sin embargo, jurisprudencialmente se han reconocido varias excepciones a esta norma. Este es el caso de las asociaciones (Asociación de Maestros de Puerto Rico-Local Sindical, v. Departamento de Educación, 2018).

En ausencia de legislación que expresamente la conceda, hay legitimación activa cuando: la parte que reclama ha sufrido un daño claro y palpable; el daño es real, inmediato y preciso, no abstracto o hipotético; existe una relación causal razonable entre la acción que se ejecuta y el daño alegado y la causa de acción surge al amparo de la Constitución o de alguna ley. El Tribunal Supremo de Puerto Rico ha determinado que los requisitos de legitimación activa deben ser interpretados de forma flexible y liberal, particularmente al atender reclamos dirigidos contra las agencias y funcionarios gubernamentales (Hernández Denton, 2006).

Madurez

El Tribunal Supremo de Puerto Rico la definió como una doctrina autoimpuesta por los tribunales, en virtud de la cual estos se preguntan y evalúan si es o no apropiado entender en determinado caso. Para lo mismo, se toma en cuenta diversos factores y circunstancias mediante un análisis, que les permite ejercer su discreción en cuanto al límite de su poder constitucional. La doctrina de la madurez tiene una proyección temporal y se refiere a la interrogante de si ha quedado trabada una controversia lo suficientemente concreta que amerite adjudicación judicial. El planteamiento de madurez se manifiesta frecuentemente en pleitos que buscan un remedio preventivo a lo que sería una actuación inconstitucional. Lo determinante de la madurez es la inminencia de la acción alegadamente inconstitucional. Es decir, la determinación de que el evento contemplado con toda probabilidad va a ocurrir (Hernández Denton, 2007). Esto es así, porque los tribunales solo pueden decidir cuestiones presentadas en un contexto adversativo y en una forma históricamente visualizada, capaz de ser resueltas a través del proceso judicial. El concepto de madurez implica que la presentación prematura de una acción incide sobre la jurisdicción de los tribunales. Se enfoca en la proximidad temporal o inminencia del daño alegado. La figura jurídica de la madurez sirve dos propósitos fundamentales: en primer lugar, procura conservar los recursos judiciales para controversias reales, presentes e inminentes, al evitar que se utilicen en controversias abstractas, hipotéticas o remotas; y, en segundo lugar, limita la intromisión excesiva de los tribunales en el ámbito de la creación de política pública correspondiente a las otras ramas de gobierno. Esta práctica se realiza mediante la instrucción a los foros judiciales de que, solo pueden revisar aquellas actuaciones gubernamentales donde la postura del gobierno se haya cristalizado. De esa forma el tribunal está en posición de identificar una disputa relativamente particularizada. Al examinar la madurez de una controversia, los tribunales deben determinar si existe una controversia entre las partes de naturaleza justiciable, propia para un pronunciamiento judicial (Com. de la Mujer v. Srio. de Justicia, 1980).

Academicidad

Al igual que la doctrina de la madurez, la academicidad es una doctrina de autolimitación judicial que observa la relación entre eventos pasados y el caso actual; para determinar si aún existe un caso o controversia que satisfaga los requisitos de justiciabilidad. Un caso se torna académico cuando, por el paso del tiempo, ha perdido su característica de ser una controversia presente y viva, de manera que su resolución se convertiría en una opinión consultiva. Uno de los elementos esenciales de una controversia real lo constituye el interés opuesto o antagónico de las partes. La academicidad constituye una de las manifestaciones concretas del concepto "justiciabilidad", que, a su vez, acota los límites de la función judicial. En todos los casos, tiene que haber una controversia genuina y viva, en la cual estén presentes intereses opuestos y que al ser resuelta afecte las relaciones jurídicas de los litigantes (Rivera Ramos y Verdiales Costa, 2012; Universidad de Puerto Rico v. Laborde Torres, 2010).

Por lo tanto, los tribunales no están constituidos con el fin de resolver cuestiones de derecho especulativas y abstractas, o para establecer reglas que sirvan de normas futuras a las personas en sus negocios y relaciones sociales; sino que están limitados en su acción judicial a las verdaderas controversias en que necesariamente están envueltos los derechos legales de las partes y que pueden ser resueltos concluyentemente. Los fundamentos para sostener la doctrina de academicidad son, a saber: (1) evitar el uso innecesario de los recursos judiciales; (2) asegurar suficiente contienda adversativa sobre las controversias para que sean competente y vigorosamente presentados ambos lados, y (3) evitar un precedente innecesario.

De acuerdo con Rivera Ramos y Verdiales Costa, (2012), se han reconocido varias excepciones a la doctrina de academicidad que permiten que un tribunal atienda un asunto que se haya tornado académico, a saber: (1) cuando se está ante una situación recurrente, o susceptible de repetirse, con probabilidad de evadir la revisión judicial; (2) cuando la situación de hechos es modificada por el demandado sin visos de permanencia; (3) cuando subsisten cuestiones colaterales que tienen vigencia y actualidad; y (4) cuando la reclamación se ha tornado académica para el representante en un pleito de clase, pero no para otros miembros de la clase.

Cuestión política

La doctrina de la revisión judicial reconoció, desde sus orígenes, la diferencia entre controversias justiciables que vulneran derechos individuales y las cuestiones políticas. Las controversias justiciables surgen cuando un funcionario tiene la obligación legal de respetar un derecho, ya sea haciendo algo o absteniéndose de hacerlo. Las controversias políticas son aquéllas que surgen del ejercicio de la discreción que la Constitución ha delegado a una de las ramas del gobierno para realizar alguna función. La doctrina de cuestión política se deriva básicamente del principio constitucional de separación de poderes (Hernández Denton, 2006).

La cuestión política ha sido definida claramente por el Tribunal Supremo de Puerto Rico y la jurisprudencia federal. En ambas jurisdicciones se ha indicado que hay asuntos que no son susceptibles de determinación judicial porque su resolución corresponde a las otras ramas del gobierno, sea ésta la legislativa o la ejecutiva. En el caso de Noriega v. Hernández Colón, (1994) el Tribunal Supremo de Puerto Rico expresó que una controversia puede considerarse una cuestión política y, por lo tanto, no susceptible de adjudicación por un tribunal; cuando hay alguna de las siguientes situaciones: (1) una delegación expresa del asunto en controversia a otra rama del gobierno; (2) ausencia de criterios o normas judiciales apropiadas para resolver la controversia; (3) imposibilidad de decidir sin hacer una determinación inicial de política pública que no le corresponde a los tribunales; (4) imposibilidad de tomar una decisión sin expresar una falta de respeto hacia otra rama de gobierno; (5) una necesidad poco usual de adherirse, sin cuestionar, a una decisión política tomada previamente; y (6) potencial de confusión proveniente de pronunciamientos múltiples de varios departamentos del Gobierno sobre un punto.

La jurisprudencia ha establecido otras doctrinas que es necesario conocer al momento de estudiar los fundamentos jurídicos de una materia:

Campo Ocupado

De acuerdo con la doctrina del campo ocupado, una ley federal prevalece cuando trata sobre la misma materia que una estatal. La doctrina de campo ocupado surge del Artículo VI, sec. 2 de la Constitución de los Estados Unidos de América, y establece que, en caso de existir conflicto entre una ley estatal y una federal, la ley federal habrá de prevalecer, siempre y cuando ésta haya sido válidamente aprobada. La intención de ocupar el campo puede surgir de manera explícita, o sea, de la letra clara del estatuto, o implícitamente, de acuerdo con la estructura y el propósito de la ley. El Tribunal Supremo de Estados Unidos de América, reiteradamente, ha señalado que la doctrina jurisprudencial del campo ocupado (pre-emption) aplica solamente cuando el Congreso expresamente ocupa el campo o cuando es patentemente evidente que el Congreso tuvo la intención de excluir la legislación estatal sobre determinado asunto (Burlington Air v. Municipio de Carolina, 2001). Se interpreta restrictivamente. Es necesario que se pruebe que la ley federal ha desplazado a una estatal, sea expresamente, en el texto de la ley o implícitamente mediante reglamentación extensa y completa que se desarticularía, si se permitiera una ley estatal; que el interés involucrado sea tan importante que la ley local sería incompatible o que la ley estatal resultaría nula al entrar en conflicto con la federal.

Acción Estatal

Los derechos constitucionales se invocan sólo frente al gobierno. Se reconocen tres excepciones: si entidades privadas realizan funciones que por ley, tradición o naturaleza son públicas, si el actor privado actúa por autorización y con el apoyo del Estado, si el Gobierno se involucra con el actor privado de tal forma que se crea una relación simbiótica entre el Estado y éste para beneficio mutuo.

En 1969, un grupo de seis estudiantes suspendidos por las autoridades escolares de Puerto Rico Junior College -una institución privada perteneciente a una organización sin fines de lucro- presentó una reclamación ante el Tribunal de Distrito de Puerto Rico. Alegaban que la administración del Puerto Rico Junior College les había violado sus derechos constitucionales. Sostenían que había acción del Estado, porque la institución recibía apoyo financiero para su funcionamiento por parte del Gobierno de Puerto Rico y del Gobierno Federal. Luego de considerar las alegaciones de ambas partes, el Tribunal determinó que no tenía jurisdicción para atender una reclamación contra entes u organizaciones privadas, por presuntas violaciones de derechos constitucionales a menos que las partes imputadas fueran, de hecho, una agencia estatal, su equivalente, o cualquier entidad que actúe al amparo de la ley estatal. El Tribunal indicó que no se le presentó evidencia que demostrara que Puerto Rico Junior College fuera una agencia estatal o federal o que estuviera actuando bajo el pretexto de la autoridad estatal o federal. No hubo interferencia ni supervisión por parte de agencias o funcionarios federales o del Estado Libre Asociado en el funcionamiento normal del Colegio. Las políticas del Colegio eran determinadas por una Junta, actuando como individuos privados. No pudieron demostrar que el gobierno local o federal haya estado tan involucrado en la conducción del colegio, que sus actividades fueran también las actividades de estos gobiernos y se realicen bajo su supervisión. Las subvenciones y préstamos recibidos por el colegio eran insustanciales en comparación con los recursos totales de la institución. De acuerdo con el Tribunal, no se podía decir que estas subvenciones y préstamos fueran de tal magnitud relativa como para hacer del colegio una institución apoyada por el Estado (Torres v. Puerto Rico Junior College, 1969).

§5. Fuentes de la Ley

Es el corpus juris, donde cualquier interesado debe acudir para encontrar las normas, principios y doctrinas que hay que utilizar en la solución de problemas jurídicos (Gorrín

Peralta, 1991). En los sistemas civilistas, la ley es la fuente principal de las normas jurídicas. El Diccionario de la Lengua Española define ley como precepto dictado por la autoridad competente, en que se manda o prohíbe algo en consonancia con la justicia y para el bien de los gobernados (Real Academia Española de la Lengua, 2017). En Puerto Rico, es la norma jurídica que emana del poder legislativo del gobierno.

Se ha dicho que el concepto de fuentes del Derecho se refiere al fenómeno de creación de normas. Aquello en lo que el ordenamiento jurídico tiene la capacidad de crear una norma. Nace en el campo del Derecho Civil, en que se consideran tales - la ley y la costumbre- como fuentes directas, y la doctrina y los principios generales de derecho como fuentes indirectas. En la tradición romanística (naciones latinas y germánicas) prevalece la ley; en cambio, en el sistema angloamericano (common law) tiene primacía el precedente judicial (Monroy Cabra, 2002). En el sistema anglosajón o del "common law" la jurisprudencia es claramente la fuente principal de las doctrinas jurídicas. El Diccionario de la Lengua Española define jurisprudencia como el conjunto de las sentencias de los tribunales, y doctrina que contienen (Real Academia Española de la Lengua, 2017). El poder legislativo aprueba una ley, luego el sistema judicial es el encargado de interpretar en última instancia el significado de la ley que aprobó el legislativo. Esto significa que el primer lugar a dónde se acude en busca de normas es a las decisiones de los tribunales. La relación política que Puerto Rico mantiene con los Estados Unidos de América, provoca que se use un sistema dual. Antes de la llegada de los norteamericanos, prevalecía el sistema civilista, luego los americanos imponen el anglosajón. Nuestro derecho civil es de origen romano-germánico y nuestro derecho penal, constitucional y evidenciario, del sistema de derecho común anglosajón o angloamericano (Puerto Rico. Tribunal Supremo. O.A.T., 2014).

La ley es la fuente formal principal de derecho en Puerto Rico, es decir toda norma aprobada por la Rama Legislativa. El conjunto de normas legisladas que rigen en la jurisdicción del Estado Libre Asociado de Puerto Rico se nutre de normas procedentes de distintas fuentes, a partir del 1898. La Carta Orgánica de 1917, dispone que las leyes estatuarias de los Estados Unidos de América que no sean localmente inaplicables, salvo lo que en contrario se dispusiere en la presente, tendrán el mismo efecto y validez en Puerto Rico que en los Estados Unidos. Esa misma ley mantuvo también en legitimidad aquellas leyes españolas vigentes al momento de cesar la soberanía española en 1898 y que no fueran incompatibles con las leyes federales (Puerto Rico. Tribunal Supremo. O.A.T., 2014).

Las leyes aprobadas, con posterioridad, por los legisladores puertorriqueños, toda vez establecido el sistema republicano de gobierno que nos rige hasta el presente, contienen esa lógica jurídica. La Equidad y la Jurisprudencia son también normas jurídicas. Se entiende por equidad lo definido en el Artículo 7 del Código Civil de Puerto Rico de 1930, que indica que cuando no haya ley aplicable al caso, el tribunal resolverá conforme a equidad, que quiere decir que se tendrá en cuenta la razón natural de acuerdo con los principios generales del derecho, y los usos y costumbres aceptados y establecidos (Puerto Rico. Tribunal Supremo. O.A.T., 2014). Esos mismos principios y conceptos fueron recogidos en los artículos 2 al 6 del nuevo Código Civil de Puerto Rico de 2020.

La Jurisprudencia se refiere a las normas de conducta vinculantes dictadas a través de las opiniones emitidas por el Tribunal Supremo al interpretar la ley en un caso ante su consideración. Esta interpretación forma parte del sistema jurídico de Puerto Rico, porque estamos obligados por la Cláusula de Supremacía de la Constitución de Estados Unidos de América. Según ésta, la Constitución, las leyes federales que se aprueben en virtud de dicha Constitución y los tratados celebrados o que se celebren bajo la autoridad federal, son la suprema ley del país. Significa que, de existir un enfrentamiento entre una norma de Puerto Rico y una norma federal, prevalecerá la federal. En estos casos, Puerto Rico sería considerado como una jurisdicción estatal supeditada al mandato federal en las áreas reclamadas o cubiertas por la legislación del Congreso (Puerto Rico. Tribunal Supremo. O.A.T., 2014).

La ley es la fuente de derecho principal en Puerto Rico. El derecho se aplicará en el siguiente orden jerárquico:

a) la Constitución del Estado Libre Asociado,

b) las leyes aprobadas por la Asamblea Legislativa y las españolas aún vigentes en cuanto no sean incompatibles con las leyes federales y las leyes aprobadas por la legislatura puertorriqueña;

c) los reglamentos administrativos y las órdenes ejecutivas;

d) las ordenanzas municipales; las opiniones del Tribunal Supremo; y

e) la equidad, de no haber ley aplicable al caso.

En relación, con los campos del derecho que pertenecen al ámbito de regulación federal, su relación con nuestro sistema de derecho en cuanto a la jerarquía normativa es:

a) la Constitución de los Estados Unidos de América (EU), (en aquellas materias aplicables);

b) las leyes aprobadas por el Congreso Federal, incluyendo los tratados;

c) las decisiones del Tribunal Supremo de EU (sobre materias reguladas por el Gobierno federal);

d) la Constitución del Estado Libre Asociado (mientras no sea incompatible con las primeras);

e) las leyes aprobadas por la legislatura;

f) las órdenes ejecutivas y los reglamentos administrativos (aprobados al amparo de su ley habilitadora y el poder delegado para legislar);

g) las ordenanzas de los municipios;

a) la equidad; y las opiniones del Tribunal Supremo, como cuerpo facultado para interpretar la ley, armonizar las disposiciones en conflicto o cubrir lagunas de estas (Muñiz Arguelles, et al., 2020).

En el campo del Derecho Internacional, Puerto Rico está sujeto al cumplimiento de los tratados que los Estados Unidos de América celebren con potencias extranjeras. Estos son obligatorios para los Estados Unidos de América. Por lo tanto, serán obligatorios para Puerto Rico los convenios internacionales sobre relaciones exteriores (Puerto Rico. Tribunal Supremo. O.A.T., 2014).

Leyes ordinarias o leyes públicas

Proclaman normas jurídicas con fuerza obligatoria. Son de aplicación general. Describen conductas humanas. Prescriben los efectos o consecuencias jurídicas que acarrea su cumplimiento o inobservancia. Las leyes privadas son aprobadas por algunos cuerpos legislativos, como el Congreso de Estados Unidos de América. Afectan sólo a un individuo o grupo reducido de personas. Su uso es únicamente para conceder pensiones extraordinarias, para concesiones especiales de propiedades, adjudicar indemnizaciones, crear excepciones a las leyes de inmigración y deportación, condonar deudas.

Resoluciones

Constituyen una expresión legislativa en torno a asuntos de incumbencia de una sola cámara. No tienen fuerza de ley ni requieren la firma del Gobernador. Se usan para realizar alguna investigación o crear alguna comisión especial.

Resoluciones conjuntas

Son actos con fuerza de ley usadas para proyectos especiales de corta duración que no requieren reglamentación permanente. No forman parte de los estatutos permanentes de Puerto Rico. Ejemplos: Presupuesto General del Gobierno. Las resoluciones conjuntas no crean normas de aplicación general. Son expresiones exclusivas de la Asamblea Legislativa. No requieren la firma del Gobernador. Tratan asuntos de incumbencia de ambas cámaras legislativas. Se usan para declaraciones que no tienen fuerza de ley.

Resoluciones concurrentes

Las resoluciones concurrentes se usan en Puerto Rico para proponer enmiendas a la Constitución. Se someten a la consideración del pueblo en referéndum, tan pronto logran el apoyo de 2/3 partes de cada una de las cámaras legislativas.

Reglas y Reglamentos

El proceso de reglamentación fue impulsado por el desarrollo económico, el cual surge a fines del siglo XIX y mediados del XX. Complicaciones económicas requirieron de organismos especializados en asuntos técnicos de la materia. Se crean agencias administrativas a cargo de determinados campos económicos. Se les delegaron funciones legislativas, ejecutivas y cuasi-judiciales. Surgen impugnaciones al proceso de delegación de esas funciones. Algunos de los esquemas se declararon inconstitucionales. Hoy día, prácticamente todo está reglamentado.

§6. El Sistema Judicial de Estados Unidos

La jurisprudencia

La jurisprudencia es el producto conclusivo de la rama judicial del Sistema de Gobierno. Resultado de las decisiones de los Tribunales de más alta jerarquía. En Estados Unidos de América la jurisprudencia proviene del Tribunal Supremo federal y de los tribunales supremos de los estados. En Puerto Rico surge de las decisiones del Tribunal Supremo local.

La jurisprudencia interpreta y aplica la ley a casos específicos. Llena lagunas legales cuando las hay y armoniza las disposiciones de ley que puedan estar en conflicto.

En Puerto Rico, como en los demás estados de la unión norteamericana, operan dos sistemas judiciales separados, los tribunales locales y el sistema federal. Ambos sistemas operan en niveles jerárquicos. En algunas jurisdicciones hay dos niveles jerárquicos, uno de primera instancia y el apelativo.

El sistema judicial de Estados Unidos de América se compone del Tribunal Supremo y de los tribunales inferiores que crea el Congreso. El sistema federal funciona en dos niveles: Nivel de distrito, donde se encuentran los tribunales de primera instancia; Nivel de Circuito, donde se encuentran los tribunales apelativos intermedios. El Circuito sirve de cedazo para llegar al Tribunal Supremo. Entre los tribunales de circuito se encuentran dos que tienen que ver exclusivamente con casos apelados del Distrito de Columbia y el Distrito Federal.

En Estados Unidos de América , además del sistema federal, coexisten otros sistemas estatales. En materia constitucional, el último intérprete es el Tribunal Supremo de Estados Unidos de América. En materia de interpretación del derecho de cierta jurisdicción, el último intérprete es el tribunal de mayor jerarquía de ese lugar. Naturaleza persuasiva de la jurisprudencia de otros circuitos. Se usa para observar tendencias en cuanto a legislación de la misma naturaleza.

§7. El Sistema Judicial de Puerto Rico

El Sistema Judicial de Puerto Rico se compone de un Tribunal Supremo y de aquellos otros tribunales que se establezcan por ley. Es un sistema judicial unificado en lo concerniente a jurisdicción, funcionamiento y administración. El Tribunal Supremo de Puerto Rico es el tribunal de última instancia. La Asamblea Legislativa de Puerto Rico tiene autoridad para crear y suprimir tribunales y para determinar su competencia y organización, con excepción del Tribunal Supremo. Además del Tribunal Supremo, existen el Tribunal de Apelaciones y el Tribunal de Primera Instancia. El Tribunal de Apelaciones se establece como un tribunal intermedio entre el Tribunal Supremo y el Tribunal de Primera Instancia. El Tribunal de Primera Instancia constituye un tribunal de jurisdicción original general, con autoridad para actuar a nombre y por la autoridad del Estado Libre Asociado, en todo caso o controversia que surja dentro de la demarcación territorial de Puerto Rico. El Tribunal de Primera Instancia está compuesto por jueces y juezas superiores y municipales Puerto Rico (Tribunal Supremo. O.A.T., 2014).

Tribunal Supremo

El Tribunal Supremo actualmente se compone de un (1) Juez(a) Presidente(a) y ocho (8) Jueces y Juezas Asociados(as). Interpreta la Constitución y las leyes del Estado Libre Asociado de Puerto Rico. Además, tiene la función de analizar la validez constitucional de la legislación aprobada por la Rama Legislativa (Senado y Cámara de Representantes); así como de las actuaciones oficiales de las Ramas, cuando esto le sea planteado dentro del contexto de un caso o controversia susceptible de adjudicación. Sus decisiones son finales, y no pueden revisarse por ningún otro tribunal. Sus decisiones constituyen normas de derecho y sientan precedente (Puerto Rico. Tribunal Supremo. O.A.T., 2014).

Tribunal de Apelaciones

El Tribunal de Apelaciones está compuesto por treinta y nueve (39) jueces y juezas que revisan los recursos ante su consideración en paneles de no menos de tres (3), ni más de siete (7) jueces y juezas. Este Tribunal revisa -como cuestión de derecho- las sentencias finales emitidas por el Tribunal de Primera Instancia y los recursos de revisión judicial de las decisiones, órdenes y resoluciones finales de los organismos o agencias administrativas. Puede expedir autos de *habeas corpus* y de *mandamus*. Además, atenderán cualquier otro asunto determinado por ley especial (Puerto Rico. Tribunal Supremo. O.A.T., 2014).

Tribunal de Primera Instancia

Es un tribunal de jurisdicción general con autoridad para actuar en todo caso o controversia que surja dentro de la demarcación territorial de Puerto Rico. Es un tribunal de récord, según los mecanismos dispuestos mediante reglamentación del Tribunal Supremo. Este tribunal está compuesto por doscientos cincuenta y tres (253) jueces y juezas superiores y 85 (ochenta y cinco) jueces y juezas municipales.

Los jueces y las juezas superiores tienen la competencia para atender en lo civil aquellas controversias que afecten la imposición, el cobro y el pago de contribuciones; sobre la valoración y compensación justa que se pague en los casos de expropiación de bienes; en asuntos de relaciones de familia; en todo recurso, acciones y procedimientos, incluyendo testamentos, divorcios, recursos legales especiales y extraordinarios; en la solicitud de poner en vigor las determinaciones de las agencias administrativas o para impugnar o poner en vigor los laudos arbitrales en cualquier materia; y en todo otro asunto civil. En el ámbito criminal tiene jurisdicción para atender causas por delitos graves y menos graves; infracciones a ordenanzas municipales; en cualquier otro asunto que se determine por ley (Puerto Rico. Tribunal Supremo. O.A.T., 2014). Los jueces y las juezas municipales tienen competencia para atender en lo civil los procedimientos que se le asignan por ley.

Capítulo II
Los Derechos Individuales

§1. Introducción

La relación política de Estado Libre Asociado que se estableció entre Puerto Rico y los Estados Unidos de América, tal como se mencionó antes, adjudica la obligatoriedad al Gobierno de la Isla a conocer todos aquellos aspectos jurídicos para su correcta administración. Entre esos temas vitales, motivo de estas reflexiones, está la educación; como uno de los principales derechos de los individuos que viven en este país. Los derechos educativos no aparecieron originalmente en la Constitución, fueron incorporados, luego de los debates de ratificación; originalmente los derechos solo aplicaban para el gobierno federal, lo que dejaba a los Estados sujetos únicamente a sus propias constituciones (Fuster Berlingeri, 2011).

§2. Trasfondo histórico

Los delegados de las trece colonias originales se congregaron en Filadelfia en 1787, para redactar la Constitución de los Estados Unidos de América. En el principio de la república, se estableció un sistema de poderes constituidos en tres cuerpos del gobierno: una rama legislativa fuerte, una legislatura representativa y un ente judicial federal. La Constitución original no incluyó elementos claves en la vida de los ciudadanos y para el funcionamiento de la república que luego resultaron necesarios. En síntesis, estipuló lo que el gobierno estaba facultado en ley para hacer, pero omitió lo que el gobierno no podía hacer. Tampoco incluyó una declaración específica acerca de los derechos individuales. Por otra parte, como elemento principal, para comprender su desarrollo histórico, la constitución se refería solamente a los hombres blancos propietarios. No aplicaba para todos los habitantes, (American Civil Liberties Union, 2018).

Esa falta de atención a una declaración o carta de derechos de los individuos frente al Estado, resultó ser un obstáculo para la ratificación de la Constitución por parte de los Estados miembros que formaban la coalición inicial. Tomaría cuatro años más de debates intensos para que se pudiera resolver la nueva forma del gobierno. Los federalistas se opusieron a la inclusión de la Declaración de los Derechos Civiles; ellos sostenían que no era necesario. Los anti-federalistas temían a un gobierno centralista y se negaban a apoyar la Constitución, sin un documento en que se delinearan específicamente los derechos individuales de las personas. La élite de hombres blancos se había liberado de la déspota monarquía británica. Por lo que, crearon garantías sólidas, en el sentido de que el nuevo gobierno no pisoteara sus derechos de libertad de expresión, de prensa y de religión recientemente adquiridos. También, el derecho de estar libres de registros y allanamientos sin fundamento. En ese sentido, los padres de la Constitución escucharon la opinión de Tomas Jefferson, quien argumentó que el pueblo debía declarar contra todo gobierno en la tierra, sea general o particular, que no fuese justo y al servicio de las personas. La Declaración de Derechos Civiles de los Estados Unidos de América , inspirada por Jefferson y redactada por James Madison, fue adoptada en 1791. En esa momento histórico se crearon las primeras diez enmiendas de la Constitución y se convirtieron en ley nacional, en términos de derechos individuales (American Civil Liberties Union, 2018).

Algunos historiadores creen, que el hecho detonante de Stamp Act, de 1765, provocó un ferviente deseo de independencia de los habitantes blancos de las colonias. El Stamp act incluyó impuestos a todo documento, tanto legal como de negocios. Además, impuso tributos a los periódicos, libros y folletos. Los impuestos de 1765 fue solamente el hecho desencadenante. Sin embargo, aquellos habitantes sometidos por la monarquía inglesa tenían las condiciones para formar su propio gobierno. La monarquía inglesa administraba su colonia de forma despótica, por lo que los colonos consideraban que la monarquía no los representaba. Han establecido los historiadores, que las historias recuperadas de los colonos muestran la manera abusiva y violenta en que se articuló la ley de Stamp Act que hastió a los habitantes. Los inspectores de aduanas británicos allanaban los hogares, aunque carecieran de evidencia que demostrase la violación legal. Entraban y saqueaban las pertenencias de los residentes en búsqueda de contrabando.

Los colonos llegaron a odiar estos allanamientos sin fundamento. Todo este ambiente de hostilidad se convirtió en un punto aglutinador de oposición al mando británico. Por la manera arbitraria de la administración británica, surgió una visión particularmente anticolonialista. Se creó, por parte de los colonos, una narrativa que el poder es enemigo natural de la libertad. Por lo que los fundadores de la nación sostuvieron que su labor más importante era contener el poder del gobierno y proteger la libertad; por tanto, declararon un nuevo propósito de gobierno: la protección de los derechos individuales (American Civil Liberties Union, 2018).

La protección de los derechos individuales fue uno de los propósitos iniciales del nuevo gobierno en las trece colonias. En el proceso histórico, el gobierno planteó temas de protección a la comunidad en contra de amenazas extranjeras y nacionales. Además, aseguró el crecimiento económico del país naciente. Construyó las relaciones exteriores. Además, garantizó la libertad para que el pueblo escogiese cómo vivir, en qué religión creer, o qué escribir en un libro o periódico. En este sentido, la idea de los derechos individuales es el fundamento principal de los valores norteamericanos. Los conceptos de democracia y libertad tienen preceptos diferenciados. La democracia, en términos coloquiales, significa que el pueblo debe tener la facultad para elegir las autoridades públicas en elecciones representativas; además, el pueblo debe tomar las decisiones políticas por el gobierno de la mayoría. La libertad es un principio inherente a todos los seres humanos y ninguna forma de gobierno puede eliminar o coartar. (American Civil Liberties Union, 2018).

La Declaración de los Derechos Civiles estableció principios elevados que garantizan, en términos generales, los derechos más fundamentales de la persona. Pero, desde un comienzo, ha habido casos de la vida real que dejan interrogantes difíciles acerca de cómo, e inclusive cuándo la Declaración de Derechos Civiles era apropiada para proteger los derechos individuales. Pasó más de un siglo antes de que el Tribunal Supremo de Estados Unidos de América tuviera oportunidades de proteger los derechos individuales (American Civil Liberties Union, 2018).

Durante la primera mitad del siglo XIX, en la incipiente nación se desarrollaron grandes pugnas en torno a la naturaleza del federalismo y los derechos de los individuos. Se aprobaron enmiendas constitucionales que creaban derechos federales invocables frente a los Estados. Por ejemplo, la Enmienda XIV, (1866) es una de las enmiendas posteriores a la Guerra Civil, e incluye, entre otras, la Cláusula del Debido Proceso y la Cláusula sobre protección igualitaria. Fue propuesta el 13 de junio de 1866, y ratificada el 9 de julio de 1868. La enmienda provee una amplia definición de ciudadanía nacional, que anula la decisión de Dred Scott v. Sandford, (1857), que había excluido a los esclavos y sus descendientes, de poseer derechos constitucionales. El Tribunal Supremo de Estado Unidos incorporó a los Estados los derechos fundamentales de la Declaración de Derechos Civiles, por medio de la doctrina de incorporación selectiva. Mediante ese proceso se incorporaron y se hicieron aplicables en los Estados de la Unión, los derechos contenidos en las primeras ocho enmiendas a la Constitución, conocidas como la Declaración de Derechos Civiles (Bill of Rights). Incluso, al tener Puerto Rico la categoría de Estado Libre Asociado, el Tribunal Supremo de Estados Unidos le ha reconocido a sus ciudadanos los mismos derechos fundamentales que la Decimo-cuarta Enmienda concedió a los ciudadanos de los estados de la Unión (Pueblo v. Torres Rivera, 2020)

La Enmienda XIV. es, quizás, la mayor fuente de litigación constitucional desde ese momento (Fuster Berlingeri, 2011). El contenido de dicha enmienda se recoge en la Constitución de Puerto Rico, Art. II, Sec. 7. La Enmienda XIV lee como sigue: "...Todas las personas nacidas o naturalizadas en los Estados Unidos y sujetas a su jurisdicción, son ciudadanos de los Estados Unidos y del Estado en el que residan. Ningún Estado aprobará o pondrá en vigor una ley que menoscabe los privilegios o inmunidades de los ciudadanos de los Estados Unidos; y ningún Estado privará a cualquier persona de la vida, la libertad o la propiedad sin debido proceso de ley, ni negará a ninguna persona dentro de su jurisdicción la igual protección de las leyes."

Los derechos que los padres de la Constitución querían proteger contra los abusos del gobierno inglés, fueron consignados en la Declaración de Independencia como derechos inalienables o derechos naturales. De acuerdo con los postulados de James Madison, estos eran los grandes derechos de la humanidad. Uno de esos grandes derechos es la libertad de expresión. Para protegerla, desarrollaron la Primera Enmienda (American Civil Liberties Union, 2018). La Declaración de Derechos Civiles en su totalidad fue creada para proteger los derechos que los ciudadanos originales estimaron les eran propios por naturaleza, incluyendo los siguientes:

1. Libertad de religión, que es el derecho de ejercer su propia religión, o ninguna religión, libre de cualquier influencia o presión del gobierno.
2. Libertad de expresión, de prensa, de petición y reunión
3. Intimidad, que es el derecho de estar libres de intrusiones en los asuntos, documentos y posesiones personales y privados.
4. Debido proceso de ley.
5. Igual protección de las leyes.

§3. Debido proceso de ley

La Constitución de Estados Unidos de América y la de Puerto Rico garantizan a todos sus ciudadanos el debido proceso de ley. El debido proceso de ley se refiere al derecho de toda persona a tener un proceso justo y con todas las garantías que ofrece la ley, tanto en el ámbito judicial como en el administrativo. En nuestro ordenamiento, este principio esencial de un sistema democrático se recoge específicamente en la Sec. 7 del Art. II de la Constitución de Puerto Rico y en la Quinta y Decimocuarta Enmienda de la Constitución de Estados Unidos de América.

Se reconoce como derecho fundamental del ser humano, el derecho a la vida, a la libertad y al disfrute de la propiedad. No existirá la pena de muerte. Ninguna persona será privada de su libertad o propiedad sin debido proceso de ley, ni se negará a persona alguna, en Puerto Rico, la igual protección de las leyes. No se aprobarán leyes que menoscaben las obligaciones contractuales de los ciudadanos. Las leyes determinarán un mínimo de propiedad y pertenencias no sujetas a embargo. La garantía constitucional sobre el debido proceso de ley tiene dos vertientes: una sustantiva y una procesal (Álvarez González, 2010).

Debido Proceso Procesal

La vertiente procesal del debido proceso de ley exige que el Estado le garantice un proceso justo a la persona y al ciudadano, cuando pretende privarlo de su vida, libertad o propiedad. Se refiere al trámite para la adjudicación, que pueda afectar la vida, la libertad y la propiedad (Alexander y Alexander, 2018). Se le impone al Estado la obligación de garantizar que la interferencia con los intereses de libertad y propiedad del individuo se haga a través de un proceso que sea justo y equitativo. El Tribunal Supremo de Puerto Rico, ha seguido la casuística del Tribunal Supremo de Estados Unidos de América y ha indicado que, para que entre en vigor la protección que ofrece este derecho en su vertiente procesal, tiene que estar en juego un interés individual de libertad o propiedad. Por ejemplo, este Tribunal ha expresado que para determinar si una persona posee un interés propietario dentro del contexto de un ataque bajo la cláusula de debido proceso en su vertiente procesal, es necesario que se tenga algo más que una mera expectativa unilateral de titularidad, se debe tener un derecho concreto protegido por el ordenamiento jurídico estatal (Consejo de Educación Superior v. Roselló González, 1994).

Una vez cumplida esta exigencia, hay que determinar cuál es el proceso exigido. Las circunstancias, en diversas situaciones, pueden requerir diferentes tipos de procesos, pero siempre persiste el requisito general de que el proceso gubernamental sea justo e imparcial (Alexander y Alexander, 2018). El Tribunal Supremo de los Estados Unidos de América ha establecido un análisis para determinar cuál es el proceso a seguir para poder privar a una persona de algún derecho de propiedad o libertad.

1. Requiere determinar cuáles, si alguno, son los intereses individuales, propietarios o de libertad, afectados mediante la acción oficial.
2. Requiere sopesar el riesgo de una determinación errónea que prive a la persona del interés protegido mediante el pro-

ceso utilizado y el costo eventual de ofrecer garantías adicionales o distintas.

3. Sopesar el interés gubernamental que se intenta proteger mediante la acción sumaria y la posibilidad de usar métodos alternos (Rivera Rodríguez & Co. v. Lee Stowell, etc., 1997)

El Tribunal Supremo de Puerto Rico ha establecido una serie de requisitos para cumplir con el debido procedimiento de ley, en el ámbito procesal al momento de llevarse a cabo un procedimiento adjudicativo por parte del Estado. Se trata de los requisitos siguientes:

1. Notificación adecuada del proceso
2. Proceso ante un funcionario imparcial
3. Oportunidad de ser escuchado.
4. Derecho a contrainterrogar testigos y examinar evidencia presentada en su contra.
5. Tener asistencia de abogado.
6. Que la decisión se base en el récord.

La propiedad o intereses propietarios a que se refiere el debido procedimiento de ley no son creados por la Constitución Federal. Proceden de fuentes independientes, como códigos, decisiones de los tribunales de mayor jerarquía, reglamentos en que se hayan concedido determinados beneficios o ayudas a los ciudadanos. Por su parte, la libertad o intereses libertarios sí surgen de la propia constitución, libertad contra detención física, para contratar, tener una ocupación, adquirir conocimientos, casarse, tener hogar y criar hijos, adorar a deidad a su manera, disfrutar de la búsqueda de la felicidad. Incluye, también, las libertades consagradas en la Primera Enmienda, como: libertad de expresión, religión, asociación e intimidad, derecho a que no se le hagan imputaciones lesivas a su honestidad o moralidad por parte de funcionarios gubernamentales.

¿Cómo se manifiestan los intereses del individuo que podrían ser afectados? ¿Cómo debe actuar el Estado al intentar afectar esos valores? Las garantías mínimas que se le deben conceder al ciudadano, en casos civiles, son: el emplazamiento y copia de la demanda; en casos penales: denuncia o acusación y, casos administrativos: querella y notificación de los cargos. El foro donde se presenta la reclamación debe ofrecer la oportunidad para que la persona se prepare para el juicio o vista; presente prueba y refute la que se presente en su contra ,y audiencia o juicio ante persona imparcial.

Si el gobierno no cumple con esos requisitos, la persona afectada acude al Tribunal para que se deje sin efecto la decisión que se haya tomado en su contra. Por eso, en muchas ocasiones, vemos casos criminales con suficiente evidencia que incrimina individuos, sin embargo, salen impolutos por los errores procesales. Lo mismo puede pasar con un miembro de la comunidad escolar, cuando no le garantizan el debido procedimiento en alguna de las etapas; la persona sale sin pagar por las consecuencias de sus actos.

Debido Proceso Sustantivo

La vertiente sustantiva del debido proceso protege los derechos y libertades que le concede la Constitución de Puerto Rico y la de Estados Unidos de América a los ciudadanos, cuando el Estado formula política pública por vía legislativa y por reglamentación a través de las agencias del Poder Ejecutivo. Bajo el debido proceso sustantivo, los tribunales examinan la validez de una ley, a la luz de los preceptos constitucionales pertinentes, con el propósito de proteger los derechos fundamentales de las personas. Bajo este análisis, el Estado, al aprobar leyes o al realizar alguna actuación, no puede afectar de manera irrazonable, arbitraria o caprichosa los intereses de propiedad o libertad.

El análisis de una situación de debido proceso en su ámbito sustantivo requiere:

1. Determinar si existe un interés propietario o de libertad que proteger.
2. Examinar si se afecta al ciudadano en áreas fundamentales que no tienen que ver con el área de reglamentación económica.

Ejemplos: Matrimonio entre razas, prohibición de publicar por ideologías políticas, impedir otorgar pasaportes, prohibir el aborto en cualquier etapa, impedir actuación de grupo político, confiscación de terrenos baldíos, quema de la bandera estadounidense.

El escrutinio estricto requiere que el gobierno demuestre que la ley o actuación es necesaria para lograr un interés apremiante y que el método escogido es el menos oneroso para lograrlo. Las agencias administrativas, como el Departamento de Educación, no pueden promulgar reglas caprichosas y arbitrarias. Las reglas deben ser razonables. Los tribunales deben determinar si existe una relación o conexión racional entre una regla o reglamento y el estatuto que autoriza su creación. El ataque contra la reglamentación será exitoso si se demuestra que las normas son arbitrarias, por descansar en motivos desvinculados del propósito de la reglamentación.

El escrutinio tradicional o racional dispone que una clasificación legislativa, la cual no debe ser declarada inválida a menos que sea claramente arbitraria y no pueda establecerse nexo racional alguno entre la misma y un interés legítimo del Estado. Bajo este criterio se ha resuelto que es constitucional una ley siempre que pueda concebirse razonablemente una situación de hechos que justifique la clasificación, teniendo el peso de la prueba aquel que alega la inconstitucionalidad de la legislación en controversia (Vélez Reboyras v. Secretario de Justicia, 1984)

Debido Proceso Contractual

La intervención de los tribunales usualmente se da para garantizar el debido procedimiento de ley, por actuaciones gubernamentales que afectan los intereses de propiedad de los empleados del Estado. Por ejemplo, podría darse el caso que una violación de un proceso, bajo un contrato privado, pueda dar lugar a intervención judicial, para garantizar el derecho a ser escuchado en instituciones privadas. El Tribunal Supremo de Puerto Rico ha indicado que en las universidades privadas debe garantizársele el debido proceso que se haya convenido, en tanto no contravenga una norma superior. Por alumbramiento contractual también en esos recintos educativos deben desarrollarse esas garantías. Los derechos derivados de un contrato requieren un trato distinto. Si como parte de un contrato de trabajo, entre partes privadas, se acuerdan unos procesos, hay que cumplir con ellos. El alcance de la revisión judicial difiere correlativamente en atención a su génesis (Selosse v. Fundación Educativa, 1988).

El Tribunal Supremo de Puerto Rico también ha indicado que los funcionarios escolares deben tener libertad para ejercer su juicio, especialmente cuando están presentes interrogantes singulares a ser juzgadas por aquellos con pericia en el área académica especializada. También ha dicho que los tribunales no están cualificados para revisar y sustituir con su criterio los criterios subjetivos y discrecionales de expertos profesionales. Este trato cauteloso y prudente no es óbice para el escrutinio judicial, particularmente, con mayor razón, en situaciones que versan sobre la interpretación de un contrato. El mero hecho de que una institución está envuelta en una disputa contractual, no es suficiente para activar la norma de abstención judicial, pues implicaría, para todos los efectos prácticos, favorecer -a priori- a una de las partes contratantes. Ello conllevaría convertir las instituciones privadas en zonas de dominio absoluto con potestad exclusiva de interpretación de contratos (Selosse v. Fundación Educativa, 1988).

Jurisprudencia

1. **Vélez Ramírez v. Hon. Romero Barceló** 112 D.P.R. 716 (1982)

[Resumen]

[Este caso ilustra cómo opera el debido proceso de ley cuando se trata de remover a un funcionario público de su puesto, sin que se le haya dado la oportunidad de ser oído.]

EL JUEZ ASOCIADO SEÑOR NEGRÓN GARCÍA emitió la opinión del Tribunal.

El 9 de enero de 1975, Walter Vélez Ramírez, entonces Director de Obras Públicas del Municipio de Lajas, reclamó ante el Fondo del Seguro del Estado por un accidente sufrido en que resbaló y se lesionó una pierna. El Fondo dio tratamiento y los beneficios económicos dispuestos en la Ley. En noviembre de 1975, Vélez fue nombrado Alcalde de Lajas en sustitución del incumbente que renunció. En las elecciones de 1976, se postuló por el Partido Popular Democrático. Durante la campaña se dijo que la lesión no había ocurrido en el ejercicio de sus funciones oficiales, sino mientras jugaba béisbol.

El 28 de julio de 1977, se denunció lo ocurrido al Fondo. La Agencia inició una investigación. El 20 de abril de 1978, Vélez negó haber jugado béisbol el día 6 de enero. El 2 de junio de 1978, el Director de la Oficina de Auditoría Interna del Fondo sometió su informe a la Administración, señalando que existía evidencia de la posibilidad de que la reclamación de Vélez hubiese sido entablada en contravención de la Ley. Recomendó: (1) remitir copia del informe al Departamento de Justicia y a la Oficina del Contralor; y (2) de encontrarse que en efecto hubo fraude, proceder con la acción necesaria para recobrar los beneficios concedidos. Siguiendo esas recomendaciones el caso fue referido al Departamento de Justicia.

El 14 de febrero de 1979, el Gobernador CARLOS ROMERO BARCELÓ comunicó a Vélez que ese mismo día había radicado una querella ante la Comisión para Ventilar Querellas Municipales (C.V. Q.M.). Sin esperar por la investigación de la C.V. Q.M.), efectivo el día 15, el Gobernador CARLOS ROMERO BARCELÓ le suspendió de puesto y sueldo, pendiente a la ventilación de los cargos. Los dos cargos le imputaban: (1) haber radicado una reclamación falsa ante el Fondo con la intención de defraudar a dicha agencia y apropiarse ilegalmente de fondos públicos, conducta que se inició antes de ser alcalde y prosiguió luego de su elección; y (2) haber cometido perjurio al negar bajo juramento que había jugado béisbol el día 6 de enero, en su declaración ante un funcionario investigador del Fondo.

El 11 de mayo de 1979, Vélez solicitó su restitución en el Tribunal Superior alegando que la suspensión sumaria fue arbitraria e irrazonable. El 20 de junio, Vélez renunció a su cargo de alcalde. Finalmente, el juez Peter Ortiz concluyó que la suspensión sumaria no fue arbitraria ni irrazonable. No conforme, Vélez radicó apelación y revisión ante el Tribunal Supremo. De acuerdo con el Tribunal Supremo, cuando Vélez Ramírez acudió al Tribunal, ya habían comenzado los trámites administrativos. El reclamo de intervención judicial a tan temprana etapa obligaba a considerar si era necesario agotar los trámites administrativos, o si podían ser obviados ante el planteamiento de falta de jurisdicción. El Supremo se inclinó por la primera solución a base de los siguientes fundamentos: primeramente, los derechos afectados eran de gran envergadura e importancia. Segundo, el cuadro total de las circunstancias que tuvo ante sí el Gobernador al suspen-

derlo, no era totalmente claro y existía un gran riesgo de que la base probatoria de la investigación –de carácter testifical y conflictiva- lo llevara a actuar en forma errónea. Tercero, el mantener a Vélez Ramírez en su puesto no representaba ninguna carga fiscal ni administrativa para el Municipio de Lajas, ni para el Gobierno de Puerto Rico porque este llevaba trabajando satisfactoriamente, según el Contralor, tres años. Cuarto, había transcurrido un período extenso entre la acción ilegal imputada y la radicación de los cargos. ¿Estaba revestida entonces de tal urgencia la suspensión que no admitiera esperar a que la Comisión hiciera la determinación inicial de si los cargos eran frívolos e insuficientes o no, o si se trataba de una actuación ilegal de carácter leve que no ameritara tal sanción?

La Ley Municipal en su Art. 37 crea la Comisión para Ventilar Querellas Municipales. Su inciso (a) reza: El Gobernador de Puerto Rico, la Asamblea Municipal o cualquier ciudadano, podrá formular cargos al Alcalde por razón de conducta inmoral o actuaciones ilegales que impliquen abandono, negligencia inexcusable o conducta lesiva a los mejores intereses públicos, en el desempeño de sus funciones.

La doctrina de jurisdicción primaria pretende determinar si corresponde a una agencia o a un tribunal la intervención inicial en una controversia. La doctrina de agotamiento se dirige a dilucidar cuándo es el momento apropiado para que los tribunales intervengan en una controversia previamente sometida a una intervención administrativa. Por tanto, el examinar su posible aplicación surge cuando, habiendo comenzado un procedimiento o actuación en una agencia, se solicita la intervención judicial para revisar determinaciones u obtener un remedio judicial, antes de que se haya culminado todo el trámite o procedimiento administrativo establecido.

La decisión de requerir o no el agotamiento, no depende de criterios rígidos u objetivos, sino de, si a la luz de las circunstancias del caso y pericia particular de la agencia, se entiende que la intervención judicial sería prematura. El balance de poderes que debe existir entre agencias y tribunales, y la necesidad y conveniencia de tener un récord administrativo completo, aconsejan que se culminen los procesos administrativos antes del examen judicial. No obstante, existen situaciones en que no es necesario agotar dichos remedios. Una instancia que típicamente plantea el problema es, cuando se cuestiona ante el tribunal la falta de jurisdicción de la agencia sobre el asunto que está bajo su consideración. La jurisprudencia propone que se aprecien tres factores: (1) el riesgo de que se ocasione un daño irreparable al afectado si el tribunal pospone su intervención dejando que prosigan los procesos, (2) el grado de claridad con que surja la ausencia o presencia de jurisdicción, y (3) la pericia que tenga la agencia para dilucidar las cuestiones pertinentes a su jurisdicción.

Estos criterios resumen adecuadamente las consideraciones a tomarse en cuenta para decidir si aplica o no el requisito de agotamiento en el contexto de un planteamiento de falta de jurisdicción. Su utilización facilita decidir conforme a los propósitos y objetivos de la doctrina. Veamos su aplicación al caso de Vélez.

Agotamiento de remedios administrativos.

A. Riesgo de daño irreparable si el tribunal pospone su intervención:

La garantía estatutaria que brinda el Art. 37(i), 21 L.P.R.A. sec. 1256 (i), de que todo alcalde a quien, previa formulación de cargos, la Comisión resuelva destituirlo, tiene derecho a obtener revisión judicial directa ante este Tribunal, minimiza el riesgo de que al recurrente se le ocasionen daños irreparables por la posposición del examen judicial de la cuestión jurisdiccional.

En primer término, en mayor o menor grado los costos económicos y sociales del procedimiento administrativo son un riesgo inherente en este tipo de proceso, prospere o no la defensa de falta de jurisdicción. El requerir su agotamiento no depende de la inversión en sí, sino de la probabilidad de que la misma sea en vano porque, en efecto, la agencia carece de jurisdicción. Esto, a su vez, depende de la claridad con que surja la cuestión jurisdiccional en esa etapa de los procesos. En segundo lugar, el peligro de que el simple transcurso del tiempo y el someterse al proceso vayan a perjudicarle indebidamente es mínimo. Aunque se nos argumenta que los procesos ante la Comisión suelen ser lentos, no se ha demostrado que no puedan aligerarse o que ello, de por sí, ocasione algún perjuicio particular. No existen indicios de que vayan a disminuir las oportunidades de reproducirse el planteamiento jurisdiccional en su oportunidad. Tampoco hay evidencia de que Vélez Ramírez tenga que mantenerse sometido al proceso de destitución hasta su culminación. Los hechos han demostrado que los efectos de la querella sobre su carrera política son mínimos.

B. El grado de claridad sobre ausencia o presencia de jurisdicción:

La doctrina acepta que cuando surge claramente que no hay jurisdicción, ningún beneficio se obtiene obligando al litigante a mantenerse en la agencia hasta culminar el proceso. No es entonces necesario consumir los remedios. Requerirlo en esas circunstancias sería una futilidad en términos de tiempo y dinero, porque finalmente el foro judicial, con toda probabilidad, invalidaría el proceso. Así, en la medida que la cuestión jurisdiccional es menos clara y disminuyen estos riesgos, es adecuado compeler a que se agoten dichos remedios. Robustece este enfoque, el que en esa etapa el tribunal tiene a su disposición el récord y beneficio de la adjudicación final efectuada por la agencia, que es la entidad especializada en el asunto.

En el caso de autos, estamos ante un estatuto creado específicamente para ventilar y adjudicar cargos contra los alcaldes. Esa encomienda es clara y su ámbito definido. La ausencia de jurisdicción no es evidente. Por el contrario, depende de precisar y dirimir unos hechos no adjudicados hasta el momento. El determinar si los cargos radicados imputan "conducta inmoral o actuaciones ilegales que impliquen abandono, negligencia inexcusable o conducta lesiva a los mejores intereses públicos, en el desempeño de sus funciones", es un asunto que está sujeto al proceso de interpretación. ¿Cuán restrictivamente o amplio deben ser interpretados estos términos? ¿Son inmorales la conducta y actuaciones imputadas? ¿Son ilegales? ¿Implican abando-

no, negligencia inexcusable o conducta lesiva a los mejores intereses públicos? La frase "en el desempeño de sus funciones" según usada en el Art. 37, ¿comprende actuaciones necesariamente ocurridas durante el tiempo que se ejerce el cargo o aquellas cometidas antes de ocupar la posición de alcalde, pero con efectos posteriores? Además, Vélez Ramírez aduce que la Comisión no puede tener jurisdicción en este caso porque corresponde al Fondo hacer la determinación de compensabilidad de un accidente del trabajo, de acuerdo al espíritu de liberalidad que anima a la Ley, y sujeto al derecho del obrero de obtener revisión en la Comisión Industrial y el Tribunal Supremo; y que el Fondo determinó que el querellado recurrente tenía derecho a recibir compensación, y no ha revocado esa determinación, la cual constituye cosa juzgada.

Las interrogantes planteadas y demás señalamientos nos mueven a concluir que, si bien la Comisión tiene jurisdicción para ventilar los cargos contra Vélez Ramírez, no está meridianamente claro el ámbito de su facultad en las circunstancias singulares del caso. Hay una variedad de factores a considerar en relación con la cuestión, que aconsejan sean precisados en su origen por la Comisión.

C. La pericia de la agencia para dilucidar las cuestiones pertinentes a su jurisdicción:

La Comisión fue creada específicamente para entender en los procesos disciplinarios de los alcaldes. Presuntivamente está particularmente facultada para determinar lo que es "conducta inmoral o actuaciones ilegales que impliquen abandono, negligencia inexcusable o conducta lesiva a los mejores intereses públicos, en el desempeño de sus funciones". El dictamen de si existe o no jurisdicción, dependerá, en gran medida, del ejercicio de su pericia administrativa.

Aunque podría argumentarse que el caso envuelve una interpretación estatutaria -función por excelencia de los tribunales- lo cierto es que en la medida en que la Comisión interprete dicha disposición, afectará su jurisdicción. Por consiguiente, debe ser ella, como organismo especialmente creado para adjudicar las querellas contra los alcaldes, la que intervenga y decida en primera instancia. En síntesis, no están presentes las condiciones necesarias que excusan agotar el remedio administrativo ante un reclamo de falta de jurisdicción. Hasta lo posible -velando desde luego la protección de los intereses en juego- hemos de mantener un adecuado balance entre los poderes de las agencias y los tribunales, evitando una prematura intromisión. Después de todo, la norma de preferir el agotamiento de la acción administrativa es una conveniencia compatible con la justicia, que no margina el escrutinio final por los tribunales.

Debido proceso de ley.

Finalmente, concentremos nuestra atención en analizar la contención de si la suspensión sumaria del cargo y empleo decretada por el Gobernador, violó el debido proceso de ley garantizado en el Art. II, Sec. 7 de la Constitución de Puerto Rico y las Enmiendas V. y XIV. de la Constitución de Estados Unidos. Distinto al enfoque anterior, para atender el señalamiento no es menester que haya mediado una adjudicación previa por la Comisión, pues el asunto gira sobre la decisión del Gobernador al momento de formular los cargos, actuación que hace a la luz del expediente investigativo y demás constancias que en ese momento posee. La suspensión de empleo y sueldo tiene unos efectos negativos inmediatos sobre el

funcionario y son de tal naturaleza que excluyen la apreciación de la norma de abstención. Corresponde, pues, a los tribunales y no a la Comisión el determinar si la suspensión sumaria al amparo de la Constitución viola o no el debido proceso de ley. El Art. 37(j) vigente para la fecha de los cargos disponía: "Al tiempo de formular los cargos contra el alcalde o en cualquier momento posterior, si a su juicio así conviene a los intereses del municipio, el Gobernador podrá decretar la suspensión de empleo y sueldo del alcalde hasta que el caso sea resuelto en definitiva."

El texto legal claramente autoriza al Gobernador a decretar la suspensión de empleo y sueldo de un alcalde, luego de habérsele formulado cargos, hasta que se diluciden los mismos. Esta facultad es constitucionalmente válida. Ello no sig-

nifica que el poder del Gobernador sea absoluto e ilimitado. Ninguno lo es en nuestro ordenamiento jurídico. El mismo lenguaje de ley limita al Gobernador su facultad de suspensión a aquellos casos en que ésta es conveniente para los mejores intereses del municipio. Al ejercer ese poder, no puede violentar el debido proceso de ley. Hemos resuelto que el debido proceso de ley no requiere que haya una vista previa a toda privación de un derecho o interés propietario. Cuando hay una privación temporal, basta que en algún momento significativo u oportuno el afectado tenga la oportunidad de defenderse y presentar su caso en un proceso con adecuadas garantías. Se reconoce, que hay ocasiones en que el Estado tiene algún interés de importancia que exige la intervención temporal con la propiedad o libertad de una persona antes de que pueda brindársele la oportunidad de ser oído. La doctrina informa que para determinar si el tipo de vista concedida y el momento en que se brinda son constitucionalmente aceptables, hay que analizar conjuntamente los intereses gubernamentales y los de la persona afectada.

Hay tres factores que examinar cuando el debido proceso de ley no permite suspender o destituir a una persona de un puesto sin darle derecho a una vista previa. Los factores son: (1) los intereses afectados por la acción oficial; (2) el riesgo de una determinación errónea que prive a la persona del interés protegido mediante el proceso utilizado y el valor probable de garantías adicionales o distintas; y (3) el interés gubernamental protegido con la acción sumaria, inclusive la función de que se trata y las cargas fiscales y administrativas que conllevaría el imponer otras garantías procesales.

Examinamos estos factores.

A. Los intereses afectados por la acción oficial de suspensión:

La suspensión sumaria de su puesto como alcalde privó a Vélez Ramírez de sus derechos de propiedad como lo son el sueldo y beneficios marginales, además de ejercer el cargo para el cual fue electo en las elecciones generales de 1976. Estos, desde luego, no fueron los únicos daños envueltos. Adviértase que se trata de un funcionario seleccionado en elecciones generales, que recibió la confianza de los electores del Municipio de Lajas luego de que las actuaciones imputadas en los cargos fueran ampliamente debatidas en el foro político.

B. El riesgo de una suspensión errónea:

La función revisora judicial no puede limitarse a determinar si la decisión del Gobernador de suspender sumariamente de empleo y sueldo a un alcalde conviene a los intereses del municipio, considerando únicamente una evaluación de los cargos imputados y tomándolos como ciertos. Ese enfoque restrictivo representaría un criterio inaceptable, pues prácticamente convertiría al Gobernador en árbitro absoluto y único de los destinos municipales, privando a los perjudicados del derecho de acudir a los tribunales para impugnar esa actuación.

En esa tarea, el Poder Judicial debe evaluar el cuadro integral que tuvo a su disposición el Gobernador al momento de adoptar su decisión. Veamos los factores presentes a la fecha de su suspensión.

(1) El recurrente había actuado como alcalde por aproximadamente treinta y nueve (39) meses luego de su reclamación al Fondo.

(2) Los hechos que motivaron los cargos era un suceso conocido en los círculos políticos desde muy temprano.

(3) El período que transcurrió entre la reclamación y la radicación de los cargos fue extenso.

(4) El Contralor había intervenido con tres años de la administración de Vélez Ramírez y no había encontrado irregularidad alguna en el manejo de los fondos públicos.

(5) Todos los informes que fueron rendidos en cuanto a la investigación que precedió a la formulación de los cargos y la suspensión, por los investigadores del Fondo y del Departamento de Justicia, demostraban que la evidencia consistente de diferentes declaraciones juradas era conflictiva en cuanto a cómo en verdad había ocurrido el accidente.

C. El interés gubernamental protegido con la destitución y suspensión sumaria:

La forma en que está redactada la Ley sugiere que el criterio rector para la destitución de un alcalde no participa de naturaleza punitiva para el incumbente, sino que responde al propósito de evitar lesiones al interés público. La medida debe propender al mejoramiento del servicio público, y por tanto debe tratarse de conducta detrimental para la disciplina y eficiencia de la función pública. La actuación del querellado tiene que haber afectado en forma sustancial e irremediable el funcionamiento del régimen municipal. La causa debe ser una que se relacione especialmente y que afecte la administración del cargo, y debe limitarse a algo de naturaleza substancial y que afecte directamente los derechos e intereses del pueblo. La causa debe tener íntima relación con la idoneidad del funcionario o con el desempeño de sus deberes, demostrativa de que él o ella no es una persona apropiada para el cargo. En resumen, la destitución pretende proteger al municipio contra una administración de los fondos y bienes públicos fraudulenta, corrupta e irresponsable y del abuso de los poderes inherentes al cargo de alcalde. Como corolario lógico, iguales fines persigue una suspensión sumaria del Gobernador.

La jurisprudencia reconoce una serie de situaciones donde el interés protegido es de tal intensidad y naturaleza, que es innecesaria una vista previa: (1) la confiscación y destrucción de alimentos inadecuados para el consumo humano, (2) el hacerse cargo de una sucursal bancaria cuando su operación es ilegal y no es segura por ser la gerencia inadecuada, siendo la situación capaz de causar daño a los acreedores y al público, (3) la incautación de mercancía con etiquetas engañosas, (4) la determinación de causa probable para arrestar, (5) el embargo de una cuenta bancaria, (6) la confiscación de un barco con evidencia delictiva, (7) la terminación de los beneficios por incapacidad bajo la ley de seguro social.

Existen instancias en que la vista previa es necesaria. Así por ejemplo: (1) el retirar beneficios a familias con dependientes cuando quedan en total indefensión económica, (2) cuando se va a embargar una porción del salario, (3) la confiscación por litigantes privados sin la participación cabal de un juez.

En estas circunstancias aplica la doctrina de agotamiento. El Poder Judicial debe ceder para que el foro administrativo dilucide y adjudique si Vélez Ramírez incurrió o no en conducta prohibida por la Ley Municipal que ameritaba su destitución. La decisión es importante. En la medida en que, oportunamente, pueda recaer un dictamen final y firme en su contra, se afectan no sólo los salarios no devengados, sino su futuro político y su capacidad para poder ocupar o ser nombrado para puestos públicos. Se dictará sentencia confirmatoria y se devolverán los autos para trámite ulterior ante la Comisión compatible con lo resuelto.

2. **Selosse v. Fund. Educ. Ana G. Méndez,** 122 D.P.R. 534 (1988)

[Resumen]

[Este caso ilustra cómo opera el debido proceso de ley contractual cuando se trata de afectar a un empleado privado en su puesto sin que se le den todas las garantías establecidas en el contrato de trabajo].

EL JUEZ ASOCIADO SEÑOR NEGRÓN GARCÍA emitió la opinión del Tribunal.

La profesora Magali Selosse Ramírez demandó al Colegio Universitario del Turabo (CUT) en el Tribunal Superior. Alegó que injustificada e ilegalmente fue privada de la permanencia y de la oportunidad y derecho a proseguir estudios adicionales. El CUT lo negó.

El Tribunal Superior declaró con lugar la demanda. Ordenó su reposición al cargo de profesora, con carácter permanente, y dispuso el cese de toda discriminación. El CUT acudió al Tribunal Supremo de Puerto Rico alegando que dicho dictamen fue arbitrario y no representa el balance más justiciero de la totalidad de la prueba. El Tribunal Supremo, a base de las circunstancias que se explican más abajo, modificó la sentencia del Tribunal Superior, resolvió que el CUT violentó el espíritu que inspira todo el procedimiento contractual y ordenó una nueva evaluación objetiva que cumpla con los procesos establecidos en el Reglamento.

La institución universitaria CUT exige seis años de servicio probatorio antes de conceder la permanencia a un profesor. El contrato de permanencia académica conlleva la renovación automática de nombramiento por un período de diez (10) años. Para ser acreedor a la permanencia, la reglamentación contempla varios pasos. El candidato deber ser recomendado por el Comité de Permanencia, Las evaluaciones ante el Comité de Permanencia deben pasarlos con una valoración de una mediana (MD) mínima de cuatro (4) a un máximo de cinco (5). Esta recomendación va al Consejo Administrativo, quien decide luego de analizar los resultados de las evaluaciones y necesidades institucionales fundamentales. La evaluación realizada por el Comité de Permanencia es de naturaleza cumulativa. Recopila y toma en consideración cualquier evaluación anterior, inclusive la realizada durante el período probatorio.

Durante los primeros cuatro (4) años de su labor docente, Selosse Ramírez estuvo bajo la supervisión del profesor Wenceslao Laureano, entonces Director del Instituto de Educación. Sus evaluaciones anuales, en general, la encomiaban.

En el 1978, Laureano fue sustituido como director por el profesor Jesús Joel Pérez. En su evaluación general, éste también mencionó que ella realizaba "un trabajo satisfactorio en el departamento". Sin embargo, recomendó que continuara estudios en otra área de concentración, por cuanto los cursos relacionados con su preparación académica eran cada vez más limitados en el departamento por razón de disminuir en demanda. Manifestó también, que, aunque la Prof. Selosse Ramírez se involucraba en discusiones que ayudaban a mejorar la calidad de los cursos, su participación era un tanto agresiva y desconfiada. Recomendó, además, que la profesora mejorara la forma y tono en que criticaba los servicios a los estudiantes.

Insatisfecha con esa apreciación, ella le comunicó su opinión de que el documento de evaluación estaba prejuiciosamente redactado, lo cual "atribuyó a la falta de experiencia y objetividad de su parte como evaluador y Director." El 1ro de noviembre de 1978, Joel Pérez -quien ocuparía posteriormente la posición de Decano Académico, y como tal, conjuntamente con el Director del Instituto haría una de las recomendaciones de mayor peso ante el Comité de Permanencia- le respondió que lamentaba que ella no estuviera dispuesta a seguir sus "recomendaciones para su mejoramiento personal y profesional en beneficio de la Institución. Esta oficina le dará a dicho documento la atención pertinente."

Subsiguientemente, la Prof. María Josefa Rechani sustituyó a Joel Pérez y advino Directora del Instituto de Educación para el año académico 1979-1980. Las relaciones personales entre Selosse Ramírez y Rechani no fueron cordiales, y por ende afectaron las profesionales. La Directora Rechani se personó a administrar el instrumento de medición a los estudiantes de Selosse Ramírez, a lo cual ésta vehementemente se opuso. Exigió que fuera el Prof. Wenceslao Laureano quien administrara y custodiara los documentos evaluativos, pues temía que estos fuesen alterados.

Aun así, la Directora Rechani, al igual que los dos anteriores predecesores, recomendó a Selosse Ramírez que continuase estudios en un área de necesidad institucional. Notamos que las únicas deficiencias detectadas sólo sugerían que mejorara sus relaciones con los demás miembros de la Facultad y continuara estudios en áreas de necesidad institucional. Eventualmente la Prof. Selosse Ramírez se matriculó en varios cursos de pedagogía en la Universidad de P.R. Subsiguientemente, tuvo que darse de baja por no haber logrado que la directora Prof. Rechani le reestructura un programa de clases no conflictivo con sus estudios.

Después, por segunda ocasión, pidió fondos para realizar dichos estudios el primer semestre del año académico de 1979. Esta solicitud fue negada por falta de fondos, según notificación de la profesora Rechani. Sin embargo, posteriormente le fueron concedidos los fondos para el segundo semestre del año académico 1979 y comenzó estudios a nivel de maestría en un área de necesidad del CUT, en la Universidad Interamericana de P.R. La carta de recomendación dirigida a la mencionada institución, suscrita por la Prof. Rechani el 2 de octubre de 1979, en lo pertinente considera "que por sus cualidades y dominio de las materias que enseña la acreditan como una buena candidata para cursar estudios post-graduados. Además, cabe señalar que la señora Selosse, es una persona íntegra, responsable y muy capacitada para cumplir con los requisitos que exige su programa."

Esta recomendación fue escasamente varios meses antes de que la Prof. Rechani declarara ante el Comité de Permanencia. Refleja los atributos de la Prof. Selosse Ramírez como profesional de excelencia. Igual conclusión aflora de su expediente en el CUT, expositivo de que ella aprobó todas las evaluaciones. Las medianas de las evaluaciones hechas por los estudiantes, facultad y anteriores directores del Instituto le otorgaron la calificación más alta de 5 puntos. Por su parte, la Prof. Rechani también la aprobó, aunque la calificó con la mediana mínima de 4 puntos, que resulta ser la apreciación más baja de los cuatro componentes. Según testimonio judicial de varios miembros del Comité de Permanencia, no obstante, la Directora Rechani haberla aprobado en su evaluación, subsiguientemente ante dicho Comité, verbalmente no la recomendó. Esa postura influenció y perjudicó a la Prof. Selosse Ramírez ante el Comité.

El incidente ante el tribunal es muy ilustrativo. La Directora, en el contrainterrogatorio, negó categóricamente haber hecho recomendación negativa en cuanto a la permanencia. Sobre el particular, atestó que el Comité le preguntó algo distinto, a saber, ¿que, si de acuerdo a la preparación que tenía la profesora Selosse, [Rechani] podía prepararle un programa completo? A lo cual contestó: "Honestamente, tuve que decir que no". Es de rigor señalar que nunca se le ha concedido la permanencia a un profesor contra la recomendación del Director del Instituto concernido a la del Decano Académico, lo cual es indicativo del gran peso que otorga dicho Comité a estos endosos.

Por otro lado, la transcripción de evidencia refleja la existencia de una animosidad de la Prof. Rechani contra Selosse

Ramírez. Wenceslao Laureano, ex-Director, describió la actitud de la Prof. Rechani como una obsesión. Atestiguó que sus expresiones sobre Selosse nunca fueron positivas. Este atribuyó la existencia del prejuicio a motivos personales. De hecho, conforme a su testimonio, en varias ocasiones la Directora Rechani intentó manipularlo -además de a otros miembros del Comité evaluador- para que discriminaran contra Selosse Ramírez. El tribunal de instancia así lo concluyó. Aparentemente, se trataba de una pugna -de origen extramuros- relacionada con el historial familiar de ambas. Ciertamente la prueba revela la existencia de un prejuicio por parte de la Directora Rechani contra la Prof. Selosse Ramírez. En el seno del Comité de Permanencia se discutió el asunto. Algunos miembros estaban convencidos de la existencia de esa animosidad. Aun así, desafortunadamente el Comité de Permanencia denegó su permanencia no empecé a que, en general, las evaluaciones de sus superiores desde el 1973 al 1979 fueron positivas.

Coincidimos con el foro de instancia en que, en sus testimonios, los miembros del Comité de Permanencia que evaluaron a Selosse Ramírez, intentaron justificar su determinación negativa a base de generalidades vagas y de poca relevancia. Al ser confrontadas con su expediente, no pudieron señalar deficiencias reales o sustanciales. La única razón meritoria aducida para justificar la determinación desfavorable constituyó su falta de preparación académica en un área de necesidad institucional.

En cuanto a este aspecto, es menester resaltar dos extremos. Primero, el CUT estaba obligado a ofrecer, al menos, un curso de tecnología educativa según lo exige el Consejo de Educación Superior. Por otro lado, el Middle State Association requiere que todo profesor posea, como mínimo, el grado de maestría en el área en que se especializa. La única con capacidad para ofrecer ese curso era la Prof. Selosse Ramírez, quien para mayo de 1980 poseía una maestría en Tecnología Educativa. Segundo, aún después de negársele la permanencia, el CUT continuó ofreciendo el curso de Tecnología Educativa. Y tercero, aunque si bien al momento de realizarse su evaluación, la Prof. Selosse Ramírez carecía de una maestría en otra área de necesidad institucional, ya cursaba nueve (9) créditos conducentes a tal maestría. Para agosto de 1980, aprobó 21 créditos. A principios del año siguiente al que fue evaluada, completó esa maestría adicional. Desde el punto de vista cronológico y necesidad institucional, notamos que a los demás profesores les hubiese tomado casi el doble de tiempo, ya que la mayoría no cursaban créditos conducentes a remediar sus respectivas deficiencias académicas. Esta realidad pone en entredicho la acción tomada por el CUT.

El CUT alegó en el Supremo que es una institución universitaria privada. Sostiene que ello precluye que enfoquemos el asunto desde el punto de vista del debido proceso constitucional. Argumenta que no existe aquí acción del Estado ("State Action"). Es correcto que la intervención de los tribunales usualmente se da para garantizar el debido procedimiento de ley en atención a los intereses de propiedad que, regularmente, se configuran con relación a la permanencia por un profesor en una institución educativa del Estado.

Ahora bien, esa trayectoria jurisprudencial no significa un vacío total del derecho a ser oído en las universidades privadas. Por alumbramiento contractual, también en esos recintos educativos pueden desarrollarse esas garantías.

No obstante, aquellos derechos derivados de un contrato requieren un trato distinto. El alcance de la revisión judicial difiere correlativamente en atención a su génesis.

La cuestión es más compleja en situaciones en que las controversias rebasan la pericia judicial. La permanencia en instituciones educativas a nivel superior es una de esas instancias. Al confrontarlas -sin abdicar nuestra función- ejercitamos la revisión prudencialmente. Este enfoque responde al reconocimiento de que estas instituciones educativas realizan una importante misión social y deben estar libres de presiones e intromisiones ajenas. Además, el trato deferencial es atribuible a que en el mundo peculiar académico existe experiencia y conocimiento especializado en el uso de las técnicas de evaluación por parte del profesorado. Así evitamos que los tribunales se transformen en Super Juntas de Permanencia ("Super Tenure Committees"), sin el peritaje nece-

sario. La competencia y cualificaciones de un profesor evaluado para permanencia o ascenso son, por propia naturaleza, asuntos que requieren determinaciones altamente subjetivas; determinaciones que no se presten a cualificaciones precisas y que no son susceptibles de medirse mecánicamente mediante el uso de exámenes estandarizados. Estas determinaciones son en un área en la cual los funcionarios de las escuelas deben tener libertad para ejercer su juicio, especialmente cuando éstas presentan interrogantes singulares a ser juzgadas por aquellos con pericia en el área académica especializada, capacitados para las evaluaciones profesionales en torno a cualidades evasivas e intangibles, sobre el talento esperado del escolástico y maestro. Los tribunales no están cualificados para revisar y sustituir con su criterio los criterios subjetivos y discrecionales de expertos profesionales en cuanto a ascenso de la facultad, o de manera separada ocuparse, aunque sea inteligente e informalmente, de comparar las aportaciones educativas o talento pedagógico de un miembro de facultad.

Ahora bien, al igual que en la jurisdicción federal, este trato cauteloso y prudente no es óbice para el escrutinio judicial. Particularmente, con mayor razón, en situaciones que versan sobre la interpretación de un contrato. El mero hecho de que una institución universitaria está envuelta en una disputa contractual, no es suficiente para activar la norma de abstención judicial, pues implicaría, para todos los efectos prácticos, favorecer a priori una de las partes contratantes. Ello conllevaría convertir las universidades privadas en zonas de dominio absoluto con potestad exclusiva de interpretación de contratos. Ese enfoque no es permisible. En armonía con este lineamiento doctrinal, en el contexto fáctico de autos, es evidente que los estatutos y reglamentos referentes a los derechos y obligaciones de los miembros de la facultad son parte del contrato entre el CUT y Selosse Ramírez. El contrato anual de facultad así lo incorpora. Por su parte, el Código Civil de Puerto Rico, dispone que las obligaciones que nacen de los contratos tienen fuerza de ley entre las partes contratantes, y deben cumplirse al tenor de los mismos. Los tribunales están facultados para velar por su cumplimiento.

Con igual efecto jurídico, el reglamento de Evaluación de Facultad dispone que ante el Comité de Permanencia se citará al profesor a una vista, antes de tomar una determinación final. Los profesores bajo evaluación para permanencia, tendrán derecho a someter por escrito al Comité de Permanencia la evidencia que tuvieron para informar a los miembros del mismo, sobre los siguientes aspectos: a. Logros y galardones académicos e intelectuales. b. Participación en actividades de la comunidad. c. Obras literarias o de otra índole. d. Investigaciones científicas, académicas, sociales, institucionales, etc. e. Otros aspectos relevantes que no están incluidos en su expediente."

Más adelante, en lo pertinente, el mismo reglamento en su inciso (b) añade:

"El Comité de Permanencia informará a la comunidad universitaria sobre este derecho y le concederá tiempo razonable para someter por escrito dicha información."

Selosse Ramírez solicitó por escrito una cita con el Rector Juan M. González Lamela. Este accedió mediante carta fechada el 16 de mayo de 1980. La misma llegó a las manos de la Prof. Selosse Ramírez el 18 de mayo en horas de la tarde, notificándole que la cita se realizaría el 19 de mayo, a las 8:00 A.M. En otras palabras, la cita fue programada para temprano el día siguiente de haber recibido la notificación. Del récord se desprende claramente que la carta del Rector le aclaraba que dicha reunión sería ante el Comité de Permanencia, cumpliendo así, supuestamente, con el derecho a una vista previa a la determinación final, que por reglamento tenía Selosse.

Aun partiendo de la premisa más favorable al CUT, a saber, -que Selosse Ramírez sí tuvo conocimiento previo de que su comparecencia era ante el Comité de Permanencia- no se cumplió estrictamente con el reglamento de la institución. El escaso margen de tiempo transcurrido entre la notificación y el requerimiento de presencia nos impide resolver lo contrario. El propio reglamento concede tiempo razonable para someter por escrito los documentos que puedan favorecerle ante la evaluación del Comité. Aquí, ella tuvo menos de 24 horas. Tan corto lapso dentro de las circunstancias descritas no constituye el tiempo razonable garantizado reglamentariamente. No empece a esto, la Prof. Selosse compareció a la vista. Allí el Rector González Lamela se limitó única y exclusivamente a preguntarle si tenía algo que alegar en cuanto a sus puntos débiles. Ella, de inmediato, inquirió sobre cuáles eran sus deficiencias. También pidió acceso a su expediente. Ambas peticiones fueron denegadas y el Rector dio por terminada la vista. La vista fue pro forma. Por tal razón no tuvo la oportunidad de defender sus deficiencias ante el Comité. El Comité, consciente de esta situación, pudo muy bien haber señalado para nueva vista el caso o al menos permitir que se examinase el expediente. Al negarse a estas alternativas, violentó el acuerdo contractual. Como último recurso, Selosse Ramírez compareció el 29 de mayo de 1980 ante el Consejo Administrativo para apelar la decisión del Comité. En la vista, según la minuta del Consejo, advino en conocimiento de los criterios que utilizó el Comité de Permanencia para rechazarla. Las deficiencias señaladas por el Director del Instituto, Prof. Rechani y dicho Comité de Evaluación, según informándole allí por el Rector resultaron ser, que su preparación no era en un área de necesidad del instituto, y no poseía las cualidades y méritos de un buen profesor universitario. Inmediatamente, la pedagoga refutó las anteriores deficiencias. Explicó su preparación académica, experiencia y solicitó que se le permitiera terminar sus estudios. No tuvo éxito. El 30 de mayo de 1980, el Rector le notificó por carta la decisión final del Consejo Administrativo ratificando la determinación del Comité de Permanencia. Aunque Selosse Ramírez tuvo oportunidad de impugnar sus deficiencias ante el Consejo Administrativo, su destino estaba sellado. De la prueba documental y del propio Reglamento se desprende que la etapa valorativa cardinal es la realizada por el Comité de Permanencia. Allí es donde las recomendaciones de vital importancia se originan, a saber, la del Decano Académico y la de la Directora del Instituto. Sabemos que el Comité de Permanencia aceptó y le dio gran peso a la recomendación verbal prejuiciada de la Directora del Instituto, Prof. Rechani. Se infiere de la prueba que, basada primordialmente en dicha recomendación, el Comité concluyó que Selosse Ramírez carecía de cualidades suficientes para ser merecedora a la permanencia.

Las probabilidades de que la Prof. Selosse Ramírez lograra que el Consejo Administrativo revocara al Comité eran ínfimas. En estas circunstancias, resolvemos que el CUT violentó el espíritu que inspira todo el procedimiento contractual. Procede una nueva evaluación objetiva que cumpla con los procesos establecidos en el Reglamento. Esa evaluación, debidamente fundamentada, le será notificada por escrito.

Se dictará la correspondiente sentencia.

§4. Igual protección de las leyes

El derecho en Puerto Rico establece que no se puede aprobar una ley estableciendo trato desigual para algunos ciudadanos, excepto, que exista una razón justificada para ello, porque en nuestro sistema democrático, el legislador continuamente tiene que establecer clasificaciones entre personas y grupos y resultaría imposible gobernar en el Estado moderno sin esta facultad. Este precepto procede de la décimo cuarta enmienda de la Constitución de Estados Unidos de América y de la Sección 7 del Artículo II de la Constitución del Estado Libre Asociado de Puerto Rico.

En Puerto Rico se ha interpretado la cláusula constitucional de igual protección de las leyes en muchas ocasiones (Berberena v. Echegoyen, 1991). Una ley, reglamento o acción gubernamental que crea clasificaciones entre grupos, discriminando a unos frente a otros, da lugar a que se active el análisis bajo la igual protección de las leyes. La base de este precepto surge de la concepción básica que para gobernar una sociedad tan compleja y variada -en la cual existen distintos intereses individuales y grupales, y diversas relaciones sociales- es necesario establecer clasificaciones. El problema radica en diseñar normas que permitan al gobierno establecer clasificaciones y que, a la vez, se proteja a las personas contra desigualdades indebidas o irrazonables (Serrano Geyls, 1986).

En todo análisis de igual protección de las leyes, tenemos que evaluar la relación entre el propósito que se quiere obtener y la clasificación utilizada por el Estado. También se debe ponderar la importancia del derecho o interés afectado por la actuación del Estado. Para hacer dicho análisis se utilizan diversos tipos de escrutinios judiciales. En Puerto Rico el Tribunal Supremo ha indicado que en las situaciones en las que se cuestione una clasificación legislativa al amparo de la Cláusula de Igual Protección de las Leyes, los tribunales deben utilizar uno de dos (2) tipos de escrutinios: el escrutinio tradicional o el escrutinio estricto (Ex Parte AAR, 2013).

Escrutinio Riguroso o Estricto

El uso del escrutinio riguroso o estricto requiere que el tribunal identifique si la clasificación hecha por el Gobierno al aprobar ley, reglamento o acción gubernamental afecta algún derecho fundamental de la persona o establece alguna clasificación sospechosa que no guarde relación con la habilidad o aptitud de las personas afectadas por la clasificación. Se consideran clasificaciones sospechosas aquellas que se establecen por razón de raza, color, sexo, nacimiento, origen o condición social, ideas políticas o religiosas y nacionalidad. Entre los derechos fundamentales se incluyen los protegidos por la Carta de Derechos de la Constitución de Puerto Rico y aquellos que han incorporado los tribunales o se han reconocido como: el derecho al voto, a la libertad de culto, a la libertad de expresión, a la vida, a la protección de ley contra ataques abusivos a la honra y el derecho a la intimidad (San Miguel Lorenzana v. E.L.A, 1993).

El Estado viene obligado a demostrar la validez de una ley, reglamento o acción gubernamental que sea impugnada bajo esta categoría, y para este el escrutinio estricto conlleva varias consecuencias. Primero, la ley, reglamento o acción gubernamental revisada se presumirá inconstitucional. Segundo, para sostener la validez de esa ley, reglamento o acción gubernamental, el Estado tendrá que demostrar la existencia de un interés apremiante que la justifique. Tercero, aun cuando se demuestre la existencia de un interés de carácter apremiante, el Estado debe demostrar que el medio utilizado para promoverlo es el menos oneroso (Ex Parte AAR, 2013). Se puede ejemplificar con el siguiente cuestionamiento, ¿hay algún interés apremiante en que el maestro que enseñe biología o matemáticas en una escuela pública de Puerto Rico, sea ciudadano estadounidense?

Escrutinio Tradicional Mínimo

Conforme con este escrutinio tradicional o racionalidad mínima, la clasificación legislativa se presumirá constitucional, por lo cual compete a la parte que la cuestiona demostrar que la misma padece de defectos que la invalidan constitucionalmente (Ex Parte AAR, 2013). El Tribunal Supremo de Puerto Rico ha expresado que, en este nivel de escrutinio, los tribunales tienen que adoptar una actitud de gran deferencia hacia la actuación legislativa que se impugna. El fundamento de esta norma de deferencia reside en el principio constitucional de separación de poderes que mencionamos en otro ensayo anterior. Aunque la clasificación no parezca ser la manera más acertada, adecuada, sabia y eficiente de adelantar el propósito legislativo, el tribunal debe mantener su validez constitucional una vez se demuestre que existe una relación racional entre ésta y el propósito esbozado (Ex Parte AAR, 2013).

El escrutinio tradicional mínimo se utiliza cuando la ley, reglamento o acción gubernamental impugnada no crea unas clasificaciones sospechosas o no afecta derechos fundamentales. En ese sentido, la clasificación tiene que ser razonable al situar a personas similares con respecto al propósito de la ley. Cuando se utiliza este escrutinio, la ley, reglamento o acción gubernamental se presume constitucional si existe un mero nexo racional entre el propósito legislativo y la clasificación establecida. La ley será constitucional siempre que razonablemente pueda concebirse una situación que justifique la clasificación. El que impugna la legislación tiene el peso de la prueba; establecer que la clasificación es claramente arbitraria y no se puede establecer nexo racional alguno (Ex Parte AAR, 2013).

El escrutinio tradicional mínimo fue utilizado por el Tribunal Supremo de Puerto Rico para evaluar la validez de una ley que disponía que "Ningún establecimiento donde se operen máquinas electrónicas de juegos o máquinas de "Pin Ball" que funcionen con monedas o fichas podrá situarse a una distancia menor de doscientos (200) metros de una escuela pública o privada. Los establecimientos dedicados exclusivamente a operar máquinas electrónicas de juegos o máquinas de "Pin Ball" que funcionen con monedas o fichas que ya estuvieren situados a una distancia menor de la aquí establecida, permanecerán cerrados durante las horas de funcionamiento del plantel escolar en cuya proximidad se hallen. Aquellos establecimientos que se dediquen a otro tipo de negocio en los cuales haya ubicadas máquinas electrónicas de juegos o máquinas de "Pin Ball" que funcionen con monedas o fichas y los cuales ya estuvieren situados a una distancia menor de la aquí establecida, no podrán operar ni permitir que sean operadas dichas máquinas durante las horas de funcionamiento del plantel escolar en cuya proximidad se hallen" (Vélez Reboyrás v. Secretario de Justicia, 1984).

El dueño de un negocio dedicado exclusivamente a máquinas electrónicas de videojuegos en Utuado, Puerto Rico, el cual se encontraba ubicado a menos de doscientos (200) metros de la Escuela Pública Elemental Félix Seijo, impugnó la constitucionalidad de la ley. El señor Vélez Reboyras había sido denunciado por agentes de la Policía de Puerto Rico en diez (10) ocasiones por supuestamente infringir las disposiciones de la citada Ley.

El Trbunal Supremo de Puerto Rico resolvió la ley correspondía a un interés legítimo por parte del Gobierno de Puerto Rico que cumplía con los requisitos de la cláusula sobre el debido procedimiento de ley. Dicha ley intenta corregir o controlar un "mal social" que estaba afectando a nuestra juventud, cuyo futuro, formación educativa y bienestar es la obligación de todos. Dicha ley no ordenaba la erradicación total de los negocios que existían con anterioridad a su aprobación; meramente limitaba las horas durante las cuales podían operar. La ley requería que permanecieran cerrados durante las horas de clase de las escuelas aquellos negocios que se dedican exclusivamente a la operación de las máquinas en controversia. Ello es razonable; evita a los estudiantes la tentación de ausentarse de las aulas para ir a jugar en dichas máquinas (Vélez Reboyrás v. Secretario de Justicia, 1984).

Escrutinio Intermedio

El escrutinio intermedio existe en Estados Unidos de América porque la Constitución no contiene prohibición expresa del discrimen por sexo o nacimiento. Se utiliza cuando la clasificación legislativa afecta intereses individuales importantes, aunque no sean necesariamente fundamentales, y el uso de criterios sensitivos de clasificación, aunque no sean necesariamente sospechosos. En este escrutinio se requiere que la clasificación adelante un interés gubernamental legítimo y que esté sustancialmente relacionada con éste (Defendini Collazo v. E.L.A., 1993). Ejemplo, si el Estado niega a un extranjero beneficios públicos de índole económica por no ser ciudadano o residente. En Puerto Rico no se da el problema, porque el discrimen por sexo y nacimiento están expresamente prohibidos en la Carta de Derechos. Aquí tuvimos un caso en que se pretendía imponer una disposición de la Ley de Certificación de Maestros a los efectos de requerir que la persona que solicitara una certificación para ejercer como maestro en Puerto Rico tenía que ser ciudadano estadounidense. Se estaba clasificando entre ciudadano estadounidense y extranjero para obtener el certificado. El Tribunal Supremo entendió que esa clasificación, era impermisible bajo la Cláusula de Igual Protección de la Constitución de Puerto Rico. Sin embargo, el mismo Tribunal Supremo de Puerto Rico ha señalado que no toda discriminación viola este precepto, ya que las normas que nutren este principio no exigen un trato igual para todos los ciudadanos. Lo que sí prohíben es un tratamiento desigual injustificado (De Paz Lisk v. Aponte Roque, 1989).

Jurisprudencia

3. **Berberena v. Echegoyen,** 128 D.P.R. 864 (1991)

[Resumen]

[Este caso ilustra cómo la licencia especial con sueldo para participar en actividades políticas que disfrutan los maestros no viola la cláusula de igual protección de las leyes de la Constitución del Estado Libre Asociado de Puerto Rico.]

San Juan, Puerto Rico, a 28 de junio de 1991.

Opinión del Tribunal emitida por el JUEZ ASOCIADO SEÑOR HERNÁNDEZ DENTON.

En un caso revestido de gran interés público, revisamos el decreto de inconstitucionalidad de la Sección 6 de la Ley Núm. 25 de 3 de junio de 1960, 18 L.P.R.A. sec. 249 (d), que dispone que todo maestro en servicio activo del Departamento de Instrucción Pública, que sea candidato oficial a un cargo electivo, será automáticamente relevado de sus funciones docentes y tendrá derecho a una licencia especial con sueldo hasta un día después de la celebración de las elecciones.

Evaluadas las comparecencias de las partes y de los interventores, Asociación de Maestros y Federación de Maestros de Puerto Rico, resolvemos que la Sección 6 de la Ley Núm. 25, supra, no viola la cláusula de igual protección de las leyes de la Constitución del Estado Libre Asociado de Puerto Rico. Revocamos el dictamen del Tribunal Superior, Sala de San Juan.

Cuatro empleados públicos de carrera, certificados por el Partido Nuevo Progresista (P.N.P.) como candidatos a distin-

tos cargos políticos en los comicios de 1988, solicitaron a sus respectivas agencias que se les concediesen los beneficios de una licencia política con sueldo. Los jefes de agencia denegaron la solicitud porque no tenían facultad en ley para otorgar la licencia requerida. Los empleados acudieron al Tribunal Superior, y argumentaron ser víctimas de un trato discriminatorio, ya que la Ley Núm. 25 autoriza la concesión de licencias políticas con sueldo solamente a los maestros del Departamento de Instrucción Pública. Solicitaron como remedio que se ordenara a los jefes de agencias demandados concederles los beneficios solicitados.

El Tribunal Superior declaró inconstitucional el estatuto porque violaba la cláusula que garantiza la igual protección de las leyes. También ordenó a la Secretaria de Instrucción Pública y al Secretario de Hacienda, que se abstuvieran de conceder licencias políticas con sueldo a los maestros y cancelar todas aquellas que fueron autorizadas a partir del 1ro. de enero de 1989.

El Procurador General de Puerto Rico, la Asociación y Federación de Maestros de Puerto Rico, apelaron al Tribunal Supremo. El Tribunal Supremo revocó al Tribunal Superior bajo los fundamentos que se explican adelante.

En nuestra jurisdicción existe abundante jurisprudencia interpretativa de la cláusula constitucional de igual protección de las leyes. Esta disposición se activa cuando nos enfrentamos a una legislación o a una acción estadual que crea clasificaciones entre grupos, discriminando a unos frente a otros. Sin embargo, hemos señalado que no toda discriminación viola este precepto, ya que las normas que nutren este principio no exigen un trato igual para todos los ciudadanos, aunque sí prohíben un tratamiento desigual injustificado. La base de este precepto surge de la concepción básica de que para gobernar una sociedad tan compleja y variada, en la cual existen distintos intereses individuales y grupales y diversas relaciones sociales, es necesario establecer clasificaciones. Por consiguiente, el problema central que plantea la aplicación de la igual protección de las leyes es el de diseñar normas que permitan al gobierno establecer clasificaciones, pero, que a la vez protejan a las personas contra desigualda-

des indebidas o irrazonables u odiosas (incidious). Por todas estas consideraciones, el principio cardinal en que se funda la igual protección de las leyes es el de trato similar para personas similarmente situadas.

De modo que, en todo análisis de igual protección de las leyes, tenemos que evaluar la relación entre el propósito que se quiere obtener y la clasificación utilizada por el Estado. También se debe ponderar la importancia del derecho o interés afectado por la actuación del Estado. Para hacer dicho análisis, la doctrina ha desarrollado el uso de diversos tipos de escrutinios judiciales para evaluar la constitucionalidad de una ley. En nuestra jurisdicción hemos utilizado dos escrutinios, el estricto y el racional. Para que se justifique la utilización del escrutinio riguroso o estricto, el tribunal tiene que identificar si la clasificación hecha afecta algún derecho fundamental de la persona o establece alguna clasificación sospechosa que no guarde relación con la habilidad o aptitud de las personas afectadas por la clasificación. Si se identifican esas clasificaciones, la legislación se presume inconstitucional y le corresponde al Estado probar la existencia de un interés apremiante que las justifique. Este Tribunal ha empleado el escrutinio estricto para analizar clasificaciones sospechosas o que afectan derechos fundamentales en innumerables ocasiones.

El escrutinio tradicional mínimo se utiliza cuando la legislación impugnada no crea unas clasificaciones sospechosas o no afecta derechos fundamentales. En ese sentido la clasificación tiene que ser razonable al situar a personas similares con respecto al propósito de la ley. Cuando se utiliza este escrutinio, la ley se presume constitucional si existe un mero nexo racional entre el propósito legislativo y la clasificación establecida. La ley será constitucional siempre que razonablemente pueda concebirse una situación que justifique la clasificación. El que impugna la legislación tiene el peso de la prueba; establecer que la clasificación es claramente arbitraria y no se puede establecer nexo racional alguno. Al amparo de este trasfondo doctrinal, procede analizar la controversia de autos.

La clasificación que crea la Ley 25 divide a los maestros de los demás empleados públicos que no están cobijados por la legislación. Examinemos si esa clasificación viola la cláusula de igual protección de las leyes.

El foro de instancia utilizó un escrutinio estricto al evaluar la clasificación mencionada. Sin embargo, al hacerlo no identificó si se afectaba un derecho fundamental o si la clasificación era sospechosa. Como paso inicial en nuestro análisis judicial, tenemos que señalar que el estatuto impugnado no genera clasificación sospechosa alguna ni afecta un derecho fundamental. No es correcta la posición de los recurridos al señalar que la legislación afecta el derecho a ser candidato a un puesto público. En primer lugar, hemos establecido que el derecho a ser candidato a un cargo electivo no es un derecho fundamental.

En segundo lugar, la clasificación que establece este estatuto no menoscaba ni prohíbe a los empleados públicos la capacidad ni la oportunidad de ser candidatos a puestos electivos. Ejemplo claro de esto es la situación de autos donde todos los demandantes, mientras eran empleados públicos, fueron candidatos en las elecciones del 1988 y dos de ellos fueron electos y se encuentran desempeñando sus cargos.

Por otro lado, el legislador concedió una licencia con paga a una clase de empleados públicos que por disposición de ley tiene que automáticamente dejar de trabajar al aceptar la candidatura. Los empleados públicos que originan esta controversia no tienen una restricción similar y pueden aceptar una candidatura y continuar trabajando en sus funciones regulares siempre que no utilicen su posición oficial para fines político partidistas en violación a la Ley de Personal del Servicio Público. La medida legislativa tiene el propósito dual de evitar que un maestro tenga que dejar de trabajar al aspirar a cargos electivos y simultáneamente se quiere evitar la contaminación del sistema de instrucción pública con la política partidista. No se trata de una restricción de acceso a la papeleta electoral para una clase de candidatos, sino de un incentivo gubernamental para facilitar ese acceso a los maestros. Al no tratarse de una clasificación sospechosa ni de derechos fundamentales de los demandantes, la contro-

versia de autos debe evaluarse a la luz de un escrutinio tradicional mínimo.

Por ser este tipo de legislación un área que compete a las otras Ramas del Estado, nuestra facultad de interpretar la Constitución y las leyes del país no debe extenderse a evaluar la sabiduría o los beneficios públicos de esta legislación. Tampoco debemos ceder a la tentación de revisar los criterios utilizados por las otras Ramas del gobierno al formular la política pública y establecer las prioridades fiscales. Sólo nos corresponde determinar si existe una mínima racionalidad que sostenga el propósito del estatuto. No olvidemos que, en nuestro sistema democrático, el legislador continuamente tiene que establecer clasificaciones entre personas y grupos, y que es imposible gobernar en el estado moderno sin esta facultad. Si la igual protección de las leyes rigiera literalmente, es obvio que no se podría gobernar.

La Ley Núm. 25, supra, fue una medida que culminó los esfuerzos del magisterio puertorriqueño por eliminar las prohibiciones absolutas de actividades políticas de los maestros contenidas en la Ley Escolar de 12 de marzo de 1903, según enmendada. Ese estatuto obligaba a los maestros que fuesen nominados a un cargo público de elección popular, a renunciar inmediatamente a su cargo en el magisterio. Preocupados porque esta ley menoscababa la libertad de pensamiento y expresión de los maestros, la Comisión de Derechos Civiles recomendó que se le reconociera su derecho a participar en la contienda electoral. Para evitar el uso indebido de su posición, se sugirió la concesión de licencias con sueldo a los que aspiraran a cargos electorales.

La Asamblea Legislativa aprobó la Ley Núm. 25 de 3 de junio de 1960. Su propósito fue colocar a los maestros en igualdad de condiciones con los demás ciudadanos. En particular, los legisladores querían eliminar la prohibición absoluta a los maestros a aspirar a cargos electivos que contenía la anterior legislación. Ellos sabían que una prohibición análoga se extendía solamente a los jueces, y (b), y también a algunos empleados públicos que trabajaban en otras entidades del gobierno de Puerto Rico que estaban estrechamente vinculadas con agencias federales cubiertas por la Ley Hatch. El resto de los empleados públicos podían postularse para algún cargo electivo y podían continuar trabajando sin tener que renunciar o solicitar una licencia sin sueldo. Para corregir los males de la legislación anterior, el estatuto reconoce el derecho de los maestros de las escuelas públicas a participar en cualquier momento u ocasión en campañas y actividades políticas, a ser candidatos para cargos públicos electivos o de nombramiento; y a defender sus propias candidaturas o la candidatura de cualquier otra persona.

Sin embargo, para evitar el proselitismo político en las aulas, la medida requiere que durante las horas de clases los maestros se abstengan de ejercer los derechos que se le han reconocido. Para garantizar el más estricto cumplimiento con estas normas, se releva automáticamente a un maestro de su cargo cuando sea "oficialmente nominado para su cargo de elección popular y simultáneamente se le concede una licencia especial con paga al maestro concernido. Por el hecho de que, a diferencia de los demás funcionarios públicos, los maestros no pueden ejercer las funciones de su cargo mientras están activos en la política, los legisladores decidieron brindarle un tratamiento distinto muy a tono con sus particularidades profesionales. Al así hacerlo, reconocieron que la labor de los maestros es una de amplia dedicación y preparación. Constantemente tienen que estar elaborando los planes diarios de enseñanza, que normalmente sólo pueden ser confeccionados por las noches, o en sus días libres. También, continuamente tienen reuniones relacionadas con la educación, preparación y recreación de los estudiantes. De igual forma en cada distrito escolar se celebran múltiples actividades educativas en las cuales la participación del maestro es de vital importancia para el desarrollo de sus estudiantes.

La naturaleza de la función educativa requiere que los maestros utilicen gran parte de su tiempo libre para atender estas responsabilidades inherentes al magisterio. De ahí que los legisladores hayan tenido que diseñar para los maestros un esquema distinto al que tienen los demás funcionarios públicos. De esta forma no se afecta adversamente su función educativa con los niños puertorriqueños.

Hemos expuesto que durante todo el historial legislativo permeó el deseo de armonizar el derecho a la educación de los niños y el derecho de los maestros a participar en los procesos electorales del país. El legislador entendió que, proveyéndole unos mecanismos adecuados al maestro para vindicar su derecho sin que se afectara la educación de los niños, armonizaba el conflicto de intereses. El andamiaje de estas licencias especiales guarda un nexo racional con el propósito legislativo y la clasificación creada no afecta derechos fundamentales de aquellos que están excluidos, ni los relega arbitrariamente a un plano de inferioridad. Los demandantes no han logrado probar la arbitrariedad de la legislación que impugnaron. Es perfectamente legítimo que el proceso legislativo haya decidido que conviene a los mejores intereses del país estimular a la clase magisterial a que participe en el proceso gubernamental, tanto para el beneficio del Estado como para salvaguardar el derecho de los estudiantes a recibir una educación adecuada. Independientemente de nuestras preferencias personales sobre esta medida, lo cierto es que, el juicio legislativo merece deferencia en la formulación de la política pública.

Por los fundamentos que hemos expuesto, resolvemos que la sección 6 de la Ley Núm. 25 de 3 de junio de 1960 no viola la cláusula constitucional de la igual protección de las leyes. Procede revocar el dictamen del foro de instancia. Se dictará sentencia de conformidad con lo aquí expuesto.

FEDERICO HERNÁNDEZ DENTON / Juez Asociado

4. **Vélez Reboyras v. Secretario de Justicia** 115 D.P.R. 533 (1984)

[Resumen]

[Este caso discute la validez de una ley que intenta corregir o controlar un mal social que afecta a los estudiantes frente a los requisitos de la cláusula sobre igual protección de las leyes.]

EL JUEZ ASOCIADO SEÑOR REBOLLO LÓPEZ emitió la opinión del Tribunal.

La Ley Núm. 45 de 4 de junio de 1982, establece que ningún establecimiento donde se operen máquinas electrónicas de juegos o máquinas de "Pin Ball" que funcionen con monedas o fichas podrá situarse a una distancia menor de doscientos (200) metros de una escuela pública o privada. Los establecimientos dedicados exclusivamente a operar esas máquinas que ya estuvieren situados a una distancia menor de la aquí establecida, permanecerán cerrados durante las horas de funcionamiento del plantel escolar en cuya proximidad se hallen. Aquellos establecimientos que se dediquen a otro tipo de negocio en los cuales haya ubicadas dichas máquinas, los cuales ya estuvieren situados a una distancia menor de la aquí establecida, no podrán operar ni permitir que sean operadas dichas máquinas durante las horas de funcionamiento del plantel escolar en cuya proximidad se hallen.

José Vélez Reboyras es dueño de un negocio dedicado exclusivamente a máquinas electrónicas de video-juegos en Utuado, Puerto Rico, el cual se encuentra ubicado a menos de doscientos (200) metros de la Escuela Pública Elemental Félix Seijo. Vélez Reboyras ha sido denunciado en diez (10) ocasiones por infringir las disposiciones de la citada Ley Núm. 45. Vélez Reboyras instó demanda ante el Tribunal Superior en la cual solicitó que le prohibiera a la Policía de Puerto Rico el denunciarlo y que declarase la referida Ley Núm. 45 inconstitucional en su aplicación al negocio de su propiedad.

El Tribunal Superior concedió lo solicitado. Determinó, a pesar de que el negocio de Vélez Reboyras en efecto se encontraba localizado a menos de doscientos (200) metros de la escuela elemental en controversia, y que en virtud de la estricta aplicación de la Ley número 45 dicho negocio debía permanecer cerrado durante las horas de funcionamiento de la escuela, procedía conceder lo solicitado por razón de que: 1. el obligar a los demandantes a cerrar su negocio tiene el efecto práctico de privar a éstos del libre uso y disfrute de su propiedad sin la debida compensación por el Estado; 2. que quedó demostrado una clara violación de la igual protección de las leyes por un patrón de evidente discrimen contra los imputados 3. abuso patente de discreción de las autoridades policíacas al aplicar la Ley #45 ya que sólo se interviene con el negocio del demandante y no con otros negocios en circunstancias similares; que por dicho negocio haber sido establecido con anterioridad a la fecha de aprobación de la Ley Núm. 45, los demandantes tenían derechos adquiridos que no pueden ser violados; y 4. que la aplicación de la citada ley al negocio de los demandantes es irrazonable, arbitraria y caprichosa, ya que resulta confiscatoria de la propiedad de éstos; 5. les obliga a funcionar con pérdidas y los pone en claro peligro de perder todas sus propiedades privándolos de ese modo de su propiedad sin seguirse el debido procedimiento de ley.

Inconforme, el señor Secretario de Justicia de Puerto Rico recurrió ante el Tribunal Supremo. El Tribunal Supremo revocó al Tribunal Superior al resolver que la Ley Núm. 45 de 4 de junio de 1982 es razonable y corresponde a un interés legítimo por parte del Estado que cumple con los requisitos de la cláusula de la igual protección de las leyes.

La ley aquí en controversia, establece unas clasificaciones. Veamos si ello infringe la cláusula sobre igual protección de las leyes. Como es sabido en el análisis constitucional, bajo la referida cláusula en muchas jurisdicciones, se utilizan tres (3) criterios (tests) a saber: 1-el de escrutinio estricto o del examen minucioso; 2-el intermedio; y 3-el tradicional mínimo o de nexo racional, clasificación tripartita que ha sido criticada en otros foros.

Los dos primeros criterios no son aplicables al caso de autos. Aplica el tradicional mínimo o de nexo racional. Este dispone que una clasificación legislativa no debe ser declarada inválida a menos que sea claramente arbitraria y no pueda establecerse nexo racional alguno entre la misma y un interés legítimo del Estado. Bajo este criterio se ha resuelto que es constitucional una ley siempre que pueda concebirse razonablemente una situación de hechos que justifique la clasificación, teniendo el peso de la prueba aquel que alega la inconstitucionalidad de la legislación en controversia. Bajo el criterio tradicional cuando se trata de legislación de tipo eco-

nómico o social, sólo exige que la clasificación no sea arbitraria y que la misma pueda establecer un nexo racional con los propósitos del estatuto. La exposición de motivos de la Ley Núm. 45 constituye un resumen excelente de la situación imperante y el mal social que nuestro legislador correctamente quiso corregir o regular al aprobar dicha legislación. Se expresó en dicha exposición de motivos que: "En los últimos años se ha proliferado el establecimiento de máquinas electrónicas de juegos y máquinas de "Pin Ball" operadas por monedas, en diferentes clases de negocios. Muchos de estos negocios están ubicados en la proximidad de escuelas. La clientela mayor para este tipo de juegos lo constituyen los niños y jóvenes en edad escolar. La aglomeración de niños y jóvenes en estos negocios generan ruidos que interrumpen las labores académicas. La accesibilidad de estos negocios favorece que muchos escolares se ausenten de clases para jugar en estas máquinas lo que ocasiona que se afecte adversamente su aprovechamiento académico. En adición a esto, muchos estudiantes se privan de algún alimento para utilizar los pocos recursos de que disponen jugando en estas máquinas. Las ganancias producidas por estas máquinas es tal, que se han establecido negocios dedicados exclusivamente a ese propósito. Es responsabilidad del Estado velar por el bienestar de todos los ciudadanos, especialmente aquellos que por su juventud e inexperiencia son más vulnerables. Procede, pues, legislar a fin de que los negocios donde se operan estas máquinas de juegos se ubiquen a prudente distancia de los planteles escolares, y en el caso de aquellos que ya están situados en la proximidad de las escuelas se limiten las horas en que pueden operar dichas máquinas con el propósito de mantener el clima de estudio que debe prevalecer en todo centro docente para beneficio de los estudiantes que acuden a los mismos.

El tribunal de instancia dictaminó que la aplicación al caso de autos de la citada Ley Núm. 45, tenía el efecto de privar a los demandantes recurridos de su propiedad sin seguirse el debido procedimiento de ley, era "irrazonable, arbitraria y caprichosa, ya que resulta confiscatoria de la propiedad de éstos, y que los demandantes tenían derechos adquiridos que no pueden ser violados. La Constitución del Estado Libre Aso-

ciado de Puerto Rico dispone que ninguna persona será privada de su libertad o propiedad sin el debido proceso de ley. No hay duda de que el derecho a la propiedad privada constituye uno de los pilares sobre los cuales descansa nuestro ordenamiento jurídico y nuestro sistema democrático de gobierno. Ello no significa, sin embargo, que dicho derecho sea uno de naturaleza absoluta o, como se consideraba en antaño, uno sagrado.

§5. Libertad de expresión y asociación

Luego de la vida y la libertad física, la libertad de expresión es otro derecho esencial porque se funda en la libertad de conciencia. Supone la protección jurídica del libre desenvolvimiento de la personalidad por medios eficaces. Protege la emisión oral y difusión escrita del pensamiento. El derecho a la libertad de expresión persigue proteger la persona individual frente al Estado y preservar los principios de organización del Estado en la democracia liberal. Ambos se complementan; sin restricciones, la expresión sería ilimitada y el gobierno no subsistiría. En vez de opinión pública, se crearía el caos.

El derecho fundamental a la libertad de expresión se encuentra consagrado en la Constitución de Estados Unidos de América y en la de Puerto Rico. La Sec. 4 del Art. II de la Constitución de Puerto Rico protege al ciudadano puertorriqueño contra cualquier ley, reglamento o actuación gubernamental que restrinja la libertad de palabra o de prensa, o el derecho del pueblo a reunirse en asamblea pacífica y a pedir al gobierno la reparación de agravios. La Sec. 6 del artículo citado añade que las personas podrán asociarse y organizarse libremente para cualquier fin lícito, salvo en organizaciones militares o cuasi militares. El Tribunal Supremo de Puerto Rico ha reconocido que ambos derechos son fundamentales para la consecución y el ejercicio de la libertad de conciencia (Rodríguez v. Srio. de Instrucción, 1979). La garantía constitucional a la libertad de palabra abarca el ámbito general de la libertad de conciencia, de pensamiento, de expresión, y las actividades propias para ejercitar a plenitud dentro de la más dilatada libertad la totalidad de los derechos. Además, faculta el desarrollo pleno del individuo y estimula el libre intercambio y la diversidad de ideas, elementos vitales del proceso democrático. Entre las libertades individuales, la libertad de expresión es, como se expresó, esencial, una vez garantizado el derecho a la vida y a la libertad física. La libertad de expresión es la quintaesencia de una sociedad democrática. De forma multidimensional, en la constelación de valores democráticos, goza de una primacía peculiar. El derecho a la libertad de palabra no está inmune a la imposición de limitaciones, siempre y cuando éstas sean interpretadas de forma restrictiva, de manera que no abarquen más de lo imprescindible. La libertad de expresión no es un derecho absoluto. Por consiguiente, puede "subordinarse a otros intereses cuando la necesidad y conveniencia pública lo requieran.

La Sec. 4 de la Carta de Derechos de Puerto Rico, proviene de los postulados de la Primera Enmienda de la Constitución de Estados Unidos de América. La Primera Enmienda declara, en lo pertinente, que el Congreso no aprobará ninguna ley que coarte la libertad de palabra o de prensa; o el derecho del pueblo a reunirse pacíficamente y a solicitar del Gobierno la reparación de agravios. La Enmienda Catorce, de la Constitución de Estados Unidos de América hizo extensivas las garantías a las libertades de expresión y prensa consagradas en la Primera Enmienda, a todos los estados de la Unión. Por tratarse de un derecho fundamental, la garantía de libertad de expresión y prensa de la Constitución federal aplica en Puerto Rico. Las garantías de nuestra Carta de Derechos las interpreta el Tribunal Supremo de Puerto Rico y las hace efectivas no en menor grado de protección que lo hace, respecto a garantías similares, el Tribunal Supremo de los Estados Unidos de América. Al resolver casos y controversias que surgen bajo la Primera Enmienda, el Tribunal Supremo de los Estados Unidos de América ha dividido su análisis en dos grandes categorías a saber: (1) acciones gubernamentales que reglamentan el contenido de la expresión, y (2) aquellas que regulan su tiempo, lugar y manera (Serrano Geyls, 2006).

Contenido de la Expresión

Las controversias que plantean el derecho a la libertad de expresión se analizan a base de un sistema implantado por el Tribunal Supremo de los Estados Unidos de América. Es menester distinguir entre la reglamentación gubernamental del contenido de la expresión y la reglamentación del tiempo, lugar y manera de la expresión. Se desfavorece toda intervención gubernamental que procure impedir determinada expresión debido a su contenido. Una intervención gubernamental incide sobre el contenido de una expresión si la prohibición va dirigida precisamente a las ideas o a la información que se quiere diseminar, por el mensaje o punto de vista específico de la expresión o por el efecto que esa información o idea pueda tener. Cualquier acción del gobierno de esta naturaleza, que esté dirigida al contenido o al impacto comunicativo de la expresión, se considera tan ominosa jurídicamente que se presume contraria a la Primera Enmienda de la Constitución de los Estados Unidos de América , y a la Sec. 4 del Art. II de la Constitución de Puerto Rico. Cuando una ley, reglamento o actuación gubernamental esté diseñada para afectar el contenido de la expresión, deberá someterse a un escrutinio judicial estricto. Lo anterior implica que la restricción a la actividad expresiva no se sostendrá, a no ser que el gobierno pueda justificar que su acción está estrechamente diseñada para alcanzar un interés público apremiante y que tal actuación es necesaria para alcanzar dicho interés. El Tribunal Supremo de Puerto Rico ha tenido que atender varios casos de libertad de expresión que se relacionan con el ámbito educativo, sea a nivel de escuelas o universidades. Uno de ellos fue el de Rodríguez v. Secretario de Instrucción, (1979) en el cual tuvo que examinar la validez constitucional de la reglamentación que el Secretario de Instrucción Pública de Puerto Rico había adoptado para regir las actividades de reclutamiento de socios en las escuelas públicas del país por parte de la Federación de Maestros. La reglamentación exigía que el horario regular de enseñanza se dedicara única y exclusivamente a actividades educativas y docentes. Además, disponía que el horario escolar ordinario comenzara una hora antes de iniciarse la labor escolar y concluyera una hora después de terminar ésta, cubriendo las etapas de clase, almuerzo, biblioteca y otros períodos no lectivos.

La Federación de Maestros solicitó que les permitiera a sus organizadores acudir a los planteles escolares durante la hora del almuerzo. El Departamento de Instrucción negó el permiso atendiendo a las normas establecidas por el Secretario de Instrucción Pública mediante dos memorandos circulados al efecto, en los que disponía que la labor de reclutamiento sólo se permitiría "fuera de las horas regulares de trabajo, y de tal modo que no interrumpa las funciones normales de la escuela"; aclarándose que las horas regulares de trabajo incluían los períodos de trabajo por equipo. Las frases citadas precedentemente fueron luego interpretadas por el Secretario mediante comunicaciones dirigidas al demandante Félix F. Rodríguez al efecto de que la hora del almuerzo forma parte del programa escolar, ya que durante la misma se realizan algunas tareas relacionadas con la función docente.

La Federación acudió al Tribunal Superior y alegó que no intentaba causar problemas y que por el contrario avisaría con antelación las fechas de las visitas de sus organizadores a los planteles escolares. Sostuvo, además, que las normas adoptadas por el Secretario de Instrucción impiden que la Federación y sus miembros se reúnan para dialogar con los maestros de las diferentes escuelas públicas durante la hora de almuerzo, en que dichos maestros están libres de su labor docente. Por ende, entiende que la reglamentación adoptada es irrazonable y por tanto atenta contra los derechos de libre expresión y asociación garantizados por las secciones primera, cuarta, sexta y séptima de la Carta de Derechos de la Constitución del Estado Libre Asociado de Puerto Rico. El Tribunal Superior acogió el planteamiento de la Federación y ordenó al Departamento de Instrucción a conceder el permiso.

El Secretario apeló al Tribunal Supremo. El Departamento de Instrucción insistió en que no procede permitir las reuniones, justificando su negativa en su propósito de evitar que los alumnos se sometan al fragor de campañas sindicales, de reducir la posibilidad de brotes de desorden o de violencia entre partidarios de entidades rivales, y por razón de que es deseable fomentar el que los miembros de la facultad están disponibles para el estudiantado durante la hora de almuerzo, aunque sólo sea para confraternizar.

Como alternativa, el Departamento de Instrucción ofreció a la Federación el uso de los tablones de edictos y los buzones de correspondencia de cada maestro para ser utilizados en la comunicación con éstos. La Federación por su parte, en ánimo de evitar que sus visitas redunden en inconvenientes administrativos, estaba dispuesta a notificar -con antelación- a los directores escolares su intención de visitar la escuela, de manera que puedan tomarse las medidas de rigor.

El Tribunal Supremo confirmó la sentencia del Tribunal Superior que le había dado la razón a la Federación, luego de hacer el siguiente análisis: "En este caso tenemos un conflicto entre dos legítimos intereses sociales, los cuales son, la necesidad de proteger el derecho ciudadano de expresión y asociación, y el deber de mantener el clima de paz y sosiego que se requiere para el aprendizaje en las escuelas." Se requirió, entonces, establecer un balance entre los intereses encontrados. El Tribunal buscó evidencia entre los hechos del caso que le condujera a pensar que las visitas de los miembros de la Federación a los planteles escolares con fines organizativos habrían de afectar el orden que debe imperar en tales centros de enseñanza. No encontró ningún dato para ello, por lo que la prohibición absoluta de su reglamento no podía prevalecer. El Tribunal Supremo indicó que los derechos básicos garantizados por la Constitución de Puerto Rico acompañan tanto a maestros como a estudiantes durante su permanencia en los predios escolares. La prohibición de su ejercicio tiene que obedecer a motivos que trasciendan del mero deseo de evitar inconvenientes triviales. Por ello, se requiere de las autoridades escolares que muestren los hechos que razonablemente las han llevado a concluir que, de permitir la actividad proscrita, se alterarían substancialmente o se causaría una seria intervención con las actividades docentes. Debe demostrarse que las restricciones impuestas responden a la necesidad real de defender la eficiencia e integridad del servicio público. No es suficiente sentir un temor infundado al bullicio sindical o el deseo de que todos los maestros compartan con los estudiantes durante las horas de almuerzo de todos y cada uno de los días escolares, para sostener prohibición tan estricta como la que plantea el caso de autos, que tiene el efecto de limitar al escueto tablón de edictos toda comunicación entre la Federación y los maestros.

De acuerdo con el Tribunal Supremo el deseo de mantener un ambiente de paz, orden y camaradería que persiguen las autoridades escolares, legítimo como es, puede adelantarse de manera menos lesiva a la libertad de expresión y asociación de los maestros. Ahora bien, cuando se enfrentan los tribunales a medidas que, como en este caso, se relacionan con la función escolar, su proceder ha de ser particularmente cuidadoso. El peligro que puede acarrear una actitud distinta ha sido reiteradamente expresado judicialmente y en pronunciamientos doctrinales. El Tribunal Supremo indicó claramente que no corresponde a los tribunales diseñar las normas que deben reglamentar las relaciones entre los maestros y las entidades que los agrupan. La estructuración y control de las actividades escolares es prerrogativa de los oficiales escolares, dentro del marco de las fundamentales garantías constitucionales que cobijan la libre expresión y asociación. "Las estrategias que se adopten al efecto, deben contener los mecanismos para evitar conflictos entre entidades que agrupen a los maestros con fines de promover su progreso social y económico, el bienestar general y fomentar y estimular una actitud liberal y progresista hacia la administración pública, y promover la eficiencia en los servicios públicos", conforme lo autoriza la ley; cónsono con el mantenimiento del deseable sosiego en las aulas escolares y de la prestación a los estudiantes de la necesaria supervisión y compañía a que son acreedores; procurando en el proceso no menoscabar las garantías consagradas en la Constitución ni el balance que debe mantenerse entre la libertad de expresión y asociación por un lado, y las restricciones que son necesarias para mantener la paz y el orden en las aulas escolares.

El Tribunal Supremo de Estados Unidos de América ha permitido, en limitadas ocasiones y mediante una regulación clara y estrechamente diseñada, que se prohíba determinada expresión por causa de su contenido, cuando ésta puede catalogarse bajo alguna de las siguientes clasificaciones: (1) expresión que incita a una acción ilegal inminente, como instar a la violencia; (2) expresión que desencadena una respuesta violenta automática (las llamadas palabras de riña o amenazas); (3) obscenidad; (4) pornografía infantil que incluye fotografías y películas de niños pequeños; (5) expresión difamatoria; y (6) ciertos tipos de expresión comercial, como la falsa o engañosa.

De acuerdo con Serrano Geyls (1986), el Tribunal Supremo de Puerto Rico, también se ha expresado en torno a esas clasificaciones, al autorizar determinadas actuaciones o regulaciones gubernamentales, aunque impacten el contenido del mensaje, ya que la expresión resulta ser: (1) subversiva; (2) difamatoria; (3) invasora de la intimidad; (4) obscena; o (5) de naturaleza comercial.

El gobierno tendrá que probar que la limitación a la expresión cumple con los requisitos esenciales de un escrutinio judicial estricto; a saber, que está diseñada estrechamente para alcanzar un interés gubernamental apremiante, cuando la expresión no está dentro de alguna de esas clasificaciones. Algunos asuntos que pueden ser reglamentados:

(1) Expresiones en público que alteren la paz individual o colectiva. Ej. Gritar fuego en el cine.

(2) Palabras de riña. Ej. Aquellas que hagan que un hombre de inteligencia y sensibilidad común reaccione violentamente en respuesta al que se las dirige.

(3) Instrumentos mecánicos que se usan para propagar las ideas. Ej. Altoparlantes y otros mecanismos de esa misma natu leza.

Tiempo, Lugar y la Manera de la Expresión

El gobierno no puede suprimir de manera total y absoluta el ejercicio de la expresión legítima. Tampoco se favorece, como regla general, la regulación del contenido de la expresión protegida. Ahora bien, el gobierno sí puede limitar, bajo ciertas condiciones, el tiempo, lugar y la manera en que un ciudadano ejerce su derecho a la libre expresión. Sin este tipo de límite o restricción, nuestra sociedad democrática estaría desprovista de algún grado sensato de orden y civilidad, ya que los ciudadanos estarían libres para expresar su mensaje sin importar el contexto específico del lugar, el momento o el modo en que lo hacen. Veamos el caso de Sánchez Carambot v. Matheu, (1982) en que el Tribunal Supremo de Puerto Rico procedió a hacer un análisis de una actuación gubernamental que tenía efectos en torno a la libertad de expresión de los estudiantes.

El Director del Colegio Universitario de Humacao decretó la suspensión de todas las actividades extracurriculares de dicho Colegio Universitario hasta tanto se normalizara la situación laboral que estaba ocurriendo en la Universidad de Puerto Rico en Río Piedras, donde habían ocurrido actos de violencia. Mientras estaba vigente la prohibición, se celebró un mitin en el pasillo interior que da acceso a las distintas dependencias del Colegio, a una distancia de 15 pies de los edificios que albergan los departamentos de Administración y de Letras. La actividad, que reunió gran número de espectadores, se celebró sin la autorización y en el mismo los estudiantes Roberto Ortiz Feliciano y Esaúl Sánchez Carambot, se dirigieron a los espectadores usando altavoces. El ruido producido por la actividad no parece haber alcanzado intensidad suficiente para hacer imposible las tareas en los edificios adyacentes, aunque produjo la paralización de sus labores de un grupo de empleados.

El Director del Colegio aplicó las siguientes sanciones por la violación de la prohibición de celebrar actividades extracurriculares: (1) a Roberto Ortiz Feliciano, una suspensión bajo probatoria por el resto del presente año académico; y (2) a Esaúl Sánchez Carambot, el retiro de la probatoria de que entonces disfrutaba y una suspensión absoluta por el resto del presente año académico. Luego, por la violación de las disposiciones reglamentarias que se relacionan con el uso de altoparlantes sin autorización, se dirigió a los estudiantes Ortiz y Sánchez mediante cartas. En una le comunicó al estudiante Ortiz la imposición de una probatoria disciplinaria de seis meses a partir del 24 de enero de 1977, por violación de los incisos C3(a), C3(e), C3(h), C3(j) y C3(k) del Art. 3(2) del Reglamento General de Estudiantes. En la otra carta le comunicó al estudiante Esaúl Sánchez Carambot que, por violación a las mismas disposiciones reglamentarias, se le retiraba la probatoria de que disfrutaba en aquel momento, y se le suspendió del Colegio por seis meses a partir del 17 de enero de 1977, prohibiéndosele entrar a los terrenos, dependencias y facilidades bajo el control de la

Universidad y se le imponía una probatoria disciplinaria de un año desde la fecha de su reingreso, autorizándole, sin embargo, a solicitar dicho reingreso para el primer semestre del año académico de 1977 a 1978.

Los estudiantes acudieron al Tribunal Superior. Este acogió los planteamientos de los estudiantes y dictó sentencia en la que estimó constitucionalmente impermisible el cese de actividades extracurriculares decretado por las autoridades universitarias humacaeñas, disponiendo así la violación al inciso C3(k) (peligro claro e inminente) y estimando, además, que los estudiantes tampoco habían violado el inciso C3(h) (uso de altoparlantes) del Reglamento. El Tribunal Superior determinó que los estudiantes sí violaron el inciso C3(j) del Reglamento de Estudiantes, referente a la reglamentación de lugares apropiados para la celebración de mítines y piquetes. Rebajó de seis a dos meses el período de probatoria disciplinaria impuesto al estudiante Roberto Ortiz Feliciano, período que se contaría desde la notificación original, y redujo la suspensión impuesta a Esaúl Sánchez Carambot al tiempo cumplido al momento de dictarse sentencia.

El Colegio acudió al Tribunal Supremo. Lo primero que hizo el Supremo fue determinar si, de acuerdo con los hechos del caso al momento de extenderse la prohibición de actividades extracurriculares, existía en el Colegio de Humacao el peligro claro e inminente de que el ejercicio de los derechos estudiantiles habrían de interferir sustancial y materialmente con el orden institucional, de suerte que se justificara la interferencia con el libre ejercicio de tales derechos. El Tribunal Supremo indicó que se ha considerado seria y profundamente si un trasfondo de violencia es válido para justificar una intervención de las autoridades con los derechos de expresión y asociación del ciudadano. La respuesta ha sido afirmativa, considerándose, como es natural, que experiencias anteriores de actos violentos pueden poner restricciones a los derechos de ciertas personas u organizaciones de llevar a cabo mítines, marchas y reuniones, todo ello con ánimo de proteger la vida y propiedad de los ciudadanos. No obstante, considerando las serias repercusiones que tal censura conlleva, deben coincidir varios requisitos para que esa restricción justificada con actos violentos previos sea válida:

(1) la violencia debe ser lo bastante seria como para causar, bien lesiones personales de envergadura o daño sustancial a la propiedad.

(2) la violencia debe ocurrir en la misma área en que se pretende llevar a cabo la demostración, porque un cambio de ubicación, por lo común, rompe con el patrón de violencia y altera las variables importantes, tales como los objetivos simbólicos, las víctimas potenciales, los incitadores posibles y los escondites usuales.

(3) la violencia debe ser lo suficientemente continua como para constituir un patrón o trasfondo verdadero y no un mero acto desafortunado del pasado. Por último, la violencia debe ser reciente. La violencia anterior que da lugar a la restricción válida del ejercicio de libertades de expresión y asociación de grupos debe ser de sustancial magnitud y continui-

> dad y debe ocurrir aproximadamente en el mismo lugar en que ahora se proscribe, así como en tiempo reciente. El ambiente distinto que circunda al Recinto de Humacao, su población estudiantil tan significativamente menor, su campus reducido y su limitado número de estructuras nos obligan a concluir que las variables pertinentes se alteran tan destacadamente cuando nos movemos de Río Piedras a Humacao, que la violencia que se advirtió en el recinto metropolitano no se podía utilizar para justificar la prohibición de la libertad de expresión en Humacao, por lo que se declaró inconstitucional la actuación del Director del Colegio.

Al momento de decretarse en Humacao la segunda prohibición el 18 de octubre de 1976, por cuya violación se acusó a los estudiantes, había transcurrido más de un mes desde que cesaron los actos de violencia en Río Piedras. Durante los diez días que transcurrieron luego de vencer la primera prohibición y antes de decretarse la segunda, del 8 al 18 de octubre, en el Colegio de Humacao no se registró acto de violencia de ninguna clase como consecuencia de forma alguna de expresión estudiantil. Pero la conducta del estudiante, en clase o fuera de ella, que, por cualquier razón, bien surja ésta de tiempo, lugar o manera, causa interrupción sustancial o envuelve desorden sustancial o invasión de los derechos de otros, claramente no está protegida por las garantías constitucionales de libertad de expresión. Lo que sucede en este caso es que los estudiantes utilizaron los altavoces en el lugar en que, por su cercanía a los lugares de trabajo del Colegio, su uso estaba prohibido siempre, mediara o no censura especial. Los estudiantes utilizaron altavoces en abierto desafío a las normas adoptadas por el Colegio, sin controvertir la razonabilidad de dichas normas.

En este sentido, el Director del Colegio Universitario de Humacao actuó correctamente al determinar que los estudiantes violaron la disposición reglamentaria referente al uso de altoparlantes, en contravención a las normas dispuestas a los efectos, inciso C3(h), así como aquella disposición del Reglamento de Estudiantes que prohíbe la celebración de marchas y mítines cerca de los edificios donde se llevan a cabo tareas lectivas, inciso C3(j). Por tal razón, el Tribunal Supremo aplicó la doctrina de tiempo, lugar y manera, y modificó la sentencia del Tribunal Superior e instauró la sentencia contra los estudiantes por uso de altoparlantes sin autorización.

El Tribunal Supremo de Estados Unidos de América ha establecido que una ley, reglamento o actuación gubernamental que tan solo incida sobre el tiempo, lugar y la manera de la expresión, será válida únicamente si cumple con un escrutinio judicial intermedio. El escrutinio judicial intermedio requiere que la ley, reglamento o actuación gubernamental cumpla con tres exigencias:

(1) que sea neutral en cuanto al contenido de la expresión;

(2) que haya sido diseñada estrechamente para alcanzar un interés gubernamental importante o significativo que no esté relacionado con la supresión del contenido de la expresión; y

(3) que no impida medios alternativos de comunicación.

La restricción por parte del gobierno del derecho a la libertad de expresión en propiedad pública crea un conflicto de intereses entre el derecho del Estado a limitar el uso que se ejerce en torno a la propiedad y el derecho de todo ciudadano a utilizar dicha propiedad gubernamental para actividades intrínsecas a la libertad de palabra (Perry-Hazan, 2015). El Tribunal Supremo de Estados Unidos de América ha utilizado un análisis de tres partes para establecer un balance de intereses. El grado de expresión permitido dependerá del foro en que se ejerza la expresión. Puede ser:

(1) el foro público tradicional; que es un lugar que por uso y costumbre o por fíat gubernamental ha sido destinado a la reunión pacífica y al debate público. Las calles, aceras y parques son lugares que por excelencia se han considerado foros públicos tradicionales, ya que por tiempo inmemorable han sido reservados para el uso del pueblo y para la reunión entre ciudadanos con el fin de cultivar la comunicación y discutir asuntos de interés social. Si la acción interfiere con el contenido de la expresión o si solo coarta el tiempo, lugar o la manera de hacerla. Si la regulación o limitación suprime el contenido de la expresión en un foro público tradicional, los tribunales aplicarán el escrutinio judicial estricto antes explicado, a no ser que se trate de alguna de las clasificaciones de expresión que han sido proscritas por su contenido. Al analizar toda regulación o limitación de la libertad de palabra en este tipo de foro, los tribunales deben emplear el análisis dual antes esbozado, examinando (i.e., obsceni-

dad); empero, si la restricción solo atañe el tiempo, lugar y el modo de la expresión, entonces será de aplicación el escrutinio judicial intermedio antes consignado. Éste aplica a toda regulación que sea neutral hacia el contenido de la expresión.

(2) el foro público por designación consiste en aquella propiedad pública que el Estado ha abierto a la actividad expresiva. El foro público por designación no es uno originalmente destinado a gestiones comunicativas, pero el Gobierno, por elección propia, opta por abrirlo para tales propósitos, aunque el Estado no está obligado a proveer para fines expresivos la propiedad pública que no es catalogada tradicionalmente como un foro público, mientras lo haga deberá cumplir con el escrutinio empleado para evaluar la constitucionalidad de la regulación de la expresión protegida en los foros públicos tradicionales. Dentro de esta categoría, el Gobierno puede designar foros públicos limitados. Éstos se abren para propósitos específicos, tales como la discusión e intercambio de ideas por ciertos grupos o en torno a ciertos temas. Por lo tanto, en esos casos, el derecho a expresarse se extendería sólo a otros grupos de carácter similar o a otros puntos de vista relacionados con el mismo tema. El Gobierno no puede crear estos foros por inacción, sino sólo deliberadamente. Ej: Escuelas, hospitales, tribunales. Aquí el Gobierno puede limitar la expresión, permitiendo sólo aquella que sea compatible con el objetivo de tal propiedad pública.

(3) el foro público no tradicional, que alberga aquella propiedad pública que no ha sido destinada tradicionalmente a la reunión pacífica o al debate público y el Gobierno tampoco ha elegido abrirla para actividades expresivas. Se examina a la luz de un escrutinio judicial distinto al establecido para el foro público tradicional y el foro público por designación. La protección que ofrece a la expresión es menor. El Gobierno puede limitar la actividad expresiva a aquella que sea compatible con el objetivo para el cual fue creada esta propiedad pública. La reglamentación de la expresión será válida siempre que sea razonable, aunque no tiene que ser la única ni la más razonable.

El Tribunal Supremo de Puerto Rico ha resuelto que aquí, ni el Ejecutivo, el Tribunal, ni la Legislatura pueden impedir que alguien hable. No obstante, se han reconocido excepciones a esa censura previa:

(1) Si se trata de intereses privados en disputa. Ej. Palabras sobre cualidades de un producto, no sustentadas en pruebas.

(2) Emergencia nacional

(3) Casos de obscenidad

(4) Incitación a la violencia

(5) La mordaza que impone el juez a los abogados y litigantes sobre asuntos pendientes.

Vaguedad o Amplitud Excesiva

Una ley puede ser inconstitucional de su faz si es vaga o excesivamente amplia en el ámbito de la libertad de expresión. El concepto vaguedad indica que una ley será nula si no está redactada con suficiente claridad y precisión como para notificar a personas de inteligencia común, cuál conducta está prohibida. También una ley puede adolecer de amplitud excesiva, que quiere decir que será nula de su faz si trata de regular en exceso la conducta protegida. Vaguedad y amplitud excesiva presuponen que hay un ejercicio del derecho a la libre expresión que no podría ser legítimamente restringido por el gobierno.

La expresión simbólica se refiere a que la forma que se utiliza para llevar a cabo el mensaje puede ser tan importante como el mensaje que se intenta enviar. Un ejemplo de esta lo constituyen los piquetes. Existe un derecho constitucional a marchas y piquetes mientras no afecte la paz de otras personas que también tienen derecho a estar en ese lugar. La expresión simbólica se puede reglamentar;

(1) si hay interés sustancial del gobierno,

(2) no se suprime la libertad de expresión,

(3) se limita a lo esencial.

El Tribunal Supremo de Puerto Rico ha resuelto que no se pueden realizar piquetes a las residencias de funcionarios públicos. En casos en que la oficina sea en la misma residencia del funcionario se puede piquetear, pero se pueden reglamentar las horas, altoparlantes y derecho de paso.

Jurisprudencia

5. **Rodríguez, v. Dr. Ramón A. Cruz,** 109 D.P.R. 251 (1979)

[Resumen]

[Este caso discute la validez de una regla del Secretario de Educación que interfiere con la libertad de expresión de los maestros.]

EL JUEZ ASOCIADO SEÑOR MARTÍN emitió la opinión del Tribunal.

La Federación de Maestros solicitó del Departamento de Instrucción que le permitiera a sus organizadores acudir a los planteles escolares durante la hora del almuerzo, para reunirse allí con los maestros y persuadirles a ingresar en la colectividad. Los oficiales del Departamento de Instrucción se negaron a conceder el permiso atendiendo a las normas establecidas por el Secretario de Instrucción Pública mediante dos memorandos circulados al efecto, en los que disponía que la labor de reclutamiento sólo se permitiría "fuera de las horas regulares de trabajo y de tal modo que no interrumpa las funciones normales de la escuela"; aclarándose que las horas regulares de trabajo incluían los períodos de trabajo por equipo. La hora del almuerzo forma parte del programa escolar, ya que durante la misma se realizan algunas tareas relacionadas con la función docente." Además, provee que el horario escolar ordinario comienza una hora antes de iniciarse la labor escolar y concluye una hora después de terminar ésta, cubriendo las etapas de clase, almuerzo, biblioteca y otros períodos no lectivos. La reglamentación del Secretario exige que el horario regular de enseñanza se dedique única y exclusivamente a actividades educativas y docentes.

La Federación acudió al Tribunal Superior alegando que la reglamentación adoptada es irrazonable y por tanto atenta contra los derechos de libre expresión y asociación garantizados por la Constitución del Estado Libre Asociado de

Puerto Rico. El Tribunal Superior acogió el planteamiento de la Federación y dictó el interdicto solicitado. El Secretario acudió al Tribunal Supremo quien confirmó la sentencia del Tribunal Superior por los siguientes fundamentos.

La sección cuarta de la Carta de Derechos de nuestra Constitución consagra la prerrogativa de los individuos de expresarse libremente. Como corolario del derecho de expresión, la sección sexta del mismo cuerpo reconoce el derecho de las personas a asociarse y organizarse para cualquier fin lícito con igual libertad. Ambos derechos son fundamentales para la consecución y ejercicio de la libertad de conciencia, lo que nos obliga a su más celosa protección. A pesar de la honda estima social de que disfrutan tales postulados, ello no los hace acreedores de irrestricción absoluta, sino que, por el contrario, han de subordinarse a otros intereses en circunstancias en que la conveniencia y necesidad pública así lo requieran.

Los tribunales deben pues, sopesar el alcance de la restricción a la libre expresión y asociación y la importancia del interés gubernamental que anima la restricción, a la luz de la amenaza que la conducta impedida representa para tal interés del Estado. Deben considerarse las alternativas que tiene el poder gubernamental para alcanzar el objetivo de su limitación de la manera que menos lesione el derecho de expresión; y considerarse además las alternativas que tiene disponibles la persona para el ejercicio de su libertad de expresión y de asociación sin afectar adversamente las pretensiones gubernamentales. El principio rector del conflicto entre los derechos señalados puede resumirse expresando que a mayor limitación al derecho de expresión, mayor debe ser el interés estatal que requiere protección(9) y mayor la lesión a ese interés.

Hay lugares que resultan impropios para ejercitar algunos modos de expresión. Los tribunales, los hospitales, los templos y las escuelas son algunos de esos sitios. Nada impide al Estado mantener las escuelas y otros lugares similares libres del bullicio propio de la política y de los negocios, protegiendo así el sosiego que en ellas debe prevalecer. En contraste con los parques, plazas y calles, considerados tradicionalmente foros por excelencia de expresión pública, las escuelas y bibliotecas estatales no se organizaron para celebrar en ellas libre intercambio comunitario. Tienen pues la naturaleza de foros semipúblicos. En instituciones de esa índole, el Estado disfruta del derecho de mantener la tranquilidad requerida para llevar a cabo el principal cometido que se le asignó. El Estado carece de facultad para excluir de dichas instituciones la expresión o asociación pacífica que sea compatible con su gestión.

Concretando en los hechos del caso de autos a la luz del principio rector que permite la libre expresión y asociación en los planteles escolares limitado por los fines para los cuales existen, no hemos podido encontrar en el récord evidencia que nos conduzca a pensar que las visitas de los miembros de la Federación a los planteles escolares ,con fines organizativos, habrán de redundar en menoscabo al orden que debe imperar en tales centros de enseñanza. En ausencia de tal prueba la absoluta proscripción que impone el Secretario no debe subsistir. Los derechos básicos garantizados por nuestra Constitución acompañan tanto a maestros como a estudiantes durante su permanencia en los predios escolares. La prohibición de su ejercicio tiene pues que obedecer a motivos que trasciendan del mero deseo de evitar inconvenientes triviales. Por ello, se requiere de las autoridades escolares que muestren los hechos que razonablemente las han llevado a concluir que de permitir la actividad proscrita, se alterarían substancialmente o se causaría una seria intervención con las actividades docentes.

Concretamente, debe demostrarse que las restricciones impuestas responden a la necesidad real de defender la eficiencia e integridad del servicio público. No es suficiente sentir un temor infundado al bullicio sindical o el deseo de que todos los maestros compartan con los estudiantes durante las horas de almuerzo de todos y cada uno de los días escolares, para sostener prohibición tan estricta como la que plantea el caso de autos, que tiene el efecto de limitar al escueto tablón de edictos toda comunicación entre la demandante y los profesores.

El deseo de mantener un ambiente de paz, orden y camaradería que persiguen las autoridades escolares, legítimo como es, puede adelantarse de manera menos lesiva a la libertad de expresión y asociación de los maestros. Ahora bien, cuando se enfrentan los tribunales a medidas que, como en el caso de autos, se relacionan con la función escolar, su proceder ha de ser particularmente cuidadoso. El peligro que puede acarrear una actitud distinta ha sido reiteradamente expresado judicialmente y en pronunciamientos doctrinales. No nos corresponde diseñar las normas que deben reglamentar las relaciones entre los profesores y las entidades que los agrupan. La estructuración y control de las actividades escolares es prerrogativa de los oficiales escolares, dentro del marco de las fundamentales garantías constitucionales que cobijan la libre expresión y asociación. En las medidas que adopten al efecto, han de proveerse los mecanismos para evitar conflictos entre entidades que agrupen a los maestros" confines de promover su progreso social y económico, el bienestar general... y fomentar y estimular una actitud liberal y progresista hacia la administración pública, y promover la eficiencia en los servicios públicos", conforme lo autoriza la ley; cónsono con el mantenimiento del deseable sosiego en las aulas escolares y de la prestación a los estudiantes de la necesaria supervisión y compañía a que son acreedores; procurando en el proceso no menoscabar las garantías consagradas en la Constitución ni el balance que debe mantenerse entre la libertad de expresión y asociación por un lado, y las restricciones que son necesarias para mantener la paz y el orden en las aulas escolares. Por los antes dichos fundamentos, la sentencia del tribunal de instancia será confirmada.

6. **Sánchez Carambot, v. Matheu,** 113 D.P.R. 153 (1982)

[Resumen)

[Este caso discute la validez de una norma que intenta regular la libertad de expresión de un grupo de estudiantes.]

Resuelto: 17 de junio de 1982

PER CURIAM: El 7 de septiembre de 1976, la Hermandad de Empleados No Docentes de la Universidad de Puerto Rico y el Sindicato de Trabajadores de la misma institución, decretaron un paro huelgario suscitándose violentas manifestaciones y mítines desordenados que, en el Recinto de Río Piedras, redundaron en actos vandálicos contra la propiedad universitaria, en amenazas contra funcionarios del Recinto, y en irrupciones violentas en las aulas, desalojándose de las mismas a profesores y estudiantes.

En el Recinto de Humacao también se sintieron los efectos lamentables que suelen producir algunos movimientos huelgarios.

Para enfrentar esa situación que hemos reseñado y tomando también en consideración el estado de cosas en Río Piedras, basado en experiencias anteriores, el señor Matheu, Director del Colegio Universitario de Humacao, decretó el 8 de septiembre de 1976, la suspensión de todas las actividades extracurriculares de dicho Colegio Universitario (1) hasta tanto se normalizara la situación laboral, invocando para sus actuaciones las providencias pertinentes del Reglamento de Estudiantes. Esa primera orden expiró el 8 de octubre de 1976.

Todavía para el 18 de octubre de 1976 prevalecía el estado huelgario. Considerando el señor Matheu que las circunstancias que motivaron su decisión de septiembre aún privaban sobre la institución, obtuvo autorización del Consejo de Educación Superior para decretar una nueva suspensión de actividades extracurriculares hasta el 6 de noviembre de 1976. Al finalizar la huelga de trabajadores el 27 de octubre de 1976 se dejó sin efecto en esa misma fecha el cese de las labores no lectivas.

Estando vigente la segunda moratoria de las actividades no académicas en el Colegio de Humacao, el martes 19 de octubre de 1976, comenzando a las 10:30 a.m. y durante unos 45 minutos, se celebró un mitin en el pasillo interior que da acceso a las distintas dependencias del Colegio, a una dis-

tancia de 15 pies de los edificios que albergan los departamentos de Administración y de Letras. La actividad, que reunió gran número de espectadores, se celebró sin la autorización del señor Matheu ni del Decano de Asuntos Estudiantiles y en el mismo los estudiantes Roberto Ortiz Feliciano y Esaúl Sánchez Carambot, se dirigieron a los espectadores usando altavoces. El ruido producido por la actividad no parece haber alcanzado intensidad suficiente para hacer imposible las tareas en los edificios adyacentes, aunque produjo la paralización de sus labores de un grupo de empleados.

Advertido el señor Matheu de la conducta de los estudiantes Sánchez y Ortiz, presentó contra éstos querella ante la Junta de Disciplina del Colegio, la cual, luego de los procesos de rigor, incluso una vista, encomendó que se impusiera a dichos estudiantes las siguientes sanciones: (1) a Roberto Ortiz Feliciano, una suspensión bajo probatoria por el resto del presente año académico; y (2) a Esaúl Sánchez Carambot, el retiro de la probatoria de que entonces disfrutaba y una suspensión absoluta por el resto del presente año académico.

Considerando las recomendaciones de la Junta de Disciplina, el 21 de enero de 1977 el señor Matheu procedió con las sanciones.

Los estudiantes acudieron al Tribunal Superior solicitando del Tribunal que se impidiera que se pusieran en efecto las sanciones disciplinarias decretadas contra ellos; para que se ordenara a los demandados reconocer sus derechos constitucionales; que se les reinstalara como estudiantes regulares sin restricción de clase alguna y se eliminara de sus expedientes toda mención referente a las sanciones; que se declararan nulas, ilegales e inconstitucionales las actuaciones del señor Matheu.

El Tribunal Superior acogió sustancialmente los planteamientos de los demandantes y el 3 de marzo de 1977 dictó sentencia en la que estimó constitucionalmente impermisible el cese de actividades extracurriculares decretado por las autoridades universitarias humacaeñas, disponiendo así la violación al inciso C3(k) (peligro claro e inminente) y estimando, además, que los estudiantes tampoco habían violado el inciso C3(h) (uso de altoparlantes) del Reglamento.

En consecuencia ordenó a los demandados a:

(1) respetar el derecho del demandante Esaúl Sánchez Carambot de entrada y acceso a los predios universitarios como cualquier otro estudiante;

(2) eliminar de los récords de los demandantes toda referencia a violaciones reglamentarias con excepción del inciso C3(j) del Art. 3;

(3) readmitir al estudiante Esaúl Sánchez Carambot a su condición de estudiante regular; y

(4) no imponer a los demandantes ninguna otra sanción por los hechos ocurridos el 19 de octubre de 1976. En cuanto a la reclamación de daños, el tribunal estimó que la misma no procedía, concediendo, sin embargo, un plazo a los demandantes para argumentar contra esa estimación.

El Tribunal Superior determinó que los demandantes sí violaron el inciso C3(j) del Reglamento de Estudiantes, referente a la reglamentación de lugares apropiados para la celebración de mítines y piquetes, (3) procedió entonces a utilizar su criterio en cuanto a qué sanción sería la más adecuada para punir esa sola violación. Así animado, rebajó de seis a dos meses el período de probatoria disciplinaria impuesto al estudiante Roberto Ortiz Feliciano, período que se contaría desde la notificación original, y redujo la suspensión impuesta a Esaúl Sánchez Carambot al tiempo cumplido al momento de dictarse sentencia.

Inconforme el señor Mathew con la sentencia dictada, acudió ante el Tribunal Supremo solicitando la revisión de la misma.

El Tribunal Supremo confirmó las determinaciones del Tribunal de instancia que declaró constitucionalmente impermisible la censura impuesta sobre los derechos de expresión y asociación de los estudiantes de Humacao y, en consecuencia, inválidas las sanciones impuestas por su violación. Dictó sentencia que dejó sin efecto aquella parte de la sentencia recurrida que declaró inválida la prohibición impuesta al recurrido Esaúl Sánchez Carambot de entrar a los terrenos, dependencias y facilidades bajo el control de la Universidad y aquella que ordenó al señor Matheu, a eliminar del expediente permanente de los recurridos Esaúl Sánchez Carambot y Roberto Ortiz Feliciano la referencia a la violación del inciso C3(h) (referente al uso de altoparlantes) del Reglamento General de Estudiantes de la Universidad de Puerto Rico.

El Tribunal Supremo utilizó los siguientes fundamentos: los derechos fundamentales de expresión y asociación que en nuestra Constitución se consagran, acompañan tanto a maestros como a estudiantes durante su permanencia en los predios escolares. Tratándose de universidades, esta norma constitucional comulga estrechamente con la esencia y razón histórica de esta institución, en la que como afirma Monroe de un modo claro, la libertad de discusión, tanto política como eclesiástica y teológica encontró su primer hogar.

En la América de nuestro tiempo esa tarea destacada que desempeña la universidad como centro de investigación, de estudio y de crítica social no ha perdido trascendencia. La universidad latinoamericana se ha visto comprometida desde sus comienzos con la reforma social. La universidad luchó por su autonomía, la que se cristalizó con la Revolución universitaria de Córdoba en 1918. Desde que comenzó la reforma se proclamó el deber universitario de asumir el liderato en la sociedad y de servir a sus necesidades, definiéndose así la ubicación en las tareas universitarias del estudio de lo político-social al margen de las preferencias del Estado.

Así pues, en Latinoamérica la autonomía universitaria se concibe como el santuario donde conseguir una relativa libertad en el examen de las ideas.

En este sentido, el definitivo reconocimiento que las libertades civiles reciben en todo el ordenamiento nacional de so-

ciedades como la nuestra, no puede ser razón hábil para menoscabar las garantías de libertad de expresión y asociación que desde tiempos pretéritos gozan los estudiantes y profesores universitarios. Precisamente, para que las salvaguardas civiles no decaigan es imprescindible la crítica ilustrada, acuciosa y constante de parte de esos grupos dedicados al más elevado estudio. Callar sus denuncias puede poner en peligro las libertades que con tanta dificultad se plasmaron en un pasado no muy remoto. Se trata de proteger esa discusión enérgica de las ideas, que es tan esencial para el cabal desarrollo del hombre, como para la conservación y el sostenimiento del bienestar común en una sociedad que viva en democracia. Así lo reconoció el legislador puertorriqueño cuando dispuso que, en el cumplimiento de su misión, la Universidad de Puerto Rico debería tener presente que por su carácter de Universidad y por su identificación con los ideales de vida de Puerto Rico, ella está esencialmente vinculada a los valores e intereses de toda comunidad democrática.

Con estos principios en mente podemos entender con claridad cómo es aún con la esencia vital de la universidad la norma constitucional a los efectos de que estudiantes y profesores conservan sus derechos de expresión y asociación pacífica en consonancia con los propósitos de la institución, cuando entran a los centros de enseñanza. Más aún, se entiende también que es armónica con la filosofía de libertad, que es germen de la universidad, el principio fundamental que postula que la censura previa de los derechos de expresión y asociación se enfrenta al escrutinio judicial cargando un pesado factor que aboga en contra de su subsistencia. Hemos requerido que las autoridades muestren los hechos que razonablemente las han llevado a concluir que de permitir la actividad proscrita, se alterarían substancialmente o se causaría una seria intervención con las actividades docentes. Hemos exigido que se demuestre que las restricciones impuestas obedecen a la necesidad real de defender la eficiencia e integridad del servicio público.

Nuestra tarea se reduce entonces a determinar si, de acuerdo con los hechos de autos al momento de extenderse, existía en el Colegio de Humacao el peligro claro e inminente de que el ejercicio de los derechos estudiantiles habrían de interferir sustancial y materialmente con el orden institucional, de suerte que se justificara la intervención oficial con el libre ejercicio de tales derechos.

Tengamos presente que para sostener su proceder las autoridades universitarias de Humacao invocan principalmente el hecho de que en el Recinto de Río Piedras las marchas y mítines que se llevaron a cabo redundaron en serios actos de violencia. Su fundamento radica en la experiencia sucedida en Río Piedras, pues debe advertirse que los actos vandálicos que se suscitaron en Humacao ni se originaron ni estuvieron relacionados con marchas o concentración estudiantil alguna. A estos efectos, nos es útil reconocer el análisis que se ha hecho en otras jurisdicciones sobre las circunstancias que deben coincidir para que experiencias previas de violencia se consideren índice correcto de surgimientos posteriores y, por tanto, fundamento válido para coartar derechos de expresión.

En la doctrina de derecho constitucional americano, tan similar al nuestro en aspectos que se refieren a derechos fundamentales, se ha considerado seria y profundamente si un trasfondo de violencia es válido para justificar una intervención de las autoridades públicas con los derechos de expresión y asociación del ciudadano.

La respuesta ha sido afirmativa, considerándose, como es natural, que experiencias anteriores de actos violentos pueden poner restricciones a los derechos de ciertas personas u organizaciones de llevar a cabo mítines, marchas y reuniones, todo ello con ánimo de proteger la vida y propiedad de los ciudadanos. No obstante, considerando las serias repercusiones que tal censura conlleva, deben coincidir varios requisitos para que esa restricción justificada con actos violentos previos sea válida. En primer lugar, la violencia debe ser lo bastante seria como para causar, bien lesiones personales de envergadura o daño sustancial a la propiedad. Además, la violencia debe ocurrir en la misma área en que se pretende llevar a cabo la demostración, porque un cambio de ubicación, por lo común, rompe con el patrón de violencia y altera las variables importantes, tales como los objetivos simbólicos, las víctimas potenciales, los incitadores posibles y los escondites usuales. Más aún, la violencia debe ser lo suficientemente continua como para constituir un patrón o trasfondo verdadero y no un mero acto desafortunado del pasado. Por último, la violencia debe ser reciente. Debe haber un momento de temor, una "intimidación continua. Podemos resumir, que la violencia anterior que da lugar a la restricción válida del ejercicio de libertades de expresión y asociación de grupos debe ser de sustancial magnitud y continuidad y debe ocurrir aproximadamente en el mismo lugar en que ahora se proscribe, así como en tiempo reciente.

Ahora bien, el centro neurálgico de la controversia de autos se centra precisamente en determinar si los requisitos de proximidad física y temporal, así como de circunstancias similares, se satisfacen en el caso de autos donde los sucesos de Río Piedras son invocados para justificar la prohibición de actividades extracurriculares en Humacao.

El Colegio de Humacao, sin embargo, presentaba para la fecha de la ocurrencia de los hechos de autos un cuadro totalmente distinto. Era un recinto universitario pequeño con características en todo sentido disímiles al recinto riopedrense.

Considerando los criterios antes reseñados a la luz de este contraste, no podemos concluir que las experiencias de violencia que se registraron en Rio Piedras son base suficiente para restringir absolutamente los derechos de expresión y asociación de los estudiantes de Humacao, por representar un peligro claro e inminente de violencia en el recinto humacaeño. Aun olvidando que ninguno de los actos ilegales que ocurrieron en Humacao respondió, como en Río Piedras, a actividad estudiantil alguna y, más aún, ignorando la considerable distancia que separa a ambas instituciones, las circunstancias de uno y otro centro difieren tanto que no alcanzamos a percibir paralelismo alguno entre ambos, que sirva para sostener la proscripción impuesta por el señor Director. El ambiente distinto que circunda al Recinto de Humacao, su población estudiantil tan significativamente menor, su campus reducido y su limitado número de estructuras nos obligan a concluir que las variables pertinentes se alteran tan destacadamente cuando nos movemos de Río Piedras a Humacao, que la violencia que se advirtió en el recinto metropolitano no libera a la censura previa que se impuso en Humacao, de la pesada presunción de inconstitucionalidad con que este tipo de medidas se presenta ante el escrutinio judicial.

Más aún, al momento de decretarse en Humacao el segundo vedamiento el 18 de octubre de 1976, por cuya violación se acusó a los recurridos, había transcurrido más de un mes desde que cesaron los actos de violencia en Río Piedras. Tampoco se advierte proximidad temporal entre los sucesos violentos advertidos y la prohibición de actividades extracurriculares en Humacao. Reafirma nuestra conclusión el hecho relevante de que durante los diez días que transcurrieron luego de vencer la primera prohibición y antes de decretarse la segunda -del 8 al 18 de octubre- en el Colegio de Humacao no se registró acto de violencia de ninguna clase como consecuencia de forma alguna de expresión estudiantil.

A la luz de estas consideraciones coincidimos con el ilustrado tribunal sentenciador en aquella parte de su sentencia que declaró constitucionalmente impermisible la censura impuesta sobre los derechos de expresión y asociación de los estudiantes de Humacao y, en consecuencia, inválidas las sanciones impuestas por su violación.

Ahora bien, conviene aclarar sobre este punto, que nuestra posición dista mucho de ser un llamado a favor de la permisibilidad de actos violentos en las universidades públicas. La tolerancia de la violencia conlleva la erosión misma de los fundamentos de una sociedad ordenada. En este sentido, las autoridades universitarias tienen, como corolario de su obligación de proteger la propiedad universitaria y la persona de los universitarios, plena facultad para adoptar las medidas que sean necesarias para proteger la paz institucional.

En Tinker el Tribunal Supremo federal había reconocido las actividades estudiantiles no protegidas al declarar: "Pero la conducta del estudiante, en clase o fuera de ella, que por cualquier razón -bien surja ésta de tiempo, lugar o tipo de comportamiento- causa interrupción sustancial o envuelve desorden sustancial o invasión de los derechos de otros, claramente no está inmunizada por las garantías constitucionales de libertad de expresión. " Debe tenerse en cuenta, sin embargo, que nuestra Constitución requiere que el rigor de las medidas tomadas se ajuste a las circunstancias de cada caso, debiendo evitarse que las medidas de seguridad sean tan drásticas que lesionen innecesariamente los derechos en ella consagrados.

El Tribunal Superior expuso que sería ingenuo pensar que el permiso se hubiese concedido mientras la moratoria estaba en vigor. En vista de ello, no se puede penalizar a los demandantes por no haber tomado los pasos para solicitarlo, acto que a todas luces hubiese sido estéril. Durante la moratoria la prohibición de este inciso se convirtió en absoluto [sic], y su validez se cae junto con la validez de la moratoria. No puede por tanto sancionarse a los demandantes por haber violado este inciso". Este razonamiento es incorrecto, pues lo procedente es señalar que, como veremos, el uso de altoparlantes en el lugar donde fueron utilizados por los recurridos estaba prohibido, no obstante la imposición de la censura.

Sucede, que, a tenor con la autoridad que le confiere el Reglamento de Estudiantes, el señor Director del Colegio de Humacao promulgó el 8 de julio de 1976 las siguientes normas con relación al uso de altavoces: Se permitirá el uso de altoparlantes, bocinas y cualesquiera otros instrumentos de amplificación de sonido, previa autorización escrita del Ayudante del Director a/c Asuntos Estudiantiles del Colegio Universitario de Humacao, en el área que a continuación se designa: El terreno que colinda con las canchas de baloncesto, por el este, la acera que conduce a dichas canchas, por el norte, y la carretera que conduce al estacionamiento que se encuentra detrás del edificio de Letras al oeste, excluyendo una franja de terreno de 100 pies bordeando los límites de dicha área interior medidas desde el borde de las diferentes colindancias. Este terreno está debidamente identificado. Se prohíbe el uso de altoparlantes, bocinas y otros instrumentos de amplificación del sonido en cualquier otra área, fuera de la especificada anteriormente.

La razonabilidad de la norma establecida por el señor Mathew no ha sido cuestionada y comoquiera que está resuelto que es procedente la regulación razonable del uso de altoparlantes debemos considerarla válida para propósitos de nuestro análisis. En ese sentido, si los estudiantes hubiesen utilizado los altoparlantes en las áreas que, mediando el debido permiso, han sido dispuestas para ello por la reglamentación del señor Director, sería prudente considerar la proposición del tribunal sentenciador a los efectos de que la solicitud de permiso era fútil, considerando los términos absolutos de la censura que se imponía. Mas, lo que sucede en el caso de autos es que los recurridos utilizaron los altavoces en el lugar en que, por su cercanía a los lugares de trabajo del Colegio, su uso estaba prohibido siempre, mediara o no censura especial y donde el Ayudante del Director a cargo de Asuntos Estudiantiles no podía conceder válidamente el permiso sin contravenir la delegación que le hiciera el Director. La vigencia de la censura no era, pues, impedimento válido para que los estudiantes recurridos fueran considerados incursos en violación a la disposición reglamentaria que prohíbe el uso de altoparlantes sin autorización y, en forma hostil, a las normas establecidas por el señor Director del Colegio porque, sobre toda otra consideración, resalta el hecho escueto de que los recurridos utilizaron altavoces en abierto desafío a las normas adoptadas a los efectos por las autoridades del Colegio, sin controvertir la razonabilidad de dichas normas. En este aspecto, le asiste la razón a la parte recurrente y debe modificarse la sentencia recurrida.

Resulta de todo lo anterior, que el señor Director del Colegio Universitario de Humacao actuó correctamente al determinar que los estudiantes recurridos violaron la disposición reglamentaria referente al uso de altoparlantes, en contravención a las normas dispuestas a los efectos.

Se dictará sentencia que deje sin efecto aquella parte de la sentencia recurrida que declaró inválida la prohibición impuesta al recurrido Esaúl Sánchez Carambot de entrar a los terrenos, dependencias y facilidades bajo el control de la Universidad y aquella que ordenó al recurrente, Dr. Federico M. Matheu, a eliminar del expediente permanente de los recurridos Esaúl Sánchez Carambot y Roberto Ortiz Feliciano la referencia a la violación del inciso C3(h) (referente al uso de altoparlantes) del Reglamento General de Estudiantes de la Universidad de Puerto Rico. Así modificada, se confirmará.

El Juez Asociado Señor Díaz Cruz emitió voto disidente.

7. **Universidad de Puerto Rico v. Laborde Torres y otros,** 180 D.P.R. 253 (2010)

[Resumen]

[Este caso discute los contornos de la libertad de expresión de los estudiantes universitarios.]

Opinión del Tribunal emitida por el Juez Asociado señor MARTÍNEZ TORRES. En San Juan, Puerto Rico, a 13 de diciembre de 2010.

El 13 de abril de 2010 se aprobó un "paro" de 48 horas, para los días 21 y 22 de abril, y se creó un Comité Negociador. Llegado el 21 de abril, se inició la protesta estudiantil y los estudiantes cerraron los portones del Recinto de Río Piedras.

Ante la situación del 21 de abril de 2010 la U.P.R. presentó en el Tribunal de Primera Instancia una Demanda Jurada en la que requirió a varios líderes estudiantiles que desistieran de impedir el acceso al Recinto de Río Piedras.

En síntesis, la U.P.R. solicitó que: (1) los estudiantes devolvieran el control del Recinto de Río Piedras a la administración; (2) que abandonaran las facilidades mientras estuviera vigente el receso académico; (3) no impidieran la entrada al Recinto de Río Piedras de todas aquellas personas que fueran autorizadas por las autoridades universitarias y que no incurrieran en violencia e intimidación contra estas personas; (4) no causaran daño a la propiedad, y (5) removieran las barricadas que impedían el acceso.

El Tribunal de Primera Instancia ordenó a las partes acudir a un proceso de mediación para dirimir sus conflictos, entre los cuales se encontraba un aumento en la cuota académica. Las partes seleccionaron como mediador al Lcdo. Pedro López Oliver. El proceso de mediación comenzó el 12 de junio de 2010 y culminó el 16 de junio de 2010 con la suscripción de un acuerdo entre las partes.

El Tribunal de Primera Instancia ordenó unir al expediente judicial el acuerdo. Ese documento fue certificado por la Junta de Síndicos y, posteriormente, por los estudiantes.

El Tribunal de Primera Instancia hizo constar en su sentencia, bajo el título de hechos posteriores a la mediación, que varios codemandados, algunos sobre los cuales no tenemos jurisdicción por no haber sido emplazados, alegadamente emitieron comentarios públicos sobre la posibilidad de otro proceso huelgario. El foro primario no otorgó importancia a esos comentarios y entendió que el acuerdo de mediación hizo académica la controversia entre las partes.

Oportunamente, la U.P.R. presentó un recurso de apelación ante el Tribunal de Apelaciones. Allí señaló que el Tribunal de Primera Instancia erró al concluir que la causa de acción de injunction permanente era académica. La U.P.R. sostuvo que el cese voluntario de la conducta de los demandados no tiene carácter de permanencia y que la huelga en un futuro cercano no es incierta. Indicó que les correspondía a los demandados establecer que no hay expectativa razonable de una próxima huelga, cosa que según estiman éstos no hicieron.

El 10 de julio de 2010, la U.P.R. presentó un recurso de certificación ante el Tribunal Supremo alegando que existían cuestiones de alto interés público relacionadas con asuntos constitucionales sustanciales que ameritaban atención. Solicitó que adelantáramos el trámite judicial por la importancia y pronta atención que requiere este conflicto. Además, invoca que de no hacerlo se vulnera el interés de la U.P.R. en mantener su misión como el primer centro docente del país.

El Tribunal Supremo expidió el auto de certificación y revocó la sentencia del Tribunal de Primera Instancia, Sala de San Juan. Devolvió el caso a dicho foro para que continuara con los procesos de conformidad con lo aquí resuelto. Ordenó que el tribunal citara a las partes a una vista con la premura que la situación amerita. Además, que evaluara la prueba de conformidad con los parámetros y el escrutinio constitucional explicados en esta Opinión, de manera que se garanticen los derechos constitucionales y estatutarios de todas las partes.

La U.P.R. ha solicitado un interdicto permanente contra los estudiantes recurridos, que ordene el cese de toda acción que impida el libre acceso al campus universitario. Por su parte, los estudiantes recurridos argumentan como defensas afirmativas que el remedio que la U.P.R. solicita implica un menoscabo de patente intensidad a su derecho a la libre expresión, que por ello requiere el escrutinio judicial más alto y acucioso posible.

La Sec. 4 del Art. II de la Constitución de Puerto Rico consagra el derecho fundamental a la libertad de expresión. Como tal, nuestra Carta de Derechos protege al ciudadano puertorriqueño contra cualquier actuación gubernamental o "ley... que restrinja la libertad de palabra o de prensa o el derecho del pueblo a reunirse en asamblea pacífica y a pedir al gobierno la reparación de agravios". Como corolario de la libre expresión, la Sec. 6 del artículo citado añade que las personas podrán asociarse y organizarse libremente para cualquier fin lícito, salvo en organizaciones militares o cuasi militares. Hemos expresado en el pasado que ambos derechos son fundamentales para la consecución y el ejercicio de la libertad de conciencia.

La garantía constitucional a la libertad de palabra abarca el ámbito general de la libertad de conciencia, de pensamiento, de expresión, y las actividades propias para ejercitar a plenitud dentro de la más dilatada libertad la totalidad de los derechos. Además, [faculta] el desarrollo pleno del individuo y [estimula] el libre intercambio y la diversidad de ideas, elementos vitales del proceso democrático.

Entre las libertades individuales, la libertad de expresión es probablemente la más esencial, una vez garantizado el derecho a la vida y a la libertad física. La libertad de expresión es la quintaesencia de una sociedad democrática. De forma multidimensional, en la constelación de valores democráticos, goza de una primacía peculiar. Como resultado, este Tribunal está llamado a la más celosa protección de un derecho tan cardinal.

Sin embargo, hemos reiterado a la saciedad que el derecho a la libertad de palabra no está inmune a la imposición de limitaciones, siempre y cuando éstas sean interpretadas de forma restrictiva, de manera que no abarquen más de lo imprescindible. La libertad de expresión no es un derecho absoluto. Por consiguiente, puede subordinarse a otros intereses cuando la necesidad y conveniencia públic[a] lo requieran.

La Sec. 4 de la Carta de Derechos local, encuentra su origen en los postulados de la Primera Enmienda de la Constitución de Estados Unidos de América. La Primera Enmienda declara, en lo pertinente, que "[e]l Congreso no aprobará ninguna ley... que coarte la libertad de palabra o de prensa; o el derecho del pueblo a reunirse pacíficamente y a solicitar del Gobierno la reparación de agravios. A su vez, la Enmienda Catorce, hizo extensivas las garantías a las libertades de expresión y prensa consagradas en la Primera Enmienda, a todos los estados de la Unión.

Por esa razón, "las garantías de nuestra Carta de Derechos las interpretamos y hacemos efectivas no en menor grado de protección que lo hace, respecto a garantías similares, el Tribunal Supremo de los Estados Unidos". Al resolver casos y controversias que surgen bajo el palio de la Primera Enmienda, el Tribunal Supremo federal ha bifurcado su análisis en dos grandes categorías, a saber: (1) acciones gubernamentales que reglamentan el contenido de la expresión, y (2) aquéllas que regulan su tiempo, lugar y manera.

La reglamentación gubernamental del contenido de la expresión

Al analizar las controversias que plantean el derecho a la libertad de expresión, hemos adoptado el sistema de análisis implantado por el más alto foro federal. Por consiguiente, hemos consignado que "es menester distinguir entre la re-

glamentación gubernamental del contenido de la expresión y la reglamentación del tiempo, lugar y manera de la expresión".

En términos generales, hemos desfavorecido toda intervención gubernamental que procure impedir determinada expresión debido a su contenido. Una intervención gubernamental incide sobre el contenido de una expresión si la prohibición va dirigida precisamente a las ideas o a la información que se quiere diseminar, por el mensaje o punto de vista específico de la expresión o por el efecto que esa información o idea pueda tener. Cualquier acción del Gobierno de esta naturaleza, que esté dirigida al contenido o al impacto comunicativo de la expresión, se considera tan ominosa jurídicamente que se presume contraria a la Primera Enmienda de la Constitución federal, y a la Sec. 4 del Art. II de nuestra Constitución.

Cuando una actuación gubernamental esté diseñada para afectar el contenido de la expresión, deberá someterse a un escrutinio judicial estricto. Lo anterior implica que la restricción a la actividad expresiva no se sostendrá, a no ser que el gobierno pueda justificar que su acción está estrechamente diseñada para alcanzar un interés público apremiante y que tal actuación es necesaria para alcanzar dicho interés.

Al igual que el Tribunal Supremo federal, también nos hemos expresado sobre esas clasificaciones, al autorizar determinadas actuaciones o regulaciones gubernamentales, aunque incidan sobre el contenido del mensaje, ya que la expresión resulta ser: (1) subversiva; (2) difamatoria; (3) invasora de la intimidad; (4) obscena; o (5) de naturaleza comercial.

No obstante, cuando una actuación gubernamental impide cierto mensaje por causa de su contenido y la expresión no está dentro de alguna de esas clasificaciones, el gobierno tendrá la carga onerosa de establecer que la limitación a la expresión cumple con los requisitos esenciales de un escrutinio judicial estricto; a saber, que está diseñada estrechamente para alcanzar un interés gubernamental apremiante.

La reglamentación gubernamental del tiempo, lugar y la manera de la expresión, y el análisis tripartito de foros

El Estado no puede suprimir de manera total y absoluta el ejercicio de la expresión legítima. Tampoco se favorece, como regla general, la regulación del contenido de la expresión protegida. Ahora bien, el Estado sí puede limitar, bajo ciertas condiciones, el tiempo, lugar y la manera en que un ciudadano ejerce su derecho a la libre expresión. Sin este tipo de límite o restricción, nuestra sociedad democrática estaría desprovista de algún grado sensato de orden y civilidad, ya que los ciudadanos estarían libres para expresar su mensaje sin importar el contexto específico del lugar, el momento o el modo en que lo hacen.

El Tribunal Supremo federal ha establecido que una regulación o actuación gubernamental que tan solo incida sobre el tiempo, lugar y la manera de la expresión, será válida únicamente si cumple con un escrutinio judicial intermedio. El escrutinio judicial intermedio requiere que la regulación o actuación gubernamental cumpla con tres exigencias: (1) que sea neutral en cuanto al contenido de la expresión; (2) que haya sido diseñada estrechamente para alcanzar un interés gubernamental importante o significativo que no esté relacionado con la supresión del contenido de la expresión; y (3) que no impida medios alternativos de comunicación.

La utilización de un escrutinio judicial intermedio evita los rigores de un escrutinio judicial estricto. Este último exige que se pruebe un interés gubernamental apremiante e inclina el péndulo de intereses hacia el extremo de permitir todo tipo de expresión en cualquier sitio, ocasión o forma. En el otro extremo, revisar las regulaciones o actuaciones gubernamentales a la luz de un escrutinio de razonabilidad mínima facultaría que el Estado suprima adversamente la libertad de expresión en nuestra sociedad, ya que se presumiría constitucional la acción impugnada y quien se opone a ella tendría la carga pesada de demostrar que el gobierno no persigue un interés gubernamental legítimo.

Cuando el Gobierno restringe el derecho a la libertad de expresión en propiedad pública, se desata una pugna de inte-

reses entre el derecho del Estado a limitar el uso que se ejerce sobre ésta, y el derecho de todo ciudadano a utilizar la propiedad del Estado para actividades intrínsecas a la libertad de palabra. Para alcanzar un balance de intereses, el Tribunal Supremo federal ha instaurado un análisis tripartita, en donde el grado de expresión permitido dependerá del tipo de foro identificado. Los tres foros de expresión son: (1) el foro público tradicional; (2) el foro público por designación, y (3) el foro público no tradicional.

Un foro público tradicional es un lugar que por uso y costumbre o por fíat gubernamental ha sido destinado a la reunión pacífica y al debate público. Las calles, aceras y parques son lugares que por excelencia se han considerado foros públicos tradicionales, ya que por tiempo inmemorable han sido reservados para el uso del pueblo y para la reunión entre ciudadanos con el fin de cultivar la comunicación y discutir asuntos de interés social.

Al analizar toda regulación o limitación de la libertad de palabra en este tipo de foro, los tribunales deben emplear el análisis dual antes esbozado, examinando si la acción interfiere con el contenido de la expresión o si sólo coarta el tiempo, lugar o la manera de hacerla. Si la regulación o limitación suprime el contenido de la expresión en un foro público tradicional, los tribunales aplicarán el escrutinio judicial estricto antes explicado, a no ser que se trate de alguna de las clasificaciones de expresión que han sido proscritas por su contenido (obscenidad); empero, si la restricción solo atañe el tiempo, lugar y el modo de la expresión, entonces será de aplicación el escrutinio judicial intermedio antes consignado. Éste aplica a toda regulación que sea neutral hacia el contenido de la expresión.

La segunda clase de foro, el foro público por designación consiste en aquella propiedad pública que el Estado ha abierto a la actividad expresiva. El foro público por designación no es uno originalmente destinado a gestiones comunicativas, pero el Gobierno, por elección propia, opta por abrirlo para tales propósitos. Aunque el Estado no está obligado a proveer para fines expresivos la propiedad pública que no es catalogada tradicionalmente como un foro público, mien-

tras lo haga deberá cumplir con el escrutinio empleado para evaluar la constitucionalidad de la regulación de la expresión protegida en los foros públicos tradicionales.

Por último, el foro público no tradicional alberga aquella propiedad pública que no ha sido destinada tradicionalmente a la reunión pacífica o al debate público y el Gobierno tampoco ha elegido abrirla para actividades expresivas. La categoría de foro público no tradicional se examina a la luz de un escrutinio judicial distinto al establecido para el foro público tradicional y el foro público por designación. En el foro público no tradicional, la protección que ofrece la Primera Enmienda de la Constitución federal es menor. El Gobierno puede limitar la actividad expresiva a aquella que sea compatible con el objetivo para el cual fue creada esta propiedad pública. La reglamentación de la expresión será válida siempre que sea razonable, aunque no tiene que ser la única ni la más razonable y siempre que no sea parte de un esfuerzo por suprimir la expresión.

La libertad de expresión en el contexto universitario.

Las instituciones universitarias han ocupado un papel protagónico en múltiples controversias jurídicas respecto a los límites y contornos del derecho a la libertad de palabra. Al respecto, la jurisprudencia federal y local ha atendido los intereses en pugna. Por un lado, identificamos el interés de los estudiantes en ejercer el derecho que sin duda le asiste a la libre expresión, sin restricciones onerosas; mientras, por otra parte, la administración universitaria tiene el deber de asegurar el libre ejercicio de esa expresión dentro de los límites razonables que son compatibles con la misión de la Universidad que la administración tiene que promover y proteger. En otras palabras, la administración universitaria tiene que asegurarle al país y a los componentes del campus que la universidad pública cumplirá su misión docente como centro de formación, instrucción y aprendizaje.

El Tribunal Supremo federal dictaminó en Tinker que el derecho a la libertad de expresión de estudiantes de escuelas secundarias no podía limitarse absolutamente, a no ser que el Estado demostrara que el ejercicio de expresión estudian-

til afectaba material y sustancialmente el ambiente de aprendizaje de la escuela y el orden y la disciplina en la institución. Según el Tribunal Supremo, los actos expresivos de los estudiantes -protestar contra el conflicto bélico en Vietnam mediante el uso en la escuela de bandas negras en sus brazos- estaban cobijados por la Primera Enmienda, ya que los maestros y los estudiantes no pierden sus derechos constitucionales una vez traspasan los portones escolares hacia las aulas de estudio.

Los derechos básicos garantizados por nuestra Constitución acompañan tanto a maestros como a estudiantes durante su permanencia en los predios escolares. La prohibición de su ejercicio tiene pues que obedecer a motivos que trasciendan del mero deseo de evitar inconvenientes triviales.

No obstante, el criterio de las autoridades escolares merece deferencia, para garantizar así que el derecho a la libertad de expresión no interfiera sustancialmente con el ambiente de enseñanza y aprendizaje académico. Así, el Tribunal Supremo federal determinó que los administradores de una escuela pueden suspender a un estudiante que emitió un discurso sexualmente cargado en una asamblea de estudiantes, ya que las escuelas tienen autoridad para determinar qué constituye lenguaje sexualmente indecente y ofensivo, el cual no está protegido por la Primera Enmienda, supra. Una escuela puede ejercer control editorial sobre el contenido de expresiones estudiantiles en foros auspiciados por la escuela, sin tener que probar que la expresión estudiantil interrumpe sustancialmente las labores académicas. Sin embargo, la limitación debe estar razonablemente relacionada con algún interés pedagógico legítimo.

Recientemente, el Tribunal Supremo federal extrapoló al entorno universitario lo dicho en el contexto escolar, y reafirmó que los tribunales le debemos deferencia al juicio de las administraciones universitarias con relación a qué política interna faculta el alcance de los objetivos y fines pedagógicos que son característicos de un centro de alta enseñanza.

En fin, el derecho a la libertad de expresión de estudiantes, empleados y profesores debe ser cónsono con la misión educativa de la universidad. Sin embargo, la administración universitaria no tiene un poder irrestricto para limitar el derecho a la libertad de palabra so pretexto de alcanzar sus objetivos pedagógicos. Hemos requerido que "las autoridades [universitarias] muestren los hechos que razonablemente las han llevado a concluir que de permitir la actividad proscrita, se alterarían substancialmente o se causaría una seria intervención con las actividades docentes". Las autoridades universitarias deben demostrar que "las restricciones impuestas obedecen a la necesidad real de defender la eficiencia e integridad del servicio público".

La pugna de intereses reseñada se ha desatado frecuentemente en el contexto de un recinto universitario público. Como tal, la jurisprudencia local y federal ha atendido esas controversias según los confines de la doctrina tripartita de los foros públicos establecida. En la esfera federal ya se ha resuelto que un recinto universitario manifiesta muchas de las características inherentes a un foro público; sin embargo, por sus objetivos pedagógicos y académicos, no puede compararse a los foros públicos tradicionales.

En la esfera local, ya hemos articulado que "las facilidades educativas podrían considerarse foros públicos, sólo si las autoridades escolares -'mediante política o por práctica'- han abierto esas facilidades 'para el uso indiscriminado del público en general.

Queda claro, entonces, que tanto en la jurisdicción federal como en la local, los recintos universitarios no se catalogan como foros públicos tradicionales. La tendencia ha sido catalogar los recintos universitarios y las escuelas como foros públicos por designación (también conocidos como foros semipúblicos) si las prácticas o políticas de la institución conceden espacio para actividades expresivas. Las escuelas son foros semipúblicos donde "el Estado disfruta del derecho de mantener la tranquilidad requerida para llevar a cabo el principal cometido asignándole; [pero],... carece de facultad para excluir de dichas instituciones la expresión o asociación pacífica que sea compatible con su gestión. Al crear un fondo que subsidiaba publicaciones estudiantiles, la Universidad de Virginia creó un foro público limitado; un recinto universi-

tario es un foro público limitado por tener reglamentación y políticas internas que reconocen el derecho a la libertad de expresión de los estudiantes y por permitir la distribución en todo el recinto del periódico de la universidad; al rentar las facilidades escolares a un número amplio de grupos de la comunidad, la escuela creó un foro público por designación. En fin, establecer qué tipo de foro es determinada facilidad educativa, o algún componente de ella, es un ejercicio que debe tomar en cuenta las características especiales de cada institución de enseñanza, al igual que las particularidades del caso y la controversia ante la consideración del tribunal.

La U.P.R. es un foro semipúblico.

Al examinar los escritos de ambas partes, encontramos que el interdicto permanente solicitado por la Universidad de Puerto Rico es una actuación gubernamental que incide sobre el tiempo, lugar y la manera de la expresión. Por eso, está sujeto al escrutinio constitucional aplicable a un foro limitado por designación o semipúblico, como lo es el Recinto de Río Piedras de la Universidad de Puerto Rico.

La naturaleza del campus universitario como foro limitado por designación surge de la ley. En el Art. 2 de la Ley Universitaria, supra, el legislador estableció como misión de la Universidad el desarrollo y el servicio a la comunidad puertorriqueña mediante la aportación de sus recursos académicos, intelectuales, investigativos y culturales. Como resultado, la Universidad de Puerto Rico ha cumplido su misión al proveer acceso al pueblo puertorriqueño a un caudal único de bibliotecas, teatros, museos, facilidades deportivas, investigaciones de vanguardia, profesores y estudiantes capacitados, actividades culturales, y otros recursos, los cuales han adelantado el mejoramiento cultural e intelectual de nuestra sociedad democrática.

Ahora bien, esa apertura no fue irrestricta. La apertura de la U.P.R. al público en general se hace para adelantar una misión cultural, social y educativa. Cualquier expresión en el campus universitario tiene que ubicarse dentro de ese contexto y no puede derrotar el fin último de la vida universitaria: forjar los estudiantes que asisten al centro de alta docencia.

Demás está decir que hay lugares que resultan impropios para ejercitar algunos modos de expresión. Los tribunales, los hospitales, los templos y las escuelas son algunos de esos sitios. Nada impide al Estado mantener las escuelas y otros lugares similares libres del bullicio propio de la política y de los negocios, protegiendo así el sosiego que en ellas debe prevalecer. En contraste con los parques, plazas y calles, considerados tradicionalmente foros por excelencia de expresión pública, las escuelas y bibliotecas estatales no se organizaron para celebrar en ellas libre intercambio comunitario. Tienen pues la naturaleza de foros semipúblicos. En instituciones de esa índole el Estado disfruta del derecho de mantener la tranquilidad requerida para llevar a cabo el principal cometido asignádole. El Estado carece de facultad para excluir de dichas instituciones la expresión o asociación pacífica que sea compatible con su gestión.

Como foro semipúblico por designación, toda limitación a la garantía constitucional de libertad de palabra dentro de la Universidad de Puerto Rico deberá someterse al escrutinio constitucional adecuado para determinar si la restricción gubernamental incide sobre el contenido de la expresión o si solo afecta el tiempo, lugar y la manera de manifestarse. Conceptualmente, el remedio de interdicto permanente que solicita la administración universitaria no incide sobre el contenido de la expresión estudiantil, ya que la prohibición no va dirigida a las ideas o a la información que los estudiantes quieren diseminar y tampoco atenta contra el mensaje o punto de vista específico de la expresión. Por esa razón, no es de aplicación un escrutinio judicial estricto como alegan los estudiantes recurridos. Sin embargo, el interdicto permanente sí tendrá efectos sobre el tiempo, lugar y la manera de la expresión.

Por tanto, el remedio de interdicto que pondere el Tribunal de Primera Instancia en estos casos, deberá cumplir con un escrutinio intermedio. Primero, de concederse, el interdicto debe ser neutral en cuanto al contenido de la expresión y no debe prohibir absolutamente que los estudiantes expresen sus puntos de vista, siempre y cuando lo hagan por canales que no atenten contra el fin último de la universidad, entiéndase, la enseñanza. Segundo, el interdicto deberá estar es-

trechamente diseñado para impedir que se obstaculice la entrada y salida del campus y procurar alcanzar el interés gubernamental significativo de garantizar el orden y la disciplina en el foro universitario; lograr un ambiente académico que cumpla con el fin educativo de la institución universitaria; proteger el derecho a estudiar de los estudiantes que deseen hacerlo; permitir que el pueblo tenga acceso al cúmulo de recursos que provee la Universidad de Puerto Rico; y procurar la integridad y eficiencia institucional del primer centro docente de Puerto Rico. Finalmente, el interdicto solicitado no debe impedir medios alternos de comunicación. Como resultado, los estudiantes deben poder valerse de múltiples vías alternas de comunicación, a saber: manifestaciones, marchas, pancartas, expresiones simbólicas y el uso de la tecnología, entre otros medios legítimos, siempre y cuando sus actos no interrumpan el flujo normal de las clases ni atenten contra los derechos de otros individuos dentro de la comunidad universitaria.

Amerita recordar que el remedio del interdicto representa un riesgo mayor de censura y aplicación discriminatoria en comparación con una legislación o regulación que haga lo propio. Ello se debe a que la aplicación del injunction es de naturaleza particular a las partes en un pleito y porque no ha sido filtrado por el proceso deliberativo inherente al foro legislativo. Como tal, los tribunales deberán diseñar interdictos que no constituyan una limitación a la actividad expresiva más allá de lo necesario para alcanzar el interés significativo perseguido por el Estado.

En último lugar, en este caso no cabe hablar de censura previa. El injunction permanente no busca restringir que los estudiantes se expresen en su totalidad, sino que solo prohíbe el acto de impedir la entrada al campus universitario e interrumpir la actividad docente. Los estudiantes cuentan con otros medios alternos para expresar su mensaje. El interdicto solo incide sobre el tiempo, lugar y la manera de la expresión y no sobre el contenido de ésta.

No hay duda de que los estudiantes de la Universidad de Puerto Rico no pierden su derecho constitucional a la libre expresión una vez traspasan los portones universitarios. Así lo reconoce el Reglamento General de Estudiantes de la Universidad de Puerto Rico, cuando establece que "[e]l estudiante tendrá derecho a expresarse, asociarse, reunirse libremente, formular peticiones y llevar a cabo actividades igual que cualquier otra persona en Puerto Rico y sujeto a las disposiciones de ley y de reglamentación universitaria aplicables".

Es imprescindible reconocer que el derecho a la libertad de palabra de los estudiantes aporta a nuestra sociedad democrática una "crítica ilustrada, acuciosa y constante". Sin la garantía constitucional de la libertad de expresión, los estudiantes no alcanzarían "esa discusión enérgica de las ideas, que es tan esencial para el cabal desarrollo del hombre, como para la conservación y el sostenimiento del bienestar común en una sociedad que viva en democracia".

Sin embargo, ese derecho a la libertad de palabra y asociación no es absoluto. Como ya indicamos, esa garantía cardinal queda restringida por el interés del Estado en velar por el orden, la civilidad y la disciplina dentro del recinto universitario, para así encaminar a la Universidad de Puerto Rico a alcanzar sus objetivos docentes y académicos. Cuando el ejercicio de expresión de los estudiantes afecta material o sustancialmente el ambiente de aprendizaje, el orden y la disciplina de la institución, será imprescindible limitar la actividad expresiva para que ésta sea cónsona con los propósitos pedagógicos del recinto académico.

El interdicto permanente y sus efectos sobre la libertad de palabra.

El Tribunal Supremo federal articuló que un interdicto, por el mero hecho de aplicar a un grupo en particular, no constituye una restricción del contenido de una expresión protegida. El mero hecho de que el interdicto afecte a un grupo de personas con la misma visión sobre determinado asunto no significa que su propósito sea limitar el contenido de la expresión y que, por ende, le aplique un escrutinio judicial estricto.

Un interdicto que incida sobre la libertad de expresión difiere en su naturaleza de una reglamentación o legislación que haga lo mismo. Una reglamentación o legislación afecta el contenido de la expresión mediante dictámenes legislativos de aplicación general que procuran propulsar ciertos intereses particulares de la sociedad. En contraste, el interdicto es un remedio que aplica a personas particulares y es concedido por un juez porque una parte violó un decreto legislativo o judicial. Debido a lo anterior, el interdicto puede representar un riesgo mayor de censura y aplicación discriminatoria, ya que no ha gozado del debate público inherente al foro legislativo. Es por ello que el escrutinio judicial aplicable a interdictos judiciales será más riguroso para toda regulación que afecta el tiempo, lugar y la manera de una expresión en un foro público tradicional o por designación.

Al considerar un interdicto judicial que incide sobre el lugar, el momento o la forma de la expresión, los tribunales debemos examinar si el injunction representa una limitación a la actividad expresiva más allá de lo necesario para alcanzar el interés significativo que persigue el Estado. Igualmente, el interdicto debe estar diseñado estrechamente para alcanzar sus objetivos específicos. En conclusión, la administración universitaria está en mejor posición que un tribunal para diseñar la política pública que adelanta sus objetivos pedagógicos. Además, el remedio de injunction que solicita la U.P.R. es el adecuado cuando están en pugna los derechos a la libertad de palabra de los estudiantes y el interés en la necesidad del orden y la disciplina en el contexto universitario.

La administración de la U.P.R. tiene la obligación de salvaguardar el ejercicio libre y ordenado de los derechos constitucionales de expresión y asociación de todos los estudiantes, tanto los de los estudiantes recurridos y quienes coinciden con su protesta, como los de aquellos que discrepan de esas posiciones.

Ahora bien, por tratarse de un foro semipúblico, la administración de la U.P.R. puede reglamentar el ejercicio libre y ordenado de los derechos de expresión y asociación de la comunidad universitaria, incluyendo los estudiantes, para asegurarse de que las manifestaciones y protestas dentro del campus universitario no interrumpan el flujo normal de las tareas universitarias ni atenten contra los derechos de los individuos dentro de la comunidad universitaria.

Existe un interés gubernamental significativo de garantizar el orden y la disciplina en el foro universitario, lograr un ambiente académico que cumpla con el fin educativo de la institución universitaria, proteger el derecho a estudiar de los estudiantes que deseen hacerlo, permitir que el pueblo tenga acceso al cúmulo de recursos que provee la Universidad de Puerto Rico, y procurar la integridad y eficiencia institucional de nuestro primer centro docente. La administración universitaria está en mejor posición que un tribunal para diseñar la política pública que adelanta sus objetivos pedagógicos.

Por consiguiente, la administración de la U.P.R. puede reglamentar el tiempo, lugar y la manera en que los estudiantes y demás componentes de la comunidad universitaria ejercen actividades de expresión protegida dentro del campus universitario, tales como manifestaciones o protestas, siempre que esa reglamentación: (1) sea neutral en cuanto al contenido de la expresión y no prohíba absolutamente que los manifestantes expresen sus puntos de vista; (2) haya sido diseñada estrechamente para que no se interrumpan o perjudiquen sustancialmente las tareas universitarias ni se violen los derechos de todos los componentes de la comunidad universitaria; y (3) no impida medios alternativos de comunicación.

De igual modo, cualquier injunction u orden que emita el tribunal a petición de la administración universitaria tiene que cumplir con ese mismo escrutinio constitucional. La orden no debe limitar la actividad expresiva más allá de lo necesario y debe estar diseñada estrechamente para alcanzar el interés significativo que persigue el Estado.

Se dictará sentencia de conformidad. RAFAEL L. MARTÍNEZ TORRES, Juez Asociado.

8. **Hernández Estrella v. JASEP,** 147 D.P.R. 734 (1999)

[Resumen]

[Este caso discute la libertad de expresión de los maestros en el contexto de un conflicto laboral.]

San Juan, Puerto Rico, a 24 de marzo de 1999

Opinión del Tribunal emitida por el Juez Asociado Señor NEGRÓN GARCÍA

I

El 5 de abril de 1996, unos maestros de la Escuela Ana Roqué, Humacao, durante horas de clase se ausentaron de sus labores docentes y se trasladaron frente a la Escuela Petra Mercado del mismo distrito escolar para participar en un piquete.

El 7 de abril, el Secretario de Educación, mediante comunicación escrita, les imputó conducta altamente repudiable, los amonestó y les notificó que dicha amonestación formaría parte de sus expedientes de personal.

El 26 de abril apelaron ante la Junta de Apelaciones del Sistema de Educación Pública, (JASEP). Solicitaron se dejara sin efecto la amonestación escrita, aduciendo que ello limitaba y coaccionaba a los empleados de dicha agencia en el ejercicio de su libertad de expresión y asociación.

El 5 de junio, la JASEP confirmó la actuación del Secretario.

Los maestros acudieron en revisión al Tribunal de Circuito de Apelaciones. El 30 de abril de 1997, el Tribunal de Circuito de Apelaciones revocó a la JASEP. Resolvió que la manifestación llevada a cabo no era del tipo huelgario y sí, un ejercicio legítimo de libertad de expresión sobre un asunto de preocupación pública, no de interés personal. Sostuvo que procedía el descuento del salario de los días de ausencia pero no la amonestación por escrito, por ser una medida dis-

ciplinaria prevista para la participación de maestros en huelgas.

El Depto. de Educación acudió al Tribunal Supremo quien revocó al Tribunal de Circuito de Apelaciones por los siguientes fundamentos.

Los maestros sostienen, y así lo estimó el Tribunal de Circuito, que su participación en un piquete frente a una escuela distinta a la de ellos, organizado por los maestros de ese plantel escolar, no era de tipo huelgario sino un ejercicio de su libertad de expresión. Argumentan que, en su plantel "no había ningún conflicto ni dilema en comparación con la Escuela Petra Mercado, donde sí existía un problema entre la facultad, padres, estudiantes y la directora".

Aducen que aun cuando las labores docentes y lectivas se afectaran en dicho plantel, el suyo no se afectó. Exponen que su ausencia no deterioró la organización escolar. La posición de los maestros parte de la premisa de que cada plantel escolar es una entidad distinta e independiente de las demás, desconectada del sistema integral de educación pública. Sostienen que su interés en la manifestación no respondió a reclamos de índole laboral pues en su plantel no existían divergencias laborales.

El Departamento de Educación Pública constituye un sistema integrado dirigido por un Secretario, quien ejerce "todas las funciones ejecutivas, administrativas, operacionales, de supervisión y planificación de su Ley Orgánica". Aunque se delega a los directores de cada escuela la autoridad y autonomía necesaria para realizar ciertas funciones y tomar las decisiones que correspondan para el buen funcionamiento de la escuela, ello no desmiembra al sistema pues dicha autonomía administrativa está sujeta y tiene que ser cónsona con los parámetros de la Ley Orgánica. Esta realidad jurídica y administrativa resta validez al planteamiento de los maestros de que por no haber problemas laborales en su escuela, la participación en el piquete de otro plantel escolar, no era de naturaleza huelgaria.

Por su pertinencia, es importante señalar que varios maestros de la Escuela Petra Mercado sancionados por los mismos hechos, en su solicitud de revisión al Tribunal de Circuito de Apelaciones, admitieron que recurrieron al piquete porque el Depto. de Educación ignoraba sus reclamos contra la directora. En efecto, era una protesta íntimamente relacionada con las condiciones de trabajo. Los maestros de Escuela Petra Mercado aceptan que el propósito del piquete fue repudiar la forma en que la directora administraba el plantel y su relación con los empleados, maestros y estudiantes. Forzoso concluir que el piquete llevado a cabo era de naturaleza laboral.

Además, al ellos ausentarse y abandonar sus labores docentes en la Escuela Ana Roqué, -distinto a su contención-, también afectaron e interrumpieron las labores de dicho plantel; en suma, afectaron las dos escuelas.

Las secs. 17 y 18 del Art. II de nuestra Constitución –rectoras del derecho de los empleados a organizarse y negociar con sus patronos, así como realizar huelgas, piquetes y cualquier otra actividad lícita-, excluyó de su cobertura a los empleados del Gobierno, sus agencias o instrumentalidades que no funcionan como empresas o negocios privados.

Por consiguiente, los maestros, como empleados del Depto. de Educación de Puerto Rico –agencia gubernamental que no funciona como empresa o negocio privado-, no tienen derecho a la huelga, pues no están amparados por dicha disposición constitucional. Los constituyentes dejaron en manos de la Asamblea Legislativa establecer la forma en que iba a tratarse a estos empleados. Esta conclusión no dispone totalmente del recurso. Aun cuando hubiésemos coincidido con la tesis de los maestros de que la actividad no fue del tipo huelgario, tampoco tendrían razón a base del alegato de que fue un ejercicio de su libertad de expresión.

Los maestros sostienen que la manifestación en la que participaron fue una protesta en el ejercicio de su derecho constitucional a expresarse libremente sobre asuntos de interés público. Aunque "no es permisible dentro de nuestro orden constitucional, que un ciudadano tenga que renunciar al ejer-

cicio de su derecho a la libre expresión como condición a obtención de un empleo público" y que en el ámbito del magisterio público, la libertad de palabra y asociación, también cobija a los maestros y estudiantes aún dentro del plantel, tal derecho no es absoluto ni toda conducta está constitucionalmente protegida.

Es preciso "sopesar el alcance de la restricción a la libre expresión y asociación, y la importancia del interés gubernamental que anima la restricción, a la luz de la amenaza que la conducta impedida representa para tal interés del Estado. Cuando la conveniencia y necesidad pública lo requiera, han de subordinarse a otros intereses.

Las expresiones de empleados públicos resguardadas por la Constitución son las concernientes a asuntos de preocupación pública: no las que sólo responden a intereses personales particulares.

De modo que, primero, como cuestión de derecho, debemos determinar si la expresión es sobre un asunto de interés público. De ser en la negativa, no se analizan las razones para la acción disciplinaria, ya que "[c]uando un empleado público se expresa, no como un ciudadano sobre asuntos de interés público, sino como un empleado sobre asuntos que son únicamente de interés personal" por lo general no está envuelta la libertad de expresión.

Segundo, de estar envuelto un asunto de interés público, el empleado debe demostrar, como cuestión de hecho, que su expresión fue factor substancial en la decisión del patrono.

Tercero, de haber sido factor substancial, es preciso analizar entonces si la acción disciplinaria estuvo justificada y debe prevalecer.

En esa tarea es menester sopesar los intereses del empleado como ciudadano particular en expresarse libremente sobre dichos asuntos, y el del Estado en promover la mejor eficiencia y productividad en el servicio de educación pública Finalmente, al hacer el balance ha de considerarse la autoridad o grado de responsabilidad del empleado en su lugar de trabajo.

La expresión sobre asuntos de interés público protegida por la libertad de expresión, es la que atañe a asuntos de interés político, social u otra índole, para la comunidad, no asuntos vinculados a intereses propios y particulares del empleado.

No es de interés público, "cuando la expresión versa sobre disputas y quejas individuales del personal, irrelevantes para la evaluación, por parte del público del desempeño de las agencias gubernamentales. Por otro lado, expresiones que tienen que ver con asuntos sobre los cuales la información es pertinente o necesaria para que los miembros de la sociedad tomen decisiones informadas sobre el funcionamiento de su gobierno, ameritan el más alto grado de protección conforme la [libertad de expresión]". "El principio dimanante es que toda expresión proveniente de un empleado público, cuyo contenido esté protegido por la libertad de expresión, tiene derecho, cuanto menos, a cierta protección cualificada contra acciones disuasivas del patrono, a excepción de las expresiones que, vistas de manera realista, son puramente de 'interés personal'... El enfoque es, por lo tanto, si el 'público' o la 'comunidad' tiende a preocuparse o interesarse de verdad en la expresión particular, o si a ésta se considera más bien como un asunto esencialmente privado entre patrono y empleado".

Para determinar la naturaleza de la expresión, el Supremo Federal estableció la necesidad de inquirir, caso a caso, sobre su contenido, forma y contexto. Indicó, además, que, si la expresión toca de alguna forma, aunque limitada, asuntos de interés público, debía considerarse protegida.

Similar al contenido de las expresiones de este caso se concibió como de interés público las expresiones de una maestra sobre el desempeño del principal de la escuela. Se señaló que era un asunto sobre el cual la comunidad en la que ubicaba la escuela tenía vital interés. En el de autos, las manifestaciones en repudio a la forma en que la directora administraba el plantel escolar, y sus relaciones con los maestros, padres y estudiantes, a la luz de la normativa y jurisprudencia antes expuesta, encierran aspectos de preocupación e interés público, sobre todo, para la comunidad en la que se encuentra dicho plantel.

Sin embargo, como hemos señalado, no es suficiente que la expresión sea de interés público y por lo tanto, protegida por libertad de expresión. El empleado tiene que demostrar que la motivación o factor substancial para tomar la acción disciplinaria fue en efecto, dicha expresión. De lograrlo, entonces el Estado tiene la oportunidad de probar que hubiera llegado a la misma decisión -sanción-, ausente la expresión protegida.

En este extremo, de la propia amonestación surge que la participación de los maestros en la manifestación de protesta frente a la Escuela Petra Mercado constituyó la única razón para la medida disciplinaria. Consignó, que por ausentarse de su plantel y abandonar sus responsabilidades académicas con el propósito de participar en el piquete, se les amonestaba por escrito y unía a sus expedientes de personal. Concluimos pues, que la expresión de los maestros a través del piquete fue el factor substancial para adoptar la acción disciplinaria.

Ahora bien, una vez establecido que dichas expresiones – protegida constitucionalmente por ser de interés público-, fueron el factor substancial por lo cual se les amonestó, procede hacer un balance entre el interés de los maestros en expresarse y el del Estado en promover la mejor eficiencia y productividad del servicio público a través de sus empleados. "La interrogante de si las expresiones de un empleado están protegidas constitucionalmente es un asunto diferente de la interrogante fundamental de si el patrono ha violado el derecho del empleado a la libertad de palabra".

El Tribunal Supremo Federal ha expresado que "en cualquier caso, el problema consiste en lograr un balance entre los intereses de los maestros, como ciudadanos, al comentar sobre asuntos de interés público, y los intereses del Estado, como patrono, al promover la eficiencia de los servicios públicos que brinda a través de sus empleados". (Traducción nuestra). Aunque este balance se ha de aplicar caso a caso, el Supremo Federal ha mencionado varios factores a considerar: tiempo, lugar, manera y contexto de la expresión; efecto en la autoridad disciplinaria de los superiores, en la armonía laboral, en el desempeño eficiente de los deberes del empleado y sí interfiere con las operaciones regulares y normales de la institución.

Al dar varios ejemplos de instancias en que el interés del empleado en expresarse libremente sobre asuntos públicos cede ante el interés del Estado en descargar eficientemente sus responsabilidades, el alto foro federal indicó que el interés del Estado debe prevalecer cuando la expresión del empleado afecta su desempeño en el trabajo, la armonía de sus compañeros o de otra forma impide las operaciones normales de la institución. El patrono no tiene "derecho a controlar las expresiones [del maestro] o restringir su libertad de asociación, pero sí el derecho de dar por terminado su empleo en el momento en que el ejercicio de sus privilegios constitucionales claramente pese más que su utilidad".(Traducción nuestra). "La educación pública es reconocida como uno de los servicios públicos más importantes ofrecidos por el Estado y el mantenimiento de maestros profesionales y dedicados para proveer dicho servicio, un interés de los de más alto rango.

Los maestros se ausentaron de su lugar de trabajo –Escuela Ana Roqué- para participar en un piquete frente a la Escuela Petra Mercado, en solidaridad con los maestros y estudiantes de dicho plantel. Al contrastar su interés en repudiar el modo en que la directora conducía las actividades administrativas y las relaciones entre los empleados y directivos en dicho plantel -asunto de interés público-, con el interés del Estado, concluimos que la sanción impuéstale estuvo justificada y fue razonable. La actividad no podía realizarse durante horas laborables. Con su conducta ese día, alteraron las tareas y actividades escolares que, como maestros, debían ofrecer en ambas escuelas. Ciertamente afectaron la enseñanza que debían recibir los estudiantes que acudieron a sus salones de clases. En las agencias e instrumentalidades públicas la responsabilidad del empleado es directa e indeclinable para con la ciudadanía; detener los servicios que ofrecen, es paralizar pro-tempore el cumplimiento de esas responsabilidades.

El Art. 3 de la Ley Núm. 115 del 30 de junio de 1965,10 impuso como deberes magisteriales del sistema de educación pública, entre otros y en lo pertinente: "[a]sistir al trabajo con regularidad y puntualidad, y cumplir la jornada de trabajo establecida; [r]ealizar eficientemente y con diligencia las tareas y funciones asignadas a su puesto y otras compatibles con las que se le asignen, y [c]umplir con las disposiciones de las leyes y reglamentos aplicables al Depto. de Educación y con las órdenes emitidas en virtud de las mismas." Por su parte, la Ley Orgánica de dicho Depto. expresa que "[l]a función principal del maestro... es impartir la enseñanza [....] preparar a los alumnos para que alcancen el máximo desarrollo intelectual, moral y social, dentro del marco de sus aspiraciones y responsabilidades." Ley Núm. 68 de 28 de agosto de 1990. Además, autorizó al Depto. tomar las medidas necesarias para asegurar la mayor calidad en la práctica profesional del personal docente. Como corolario, el Art. 2 de la Ley Núm. 78 de 28 de agosto de 1991,11 provee las medidas correctivas y el procedimiento a seguir por el Secretario ante violaciones del Reglamento del personal docente o la Ley Orgánica: amonestación verbal, reprimendas escritas, suspensión de empleo y sueldo y destitución. 18 L.P.R.A. sec. 274-1.

Fuera de horas laborables, sin ausentarse ni abandonar sus responsabilidades, los maestros tienen a su disposición gran variedad de medios para protestar y manifestar su repudio a prácticas administrativas; de nuevo, sin alterar o menoscabar el servicio para el cual fueron empleados: la enseñanza pública, primordial e importante encomienda.

Se dictará sentencia revocatoria.

ANTONIO S. NEGRÓN GARCÍA

9. **Pueblo v. Irizarry Irizarry,** 156 D.P.R. 780 (2002)

[Resumen]

[Este caso discute los contornos de la libertad de expresión de los maestros.]

10 de mayo de 2002

EL JUEZ ASOCIADO SEÑOR REBOLLO LÓPEZ emitió la opinión del Tribunal Supremo de Puerto Rico.

El 23 de mayo de 2000, ocurrió un incidente en la escuela John F. Kennedy de Santa Isabel, Puerto Rico, en el cual se vieron involucradas dos maestras, la Sra. Liliana Irizarry Irizarry, y la Sra. Migdalia Torres Mateo.

A raíz del referido incidente, contra la señora Irizarry se radicó una denuncia por Alteración a la Paz. Específicamente, se le imputó haber alterado la paz de la señora Torres Mateo al decirle "embustera" y "vieja ridícula" cuando Irizarry cuestionó a Torres Mateo sobre la supuesta remoción de ciertos documentos de la Asociación de Maestros del tablón de edictos.

En el juicio en su fondo, la prueba presentada por el Fiscal consistió en los testimonios de la perjudicada, señora Torres Mateo, y del Sr. Félix Espada, agente que tuvo a su cargo la investigación de la querella. La perjudicada testificó, básicamente, que el día de los hechos, se personó a la escuela John F. Kennedy para realizar ciertas gestiones inherentes a su puesto como Coordinadora de Distrito de la Federación de Maestros. Una vez allí, habiendo orientado al personal clasificado en cuanto al plan de salud, se dirigió hacia la oficina de Marta de Jesús, Directora del plantel, y colocó en el tablón de edictos allí ubicado un documento relativo a la desestimación de una demanda incoada por la Asociación de Maestros contra la Federación; luego fue a atender otros asuntos.

Torres Mateo acudió nuevamente a la oficina de la Directora. Allí se encontró con la señora Irizarry, quien le cuestionó por haber removido del tablón de edictos una propaganda de la Asociación, hecho que ella negó.

Como la señora Torres Mateo se negó a hablar del asunto de la remoción de los papeles del tablón de edictos, Irizarry le dijo "embustera" y "vieja ridícula", palabras que la ofendieron y lastimaron. Declaró, además, que había un clima de malestar entre los integrantes de ambas entidades sindicales y que –en ocasiones anteriores– había habido discusiones en las que la señora Irizarry reclamaba los derechos de la Asociación. También declaró que a pesar de que ella se enfrascaba frecuentemente en este tipo de situación, siempre gozaba de completa calma por cuanto la desestimación de la demanda incoada por la Asociación en contra de su opositor sindical debía poner fin a las disputas. Aunque negó haber removido documento alguno del tablón de edictos, reconoció que se sentía en todo el derecho de hacerlo, pues la Federación era el representante sindical exclusivo de los maestros.

El Ministerio Público también presentó el testimonio del policía que atendió la querella. Testificó, en síntesis, que las versiones ofrecidas por éstas eran distintas y que fue la versión de la señora Torres Mateo la que entendió correcta a los fines de radicar la denuncia. Según su testimonio, la señora Torres Mateo le dijo que la querellada le había proferido las antedichas expresiones a la vez que le manoteaba la cara y que esos hechos habían sido presenciados por otros maestros.

La prueba de la defensa consistió en el testimonio de la Sra. Marta De Jesús, Directora de la Escuela, la Sra. Marisol Burgos, secretaria y del Sr. Wilfredo Márquez, maestro.

En lo que respecta a la Sra. Marisol Burgos, ésta testificó que al llegar a su lugar de trabajo el día de los hechos, se encontró a la señora Torres Mateo, quien, luego de remover del tablón de edictos unos recortes de periódico referentes a la Asociación de Maestros, y en su lugar, colocar otro documento, le preguntó a la señora Burgos si tenía la solicitud del Plan de Salud de la Federación. Eventualmente, aquélla se retiró de la oficina. La señora Burgos testificó, además, que la Directora, mandó a buscar a la señora Torres Mateo bajo el entendido de que ésta tenía interés de hablar con ella. Minutos después, la señora Irizarry llegó a dicha oficina para entregar unos documentos de fin de curso, y se percató de que habían removido del tablón de edictos el documento de la Asociación. A preguntas de Liliana Irizarry, Burgos respondió que la señora Torres Mateo lo había removido. Así las cosas, cuando esta última llegó a la oficina, la señora Irizarry le preguntó –en un tono tranquilo– por qué había removido el papel en cuestión, a lo que Torres Mateo le respondió, visiblemente alterada, que ella no tenía derecho a pegar ningún documento en dicho lugar. La señora Burgos dijo que Irizarry no había pronunciado las frases en disputa, como tampoco había manoteado a la Torres Mateo. Declaró que no había sido entrevistada por el policía Espada.

Por su parte, la Sra. Marta De Jesús, directora del plantel, declaró que, al llegar a su oficina, estaban allí su secretaria, y, entre otras personas, la guardia escolar, quien le informó que la señora Torres Mateo se encontraba en la escuela, por lo que la señora De Jesús la mandó a buscar. La Directora declaró, en síntesis, que estando en su oficina, escuchó una conversación y cuando advirtió que se trataba de la señora Irizarry y la señora Torres, les exhortó a que evitaran ese tipo de situación. Atestó que en ningún momento escuchó a la querellada proferir las palabras que se le imputaban.

Finalmente, la defensa de la señora Irizarry presentó como testigo al Sr. Wilfredo Márquez, maestro del referido plantel y presidente del Comité de Disciplina. En vista de que éste no presenció el incidente en la oficina de la Directora, su testimonio se limitó a lo que percibió cuando llegó al estacionamiento de la escuela. Expresó el señor Márquez que, al llegar a dicho lugar, se percató de un altercado entre Liliana Irizarry y la señora Torres, por lo cual decidió intervenir para evitar cualquier conflicto posterior. En dicha ocasión, notó que la señora Torres estaba "medio enfogonada".

La Sala Municipal de Santa Isabel del Tribunal de Primera Instancia condenó a Irizarry imponiéndole el pago de una multa por el delito de alteración a la paz.

La señora Irizarry acudió ante el Tribunal de Circuito de Apelaciones. Planteó, en síntesis, que no se establecieron los elementos esenciales del delito imputado y que el tribunal apelado erró al determinar que la prueba del Ministerio Público estableció su culpabilidad más allá de toda duda razonable.

El Tribunal de Circuito de Apelaciones. sostuvo la convicción al entender que no hubo indicio alguno de prejuicio, pasión, parcialidad o error manifiesto en la decisión tomada por Sala Municipal

La señora Irizarry acudió ante el Tribunal Supremo, el que revocó y la absolvió a base de los siguientes fundamentos.

Un examen integral y responsable de la transcripción de la prueba desfilada ante el tribunal de instancia en el presente caso causa en nuestro ánimo una intranquilidad de conciencia, esto es, una duda razonable y fundada, respecto a si el Estado demostró, más allá de duda razonable, la culpabilidad de la peticionaria Liliana Irizarry.

La referida intranquilidad o duda razonable y fundada tiene su origen, en primer término, en el proceso investigativo y decisorio seguido en el presente caso, el cual incluye y comprende: la situación de amistad entre la supuesta maestra perjudicada y el policía investigador; una investigación policíaca obviamente incompleta y deficiente; una actuación poco acuciosa de parte del magistrado que determinó causa probable para arresto contra la peticionaria, actuación que causó que se pusiera en movimiento la maquinaria judicial con el propósito de encausar criminalmente a una persona sin que se tuvieran todos los elementos de juicio para llegar a una determinación justa y correcta.

El juez instructor en el presente caso –enfrentado a una situación sumamente particular, esto es, en la cual son llevadas a su presencia dos personas que, de ordinario, no comparecen en esa capacidad ante los tribunales: dos maestras de nuestro sistema de instrucción pública– se limitó a escuchar el testimonio de la persona que el policía había señalado como perjudicada y procedió a determinar causa proba-

ble por el delito de Alteración a la Paz contra la aquí peticionaria. En nuestro criterio la situación planteada ameritaba que el juez instructor indagara sobre la posibilidad de la existencia de otros testigos, que no tuvieran interés personal en el caso y que, naturalmente, tuvieran conocimiento personal de los hechos; no lo hizo. El magistrado, repetimos, procedió a determinar causa probable a base del testimonio, obviamente interesado, de una de las partes. A nuestro juicio, al así actuar no cumplió cabalmente con su deber.

Somos conscientes del hecho que durante el juicio en su fondo del caso otro magistrado, luego de escuchar tanto la prueba de cargo como la presentada por la defensa, determinó que la aquí peticionaria efectivamente era culpable del delito imputado. Como expresáramos anteriormente, de ordinario no intervendremos con la apreciación de la prueba que realiza el tribunal sentenciador a menos que se nos demuestre la existencia de parte del referido foro primario de pasión, prejuicio, parcialidad o error manifiesto.

Una lectura de la transcripción de evidencia, obrante en el expediente, nos convence de que estamos ante una situación de "error manifiesto" en la apreciación de la prueba, de parte del tribunal sentenciador. La prueba desfilada resulta ser abrumadora respecto a que lo sucedido el 23 de mayo de 2000 no sucedió como lo relata la supuesta perjudicada Torres Mateo. Así quedó plenamente demostrado por el testimonio de varios testigos, objetivos y desinteresados, con conocimiento personal de los hechos.

Sometida la prueba al tenor del proceso analítico que dicta el imperativo de debido proceso de ley que consagra el nuestra Constitución, forzoso resulta concluir que procede la revocación del dictamen recurrido. Luego de haber evaluado detenidamente la prueba, no albergamos una convicción firme; esto es, esa satisfacción y tranquilidad de conciencia que debe prevalecer en el ánimo adjudicativo cuando se confirma una sentencia condenatoria. Ante tal incertidumbre, no podemos imprimirle un sello de corrección al fallo inculpatorio emitido por el foro de instancia.

Por lo tanto, si bien es cierto que este Tribunal, como norma general, se guía por el principio que confiere deferencia a la apreciación que de la prueba efectúa el foro sentenciador, resolvemos que, dadas las circunstancias antes descritas, procede que en el presente caso nos apartemos de la referida norma. Ello, así pues, un examen de la totalidad de la prueba que tuvo ante sí dicho foro, revela que no existe base suficiente para sostener la determinación de culpabilidad de la aquí peticionaria.

La conclusión a la que llegamos, esto es, de que procede revocar –por duda razonable– la convicción decretada a nivel de instancia contra la aquí peticionaria, se sostiene aun cuando entendiéramos que no debemos intervenir con la apreciación que de la prueba desfilada hiciera el tribunal sentenciador en el presente caso.

En referencia al delito específico por el cual la aquí peticionaria resultó convicta, entendemos procedente y pertinente hacer ciertos señalamientos. Recientemente expresamos que para que se entienda infringido el inciso (a) [Alteración a la paz] no basta con que se utilice "lenguaje indecoroso o grosero". Resolvimos en el antes citado caso que para que una conducta se entienda constitutiva del delito de alteración a la paz, es necesario que concurran dos elementos, a saber: el elemento objetivo y el subjetivo. El primero de éstos se refiere a la naturaleza misma de la acción, la cual, para que sea considerada ofensiva, tiene que ser de tal grado hiriente e irritante como para poder provocar una reacción violenta en una persona de sensibilidad ordinaria. Por otro lado, el elemento subjetivo es aquel que atiende las consecuencias de la conducta ofensiva en la alegada víctima del delito; esto es, si en efecto se le perturbó la paz a la persona a quien se dirigió la referida conducta.

Es necesario, en consecuencia, para que el delito de alteración a la paz se configure, que la persona perjudicada se encuentre en paz, siendo la "paz" esa tranquilidad de la cual disfrutan los ciudadanos cuando impera el buen orden. Para que se entienda alterada la paz de una persona, no basta que ésta sienta un mero malestar por la conducta desplegada en su contra. Tiene que haber una reacción violenta de parte de ésta o, cuando menos, debe la persona sentir una grave alarma e intranquilidad.

La prueba que presentara el Estado, con el propósito de demostrar que la señora Irizarry aquí peticionaria infringió las disposiciones del vigente Código Penal de Puerto Rico, resulta ser insuficiente como cuestión de derecho.

Nos cuestionamos si las expresiones "embustera" y "vieja ridícula" son de tal grado hirientes e irritantes como para causar, en una persona de sensibilidad ordinaria, una reacción violenta o un sentido de grave alarma. Contestamos dicha interrogante en la negativa. Las palabras en cuestión, no cabe duda, son expresiones impropias y de mal gusto, capaces de causar malestar, pero ello así, sin más, no ostenta el grado de injuria necesario para que la expresión, desde un punto de vista objetivo y desde la perspectiva de una persona de sensibilidad ordinaria, pueda considerarse delictiva.

No comete el delito de Alteración a la Paz una persona, enfrascada en una discusión con un ex amigo, que profirió unas palabras soeces mucho más ofensivas, groseras, irritantes e hirientes que las de "embustera" y "vieja ridícula".

El Ministerio Público tampoco logró demostrar que la señora Torres Mateo, querellante, gozaba de "paz o de un estado de tranquilidad" en el momento en que supuestamente fue lastimada y ofendida con las expresiones que le dirigió la aquí peticionaria. Nótese, en primer lugar, que del propio testimonio de la perjudicada surge que ella comenzó a alterarse cuando notó que la señora Irizarry se mostró molesta y nerviosa al atribuirle la remoción de los documentos de la Asociación. Es decir, su estado anímico no era representativo de lo que jurídicamente hemos definido como "paz".

A lo anterior añadimos el hecho de que, para la fecha de los hechos, prevalecía una atmósfera de malestar y rencor entre los miembros de ambas entidades sindicales, y que, por otro lado, tal y como admitió la querellante, las partes aquí implicadas se habían visto involucradas, previamente, en disputas similares, relativas las mismas a sus afiliaciones sindicales.

En consecuencia, resulta inmaterial si la señora Torres Mateo reaccionó con violencia a las expresiones emitidas por la peticionaria Irizarry o si al menos sufrió, una grave alarma o intranquilidad. Esto así por cuanto, como hemos afirmado previamente, la prueba desfilada nos crea serias dudas con respecto a si la señora Torres Mateo disfrutaba de esa tranquilidad de la cual goza un ciudadano cuando impera el buen orden. Sin dudas, una sensación de grave alarma o intranquilidad presupone una evolución anímica, presupone un estado previo de paz. Por ende, está igualmente ausente el elemento subjetivo del delito de alteración a la paz. La convicción decretada, repetimos, no puede prevalecer.

Debe quedar claro que el curso decisorio que hoy seguimos no constituye licencia ni permiso para perpetuar este tipo de situaciones en los planteles de nuestro sistema de educación pública. Nuestra decisión está estrictamente ceñida a un contexto fáctico en el cual cierto comportamiento, aunque impropio, no alcanzó el nivel de la conducta delictiva imputada, por lo cual, en todo caso, debió ser atendido por los canales administrativos pertinentes. Sin dudas, se trata de una situación bastante indeseable, y lamentable por demás, sobre todo cuando tomamos en cuenta el escenario en el cual ocurrió: una de las aulas de nuestro Sistema de Educación Pública, lugar donde debe imperar el orden, la concordia y la sana convivencia, valores éstos que no pueden ser menoscabados, ni siquiera por el fragor de la actividad sindical.

Por todo lo antes expuesto, se revoca la sentencia emitida por el Tribunal de Primera Instancia, subsecuentemente confirmada por el Tribunal de Circuito de Apelaciones, y, en consecuencia, se absuelve a la peticionaria, Liliana Irizarry Irizarry, del delito de alteración a la paz del cual fue convicta. Se dictará sentencia de conformidad.

§ 6. Separación Iglesia Estado

La separación completa entre los asuntos religiosos y los de gobierno ha sido adoptada en Puerto Rico, al igual que en

Estados Unidos Norte América. Es posible que estemos de acuerdo con que los estudiantes hagan una oración o invocación al comienzo de clases o que en cada reunión de facultad el director pida que alguno de nosotros haga una invocación. Pero qué sucede si uno de los niños del salón es criado en una religión cristiana o un maestro de los presentes en la reunión no comparte nuestras creencias. ¿Es razonable que se les exponga a esas prácticas? Si fuera, al contrario, digamos que el director es musulmán y desea hacer una actividad religiosa con sus rituales cada vez que va a hacer una reunión de facultad. ¿Es razonable que se nos exponga a esas prácticas? Este concepto de separación iglesia-Estado se encuentra establecido en lo que se conoce como cláusulas religiosas de ambas constituciones. Al referirse a la completa separación recoge la teoría de James Madison de que la relación ideal entre la Iglesia y el Estado exige el reconocimiento de dos esferas de acción separadas (Greenhouse, 2006).

La razón fundamental de Madison para favorecer la creación de dos jurisdicciones distintas y separadas entre la Iglesia y el Estado respondía a su preocupación de que las respectivas autoridades de cada una interfirieran en las esferas de influencia y actuación de la otra (Boston, 2018). Les preocupaba que pudiesen causar un quebrantamiento del sistema político que comprometiera la libertad de conciencia tanto de los creyentes como de los no creyentes y así destruyera tanto al gobierno como a la religión (Garry,

2004). Estas garantías de la Primera Enmienda frente al Gobierno Federal fueron interpretadas como aplicables frente a los estados. Las dos prohibiciones comprendidas en la primera oración de la Sección 3 del Artículo II de la Constitución de Puerto Rico constituyen una traducción literal de las primeras dos prohibiciones contenidas en la Primera Enmienda de la Constitución Federal. Ambas prohibiciones en una y otra Constitución han sido denominadas separada y respectivamente Cláusula de Establecimiento y Cláusula de Libre Ejercicio o Libertad de Culto. Aunque compatibles, en ocasiones éstas pueden confluir, por lo que existe una tensión armoniosa entre ellas causando que su jurisprudencia interpretativa se haya distinguido por buscar un balance y por procurar evitar que una se interponga a la otra. En ese sentido, el desarrollo de la doctrina sobre una cláusula es relevante para la interpretación de la otra (Mercado Rivera v. Universidad Católica de PR, 1997).

Cláusula de Establecimiento de la Religión

Representa el obstáculo constitucional por el cual está vedado al Estado patrocinar religión alguna, bien sea directamente, como una declaración oficial señalando a determinada religión como la religión del Estado o a través de medios indirectos, como alguna ayuda económica o de otra naturaleza. El común denominador de los casos resueltos por el Tribunal Supremo Federal al amparo de la Cláusula de Establecimiento lo es la ayuda o el respaldo que directa o indirectamente han recibido a través del tiempo algunas Iglesias y/o escuelas parroquiales mediante programas del Estado como exenciones contributivas, subsidios, reembolso de gastos relacionados con alguna religión u organización religiosa reconocida, entre otros. (McCarthy, et al., 2013).

Cláusula de Sostenimiento de la Religión

La Carta de Derechos de la Constitución de Puerto Rico, Art. 11 Sec. 5 dispone que no se utilizará propiedad ni fondos públicos para el sostenimiento de escuelas o instituciones educativas que no sean las del Estado. En el caso Asociación de Maestros v. Joé Arsenio Torres, 94 JTS 145 el Tribunal Supremo de Puerto Rico resolvió que todo sostenimiento está prohibido, impide que el Estado provea beneficios, ayudas o apoyo a una escuela privada. La sección 5 del Artículo II de nuestra Constitución no permite el sostenimiento por el Estado de ninguna institución educativa privada, sea religiosa o no. Su objetivo va más allá de la separación Iglesia-Estado, pretendiendo proteger y fortalecer al máximo nuestro sistema de instrucción pública frente a toda institución educativa privada. Ej. Asignar fondos públicos para la construcción de escuelas privadas. Impide al Estado preferir, u otorgar privilegios particulares a las escuelas privadas sobre el sistema público de enseñanza (Mercado Rivera v. Universidad Católica de PR, 1997).

Cláusula de Libre Ejercicio o de Libertad de Culto

Consiste en prohibir de forma absoluta el que un gobierno impida las creencias religiosas. La misma garantiza la práctica de estas creencias, sean individuales o colectivas. El hilo distintivo que une los casos resueltos al amparo de la cláusula que garantiza la Libertad de Culto lo es la presencia de algún tipo de intervención gubernamental, a través de cualquiera de sus Ramas, que dificulte o imposibilite la práctica de alguna actividad religiosa en particular. Claro está, la libertad de actuar, al amparo de una práctica religiosa, está forzosamente limitada o restringida para proteger la paz, la moral y el orden público ya que de otra manera se instituiría un cantón aparte donde le estaría vedado al gobierno hacer respetar las leyes de protección social (Mercado Rivera v. Universidad Católica de PR, 1997).

Sin embargo, si en la promoción de un fin legítimo el Estado afecta adversamente la práctica de una religión, la garantía constitucional requiere, en algunas situaciones, que se hagan concesiones para permitir el libre ejercicio de las creencias religiosas. Así, cuando el efecto adverso de la acción gubernamental sobre la práctica religiosa es incidental y el Estado tiene un interés legítimo y apremiante que justifique dicha acción que no pudo sustituirse por otra menos onerosa, prevalecerá el Estado. Por otro lado, cuando la acción estatal es neutral, sobre asuntos seculares y de aplicación uniforme, el Estado no tendrá que justificar un interés apremiante y prevalecerá éste siempre y cuando su efecto sobre la práctica religiosa sea incidental (Mercado Rivera v. Universidad Católica de PR, 1997).

Ahora bien, de lo anterior surge que efectivamente existe algún grado de tensión entre la directriz constitucional que por un lado prohíbe al Estado establecer una religión y por otro lado le impone al gobierno la obligación de no inhibir o impedir su práctica. Ello es así ya que es posible que el gobierno, en aras de evitar el establecimiento de una religión, adopte medidas legislativas que tiendan a impedir su práctica. Asimismo, es concebible que un tribunal, al permitir cierto tipo de conducta por parte de algunos creyentes de una religión, en particular al amparo de la libertad de culto, tienda a promover el establecimiento de tal religión (Mercado Rivera v. Universidad Católica de PR, 1997). Por consiguiente, al ejercer nuestra tarea judicial de adjudicar una alegación sobre violación del derecho de una persona o de una institución con vínculos religiosos a practicar su culto debido a una intervención gubernamental, "debemos ser particularmente cuidadosos, para evitar malograr el delicado equilibrio entre los dos mandatos absolutos conflictivos: el de no establecer religión alguna y el de no inhibir el libre ejercicio del culto religioso. La extensa y a veces conflictiva jurisprudencia del Tribunal Supremo federal sobre este asunto refleja las dificultades inherentes de esta delicada tarea.

Cláusula de Servicios

La Carta de Derechos de la Constitución de Puerto Rico, Art. 11 Sec. 5 dice que, nada de lo contenido en la disposición sobre sostenimiento impedirá que el Estado pueda prestar a cualquier niño servicios no educativos establecidos por ley para protección o bienestar de la niñez. El Estado puede proveer servicios no educativos siempre que estén generalmente disponibles de un modo neutral a todos los niños. Sin aislar a los estudiantes de escuelas privadas para beneficios o privilegios adicionales o especiales. Persigue que un niño no se vea privado de un servicio no educativo que el Estado presta de manera universal, por el mero hecho de asistir a la escuela privada. Claro está, conforme a la cláusula de los servicios no educativos, el Estado puede proveer servicios no educativos siempre que estén generalmente disponibles de un modo neutral a todos los niños de Puerto Rico, sin aislar a los estudiantes de escuelas privadas para beneficios o privilegios adicionales o especiales. Lo que persigue esta disposición es que un niño, por el mero hecho de asistir a escuela privada, no se vea privado de un servicio no educativo que el Estado presta de manera universal (Asociación de Maestros v. José Arsenio Torres, 1994).

Casos de Separación Iglesia Estado en Puerto Rico

El Tribunal Supremo de Puerto Rico ha tenido ante sí diversos casos en torno a la separación Iglesia Estado. En Agostini Pascual v. Iglesia Católica, 109 D.P.R. 172, (1979), la Escuela Superior Católica San Antonio de Guayama fue cerrada porque no cumplía con ciertos requisitos de la Iglesia. Un grupo de padres interpuso una demanda ante el Tribunal Superior en que alegaban la inexistencia de justa causa para el cierre. La Iglesia impugnó la jurisdicción del tribunal. Señaló que la supervisión general de la educación en sus escuelas compete a la Sagrada Congregación para la Enseñanza Católica. El Tribunal Superior ordenó que la Iglesia Católica se abstuviera de cerrar.

La Iglesia acudió al Tribunal Supremo y este revocó la orden del Tribunal Superior. El fundamento fue en el caso no se atacaba acción alguna del Gobierno en violación de la libertad de culto o de la cláusula que prohíbe el establecimiento oficial de una religión. Lo que se deseaba era que se utilizara el poder del Estado a través del tribunal para revisar la decisión de las autoridades eclesiásticas en torno si determinada escuela cumple con el requisito de catolicidad genuina impuesto por la Conferencia Episcopal Puertorriqueña. No era que la Iglesia hubiera incumplido sus propias reglas al tomar la decisión impugnada o que ésta es fraudulenta o arbitraria o que es necesario adjudicar la pertenencia de bienes. Tampoco existía obligación afirmativa que impusieran las leyes del país de establecer o mantener escuelas parroquiales. Ya que las normas en estos litigios a veces varían según la clasificación jurídica de la asociación debe recordarse también que la Iglesia Católica, Apostólica y Romana es una entidad jerárquica y episcopal.

La cuestión básica por resolver que tuvo ante sí el Tribunal Supremo fue si el poder judicial del Estado debe revisar en las circunstancias descritas la acción eclesiástica impugnada. La contestación fue que no. La involucración del Estado en la controversia presente atentaría contra el corazón mismo de la doctrina de la separación entre la Iglesia y el Estado. La determinación de si la Escuela Superior San Antonio cumple con el requisito de catolicidad genuina es una cuestión esencialmente de fe. No es función del Estado en estas controversias dictar doctrina religiosa. La decisión tomada en este litigio fue producto de cuidadosa deliberación y se fundó escrupulosamente en textos establecidos de derecho eclesiástico.

En el caso de Academia San Jorge v. JRTPR, 110 D.P.R. 193, (1980), se presentó la intervención del gobierno con la administración de los recursos humanos de una institución católica. La Junta de Relaciones del Trabajo de Puerto Rico, tomó una decisión que afectaba las relaciones contractuales entre una academia de la Iglesia y unos empleados. Las interrogantes a que se enfrentó el Tribunal fueron:

¿tiene la Junta de Relaciones del Trabajo de Puerto Rico autoridad en ley para intervenir y resolver una querella promovida por un grupo de maestros laicos de una escuela parroquial de la Iglesia Católica?

(1) De ser en la afirmativa, ¿conflige el ejercicio de dicha jurisdicción con los derechos que protegen las cláusulas religiosas consagradas en el Art. II, Sec. 3 de nuestra Constitución?

(2) Y, finalmente, ¿gozarán de primacía estos derechos sobre los de los maestros referentes a organizarse, -negociar colectivamente e involucrarse en actividades concertadas según las Secs. 17 y 18 del mismo artículo?

La Academia San Jorge, es una escuela elemental, intermedia y superior de orientación católica. Un grupo de maestros se quejó ante la Junta de Relaciones del Trabajo de Puerto Rico. Los maestros alegaron despido ilegal por haberse dedicado a actividades concertadas con el único fin de ayudarse y protegerse mutuamente, que es una de las protecciones que ofrece la Junta de Relaciones del Trabajo de Puerto Rico. Específicamente adujeron que la Academia intervino y los coaccionó en el ejercicio de sus derechos garantizados por la Constitución. La Junta de Relaciones del Trabajo de Puerto Rico aceptó atender la querella. La Academia se opuso a la intervención de la Junta y alegó que es cierto que no renovó los contratos de empleo, pero que satisfizo a los querellantes la totalidad de sus salarios.

La Junta de Relaciones del Trabajo de Puerto Rico declaró sin lugar la defensa de falta de jurisdicción que había sido presentada por la Academia. La Academia argumentó que lo que pretende atender la Junta en este caso es la relación directa entre una escuela parroquial controlada por la Iglesia y los maestros laicos que laboran en ella. Esa intervención significaría una clara violación a las cláusulas de separación Iglesia Estado.

La Junta adujo que actuó bajo las disposiciones de su Ley Orgánica, cuyos propósitos son darle contenido real a la política pública obrero-patronal de conformidad con los preceptos constitucionales que garantizan los derechos de los patronos y de los trabajadores. El Tribunal Supremo procedió a analizar la controversia en torno a la jurisdicción de la Junta de Relaciones del Trabajo de Puerto Rico desde el punto de vista de cubierta estatutaria.

De acuerdo con el Tribunal Supremo de Puerto Rico, la evidencia desfilada ante el oficial examinador corrobora el carácter y motivo dual religioso-educativo de la Academia San Jorge. En vista de la naturaleza y los objetivos educativos religiosos de la Academia San Jorge, el Supremo concluyó que el reclamo de la Academia era es legítimo y serio. De permitirse la intervención de la Junta de Relaciones del Trabajo de Puerto Rico, las escuelas parroquiales experimentarían unas relaciones diferentes con sus maestros. Esas escuelas en Puerto Rico, al igual que en los Estados Unidos de América , perderían casi toda habilidad para negociar con sus empleados individualmente. Las uniones lograrían cláusulas relacionadas con promociones, causas por cesantía y otros elementos de importancia con el respaldo de la Junta. Los maestros organizados tendrían derecho a ser representados por oficiales de la unión durante las reuniones y sesiones disciplinarias con las escuelas. El ejercicio del poder del Obispo en tales escuelas disminuiría notablemente, nunca más sería el único depositario de la autoridad, según requerido por la ley eclesiástica.

El Tribunal Supremo indicó finalmente que al asumir jurisdicción, la Junta en este caso representaría una indebida y excesiva intromisión en asuntos claramente protegidos por la libertad de culto. Esto representaría un fatídico precedente que permitiría al Estado laico, a través de la Junta, desmantelar lenta pero irremediablemente, las escuelas de orientación religiosa del país, infringiendo y cercenando así el principio constitucional de libertad de culto. Por lo que desestimó la querella.

En Díaz v. Col. Nuestra Sra. del Pilar, 123 D.P.R. 765, (1989), se discute el poder adjudicativo de los tribunales cuando una persona demanda a una institución de naturaleza religiosa por incumplimiento de contrato. Hasta qué punto las cláusulas religiosas de la Constitución del Estado Libre Asociado limitan el poder judicial para entrar en una disputa relativa al contrato de trabajo entre ambos.

El señor José M. Díaz Hernández y su esposa presentaron una demanda de incumplimiento de contrato y daños contra el Colegio Nuestra Señora del Pilar ante el Tribunal Superior. Alegaron que Díaz Hernández suscribió un contrato de maestro con el Colegio por $12,000 anuales y que fue despedido sin justa causa.

El Colegio alegó que firmaron una carta, la cual califican de "pre-contrato", en la que se acordó la renovación del contrato para el próximo año escolar y que el maestro incurrió en conducta impropia y perjudicial a los intereses institucionales.

El Colegio planteó que la controversia no podía ser objeto de escrutinio judicial porque el Colegio del Pilar era una escuela intermedia y superior de orientación católica, operada y dirigida por la Iglesia Católica Apostólica y Romana de Puerto Rico. Alegó que la dirección del Colegio debía quedar en libertad de emplear y despedir a los miembros de su Facultad. Apoyaron su posición en lo resuelto en Academia San Jorge v. J.R.T., 110 D.P.R. 193, (1980).

El Tribunal Superior dictó sentencia desestimatoria porque a la luz de los hechos particulares de este caso, el entrar a considerar los méritos de este conllevaría una intervención que configiriía con los derechos constitucionales de la parte demandada-Artículo II, Sección 3 de la Constitución del Estado Libre Asociado de Puerto Rico. Díaz Hernández acudió al Tribunal Supremo y alegó que la negativa del Tribunal Superior a entender en su controversia contractual entre él, maestro-laico y una escuela parroquial, le privaba de ventilar sus alegaciones de despido sin justa causa en ese foro.

El Tribunal Supremo de Puerto Rico revocó al Tribunal Superior. Procedió a resolver si los Tribunales de justicia de Puerto Rico pueden ejercitar su jurisdicción, de forma compatible con la Constitución, para dilucidar los méritos de una disputa relativa al contrato de trabajo entre un maestro de una escuela católica y la dirección de ésta. A diferencia de Academia San Jorge, la controversia en este caso gira en torno a la interpretación de un contrato de trabajo libremente negociado y acordado. No se trata de la aplicación de la Ley de Relaciones del Trabajo. La participación del Estado a través de los tribunales cuando se trata de una disputa contractual es muchísimo menos penetrante e incisiva en la operación de la escuela católica que la intervención de la Junta de Relaciones del Trabajo en la implantación del principio de negociación colectiva compulsoria.

Los tribunales están facultados a intervenir en casos como el de Díaz Hernández para la vindicación de intereses contractuales privados. No se trata aquí como en Academia San Jorge de la implantación de la política pública laboral a través de un organismo administrativo del Estado sino de poner en vigor la voluntad de las partes libremente plasmada en un contrato.

La cláusula de libertad de culto garantiza la práctica de las creencias religiosas individuales o colectivas. Aunque la libertad de credo es absoluta, la autonomía para actuar conforme a dichas creencias tiene sus limitaciones. Cuando el Estado en la promoción de algún fin legítimo gubernamental afecta adversamente la práctica del culto religioso esta cláusula constitucional requiere que en algunas circunstancias se hagan concesiones para permitir el libre ejercicio de las creencias religiosas.

El Colegio no demostró cómo el mero ejercicio del Poder Judicial para ventilar los méritos de una alegación de incumplimiento del contrato de trabajo libremente pactado entre el maestro y el Colegio del Pilar constituye una carga sustancial a la práctica de la religión católica. Los tribunales están facultados a velar por el cumplimiento de los contratos. Esa normativa le aplica a todo contratante en este país.

En Mercado Rivera v. Pontificia U. Católica, 143 D.P. R. 100, (1997), el Tribunal Supremo de Puerto Rico se enfrentó a los derechos que pudiesen cobijar a profesores que laboran en una institución de educación superior frente a la autonomía religiosa reclamada por dicha institución. Jeannette M. Quilichini, se casó por la Iglesia Católica y se divorció seis años después. La Universidad Católica de Puerto Rico la contrató para que ejerciera labores docentes a tiempo parcial. Las autoridades de la Universidad conocían del estado civil de Quilichini al momento en que le extendieron este contrato original. Luego la Universidad le confirió la permanencia. Posteriormente Quilichini contrajo matrimonio civil, pero no había solicitado la declaración de nulidad de su primer matrimonio de acuerdo con el Derecho Canónico. Por tanto, no podía válidamente contraer matrimonio. La profesora Quilichini fue despedida.

Rosa Mercado Rivera comenzó a realizar labores docentes para la Universidad Católica, suscribiendo cada año un Contrato Anual de Facultad. Dicho contrato al igual que los que mediaron entre la universidad y la profesora Quilichini, requería observar una conducta acorde con los valores y normas éticas de la Iglesia Católica. Fue informada que su contrato no sería renovado, porque se encontraba en una situación canónicamente irregular, por haberse casado con una persona anteriormente casada por la Iglesia Católica cuyo primer matrimonio no había sido declarado nulo.

Ambas profesoras presentaron demanda en el antiguo Tribunal Superior Sala de Ponce. Solicitaron que se declarasen inconstitucionales las disposiciones del Manual del Claustro relativas a la causal de despido por conducta canónicamente irregular y los Estatutos en lo referente a las cualidades del claustro en los cuales se basó la Universidad para despedirlas.

El Tribunal Superior Sala de Ponce dictaminó que en virtud de los contratos suscritos y de su afiliación voluntaria a la Iglesia Católica, estaban sujetas a la disciplina de la fe acorde con la doctrina religiosa que estima indisoluble el matrimonio y por tanto impedía que ejercieran funciones académicas en dicha institución.

El Tribunal Supremo de Puerto Rico confirmó la sentencia del Tribunal de Ponce. De acuerdo con el Supremo, en este caso no se trata de la impugnación de una legislación. Era una disputa interna entre dos profesoras y una institución educativa que reclama inmunidad religiosa por su vinculación con la Iglesia Católica. Por consiguiente, el peligro de invadir el ámbito de protección constitucional radicaba en la intervención judicial indebida. El mero hecho de que una actuación del Estado afecte la operación de una organización religiosa, no implica que la misma sea automáticamente inválida a la luz de la cláusula de la Libertad de Culto. Hay que recordar que las leyes están hechas para regir la conducta y las acciones de los ciudadanos, a pesar de que éstas no pueden intervenir con meras creencias religiosas, podrían interferir con sus prácticas.

De acuerdo con el Supremo las protecciones de la Primera Enmienda y de nuestra Constitución aplican no sólo a individuos sino también a colectividades religiosas, es procedente que se determine si entre la Universidad y la Iglesia Católica existía un vínculo tal que convertía a la Universidad en una institución religiosa; lo que el Tribunal encontró probado.

Visto el vínculo de la Universidad con la Iglesia Católica, el Supremo analizó si existe un interés legítimo y apremiante del Estado para intervenir en la controversia. Concluyó que en realidad lo que solicitaban las profesoras era que, tras ellas ejercer debidamente sus derechos, se le impusiera a la Universidad Católica la obligación de reconocer sus matrimonios, dentro de su esfera de acción. Es decir, que la

Universidad actúe contrario a los postulados de la doctrina católica. De manera que si las profesoras voluntaria y libremente aceptaron formar parte del claustro de la Universidad, sujetas a las condiciones de no violar los postulados de la doctrina y la moral de la Iglesia Católica, no pueden acudir ante los tribunales civiles para que invaliden la decisión de la Universidad Católica, motivada por dichos dogmas y creencias religiosas.

Al determinar que las causas de destitución de los claustrales obedecen genuinamente a postulados impuestos a la Universidad por las autoridades de más alta jerarquía dentro de la Iglesia Católica y según reflejado en el Código de Derecho Canónico, el Tribunal Supremo determinó que no era su deber interferir con éstas.

En Asociación de Maestros v. José Arsenio Torres, 137 D.P.R. 528, (1994) el Tribunal Supremo de Puerto Rico tuvo ante sí la constitucionalidad la disposición de la Ley Núm. 71 de 3 de septiembre de 1993 (Ley 71), conocida como la Ley de Becas Especiales y Libre Selección de Escuelas, que creaba ciertos incentivos económicos para ayudar a padres de estudiantes de escuela pública a transferir a sus hijos a una escuela privada.

La Asociación de Maestros de Puerto Rico presentó una demanda de sentencia declaratoria contra el Estado Libre Asociado, en que impugnaba la constitucionalidad del artículo 6© de la Ley, el cual autorizaba la concesión de becas especiales para sufragar la matrícula y gastos escolares de los estudiantes de escuela pública que se transfirieran a una escuela privada.

La Asociación señaló que estas becas especiales, creadas por esa disposición, violaban la Primera Enmienda de la Constitución federal, que prohíbe el establecimiento por el Estado de cualquier religión, así como la Sección 3 del Artículo II de la Constitución del Estado Libre Asociado, que establece completa separación entre la iglesia y el estado, y la Sección 5 del mismo Artículo, que prohíbe la utilización de propiedad o fondos públicos para el sostenimiento de escuelas que no sean las del Estado.

El Tribunal Superior resolvió que la modalidad establecida por el artículo 6© de la Ley 71, mediante la cual se otorgan becas especiales para facilitar el traslado de estudiantes de escuela pública a escuela privada, era inconstitucional por infringir la Sección 5 del Artículo II de nuestra Constitución y ordenó al Estado a abstenerse de implantar o poner en vigor la modalidad de la beca que se decretó inconstitucional. El Estado apeló.

La Asociación fundamentó su acción, de manera primaria, sobre la siguiente disposición de la Carta de Derechos de la Constitución del Estado Libre Asociado de Puerto Rico, Art. II, Sec. 5 que dispone "…. No se utilizará propiedad ni fondos públicos para el sostenimiento de escuelas o instituciones educativas que no sean las del Estado. Nada de lo contenido en esta disposición impedirá que el Estado pueda prestar a cualquier niño servicios no educativos establecidos por ley para protección o bienestar de la niñez".

Sostuvo que el artículo 6© de la Ley 71 crea un esquema prohibido por la citada disposición constitucional, pues dispone de fondos públicos para el sostenimiento de escuelas privadas. Esta cláusula no tiene disposición análoga en la Constitución federal.

De acuerdo con el Tribunal Supremo la palabra sostenimiento no está cualificada en el texto constitucional. Todo sostenimiento está prohibido. Naturalmente, el problema consiste en delimitar qué interacción entre las escuelas privadas y el Estado es permisible y que cooperación no lo es por constituir el sostenimiento que nuestra Constitución proscribe.

El Tribunal Supremo expresó que, basándose en el historial de la cláusula de sostenimiento, el Estado alega que cláusula se incluyó en nuestra Constitución con el único propósito de incorporar los criterios de separación de iglesia y estado desarrollados por el Tribunal Supremo federal, en su interpretación de la cláusula de establecimiento de la Primera Enmienda de la Constitución federal, pero no tiene razón.

El Supremo concluyó que nuestra cláusula del sostenimiento tiene un contenido independiente y adicional al de la cláusula de establecimiento de la Primera Enmienda de la Constitución federal. La cláusula del sostenimiento impide que el Estado provea beneficios, ayudas o apoyo a una escuela privada.

Naturalmente, no estaría prohibido por lo anteriormente expuesto que la escuela privada se beneficie indirecta e incidentalmente de servicios que el Estado provee a toda la ciudadanía, como los de policía y bomberos. Sí estaría el Estado impedido de prestar servicios o ayuda a una escuela privada que, al contribuir directamente a la misión educativa de la institución, constituyen el sostenimiento prohibido por nuestra Constitución. A manera de ejemplo, el Estado no podría asignar fondos públicos para la construcción de escuelas privadas. Además, concluyó que la cláusula del sostenimiento le impide al Estado preferir, u otorgar privilegios particulares, a las escuelas privadas sobre el sistema público de enseñanza. Lo que está prohibido es que se aísle la escuela privada para algún beneficio especial.

El artículo 6© del Programa es inconstitucional porque tiene el efecto de sostener escuelas privadas, lo cual está prohibido por la Sección 5, Artículo II de nuestra Constitución. Tal Programa presta una ayuda sustancial a las escuelas privadas, lo cual contribuye directamente a adelantar la misión educativa de éstas.

Además, favorece indebidamente a las escuelas privadas, al concederles un beneficio especial no disponible a las escuelas públicas. El artículo 6© de la Ley 71 claramente autoriza el gasto de fondos públicos para el sostenimiento de escuelas privadas. Mediante las becas especiales, el Estado posibilita un aumento en el número de estudiantes del sistema educativo privado, al pagarle directamente a la escuela privada por los gastos educativos incurridos por los nuevos estudiantes.

De acuerdo con el Supremo, la beca especial constituye un pago del gobierno a la escuela privada, de hasta $1,500, para cubrir gastos educativos de estudiantes provenientes de escuelas públicas. Este gasto constituye el tipo de beneficio a las escuelas privadas que tiene el efecto de sostener dichas instituciones, en violación a la cláusula del sostenimiento. Esta controversia está sujeta a repetirse toda vez que la Legislatura de Puerto Rico aprobó la Ley Núm. 85 de 29 de marzo de 2018 conocida como Ley de Reforma Educativa de Puerto Rico, la cual incluye un programa parecido al declarado inconstitucional en el caso discutido. El fundamento utilizado para incluir nuevamente este tipo de disposición es que los casos recientes del Tribunal Supremo de Estados Unidos de América le reconocen validez a estatutos de los estados que permiten ayudar a los padres con dinero para utilizarse en escuelas privadas, aunque sean religiosas. No parece que sean leyes similares, pues la Constitución de Puerto Rico, tal como ha sido interpretada, prohíbe el uso de dinero público para todas las instituciones privadas, independientemente de que sean laicas o religiosas. Pero, el Tribunal Supremo de Puerto Rico tuvo la oportunidad de atender este asunto nuevamente en Asociación de Maestros de Puerto Rico-Local Sindical, v. Departamento de Educación, (2018) donde elaboró una nueva interpretación de la cláusula de sostenimiento. De acuerdo con López Díaz, (2019) en este caso, y con estas expresiones en la sentencia, el Tribunal Supremo dejó atrás sub silentio la jurisprudencia de Asociación de Maestros v. Secretario de Educación, (1994) al declarar constitucional el Programa de Libre Selección de Escuelas.

Una mayoría del Tribunal Supremo de Puerto Rico esta vez sostuvo la validez constitucional del Programa de Libre Selección, idéntico al que se había declarado inconstitucional anteriormente, que se creó como parte de la Ley Núm. 85 de 29 de marzo de 2018, Ley de la Reforma Educativa de Puerto Rico. Díaz González, (2019) indica que los argumentos emitidos por una pluralidad de opiniones a favor de la validez constitucional del Programa se pueden agrupar en tres categorías: definición de la palabra sostenimiento, sostenibilidad de escuelas privadas a nivel federal y libre selección como ayuda directa al ciudadano.

Separación Iglesia Estado en Estados Unidos de América

La separación de Iglesia y Estado en Estados Unidos de América es más que una doctrina jurídica protectora de la libertad religiosa, es una propuesta cultural como arquitectura moral del Estado (Greenhouse, 2006). Como se mencionó más arriba, la primera enmienda de la Constitución de Estados Unidos de América prohíbe el establecimiento de una religión y garantiza su libre ejercicio. El Tribunal Supremo de Estados Unidos de América ha resuelto gran cantidad de casos que le dan dirección a estos conceptos.

En Everson v. Board of Education, 330 U.S.1, (1947), indicó que esta cláusula prohíbe que el gobierno ayude a una o varias religiones o prefiera a una sobre la otra. El Gobierno no se puede involucrar en actividades de organizaciones religiosas. Los grupos religiosos no deben interferir en asuntos de gobierno. En este caso se declaró válido reembolsar gastos de transportación de escolares a cualquier escuela, incluyendo las escuelas religiosas.

En McCollum v. Board of Education, 333 U.S. 203, (1948) el Tribunal Supremo de Estados sostuvo que es inconstitucional el permitir el uso de las instalaciones de la escuela pública para clases religiosas, aunque sea en tiempo libre y la asistencia sea voluntaria.

En Zorach v. Clauson, 343 U.S. 306, (1952) se estableció que no se puede permitir que los estudiantes de escuelas públicas asistan en horas regulares a tomar clases de religión. La primera enmienda no fue diseñada para prevenir el acomodo de necesidades sectarias.

En Grand Rapids School District v. Ball, 473 U.S. 373, (1985) se prohibió el auspicio, la ayuda económica e involucramiento activo del soberano en actividades religiosas.

Fórmula para determinar si se ha violado la Cláusula

En el caso de Lemon v. Kurtzman, 403 U.S. 602, (1971), el Tribunal Supremo de Estados Unidos de América indicó que para que una ley sea válida, se consideran tres criterios:

(1) El estatuto o acción debe tener un propósito claramente secular.

(2) El efecto primario debe ser uno que no adelante ni inhiba la religión.

(3) No debe promover que el Gobierno se inmiscuya excesivamente en asuntos religiosos.

En Kurtzman declararon que no es válido reembolsar salarios de maestros que trabajaban en una escuela religiosa, aunque el propósito de mejorar la enseñanza sea uno secular.

¿Qué es un propósito secular?

Significa que una acción gubernamental puede tomar propósitos que en forma incidental afecten un propósito u objetivo religioso. Ej: El conceder un día de descanso los domingos a los obreros. Se requiere que el propósito secular sea sincero. Si el único propósito de una medida o acción gubernamental es religioso, no pasa la prueba de constitucionalidad. Ej. Una ley que prohíba la enseñanza de evolución en escuelas públicas es inconstitucional, si se adopta con el único propósito de evitar conflictos con una doctrina religiosa.

En Agostini v. Felton, 117 S. Ct. 1997, (1997), se resolvió que bajo el Programa de Educación Especial el gobierno puede enviar los empleados públicos a ofrecer servicios en instalaciones de escuelas religiosas.

¿Qué es un efecto primario?

Significa que la práctica gubernamental no puede tener el efecto de comunicar un mensaje de que el gobierno apoya o desaprueba la religión. No prohíbe efectos religiosos, pero estos tienen que ser remotos, indirectos e incidentales. Ej. Se permite el subsidio de servicios que llevan a cabo entidades educativas privadas que son requeridos por leyes estatales, prácticas que indirecta e incidentalmente benefician a esas escuelas.

¿Qué es inmiscuirse excesivamente?

Significa que, si el gobierno se involucra con determinada denominación en asuntos de importancia religiosa, la libertad religiosa de aquellos que no creen en esa denominación sufre. La libertad de los mismos que siguen esa denominación se ve afectada si el gobierno se involucra en asuntos sagrados. Se basa en la premisa de que los objetivos del

Gobierno y los de la Iglesia se pueden lograr mejor si ambos funcionan separados.

Uso de Instalaciones de Escuelas Públicas por Organizaciones Religiosas

La Ley de Acceso Igual, de 1984, se aprobó para asegurar los derechos de acceso a ciertos grupos religiosos en las escuelas públicas. Cubre escuelas secundarias que permiten actividades extracurriculares durante período no lectivo. Obliga a que también permitan reuniones de grupos estudiantiles interesados en áreas religiosas, políticas, filosóficas y otras. Se aplica a escuelas que reciban fondos federales y que tengan un foro abierto limitado. Los grupos que soliciten acceso tienen que tener relación con el currículo de a escuela. Ninguna escuela pública está obligada a permitir el uso de sus instalaciones a particulares.

Pero, si lo hace con un grupo, no se lo puede negar a otros por razones que sean discriminatorias.

Religión en el Currículo

Una entidad educativa no puede enseñar ni requerir que se enseñe religión.

Los padres confían a la escuela la responsabilidad de enseñar a sus hijos, pero esa confianza no se puede usar para avanzar puntos de vista religiosos. Es responsabilidad de la institución educativa el velar porque el maestro no vierta otros conocimiento que no estén en el currículo establecido para enseñar religión. Incluye no sólo las decisiones particulares de un maestro, sino que alcanza al currículo entero. Ej. Una institución educativa no puede prohibir la enseñanza de la teoría de evolución o requerir que se enseñe la ciencia de la creación. Tampoco se pueden hacer decisiones curriculares basadas en preocupación porque se perjudiquen creencias religiosas.

Estudio y Lectura de la Biblia

Sólo se pueden enseñar cursos de la Biblia si la instrucción es objetiva, histórica y no devocional. La prohibición incluye la lectura silenciosa.

En el caso de Roberts v. Madigan, 921 F2d 1047, (1990), un maestro acostumbraba a leer la Biblia silenciosamente, mientras los estudiantes leían otras cosas. Mantenía la Biblia en el escritorio al alcance de la vista de los estudiantes durante horas de clase. Se prohibió que siguiera con esa práctica. El tribunal resolvió que se le podía prohibir y declaró válida la prohibición. No está permitido que un club de estudio de la Biblia se reúna y conduzca actividades en las instalaciones de las escuelas públicas durante el periodo lectivo.

Oraciones, Bendiciones y Momentos de Silencio

En el caso de Engel v. Vitale 370 US 421, (1962), se indicó que las oraciones en escuelas públicas están prohibidas, aunque denominacionalmente sean neutrales. Ej. "Dios todopoderoso, reconocemos nuestra dependencia en tí, te pedimos nos bendigas, a nuestros padres, a nuestros maestros y a nuestro país." La prohibición alcanza a todos, aunque se participe en forma voluntaria. No es necesario que incluya la palabra Dios, si se puede inferir que a él se está refiriendo.

En DeSpain v. De Kalb County, 384 F. 2d. 836, (1967) se impugnó una frase que decía: "Te damos gracias por las flores tan olorosas, por los alimentos que comemos, por los pájaros que cantan, por todo." El hecho de que la oración pueda servir para un propósito secular, como la promoción de valores morales, gratitud, buenas maneras, etc. no lo salva de la prohibición.

En Wallace v. Jaffree, 472 U.S. 38, (1985) se indicó que un minuto de silencio para meditar en la escuela puede ser válido. Es un acomodo razonable de ambos valores, el estado no está promoviendo la religión y los estudiantes que deseen pueden orar. Lo que no se puede hacer es una prescribir una oración o dar un minuto de meditación o para oración. Aquí el propósito evidente es promover la religión. Si se permite para meditación, oración o de cualquier forma indica que el Estado intenta caracterizarla como oración, entonces es ilegal. También se prohíben las bendiciones, invocaciones, etc.

Graduaciones y Otras Ceremonias

En el caso de Lee v. Weissman 112 S.Ct. 2649, (1992) el tribunal resolvió que no es válido que en la graduación de una escuela superior pública se invite a un miembro del clero a dirigir una oración. Se ha sugerido que una forma de salvar la ilegalidad sería que se indicara a los presentes que no vienen obligados a llevarlo a cabo aquellos que los objeten.

En el caso de Tanford v. Brand, 104 F.3d 982, (1997) se resolvió que si se trata de una graduación en una universidad pública se puede empezar con una invocación y terminar con una bendición. La edad y madurez de los graduandos y su libertad para asistir o no distinguen la situación de la graduación de escuela superior.

En Clear Creek Indep. School Dist. 977 F. 2d 963, (1992) se indicó que en algunos casos se han permitido las invocaciones si los graduandos deciden llevarlas a cabo ellos mismos.

En Bauchman v. West High School, 906 F. Supp. 1483, (1995) el coro de la escuela superior quería interpretar las canciones "Friends" y "The Lord Bless You and Keep You". La Escuela solicita un interdicto y el Tribunal se lo concede para que no se cantara. La audiencia, estudiantes y padres procedieron a cantar una de ellas. La Escuela solicitó que se las encontrara incursos en desacato. El Tribunal se negó bajo el argumento de que ellos tenían un derecho constitucional de expresión por medio de la interpretación de la canción.

Exhibición de Materiales Religiosos

En el caso de Stone v. Graham 449 US 39, (1980) se resolvió que la exhibición de materiales como un cartel con los Diez Mandamientos es inconstitucional, porque su efecto primario es inducir a los niños a leer, meditar y hasta venerar u obedecerlos. La violación a la Constitución se da aun cuando el costo sea sufragado con fondos particulares.

En el caso de Washegesic v. Blomingdale, 33 F. 3rd. 679, (1994) se indicó que el desplegar un retrato de Jesucristo en el pasillo de una escuela pública viola la constitución.

En el caso de Joki v. Board of Educ. 745 F. Supp. 823, (1990) se resolvió que el exhibir una pintura sobre la crucifixión de Cristo también viola la Constitución.

El caso de Guyer v. School Bd. 634 So. 2d 806, (1994) resuelve que las exhibiciones que se suelen hacer para Halloween no son inconstitucionales.

A pesar de que esa celebración en su origen era de naturaleza religiosa, hoy día es secular por naturaleza.

En el caso de Allegheny County v. A.C.L.U., 492 U.S. 573, (1989) se resolvió que una escena de la Natividad en un edificio o propiedad pública, puede ser válido, si forma parte de otras decoraciones seculares alusivas a la época festiva de la Navidad.

Distribución de Materiales Religiosos

Hay discrepancia entre las distintas jurisdicciones en cuanto a este asunto.

En el caso de Berger v. Rensselaer Center School Corp. 766 F. Supp. 696, (1991)

Se declaró legal una política que permitía que grupos religiosos distribuyeran literatura a los estudiantes.

Mientras que en Miller v. Cooper, 56 N.M. 355, se encontró inconstitucional la práctica de hacer accesibles a los estudiantes en el salón de clases unos folletos de la religión Presbiteriana. La distribución entre los estudiantes de alguna versión de Biblia es inconstitucional porque constituye favoritismo en detrimento de la otra.

En el caso de Evans v. Selmallnian High School 193 Cal. 54, (1924) se resolvió que no es inconstitucional el tener copias de la Biblia en las bibliotecas escolares, pero puede resultar inconstitucional el retirarlas si se hace para favorecer o perjudicar alguna de las versiones.

Himnos y Música Religiosa

Los himnos religiosos tradicionalmente se les ha considerado en violación a las garantías constitucionales de libertad religiosa. Sólo son permitidos en el contexto de celebraciones de días feriados que tienen bases religiosas o seculares. El fundamento que ha usado el Tribunal ha sido el hecho de que el 60 y 75% de la música coral está compuesta por música religiosa.

En el caso de Florey v. Sioux Falls Sch. Dist., 619 F.2d 1311, (1980) se indicó que se han permitido en la presentación objetiva de música, arte, literatura y drama de temas religiosas y la exhibición de símbolos religiosos en forma temporera.

En el caso de Baer v. Kolmorgen 191 N.Y.S. 2d 230, (1958) se permitió la presentación de una escena del nacimiento en una escuela pública. La actividad fue preparada durante las vacaciones, sin que los empleados participaran. La administración había dado permiso a varios grupos para actividades de otra naturaleza.

Jurisprudencia

10. **Academia San Jorge v. JRTPR,** 110 D.P.R. 193 (1980)

[Resumen]

[Este caso ilustra cómo opera el concepto de separación Iglesia- Estado en el contexto de una disputa laboral en una escuela parroquial.]

San Juan, Puerto Rico, a 30 de junio de 1980

Opinión concurrente del Juez Asociado Señor Negrón García a la cual se une el Juez Asociado Señor Díaz Cruz.

Un grupo de profesores formuló queja ante la Junta de Relaciones del Trabajo de Puerto Rico contra la Iglesia Católica, Apostólica y Romana alegando despido ilegal por haberse dedicado a actividades concertadas con el único fin de ayudarse y protegerse mutuamente. Específicamente adujeron que la Academia intervino y los coercionó en el ejercicio de sus derechos garantizados en los Arts. 4 y 8 (a) de la Ley de Relaciones del Trabajo de Puerto Rico.

La Academia negó tales hechos y en la afirmativa expuso que su actuación fue el no renovar los contratos de empleo, pero que satisfizo a los querellantes la totalidad de sus emolumentos. Al iniciarse la vista del caso, la Academia levantó sin éxito la falta de jurisdicción de la Junta para intervenir. La Academia esencialmente argumenta "que lo que pretende la Junta reglamentar es la relación directa entre una escuela parroquial controlada por la Iglesia y los profesores que laboran para esa institución. La intervención de la Junta significaría una clara violación a las cláusulas de religión según éstas quedan expresadas en la primera enmienda de la Constitución. Las decisiones de las autoridades religiosas en materia de disciplina, fe, organización interna no son susceptibles de revisión por los Tribunales de Justicia.

El 11 de junio de 1979 la Junta de Relaciones del Trabajo asumió jurisdicción.

Los hechos aquí apuntados demuestran claramente que la Junta se excedió al declararse con jurisdicción, no obstante a lo resuelto en el caso de Catholic Bishop of Chicago. Es por esta razón que respetuosamente solicitamos de este Honorable Tribunal deje sin efecto la resolución de la Junta de Relaciones del Trabajo de fecha 11 de junio de 1979 y proceda a desestimar la querella radicada".

La Junta adujo que su actuación "está enmarcada en el ejercicio válido de su facultad, conforme ésta emana de las disposiciones de su Ley Orgánica, y en el cumplimiento cabal de las mismas para efectuar los propósitos de la Ley". Los propósitos de la Ley son darle contenido real a la política pública obrero-patronal de conformidad con los preceptos constitucionales que garantizan los derechos de los patronos y de los trabajadores. En manera alguna puede sostenerse la contención de la Iglesia en el sentido de que "Lo que pretende la Junta reglamentar en el caso que nos ocupa es la relación directa entre una escuela parroquial controlada por la Iglesia y los profesores que laboran para esa institución." Así como tampoco surge del récord ni éste sugiere interpretación demostrativa de interferencia con las disposiciones constitucionales de separación de Iglesia y Estado ni con aquellas que garantizan el libre ejercicio del culto religioso.

No es correcto el postulado de la Academia San Jorge en el sentido de que Catholic Bishop, supra obliga a la Junta recurrida a desestimar la querella en el caso en autos. Lo único que allí se decide, es que la Ley Nacional de Relaciones del Trabajo no incluye en la cobertura de su jurisdicción a los maestros envueltos dentro de la situación de hechos que allí el Tribunal examinó. Por el contrario en el caso en autos la jurisdicción de la Junta recurrida es clara, emanando de nuestro estatuto, la Ley de Relaciones del Trabajo de Puerto Rico y de las disposiciones constitucionales antes señaladas. Reiteramos, que a diferencia de la jurisdicción federal, en nuestra jurisdicción el derecho de los trabajadores a la negociación colectiva y a dedicarse a actividades concerta-

das legales para lograr mejores condiciones de trabajo tiene rango constitucional. Por su parte, los maestros querellantes recurridos, en síntesis, enarbolan la estirpe constitucional de los anteriores derechos, destacando que "[e]l propósito de la Ley de Relaciones del Trabajo es promover la paz industrial, asegurar la producción ininterrumpida de artículos y servicios, y mejorar las condiciones económicas de los empleados. Es, pues, totalmente secular en su propósito.

La Junta no tiene que pasar sobre cuestiones esencialmente de fe; ni sobre requisitos de catolicidad genuinos y/o excelencia académica requeridos por cuerpo religioso alguno. Los abogados de la querellada-recurrente no han traído tan siquiera la más mínima prueba de carácter sustancialmente religioso de las escuelas parroquiales. Tampoco han traído prueba de que 'la rescisión del contrato de los profesores es un asunto interno de la jerarquía eclesiástica por entenderse por éstos que la labor de estos profesores no era conducente al fin de catolicidad que este colegio persigue'. La querellada recurrente tampoco alega que las actividades concertadas de los profesores atentan contra los estándares de catolicidad genuina".

*En **NLRB v. Catholic Bishop of Chicago**, 440 U.S. 490 (1979) unas uniones presentaron ante la Junta Nacional de Relaciones del Trabajo peticiones para representar a los maestros laicos de diferentes escuelas operadas por instituciones religiosas donde se ofrecía enseñanza seglar y religiosa. Las escuelas cuestionaron la jurisdicción alegando que la Junta carecía de discreción en ley para reglamentarlas y estaba impedida en virtud de las cláusulas religiosas de la primera enmienda. La Junta rechazó tales argumentos aplicando como medida (test) su criterio diferencial de si las escuelas eran "completamente religiosas" o sólo "asociadas a la religión". Convencida de que las escuelas no caían en la categoría de "completamente religiosas", asumió jurisdicción y ordenó elecciones. Como resultado, las uniones obtuvieron representación.*

Las escuelas se negaron a negociar y las uniones presentaron ante la Junta cargos de práctica ilícita. Nuevamente, sin éxito, las escuelas reprodujeron sus planteamientos. Enton-

ces acudieron al tribunal de apelaciones (7mo Circuito), cuyo foro les dio la razón y se negó a poner en vigor la orden de la Junta. Resolvió que ésta no ejerció su discreción debidamente y que su guía para distinguir entre escuelas "completamente religiosas" y "asociadas a la religión" era insuficiente y simplista y podría significar una indebida extensión de su jurisdicción a todas las escuelas operadas por instituciones religiosas. Por ende, entró a examinar su constitucionalidad, decidiendo que tanto la cláusula de libertad de culto como la de establecimiento impedían que la Junta ejerciera jurisdicción, ya que en algún punto la investigación de los hechos por la agencia o los tribunales levantaría serias cuestiones protegidas por la primera enmienda tocantes a la libertad de las autoridades eclesiásticas para organizar y dirigir la enseñanza en consonancia con los requerimientos de su religión.

No conforme la Junta, apeló. El Tribunal Supremo federal confirmó al Circuito, por voz de su Presidente, el señor Burger, al resolver que la Ley Federal de Relaciones del Trabajo (National Labor Relations Act) no incluía en su definición de "patrono" a las iglesias operadas como escuelas. En consonancia con la doctrina de evitar pasar juicio sobre cuestiones constitucionales mientras un estatuto pudiera ser interpretado en armonía con la Constitución, analizó los posibles conflictos que acarrearía el ejercicio de jurisdicción por parte de la Junta sobre tales escuelas. Hizo la salvedad de que no estaban prejuzgando los planteamientos de inconstitucionalidad en los méritos. El Juez Señor Brennan, en opinión disidente en la que concurrieron tres jueces, concluyó, en contrario, que el estatuto cubría tales escuelas. Se basó en la definición de "patrono" contenida en la ley, la cual tenía pocas exclusiones expresas y no estaban entre ellas las iglesias. Se abstuvo de considerar los méritos de la cuestión constitucional planteada "debido a que la mayoría tampoco lo hizo".

Con posterioridad, a la luz de esta decisión, la Junta Nacional ha resuelto que el ejercicio de su jurisdicción sobre maestros laicos en escuelas parroquiales no está permitido. Sin embargo, no ha rendido totalmente su jurisdicción, pues ha expresado su intención de estimar el término operada por la iglesia (church operated) restrictivamente, diferenciándolo de las escuelas afiliadas a la iglesia (church afiliated). Por ende, ejercita su poder sobre estas últimas si están dirigidas por una junta de síndicos sobre la cual la diócesis no nombra ningún miembro ni ejerce control o influencia en sus operaciones. Aunque está en su etapa embrionaria, de la lectura de dichos casos estimamos relevantes varios criterios para diferenciar los conceptos de "operadas" y "afiliadas": (a) si se trata de una institución de estudios post graduados o universitarios, ya que por tradición y edades se reconoce que en las escuelas parroquiales a niveles elemental, intermedio y superior existe y es más susceptible la indoctrinación religiosa; (b) si se requiere o no instrucción o cursos de religión católica; (c) si se observan, en el calendario escolar, días feriados religiosos; (d) si en la contratación de los maestros laicos es determinante y se hace formar parte del contrato el carácter y la orientación religiosa de la escuela;(e) si existe o no dependencia del Obispo; (f) si hay vínculo con la diócesis a través de la junta de síndicos; (g) si los terrenos donde ubica la escuela pertenecen a la iglesia; y (h) si las operaciones económicas de la escuela y la parroquia, aunque separadas, pueden ser objeto de algún control o intercambio recíproco o por la diócesis.

En Puerto Rico, de todos es conocido que los derechos fundamentales de los trabajadores, garantizados en las Secs. 17 y 18 del Art. II de la Constitución del Estado Libre Asociado, se implementan a través de la Ley de Relaciones del Trabajo de Puerto Rico, creadora del foro administrativo cuasi-judicial denominado Junta de Relaciones del Trabajo. Su función primordial es prevenir prácticas ilícitas en el dinámico campo de las relaciones obrero-patronales. Su cubierta y acción jurisdiccional se mide tomando en cuenta las amplias definiciones de los términos "patrono" y "empleado". (3) A tenor de lo expuesto, en Junta Rel. Trabajo v. Club Deportivo, 84 D.P.R. 515 , 523 (1962), sentamos el siguiente enfoque doctrinario:

El término "patrono" contenido en leyes de esta índole no debe ser interpretado en forma tal que se frustren los propósitos de la ley.... La amplitud de la definición es señal inequívoca de la intención de que en casos de duda debe preferirse una interpretación que sea compatible con la realidad económica que se tiende a mejorar en lugar de limitarla a los conceptos tradicionales de la definición de "patrono"..... No puede ignorarse el propósito claro que informa la medida legislativa tendente a mejorar las condiciones económicas de las clases más necesitadas y las circunstancias que rodean la relación obrero-patronal.

Las definiciones de nuestra ley son lo suficientemente amplias para comprender entre los patronos sujetos a sus disposiciones a asociaciones sin beneficio pecuniario aun cuando no se dediquen a actividades industriales o para la producción.... No debe olvidarse que esta medida... forma parte de una serie de leyes cuyo fin inmediato es proteger adecuadamente a los obreros en sus relaciones con el patrono, y especialmente enderezadas a mejorar sus condiciones de vida y trabajo. (Citas omitidas.) (Énfasis nuestro.) Tomando aisladamente el estatuto, a tono con la regla de hermenéutica apuntada y sin evaluar en esta etapa los planteamientos constitucionales más adelante expuestos, consideramos razonable sostener que los maestros laicos recurridos, técnicamente no están expresamente exentos de la jurisdicción de la Junta. En consecuencia, la contestación a la primera interrogante formulada al inicio de esta ponencia es en la afirmativa.

El Art. II, Sec. 3 de nuestra Constitución, al preceptuar que "[n]o se aprobará ley alguna relativa al establecimiento de cualquier religión ni se prohibirá el libre ejercicio del culto religioso [y h]abrá completa separación de la iglesia y el estado. '... recoge lo dispuesto en la primera enmienda de la Constitución federal sobre la libertad de cultos y prohibición de establecer religión oficial alguna. Añade además el principio de que habrá completa separación de la Iglesia y el Estado. Estas tres disposiciones tienen un vasto contenido histórico. Por sí solas servirían tal vez para orientar el desarrollo constitucional en lo que se refiere a las demarcaciones fijados para la convivencia en paz, tolerancia, respeto recíproco y autonomía espiritual en un terreno en donde por muchos siglos han germinado los mayores conflictos y las más vehementes recriminaciones.

Recientemente rechazamos una interpretación absolutista de la cláusula de separación de Iglesia y Estado. Conscientes de que las zonas de acción de ambos poderes suelen entremezclarse y no existiendo "un interés secular de suficiente peso para permitir la intervención del poder judicial", nos negamos a revisar la decisión de la Iglesia Católica, Diócesis de Ponce, de cerrar una escuela superior parroquial. Al exponer los fundamentos en apoyo de nuestro dictamen hicimos énfasis en la visión de la Carta Pastoral sobre educación de que la escuela católica debe caracterizarse por dos notas esenciales: excelencia académica y catolicidad genuina.

En el caso de autos, para evaluar en toda su amplitud el impacto, si alguno, que el ejercicio de la jurisdicción por la Junta tendría sobre la Academia recurrente, es menester unos comentarios sobre la concepción de la educación religiosa en las escuelas parroquiales, y con relación a su organización y la importancia que a los maestros se les otorga. A manera de introito, cabe señalar que desde el punto de vista filosófico y jurídico se parte de la premisa de que existe un derecho absoluto e incuestionable de defender los principios religiosos que inspiran el derecho divino de cada religión. La cuestión ha sido así resumida: Las colectividades de personas que profesan un mismo credo o sistema de ideas sobre aquellas verdades absolutas que explican el destino último del hombre y, en consecuencia, justifican sus actos, tienen una influencia decisiva, son las que dicen la última palabra, en materia de educación.

Siendo escuela católica tan útil para cumplir la misión del Pueblo de Dios y para el diálogo entre la Iglesia y la comunidad humana, en mutuo beneficio de ambas, conserva en nuestros días toda su importancia. Por lo cual este Santo Concilio proclama de nuevo el derecho de la Iglesia a fundar y dirigir libremente escuelas de todo orden y grados, como ya está declarado en muchos documentos del Magisterio, recordando que el ejercicio de este derecho es sumamente útil a la libertad de la conciencia a la defensa de los derechos de los padres y también al progreso de la misma cultura. Desde esta perspectiva se pone de manifiesto la figura clave del maestro laico: para la Iglesia Católica, el "educador cristiano desempeña una misión humana y evangelizadora.

En Puerto Rico, la filosofía de la escuela católica sigue esencial y rigurosamente la doctrina expuesta, que "[... s]upone una comunidad escolar y [... t]iene unos objetivos particulares bien definidos: 1. [c]rear un ambiente animado por el espíritu evangélico de libertad y de caridad; 2. [a]yudar a los alumnos: en el desarrollo de su propia persona, a crecer según la nueva criatura, preparándolos para que todo su quehacer humano esté iluminado por la fe". En torno a la línea de autoridad y organización, esta Carta Pastoral describe al director como: ... el representante del Obispo y el responsable inmediato de que la escuela católica logre sus objetivos, sobre todo, su fidelidad a esta filosofía educativa. Es el Pastor de la comunidad escolar y procurará hacer de ésta una auténtica comunidad de fe. El Director es el primer promotor y animador de la comunidad escolar, a través del cual, la comunidad escolar entra en comunión con el Obispo y se integra a la Pastoral Diocesana bajo la supervisión del Superintendente de las escuelas católicas. De ahí la necesidad de mantenerse en continua comunicación con el referido Superintendente. El Director debe ser persona muy comunicativa, muy dada al diálogo y comprensivo. Tiene que ser persona de gran visión, de mucha apertura al cambio, competente y creador. Le corresponde, también, la administración económica y otros asuntos de carácter general determinados por el Superintendente de las escuelas católicas.

El Principal es la persona que, en la más estricta coordinación con el Director, ejecuta la filosofía educativa de la institución. En ausencia del Director es la persona que asume la responsabilidad total de la escuela. Por consiguiente, es necesario que conozca bien, acepte en su totalidad, promueva y haga realidad esta filosofía. El maestro, por ser el miembro de la comunidad escolar que está en relación directa con el componente más importante de la escuela católica que es el alumno, es una persona clave en nuestro sistema. De ahí la gran necesidad de que conozca, comprenda y viva nuestra filosofía educativa.

El principal propósito de la escuela católica es transmitir el mensaje evangélico y fomentar la vida cristiana, por lo tanto, la asignatura más importante del currículo de la escuela católica es la religión. En síntesis, desde el prisma de la Iglesia Católica resulta incuestionable que la "docencia solo puede tener como objetivo la verdad, tanto la natural como la sobrenatural, que todo hombre está moralmente obligado a buscar y a abrazar y practicar una vez conocida. La educación, en materia de fe y costumbres, corresponde de manera preeminente a la Iglesia, en virtud del mandato de su divino. Esta encomienda la ejecuta el Obispo a través de los directores, principales y maestros, tanto religiosos como laicos, de las escuelas parroquiales, los cuales deben como fin esencial transmitir y enfatizar el mensaje cristiano en todos los órdenes de la vida. (5) En este sentido, fácil es advertir que la actividad educacional de las escuelas católicas, por tradición y doctrina, se funda en y forma parte integrante de una práctica eminentemente religiosa que tiene su génesis en un mandamiento de Cristo. Sus protagonistas, a saber, director, principal y maestros, desempeñan la encomienda de los jerarcas eclesiásticos dentro de la cual han de desenvolverse.

El problema de la libertad religiosa en el campo obrero-patronal, aunque de nuevo cuño en Puerto Rico, ha sido objeto de intenso debate en los Estados Unidos. Hasta que el Supremo federal resolvió finalmente generó frondosos análisis. Es de esperarse que continúen. El escrutinio judicial en estas cuestiones exige una evaluación tripartita para detectar si la acción gubernamental (1) posee un propósito secular; (2) contiene un efecto secular que no promueve o inhibe la religión; y (3) conlleva o no una intervención excesiva administrativa en los asuntos religiosos.

Se reconoce lo difícil de aplicar estas medidas ya que existe "un antagonismo natural entre el mandato de no establecer religión oficial y el de no inhibir su práctica. Esta tensión entre cláusulas muchas veces obliga al Tribunal a escoger en los casos religiosos entre dos valores competitivos. La guía general es el concepto de 'neutralidad'. Los valores opuestos requieren que el gobierno actúe para alcanzar sólo fines seculares, y que lo logre de manera religiosamente neutral. Lamentablemente, surgen situaciones en que el gobierno no tiene otra alternativa que incidentalmente ayudar u oponerse a grupos o prácticas religiosas".

Sobre el primer requisito -propósito secular- lo más fundamental en un sistema constitucional diseñado para lograr autonomía religiosa es que la acción gubernamental pueda por lo menos justificarse en términos seculares. Aquellas acciones que no son así justificables típicamente infringen la cláusula de establecimiento y, en la medida en que limitan la libertad de acción sobre credo, violan también la cláusula sobre libre ejercicio.

En torno al segundo requisito, -el efecto secular- aun cuando no pueda demostrarse que la política gubernamental estaba dirigida al aspecto relativo al comportamiento religioso, si esencialmente el efecto de la acción gubernamental es influir -positiva o negativamente el logro de una tradición religiosa o la expresión de una creencia religiosa, debe entonces anularse en cuanto violenta la cláusula sobre libertad de culto, si su efecto es negativo, o por infringir la cláusula sobre establecimiento oficial de religión, si su efecto es positivo".

Y, finalmente, respecto al requisito de que la acción del Estado no implique una indebida intromisión en los asuntos religiosos, nos señala: "Lo que es necesario para preservar la integridad de la religión y el gobierno varía de contexto a contexto. Ciertamente los tribunales norteamericanos no requieren -ni siquiera permiten- que el gobierno sea totalmente ajeno a la religión. Lo que la separación de la iglesia y el estado requiere, por lo tanto, es evitar que se 'involucren directamente las instituciones seglares y religiosas, ya que es la entremezcla excesiva gubernamental con la religión lo que realmente amenaza tanto a la libertad privada como al orden público.

Los tribunales han estado particularmente preocupados por evitar (1) "una evaluación gubernamental sustantiva de la práctica religiosa", (2) "una investigación gubernamental extensa de las operaciones de la iglesia y sus finanzas" y (3) "una injerencia del gobierno en las difíciles clasificaciones de qué es religioso o no". El carácter y propósito religioso de las escuelas parroquiales católicas es un hecho aceptado en los

Estados Unidos, donde se "ha reconocido la función crítica y única del maestro" en su operación. Citando a Lemon v. Kurtzman, 403 U.S. 602, 617 (1971), se destaca que "[l]a Autoridad religiosa necesariamente permea todo el sistema escolar".

En el caso de la Academia San Jorge, que nos ocupa, la evidencia desfilada ante el oficial examinador corrobora el carácter y motivo dual religioso-educativo de la Academia San Jorge. También ilustra el vínculo económico, directo e indirecto, y de otras índoles, que unen dicha institución con la más alta jerarquía, el Arzobispado, que ejerce una supervisión a través de: (1) las personas que principal-; y (2) su superintendencia. Estos, a su vez, implementan los objetivos básicos. La designación unilateral o a propuesta de los miembros de la junta de directores permite un control efectivo sobre la ordenación de labores administrativas de la escuela.

En Lemon, se consignó que todos los variados aspectos del programa de escuelas parroquiales -el carácter de su facultad, su supervisión, su decorado, programas, actividades extracurriculares, reuniones, cursos, etc.- producen una "atmósfera religiosa e intangible", ya que el "sistema de escuelas diocesano es parte integral de la misión religiosa de la Iglesia Católica" y "un vehículo poderoso para transmitir la fe católica a la próxima generación." La calidad en materia de enseñanza secular es parte integrante de esta empresa religiosa. "Una buena enseñanza secular es tan esencial a la misión religiosa de las escuelas parroquiales como el techo de la institución o los pupitres de los salones de clase". Que la enseñanza no puede separarse del ambiente en que se presta, ya que su integración con los propósitos religiosos es, conjuntamente, la teoría y fortaleza de las escuelas religiosas.

De ordinario, la participación de la Junta produce unos cambios y efectos limitativos sobre todo patrono, los cuales comprenden desde el aspecto económico o fiscal hasta las relaciones entre la iglesia y los maestros, esto es, la fase de control general y administrativo. Examinémoslos con referencia al caso de autos. La cubierta y aplicación de la Junta aumentaría el poder persuasivo y de regateo (bargaining power) de los maestros laicos empleados, lo que a su vez directamente ampliaría los gastos de nómina de la escuela por razón de un incremento en los salarios.

Hasta aquí, el argumento no sería convincente. Ahora bien, cabe notar que nuestra preocupación no descansa en la solvencia económica de estas escuelas, sino en que este factor es un eslabón importante en la cadena de efectos, pues se acrecentarían los costos como resultado del aparato administrativo de negociación colectiva que habría que crear y aquellos gastos legales inherentes que surgen en el proceso. Y entonces, es razonable esperar un aumento en las matrículas para absorber tales costos, lo que tendría unos efectos inhibitorios sobre el derecho constitucional de determinados padres a lograr la educación integral cívico-religiosa deseada en tales escuelas y se produciría un agravamiento en la solvencia económica de las mismas y un círculo vicioso que podría llevar al cierre de estas instituciones. Estos efectos inhibitorios en los padres que desean matricular y educar a sus hijos en escuelas de inspiración religiosa son los que han preocupado a las autoridades judiciales y a los estudiosos de esta problemática. El aumento de matrículas por acciones del Estado de esta índole tiende a chocar con el derecho constitucional reconocido de educar a los hijos en escuelas privadas distintas a las del Estado.

Estamos conscientes de la proposición que intenta inyectar una interrogante de crasa violación a la separación de Iglesia y Estado a base de un alegado tratamiento preferente de las escuelas privadas religiosas frente a las que no lo son. El argumento es más aparente que real. Entre las escuelas privadas sin afiliaciones religiosas, sufran o no mal económico, existe una notable y significativa diferencia: la existencia de unas cláusulas religiosas que amparan a las últimas. Ello elimina toda posible especulación en torno al argumento sobre trato preferente.

¿Cómo puede el Estado lícitamente negar toda clase de ayuda económica a la educación en las escuelas parroquiales católicas, y a la vez sujetarlas a una reglamentación gubernamental costosa, onerosa e intrincada? En la opinión

del Juez Señor Pell del Séptimo Circuito en Catholic Bishop of Chicago v. N.L.R.B., 559 F.2d 1112, 1119 (1977), "se entiende mejor la queja de los patronos, de que la Junta está cortando a latigazos sus escuelas resolviendo que tales instituciones son demasiado religiosas para recibir asistencia gubernamental pero que no son lo suficientemente religiosas como para ser excluidas de su reglamentación". Claramente, de intervenir la Junta, las escuelas parroquiales experimentarán unas relaciones diferentes con sus maestros.

En Puerto Rico, al igual que en los Estados Unidos, "tales escuelas perder[ía]n casi toda habilidad para negociar con sus empleados individualmente; con el respaldo de la Junta, las uniones lograr[ía]n cláusulas sobre promociones, causas por cesantía y otros elementos de importancia. Los unionados [tendrían] derecho a ser representados por oficiales de la unión durante las reuniones y sesiones disciplinarias con los patronos. La Unión es un amortiguador constante entre la escuela y los empleados. Resultará una relación más adversativa. No albergamos dudas de que esta situación disminuiría notablemente el ejercicio del poder del Obispo sobre tales escuelas. "Nunca más sería... el único depositario de la autoridad, según requerido por la ley eclesiástica. Tal como lo reconoce la Junta, el Obispo tiene ahora que compartir 'algunas decisiones' con la Unión y, como cuestión de práctica, debe ahora consultar con los representantes de la facultad laica sobre todos los asuntos pertinentes al trabajo."

Otras áreas de acción presentarían serios conflictos. En primer lugar, las escuelas parroquiales vendrían obligadas a suministrar información en un sinnúmero de circunstancias bajo el deber de negociar de "buena fe". Para ello, recordemos que la Junta tiene una amplia facultad de supervisión y para ordenar la producción de testigos y evidencia documental. "Si, por ejemplo, las escuelas argumentaran que las limitaciones presupuestarias impiden una solicitud de aumento salarial, entonces vendrían obligadas a abrir para inspección sus libros o estarían sujetas a una querella sobre práctica ilícita."

Así también, la inclusión mandatoria de ciertos asuntos que bajo la ley el patrono viene obligado a discutir si los emplea-

dos o la unión lo solicitan plantearía cuestiones delicadas sobre libertad de culto. A base del ámbito del culto católico, se nos argumenta que la Junta actuaría únicamente sobre aspectos de carácter obrero-patronal sin intervenir en la fase religiosa ni en el esfuerzo de ofrecer instrucción religiosa. Tal propuesta es peligrosa y, además, parte de una visión restrictiva que circunscribe la religión a la observancia de unas solemnidades, olvidando que más que unos ritos, la religión es una forma de vivir. Implicaría que la Junta tendría que estar constantemente distinguiendo entre asuntos religiosos y seglares. Esta determinación no podría hacerse en el vacío, sino que conllevaría poner en movimiento la maquinaria investigativa y adjudicativa de la Junta: el escrutinio gubernamental sobre áreas religiosas sería constante, intolerable y gravoso.

De igual modo visualizamos los difíciles choques que surgirían del incumplimiento de las obligaciones que la cláusula novena (9) del contrato impone a los maestros laicos en la Academia San Jorge al disponer: "Entiendo que la Academia San Jorge es una Escuela Católica Romana; por lo tanto, principios y guías religiosas son parte de mi responsabilidad como miembro de la facultad de la Academia". Bajo esta disposición, la Junta podría cuestionar y pasar juicio sobre materia doctrinal eclesiástica en despidos o falta de renovación de contratos bajo distintos supuestos.

Es nuestra convicción que el asumir jurisdicción la Junta en el caso de autos representaría una indebida intromisión, por operación de ley, de índole excesiva y de efectos inhibitorios en asuntos claramente protegidos por la libertad de culto. Se violenta la neutralidad que exigen las cláusulas religiosas, pues se convertía al Estado en un adversario. Recordemos que la libertad de conciencia va a lo más profundo de la dinámica del ser humano. Está atada a distintas actividades y enfoques tales como la familia, la educación, el sexo, el amor, la muerte y otros. En el año 1952 la Asamblea Constituyente aceptó "con beneplácito la existencia de escuelas particulares, inclusive escuelas religiosas".

Para aquella época la Junta no intervenía con las escuelas parroquiales y religiosas del país. El legajo de la Constitu-

yente no contiene incidente o mención que expresamente aborde este problema. Por el alto sitial que se le otorgó a la libertad de culto, es razonable presumir que sus participantes no contemplaron cambio en la política gubernamental entonces vigente. Examinado nuevamente dicho foro a la luz del Puerto Rico de hoy se impone igual solución. Aunque reconocemos que la Ley de Relaciones del Trabajo intenta y contiene, en la protección de los derechos de los maestros querellantes, un propósito y efecto secular, somos de opinión que su aplicación implica que el Estado habrá de intervenir y entremezclarse excesivamente en la administración de una actividad fundada, impregnada e inmersa en una doctrina esencialmente religiosa. Si a estas escuelas se les quita su apellido de católica, cesa su razón de ser.

El cúmulo de efectos e intervenciones que conllevaría acceder a la contención de la Junta, el impacto negativo fiscal, el resultado inhibitorio sobre los padres, la disolución de una reconocida línea de autoridad eclesiástica, basada en derecho canónico, -la relación entre la iglesia y los maestros-y más aún, el trasto que de una tradición y creencia religiosa que hasta el presente ha funcionado en completa armonía con las autoridades gubernamentales, nos lleva a concluir que son muchos los riesgos y peligros que para nuestra democracia y sistema constitucional la actuación de la Junta representaría.

Somos celosos en la protección de todas las libertades, pero la de culto merece especial deferencia. Ello explica el porqué, en el balance de valores en conflicto, el interés del Estado y los derechos constitucionales de los maestros laicos están cualificados y restringidos por la naturaleza eminentemente religiosa de las escuelas parroquiales católicas. Aquéllos deben ceder en esta particular y única controversia ante la importancia de la prerrogativa religiosa.

Por los fundamentos expuestos, debe desestimarse la querella.

11. Asociación de Maestros v. José Arsenio Torres, 137 D.P.R. 528 (1994)

[Resumen]

[Este caso ilustra cómo opera el concepto de separación Iglesia-Estado en el contexto del uso de fondos públicos para estudiantes en instituciones religiosas.]

En San Juan, Puerto Rico, 30 de noviembre de 1994.

Opinión emitida por el Juez Asociado señor Hernández Denton.

En septiembre de 1993 se aprobó la Ley Núm. 71 que creó un Programa de Becas Especiales y Libre Selección de Escuelas ("Programa"). El Programa cuenta con cuatro modalidades, consistentes en (i) permitir el traslado de estudiantes de escuela pública a cualquier otra escuela pública de su preferencia; (ii) permitir el traslado de estudiantes de escuela privada a cualquier escuela pública; (iii) facilitar, mediante un incentivo monetario, el que un estudiante se transfiera de una escuela pública hacia una privada; y (iv) permitir y promover el que estudiantes talentosos tomen cursos en instituciones universitarias.

La tercera modalidad de esta ley crea una beca especial de hasta $1,500 para sufragar los gastos de matrícula, libros y materiales escolares de los estudiantes de escuela pública que se transfieran a una privada. La cuarta modalidad también ofrece becas especiales de hasta $1,500 para los estudiantes que tomen cursos universitarios.

La Asociación de Maestros de Puerto Rico presentó una demanda en el Tribunal Superior impugnando la constitucionalidad de esa concesión de becas especiales para sufragar la matrícula y gastos escolares de los estudiantes de escuela pública que se transfieren a una privada.

Alegó que estas becas especiales, creadas por esa disposición, infringen la Primera Enmienda de la Constitución federal, que prohíbe el establecimiento por el Estado de cualquier religión, así como la Sección 3 del Artículo II de la

Constitución del Estado Libre Asociado, que establece completa separación entre la iglesia y el estado, y la Sección 5 del mismo Artículo, que prohíbe la utilización de propiedad o fondos públicos para el sostenimiento de escuelas que no sean las del Estado.

El Estado y algunos padres de niños beneficiados por el Programa defendieron la constitucionalidad de la ley impugnada.

El Tribunal Superior concluyó que la Asociación tenía legitimación activa para instar la demanda. Concluyó además que las tres modalidades de la ley relativas a la libre selección de escuelas públicas por estudiantes de escuela privada o pública y a las becas especiales para estudiantes talentosos que tomen cursos universitarios, son programas constitucionalmente válidos.

El Tribunal Superior resolvió, a su vez, que la modalidad mediante la cual se otorgan becas especiales para facilitar el traslado de estudiantes de escuela pública a escuela privada, es inconstitucional por infringir la Sección 5 del Artículo II de nuestra Constitución. Finalmente, el Tribunal Superior ordenó al Estado a abstenerse de implantar o poner en vigor la modalidad de la beca que se decretó inconstitucional.

El Estado y los interventores apelaron al Tribunal Supremo señalando que el tribunal de instancia erró "al determinar que aquella parte del Programa... que autoriza la concesión de 'becas especiales' para ayudar a padres de escasos recursos que deseen trasladar a sus hijos de una escuela pública a una privada contraviene la Sección 5 del Artículo II de la Constitución del E.L.A."

También reiteraron su argumento de que la Asociación no tenía la legitimación activa necesaria para instar la presente causa de acción.

El Tribunal Supremo dictó sentencia confirmando la emitida por el Tribunal Superior bajo los siguientes fundamentos.

La Asociación de Maestros tiene legitimación activa para demandar a nombre de sus integrantes. En primer lugar, el in-

terés principal de la Asociación en proteger el sistema de instrucción pública, impidiendo el gasto inconstitucional de fondos públicos para beneficiar escuelas privadas, está relacionado con los objetivos de la organización de mantener en la mejor condición posible a las escuelas del Estado.

En segundo lugar, la reclamación y el remedio solicitado no requieren la participación individual en el pleito de los miembros de la Asociación en vista de que el planteamiento que se hace es uno puramente de derecho, relativo a la constitucionalidad de una ley.

Finalmente, los miembros de la organización tendrían legitimación activa para demandar a nombre propio, ello debido a su condición de contribuyentes del Estado Libre Asociado de Puerto Rico. Por lo anteriormente expuesto, resolvemos que la Asociación posee la legitimación activa necesaria para instar el presente recurso. Resuelto este planteamiento, nos corresponde evaluar los méritos del presente caso.

La Asociación fundamenta su acción, de manera primaria, sobre la siguiente disposición constitucional:

La Constitución del Estado Libre Asociado de Puerto Rico en su Art. II, Sec. 5 (Carta de Derechos) dispone que "Habrá un sistema de instrucción pública el cual será libre y enteramente no sectario. La enseñanza será gratuita en la escuela primaria y secundaria y, hasta donde las facilidades del Estado lo permitan, se hará obligatoria para la escuela primaria... No se utilizará propiedad ni fondos públicos para el sostenimiento de escuelas o instituciones educativas que no sean las del Estado. Nada de lo contenido en esta disposición impedirá que el Estado pueda prestar a cualquier niño servicios no educativos establecidos por ley para protección o bienestar de la niñez".

Específicamente, la concesión de becas especiales para sufragar la matrícula y gastos escolares de los estudiantes de escuela pública que se transfieren a una privada que crea el artículo 6© de la Ley 71 es un esquema prohibido por la citada disposición constitucional, pues dispone de fondos públi-

cos para el sostenimiento de escuelas privadas. Esta cláusula no tiene disposición análoga en la Constitución federal.

Nos corresponde por tanto impartir contenido a esta disposición y delimitar el alcance del concepto sostenimiento. En primer lugar, debemos notar que la palabra sostenimiento no está cualificada en el texto constitucional. Todo sostenimiento está prohibido. Naturalmente, el problema consiste en delimitar qué interacción entre las escuelas privadas y el Estado es permisible y que cooperación no lo es por constituir el sostenimiento que nuestra Constitución proscribe

Un examen del historial de los debates en la Convención Constituyente sobre la cláusula del sostenimiento apoya una interpretación amplia del alcance de la prohibición. Originalmente, la medida propuesta, según redactada por la Comisión, prohibía el gasto de fondos públicos para la "enseñanza" en escuelas privadas. El pleno de la Convención cambió este vocablo a "sostenimiento", bajo el entendido de que se estaba ampliando la prohibición. Aunque se derrotó la idea de ampliar aún más la disposición para que la prohibición abarcara el "sostenimiento o beneficio" de estas escuelas, los debates indican que no se añadió la palabra "beneficio" por considerarse que ya estaba incluida en el concepto "sostenimiento".

La cláusula siguiente a la del sostenimiento, disponiendo que el Estado podrá prestar servicios no educativos para beneficio de la niñez ("cláusula de los servicios"), no le resta fuerza a nuestra conclusión de que el concepto de sostenimiento debe interpretarse ampliamente. Según el historial, la Convención Constituyente pretendía solamente aclarar que, por el mero hecho de que un niño asistiera a escuela privada, el Estado no estaría impedido de prestarle ciertos servicios no educativos disponibles a todos los niños del sistema de instrucción pública.

Debe enfatizarse que esta cláusula presupone, al menos, que (i) el servicio sea no educativo y (ii) que el servicio esté generalmente disponible, sin distinciones, tanto a niños de escuela pública como de escuela privada. Así se refleja en el Informe de la Comisión de Carta de Derechos a la Conven-

ción Constituyente, en el cual se señaló que: La última disposición de la sección 5 deja explícito el hecho de que ni la separación entre la Iglesia y el Estado ni el carácter no sectario del sistema de instrucción pública ni la prohibición de uso de fondos o propiedades públicas en escuelas particulares será óbice para que el Estado pueda extender los servicios propios de la niñez a los niños que asisten a tales escuelas. Se trata aquí de la autoridad del Estado para atender el bienestar del niño y no hay limitación constitucional alguna hacia este propósito.

Basándose en el historial de la cláusula de sostenimiento, el Estado alega que ésta se incluyó en nuestra Constitución con el único propósito de incorporar los criterios de separación de iglesia y estado desarrollados por el Tribunal Supremo federal, en su interpretación de la cláusula de establecimiento de la Primera Enmienda de la Constitución federal. No tiene razón.

Para sustentar su teoría, el Estado cita expresiones del debate en el Pleno de la Convención Constituyente respecto al modo en que la cláusula del sostenimiento, y la Sección 5 en general, reflejaría el principio de separación iglesia-estado. Aunque es cierto que en el debate hubo expresiones aisladas a estos efectos, ello no es suficiente para concluir que nuestra cláusula de sostenimiento está vacía de contenido porque ya está todo incorporado en la cláusula de la separación, Sección 3 del Artículo II de nuestra Constitución. Las expresiones sobre la manera en que la cláusula del sostenimiento refleja el principio de separación iglesia-estado no significan que el incorporar y fortalecer dicho principio, según se ha desarrollado en el ámbito federal, haya sido el único objetivo y propósito de nuestra cláusula.

Tampoco podemos ignorar el texto claro de la cláusula del sostenimiento y resolver que los delegados no estaban conscientes de que ésta también incluía en su ámbito a instituciones privadas no religiosas. No hay duda de que la sección 5 del Artículo II de nuestra Constitución no permite el sostenimiento por el Estado de ninguna institución educativa privada, sea religiosa o no. Su objetivo va más allá de la separación iglesia-estado, pretendiendo proteger y fortalecer al máximo nuestro sistema de instrucción pública frente a toda institución educativa privada.

En vista de lo anterior, concluimos que nuestra cláusula del sostenimiento tiene un contenido independiente y adicional al de la cláusula de establecimiento de la Primera Enmienda de la Constitución federal. A la luz de los materiales revisados, se pueden derivar ciertos principios fundamentales que sirven de guía al evaluar un reclamo de que se ha violado la Sección 5 del Artículo II de nuestra Constitución.

La cláusula del sostenimiento impide que el Estado provea beneficios, ayudas o apoyo a una escuela privada. Naturalmente, no estaría prohibido por lo anteriormente expuesto que la escuela privada se beneficie indirecta e incidentalmente de servicios que el Estado provee a toda la ciudadanía, como los de policía y bomberos. Sí estaría el Estado impedido de prestar servicios o ayuda a una escuela privada que, al contribuir directamente a la misión educativa de la institución, constituyen el sostenimiento prohibido por nuestra Constitución. A manera de ejemplo, el Estado no podría asignar fondos públicos para la construcción de escuelas privadas.

Además, concluimos que la cláusula del sostenimiento le impide al Estado preferir, u otorgar privilegios particulares, a las escuelas privadas sobre el sistema público de enseñanza. Lo que está prohibido es que se aísle la escuela privada para algún beneficio especial. El Estado no puede, mediante sus actuaciones, favorecer indebidamente a la escuela privada, sosteniéndola impermisiblemente.

Conforme a la cláusula de los servicios no educativos, el Estado puede proveer servicios no educativos siempre que estén generalmente disponibles de un modo neutral a todos los niños de Puerto Rico, sin aislar a los estudiantes de escuelas privadas para beneficios o privilegios adicionales o especiales. Lo que persigue esta disposición es que un niño, por el mero hecho de asistir a escuela privada, no se vea privado de un servicio no educativo que el Estado presta de manera universal.

El artículo 6© del Programa que crea la concesión de becas especiales para sufragar la matrícula y gastos escolares de los estudiantes de escuela pública que se transfieren a una privada es inconstitucional porque tiene el efecto de sostener escuelas privadas, lo cual está prohibido por la Sección 5, Artículo II de nuestra Constitución. Tal Programa presta una ayuda sustancial a las escuelas privadas, lo cual contribuye directamente a adelantar la misión educativa de éstas.

Además, favorece indebidamente a las escuelas privadas, al concederles un beneficio especial no disponible a las escuelas públicas. Mediante las becas especiales, el Estado posibilita un aumento en el número de estudiantes del sistema educativo privado, al pagarle directamente a la escuela privada por los gastos educativos incurridos por los nuevos estudiantes.

El enriquecer el activo de escuelas privadas con fondos públicos por prestar los servicios educativos que el Estado también brinda, es lo que está prohibido por la Sección 5 [la cual] establece la obligación del Estado para atender únicamente al sostenimiento y al beneficio de aquellas escuelas que estén bajo su dominio exclusivo. La beca especial constituye un pago del gobierno a la escuela privada, de hasta $1,500, para cubrir gastos educativos de estudiantes provenientes de escuelas públicas. Este gasto constituye el tipo de beneficio a las escuelas privadas que tiene el efecto de sostener dichas instituciones, en violación a la cláusula del sostenimiento.

La disposición de la Ley 71 que limita a no más de la mitad el número de estudiantes de una escuela privada que pueden participar del Programa no altera el razonamiento que hemos usado para concluir que, en lo pertinente a la ayuda económica a estudiantes para asistir a escuelas privadas, el Programa es inconstitucional. Dicha restricción no cambia el hecho de que el Programa concede una ayuda sustancial a la escuela privada. Otorgarle peso a este factor equivaldría a adoptar una visión indebidamente restrictiva de lo que significa "sostenimiento'.

Sería artificial decir que el Estado solamente "sostiene" una escuela privada cuando contribuye más de la mitad de los ingresos que dicha escuela percibe. El concepto sostenimiento es mucho más amplio y flexible e impide que el Estado pueda beneficiar a las escuelas privadas de este modo. La ayuda que provee la beca especial al niño y a la escuela privada no constituye uno de los servicios no educativos que el Estado puede prestar cuando están generalmente disponibles de un modo neutral a los niños de Puerto Rico. La beca especial constituye una ayuda económica dirigida a satisfacer gastos relacionados directamente con la educación del niño, como lo son gastos de matrícula, libros y materiales en general.

En segundo lugar, y como hemos señalado, dicha ayuda está solamente disponible a los niños que decidan cambiarse de escuela pública a escuela privada, por lo que definitivamente no está generalmente disponible a todos los niños de Puerto Rico.

Además, el artículo 6© de la Ley 71 tiene el efecto de favorecer indebidamente a las escuelas privadas, aislándolas para un beneficio especial no disponible a las escuelas públicas. Bajo la Ley 71 se conceden tres tipos de beneficios. El primero consiste en otorgar libertad al estudiante para escoger la escuela pública que prefiera. El segundo consiste en recompensar a las escuelas públicas que sean escogidas por estudiantes de escuelas privadas (o de otras escuelas públicas) con una asignación presupuestaria adicional de $1,500 por cada estudiante que la haya escogido. El tercer beneficio consiste en pagar a una escuela privada que participe del Programa los gastos de matrícula, libros, materiales, y otros gastos relacionados, incurridos por estudiantes provenientes de escuela pública que se trasladen a la escuela privada.

El único gasto verdadero que realiza el gobierno bajo esta ley va dirigido a apoyar y fortalecer la educación privada, por cuanto provee un incentivo económico directo y sustancial para que estudiantes de escuela pública se trasladen al sistema privado de enseñanza. Los primeros dos beneficios son medidas administrativas internas que no envuelven des-

embolso de fondos por parte del gobierno y cuyo impacto sobre los estudiantes no compara en magnitud con el pago por parte del gobierno de la matrícula de un estudiante en escuela privada. El Programa no provee un incentivo análogo o equivalente a estudiantes de escuela pública; es decir, está parcializado hacia la escuela privada. Como hemos dicho, aunque el Programa concede ciertos beneficios a algunos estudiantes del sistema de instrucción pública, éstos son totalmente distintos en naturaleza y magnitud a los otorgados a estudiantes que decidan abandonar la escuela pública y asistir a una privada.

Por un lado, para el estudiante que decide cambiarse de escuela pública a privada, el Estado le provee hasta $1,500 de ayuda para sus gastos de matrícula, libros, etc. Por otro lado, al estudiante que decide cambiarse a una escuela pública, el Estado no le da un centavo de ayuda, sólo provee un "crédito" de $1,500 para la escuela pública seleccionada. El único incentivo económico que el Programa crea se le ofrece al estudiante que decide cambiarse de escuela pública a privada.

Aun si viéramos el vale educativo o "crédito" como un incentivo económico, éste no es de ninguna manera equivalente al incentivo de la beca especial, ello porque el primero no es para el estudiante, sino para la escuela, fluyendo al estudiante un beneficio muy atenuado, remoto y especulativo, consistente en una escuela "mejorada" por el presupuesto adicional con que cuenta. El artículo 6© de la Ley 71 crea un fuerte incentivo para promover el traslado de estudiantes del sistema público de enseñanza al privado, beneficiando así a la escuela privada.

El Programa otorga al estudiante que decide trasladarse de escuela pública a privada hasta $1,500 en efectivo para cubrir gastos de escuela; en el caso inverso, el estudiante no recibe un solo centavo, y su único "beneficio" es el que pueda derivarse de un ingreso adicional para la escuela seleccionada, el cual realmente es mínimo y tiene que ser compartido con todos los demás estudiantes de la escuela.

Por todo lo anterior, concluimos que el artículo 6© de la Ley Núm. 71 de 3 de septiembre de 1993 tiene el efecto de utilizar fondos públicos para el sostenimiento de las escuelas privadas. Por ende, viola los principios fundamentales de la cláusula del sostenimiento: impedirle al Estado el mantener escuelas privadas y evitar que el Estado favorezca indebidamente el sistema privado de enseñanza en detrimento del sistema público.

Por las razones anteriormente expuestas, resolvemos que el programa de becas especiales establecido por el artículo 6© de la Ley 71, es inconstitucional por violar la Sección 5 del Artículo II de nuestra Constitución. Este dictamen no impide que el Departamento de Educación al amparo de la Ley 71 pueda continuar con los otros programas establecidos por el estatuto, particularmente el que autoriza la transferencia de estudiantes de una escuela pública a cualquier otra escuela pública, incluyendo las de comunidad. Se dictará sentencia confirmando el dictamen recurrido.

Federico Hernández Denton, Juez Asociado

12. **Asociación de Maestros de Puerto Rico-Local Sindical, v. Departamento de Educación,** 2018 TSPR 150

[Resumen]

[Este caso ilustra cómo opera el concepto de separación Iglesia-Estado en el contexto del uso de fondos públicos para estudiantes en instituciones educativas privadas.]

En San Juan, Puerto Rico, a 9 de agosto de 2018.

Opinión de conformidad emitida por el Juez Asociado señor Rivera García a la cual se unen la Jueza Asociada señora Pabón Charneco y los Jueces Asociados señores Kolthoff Caraballo y Estrella Martínez

El 3 de abril de 2018, la Asociación de Maestros de Puerto Rico presentó una demanda ante el Tribunal de Primera Ins-

tancia alegando que los programas de las Escuelas Públicas Alianza y de Libre Selección de Escuelas establecidos en la Ley Núm. 85-2018 conocida como la Ley de Reforma Educativa de Puerto Rico (en adelante Ley Núm. 85), eran inconstitucionales. Arguyó que en la medida en que el Estado destine fondos y propiedad pública para sostener, sufragar y sustentar entidades educativas privadas o religiosas, infringe la Sección 5 del Artículo II de la Constitución de Puerto Rico que prohíbe la utilización de fondos públicos para el sostenimiento de escuelas que no sean las del Estado.

El Tribunal de Primera Instancia resolvió que la Asociación tenía legitimación activa ya que, como representante exclusivo de los maestros del sistema de educación pública, persigue defender el sistema de enseñanza pública y vindicar los derechos y objetivos de la organización; y consignó que la implementación de los referidos programas afectará a los miembros al diluirse el dinero que será asignado a las escuelas públicas y a los maestros para lograr sus deberes. Determinó que se podrían alterar los términos y condiciones laborales de los maestros del sistema público si son transferidos a una Escuela Pública Alianza. Entendió que la Asociación poseía legitimación activa conforme a lo resuelto en Asoc. Maestros P.R. v. Srio. Educación, supra, el cual permitió que un contribuyente cuestione leyes o acciones estatales ante la violación de las cláusulas de establecimiento y de sostenimiento de la Constitución de Puerto Rico.

El Tribunal de Primera Instancia finalmente, determinó que las Escuelas Públicas Alianza son un modelo de escuelas privadas financiadas por el Estado cuya operación es contraria a la cláusula de sostenimiento de nuestra Constitución. Declaró la inconstitucionalidad parcial del Art. 13.05 (a) (5-9) de la Ley Núm. 85, que autoriza el establecimiento de las Escuelas Públicas Alianza como parte de nuestro sistema de educación pública, y el Art. 13.05 (a) (4), el cual establece el concepto de Escuelas Públicas Alianza en instituciones que no son del Estado. También, decretó la inconstitucionalidad del Art. 14.02 (c) que creó el Programa de Libre Selección de Escuelas al razonar que dicha disposición infringe la cláusula de sostenimiento.

El Estado compareció ante el Tribunal de Apelaciones impugnando la determinación del Tribunal de Primera Instancia.

El mismo día presentó ante el Tribunal Supremo petición de auto de certificación intra-jurisdiccional y una Urgente moción en auxilio de jurisdicción. En esta última planteó que el asunto es uno del más alto interés público puesto que "el efecto de lo decidido por el foro de instancia trastoca el mandato legislativo dirigido a la implantación integral de la Ley de Reforma Educativa, uno de los estatutos más trascendentales en nuestra historia reciente". Además, sostuvo que la "errónea decisión del Tribunal de Primera Instancia coloca a nuestro sistema educativo y a los estudiantes, [los] padres y [los] maestros que lo componen, en un estado de total incertidumbre de cara al inminente comienzo del próximo año escolar, lo cual ocurrirá en menos de un (1) mes".. A tales efectos, adujo que ha llevado a cabo un sinnúmero de trámites encaminados a poner en vigor el programa y que de no adjudicarse la disputa no se podría efectuar la encomienda legislativa. Además, arguyó que continuaría el estado de incertidumbre jurídica que provoca el dictamen del Tribunal de Primera Instancia y la preparación para el comienzo del próximo año escolar. Por ello, solicitó que adelantemos el trámite judicial por la importancia y pronta atención que requiere este conflicto.

Sobre los méritos de la controversia, en síntesis, el Estado sostuvo que el Programa de Escuelas Públicas Alianza es un concepto de escuelas públicas, creado por autorización legislativa y que operan con cierto grado de autonomía administrativa, curricular y operacional. Entendió que en el foro federal se validó su constitucionalidad siempre que la enseñanza que se imparta sea gratuita, no sectaria ni discriminatoria. En cuanto al Programa de Libre Selección de Escuelas, aseveró que es una ayuda económica concedida a las familias y no a las instituciones educativas privadas. En ese sentido, señaló que la ley es neutral y que no concede privilegios particulares a las escuelas privadas sobre las públicas. Finalmente, argumentó que la Asociación carece de legitimación activa para incoar la acción ya que no logró establecer en qué manera la creación de los programas en controversia le ocasionan un daño real, palpable, y preciso tanto en su carácter individual como a sus miembros. Esbozó que esta tampoco logró establecer la conexión entre el alegado daño y las disposiciones de la Ley Núm. 85.

El 13 de julio de 2018 el Tribunal Supremo intervino y expendió el recurso de certificación.

El Estado alegó que debemos reevaluar y revocar nuestra decisión en Asoc. Maestros P.R. v. Srio. Educación, principalmente, porque los cambios significativos en el ámbito legal la convirtieron en una obsoleta. En esencia, sostuvo que sus hijos se han visto afectados por la crisis actual del sistema educativo de Puerto Rico. Por ello, consideró que los programas en, todos sus extremos, están diseñados para brindarles, a ellos como padres, la oportunidad de escoger la escuela adecuada para sus hijos y, a estos últimos, tener acceso a una educación de calidad. Aseveró que, de no validarse, limitaríamos a todas las familias de escasos recursos la oportunidad de atender sus necesidades académicas individuales.

La Asociación, amparándose en lo resuelto por este Tribunal en Asoc. Maestros P.R. v. Srio. Educación, alegó que tiene legitimación activa para impugnar bajo la cláusula de sostenimiento ya que este Tribunal hizo extensiva la excepción establecida sobre acciones de contribuyentes al amparo de la cláusula de establecimiento. En aquella ocasión, reconocimos que por estar relacionadas la una con la otra, la excepción establecida en ese caso aplica a impugnaciones de contribuyentes al amparo de la cláusula de establecimiento y a la de sostenimiento.

Señaló que como entidad se dedica a "promover y defender los derechos laborales de todos sus miembros, promover condiciones óptimas para ofrecer educación pública gratuita y a fomentar el desarrollo intelectual y profesional sindical de los trabajadores de la educación". Razonó, además, que como organización tiene una larga y probada trayectoria en reclamar la reivindicación de derechos de la organización y en proteger los intereses relacionados al quehacer educativo, la educación pública y los derechos de los maestros.

Planteó, que el uso de fondos públicos del presupuesto del Departamento de Educación para la administración de entidades privadas y para la otorgación de certificados que tienen el fin de sufragar la educación en instituciones privadas, afectan al magisterio y a la educación pública ya que al quitarles una porción del presupuesto destinado al Departamento incidirá en el mejoramiento y en la operación de las escuelas del sistema de educación pública. También, consignó que se podrían alterar los términos y condiciones laborales de los maestros que se transfieran a una Escuela Pública Alianza.

La Asociación aclaró que sus planteamientos se fundamentan únicamente en la cláusula de sostenimiento y no en la de establecimiento. Señaló que se infringe la cláusula de sostenimiento puesto que mediante las Escuelas Públicas Alianza se transfiere dinero público a una entidad privada para promover la educación pública. Sostuvo que estas escuelas estarán administradas por entidades privadas y serán estos entes quienes estarán a cargo de tomar las decisiones operacionales y administrativas. Igualmente, argumentó que, si alguna de estas entidades "tiene base religiosa, será incluida la educación religiosa en la misma, siendo entonces sufragada por fondos públicos". Arguyó que en el caso de que operen en facilidades que sean del Estado y no paguen una renta por el uso, ello constituiría un traspaso de propiedad pública a manos de entes privados. Planteó, además, que el Estado se limitaría a "supervisa[r] ciertos aspectos de las escuelas privadas pero su operación, administración, organización, finanzas, empleomanía y filosofía son privadas".

Sobre el Programa de Libre Selección de Escuelas, cuestionó únicamente la constitucionalidad de aquellos que, mediante certificados, autorizan el pago de educación privada con fondos públicos y no el resto de las modalidades. A esos efectos, adujo que se infringe la Constitución de Puerto Rico ya que el fin último del programa es sufragar los costos y sostener la educación privada. Añadió que ello constituye un traspaso de dinero público a terceros privados. Ante esta situación, esbozó que el Estado pretende viabilizar un sistema becario para sustituir el sistema de enseñanza pública para ponerlo en control de entes privados. Por ello, concluyó que ambos programas son inconstitucionales de su faz, pues la cláusula de sostenimiento busca que los servicios de educación pública estén únicamente en control del Estado y ninguno de los dos programas tienen esa finalidad.

El Tribunal Supremo de Puerto Rico revocó en su totalidad la Sentencia del Tribunal de Primera Instancia y desestimó la demanda por los fundamentos que se discuten a continuación.

La legitimación activa

Los tribunales existen únicamente para resolver controversias genuinas surgidas entre partes opuestas que tienen un interés real de obtener un remedio que haya de afectar sus relaciones jurídicas". Por ello, se requiere "la presencia de una controversia genuina y viva, en la cual estén presentes intereses opuestos, y que al ser resuelta afecte las reclamaciones jurídicas de los litigantes". Esto garantiza que el promovente de una acción tenga un interés en el pleito "de tal índole que, con toda probabilidad, habrá de proseguir su causa de acción vigorosamente y habrá de traer a la atención del tribunal las cuestiones en controversia".

Desde que adoptamos jurisprudencialmente el requisito de "caso o controversia" el ejercicio de la función judicial está supeditado a la existencia de una controversia justiciable. Esta doctrina de justiciabilidad consiste, a su vez, en un conjunto de doctrinas que nos guiarán en nuestra función de determinar si es preciso atender la validez estatutaria o constitucional de un asunto particular. Es decir, si existen "fuerzas subyacentes que motivan en realidad la abstención o intervención judicial en una situación dada". Entre esos principios está la legitimación activa (standing) de quienes acuden a los tribunales a vindicar sus derechos.

En consecuencia, para determinar si una parte tiene legitimación activa es indispensable que el promovente de una causa de acción, en ausencia de un estatuto que la confiera, satisfaga los requisitos siguientes: (1) que ha sufrido un daño claro y palpable; (2) que el daño es real, inmediato y preciso, y no abstracto o hipotético; (3) que existe una conexión entre el daño sufrido y la causa de acción ejercitada, y (4) que el reclamo surja bajo el palio de la Constitución o de una ley.

En términos generales, el principio de legitimación activa consiste en determinar quién puede acudir al tribunal en búsqueda de vindicar sus derechos. Como regla general, hemos establecido que las partes "tienen capacidad tan solo para plantear sus propios derechos contra actos alegadamente ilegales del gobierno". Sin embargo, jurisprudencialmente se han reconocido varias excepciones a esta norma. Este es el caso de las asociaciones.

A las asociaciones se les ha reconocido legitimación activa para demandar en dos instancias, ya sea, a nombre propio o a nombre de sus miembros o integrantes. Es decir, esta puede solicitar intervención judicial por los daños sufridos por la agrupación y para defender los derechos de la entidad. A tales efectos, hemos sostenido que cuando la acción la insta "una asociación, ésta tiene legitimación para incoar una acción judicial por daños sufridos por la agrupación y para vindicar los derechos de la entidad. Cuando una organización esté demandando en defensa de sus intereses colectivos, le corresponde alegar un daño claro y preciso a sus actividades". En otros términos, debe demostrar un daño claro, palpable, real, inmediato, preciso, no abstracto ni hipotético a su colectividad.

En cambio, cuando lo hace en representación de sus miembros no tiene que demostrar que ha sufrido daños propios. En este escenario contará con legitimación activa siempre que cumpla con tres requisitos, a saber: (1) que el miembro tiene legitimación activa para demandar a nombre propio; (2) que los intereses que se pretenden proteger están relacionados con los objetivos de la organización; y (3) que la reclamación y el remedio solicitado no requieren la participación individual de los miembros en el pleito.

Al resolver un caso que se presente ante nuestra consideración, debemos desplegar nuestra facultad constitucional de revisar las leyes conforme a los preceptos constitucionales que exigen que esta únicamente sea ejercida dentro de los linderos de una controversia real y sustancial entre intereses opuestos que permitan un remedio judicial. Debemos examinar, entonces, si la parte demandante tiene legitimación activa conforme a los parámetros establecidos para acciones incoadas por las asociaciones, ya sea a nombre propio o en representación de sus miembros.

En Asoc. de Maestros de P.R. v. Srio. Educación, adoptamos la excepción preceptuada en Flast v. Cohen, para reclamos de contribuyentes que impugnan la constitucionalidad de una ley o una actuación gubernamental bajo la cláusula de establecimiento. En Asoc. de Maestros de P.R. v. Srio. Educación, dijimos que "por el vínculo estrecho que existe entre esa sección y la que prohíbe el sostenimiento de escuelas privadas por parte del estado debíamos adoptar la norma de Flast v. Cohen, basada en la cláusula de establecimiento, para reclamos bajo la Sec. 5 del Art. II. El razonamiento utilizado en ese momento fue que era "cónsono con nuestro historial constitucional y, particularmente, con la preocupación de nuestra Convención Constituyente por salvaguardar la separación entre la Iglesia y el Estado". Ante ese escenario, reconocimos que los miembros de la Asociación tenían legitimación activa para incoar una causa de acción como contribuyente, al amparo de la cláusula de sostenimiento.

Al examinar si se cumplen los demás requisitos para que esta pueda demandar en representación de los maestros en calidad de contribuyentes, observamos que entre los intereses que la Asociación, como organización, persigue están el defender los derechos laborales de todos sus miembros, velar por que se ofrezca una educación pública gratuita y a fomentar el desarrollo intelectual y profesional de los maestros del sistema de enseñanza pública. En sus argumentos exponen que la Ley Núm. 85, destina parte de los fondos públicos del Departamento y los utiliza para escuelas privadas, por tanto, afectaría sus condiciones de trabajo y la operación de las escuelas. En este sentido, los intereses que se preten-

den proteger, en cuanto a los derechos de los maestros, están relacionados con los objetivos que persigue salvaguardar la Asociación.

Finalmente, esta última estableció que la reclamación y el remedio solicitado no requieren la participación individual de los miembros en el pleito, ya que se trata de una controversia estrictamente de derecho en la cual únicamente debemos examinar si ciertas disposiciones de la Ley Núm. 85 infringen de su faz la cláusula de sostenimiento de nuestra Constitución. Por lo anterior, la Asociación posee la legitimación activa necesaria para entablar el presente pleito en representación de los maestros del sistema de educación pública de Puerto Rico.

Programa de Libre Selección de Escuelas y Escuelas Públicas Alianza

De entrada, debemos señalar que la normativa establecida y la interpretación que hicimos sobre la cláusula de sostenimiento en Asoc. Maestros P.R. v. Srio. Educación, es claramente errónea. Ello, independientemente del modelo de legislación educativa bajo revisión. Específicamente, por la interpretación y el derecho expuesto en torno a la cláusula de sostenimiento.

Para saber si la Ley Núm. 85 infringe esa disposición constitucional es imperativo que delimitemos adecuadamente el significado que tiene el término "sostenimiento". En primer lugar, el Diccionario de la Lengua Española define este concepto como la "[a]cción y efecto de sostener o sostenerse" o como "[m]antenimiento o sustento". La palabra "sostener" la define como "prestar apoyo, dar aliento o auxilio" o "[d]ar a alguien lo necesario para su manutención". Según los diccionarios citados, el término sostenimiento equivale a proporcionar lo necesario para subsistir. A tales efectos, en la medida en que se dé a alguien lo necesario para subsistir, es decir, para mantenerse, permanecer o conservarse implica que se le está sosteniendo.

En el ámbito jurídico, el término tiene su origen en la jurisprudencia federal que considera el sostenimiento (support) como una forma de establecimiento. Es decir, los precedentes judiciales federales han interpretado la cláusula de establecimiento como una forma de sostener entidades religiosas. Esta premisa está sustentada en los motivos que tuvieron los Padres Fundadores de la Constitución Federal para luchar contra las acciones impuestas por algunos estados que obligaban a los ciudadanos a apoyar económicamente a ciertos grupos religiosos.

La razón detrás había sido que años antes, el Tribunal Supremo federal había resuelto que no había ningún indicio de inconstitucionalidad en un estatuto que permitía el reembolso que hacía el estado para gastos de transportación a los padres de estudiantes que enviaban a sus hijos a cualquier escuela, fuera religiosa o no. Específicamente, en el debate se hizo alusión a Everson v. Board of Education, un caso en el que el demandante, en su carácter de contribuyente, incoó una demanda contra el estado de Nueva Jersey e impugnó la constitucionalidad de una ley que autorizaba el reembolso, por parte de las juntas escolares locales, de los costos de transporte hacia y desde las escuelas, incluyendo las privadas. Alegó que esta ayuda indirecta violaba tanto la constitución del estado de Nueva Jersey como la Primera Enmienda. El noventa y seis por ciento (96 %) de las escuelas que se beneficiaron de esta ley eran escuelas privadas católicas. En la Opinión escrita por el Juez Black, el Tribunal Supremo federal resolvió que el Estado no estaba sosteniendo a ninguna escuela en particular, sino que ayudaba a los padres a sufragar estos gastos, independientemente de su religión.

Un examen de los planteamientos allí suscitados nos lleva a concluir que la razón para no incluir la frase "o beneficio" era porque si se incluía, en el futuro podía surgir algún impedimento para que las instituciones que no fueren las del Estado se beneficiaran indirectamente. Para los delegados, a base de los precedentes judiciales federales "podría prestarse a discrímenes" contra el sector religioso. Además, podría entenderse como una prohibición a que un estudiante reciba una ayuda económica por parte del Estado que bien éste podía utilizar para su educación, cosa que no estaba prohibido por nuestra Constitución.

Es importante resaltar el contexto histórico en que se suscitó este debate. Luego del cambio de soberanía, Puerto Rico pasó del gobierno español a manos del gobierno de Estados Unidos de América. El sistema de enseñanza bajo el dominio español estaba a cargo de la Iglesia Católica, por lo que la educación religiosa absorbía gran parte del currículo escolar. De otra parte, bajo el régimen norteamericano se implementaron las bases del sistema de enseñanza pública y se independizó completamente la escuela pública de la tutela eclesiástica, conforme a los principios de separación de Iglesia y Estado.

Ciertamente, Everson v. Board of Education, supra, fue una decisión histórica que marcó una desviación en la interpretación que hasta el momento se había hecho sobre la cláusula de establecimiento y su alcance en cuanto a los que es constitucionalmente permisible. Así, el Máximo Foro encontró que, aunque esta cláusula exige al Estado mantenerse neutral en cuanto a la religión, el Estado únicamente estaba implementando un programa general de ayuda económica que no tenía el propósito de dar sostenimiento a ninguna escuela en específico sino el de proveer un servicio a la comunidad, particularmente a los padres de estudiantes.

Está claro que la controversia del caso ante nos gira única y exclusivamente en torno a la cláusula de sostenimiento. No obstante, para propósitos ilustrativos, y por consideración al análisis inmerso en los casos, procederemos a examinar alguna jurisprudencia en la que el Tribunal Supremo de Estados Unidos analizó la constitucionalidad de ciertos programas educativos financiados por algunos estados para beneficiar económicamente a padres que tenían a sus hijos en escuelas privadas religiosas.

La sostenibilidad de escuelas privadas en la jurisdicción federal

Como mencionamos, en Everson v. Board of Education, el Tribunal Supremo federal resolvió que el Estado no estaba sosteniendo a ninguna escuela en particular sino ayudando a los padres a sufragar el costo de transporte escolar. Así, estableció que el Estado de ninguna manera estaba soste-

niendo a estas escuelas. Lo que permitía la ley era establecer un programa general para ayudar a los padres a llevar a sus hijos de forma segura y expedita hacia y desde las escuelas acreditadas.

Luego, en Lemon v. Kurtzman, el Tribunal Supremo de Estados Unidos tuvo la oportunidad de atender una controversia en la que varios ciudadanos y contribuyentes impugnaron la constitucionalidad de las leyes de Rhode Island y Pennsylvania que permitían el aumento de salario a través de incentivos a maestros de escuelas privadas y el reembolso de gastos por materiales educativos que se compraran a escuelas privadas. El Máximo Foro resolvió que se viola la cláusula de establecimiento cuando el Estado promueve o pretende dar un acomodo preferencial a una religión en particular. El análisis de la Corte Suprema fue que, ante la ausencia de una prohibición constitucional específica, se debían trazar líneas protectoras que distanciaran la cláusula de establecimiento de "tres males", a saber: el auspicio, el sostenimiento y la intromisión excesiva del Estado en actividades religiosas. Para ello, era indispensable auscultar, entre otras cosas, la naturaleza de las instituciones, así como la naturaleza del beneficio que se daría a estas.

En casos similares suscitados años antes, relacionados a la cláusula de establecimiento y el uso de fondos públicos por parte del Estado, el Alto Foro validó algunos estatutos que proveían ciertos beneficios a entidades religiosas. Posteriormente, en Zelman v. Simmons-Harris, 536 US 639 (2002), el estado de Ohio aprobó un programa piloto para que familias de escasos recursos tuvieran la oportunidad de elegir entre escuelas públicas o privadas para que sus hijos recibieran educación gratuita por parte del Estado a través de un programa de "vouchers" o vales educativos. El programa permitía que se les proveyera tutorías a aquellos estudiantes que permanecieran en escuelas públicas. Cualquier escuela podía participar del programa, fuere pública o privada; religiosa o secular. Varios ciudadanos impugnaron la legislación por su condición de contribuyentes en cuanto entendían que infringía la cláusula de establecimiento.

El Tribunal Supremo de Estados Unidos resolvió que el programa de vales educativos era constitucionalmente válido en la medida en que era neutral hacia todas las religiones; proveía asistencia directamente a los padres para que éstos eligieran libremente la escuela de su predilección para la educación de sus hijos; perseguía un propósito secular y no adelantaba ninguna religión; cubría un gran espectro de beneficiarios; y permitía la participación de escuelas religiosas y no religiosas.

*En Puerto Rico las controversias que se han suscitado bajo la cláusula de establecimiento en su mayoría han sido con relación a disputas contractuales-laborales. En el contexto de la educación, la jurisprudencia trata sobre el efecto que han tenido ciertos estatutos sobre la libertad de culto. Ahora bien, contrario a la Constitución Federal, nuestra Constitución es más extensiva y abarcadora. Contamos con una disposición autóctona: la cláusula de sostenimiento. En cuanto a esta última solo hemos tenido la oportunidad de interpretarla e*n *Asoc. Maestros P.R. v. Srio. Educación, al atender una controversia similar a la de autos en la que se impugnó la Ley Núm. 71-1993 porque presuntamente infringía la cláusula de establecimiento y la de sostenimiento. En aquella ocasión, resolvimos que la cláusula de sostenimiento prohíbe "al Estado preferir, u otorgar privilegios particulares, a las escuelas privadas sobre el sistema público de enseñanza". Expresamos que "[l]o que está prohibido es que se aísle la escuela privada para algún beneficio especial. El Estado no puede, mediante sus actuaciones, favorecer indebidamente a la escuela privada, sosteniéndola impermisiblemente".*

En cuanto a las becas, concluimos que la Ley Núm. 71-1993 permitía el uso de "fondos públicos para pagar directamente a escuelas privadas, laicas o sectarias, por los servicios educativos prestados a los estudiantes que estando previamente en escuelas públicas, asisten ahora a esas escuelas privadas por ellos seleccionadas". Por ello, resolvimos que en la medida en que se utilicen estos fondos para la enseñanza en sostenimiento y beneficio de una escuela privada que no es del Estado, está expresamente prohibido por la Sec. 5 del Art. II de la Constitución de Puerto Rico.

Como mencionamos, esta ha sido la única ocasión en la que este Tribunal ha tenido la oportunidad de analizar la cláusula de sostenimiento. En ese momento reconocimos que entre la cláusula de establecimiento y la de sostenimiento existe un vínculo innegable que debemos considerar al evaluar las disposiciones de un estatuto que, se alegue, infrinja la segunda. También es cierto que el objetivo principal de la cláusula de establecimiento fue establecer la separación entre la Iglesia y el Estado, conforme lo dispone la Primera Enmienda de la Constitución Federal, por lo que ambas tuvieron propósitos particulares. Así, el enfoque central de la cláusula de establecimiento es uno religioso, en el cual el aspecto económico es pertinente en algunas instancias. En cambio, el enfoque de la cláusula de sostenimiento es uno estrictamente económico. Entiéndase, la utilización de fondos públicos para sostener escuelas que no sean las del Estado, independientemente si esta persigue un propósito secular o no.

Programa de Libre Selección de Escuelas

En el Art. 14.01 de la Ley Núm. 85 crea el Programa de Libre Selección de Escuelas con el propósito de promover la igualdad en el acceso a una educación de calidad para los sectores más vulnerables de nuestra sociedad y permitir que los padres, las madres, los tutores o los encargados tengan la alternativa de elegir la escuela de su preferencia, sea esta pública o privada. Cabe destacar que el programa se instituirá de forma experimental y se establecerá gradualmente luego de considerar, entre otras cosas, el aprovechamiento de los recursos.

A esos fines, la disposición establece que la Secretaria creará una oficina la cual será la encargada de implementar y administrar este programa. Para participar, los interesados deberán cumplir con unos requisitos de elegibilidad y aprovechamiento académico. Se dispone que solo serán elegibles hasta el tres por ciento (3 %) del total de los estudiantes matriculados en el sistema cada año escolar. El programa contará con un presupuesto que no excederá el tres por ciento (3 %) del equivalente al presupuesto asignado por el Departamento de acuerdo a la fórmula establecida por estudiante para cada año fiscal, entiéndase el setenta por ciento

(70 %) destinado a servicios directos al estudiante. A los estudiantes que cualifiquen se les concederá un certificado mediante el cual podrán seleccionar una de las siguientes modalidades: (a) libre selección de escuelas públicas por estudiantes de otras escuelas públicas; (b) libre selección de escuelas públicas por estudiantes de escuelas privadas; c) acceso a escuelas privadas por estudiantes de escuelas públicas; (d) adelanto educativo para estudiantes talentosos que tomen cursos universitarios acreditables tanto para programas universitarios como para programas de escuela secundaria; o e) acceso a escuelas privadas para cumplir con el acomodo razonable para un estudiante de educación especial al cual el Departamento no le ha podido proveer lo necesario para cumplir sus logros académicos según disponen las leyes estatales y federales aplicables.

Constitucionalidad del Programa de Libre Selección y el acceso a escuelas privadas por estudiantes de escuelas públicas

La Asociación cuestiona la constitucionalidad de las disposiciones que autorizan el pago de educación privada con fondos públicos. Específicamente, sostiene que se infringe la Sec. 2 del Art. II de la Constitución de Puerto Rico ya que el fin último del programa de Libre Selección de Escuelas es utilizar el dinero público para sufragar los costos de la educación privada. Alegó además que el Estado pretende viabilizar un sistema becario para sustituir el sistema de enseñanza pública por uno privado. Esboza que tal actuación en contraria a la intención de los constituyentes.

Por su parte, el Estado aduce que los certificados son una ayuda económica que serán entregados directamente a las familias y no a las escuelas para que los padres y estudiantes escojan con libertad la escuela de su preferencia. Entiende que el análisis de la validez constitucional de una acción estatal debe ser el mismo para la cláusula de establecimiento y para la de sostenimiento.

Como expresamos, un examen del historial de los debates habidos durante la Convención Constituyente refleja que al aprobarse el Art. II, Sec. 5 de la Constitución de Puerto Rico lo que se quiso evitar era que el Estado, mediante el sostenimiento de escuelas, promoviera una religión en particular y sustituyera el sistema de enseñanza pública por una privada. Por ello, se dispuso que el sistema de enseñanza tenía que ser público, gratuito, libre y no sectario. Los constituyentes dejaron claro las erradas interpretaciones que podrían suscitarse en el futuro si se incluía la palabra "beneficio" en la cláusula de sostenimiento. Lo cierto es que ello limitaría al Estado de proveer una ayuda económica a los padres de estudiantes para que sus hijos la utilizaran para su educación y contra ello no existía prohibición constitucional alguna. En el debate de la constituyente quedó establecido que lo que el Estado no podía hacer era tomar el sistema becario para sostener escuelas privadas y tampoco sustituir el sistema de instrucción pública por uno privado. Ese no es el propósito que persigue la Ley Núm. 85. Por el contrario, lo que busca es proveer una ayuda económica a los padres para que sus hijos reciban la educación en la institución que prefieran.

Por otro lado, del propio texto de la ley se desprende que la cantidad de certificados que se otorgarán dependerá de los fondos disponibles. Esta cantidad no podrá sobrepasar el ochenta por ciento (80 %) de la totalidad del presupuesto asignado a cada estudiante. Además, únicamente serán elegibles para participar un tres por ciento (3 %) de los niños matriculados en el sistema de enseñanza pública del país, cantidad que no es significativa en comparación con el número de estudiantes matriculados en el Sistema de Educación Pública.

En cuanto a la ayuda que se pretende conceder a los estudiantes de educación especial para que estos tengan acceso a escuelas privadas no vemos como nuestros delegados, a quienes les preocupó en sobre manera el asunto de la educación, tuvieran la intención de restringir a esta clase el acceso a escuelas privadas para que el Estado provea asistencia cuando el Departamento no pueda hacerlo así y se les pueda ofrecer el acomodo razonable que estos necesitan.

En Zobrest v. Catalina Foothills School Dist., el foro federal resolvió que cuando el Estado provee servicios como parte de un programa general que beneficia a los niños de educación especial que cualifiquen y lo hace de forma neutral, independientemente de que la entidad sea pública o privada, religiosa o no religiosa, ello no significa que el estado pretende financiar a estas instituciones. Razonó que la ayuda que se le provee a estos niños no constituye un subsidio impermisible, de suerte que los niños de educación especial son los que, en última instancia, se benefician del programa y el beneficio que recibe la institución es uno incidental.

Por ello, no podemos concluir que ello equivale al sostenimiento de la educación privada por parte del Estado, cuando el presupuesto que se utilizará no es sustancial en proporción al presupuesto del Departamento de Educación. Tampoco que se pretende sustituir la educación pública por una privada, pues, la cantidad de los recursos que podrán ser destinados para este fin, es de un tres por ciento (3%) o menos del equivalente presupuestado por estudiante para cada año fiscal para implementar el programa piloto y un dos por ciento (2%) de los fondos que el Departamento asigne para cubrir gastos administrativos.

No cabe duda de que todo sostenimiento equivale a que exista un beneficio, es decir, para que haya sostenimiento siempre tiene que una escuela privada beneficiarse. Ahora bien, el alcance que los constituyentes quisieron dar al entender que el término "beneficio" estaba inmerso dentro de la palabra "sostenimiento" fue el establecer que el beneficio debe llegar a tal grado que sostenga a las escuelas privadas, o más aún, que sustituya el sistema de enseñanza pública. Así, no se trata de un mero beneficio, sino que el beneficio que se conceda debe llegar al punto de sostener la entidad privada. Para propósitos de la cláusula de sostenimiento, según lo definieron nuestros constituyentes, no vemos cómo el Programa de Libre Selección de Escuelas puede representar un beneficio que implique un sostenimiento de escuelas privadas en contravención con nuestra Constitución.

Las Escuelas Públicas Alianza

La Ley Núm. 85 estableció cambios fundamentales en la dirección educativa en Puerto Rico. Al tomar al estudiante como estandarte del Departamento, con el objetivo de priorizar el derecho de estos, reenfocó las gestiones administrativas, académicas y de recursos humanos. Además, con el propósito de proveer escuelas de alto rendimiento y la disponibilidad de recursos humanos de excelencia, instituyó la necesidad de un sistema de rendición de cuentas, constante comunicación con la ciudadanía en general y seguimiento a la implementación de los diversos cambios en todos los niveles del sistema. Así, conforme se reconoce en su exposición de motivos, impulsó acciones que garantizaran un proceso de enseñanza y de aprendizaje de calidad, responsabilidad y creatividad en la atención de las necesidades educativas de nuestros niños y jóvenes. En fin, ante la crisis educativa existente, la Ley Núm. 85 se cimentó en el reconocimiento de que el Departamento de Educación tiene el deber y la obligación de promulgar la excelencia en la calidad de enseñanza que se imparte en cada una de las escuelas del Sistema de Educación Pública de Puerto Rico.

Entre las acciones impulsadas, la Ley Núm. 85 dispuso como uno de sus pilares el establecimiento de centros de aprendizaje compuestos de, entre otras cosas, "escuelas tradicionales y modelos" y "escuelas públicas alianzas". La Asamblea Legislativa consideró que "[l]a creación de [...] [las escuelas públicas alianzas] permitirá a los padres y comunidades la oportunidad de insertarse y empoderarse de la educación de sus niños, conociendo las necesidades particulares de ellos y de sus comunidades". De igual manera, expresó que las escuelas públicas alianzas redundaran en una mayor oferta y oportunidades educativas para los estudiantes.

Según consignado, la intención fue que "[l]as Escuelas Públicas Alianza, así como las Entidades Certificadas que administren las mismas, estar[ían] sujetas a los mismos estándares de evaluación y rendición de cuentas del Departamento que el resto de las escuelas públicas de Puerto Rico". De hecho, el espíritu consignado en la ley fue que "el Departamento, a través de su Secretario, supervisar[a] estas escuelas para asegurar que éstas cumplen cabalmente" con las leyes estatales, las leyes federales y con la Carta Constitutiva. Así, el fin último detrás de la reforma implemen-

tada en la ley, en definitiva, es dar un nuevo enfoque al sistema de educación pública y "acabar con la burocracia existente en el Departamento de Educación y poner los estudiantes primero, dándole las herramientas necesarias para triunfar en el futuro y ser agentes de cambios positivos para Puerto Rico".

En particular, el Art. 13.01 de la Ley Núm. 85 establece la naturaleza de una Escuela Pública Alianza. Al hacerlo establece que se trata de "una escuela pública de nivel elemental y/o secundario, de nueva creación [,] que es operada y administrada por una Entidad Educativa Certificada autorizada por el Secretario". (Énfasis suplido). Establece, además, que es "una escuela pública de nivel elemental y/o secundario existente, cuya operación y administración es transferida a una Entidad Educativa Certificada por el Secretario, de conformidad con el otorgamiento de una Carta Constitutiva". De hecho, la Ley Núm. 85 instituye a la Escuela Pública Alianza como "una escuela pública, no sectaria y sin fines de lucro, que operara bajo la supervisión del Secretario".

En este sentido, como mencionáramos, la ley dispone expresamente que estas escuelas deben cumplir y estarán sujetas, entre otras cosas, "a los requisitos de evaluación y rendición de cuentas, que serán uniformes para todas las escuelas del Sistema de Educación Pública, incluyendo, las Escuelas Públicas Alianza". De igual manera, el Art. 13.03 de la ley establece que estas escuelas deben ser consideradas para propósitos de todas las leyes y reglamentos estatales y federales como componentes del Sistema de Educación Pública.

Criterios al determinar si el modelo de escuela chárter se cataloga como una escuela pública

En la evaluación de la naturaleza de las Escuelas Públicas Alianza, es preciso resaltar el tratamiento brindado en otros estados al determinar si modelos similares de escuelas que se han implementado son públicas.

En Council of Orgs & Others for Ed About Parochiaid, Inc. v. Governor, se tuvo que decidir si la pieza legislativa que ins-

tauró el modelo de escuela chárter en Michigan era constitucional. El Tribunal Supremo del estado resolvió que su Constitución no exigía que la legislatura retuviera el control exclusivo sobre las escuelas públicas, sino que su responsabilidad era el mantener un sistema de enseñanza pública. Pronunció que las escuelas chárter debían considerarse como públicas pues se encontraban bajo el control del estado y de sus agentes. Para arribar a esta conclusión, ponderó que el ente que autorizaba a operar la escuela podía revocar el permiso en cualquier momento si estimaba que había causa para ello. Razonó, también, que el estado ejercía control sobre las escuelas chárter a través del proceso que llevaba a cabo para conceder su autorización. Además, sopesó que el estado era quien tenía el control del dinero.

En Wilson v. State Bd. of Educ., 75 Cal. App. 4th 1125 (2000), se dilucidó la constitucionalidad de una disposición relativa a las escuelas chárter. En específico, se objetó que el estado abdicó su control sobre su función educacional como por ejemplo en los currículos, los libros, los métodos de enseñanza y la operación de las escuelas chárter. Al disponer del asunto, el Tribunal de Apelaciones de California diferenció la delegación de ciertas funciones educacionales y la transferencia del sistema de instrucción pública. Puntualizó que el sistema de educación pública que la Constitución requería de la Legislatura es que proveyera educación pre-escolar, primaria, secundaria de escuelas técnicas y de colegios estatales. Empero, que la operación de las escuelas y el enfoque educativo eran detalles que fueron dejados a la discreción de la asamblea legislativa. Pronunció que el erigir escuelas chárter era un ejercicio válido de la legislatura para adelantar sus propósitos de enseñanza. Sostuvo que estas eran una criatura estrictamente estatutaria y que la Asamblea Legislativa diseñó la forma en que surgirían, las personas que asistirían y las que enseñarían. Además, cómo se debían gobernar y estructurar, los fondos que recibirán, cómo se haría el rendimiento de cuentas (accountability) y de qué forma serían evaluadas.

Asimismo, el profesor Derek W. Black en su artículo Charter Schools, Vouchers, and the Public Good enumeró las particularidades de las escuelas públicas. En primera instancia, opina que se debe corroborar si el estatuto la denomina como tal, aunque reconoció que ello por sí solo no la convierte en escuela pública. Expresa que uno de los aspectos más importantes es que los servicios educativos se ofrezcan gratuitamente. Otra característica fundamental es que se garantice el igual acceso a la escuela, ya que la misión de una escuela pública es servir a la comunidad y a todos los estudiantes de ella sin que se haga ninguna distinción entre ellos. Además, estima que una de las misiones de las escuelas públicas es inculcar valores como la democracia, la igualdad y la tolerancia. Por tanto, tienen responsabilidad constitucional y democrática.

El razonamiento adoptado en estos casos y los criterios elaborados por los estudiosos del tema que hemos mencionado, nos parecen persuasivos. Entendemos que constituyen la vía correcta al momento de determinar si las Escuelas Públicas Alianza son públicas y, por tanto, cónsonas con nuestra Constitución.

Análisis a la luz de los propósitos de la ley, los poderes delegados a la Secretaria, la jurisprudencia y la naturaleza pública de las Escuelas Públicas Alianza

Ciertamente, aunque es un factor ha considerar y sumamente importante el que la Asamblea Legislativa estableciera las Escuelas Públicas Alianza como "escuelas públicas", la mera denominación en esa dirección no es suficiente para concluir que se trata de escuelas de esa naturaleza. Hay otros factores indispensables que debemos considerar al contestar esta interrogante. No obstante, un análisis pausado, ponderado y cuidadoso de las características que gobernaran las Escuelas Públicas Alianza, así como las facultades que ostenta el Departamento de Educación, por conducto de su Secretaria, nos llevan a concluir que este tipo de instituciones educativas son escuelas públicas. Es decir, son parte de nuestro sistema de instrucción pública, libre, gratuito y enteramente no sectario, como manda nuestra Constitución.

En primer lugar, cabe resaltar que la Ley Núm. 85 establece expresamente que las Escuelas Públicas Alianza formarán parte del Sistema de Enseñanza Pública. Más aún, la ley puntualiza que estas escuelas deben ser consideradas para propósitos de todas las leyes y reglamentos federales y estatales como componentes del Sistema de Educación Pública. Esto les impone la obligación de proveer, entre otras cosas, las mismas garantías que las escuelas públicas tradicionales. De hecho, las instituye reiteradamente como "escuela[s] pública[s], no sectaria[s] y sin fines de lucro, que operar[án] bajo la supervisión del Secretario".

La creación de estas escuelas surgió como parte del reconocimiento de que el Departamento de Educación tiene el deber y la obligación de promulgar la excelencia en la calidad de enseñanza que se imparte en cada una de las escuelas del Sistema de Educación Pública. Asimismo, dispuso que estas escuelas estarían sujetas a los mismos estándares de evaluación y rendición de cuentas (accountability) del Departamento que el resto de las escuelas públicas tradicionales en Puerto Rico. Asimismo, se reconoció que la Secretaria del Departamento supervisará estas escuelas para asegurarse que cumplan cabalmente con las leyes estatales, federales y con su Carta Constitutiva.

En el diseño legislativo de la Ley Núm. 85 le confirió a la Secretaria varios deberes y poderes sobre el establecimiento de las Escuelas Públicas Alianza, que resultan indispensables considerar al momento de evaluar la naturaleza de las mismas, a saber: (1) establecer cualquier regla o reglamento necesario para implementar y alcanzar los propósitos y disposiciones de la ley, lo que incluye la evaluación y certificación de las Entidades Educativas Certificadas; (2) establecer los estándares y procesos para la revocación o no revocación de la Carta Constitutiva, así como la administración de aquellas escuelas cuya Carta Constitutiva haya sido revocada o no revocada; (3) establecer las reglas o reglamentos para determinar el Modelo de Intervención más apropiado para cada una de las Entidades Educativas Certificadas que pudieran estar sujetas a intervención de conformidad con los términos de la Carta Constitutiva; (4) establecer reglas o reglamentos para solicitar y evaluar las propuestas de las Cartas Constitutivas por parte de las Entidades Educativas Certificadas, de conformidad con los requisitos establecidos en la propia ley y la legislación federal aplicable; (5) otorgar una Carta Constitutiva con la Entidad Educativa Certificada que sometió la propuesta mejor cualificada, de conformidad con la evaluación correspondiente; (6) otorgar Cartas Constitutivas con Entidades Educativas Certificadas para operar y administrar múltiples recintos bajo una sola autorización; (7) retener y ejecutar la responsabilidad directa y exclusiva sobre aquellas escuelas a las que se otorgue una Carta Constitutiva; (8) establecer las reglas y reglamentos para el monitoreo anual del desempeño académico, financiero y operacional de las Entidades Educativas Certificadas con Cartas Constitutivas, y realizar una evaluación rigurosa de dicho desempeño en, como mínimo, cada dos (2) años; (9) establecer las reglas o reglamentos para designar oficiales evaluadores o establecer comités de evaluación para medir el desempeño de las Entidades Educativas Certificadas; entre otros poderes. Asimismo, la ley instituye que la Secretaria del Departamento es la responsable de revisar y autorizar o denegar, en todo o en parte, la solicitud de una Entidad Educativa Certificada para recibir una Carta Constitutiva para la operación y administración de una Escuela Pública Alianza.

La Asociación plantea que el programa de Escuelas Públicas Alianza es un modelo que se asemeja a las escuelas privadas. Sostiene que se infringe la cláusula de sostenimiento ya que, aunque el Estado reglamente, la operación, administración, organización, finanzas, empleomanía y filosofía de estas escuelas estará a cargo de entes privados. En este sentido, arguye que se transferirá dinero público a una entidad privada para promover la educación pública. Asimismo, argumenta que, si alguna de estas entidades "tiene base religiosa, será incluida la educación religiosa en la misma, siendo entonces sufragada por fondos públicos". También refuta que en el caso de que las escuelas operen en facilidades que sean del Estado y no paguen una renta por el uso, ello constituiría un traspaso de propiedad pública a manos de entes privados.

Por su parte, el Estado sostiene que las Escuelas Públicas Alianza son un modelo de enseñanza dentro del Sistema de Educación Pública del Departamento de Educación. Aduce que, conforme a la jurisdicción federal son constitucional-

mente válidas siempre que su enseñanza sea gratuita, no sectaria ni discriminatoria. Entiende que conforme a la Ley Núm. 85, estas cumplen con estas características y con todas las disposiciones establecidas en la Carta Constitutiva. Además, resalta que estarán sujetas a las mismas exigencias que las escuelas públicas de Puerto Rico. Finalmente, alega que la Asamblea Legislativa inequívocamente tuvo la intención de que estas fuese parte integral del Departamento de Educación como parte de un sistema coherente donde este último ejerce pleno control.

En cuanto a estas alegaciones, reafirmamos que el Art. 13.01 de la Ley Núm. 85, supra, establece claramente que la Escuela Pública Alianza es una escuela pública, no sectaria y sin fines de lucro, que será operada y administrada por una Entidad Educativa Certificada autorizada por la Secretaria de conformidad con el otorgamiento de una Carta Constitutiva. A tales efectos, el Departamento de Educación tiene el deber y la obligación de promulgar reglas y reglamentos para que se cumplan con los estándares y procesos para que las entidades educativas que se certifiquen operen conforme a los mismos estándares de evaluación y rendición de cuentas que el resto de las escuelas públicas tradicionales. Asimismo, hacemos hincapié en el hecho de que el establecimiento de las escuelas públicas alianza queda sujeto no solo a la supervisión y la evaluación, sino al control del Departamento de Educación y su Secretaria. En vista de ello, no hay duda de que la Secretaria del Departamento, retendrá la responsabilidad directa y exclusiva sobre estas entidades y monitoreará constantemente el desempeño académico, financiero y operacional de estas. Más aún, esta tiene el poder de conceder, luego de celebrarse el proceso correspondiente por el Departamento, las autorizaciones para el establecimiento de estas escuelas. Además, tiene el poder inequívoco de revocar el permiso o autorización en cualquier momento si estima que hay causa para ello. No es lo mismo delegar ciertas funciones educacionales, que la transferencia del sistema de instrucción pública. En consecuencia, colegimos que esto último no sucede con las Escuelas Públicas Alianza.

En ese sentido, reafirmamos que el control del Departamento, en primer lugar, surge por el dominio que la Secretaria ejercerá mediante el proceso de selección de las entidades que reúnan las características y exigencias necesarias para proveer una educación de excelencia mediante la otorgación de la carta constitutiva. También, está presente en el nivel de rendición de cuentas que tendrán esas escuelas con el Departamento de Educación y en la facultad absoluta de la Secretaria para revocar la Carta Constitutiva en cualquier momento, si no se cumple con los criterios correspondientes.

Finalmente, cabe notar como factor determinante que el propósito de estas escuelas de avanzada es servir gratuitamente a la comunidad y que estén abiertas a todos los estudiantes de ella, sin diferenciar entre sus habilidades o necesidades académicas o sin que se haga ninguna distinción entre ellos. Se instituyen para atender las necesidades educativas particulares de nuestros niños y jóvenes estudiantes. Además, estas escuelas como parte del sistema educativo puertorriqueño compartirán la filosofía educativa de las escuelas públicas tradicionales. Por lo que el marco filosófico educativo se fundamentará en el desarrollo pleno e integral de los estudiantes al amparo de la responsabilidad constitucional y democrática de una escuela pública tradicional.

Como hemos advertido, nuestra Constitución no requirió que el Estado retenga la administración exclusiva de las escuelas públicas. Lo que se pretendió fue que las escuelas estuvieran bajo el dominio y control del Estado. Asimismo, que fuera "un sistema de instrucción pública [.] libre y enteramente no sectario". Además, exigió que la educación que provea el Estado en la escuela primaria y secundaria sea gratuita. En ese sentido, es forzoso concluir que las Escuelas Públicas Alianza, según establecidas en la Ley Núm. 85, son escuelas públicas del Sistema de Educación Pública en Puerto Rico. Por tanto, las disposiciones de la Ley Núm. 85 promulgadas para la instauración de las Escuelas Públicas Alianza son constitucionales.

El Tribunal de Primera Instancia determinó que las Escuelas Públicas Alianza "parece ser un modelo de escuelas privadas" que "contarán con autonomía administrativa y académi-

ca". Entendió que este modelo de escuelas "se aproxima más a un sistema de educación privado" que a las escuelas públicas como las conocemos hoy. Aunque reconoció que el Departamento establecerá las condiciones mediante las cuales estas escuelas se deben regir, sostuvo que ello "no es suficiente para evitar catalogar este tipo de escuelas como privadas". En cuanto al Programa de Libre Selección de Escuelas señaló que adolece de los mismos vicios de inconstitucionalidad en la medida en que el lenguaje denota un carácter preferencial para que los estudiantes de escuelas públicas asistan a una escuela privada. Razonó que "parecería que el Programa de Libre Selección de Escuelas está disponible para todos los estudiantes, pero en su aplicación complica que los hoy estudiantes de escuelas privadas puedan obtener los certificados". Finalmente, entendió que era "indiferente que la ayuda se conceda a los padres, pues, al final, la institución privada es la que resultaría beneficiada o sostenida".

Tras justipreciar todos los factores y circunstancias de la aprobación de la Ley Núm. 85, concluimos que las disposiciones relativas al Programa de Escuelas Públicas Alianza son constitucionales, porque, según surge del propio texto de la ley, el Estado, a través de la agencia, ejerce control y amplios poderes sobre la implementación y la administración de estas escuelas gratuitas, no sectarias y libres, las cuales están abiertas a la comunidad en general. En lo que concierne al Programa de Libre Selección de Escuela, resolvemos que es constitucional de su faz, en cuanto permite que los padres reciban directamente una ayuda económica para que sus niños puedan asistir a la escuela de su preferencia. Si bien las escuelas recibirán un beneficio, conforme está diseñado este programa de becas en la Ley Núm. 85, no podemos concluir ni siquiera remotamente que este tiende a sustituir el sistema de enseñanza pública de Puerto Rico y, como consecuencia, sea de tal grado que conlleve un sostenimiento de escuelas privadas en contravención con nuestra Constitución. Por todo lo anteriormente expuesto, resolvemos que erró el Tribunal de Primera Instancia al declarar inconstitucionales los Artículos 13.05 (a) (4) (5) (6) (7) (8) (9) de la Ley Núm. 85 sobre el Programa de Escuelas Públicas Alianza y el Artículo 14.02 (c) del Programa de Libre Selección de Escuelas.

Jurisprudencia

13. Díaz v. Col. Nuestra Sra. del Pilar, 123 D.P.R. 765 (1989)

[Resumen]

[En este caso se discute hasta qué punto las cláusulas de separación Iglesia-Estado de la Constitución del ELA limitan el poder judicial para ventilar los méritos de una disputa relativa a un contrato de trabajo.]

San Juan, Puerto Rico, 8 de junio de 1989

Opinión del Tribunal emitida por el Juez Asociado Sr. Hernández Denton

El 2 de agosto de 1984 el señor José M. Díaz Hernández, presentó una demanda sobre incumplimiento de contrato en el Tribunal Superior, Sala de San Juan contra el Colegio Nuestra Señora del Pilar.

Alegó que durante el mes de mayo de 1984 suscribió un contrato de servicios profesionales con la escuela para desempeñarse como maestro a cambio de una compensación anual de $12,000 y que se despidió sin mediar justa causa.

El Colegio aceptó que el señor Díaz y el Colegio firmaron una carta, la cual califican de "pre-contrato", en la que se acordó la renovación del contrato para el próximo año escolar. Como defensa exponen que con posterioridad al otorgamiento del referido documento el maestro incurrió en conducta impropia y perjudicial a los intereses institucionales.

El Colegio presentó una moción de desestimación en la cual planteó que la controversia no podía ser objeto de escrutinio judicial porque el Colegio del Pilar era una escuela intermedia y superior de orientación católica, operada y dirigida por la Iglesia Católica Apostólica y Romana de Puerto Rico. En su escrito alegaron que la dirección del Colegio debía quedar en libertad de emplear y despedir a los miembros de su Facultad, como sana medida administrativa para que se logre el propósito fundamental de la Escuela Católica. Apoyaron su posición en lo resuelto en Academia San Jorge v. J.R.T., (1980), específicamente en la opinión concurrente del Juez Asociado señor Martin. Díaz Hernández se opuso enérgicamente a la desestimación solicitada y el día señalado para la vista en su fondo el tribunal de instancia la declaró sin lugar, sin perjuicio de que una vez desfilada la prueba [se pudiera] considerar los méritos de la solicitud.

Díaz Hernández aportó abundante prueba tanto documental como testifical de que fue despedido por haber suscrito una carta, en su capacidad de representante de la facultad, dirigida al señor Cardenal Arzobispo de San Juan en la cual le instaba a interceder por un grupo de profesores cuyos contratos no habían sido renovados por la administración del plantel.

El Colegio levantó una vez más el asunto de la desestimación y luego de una breve argumentación, el tribunal solicitó de ambas partes memoriales de derecho y, señaló la continuación del caso para el 20 de agosto de 1986.

El 4 de junio de 1986, antes de que las partes pudieran presentar sus respectivos memoriales y sin tener el beneficio de la prueba de los demandados, el Tribunal Superior dictó sentencia desestimatoria porque a la luz de los hecho particulares de este caso, el entrar a considerar los méritos del mismo conllevaría una intervención que configiiría con los derechos constitucionales de la parte demandada-Artículo II, Sección 3 de la Constitución del Estado Libre Asociado de Puerto Rico-..." (Cláusulas religiosas).

Díaz Hernández acudió al Tribunal Supremo de Puerto Rico cuestionando la abstención del Tribunal Superior ante una controversia contractual entre un maestro-laico y una escuela parroquial, actuación que priva al reclamante de ventilar sus alegaciones en ese foro. Sin pretender deslindar los predios de Dios y del Estado limitaremos nuestra encomienda a definir el ámbito del poder judicial en este tipo de controversia terrenal.

El Tribunal Supremo revocó la decisión del Tribunal Superior y se devolvió el caso para que, luego de desfilada toda la prueba, resuelva la acción en sus méritos en armonía con los principios que se exponen más adelante.

Durante los primeros siglos de nuestra historia la religión oficial del país fue la católica. Sin embargo, el cambio de soberanía, a raíz del Tratado de París, disolvió esa unión oficial. En el 1902 la Asamblea Legislativa aprobó la Ley Definiendo los Derechos del Hombre, garantizando por primera vez la libertad de culto. Luego en el 1917, el Acta Jones prohibió el establecimiento de cualquier religión y reafirmó la libertad de pensamiento religioso. También proscribió la asignación directa o indirecta de "dinero o propiedad pública para el uso, beneficio o sostenimiento de ningún sacerdote, predicador, ministro u otro instructor o dignatario religioso.

Estas disposiciones tan estrictas se derivaban de la Ley Orgánica de 1916 para los Filipinos y "se inspiraban claramente en el interés de las sectas protestantes, para evitar discrimen en su contra, de establecer del modo más tajante posible en ambas comunidades católicas el principio de separación del estado y la iglesia".

En la Convención Constituyente los grupos protestantes apoyaron las garantías detalladas de la Ley Jones para evitar que el predominio de la Iglesia Católica en Puerto Rico afectase la relación entre la Iglesia y el Estado. Por su parte la Iglesia Católica abogó por un lenguaje general que reprodujese solamente las disposiciones de la Primera Enmienda a la Constitución de los Estados Unidos. El debate fue particularmente intenso cuando se consideró la sección 5 sobre las ayudas públicas a las instituciones educativas. Finalmente se aprobaron las cláusulas referentes a religión que se encuentran en las secciones 3 y 5 del artículo II y la sección

9 del artículo VI. En su conjunto estas disposiciones son más abarcadoras que las de la Constitución Federal.

La controversia en este caso requiere que limitemos nuestro análisis a la sección 3 del artículo II, la cual encarna los principios fundamentales: No se aprobará ley alguna relativa al establecimiento de cualquier religión ni se prohibirá el libre ejercicio del culto religioso. Habrá completa separación de la iglesia y el estado.

Esta sección, en su primera oración, coincide con las dos cláusulas religiosas de la Primera Enmienda de la Constitución de los Estados Unidos: la que prohíbe el establecimiento de cualquier religión ("establishment") y la que garantiza la libertad de culto. La segunda oración incorpora "la teoría de Madison de que la relación ideal entre el Estado y la Iglesia exige el reconocimiento de dos esferas de acción separadas".

Al interpretar las cláusulas religiosas conviene tener presente que fueron redactadas como objetivos generales para ser interpretadas a través de la historia del país en forma consistente con los pronunciamientos del Tribunal Supremo Federal sobre la Primera Enmienda.

Aunque podemos impartirle más protección a los derechos individuales consagrados en nuestra Constitución que la que ha reconocido el Tribunal Supremo Federal para disposiciones análogas de la Constitución Norteamericana, con relación a las cláusulas religiosas debemos ser particularmente cuidadosos en el reconocimiento de estas garantías adicionales para evitar malograr el delicado equilibrio entre los dos mandatos absolutos conflictivos: el de no establecer religión alguna y el de no inhibir el libre ejercicio del culto religioso. La extensa y a veces conflictiva jurisprudencia del Tribunal Supremo Federal sobre este asunto refleja las dificultades inherentes de esta delicada tarea. No obstante, con propósitos ilustrativos y comparativos debemos acudir a esta extensa jurisprudencia que provee un amplio marco conceptual para nuestro análisis constitucional.

En esencia, este recurso debe resolver si los Tribunales de justicia de Puerto Rico pueden ejercitar su jurisdicción -de forma compatible con la Constitución- para dilucidar los méritos de una disputa relativa al contrato de trabajo entre un maestro de una escuela católica y la dirección de ésta. La controversia no había sido resuelta anteriormente por este Tribunal. Academia San Jorge es claramente distinguible de este caso y además la sentencia emitida en ese recurso no constituye precedente ni obliga al foro de instancia.

A diferencia de Academia San Jorge, la controversia en el caso de autos gira en torno a la interpretación de un contrato de trabajo libremente negociado y acordado. No, estamos ante la aplicación de la Ley de Relaciones del Trabajo. La participación del Estado a través de los tribunales cuando se trata de una disputa contractual es muchísimo menos penetrante e incisiva en la operación de la escuela católica que la intervención de la Junta de Relaciones del Trabajo en la implantación del principio de negociación colectiva compulsoria. El poder judicial no actúa como adversario de parte alguna sino como árbitro para evitar que una parte tomar la justicia en sus manos. Los tribunales están facultados a intervenir en casos como el de autos para la vindicación de intereses contractuales privados. No se trata aquí como en Academia San Jorge de la implantación de la política pública laboral a través de un organismo administrativo del Estado sino de poner en vigor la voluntad de las partes libremente plasmada en un contrato.

Dadas las peculiaridades del estatuto laboral allí aplicable y de que Academia San Jorge fue una sentencia emitida sin opinión del Tribunal, sus pronunciamientos no pueden interpretarse como un impedimento al ejercicio de la jurisdicción de los tribunales de Puerto Rico en un caso típico de incumplimiento de contrato como el de autos. Aclarado este extremo, evaluemos si la intervención judicial en este caso viola las cláusulas religiosas de nuestra Constitución.

La cláusula de libertad de culto garantiza la práctica de las creencias religiosas individuales, o, colectivas. Aunque la libertad de credo es absoluta, la autonomía para actuar conforme a dichas creencias tiene sus limitaciones. Cuando el

Estado en la promoción de algún fin legítimo gubernamental afecta adversamente la práctica del culto religioso esta cláusula constitucional requiere que en algunas circunstancias se hagan concesiones para permitir el libre ejercicio de las creencias religiosas.

Ahora bien, no todas las actuaciones gubernamentales que afectan la libertad de culto requieren un acomodamiento. Si son incidentales a una reglamentación uniforme de actividades seculares y el interés del Estado es de tal magnitud que sustancialmente sobrepase el reclamo de inmunidad religiosa, prevalecerá el interés gubernamental. Realmente el asunto requiere un análisis de balance de intereses de las circunstancias particulares de cada caso.

La parte que cuestiona una actuación gubernamental bajo la cláusula de libertad de culto tiene inicialmente la obligación de demostrar que el Estado le ha impuesto un gravamen sustancial al ejercicio de la religión. Por consiguiente, las cargas mínimas impuestas por el Estado no son suficientes para activar la cláusula. Sin esta prueba inicial, se hace innecesario proseguir con el análisis de balance de intereses.

En este caso el Colegio no ha demostrado cómo el mero ejercicio del Poder Judicial para ventilar los méritos de una alegación de incumplimiento del contrato de trabajo libremente pactado entre Díaz Hernández y el Colegio del Pilar constituye una carga sustancial a la práctica de la religión católica. Los tribunales están facultados a velar por el cumplimiento de los contratos. Esa normativa le aplica a todo contratante en este país. Cualquier efecto perjudicial a la práctica de la religión es tan sólo de modo incidental a la reglamentación uniforme de actividades seculares. En esta etapa, no se nos ha demostrado que el ejercicio de la jurisdicción judicial constituya per se una violación de la cláusula de libertad de culto.

Esta conclusión no significa que bajo la cláusula de libertad de culto la abstención judicial nunca es apropiada. Más adelante examinaremos cómo esta cláusula puede exigir, según el giro que tome la controversia, que el tribunal se inhiba de pasar juicio sobre el caso.

La cláusula que prohíbe el establecimiento de cualquier religión se utilizó en los Estados Unidos para introducir a la doctrina constitucional la ya famosa metáfora del "muro" de separación entre la Iglesia y el Estado. Esta cláusula pretende evitar el patrocinio, apoyo económico y la participación del Estado en actividades religiosas. En la actualidad, las actuaciones gubernamentales impugnadas bajo esta disposición sólo se sostendrán si resisten un escrutinio tripartita desarrollado jurisprudencialmente.

Para que el Estado pueda prevalecer frente a una alegada infracción a esta cláusula se requiere que la ley o conducta atacada tenga un propósito secular, que su efecto primario o principal no sea promover o inhibir la religión y, finalmente, que no conlleve la posibilidad de provocar una intromisión o interferencia ("entanglement") excesiva del gobierno en los asunto religiosos.

El Colegio argumentó en su alegato con aparente, referencia al tercer requisito del análisis tripartita que la intervención del Estado a través del tribunal implicaría una "intervención excesiva con la Administración de un Colegio Católico... y [que] producir[ía] un rudo golpe a la fase de control general". Señala además que las determinaciones administrativas relativas al despido, cese o separación de un profesor, o la falta de renovarle un contrato de trabajo deben ser respetadas por el Estado por estar "entrañablemente ligadas con la labor docente de una escuela de [orientación] religiosa". No tiene razón.

Aunque reconocemos el carácter y propósito religioso de las escuelas católicas y la función crítica del maestro en su operación, no podemos convenir con el reclamo de inmunidad religiosa total. Sólo si adoptamos una interpretación absolutista de la cláusula de separación de Iglesia y Estado se sostendría ese reclamo. Tal interpretación es inexacta. Con relación a esta cláusula, "el criterio decisivo es la neutralidad de la acción concernida. En el curso de nuestra vida cotidiana los campos de acción de la Iglesia y del Estado suelen entremezclarse, con la inevitable consecuencia de que las actuaciones de cada poder puedan repercutir en la zona del otro. Esa interrelación no convierte automáticamente esas actuaciones en inconstitucionales. Mientras los actos gubernamentales puedan justificarse en términos seculares y no constituyan una excesiva intromisión con las autoridades eclesiásticas, serán perfectamente armonizables con la Constitución.

La intervención judicial en la dilucidación de una disputa sobre el contrato de trabajo entre un maestro y una escuela católica no constituye por sí sola una interferencia excesiva del gobierno con las autoridades religiosas. Por otro lado, nos resulta sumamente difícil entender cómo el exigir el cumplimiento de los compromisos contractuales libremente acordados interfiere sustancialmente con la administración de la escuela católica. ¿Significa entonces que los contratos de las escuelas religiosas con sus profesores constituyen meros formalismos sin consecuencias?

Adoptar la posición de la recurrida equivaldría conceder a las autoridades religiosas "una licencia para crear un mundo aparte intocable y autócrata. Ni siquiera la práctica religiosa "crea un cantón aparte donde le está vedado al gobierno hacer respetar las leyes". La Constitución no puede

escudar del escrutinio judicial hechos puramente seculares meramente porque hayan sido ejecutados por oficiales de una organización religiosa. Como ya hemos señalado, no se trata de la imposición a la escuela religiosa de un esquema de reglamentación incisivo y penetrante; no hay supervisión constante de una agencia del Estado. Se trata de una intervención gubernamental incidental a una controversia entre particulares por diferencias en torno a la interpretación de un contrato.

En conclusión, a la luz de las incidencias habidas en este pleito, consideramos que tampoco se ha demostrado una violación a la cláusula que prohíbe el establecimiento de cualquier religión ni a la que garantiza la separación de la iglesia y el Estado.

No debemos disponer del planteamiento constitucional sin antes reafirmar un corolario de las cláusulas religiosas de particular relevancia aquí. Los tribunales civiles no pueden ejercitar su jurisdicción para dilucidar disputas sobre derechos de propiedad relativos a una iglesia cuando para hacerlo tengan irremediablemente que pasar juicio sobre materias de doctrina, disciplina, fe, u organización eclesiástica interna.

Aunque los derechos emanantes de un contrato no constituyen necesariamente derechos reales o de propiedad según los conocemos en nuestro derecho, se consideran como tales para fines de aplicación de esta norma. Después de todo el problema constitucional no depende de la naturaleza del derecho disputado, sino de la posible interferencia del Estado a través de los tribunales en el corazón mismo de la religión, material totalmente ajeno a nuestra competencia.

La aplicación de la doctrina de abstención judicial en materias de índole religiosa requiere que el propio tribunal, luego de la presentación de prueba demostrativa en ese sentido, haga una determinación de si a la luz de los hechos ante sí, la controversia requiere pasar juicio sobre cuestiones eclesiásticas. De otro modo, bajo el manto de la religión se podrían esconder las más grandes injusticias. Alegaciones basadas en generalidades no son suficientes para establecer una determinación. Mientras la controversia pueda dilucidarse mediante la aplicación de principios neutrales de derecho desarrollados para los conflictos terrenales sobre propiedad, un tribunal no infringe las cláusulas religiosas cuando ejercita su jurisdicción.

En este caso, los recurridos no han demostrado cómo el tribunal tendría que pasar juicio sobre materias de doctrina fe, disciplina u organización eclesiástica en la determinación de si hubo o no justa causa para el despido del recurrente. Ni siquiera se aducen razones religiosas: para su despido. (6) Concluimos que erró el tribunal de instancias al desestimar esta acción que se le hubiera demostrado la excesiva intromisión del tribunal en materias doctrinarias de la Iglesia Católica.

Por los fundamentos expresados se dictará sentencia revocatoria y se devolverá el caso a la sala de instancia para la continuación de los procesos de acuerdo con lo expresado en esta opinión.

FEDERICO HERNANDEZ DENTON, Juez Asociado

14. Agostini Pascual v. Iglesia Católica, 109 D.P.R. 172 (1979)

[Resumen]

[Este caso discute los contornos de la separación Iglesia-Estado y si el Estado tiene autoridad para intervenir en decisiones de las organizaciones religiosas.]

25 de octubre de 1979

EL JUEZ PRESIDENTE SEÑOR TRÍAS MONGE emitió la opinión del Tribunal.

El Obispo ordenó el cierre de la Escuela Superior de San Antonio de Guayama, una institución parroquial sujeta a la jurisdicción de la Diócesis de Ponce de la Iglesia Católica, Apostólica y Romana, tras un estudio de su funcionamiento. La decisión se notificó a los padres de los alumnos con varios meses de anticipación.

Un grupo de padres interpuso recurso de apelación a Roma por conducto del Delegado Apostólico para Puerto Rico y Nuncio de Santo Domingo y le remitió un cablegrama al Sumo Pontífice. La Sagrada Congregación para la Educación Católica, parte de la Curia Romana, aceptó revisar la petición.

Poco más tarde los padres de los alumnos presentaron una demanda ante el Tribunal Superior. Alegaban que no existía justa causa para la acción tomada por las autoridades eclesiásticas. Solicitaban la sindicatura de la escuela afectada y la emisión de un interdicto para impedir su cierre.

La Iglesia impugnó la jurisdicción del tribunal. Señaló que la supervisión general de la educación en sus escuelas compete a la Sagrada Congregación para la Enseñanza Católica;

que los señores obispos poseen facultad para cerrar escuelas; que la decisión eclesiástica impugnada se debió a la determinación de que la Escuela Superior San Antonio no cumplía con los estándares de catolicidad genuina y excelencia académica requeridos por la Conferencia Episcopal Puertorriqueña; que la matrícula en el referido plantel se efectuaba por el período de un año escolar y nunca por cuatro años o por tiempo indefinido; y que la escuela pública estaba en condiciones de absorber a los estudiantes que interesaban ingresar en ella. Se acompañaron declaraciones juradas y otra documentación sobre estos extremos.

El Tribunal Superior ordenó a la Iglesia abstenerse de mantener cerrada la Escuela Superior San Antonio.

El Tribunal Supremo revocó esa orden y se dejó sin efecto el interdicto emitido a base de los siguientes fundamentos.

El Art. II, Sec.3 de la Constitución del Estado Libre Asociado de Puerto Rico dispone que: "No se aprobará, ley alguna relativa al establecimiento de cualquier religión ni se prohibirá el libre ejercicio del culto religioso. Habrá completa separación de la iglesia y el estado."

La primera oración incluye dos cláusulas familiares de la primera enmienda de la Constitución de Estados Unidos: la referente a la libertad de culto y la que prohíbe el establecimiento de una religión oficial. La tercera disposición guarda estrechos vínculos con las otras dos y, aunque es nueva en su forma, tiene una larga historia. Esta tercera cláusula refleja fundamentalmente la teoría de Madison de que la relación ideal entre el Estado y la Iglesia exige el reconocimiento de dos esferas de acción separadas

Las tres cláusulas referidas de nuestra Constitución se expresan en términos absolutos, como ocurre a menudo en las constituciones, entre ellas la estadounidense. Los choques entre los principios, absolutos o no, son frecuentes en el derecho constitucional, sin embargo, por lo que es inescapable en ocasiones identificar el valor preeminente. La existencia de este género de conflictos ha sido reconocida por este.

Las llamadas cláusulas religiosas han generado gran número de doctrinas para atender la amplia gama de controversias que han suscitado. Por tal razón es imprescindible definir con la máxima precisión posible la cuestión planteada en cada uno de estos casos para mantener firmemente atados al género concernido de disputa los principios que se utilicen para su solución.

No se ataca en este pleito acción alguna del Estado en supuesta violación de la libertad de culto o de la cláusula que prohíbe el establecimiento oficial de una religión. Lo que se desea es que se utilice el poder del Estado [del Tribunal Superior] para revisar la decisión de las autoridades eclesiásticas sobre si determinada escuela cumple con el requisito de catolicidad genuina impuesto, en adición a otros, por la Conferencia Episcopal Puertorriqueña. No resulta en este caso que la Iglesia incumplió sus propias reglas al tomar la decisión impugnada o que ésta es fraudulenta o arbitraria o que es necesario adjudicar la pertenencia de bienes. Tampoco existe obligación afirmativa que impongan las leyes del país de establecer o mantener escuelas parroquiales. Ya que las normas en estos litigios a veces varían según la clasificación jurídica de la asociación debe recordarse también que la Iglesia Católica, Apostólica y Romana es una entidad jerárquica y episcopal.

La cuestión básica para resolver en este caso es si el poder judicial del Estado debe revisar en las circunstancias descritas la acción eclesiástica impugnada. Si se adopta una interpretación absolutista de la cláusula de separación del Estado y la Iglesia, la contestación es evidente, mas ya hemos señalado que tal interpretación es inexacta. Las zonas de acción de estos dos poderes suelen entremezclarse. Muchos actos del Estado pueden repercutir en la otra zona, pero ello no entraña su nulidad si se justifican en términos seculares. Lo verdaderamente determinante en este caso, en consecuencia, es si existe un interés secular de suficiente peso para permitir la intervención del poder judicial.

La contestación es que no. La involucración del Estado en la controversia presente atentaría contra el corazón mismo de la doctrina de la separación entre la Iglesia y el Estado. La determinación de si la Escuela Superior San Antonio cumple con el requisito de catolicidad genuina es una cuestión esencialmente de fe. Cuando las iglesias no han resuelto una materia de esta índole en forma claramente arbitraria, ilegal o indebidamente opresiva a otros miembros de su cofradía, el Estado debe abstenerse totalmente de interferir con la decisión ecclesiastica. No es función del Estado en estas controversias dictar doctrina religiosa.

La decisión tomada en este litigio fue producto de cuidadosa deliberación y se fundó escrupulosamente en textos establecidos de derecho eclesiástico. La Carta Pastoral sobre la Educación en las Escuelas Católicas de Puerto Rico, adoptada por la Conferencia Episcopal de Puerto Rico el 30 de marzo de 1976, dispone que "La escuela católica debe caracterizarse por dos notas esenciales: excelencia académica y catolicidad genuina".

Es incuestionable que la decisión de cerrar la escuela le competía al Obispo de la Diócesis de Ponce. La Curia Romana es el conjunto de órganos (Sagradas Congregaciones, Tribunales y Oficios) por los cuales el Sumo Pontífice ejerce el gobierno de la Iglesia. No puede tratarse ningún asunto por las Congregaciones y otros dicasterios sin previa notificación al Romano Pontífice. Con ciertas excepciones que no vienen al caso, las resoluciones de las Congregaciones necesitan la aprobación pontificia.

La Sagrada Congregación para la Enseñanza Católica es el nuevo nombre conferido a la antigua Sagrada Congregación de Seminarios y Universidades al reorganizarse la Curia Romana, efectivo el 1 de enero de 1968. La resolución de la Sagrada Congregación para la Enseñanza Católica en este caso es hoy firme e inapelable.

No hallamos tampoco base para cuestionar la acción tomada por razón de intereses imperiosos del Estado, opresión indebida de otros fieles y razones análogas. Es cierto que el cierre de una escuela privada, aun con amplio aviso, les puede causar inconveniencias a diversos sectores de la comunidad, pero los graves peligros que entraña la irrupción del

Estado en asuntos doctrinales inclinan pesadamente la balanza a favor de la no intervención.

En consideración a lo expuesto se expedirá el auto solicitado, se dictará sentencia para revocar la orden recurrida y se declaró sin efecto el interdicto dictado.

15. Mercado Rivera v. Universidad Católica de P.R., 143 D.P.R. 610 (1997)

[Resumen]

[En este caso se discute la separación Iglesia – Estado y los derechos que cobijan a profesores que laboran en una universidad frente a la autonomía religiosa reclamada por dicha institución.]

San Juan, Puerto Rico, 27 de junio de 1997

Opinión del Tribunal emitida por el Juez Presidente señor Andréu García

La Universidad Católica de Puerto Rico le extendió a la señora Quilichini un contrato para que ésta ejerciera labores docentes a tiempo parcial en dicha institución. Las autoridades de la Universidad, estaban enteradas del divorcio de la señora Quilichini al momento en que le extendieron este contrato original. Debido al excelente desempeño de la profesora Quilichini, la Universidad le notificó que a partir del primero de agosto de 1982 le conferiría permanencia ("tenure") como profesora de inglés en la Facultad de Artes y Humanidades.

El 3 de julio de 1986, la Profesora Quilichini contrajo matrimonio civil con el señor Diego P. Sevillano. Al momento de contraer segundas nupcias, la señora Quilichini no había solicitado la declaración de nulidad de su primer matrimonio conforme contempla el Derecho Canónico y determinan los tribunales eclesiásticos.

Luego de que las autoridades de la Universidad se enteraran de que la señora Quilichini había contraído nuevamente ma-

trimonio sin que se hubiere declarado nulo su anterior enlace, el Presidente de la Universidad le cursó una misiva suspendiéndola temporeramente.

La Universidad alegó que esta disposición responde al Código de Derecho Canónico el cual impone el deber de velar porque los profesores de las instituciones de educación superior guarden fidelidad a la doctrina católica y que remuevan de sus cargos a aquellos que no cumplan con ésta. En dicho Código también se establece que el matrimonio es una alianza sacramental indisoluble. Por tanto, quien mantiene un vínculo matrimonial no declarado nulo, no puede válidamente intentar contraer matrimonio nuevamente.

La Universidad le concedió una vista administrativa en la cual se encontró probados los hechos relacionados con el segundo matrimonio civil de la profesora Quilichini. A tenor con el informe del examinador, y según confirmado por un Comité Ad Hoc del Senado Académico, el Presidente de la Universidad procedió a notificar a la recurrente que quedaría destituida de su cargo. La Profesora recurrió de dicha determinación ante la Junta de Síndicos. Este cuerpo confirmó la acción tomada por el Presidente de la Universidad.

En el caso de Rosa Mercado Rivera el primero de agosto de 1976, ella comenzó a realizar labores docentes para la Universidad Católica, suscribiendo cada año un Contrato Anual de Facultad.

El 24 de noviembre de 1986, la profesora fue informada que su contrato no sería renovado, siendo destituida luego de que las autoridades de la Universidad determinaran que ésta se encontraba en una situación canónicamente irregular, por haber contraído nupcias con una persona anteriormente casada por la Iglesia Católica cuyo primer matrimonio no había sido declarado nulo.

Las profesoras Quilichini y Mercado presentaron demandas en el antiguo Tribunal Superior Sala de Ponce. Solicitaron que se declarasen inconstitucionales las disposiciones del Manual del Claustro relativas a la causal de despido por conducta canónicamente irregular y los Estatutos en lo referente a las cualidades del claustro en los cuales se basó la Universidad para despedirlas. Asimismo, argumentaron que sus respectivas cesantías eran contrarias a disposiciones establecidas por el legislador en la Ley Núm. 100 de 30 de junio de 1959.

El Tribunal Superior sostuvo que la Universidad cumplió sustancialmente con el procedimiento que regula lo pertinente a la presentación de quejas y separación del cargo de los profesores, según señalado en los estatutos, establecidos por el Senado Universitario y publicado en el Manual del Claustro; que no existía evidencia en el expediente que estableciera que la medida disciplinaria utilizada contra ambas profesoras obedeciera a un subterfugio por parte de la Universidad para ocultar una actuación discriminatoria. Respecto a la alegación de ambas recurrentes de que su derecho a la intimidad fue vulnerado por la Universidad, el tribunal dictaminó que en virtud de los contratos suscritos y de su afiliación, voluntaria a la Iglesia Católica, estaban sujetas a la disciplina de la fe acorde con la doctrina religiosa que estima indisoluble el matrimonio y por tanto impedía que ejercieran funciones académicas en dicha institución. Sin embargo, concluyó, los tribunales no pueden pasar juicio sobre estas creencias según lo proscribe la Constitución del E.L.A

Ambas acudieron al Tribunal Supremo alegando la comisión de varios errores por parte del Tribunal Superior. (1) que sus respectivos despidos fueron ilegales al ser motivados por razón de discrimen, lo que representa una violación a la Ley Núm. 100 de 30 de junio de 1959, 29 LPRA secs. 146. et seq. (Ley 100); (2) que la Universidad incumplió con el procedimiento de despido, según dispuesto en sus reglamentos; (3) que la Universidad incurrió en un incumplimiento del contrato al incluir los postulados de Derecho Canónico y aplicar las disposiciones del Manual del Claustro de julio de 1982 a la relación contractual entre las partes; (5) que la Universidad violó el derecho a la intimidad de ambas recurrentes al basar la determinación sobre sus despidos en una actuación tan íntima como lo es la decisión de contraer matrimonio.

El Tribunal Supremo confirmó la decisión del Tribunal Superior a base de los siguientes fundamentos.

En el primer señalamiento de error se nos plantea que la cesantía de las profesoras por parte de la Universidad constituyó una violación de las disposiciones de la Ley Núm. 100, supra, la cual expresamente prohíbe el despido de un empleado por parte de su patrono por motivo de edad, raza, color, género, nacimiento, origen o condición social e ideas políticas o religiosas. Aunque el planteamiento de discrimen no es perfectamente claro, de los alegatos se desprende que las recurrentes hacen particular referencia al discrimen por razón de género.

A esos efectos, argumentan posibles interpretaciones de dicha ley en favor y en contra de su aplicabilidad a entidades religiosas. Sin embargo, no es necesario que nos adentremos en esa discusión. De los hechos creídos por el tribunal de instancia y ante nuestra consideración, surge que, independientemente de la posición que adoptemos con relación a la aplicabilidad o no de la Ley Núm. 100 a la Universidad Católica, "no hay prueba en los autos que establezca que la medida disciplinaria obedezca a un subterfugio para ocultar algún tipo de discrimen. Es la propia creencia religiosa la que impide a la demandante poder ejercer funciones académicas en esa institución."

El expediente muestra que luego de que se cesanteara a las recurrentes, su representación legal, mediante un requerimiento de admisiones fechado el 3 de agosto de 1987, solicitó de la Universidad que admitiera que en la institución había una serie de profesores que estaban bajo idéntica situación que las recurrentes en lo referente a su estado civil, pero a quienes no les habían radicado cargos con el fin de cesantearlos. En su contestación, la Universidad ofreció una lista de cinco (5) profesores que estaban en idéntica situación. A su vez, reveló que cuatro de estos profesores, entre los que se encontraba una mujer fueron notificados a los efectos de que si no tomaban acción alguna sobre su situación serían despedidos inmediatamente. Asimismo, la Universidad informó durante el juicio que no había radicado cargos contra estos profesores pues sus casos estaban sometidos ante el Tribunal Eclesiástico para que éste determinara si procedía o no la declaración de nulidad de dichos matrimonios, y para la fecha del litigio, no habían sido resueltos. En consideración a la adjudicación final de esas controversias, la Universidad optó por suspender el despido sujeto a las determinaciones eclesiásticas. Solamente uno de los matrimonios no fue declarado nulo y el profesor renunció a su cátedra por lo que no fue necesario recurrir al proceso de separación.

Tomando en conjunto estos hechos que merecieron la credibilidad del tribunal de instancia, no podemos afirmar que estamos ante un caso de discrimen por razón de género como alegan las recurrentes. Según surge del expediente, la Universidad, al percatarse de la situación particular de los claustrales, tomó medidas similares independientemente del género de los profesores en cuestión. No hay indicio alguno de que el proceso disciplinario se llevara a cabo de forma discriminatoria contra las recurrentes. Las recurrentes no presentaron fundamentos válidos para demostrar que existían cualquiera de las anteriores circunstancias que ameritara nuestra intervención.

El segundo señalamiento de error plantea que la Universidad Católica, en el caso de la profesora Quilichini, no cumplió con el procedimiento que se había comprometido a seguir. No le asiste la razón. El Artículo XIII de los Estatutos de la Universidad Católica, en su sección 9, dispone que cuando la Universidad esté obligada a separar de su cargo o suspender a un claustral, seguirá el procedimiento establecido por el Senado Académico y publicado en el Manual del Claustro. En éste último se establece detalladamente dicho procedimiento en su Sección IV. (CH)(6)(c) el cual resumimos a continuación.

La presentación de quejas puede recibirla el Vicepresidente de Asuntos Académicos, por escrito, de cualquier persona vinculada o no con la Universidad que tenga personal conocimiento de conducta constitutiva de causa de despido o, también por escrito, de un miembro de la administración o superior del claustral que conozca hechos constitutivos de ccausal de despido por información suministrada. El Vice-

presidente de Asuntos Académicos determinará si hay causa probable para formular cargos. De haberla, entrevistará al claustral para notificarle la queja presentada y darle la oportunidad de refutarla. El Vicepresidente podrá continuar el procedimiento y formular cargos contra el claustral ante el Presidente de la Universidad quien a su vez notificará al claustral dándole la oportunidad de contestar por escrito los cargos. También el Presidente informará al claustral de su derecho a que se celebre una audiencia ante un Oficial Examinador. El claustral deberá contestar los cargos por escrito y notificar al Presidente si desea que se celebre la audiencia.

En la audiencia el Vicepresidente de Asuntos Académicos o su delegado podrá presentar prueba oral o escrita. El claustral o su abogado podrán contrainterrogar a los testigos en su contra, ofrecer prueba a su favor y refutar la prueba presentada en su contra. El Oficial examinará la prueba y determinará si el claustral ha incurrido en causa de suspensión o destitución.

El Oficial enviará por escrito al Presidente y al claustral sus determinaciones y conclusiones. El Presidente enviará dichas determinaciones y conclusiones a un Comité Ad Hoc elegido por el Senado Académico compuesto por tres de sus miembros electos no directamente relacionados con el caso. Este Comité confirmará o no las determinaciones del Oficial Examinador y si decide que el claustral incurrió en los cargos imputados impondrá las sanciones que considere más justas. De esta decisión informará al Presidente de la Universidad y al claustral.

De ser adversa al claustral la decisión del Comité, la misma será sometida al Presidente para su aprobación. En los casos de claustrales con permanencia, de la decisión del Presidente podrá solicitarse revisión ante la Junta de Síndicos La Junta tendrá discreción para conceder o denegar la revisión. Con la decisión de la Junta concluye el procedimiento, pues esta determinación será final.

Conforme surge del expediente y de la sentencia del tribunal a quo, la Universidad cumplió sustancialmente con este procedimiento. Así, cuando, la Vicepresidenta de Asuntos Aca-

démicos, Dra. Lillian Ramos, advino en conocimiento del matrimonio de la profesora Quilichini con el señor Diego Sevillano mediante una comunicación anónima, refirió la misma al Decano del Colegio de Artes y Humanidades, Rev. P. Félix Lázaro, quien entrevistó a la profesora acerca de la información recibida. La profesora le informó de la veracidad de estos hechos y de que su anterior matrimonio no se había declarado nulo por un tribunal eclesiástico. El Decano informó por escrito a la Vicepresidenta de Asuntos Académicos sobre el resultado de la entrevista. Esta última citó a la profesora para entrevistarla y le inquirió sobre si había contraído matrimonio civil. La recurrente nuevamente admitió el hecho como cierto. Ante esta situación, la Dra. Ramos procedió a formular cargos ante el Presidente Rev. P. Tosello Giangiacomo.

Mediante carta de 13 de agosto de 1986, el Presidente de la Universidad notificó a la profesora Quilichini su suspensión con paga. La demandante contestó los cargos y solicitó la celebración de una vista. El 15 de septiembre de 1986, la profesora Quilichini compareció a la audiencia acompañada de abogado. El 27 de octubre de 1986, el Oficial Examinador rindió el informe en el que manifestó haber encontrado probados los cargos a la luz de la evidencia presentada.

Esa determinación fue revisada por el Comité Ad Hoc designado por el Senado Académico que igualmente recomendó la destitución de la profesora Quilichini. Dicha recomendación fue acogida por el Presidente Rev. P. Tosello Giangiacomo quien notificó a la demandante que efectivo el 31 de octubre de ese año quedaría destituida. Finalmente, la profesora acudió a la Junta de Síndicos donde quedó finalmente confirmada la decisión del Presidente de la Universidad.

De lo anterior se desprende que la Universidad siguió el procedimiento establecido en el Manual del Claustro en lo referente a la presentación de quejas y demás procesos. Específicamente, se cumplió con el requisito de que la queja que presenta el supervisor de un claustral al Vicepresidente de Asuntos Académicos sea por escrito. El Manual no requiere que dicha información haya sido presentada por escrito al supervisor aunque éste sí tiene que cumplir con este requisito al presentar la queja al Vicepresidente de Asuntos Académicos. Así lo hizo el Decano Rev. P. Félix Lázaro una vez entrevistó a la recurrente profesora Quilichini y esta admitió los hechos.

El resto del procedimiento se siguió conforme lo establece el Manual del Claustro, Ed. de Julio de 1982, págs. 20-23. No procede por tanto que revoquemos la determinación del tribunal de instancia concluyendo que se siguió el debido proceso que la Universidad Católica se ha comprometido a seguir en casos de destitución o suspensión de profesores.

En su tercer señalamiento de error se alega que la Universidad incumplió el contrato de trabajo que tenía con las profesoras Quilichini y Mercado, razón por la cual nos piden que ordenemos su inmediata reinstalación. No les asiste la razón.

En primer lugar, debe quedar claro que, aunque una de las partes en el litigio de autos es una institución educativa que reclama la no intervención de los tribunales es por estar envueltas reclamaciones que podrían conducir a dilucidar asuntos de índole religiosa, podemos y debemos distinguir los distintos planteamientos ante nuestra consideración. Específicamente, en esta parte de la discusión, solamente examinamos el planteamiento de incumplimiento contractual. En ese sentido, no existe duda en cuanto a la autoridad que tiene un tribunal civil para intervenir en la interpretación de un contrato "libremente negociado y acordado" entre dos entes privados. Díaz Hernández v. Colegio Nuestra Señora del Pilar, 123 D.P.R. 765 (1989). La intervención del tribunal intenta hacer cumplir la voluntad de las partes y vindicar sus intereses contractuales. En Díaz Hernández, supra, aclaramos que la participación del Estado a través de los tribunales en disputas contractuales no es penetrante e incisiva en la operación de una institución educativa católica al punto de constituir una carga sustancial al libre ejercicio del culto ni promover el establecimiento de cualquier religión, según proscriben la Primera Enmienda de la Constitución de los Estados Unidos y el Artículo II, Sección 3 de la Constitución del Estado Libre Asociado de Puerto Rico. Por tanto, siem-

pre que la dilucidación de la disputa contractual no requiera pasar juicio sobre materias de doctrina, de fe, o de organización eclesiástica interna, los tribunales civiles podrán ejercer jurisdicción. Con el beneficio de dicho precedente, examinemos los contratos suscritos por las partes litigantes a la luz de las disposiciones civiles aplicables a obligaciones y contratos.

Nuestro derecho reconoce el principio de autonomía contractual de las partes, quienes pueden establecer los pactos, cláusulas y condiciones que tengan por conveniente siempre que no sean contrarios a las leyes, la moral y el orden público. Estas obligaciones nacientes de los contratos tienen fuerza de ley entre los contratantes y deben cumplirse al tenor de los mismos. Además, estando los tribunales facultados para velar por su cumplimiento, estos no deben relevar a una parte del cumplimiento de su obligación contractual cuando dicho contrato sea legal y válido y no contenga vicio alguno.

Según los hechos anteriormente relatados, la Profesora Quilichini fue empleada por la Universidad Católica por primera vez en 1974. En el contrato se incorporaban válidamente las disposiciones de sus estatutos y reglamentos, entre ellos el Manual del Claustro. Disponía ese primer contrato, que comprendía el período entre el primero (1) de agosto de 1975 al treinta y uno (31) de julio de 1976 lo siguiente: PRIMERA: El profesor se obliga a trabajar en la Institución con eficiencia, responsabilidad y diligencia comprometiéndose a desempeñar sus funciones docentes y extracurriculares en esta Institución a tiempo completo y de la manera más eficiente, con sujeción a las disposiciones del Artículo XIII de los Estatutos, el Manual del Claustro Universitario, así como a cuantas disposiciones pudieren válidamente adoptar en el futuro las autoridades universitarias competentes y según los términos y condiciones mutuamente acordados:... (f) El profesor se compromete a cumplir con las normas establecidas en los Estatutos, el Catálogo, el Manual del Claustro Universitario y las otras Reglas y Reglamentos de la Institución, así como las que se pudiesen adoptar en el futuro.

En ese momento el Manual de Claustro señalaba lo siguiente: La vida privada del profesor por otra parte pertenece al ámbito de su sagrada privacidad y la Universidad Católica ello...Si un profesor se encuentra involucrado, en cambio, en un escándalo público que pueda afectar el prestigio de la institución universitaria ésta se reserva el derecho de estudiar la conveniencia de la continuación del contrato."

Sin embargo, la Universidad posteriormente enmendó el Manual del Claustro. Ya en la Edición Revisada de Julio de 1982, la norma que regiría más directamente a los profesores y sus deberes como tales, quedaría definida en la disposición que establecía que: El claustral deberá observar una conducta acorde con los valores y normas éticas de la Iglesia Católica (dentro y fuera de la Universidad) y ser leal a la Institución. Esta lealtad supone entre otras cosas preservar el buen nombre de la Universidad Católica.

Efectivamente, cada año las partes suscribían contratos distintos por lo que las disposiciones del Manual que establecían que la vida del claustral se reservaba al "ámbito de su sagrada privacidad" fue aplicable a los contratos correspondientes a los años en que se mantuvo vigente el Manual de 1972-1973. Claramente, al momento de los hechos en que se basó la Universidad Católica para el despido de ambas profesoras, el Manual vigente era el de julio de 1982.

En el caso de la profesora Quilichini, esta aceptó una nueva relación con la Universidad que comenzó el primero de agosto de 1982, fecha de vigencia de su permanencia. Es decir, posterior a la edición de julio de 1982 del Manual del Claustro. En los casos de claustrales permanentes, éstos no necesitan contrato anual para quedar vinculados a la Universidad. Quedan directamente obligados por los Estatutos, el Manual y demás reglamentos universitarios. En el Manual se define permanencia como "el derecho que tiene el claustral con rango académico [Instructor, Catedrático Auxiliar, Catedrático Asociado, Catedrático] a conservar su posición académica mientras desempeñe sus deberes y obligaciones con honradez y eficiencia profesional sujeto al cumplimiento de las normas y reglamentos de la Universidad Católica de Puerto Rico".

Además, el Artículo XIII de los Estatutos de la Universidad Católica en su sección séptima dispone: Sección 2: Los derechos, prerrogativas y deberes de los claustrales, incluido el deber fundamental de respetar el carácter católico de la Universidad, serán establecidos en los manuales o reglamentos que publiquen los organismos universitarios autorizados. Acorde con lo anterior, el Manual del Claustro establece, en su inciso CH (1), que la retención de la permanencia estará sujeta a que el claustral cumpla con las normas y reglamentos de la Universidad y, en su inciso CH(6)(a) se enumeran las causas para la suspensión o destitución.

En el caso de la profesora Mercado, al momento de notificársele que no se le renovaría el contrato (24 de noviembre de 1986), el acuerdo vigente entre las partes era el que comprendía el período del primero de agosto de 1986 al 31 de julio de 1987. Este contemplaba la aplicabilidad de las normas del Manual, edición de julio de 1982, sobre la conducta de los profesores y bajo dichas condiciones se perfeccionó el contrato de empleo. El Manual, sección CH (6)(a)(3), relativa a la destitución de claustrales, específicamente disponía como causas para la suspensión o destitución de un profesor: Conducta profesional o personal que viole los postulados de la doctrina y la moral de la Iglesia Católica o las leyes estatuidas por las autoridades civiles.

La inclusión de todas las anteriores disposiciones que hacen referencia a "los valores y normas éticas de la Iglesia" y a los "postulados de la doctrina y la moral de la Iglesia Católica" corresponden al mandato del Canon 810, sec. 1, del Código de Derecho Canónico y acogen las sanciones que allí se establecen para casos de incumplimiento con estos principios y postulados. Específicamente dispone este canon: La autoridad competente según los estatutos debe procurar que, en las universidades católicas, se nombren profesores que destaquen, no sólo por su idoneidad científica y pedagógica, sino también por la rectitud de su doctrina e integridad de vida: y que, cuando falten tales requisitos, sean removidos de su cargo, observando el procedimiento previsto en los estatutos.

La profesora Mercado, voluntaria y libremente, aceptó las anteriores condiciones al suscribir su contrato de empleo con la Universidad Católica. Igualmente lo hizo la profesora Quilichini al aceptar su puesto como claustral permanente pues directamente le obligaban las disposiciones reglamentarias anteriores.

Acorde con estas relaciones contractuales entre las partes y ante la situación de ambas profesoras de encontrarse en vínculos matrimoniales que contravenían "los postulados de la doctrina y la moral de la Iglesia Católica", por ser contrarios a los cánones 1055, 1056 y 1085 del Código de Derecho Canónico, la Universidad Católica correctamente concluyó que las recurrentes habían incumplido el contrato entre ellos suscrito. Es decir, fueron las profesoras quienes violaron las condiciones para permanecer en su empleo en la Universidad Católica y no a la inversa. Del lenguaje del contrato de la profesora Mercado, y de los Estatutos y el Manual del Claustro para el caso de la Profesora Quilichini, se desprendían las obligaciones y los acuerdos claramente pactados entre las partes.

La anterior determinación, sin embargo, nos conduce al cuarto y último señalamiento de error en que las recurrentes argumentan que el contrato mismo, a través de las disposiciones del Manual del Claustro y los Estatutos que a su vez acogen las limitaciones canónicas, específicamente su derecho a contraer matrimonio es inconstitucional por violar el derecho a la intimidad. La Universidad Católica, por su parte, impugna la jurisdicción de los tribunales para decidir este tipo de controversia por constituir una actuación contraria a las cláusulas sobre la religión del Artículo II, Sección 3 de la Constitución del E.L.A. y de la Primera Enmienda de la Constitución de los Estados Unidos. Es en estas circunstancias que tenemos que ser particularmente cuidadosos pues existe el peligro de impropiedad judicial, si nos adentráramos en materias de fe al juzgar asuntos contractuales. Por tanto, es este cuarto planteamiento el que nos impone la difícil tarea de deslindar los límites de las actuaciones del Estado, en este caso a través de los tribunales, en asuntos que podrían soslayar la autonomía de instituciones religiosas a la luz de las referidas cláusulas.

El Artículo II, Sec. 3 de la Constitución del Estado Libre Asociado de Puerto Rico dispone: No se aprobará ley alguna relativa al establecimiento de cualquier religión ni se prohibirá el libre ejercicio del culto religioso. Habrá completa separación de la iglesia y el estado. El citado precepto, en su primera oración se amolda a las llamadas cláusulas religiosas de la Primera Enmienda de la Constitución de los Estados Unidos. Dicho artículo consagra la libertad de culto y prohíbe que el Estado establezca una religión oficial. Además, al referirse a la "completa separación" recoge la teoría de Madison de que la relación ideal entre la Iglesia y el Estado exige el reconocimiento de dos esferas de acción separadas.

La razón fundamental de Madison para favorecer la creación de dos "jurisdicciones" distintas y separadas entre la Iglesia y el Estado respondía a su preocupación de que las respectivas autoridades de cada una interfirieran en las esferas de influencia y actuación de la otra; y que pudiesen causar un quebrantamiento del sistema político que comprometiera la libertad de conciencia tanto de los creyentes como de los no creyentes y así destruyera tanto al gobierno como a la religión.

Las dos prohibiciones comprendidas en la primera oración de la Sección 3 del Artículo II de nuestra Constitución constituyen una traducción literal de las primeras dos prohibiciones contenidas en la Primera Enmienda de la Constitución Federal. Ambas prohibiciones en una y otra Constitución han sido denominadas separada y respectivamente "Cláusula de Establecimiento" y "Cláusula de Libre Ejercicio o Libertad de Culto". Aunque compatibles, en ocasiones éstas pueden confligir, por lo que existe una tensión armoniosa entre ellas causando que su jurisprudencia interpretativa se haya distinguido por buscar un balance y por procurar evitar que una se interponga a la otra.

En ese sentido, el desarrollo de la doctrina sobre una cláusula es relevante para la interpretación de la otra. Examinemos en términos generales el impacto e interacción entre ambas cláusulas. La Cláusula del Establecimiento de la Religión representa el obstáculo constitucional por el cual está vedado al Estado patrocinar religión alguna, bien sea directamente, como una declaración oficial señalando a determinada religión como la religión del Estado o a través de medios indirectos, como alguna ayuda económica o de otra naturaleza. El común denominador de los casos resueltos por el Tribunal Supremo Federal al amparo de la Cláusula de Establecimiento lo es la ayuda o el respaldo que directa o indirectamente han recibido a través del tiempo algunas Iglesias y/o escuelas parroquiales mediante programas del Estado: exenciones contributivas, subsidios, reembolso de gastos relacionados con alguna religión u organización religiosa reconocida, entre otros. En síntesis, es una prohibición amplia en contra de la ayuda o el auspicio estatal a religión alguna, a todas las religiones o la preferencia de una religión sobre otra.

Por otro lado, la garantía de la Cláusula de Libre Ejercicio o de Libertad de Culto consiste en prohibir de forma absoluta el que un gobierno impida las creencias religiosas. La misma garantiza la práctica de estas creencias, sean individuales o colectivas. Asociación de Academias y Colegios Cristianos de P.R. v. E.L.A., supra. El hilo distintivo que une los casos resueltos al amparo de la cláusula que garantiza la Libertad de Culto lo es la presencia de algún tipo de intervención gubernamental, a través de cualquiera de sus Ramas, que dificulte o imposibilite la práctica de alguna actividad religiosa en particular. Claro está, la libertad de actuar, al amparo de una práctica religiosa, está forzosamente limitada o restringida para proteger la paz, la moral y el orden público ya que de otra manera se instituiría un cantón aparte donde le estaría vedado al gobierno hacer respetar las leyes de protección social.

Sin embargo, si en la promoción de un fin legítimo el Estado afecta adversamente la práctica de una religión, la garantía constitucional requiere, en algunas situaciones, que se hagan concesiones para permitir el libre ejercicio de las creencias religiosas. Así, cuando el efecto adverso de la acción gubernamental sobre la práctica religiosa es incidental y el Estado tiene un interés legítimo y apremiante que justifique dicha acción que no pudo sustituirse por otra menos onerosa, prevalecerá el Estado. Por otro lado, cuando la acción estatal es neutral, sobre asuntos seculares y de aplicación uniforme, el Estado no tendrá que justificar un interés apremiante y t prevalecerá éste siempre y cuando su efecto sobre la práctica religiosa sea incidental.

Ahora bien, de lo anterior surge que efectivamente existe algún grado de tensión entre la directriz constitucional que por un lado prohíbe al Estado establecer una religión y por otro lado le impone al gobierno la obligación de no inhibir o impedir su práctica. Ello es así ya que es posible que el gobierno, en aras de evitar el establecimiento de una religión, adopte medidas legislativas que tiendan a impedir su práctica. Asimismo, es concebible que un tribunal, al permitir cierto tipo de conducta por parte de algunos creyentes de una religión, en particular al amparo de la libertad de culto, tienda a promover el establecimiento de tal religión, lo cual puede chocar con la primera parte de las disposiciones constitucionales que hoy evaluamos.

Por consiguiente, al ejercer nuestra tarea judicial de adjudicar una alegación sobre violación del derecho de una persona o de una institución con vínculos religiosos a practicar su culto debido a una intervención gubernamental, "debemos ser particularmente cuidadosos...para evitar malograr el delicado equilibrio entre los dos mandatos absolutos conflictivos: el de no establecer religión alguna y el de no inhibir el libre ejercicio del culto religioso. La extensa y a veces conflictiva jurisprudencia del Tribunal Supremo federal sobre este asunto refleja las dificultades inherentes de esta delicada tarea."

Los hechos particulares del caso de marras requieren la aplicación de la protección de la Cláusula de Libre Ejercicio. Se nos solicita que dejemos sin efecto la destitución de las Profesoras Quilichini y Mercado y que declaremos que se infringieron derechos fundamentales dee estas recurrentes. La Universidad, por su parte argumenta que la intervención del Tribunal en el caso de autos en particular violaría la Cláusula de Libre Ejercicio, pues afectaría sustancialmente la autonomía religiosa de la Universidad, su misión como institución educativa católica y hasta constituiría una determinación de invalidez o inaplicabilidad de los postulados de su doctrina.

En este caso, al igual que en Díaz Hernández v. Colegio Nuestra Señora del Pilar, supra, y en Agostini Pascual v. Iglesia Católica, no se trata de la impugnación de una legislación. Esta vez nos enfrentamos a una disputa interna entre dos claustrales y una institución educativa que reclama inmunidad religiosa por su vinculación a la Iglesia Católica. Por consiguiente, el peligro de invadir el ámbito de protección constitucional radica en la intervención judicial indebida. Al igual que cualquier actuación legislativa, aquellas decisiones de los tribunales que invadan las libertades religiosas protegidas en nuestra Constitución y en la federal, son inválidas.

La cláusula del Libre Ejercicio se extiende no sólo a los individuos que practican determinada religión sino también a las organizaciones que promueven dicho culto. Debemos recordar que cualquier religión abarca elementos colectivos fundamentales para los creyentes, pues es mediante organizaciones comunales que mayormente se practica la religión. Como resultado de la naturaleza espiritual que caracteriza estas organizaciones, las mismas también son favorecidas por protecciones constitucionales.

En reconocimiento del rol prominente que tienen las organizaciones religiosas en el ámbito de la libertad de culto, el Tribunal Supremo de los Estados Unidos irradia un espíritu de libertad para las organizaciones religiosas, una independencia de control secular, de manipulación-es decir poder para decidir por ellos mismos, libre de interferencia por parte del Estado, en materia del gobierno de la Iglesia, así como en materias relacionadas con fe y doctrina. Las organizaciones religiosas, tienen un interés en mantener su autonomía en la organización de sus asuntos internos, de manera que puedan libremente: 'seleccionar sus líderes, definir sus propias doctrinas resolver las disputas internas y administrar sus instituciones. La religión incluye elementos comunales muy importantes para la mayoría de los creyentes. Estos practican la religión mediante las organizaciones religiosas y estas organizaciones deben estar protegidas por la Cláusula de Libre Ejercicio.

Para un gran número de individuos la actividad religiosa deriva su significado en gran medida de la participación en una comunidad religiosa. Ese tipo de comunidad representa una tradición continua de principios compartidos, una entidad orgánica que no se puede reducir a un mero agregado o recopilación de los individuos que la componen. Determinar que ciertas actividades adelantan la misión religiosa de la organización y que dicha misión deben sólo conducirla aquellos que estén comprometidos a ello, es por tanto una manera en que esa colectividad religiosa se define como tal.

Sin embargo, el mero hecho de que una actuación del Estado afecte la operación de una organización religiosa, no implica que la misma sea automáticamente inválida a la luz de la cláusula de la Libertad de Culto. Hay que recordar que las "leyes están hechas para regir la conducta y las acciones de los ciudadanos y a pesar de que éstas no pueden intervenir con meras creencias religiosas, podrían interferir con sus prácticas".

En primer lugar, visto que las protecciones de la Primera Enmienda y de nuestra Constitución aplican no sólo a individuos sino también a colectividades religiosas, es procedente que comencemos por determinar si entre la Universidad y la Iglesia Católica existe un vínculo tal que convierte a la primera en una institución religiosa para luego examinar los criterios constitucionales que han demarcado los linderos de la intervención de los tribunales en sus asuntos internos. De esta manera podemos concluir si procede que dejemos sin efecto la destitución de las profesoras.

El vínculo entre la Universidad y la Iglesia Católica es evidente y se ha caracterizado por los siguientes hechos: Primero, fue fundada por su Excelencia Reverendísima, Jaime E. McManus, entonces Obispo de la Diócesis de Ponce, y erigida canónicamente mediante decreto de la Sagrada Congregación para la Educación Católica como institución de educación superior bajo la dirección de la jerarquía de la Iglesia Católica.

Como iglesia jerárquica, la suprema autoridad de la Iglesia Católica reside en el Sumo Pontífice con sede en Roma. Co-

laboran con su Santidad el Papa en la administración y dirección de la Iglesia Católica varias oficinas en la Sede Apostólica o Santa Sede, ubicada en el Vaticano, entre las que se encuentran la Curia Sagrada que consta de la Secretaria del Estado o Papal del Consejo para asuntos públicos de la Iglesia, las Congregaciones, entre ellas la Sagrada Congregación para la Educación Católica, que es la que supervisa las universidades erigidas canónicamente, los Tribunales eclesiásticos, así como otras instituciones que se rigen por leyes especiales. La Sagrada Congregación para la Educación Católica de la Santa Sede aprobó los estatutos de la Universidad en 1980 y confirmó al Sagrado Dicasterio el Obispo de Ponce como Gran Canciller de F la Universidad "ex oficio" para que en nombre de la Santa Sede supervise la administración de la Universidad, según los cánones del Código de Derecho Canónico y los estatutos de la Universidad.

Segundo, la Universidad está gobernada por una Junta de Síndicos, presidida por el Arzobispo de San Juan. El Obispo de Ponce, Gran Canciller, es el representante ejecutivo de la Junta de Síndicos en la Universidad. Tercero, la misión de la Universidad es primordialmente educar en armonía con los principios de la religión Católica. Según surge de los Estatutos de la Universidad, dicha Misión se define de la siguiente forma: "Respondiendo a su condición de universidad católica, la Universidad Católica de Puerto Rico siente la responsabilidad de promover una sólida formación teológica en la comunidad universitaria, especialmente llevando a los alumnos a un conocimiento amplio y profundo de la fe cristiana, y a una valoración exacta y rigurosa del verdadero progreso científico y tecnológico con miras a una mejor comprensión de su alcance, en armonía con la Revelación, según es interpretada por el Magisterio Eclesiástico y respetando la auténtica libertad académica.

También intenta la universidad educar a sus alumnos en la formación de una recta conciencia que les sirva de norma de bien obrar en su vida privada y pública particularmente en el ejercicio de las diversas profesiones. La Universidad Católica de Puerto Rico proyecta su influencia más allá del ámbito universitario para contribuir a la solución constructiva y justa de los problemas de la sociedad puertorriqueña." Sobre di-

cha misión, la Carta Pastoral sobre Educación en las Escuelas Católicas cita al Concilio Vaticano II que en su declaración de Gravissimum Educationis señala que "el futuro de la sociedad y de la misma Iglesia están íntimamente unidos al desarrollo de los jóvenes que cursan estudios superiores." En la consecución de ese fin, la Carta Pastoral señala, en lo pertinentes a las Universidades Católicas, la necesidad que tienen las mismas de no "caer en el grave peligro de la secularización...ni en un relativismo moral o en un materialismo deshumanizante. Dejarían de ser Universidades Católicas, no serían fieles a su condición. De ahí que es necesaria su sumisión a la Jerarquía y a la Santa Sede".

Cuarto, los profesores tienen la obligación de velar y ser ejemplo de estos principios dogmáticos de la Iglesia. Según surge del Manual de Claustro, reglamento que cobija al magisterio de la Universidad, los profesores de la Universidad,... deberá(n) observar una conducta acorde con los valores y normas éticas de la Iglesia Católica (dentro y fuera de la Universidad) y ser leal a la Institución, contribuyendo positiva y eficazmente a la consecución de sus fines y objetivos.

Asimismo, el Manual dispone específicamente que "conducta profesional o personal que viole los postulados de la doctrina y la moral de la Iglesia Católica" constituirá causal para la eventual suspensión o destitución de un miembro del claustro. (Manual del Claustro, pág. 20). Estos requisitos sobre "dogmas religiosos" que la Universidad le impone al claustro en torno a la conducta que ellos deben observar, tanto dentro como fuera de la escuela, representan un claro indicio de la importancia, que, para las autoridades de la Universidad, tienen los profesores de esta institución en la misión de difundir el cristianismo entre los estudiantes.

Y, quinto, los estudiantes de bachillerato tienen que cumplir con el requisito de aprobar ocho (8) créditos en cursos de teología. Es preciso señalar que el anterior ejercicio va dirigido a demostrar que efectivamente la Universidad es una institución vinculada a la Iglesia Católica. No obstante, no es necesario dilucidar cómo la función de las profesoras, instructoras de inglés y ciencias secretariales, adelantan o no la misión religiosa de la Universidad Católica. Basta con que la

Iglesia, y por ende la Universidad genuinamente entiendan que la inobservancia por parte de sus claustrales de los preceptos que el dogma de Iglesia impone a sus fieles es incompatible con dicha misión. Un proceder contrario por parte nuestra constituiría una carga indebida sobre la institución religiosa resultando en una interferencia no permitida por las cláusulas religiosas de nuestra Constitución y de la Constitución federal.

Finalmente, dentro de la discusión sobre la naturaleza religiosa de la Universidad Católica, es preciso aclarar que, contrario a lo que las recurrentes alegan, no existe en este caso acción de estado por el hecho de que los estudiantes allí matriculados reciban ayuda económica para cursar sus estudios. La ayuda recibida por los estudiantes no elimina, como aducen las recurrentes, el carácter religioso de la Universidad Católica. Ese tipo de ayuda generalizada, para educación superior, pertenece a los estudiantes y la decisión de emplear dichos fondos en una institución de educación superior de carácter religioso no necesariamente vulnera el principio que prohíbe el establecimiento de cualquier religión. La decisión del lugar en que emplearán los fondos es de los estudiantes universitarios y serían éstos quienes estarían apoyando una religión en particular. Por tanto, puede ser compatible el otorgamiento de ayuda gubernamental a estudiantes quienes la utilicen en instituciones de educación superior con vínculos religiosos sin que por ello se conviertan estas últimas en brazos del Estado ni se elimine el vínculo religioso de dichas instituciones.

Argumentan las recurrentes, como fundamento adicional para invalidar el despido, la admisión por parte de la Universidad Católica de que recibe fondos gubernamentales federales. Sostienen que debido a ello la Universidad no debería tener el beneficio de "inmunidad" que ofrecen las cláusulas religiosas de la constitución. La parte recurrente no impugna el otorgamiento de los fondos federales a la Universidad, como tampoco cuestiona la ayuda otorgada a los estudiantes. Sencillamente, lo que pretenden es que resolvamos que la Universidad es una organización privada secular, no cobijada por las cláusulas religiosas, porque de otra forma las agencias federales nunca hubieran determinado que la Uni-

versidad cualificaba para recibir fondos. Este argumento no encuentra apoyo en la legislación y jurisprudencia federal que, con ciertas excepciones, ha validado la asignación de fondos públicos federales a instituciones educativas de afiliación religiosa. Sólo ha prohibido totalmente este tipo de ayuda a las "escuelas o departamentos de divinidad", propiamente seminarios, y para la construcción de edificios destinados a la educación puramente sectaria o para actividades de adoración y culto.

Visto el vínculo de la Universidad con la Iglesia Católica, nos corresponde revisar si existe un interés legítimo y apremiante del Estado para intervenir en la controversia. Cuando se cuestiona una actuación gubernamental en una situación de intervención específica, que no sea generalizada y neutral, sobre una parte que reclama protección bajo la cláusula de libre ejercicio, dicha parte puede prevalecer si establece que se le impondría un gravamen o carga sustancial al ejercicio de su religión o que no existe un interés público apremiante del Estado protegido de la manera menos onerosa a la religión.

Tenemos que admitir que en este caso nuestra intervención no constituye una actuación estatal de aplicabilidad generalizada y neutral, es decir, "que reca[iga] uniformemente sobre todo un género de actividades". Nuestra intervención recaería sobre un asunto interno de una universidad afiliada a la Iglesia Católica que solamente a ésta afectaría. Según alegan las recurrentes, el interés que debemos proteger es el derecho al matrimonio como vertiente del derecho a la intimidad por encima del mandato del Art. II, Sec. 3 de la Constitución del E.L.A. y de la Primera Enmienda Federal.

Efectivamente, reconocemos no solamente la trascendencia del derecho a la intimidad, sino el valor y la importancia del matrimonio como fuente de familia. [S]eguimos valorando la familia matrimonial como el régimen socialmente más deseable. Además, en nuestro país existe una clara política pública de protección y fortalecimiento de la familia, y el matrimonio es el paso para su formación.

El divorcio, como vertiente del derecho a la intimidad, también ha sido reconocido por este Tribunal en Figueroa Ferrer v. E.L.A., 107 D.P.R. 250 (1978). Allí expresamos que, aunque sujeto a la corroboración de que la decisión de divorciarse no sea producto del capricho, la irreflexión o de la coacción de los cónyuges, el "Estado está impedido... de obligar a dos seres humanos a permanecer atados cuando ambos reconocen que la convivencia entre ellos se ha hecho imposible." Id., pág. 275. Por tanto, es nuestro deber velar porque el interés del Estado de proteger el matrimonio y el derecho al divorcio no sean coartados. Efectivamente, gracias a estas protecciones y reconocimientos, y una vez cumplidos los respectivos requisitos para el matrimonio y el divorcio, las recurrentes pudieron contraer nuevas nupcias sin que siquiera la Iglesia Católica pudiera impedírselo o impugnar la legitimidad civil de estos vínculos.

Por tanto, aducen las recurrentes que proteger el matrimonio es un interés apremiante del Estado. Sin embargo, hemos visto que la existencia de este interés no es suficiente para justificar nuestra interferencia con la libertad de culto de la Universidad como institución de afiliación religiosa, cuando tal actuación de nuestra parte pueda significar un gravamen o carga sustancial a dicha institución violando la cláusula de libre ejercicio.

Cuando examinamos los hechos particulares de este caso, nos damos cuenta de que en realidad lo que solicitan las recurrentes es que, tras ellas ejercer debidamente sus derechos, se le imponga a la Universidad Católica la obligación de reconocer, dentro de su esfera de acción, los matrimonios de las profesoras Quilichini y Mercado. Es decir, que la Universidad actúe contrario a los postulados de la doctrina Católica. En términos contractuales, esto significa que no pueda poner en vigor las causales de despido que se incluyen en el Manual del Claustro y en los contratos anuales de facultad. Esta inclusión, vimos anteriormente, obedece a un mandato que se encuentra en el Código de Derecho Canónico. Esto significa que, de adentrarnos a determinar si como parte de las causas de despido la Universidad puede incluir aquella "conducta profesional o personal que viole los postulados de la doctrina y la moral de la Iglesia Católica", estaría-

mos llevando a cabo un juicio valorativo sobre la sabiduría del mandato canónico a las universidades católicas e interfiriendo con el llamado de "sumisión a la jerarquía y a la Santa Sede" según expresado en Gravissimum Educations, supra. Para la Iglesia Católica y sus instituciones educativas afiliadas, éste es un asunto esencialmente comprendido dentro del dogma de la Iglesia, cuya observancia exigirán de aquellos que impartan la enseñanza en sus universidades. No se nos ocurre una instancia más clara de intromisión en asuntos de dogma, fe y autonomía religiosa.

Si resolviésemos que, en el contexto interno de sus profesores, la Universidad no puede tomar acción disciplinaria cuando uno de estos incurra en lo que la Iglesia considera conducta constitutiva de violación a sus dogmas, entonces, como organización religiosa, la Iglesia no podría cumplir su misión de orientar su labor de enseñanza alrededor de los principios que promulga. Es decir, como consecuencia de nuestra intervención, perdería sustancialmente su autoridad para poder dirigir dicha institución a base de sus principios religiosos en un área tan importante como lo es la labor magisterial que lleva a cabo el Claustro en todo tipo de materia de enseñanza.

Más aún, además de las consecuencias prácticas que podría acarrear nuestra actuación, la determinación judicial invalidando, directa o indirectamente, postulados de la doctrina claramente establecida de una religión es, en si misma, una carga sustancial a dicha religión. Una vez determinado que no hubo incumplimiento de contrato por parte de la Universidad por haber mediado consentimiento válido de las partes, no nos corresponde pasar juicio sobre la "bondad" o "injusticia" de las creencias religiosas incluidas en el contrato como causa de despido.

De manera que si las profesoras voluntaria y libremente aceptaron formar parte del claustro de la Universidad, sujetas a las condiciones de no violar los postulados de la doctrina y la moral de la Iglesia Católica, no pueden acudir ante los tribunales civiles para que invalidemos la decisión de la Universidad Católica, motivada por dichos dogmas y creencias religiosas. Ellas aceptaron someterse a estas creencias, como claustrales y como católicas.

Al determinar que las causas de destitución de los claustrales obedecen genuinamente a postulados impuestos sobre la Universidad por las autoridades de más alta jerarquía dentro de la Iglesia Católica y según reflejado en el documento legislativo principal de la Iglesia Católica, el Código de Derecho Canónico, es nuestro deber no interferir con éstas. Otorgar tal deferencia ha sido afirmado por este Tribunal y por la jurisprudencia del Tribunal Supremo Federal que tiene su génesis en el caso de Watson v. Jones.

Finalmente, es procedente aclarar que aunque en un caso anterior ante este Tribunal expresamos el valor superior del derecho a la intimidad frente al planteamiento de inmunidad religiosa, dicho caso es distinguible del de autos. Nos referimos a Sucesión de Victoria v. Iglesia Pentecostal, 102 D.P.R. 20 (1974). Allí no nos enfrentamos a planteamientos de validez de doctrina religiosa. En aquella ocasión, acudieron solicitando un remedio miembros de una comunidad que se vieron afectados en su derecho a la paz y tranquilidad de sus hogares por las actuaciones de una entidad religiosa que, durante la celebración de sus reuniones, mantenían el volumen de sus altoparlantes a un nivel excesivo. Así, al adjudicar aquella controversia no nos enfrentamos ni remotamente a los hechos hoy ante nuestra consideración. Por lo tanto, es incorrecto generalizar, como hacen las recurrentes, y expresar que las protecciones y prohibiciones de las cláusulas religiosas siempre tienen que ceder ante el derecho a la intimidad. Nuestra función de proteger todos los derechos e intereses en conflicto requiere un cauteloso examen de los casos de esta naturaleza según los hechos particulares de cada uno.

En conclusión, no erró el tribunal de instancia al aplicar las disposiciones reglamentarias de la Universidad Católica que imponían a los profesores, como requisito para permanecer en el empleo, la obediencia a las normas, valores y postulados de la doctrina y la moral de la Iglesia Católica.

Se dictará sentencia de conformidad con lo anteriormente resuelto.

[SENTENCIA JOSE A. ANDREU GARCÍA, Juez Presidente]

Capítulo III

El Derecho a la Educación

§1. Introducción

Ley Núm. 85 de 29 de marzo de 2018, conocida como Ley de Reforma Educativa de Puerto Rico, dispone -en su exposición de motivos- que el derecho fundamental a la educación trasciende los factores de enseñanza y aprendizaje e incide sobre otros derechos de igual naturaleza tales como la vida, libertad y propiedad. Además, dota a los seres humanos de destrezas imprescindibles para una mejor calidad de vida, acceso a recursos y oportunidades laborales. La educación es la piedra angular de nuestra sociedad y un factor vital en el desarrollo del ser humano como futuro ciudadano. Su enfoque está dirigido a proveer el conocimiento y las destrezas necesarias para que el estudiante adquiera las herramientas y capacidades que le permitan atender las exigencias de un mundo cambiante y en constante evolución (Ley 85, 2018).

Una concepción similar presenta Torres Victoria (2008) al señalar que la educación es un derecho humano fundamental y un bien público, porque gracias a ella nos desarrollamos como personas y como especie, contribuimos al desarrollo de la sociedad. De acuerdo con esta autora, el ser humano necesita de la educación para desarrollarse plenamente como tal y desde este punto de vista, la finalidad de la educación es cultivar la humanidad. Sostiene además que la educación tiene un valor en sí misma y no sólo como herramienta para el crecimiento económico o el desarrollo social, como suele concebirse desde visiones más utilitaristas

La exposición de motivos mencionada Ley 85 indica que, "en las economías modernas, la educación se ha convertido en uno de los factores más importantes de la producción nacional. Las sociedades que más han avanzado en sus aspectos económicos y sociales han logrado cimentar su progreso en el conocimiento, tanto el que se transmite con la escolarización, como el que se genera a través de la investigación, la productividad, la innovación, la creatividad y la competitividad económica. De igual manera, el desarrollo social y cultural de las naciones dependen, cada vez más, de la educación, apoyado con los sistemas robustos de comunicación, ciencia e innovación tecnológica. El desarrollo de un sistema de instrucción pública moderno, eficiente, humano y de excelencia es indispensable para que el desarrollo de nuestra isla sea uno sustentable que, a su vez, maximice los recursos disponibles en la actualidad sin comprometer el progreso de futuras generaciones" (Ley 85, 2018).

Los creadores de la Reforma Educativa comprenden que los factores socioeconómicos inciden sobre el proceso educativo y de aprendizaje de los estudiantes. El rezago educativo y la limitación de futuras oportunidades laborales fomentan la desidia educativa de los estudiantes y la deserción escolar del Sistema de Educación Pública. Esta situación lamentable se da en un contexto económico y laboral, en el cual las industrias existentes y emergentes exigen del capital humano un mayor dominio académico, con creatividad, que puedan trabajar en grupos, con ideas innovadoras y dominio tecnológico. Ante un mundo globalizado es inminente la formación de ciudadanos que desarrollen las competencias necesarias. La modalidad de educación a distancia permite conocer e interactuar con ese mundo desconocido, convirtiendo al estudiante en un ciudadano sin limitaciones geográficas (Ley 85, 2018).

El derecho a la educación hace posible el ejercicio de otros derechos humanos fundamentales y, en consecuencia, de la ciudadanía. Difícilmente se podrá acceder a un empleo digno, ejercer la libertad de expresión o de participación, si no se tiene educación. Esto supone que no puede ser considerada como un mero servicio o una mercancía negociable, sino como un derecho que el Estado tiene la obligación de respetar, asegurar, proteger y promover (Torres Victoria, 2008).

La educación es un derecho humano fundamental en Puerto Rico y una condición para una vida libre y digna. De acuerdo con el Instituto de Estadísticas de Puerto Rico, al mes de julio de 2017, la distribución porcentual de las personas empleadas por nivel educacional es como sigue: con grado universitario, 54.9%; con estudios postsecundarios no universitario, 5.2%; con diploma de escuela superior, 29.6%; con nivel intermedio, 1.5% y con nivel elemental, 1.7%; otro grado o no supieron informar 2.5% (Ley 85, 2018). La educación no sólo fomenta el crecimiento del individuo, sino que impacta directamente el desarrollo. El derecho a la educación trasciende la división que se ha hecho de los derechos civiles, políticos, económicos culturales, sociales y otros). Si un Estado no garantiza el derecho a la educación, está cerrando la puerta a la posibilidad, de cumplimiento y vigencia de todos los otros derechos humanos (OREALC/UNESCO, 2007).

Existe interrelación e interdependencia entre el derecho a la educación y todos los otros derechos reconocidos. Se ha indicado que el derecho a la educación implica algunos derechos civiles y políticos, aunque tradicionalmente ha sido ubicado en el grupo de los derechos de la segunda generación; o sea, como un derecho cultural, social y económico. El derecho a la educación es un derecho humano cuyo responsable de impulsarlo, satisfacerlo, promoverlo, satisfacerlo y de garantizarlo es el Estado. En momentos que se discute la participación de las instituciones privadas en la provisión de servicios educativos, se debe tener claridad que corresponde al Estado la responsabilidad primaria de garantizar la educación en la sociedad; aunque las organizaciones privadas participen en cierto grado de algún porcentaje. Frente a los individuos que exigen y reclaman el ejercicio del derecho a la educación, la responsabilidad quien la tiene es el Estado. Como se ha demostrado, el derecho a la educación es un derecho humano y estos son prerrogativas de los individuos frente al Estado; por eso, el Estado debe y tiene la responsabilidad de garantizar y satisfacer la demanda de este derecho (OREALC/UNESCO, 2007).

Naturaleza y Reconocimiento

La importancia que se le concede a la educación -a nivel global- ha creado mecanismos para que las organizaciones internacionales, que agrupan a las diversas naciones desarrollen una serie de normas que se deben seguir para garantizar el derecho a la educación. Así, los instrumentos normativos de las Naciones Unidas y la UNESCO estipulan algunas obligaciones jurídicas internacionales con relación al derecho a la educación. Estos mecanismos legales incentivan el derecho para que cada persona pueda disfrutar del acceso a la educación de calidad, sin discriminación ni exclusión. Constituye esta regulación jurídica un avance de importancia entre los Estados miembro. Desde esa perspectiva, la comunidad internacional se respalda en esta normativa para hacer realidad el derecho a la educación a nivel mundial (OREALC/UNESCO, 2007). En consecuencia, corresponde a los diversos gobiernos el cumplimiento de las obligaciones, tanto de índole jurídica como política, relativas al suministro de educación de calidad para las poblaciones que representan, además, de la aplicación y supervisión más eficaces de las estrategias educativas.

El ámbito jurídico -del derecho a la educación- se traza desde que la Asamblea General de las Naciones Unidas aprobó la Declaración Universal de los Derechos Humanos, mediante la Res. 217A (III) el 10 de diciembre de 1948. La Declaración se concibió como un criterio común de logros y aspiraciones para todos los pueblos y todas las naciones. Se convirtió en la medida de respeto y cumplimiento de las normas internacionales sobre derechos humanos. El Art. 26 de la Declaración dispone que: "Toda persona tiene derecho a la educación. La educación debe ser gratuita, al menos en lo concerniente a la instrucción elemental y fundamental. La educación elemental será obligatoria. La educación se orientará hacia el pleno desarrollo de la personalidad humana y el fortalecimiento del respeto de los derechos humanos y las libertades fundamentales. Promoverá el entendimiento, la tolerancia y la amistad entre todas las naciones, los grupos raciales o religiosos, y promoverá las actividades de las Naciones Unidas para la paz. La instrucción técnica y profesional habrá de ser generalizada; el acceso a los estudios superiores será igual para todos, en función de los méritos respectivos. Los padres tendrán derecho preferente a escoger el tipo de educación que habrá de darse a sus hijos" (Cisternas Reyes, 2010).

La Conferencia General de la Organización de las Naciones Unidas para la Educación, la Ciencia y la Cultura, adoptó el 14 de diciembre de 1960 la Convención Relativa a la Lucha contra las Discriminaciones en la Esfera de la Enseñanza. Esa Convención se refiere a la discriminación como toda distinción, exclusión, limitación o preferencia, fundada en la raza, el color, el sexo, el idioma, la religión, las opiniones políticas o de cualquier otra índole; también el origen nacional o social, la posición económica o el nacimiento, que tenga por finalidad o por efecto destruir o alterar la igualdad de trato en la esfera de la enseñanza. Se consideran como conductas discriminatorias: a. excluir a una persona o a un grupo del acceso a los diversos grados y tipos de enseñanza; b. limitar a un nivel inferior la educación de una persona o de un grupo; c. instituir o mantener sistemas o establecimientos de enseñanza separados para personas o grupos; d. colocar a una persona o a un grupo en una situación incompatible con la dignidad humana (Cisternas Reyes, 2010).

El pleno desarrollo de la personalidad humana es la principal finalidad que se le atribuye a la educación, en los instrumentos de derechos humanos de carácter internacional, anteriormente citados. Por ejemplo, en la Declaración Universal de los Derechos Humanos se expresa que la educación tiene por objeto el pleno desarrollo de la personalidad humana y el fortalecimiento del respeto a los derechos humanos y a las libertades fundamentales; y que ha de favorecer la comprensión, la tolerancia y la amistad entre todas las naciones y todos los grupos étnicos o religiosos. En la Convención de los Derechos Económicos, Sociales y Culturales se agrega, el desarrollo del sentido de dignidad y de capacitar a todas las personas para participar efectivamente en una sociedad libre. En la Convención de los Derechos del Niño se añade a lo anterior la finalidad de inculcar al niño el respeto por el medio ambiente natural, por su identidad cultural, su idioma y el respeto a los valores nacionales y al de otras civilizaciones (Torres Victoria, 2008).

Hevia (2010), señala que además de la Declaración Universal, son varios los instrumentos aprobados por la comunidad internacional para que los Estados miembro lleven a la práctica una política de educación en y para los derechos humanos. Entre ellos se destacan: (1) la Convención relativa a la lucha contra las discriminaciones en la esfera de la enseñanza. UNESCO, 1960; (2) la Declaración de la 44ª reunión de la Conferencia Internacional de Educación (Ginebra, 1994); (3) el Plan de Acción Integrado sobre la Educación para la Paz, los Derechos Humanos y la Democracia, aprobado en la Conferencia General de la UNESCO en noviembre de 1995; (4) el Plan Latinoamericano para la Promoción de la Educación en Derechos Humanos en octubre de 2001; (5) la Proclamación de las Naciones Unidas de la Década para la Educación en los Derechos Humanos (1995-2004) y (6) el Programa Mundial de Educación en

Derechos Humanos- y el Plan de Acción para la Educación en Derechos Humanos 2005- 2009.

§2. Derecho a la educación en Estados Unidos de América

Las tres ramas del Gobierno Federal de Estados Unidos de América han tenido gran influencia en la operación de los sistemas educativos de los diferentes Estados y de Puerto Rico. El texto de la Constitución de los Estados Unidos de América no menciona la educación, a pesar de ser un lugar donde la educación ha jugado un papel fundamental en el desarrollo de esa nación. El estudio de la educación en los Estado Unidos de América requiere que se acuda a la Décima Enmienda. La Décima Enmienda dispone que las facultades que esta Constitución no delegue a los Estados Unidos de América, ni prohíba a los Estados, quedan reservadas a los Estados respectivamente o al pueblo. De esa manera cada Estado es responsable de la educación de sus ciudadanos (Pelsue, 2017).

Los sistemas educativos estatales responden a sus necesidades particulares. El ejercicio del gobierno es bastante descentralizado y el control de muchas funciones públicas, como la educación, depende primordialmente de los Estados y las comunidades locales. Los Estados y los distritos escolares locales, a través de las juntas escolares, han retenido el control del contenido de los programas de estudio y de los métodos educativos; de hecho, la ley federal le prohíbe al gobierno de Estados Unidos de América interferir con estas áreas (Alexander y Alexander, 2018).

Gobierno Federal

El gobierno federal ha entrado en el terreno de la educación para atender asuntos que tienen un interés nacional vital, o cuando se ha requerido del liderato nacional para ocuparse de un problema común que se requiere trabajar a nivel de toda la nación. El Artículo I, Sección 8 de la Constitución, otorga poder al Congreso para imponer y recaudar contribuciones, derechos, impuestos y arbitrios; para pagar las deudas y proveer para la defensa común y el bienestar general de los Estados Unidos de América. El Congreso se ha amparado en esta última cláusula y ha canalizado millones de dólares para programas de: educación de adultos, educación, vocacional y técnica, educación multicultural, educación especial, educación en ciencias, enseñanza de idiomas foráneos. Por lo regular, los tribunales han apoyado la función federal en la educación basándose en la cláusula constitucional, en la Decimocuarta Enmienda que les garantiza a los habitantes el debido proceso de ley y en otros fundamentos legales (Russo, 2018).

Poder Ejecutivo

En Estados Unidos de América el Poder Ejecutivo también influye en la prestancia de servicios: (1) al establecer la política pública, opiniones que emite el presidente de la nación en sus informes, que esbozan la política pública; (2) leyes que promueve el Ejecutivo y (3) con nombramientos de funcionarios al mando del Departamento de Educación Federal, entre otros aspectos. (Alexander y Alexander, 2018).

Rama Judicial

La doctrina de revisión judicial ha permitido que los tribunales declaren inconstitucionales determinados actos legislativos, o de la rama ejecutiva en relación a la educación. (Essex, 2016). Ejemplo de este modelo, es el caso de Brown v. Junta Escolar, 347 U.S. 483, (1954). Se trataba de la impugnación de unas leyes que permitían la segregación racial en las escuelas públicas de Estados Unidos de América. El Tribunal Supremo de Estados Unidos declaró inconstitucionales esas prácticas y expresó: "Hoy día, la educación es quizás la función más importante de los gobiernos estatales y locales". Las Leyes sobre asistencia escolar compulsoria y los grandes gastos para la educación demuestran nuestro reconocimiento de la importancia de la educación en nuestra sociedad democrática. Se requiere en el ejercicio de nuestras más básicas responsabilidades públicas hasta el servicio en las fuerzas armadas. Es la base misma de la buena ciudadanía. Hoy día es un instrumento principal en el despertar del niño a los valores culturales, en su preparación para entrenamiento profesional posterior, y en su ayuda para el ajuste normal a su medio ambiente. En estos días es dudoso que pueda esperarse razonablemente que ningún niño pueda triunfar en la vida si le ha sido negada la oportunidad de una educación. Tal oportunidad, donde el Estado ha tomado a su cuenta el proveerla, es un derecho que tiene que hacerse disponible a todos en términos iguales".

Durante la década de los años 70, la jurisprudencia impulsó el avance de los derechos de los estudiantes de educación especial. Se atendieron los casos de Pennsylvania Ass. for Retarded Children v. Commonwealth of Pennsylvania 334 F. Supp. 1257, (1971) y Mills v. Board of Education of the District of Columbia, 348 F. Supp. 866, (1972). Ambos casos dieron origen a la legislación protectora de los derechos de la educación especial en las escuelas públicas (Russo, 2018).

En Penn. Assoc. for Retarded Children v. Com. of Pennsylvania, 334 F. Supp. 1257, (1971) se impugnaron leyes estatales que negaban educación pública a estudiantes que no hubieran alcanzado la edad mental de cinco años. Se les presumía incapaces de beneficiarse de adiestramiento o educación. Se les clasificaba como retardados mentales. Estos estudiantes eran expulsados de la escuela, sin previo aviso a los padres y sin oportunidad de levantar objeciones y presentar evidencia a favor de los niños. Las partes llegaron a un acuerdo extrajudicial mediante el cual lograron que no se pusieran en vigor las referidas leyes.

En el caso de Mills v. Board of Education of the District of Columbia, 348 F. Supp. 866, (1972) se impugnó una actuación estatal que dejaba sin acceso a la educación a un grupo de niños. Se intentó usar como defensa la carencia de recursos económicos. El Tribunal no estuvo de acuerdo, alegando que los derechos constitucionales van por encima de consideraciones de índole fiscal. "El gobierno viene obligado a proveer a todo niño con impedimento físico, mental o emocional, una educación gratuita ajustada a sus necesidades particulares"

En Estados Unidos de América se impugnó una ley de Texas que permitía diferencias en cuanto al cobro de contribuciones para la educación entre distintos condados del Estado. El condado con más contribuciones tenía mejores escuelas. Se alegó que la ley establecía trato desigual entre los estudiantes de condados pobres y ricos en violación a la Igual Protección de las Leyes. El Tribunal Supremo desestimó y expresó: "Con esta decisión, este Tribunal no se aparta de nuestro compromiso con la educación pública. Estamos completamente de acuerdo con el Panel de Tres Jueces inferior en cuanto a la importancia de la educación tanto para el individuo como para nuestra sociedad. Pero, la importancia de un servicio que lleva a cabo el Estado no determina su reconocimiento como uno fundamental para efectos de su examen a la luz de cláusula de Igual Protección de las Leyes. La educación no aparece entre los derechos explícitamente reconocidos en la Constitución federal. Tampoco hay base para considerar que está entre los implícitamente protegidos" (San Antonio v. Rodríguez, 1973).

Los Jueces disidentes hubieran reconocido el carácter fundamental de la educación con base de los mismos argumentos que usó la mayoría en los casos de procreación, voto en elecciones estatales o apelar una sentencia penal. El fundamento utilizado fue que en dichos casos se trataba de una legislación estatal que privaba (Skinner v. Oklahoma), transgredía (Shapiro v. Thompson), o interfería (Dunn v. Blumstein) con el libre ejercicio de un derecho fundamental o con la libertad. De acuerdo con el Tribunal Supremo, lo que estaba tratando de hacer el Estado de Texas era ampliar y mejorar los servicios de educación pública. Por lo tanto, resuelve que no hay un derecho fundamental a la educación y le aplica el escrutinio de racionalidad (Essex, 2016).

§3. Derecho a la educación en Puerto Rico

El derecho a la educación en Puerto Rico quedó plasmado en la sección 5 del Art. II de la Constitución del Estado Libre Asociado en 1952, la cual expresa que: "Toda persona tiene derecho a una educación que propenda al pleno desarrollo de su personalidad y al fortalecimiento del respeto de los derechos del hombre y de las libertades fundamentales. Habrá un sistema de instrucción pública el cual será libre y enteramente no sectario. La enseñanza será gratuita en la escuela primaria y secundaria y, hasta donde, las facilidades del Estado lo permitan, se hará obligatoria para la escuela primaria". Los constituyentes, de la década del '50, fueron conscientes de la necesidad imperiosa de erradicar el analfabetismo que arropaba al país. Además, el compromiso del Estado de conferirle plena eficacia al mandato constitucional previamente transcrito tenía que estar sujeto a que las circunstancias económicas de Puerto Rico permitiesen su realización. También, en situaciones donde se plantee la escasez de fondos como motivo para incumplir con el deber ministerial, se ha entendido que el funcionario demandado es el que tiene el conocimiento y, por ende, la carga de demostrarle al tribunal la prueba que sustenta su alegación (Asociación de Maestros de Puerto Rico v. Hon. César Rey Hernández, 2010).

Nada de lo contenido en estas disposiciones impedirá que el Estado pueda prestar a cualquier niño servicios no educativos establecidos por ley para protección y bienestar de la niñez. Esta disposición crea un derecho a la educación y lo recoge en la Constitución, contrario a los Estados Unidos de América, donde vimos que no existe ninguna disposición en la Constitución federal que requiera que se les ofrezca educación a los ciudadanos.

El Tribunal Supremo de Puerto Rico ha tenido ante su consideración algunos casos en que se ha visto en la necesidad de atender reclamos en torno al derecho a la educación. El primero de ellos fue Pagán Hernández v. UPR, 107 D.P.R. 720, (1978). En ese caso un estudiante universitario invocó su derecho constitucional a la educación, bajo la Sec. 5 de la Carta de Derechos de la Constitución del Estado Libre Asociado. El Tribunal Supremo lo acogió y expresó: "Este planteamiento no puede ser despachado con el argumento de que el recurrido renunciara a ello porque no cumpliera con los plazos dispuestos en los reglamentos administrativos. Las renuncias a los derechos fundamentales no se presumen. Estas deben ser expresas, no presuntas, así como voluntarias y efectuadas con pleno conocimiento de causa. Lo que resolvimos en Pagán Hernández v. Alcaide, fue que no había causa probable para someter a juicio al recurrido. Si la prueba era insuficiente para tal fin, no puede justificarse que fuera suficiente para sostener un dictamen de expulsión permanente de la Universidad, privándole de su derecho constitucional a obtener una educación universitaria en la universidad del Estado". Este pronunciamiento estuvo latente por varios años, toda vez que en el caso de Pagán Hernández se estaba refiriendo a un derecho constitucional a la educación universitaria, lo cual no existe en nuestra Constitución.

En otro caso, la Asociación de Academias y Colegios Cristianos v. Estado Libre Asociado de Puerto Rico, 135 D.P.R.

150, 164, (1994), el Tribunal Supremo de Puerto Rico aclaró la duda que surgió del caso Pagán Hernández y resolvió categóricamente que, en Puerto Rico, no existe un derecho constitucional a la educación universitaria. El Tribunal Supremo indicó en ese caso que el propósito principal de la Constitución es: definir las aspiraciones colectivas sobre la educación y crear un sistema de enseñanza pública a niveles primario y secundario exclusivamente. El lenguaje utilizado en el citado artículo y el claro historial de esta disposición en la Asamblea Constituyente indican, sin lugar a duda, que el derecho a la educación allí reconocido se limita a la educación a niveles primarios y está sujeto a que el Estado tenga los recursos necesarios para su implantación.

§4. Reglamentación de la educación en Puerto Rico

La oferta de servicios educativos es una de las actividades más reglamentadas en Puerto Rico, por la importancia que se le concede a la educación en este país. De acuerdo con la Ley Núm. 85 de 29 de marzo de 2018, (Ley Orgánica) "la educación es la piedra angular de nuestra sociedad y un factor vital en el desarrollo del ser humano como futuro ciudadano. Su enfoque está dirigido a proveer el conocimiento y las destrezas necesarias para que el estudiante adquiera las herramientas y capacidades que le permitan atender las exigencias de un mundo cambiante y en constante evolución. En las economías modernas, la educación se ha convertido en uno de los factores más importantes de la producción nacional".

La educación se concibe aquí como el elemento más importante para los avances sociales y económicos. La Ley Orgánica sostiene que, "Las sociedades que más han avanzado en sus aspectos económicos y sociales han logrado cimentar su progreso en el conocimiento, tanto el que se transmite con la escolarización, como el que se genera a través de la investigación, la productividad, la innovación, la creatividad y la competitividad económica. De igual manera, el desarrollo social y cultural de las naciones dependen, cada vez más, de la educación, los sistemas robustos de comunicación, ciencia e innovación tecnológica. El desarrollo de un sistema de instrucción pública moderno, eficiente, humano y de excelencia es indispensable para que el desarrollo de nuestra Isla sea uno sustentable que, a su vez, maximice los recursos disponibles en la actualidad sin comprometer el progreso de futuras generaciones".

De acuerdo con la Ley Orgánica, "los factores socioeconómicos inciden sobre el proceso educativo y de aprendizaje de los estudiantes. El rezago educativo y la limitación de futuras oportunidades laborales fomentan la desidia educativa de los estudiantes y la deserción escolar del Sistema de Educación Pública. Esta situación lamentable, se da en un contexto económico y laboral en el cual las industrias existentes y emergentes exigen del capital humano un mayor dominio académico, con creatividad, que puedan trabajar en grupos, con ideas innovadoras y dominio tecnológico. Ante un mundo globalizado, es inminente la formación de ciudadanos que desarrollen las competencias necesarias. La modalidad de educación a distancia permite conocer e interactuar con ese mundo desconocido, convirtiendo al estudiante en un ciudadano sin limitaciones geográficas. Según el Instituto de Estadísticas de Puerto Rico, al mes de julio de 2017, la distribución porcentual de las personas empleadas por nivel educacional es como sigue: con grado universitario, 54.9%; con estudios postsecundarios no universitario, 5.2%; con diploma de escuela superior, 29.6%; con nivel intermedio, 1.5% y con nivel elemental, 1.7%; otro grado o no supieron informar 2.5%. La educación no sólo fomenta el crecimiento del individuo, sino que impacta directamente el desarrollo económico, debido a que el mejor recurso de cada lugar es su capital humano y sus ciudadanos preparados".

Nuestro sistema educativo aspira a que, "los futuros ciudadanos de Puerto Rico tengan una formación para ser personas competentes, sensibles y autodidactas; seres comprometidos con el bien común, con mantener, defender los principios y valores humanos que toda sociedad justa y democrática debe promover. Los seres humanos que son educados en el sistema público deben convertirse en humanistas empáticos ante la realidad y necesidades del prójimo y de las comunidades en que viven, trabajan y se desenvuelven; convertirse en profesionales emprendedores y ser capaces de insertarse en una economía global dinámica. El propósito es desarrollar pensadores críticos con sensibilidad y profundidad; hombres y mujeres de estado desprendidos y de un carácter resiliente, verticales, genuinos y comprometidos con el progreso y la sustentabilidad de una Isla que los necesita.

Para lograr esta meta, se requiere de una visión abarcadora que nos permita reconocer y honrar nuestro pasado e historia, utilizar las fortalezas que esto acarrea y atendiendo las áreas de oportunidad que enfrentamos. Este compromiso debe trascender al Estado, intercambiar y adoptar ideas de todos los sectores de la sociedad puertorriqueña que son piezas clave dentro de esta transformación: padres, madres y custodios encargados, entidades sin fines de lucro del tercer sector, empresarios, instituciones educativas privadas, el sector de base de fe, eruditos de la academia, instituciones de educación superior, filántropos y emprendedores, en fin, todos los componentes de la sociedad civil. En ese sentido, resulta necesario impartir una educación innovadora y efectiva que promueva el interés y desarrollo del estudiante".

El ámbito privado tiene que cumplir con esos parámetros que se ha fijado el Estado para el ciudadano del futuro. Tanto un sector público como el privado deben proveer las herramientas necesarias para dotar a los estudiantes con los conocimientos, disciplinas y experiencias educativas que les motiven a culminar sus estudios secundarios encaminados a continuar estudios postsecundarios y que les permitan insertarse productivamente en la fuerza laboral.

De acuerdo con lo expresado por la Asamblea Legislativa en la Ley Núm. 212 de 2018 la política pública del Gobierno de Puerto Rico se fundamenta en el mandato que surge de la Sección 5 del Artículo II de la Constitución de Puerto Rico en torno al derecho a la educación. Dicha política pública para la plena protección de ese derecho, necesariamente, debe tener como principios fundamentales: 1. la protección de la libre selección de la oferta educativa, por el estudiante en el nivel postsecundario y por los padres de estudiantes en el nivel primario y secundario; 2. la disponibilidad de programas de estudio y adiestramiento de nivel postsecundario que cumplan con los estándares de la comunidad académica y profesional, de modo que los cursos ofrecidos en Puerto Rico sean reconocidos por las autoridades reglamentadoras de la educación y profesiones más allá de la jurisdicción local; 3. el respeto al libre intercambio de ideas dentro de la comunidad profesional y académica y a las libertades de cada institución; y 4. el respeto a la autonomía de las instituciones para organizarse, administrarse y adoptar una filosofía educativa cónsona con sus principios institucionales.

El Gobierno de Puerto Rico se ha comprometido con: 1. velar por la condición adecuada, segura y sanitaria de las instalaciones físicas de los centros educativos, y la preparación adecuada de maestros y profesores de excelencia; 2. promover la reflexión y la investigación sobre la educación en Puerto Rico; 3. ofrecer atención ágil, adecuada y efectiva que facilite el establecimiento, desarrollo y fortalecimiento de instituciones capaces de responder a las aspiraciones de los puertorriqueños y al desarrollo socioeconómico de nuestro pueblo (Ley Núm. 212 de 2018).

El Gobierno reconoce la existencia de un ámbito de autonomía institucional que resguarda a las escuelas, universidades y colegios privados de interferencias oficiales que menoscaben su libertad académica o atenten contra éstas. Más aun, el respeto a la autonomía de las universidades y colegios públicos y privados es esencial para que fluya el pensamiento libre y las iniciativas intelectuales y docentes que contribuyan al mejoramiento social, cultural y económico de nuestro pueblo (Ley Núm. 212 de 2018).

El desarrollo de la educación en Puerto Rico requiere el establecimiento de instituciones, cuya oferta educativa responda a las necesidades de la sociedad puertorriqueña. El Estado no debe dictar cuál ha de ser la oferta académica ni cómo debe ofrecerse la misma, toda vez que le corresponde a las instituciones educativas escoger el personal docente y no docente conforme a sus capacidades profesionales e intelectuales y conforme su compromiso ético de pasar estricto juicio sobre tales aspectos (Ley Núm. 212 de 2018).

Mediante dicha Ley Núm. 212 de 2018 el Gobierno de Puerto Rico establece que el poder estatal regulador será ejercido de forma tal que propicie una relación dinámica entre el Gobierno, las instituciones y la sociedad, que facilite el desarrollo de las Instituciones de Educación. Con el propósito de proteger el interés público, sin intervenir de forma indebida en los aspectos medulares del proceso de enseñanza-aprendizaje, asociados con el derecho de cada institución a la libertad académica, se dispone que estos han de ser de la competencia exclusiva de los cuerpos deliberativos de las Instituciones de Educación, quienes determinarán dichos asuntos en conformidad con la misión y filosofía que, libremente, haya adoptado cada institución para, de esta forma, desarrollar un sistema educativo altamente competitivo y orientado a preparar a los estudiantes a afrontar los requerimientos cambiantes del mundo laboral. Para lograr dicho cometido, habrá total separación entre el proceso de licenciamiento que requiere el cumplimiento de los requisitos dispuestos en esta Ley y el correspondiente a la acreditación, que garantiza por la excelencia en la calidad, la suficiencia y el contenido de los programas (Ley Núm. 212 de 2018). Las Instituciones de Educación podrán someterse de forma voluntaria a los procesos de acreditación por una entidad acreditadora privada para demostrar que cumplen o superan las normas de la comunidad académica y profesional, más allá de nuestros límites territoriales. El Estado se enfocará en el Registro de las Instituciones de Educación Básica y en el licenciamiento de las Instituciones de Educación Postsecundaria; externalizando los procesos de acreditación para que sean llevados a cabo por entidades privadas cualificadas y reconocidas.

Al amparo de las leyes Núm. 122 de 2017 y Núm. 212 de 2018 el Gobierno de Puerto Rico creó el mecanismo de reglamentación para lograr esos propósitos que es la Junta de Instituciones Postsecundarias del Departamento de Estado. La Junta de Instituciones Postsecundarias del Departamento de Estado es la agencia encargada de atender los procesos de otorgamiento de Licencias a las Instituciones de Educación Básica (IEB) e Instituciones de Educación Superior (IES), así como para atender las acreditaciones que hayan sido solicitadas por las IEB. Está comprometida con contribuir a elevar la calidad de la educación en Puerto Rico a los más altos estándares internacionales para desarrollar en la Isla educación de excelencia, con innovación y la tecnología.

La Junta tiene como propósito esencial: a) decidir sobre las solicitudes de licencia para operar o continuar operando las Instituciones de Educación Postsecundaria; b) autorizar enmiendas o renovaciones de licencias expedidas a Instituciones de Educación Postsecundaria; c) procesar quejas y adjudicar querellas sobre incumplimientos de parte de Instituciones de Educación Postsecundaria con las disposiciones aplicables de esta Ley y los reglamentos que al amparo de ésta se aprueben; d) denegar, modificar, condicionar, cancelar o suspender licencias previamente otorgadas que incumplan con las leyes, reglamentos o términos bajo los cuales se expidieron las mismas; e) reconocer a las entidades acreditadoras de instituciones de educación de conformidad con la reglamentación que a esos fines adopte, disponiéndose que, en el caso de las Instituciones de Educación Postsecundaria, deberá actuar de conformidad con la legislación federal y la normativa del Departamento de Educación de Estados Unidos de América y otras agencias de acreditación nacionales e internacionales, según aplique; f) reconocer entidades acreditadoras de Instituciones de Educación establecidas en Puerto Rico para otorgar acreditaciones a Instituciones de Educación Básica; g) adoptar toda la reglamentación necesaria para cumplir con los propósitos de esta Ley; h) imponer multas administrativas por violaciones o incumplimiento de las leyes o reglamentos bajo su jurisdicción; emitir órdenes para hacer efectivas sus determinaciones o proteger su jurisdicción, lo cual incluye órdenes de cesar y desistir según las disposiciones de la LPAU; i) adoptar y usar un sello oficial; j) establecer normas o procedimientos para la conservación, custodia, y/o disposición de los expedientes académicos que le sean transferidos provenientes de instituciones cerradas sean de educación básica o postsecundaria; k) en cuanto a los expedientes académicos bajo su custodia, expedir copias certificadas de las transcripciones, previo el pago de los derechos que se establezcan mediante reglamentación; l) administrar cualquier fondo que se le asigne para la concesión de becas y establecer las normas y procedimientos para su concesión; m) delegar en funcionarios cualificados o Comités de Evaluadores procesos administrativos que no requieran ser considerados por el Pleno de la Junta disponiéndose que la Junta adoptará parámetros para estas delegaciones de manera que no constituyan un retraso en los procedimientos; n) mantener participación en el National Council for State Authorization Reciprocity Agreement (NC-SARA) y llevar a cabo todo trámite necesario para que el mismo sea operacional en Puerto Rico; o) llegar a acuerdos colaborativos con cualquier agencia, municipio o entidad, pública o privada; p) coordinar con las autoridades de las instituciones públicas y privadas de educación postsecundarias acreditadas en Puerto Rico, en armonía con las normas de cada institución, la política en torno a la situación de los estudiantes universitarios miembros de la Reserva Militar de Estados Unidos en Puerto Rico y de la Guardia Nacional de Puerto Rico que son llamados al servicio militar activo. q) designar un funcionario para que dirija la Oficina que, entre otras cosas, se encargue de planificar, organizar y dirigir las operaciones generales de la Junta; y r) cualquiera otra facultad, función, deber o poder que le sea conferido mediante ley.

Las instituciones que deseen prestar servicios educativos en Puerto Rico deben: (a) tener permiso de uso para su planta física expedido por la agencia gubernamental correspondiente. (b) evidenciar la preparación educativa y experiencia de la facultad de la institución, teniéndose en cuenta la naturaleza y objetivos particulares de la institución. (c) tener facilidades, equipo, servicios bibliotecarios y de laboratorio en aquella proporción que sea compatible con los objetivos y naturaleza de la institución educativa solicitante. (d) poseer un plan educativo o programación académica que incluya las formas y maneras en que dicho plan se instrumenta. (e) tener los permisos correspondientes de las agencias gubernamentales relacionados con la protección de la salud y la seguridad de los estudiantes. (f) haber realizado un estudio de viabilidad económica que demuestre que la institución puede razonablemente cumplir con los compromisos que habrá de contraer con respecto a todos los componentes de la institución, o en la alternativa, presentar ante el Secretario una fianza de cumplimiento con una vigencia no menor de un (l) año, expedida por una aseguradora autorizada para hacer negocios en Puerto Rico (Asoc. Academias y Col. Cristianos v. E.L.A., 1994).

Como parte del proceso de reglamentación se exige que las instituciones divulguen cierta información sobre las normas internas que rigen los asuntos académicos (requisitos de admisión, promoción, retención y graduación de estudiantes; calendario escolar y programa de trabajo propuesto), los asuntos estudiantiles (normas relacionadas al costo de matrícula, cuotas, formas de pago, reglas de conducta en el plantel, sistema de evaluación, notas, transcripciones y certificaciones, modelos de expedientes), los asuntos de gobierno (estructura de gobierno de la institución, documento que refleje su origen, una lista de nombres de los principales funcionarios) y de los asuntos fiscales (sistema de administración de fondos en lo que respecta a transacciones entre la institución y los estudiantes, capacidad de sostenimiento económico y número máximo de matrícula).

De acuerdo con el Tribunal Supremo de Puerto Rico, dichos requisitos constituyen una reglamentación mínima dirigida para garantizar que los servicios educativos que prestan las instituciones en el país sean adecuados y se ofrezcan dentro de un ambiente escolar que facilite la enseñanza y el aprendizaje de los estudiantes. En el ámbito federal está claramente establecido que el Estado tiene un interés preeminente en la educación y se le ha reconocido amplia facultad y discreción para reglamentar las escuelas y asegurar la calidad de la educación provista a los ciudadanos (Asoc. Academias y Col. Cristianos v. E.L.A., 1994).

El Tribunal Supremo de Puerto Rico ha reconocido la gran importancia que tiene la educación para el Estado y lo apremiante que es el interés público en que las instituciones educativas del país, tanto públicas como privadas, ofrezcan servicios de calidad. Ha resuelto que, a través de la educación, se imparte la preparación necesaria para que los ciudadanos participen en el desenvolvimiento social y económico de nuestra vida colectiva. El Estado tiene que asegurarse de que todas las instituciones pedagógicas del país, tanto públicas como privadas, provean una educación de calidad y que cumplan con unos requisitos mínimos de excelencia en cuanto a currículo, capacidad profesional de la facultad, planta física, recursos de apoyo y otros similares. Al emitir una licencia a una institución educativa privada, el Estado acredita que la escuela cumple con las exigencias mínimas y que los estudiantes reciben, al menos, la educación básica que debe recibir todo aquel que luego va a incorporarse a la sociedad de forma productiva (Asoc. Academias y Col. Cristianos v. E.L.A., 1994).

Reglamentación

El estatuto que se encarga de regular el proceso de reglamentación en Puerto Rico es la Ley Núm. 38 de 2017, conocida como la Ley de Procedimiento Administrativo Uniforme del Gobierno de Puerto Rico. De acuerdo con la Sección 1.3 (l) de dicha ley el procedimiento administrativo: "Significa la formulación de reglas y reglamentos, la adjudicación formal de toda controversia o planteamiento ante la consideración de una agencia, el otorgamiento de licencias y cualquier proceso investigativo que inicie una agencia dentro del ámbito de su autoridad legal".

El proceso de reglamentación consta de cuatro funciones: cuasi-legislativa (reglamentación), cuasi-judicial (adjudicación), la función de otorgar licencias y la función de investigación (Fernández Quiñonez, 1993). Los conceptos de reglas y reglamentos son sinónimos. Se originan en la ley orgánica de la agencia. Son expresiones de carácter general que pueden interpretar, implantar, o prescribir la ley o política pública. Tienen la misma fuerza vinculante que la ley, por ello se les considera de naturaleza cuasi-legislativa (regla legislativa).

Hay reglas, documentos, manuales, boletines y reglamentos que guían al público y a los miembros de la agencia a interpretar la ley y determinar cómo se ejercerá la discreción administrativa (reglas interpretativas). Ej. Guías de la Ley 80 y las de Hacienda. Es obligación de la agencia el notificar la intención de adoptar una regla, ofrecer oportunidad de comentarla y publicarla una vez adoptada. En el caso de Franco Dominicci v. D.E., (1999) el Tribunal Supremo de Puerto Rico expresó que al examinar la validez de una reglamentación de una agencia administrativa, los tribunales deben analizar si: (1) la actuación administrativa está autorizada por ley; (2) se delegó poder de reglamentación; (3) la reglamentación promulgada está dentro de los amplios poderes delegados; (4) al aprobarse el reglamento se cumplió con las normas procesales de la ley orgánica y de las leyes especiales; y (5) si la reglamentación es arbitraria o caprichosa.

Adjudicación

De acuerdo con la Sección 1.3 (b) el proceso de adjudicación significa el pronunciamiento mediante el cual una agencia determina los derechos, obligaciones o privilegios que correspondan a una parte. Es el ejercicio de la función judicial o cuasi-judicial delegada a la agencia. Se examinan los requisitos que establece la ley orgánica de la agencia, la Ley de Procedimiento Administrativo Uniforme, y el debido procedimiento de ley. Exige que se conceda a las partes una audiencia parecida a la del proceso judicial. Se debe salvaguardar el derecho a la notificación, presentación de prueba y contrainterrogatorio (Fernández Quiñonez, 1993).

Licenciamiento

El licenciamiento es otro de procesos administrativos. La licencia es una autorización para que alguien pueda dedicarse a una actividad específica. Su propósito es asegurar al público que aquel que se dedique a una actividad, está debidamente cualificado/a. Las áreas de actividad que han estado sujetas al licenciamiento son aquellas inherentemente peligrosas o que ponen en riesgo la salud y seguridad de los ciudadanos. La agencia debe aprobar reglas o reglamentos en las que se especifican las calificaciones requeridas para obtener la licencia y aquello que le es permitido al concesionario. Allí se establecen también, los procedimientos de suspensión y revocación (Fernández Quiñonez, 1993).

Investigación

A cada agencia se le confiere facultad de poner en vigor sus reglamentos. Viene obligada a cerciorarse de que las personas que están bajo su jurisdicción cumplen con las disposiciones reglamentarias que le corresponden. Estas funciones las lleva a cabo mediante el proceso de investigación. Las facultades de investigación aparecen contenidas en sus leyes orgánicas o habilitadoras. Con los poderes que se le han reconocido, las agencias pueden realizar inspecciones y requerir información de las personas sujetas a su jurisdicción.

§5. La educación privada en Puerto Rico

La educación es el baluarte de los ideales universales de nuestra sociedad. Tiene objetivos que van más allá de la realización personal, propone contribuir al logro de las metas de la sociedad. La educación no obedece a una norma universal única, está determinada por los objetivos, los deseos y las aspiraciones del Gobierno o de la sociedad que la administra. Esa importancia ha sido reiterada por el foro judicial en diferentes ocasiones. El Juez del Tribunal Supremo de Puerto Rico, honorable Arturo Negrón García, expuso en su opinión disidente en el caso de De Paz Lisk v. Aponte Roque, (1989) que el Gobierno tiene como uno de sus compromisos fundamentales, dimanante de la propia Constitución ofrecer a sus ciudadanos la oportunidad de educarse convenientemente para realizarse en el orden personal y cumplir con decoro con su función de convivencia social.

Las escuelas privadas realizan una función vital en nuestra sociedad. En primer lugar, liberan al Estado de una parte sustancial de la responsabilidad de educar a toda la población. En segundo lugar, ofrecen opciones diversas que propician el valor de una sociedad pluralista. En este sentido las escuelas privadas ofrecen la alternativa de la educación religiosa, militar o en un idioma distinto al castellano (De Paz Lisk v. Aponte Roque, 1989). Al atender una solicitud de exclusión de iglesias escuelas, el Tribunal Supremo de Puerto Rico indicó en el caso de Asociación de Academias y Colegios Cristianos, (1994) que, a través de la educación, se imparte la preparación necesaria para que los ciudadanos participen en el desenvolvimiento social y económico de nuestra vida colectiva. Indicó, además, que el Estado, tiene que asegurarse de que todas las instituciones pedagógicas del país, tanto públicas como privadas, provean una educación de calidad y que cumplan con unos requisitos mínimos de excelencia en cuanto a currículo, capacidad profesional de la facultad, planta física, recursos de apoyo y otros similares. De acuerdo con esa misma decisión, al emitir una licencia a una institución educativa privada, el Estado acredita que la escuela cumple con las exigencias mínimas y que los estudiantes reciben, al menos, la educación básica que debe recibir todo aquel que luego va a incorporarse a la sociedad de forma productiva.

La licencia le confiere poder a las escuelas para graduar, y conferir grados y diplomas a los estudiantes que cumplan con los requisitos impuestos por sus reglamentos. Por eso, en el ejercicio de sus facultades y deberes, el Estado puede válidamente reglamentar la operación de las instituciones educativas privadas, incluyendo aquellas de carácter religioso que se denominan iglesias-escuelas (Asociación de Academias y Colegios Cristianos de Puerto Rico, 1994).

En sus orígenes siempre existió un grado de confusión entre las funciones de otorgar licencias y acreditación, que aún hoy no se ha disipado por completo. De acuerdo con De León Ruíz (2018) el proceso de acreditación de las escuelas en Puerto Rico comenzó con la Ley Núm. 2 de 22 de agosto de 1958, según enmendada, conocida como Ley para la Acreditación de Instituciones Educativas. Esta Ley le dio al Secretario de Educación la autoridad para establecer las guías y procedimientos que las escuelas privadas debían seguir a fin de obtener la acreditación (Consejo Educación Superior, 2012, citado en De León Ruíz, 2018).

La Ley 149, aprobada el 30 de junio de 1999, concedió al Secretario de Instrucción Pública la responsabilidad de implantar la política pública del Estado Libre Asociado, como ente regulador de las instituciones privadas de nivel pre-escolar, primarias, secundarias, académicas, vocacionales, técnicas y altas destrezas, incluyendo a escuelas post-secundarias no universitarias. El Estado debía garantizar que estas instituciones cumplieran con unos requisitos mínimos que aseguraran cuan adecuados eran sus ofrecimientos académicos (Departamento de Instrucción Pública, 1989, citado en De León Ruíz, (2018).

Dicha ley hacía compulsorio que toda institución educativa privada en los niveles pre-escolar, elemental, secundario, vocacional, técnico o post-secundario no universitario obtuviera una licencia luego de cumplir con ciertos requisitos mínimos (Departamento de Instrucción Pública, 1989). Debería tener permiso expedido por una agencia gubernamental para la utilización de la planta física. La facultad debía poseer la preparación académica y experiencia necesaria demostrada mediante un certificado expedido por el Secretario de Instrucción Pública o en su lugar, la institución debía demostrar que su grado académico y experiencia era idóneo con las normas de la institución solicitante, en cuyo caso se le expedía un certificado de maestro provisional (Departamento de Instrucción Pública, 1989, citado en De León Ruíz, 2018).

Además, debería tener servicios bibliotecarios, laboratorios, un plan educativo y cómo este sería instrumentado, los permisos correspondientes de las agencias gubernamentales relacionadas con la seguridad y salud de los estudiantes, demostrar capacidad económica para cumplir con los compromisos que habría de contraer con los estudiantes. Sobre el gobierno, el control o la responsabilidad gerencial real, la ley establecía que el poder de toda institución educativa residiría en una junta de directores, o su equivalente jurídico la que se constituirá de tal manera que todos sus miembros tendrán ciudadanía o residencia legal en Puerto Rico. (Departamento de Instrucción Pública, 1989, citado en De León Ruíz, 2018).

La institución determinaría su relación institucional relativa a: asuntos académicos, asuntos estudiantiles, asuntos administrativos y asuntos fiscales, y el Secretario no podría imponerle a una institución educativa privada una determinación reglamentaria en las áreas previamente señaladas siempre que éstas se ajusten a las leyes y reglamentos locales y federales aplicables. Las normas aplicables a través de la ley, no podrían en forma alguna menoscabar el derecho de los padres de enviar a sus hijos a las escuelas de su selección (Departamento de Instrucción Pública, 1989, citado en De León Ruíz, 2018).

Los poderes que recaían sobre el Secretario de Instrucción Pública, con relación a las escuelas privadas, se transfirieron al Consejo General de Educación mediante la Ley Núm. 68 del 28 de agosto de 1990. Entre los poderes y deberes conferidos, estaban la responsabilidad de extender licencias y autorizar el establecimiento y operación en Puerto Rico de las instituciones educativas públicas y privadas en los niveles preescolar, elemental, secundario, especial, vocacional, técnico y de altas destrezas y postsecundario no universitario.

El 15 de julio de 1999, se aprobó la Ley Núm. 148 con el propósito de reestructurar el Consejo General de Educación de Puerto Rico. Esta ley creó el Consejo General de Educación como una agencia independiente y separada del Departamento de Educación (Consejo General de Educación, 2012, citado en De León Ruíz, 2018). Posteriormente se creó el Consejo de Educación de Puerto Rico, bajo el Plan de Reorganización Núm. 1 del 27 de julio de 2010 para consolidar el Consejo de Educación Superior de Puerto Rico y el Consejo de General de Educación. Este Plan fue creado al amparo de la Ley Núm. 182 de 17 de diciembre de 2009, conocida como "La Ley de Reorganización y Modernización de la Rama Ejecutiva del Gobierno de Puerto Rico de 2009". El Consejo de Educación de Puerto Rico tiene como propósito esencial licenciar instituciones de educación básica privadas e instituciones post-secundarias privadas y públicas (Consejo de Educación de Puerto Rico CEPR, 2019).

Política pública vigente

El 12 de agosto de 2018, se aprobó en Puerto Rico la Ley Núm. 212, la cual creó la Junta de Instituciones Postsecundarias, adscrita al Departamento de Estado. Se crea por esa misma Ley la Oficina de Registro y Licenciamiento. Los trámites relacionados con el registro y licenciamiento de las instituciones de educación privada de nivel básico, postsecundarias universitarias, postsecundarias técnico-vocacionales, son atendidos Oficina de Registro y Licenciamiento. La política pública vigente en relación con la educación privada está contenida en dicha Ley de Registro y Licenciamiento de Instituciones de Educación. Su fin es implementar el Plan de Reorganización del Consejo de Educación de 2018. De acuerdo con esa ley, el Gobierno reconoció que la educación pública tradicional no es la única opción que tienen los padres para asegurar el acceso de sus hijos al proceso de enseñanza-aprendizaje. La educación privada puede ser una alternativa diferente en métodos, enfoque, valores y ofrecimientos académicos a los que se ofrecen en el Sistema de Educación Pública (Ley Núm. 212 de 2018).

Se reconoce la existencia de un ámbito de autonomía institucional que resguarda a las escuelas, universidades y colegios privados de interferencias oficiales que menoscaben su libertad académica o atenten contra éstas. Indica que el desarrollo de la educación en Puerto Rico requiere el establecimiento de instituciones, cuya oferta educativa responda a las necesidades de la sociedad puertorriqueña. El Estado no debe dictar cuál ha de ser la oferta académica ni cómo debe ofrecerse la misma, toda vez que le corresponde a las instituciones educativas escoger el personal docente y no docente conforme a sus capacidades profesionales e intelectuales y conforme su compromiso ético de pasar estricto juicio sobre tales aspectos (Ley Núm. 212 de 2018).

Se establece que el poder estatal regulador será ejercido de forma tal que propicie una relación dinámica entre el Gobierno, las instituciones y la sociedad, que facilite el desarrollo de las Instituciones de Educación. Con el propósito de proteger el interés público, sin intervenir de forma indebida en los aspectos medulares del proceso de enseñanza-aprendizaje, asociados con el derecho de cada institución a la libertad académica, se dispone que estos han de ser de la competencia exclusiva de los cuerpos deliberativos de las Instituciones de Educación, quienes determinarán dichos asuntos en conformidad con la misión y filosofía que, libremente, haya adoptado cada institución para, de esta forma, desarrollar un sistema educativo altamente competitivo y orientado a preparar a los estudiantes a afrontar los requerimientos cambiantes del mundo laboral (Ley Núm. 212 de 2018).

Relación estudiante-institución

El estudiante que es admitido a una institución educativa privada sea secular o religiosa, desarrolla un contrato implícito con esa institución (Parrilla v. Concilio Iglesia Universal de Jesucristo, 2001). Cada estudiante admitido a una institución educativa entra en un contrato en el que la que la segunda se compromete a enseñar y el primero a cumplir con sus deberes académicos. De acuerdo con Simental Franco (2012) el contrato es y ha sido una institución jurídica, prácticamente indispensable para la vida de la sociedad. El contrato trasciende a todos los ámbitos de la actividad humana, y está inmerso dentro del marco jurídico de la mayoría de los pueblos que habitan nuestro planeta. La fuerza obligatoria del contrato es uno de los pilares básicos del derecho y aparece en la mayoría de los códigos civiles contemporáneos. Todas personas deben respetar las obligaciones que válidamente ha contraído. Estas obligaciones tienen fuerza vinculante para las partes contratantes y sólo estas tienen autoridad para variar los términos de un contrato válidamente celebrado (Accatino, 2015).

Por eso, el estudiante que no mantiene los requisitos académicos que la institución exige puede ser excluido de continuar sus estudios en la institución. Por su parte, si la institución no provee la educación que contrató con el estudiante se expone a acciones drásticas por su incumplimiento, tanto de parte de los estudiantes afectados como de parte de las agencias del estado que velan por el cumplimiento del ofrecimiento académico (Universidad de Puerto Rico v. Laborde Torres, 2010).

Al emitir una licencia a una institución educativa privada, el Estado acredita que la escuela cumple con ciertas exigencias mínimas. Esta doctrina se ha aplicado de diversas circunstancias. De acuerdo con los requisitos prescritos, es acreedor al grado. La jurisprudencia está repleta de decisiones judiciales que le han dado forma a esta parte del derecho. En el caso de Tanner v. Board of Trustees of the University of Illinois, (1977) el estudiante terminó todos los requisitos de graduación para el doctorado en Administración Comercial. Un comité de cinco profesores evaluó su disertación y sus exámenes de grado, orales y escritos. Cuando se estaba preparando para la graduación le informan que tenía que tomar los exámenes escritos nuevamente. Más adelante, el Decano de Estudios Graduados le indicó que su disertación y los exámenes, eran inaceptables, porque su comité nunca fue formalmente reconocido por la Escuela Graduada. Acudió al Tribunal de Instancia. Tribunal de instancia lo declara sin lugar. Tribunal de Apelaciones revoca. Ordena que se litigue a base de que una universidad no puede actuar en forma caprichosa y de mala fe, al negarse a conceder un grado a quien ha cumplido con todos los requisitos.

En el caso de Blank v. Board of Higher Education, (1966) Brooklyn College tenía una disposición llamada Professional Option Plan. Permitía que aquellos estudiantes a quienes les faltaran no más de 32 créditos de electivas libres y que completaran un año a tiempo completo en una escuela de derecho, las clases de derecho les contarían para el grado de bachillerato. Blank, un estudiante de Brooklyn College, luego de haber cumplido con los requisitos, fue admitido a la Facultad de Derecho de Syracuse. Habló con las autoridades de Brooklyn College, le aceptaron las 32 electivas libres entre los cursos de primer año de leyes de Syracuse. Le permitieron tomar dos cursos que le faltaban de su concentración en sicología. Entendía que no tenía que asistir a la sala de clases, según acordado con los profesores. Aprobó ambos con B. Cuando llegó a la ceremonia de graduación le dijeron que no le concedían el grado. Alegaron que la Universidad requería que los cursos de concentración se tomaran en residencia durante el último año. Las autoridades se sostuvieron y el caso llegó al Tribunal. El Tribunal se encuentra con una situación nueva. Aquí el estudiante había cumplido con todos los requisitos académicos estipulados por los documentos de la Universidad. Confió en la información ofrecida por los profesores, consejeros y el Decano de Facultad. Existían otras instancias en que un estudiante podía obtener crédito por cursos sin que tuviera que asistir a clase. El estudiante gastó dinero y esfuerzo en tomar los cursos. No sabía que posteriormente el Decano de Facultad podía denegarle el grado, solo porque no había tomado los cursos en residencia. El Tribunal aplicó la doctrina de estoppel, que significa que una persona o puede aprovecharse de sus propios actos. Ordenó a la Universidad a conferir el grado.

Obligaciones del estudiante

Los términos y condiciones son aquellos requisitos exigidos en las publicaciones de la institución al momento de la matrícula. En Lexington Theological Seminary v. Vance, (1979), un estudiante entra a la Maestría en Divinidad del Seminario. Mientras cursaba sus estudios informó que llevaba un estilo de vida homosexual. Se le advirtió que entre los requisitos para otorgar el grado estaba uno que tenía que ver con el carácter de la persona, y que aunque cumpliera con todos los requisitos académicos, si no pasaba ése, no recibiría el grado. Vance solicitó graduación y se le negó. Acudió al Tribunal y alegó entre otras cosas, violación de contrato. El Tribunal concluyó que los términos y condiciones del contrato se encontraban en el Catálogo. Allí se especificaba bien claro que el carácter sería evaluado, entre los asuntos a considerar para los candidatos al grado.

Naturaleza de la institución privada

La escuela privada, aparte de cumplir con unas normas generales que exige el Estado, abona a la garantía de una educación peculiar conforme al gusto y posibilidades de un sector privativo de la sociedad. El Estado no puede intervenir con la enseñanza privada que atiende a la opción voluntaria de quienes se decidan por ella. Esa escuela privada va a responder, en principio, -más que a la política educativa del Estado- a una filosofía de carácter particular -pedagógica, religiosa, militar, etc.- que la define y la singulariza. La eficiencia de una institución, de esa naturaleza, depende del grado hasta el cual la facultad esté libre de interferencia de otros entes no educativos. De allí que en la mayoría de los casos se aplica la doctrina de abstención. En asuntos académicos, las autoridades educativas son las únicas cualificadas por educación, adiestramiento y experiencia para juzgar las ejecutorias de los estudiantes.

En Olsson v. Board of Higher Education, (1980), un estudiante terminó todos los cursos del Programa de Justicia Criminal de John Jay College. Este Programa permitía tomar un examen de grado o una tesis. Olsson optó por el examen. En la Institución se ofrecía un curso preparatorio para el examen y él se matriculó. Las normas en torno a los exámenes de grado exigían una puntuación general mínima de 2.80. Además, el estudiante debía obtener un mínimo de tres puntos de un posible cinco, en al menos cuatro de las cinco preguntas que se le hacían. En una de las reuniones de este curso, el profesor les indicó a sus alumnos que deberían pasar al menos tres de las cinco preguntas en qué consistía el examen. Olsson se preparó, distribuyó el tiempo del examen de manera que pudo contestar tres de las preguntas y las aprobó. Como consecuencia, Olsson fue informado que, aunque obtuvo más de 2.80 en el examen, no había obtenido al menos tres puntos en cuatro de las cinco preguntas. Siguió el proceso de apelación que existía en la Escuela. Lo único que le ofrecieron fue la alternativa de tomar el examen nuevamente, sin perjuicio de que si no aprobaba lo pudiera repetir una vez más. Olsson no aceptó y fue al Tribunal. El Tribunal de instancia, adoptando la doctrina de estoppel, ordenó a la escuela que le concediera el grado.

En apelación se revoca. El Tribunal apelativo sostiene la doctrina de abstención que ha caracterizado la actuación de los tribunales por muchos años. Esta doctrina se basa en consideraciones de política pública. Sostuvo que cuando una institución educativa confiere un diploma, está certificando a la sociedad que ese individuo posee el conocimiento y las destrezas que se requieren en su disciplina.

En Shuffer v. Board of Trustees of the California State University, (1977) se trataba de una estudiante que se matriculó en el Programa de Ma. Ed. en Orientación y Consejería. Estaba obteniendo calificaciones de A. De momento, empezó a notar que las actitudes de la facultad comenzaron a cambiar. Se matriculó en un curso de práctica, que tenía secciones A y B. El profesor le entregó una hoja en que le decía que tenía que asistir al curso A, y que la nota que sacara se la aplicaba al B. Jacobo continuó asistiendo y al final recibió un incompleto. Se le permitió participar en los ejercicios de graduación, pero, no le concedieron el grado. Jacobo, siguió los procedimientos administrativos y no tuvo éxito. Acudió a los tribunales de instancia y ambos aplicaron la doctrina de abstención. El Tribunal de Apelaciones, ordena que se le dé la oportunidad de una vista donde tenga la oportunidad de pasar prueba. En sus fundamentos el Tribunal de Apelaciones sostiene que, además de los requisitos académicos, las instituciones educativas pueden justificar requisitos especiales que no sean arbitrarios y caprichosos. Lo que no es permisible legalmente es que una universidad o su facultad lleven a cabo un curso de acción irrazonable y punitivo hacia un estudiante, por razones que no tienen nada que ver con cualificaciones para un grado. La determinación de lo que es razonable o discriminatorio por parte de las autoridades es un asunto de hechos. Le corresponde al Tribunal dilucidarlos.

§6. El Sistema Educativo Público

Los sistemas educativos contemporáneos se deben adaptar a los retos que provienen de distintos ángulos. De acuerdo con Cookson (2009), a principios del siglo XX la población mundial era de 1.600 millones; a principios del siglo XXI, es de aproximadamente 6.6 billones. La satisfacción de las necesidades educativas de una población con esa densidad requiere esfuerzos y cambios extraordinarios en la forma en que se ofrece la educación. Se deben revisar y rediseñar los sistemas escolares actuales, para no continuar invirtiendo dinero, tiempo y esfuerzo en sistemas obsoletos (Cookson, 2009). Esta era posmoderna requiere que se deje de pensar en las escuelas como edificios y comencemos a repensar que el aprendizaje transcurre, también, en lugares diferentes y con propósitos sociales.

Si el desarrollo social tiene como fundamento el derecho a una vida sana y empoderada, entonces resulta evidente que la educación es un elemento de gran alcance y, además, un aspecto clave del desarrollo social. La educación puede ser interpretada como los conocimientos y competencias adquiridos por los estudiantes en la escuela o bien como una infraestructura de conocimientos que puede utilizarse para realizar intervenciones en el ámbito laboral de las diversas sociedades. La educación es fundamental para garantizar que las personas puedan tener mejor calidad de vida (UNESCO, 2016).

Se conoce de naciones o Estados que han comprendido esta problemática, por lo que ha realizado cambios trascendentales en sus sistemas educativos, para que tenga efectos significativos en sus habitantes. Por ejemplo, el caso de Corea del Sur; hace cuatro décadas, este país estaba en situación de subdesarrollo económico y político, su riqueza era equivalente a los países menos avanzados del África subsahariana, donde los ingresos per cápita es inferior a mil dólares por año. Hoy en día, en Corea del Sur su PIB per cápita asciende a 33.580 dólares. ¿Cuál ha sido el secreto de los coreanos? La educación se ha convertido en un bien transversal, desde las familias, el gobierno, hasta las grandes corporaciones, interesadas por mejorar la calidad de su capital humano -pilar de su productividad y capacidad de innovación- han invertido recursos para mejorar el nivel educativo de cada habitante. Su motivación, por adaptarse en el sentido de la competencia neoliberal los ha llevado a ser pioneros de la innovación en todos sus procesos educativos, así como líderes en tecnología. Otro sistema educativo que se transformó fue el de Finlandia. La transformación comenzó por los años '70, lo que se ha llamado la década del consenso. Los finlandeses asumieron la justicia social como uno de los objetivos más ampliamente aceptados, junto a un seguro de salud nacional, un sistema universal de pensiones y un plan universal de seguro por desempleo (Ahonen, 2002 citado por Goodill, 2017). En consecuencia, en el país nórdico, comenzó una reforma educativa en 1972, acompañada por un acuerdo mediante el cual los partidos políticos, de la época, compartieron la opinión de que el país necesitaba proporcionar educación para todos (Jaatinen y Saarivirta, 2014 citado por Goodill, 2017). Finlandia atrajo la atención mundial para el año 2000 con las mejores puntuaciones en matemáticas, lectura y ciencias en las pruebas PISA (Goodill, 2017).

Hoy día, ambos sistemas educativos, el surcoreano como el finlandés, son reconocidos como los dos mejores sistemas de enseñanza en el mundo. Corea del Sur y Finlandia; aunque son países con diferencias culturales y también en los métodos de enseñanza y aprendizaje, comparten los primeros sitios del ranking educativo a nivel mundial y la convicción de mantener a la educación como el eje central para su desarrollo humano y económico de sus países (García Durante, 2013).

Covarrubias-Moreno y Ángeles Lemus (2013) sostienen que el proveer y conservar los bienes públicos, crear valor y utilidad general para sus miembros, resolver los problemas y satisfacer las necesidades de grupos sociales, atender imparcialmente conflictos sociales y mejorar la calidad de vida son actividades que se atribuyen a un sistema educativo con responsabilidad del Estado. La educación se convierte en el eje fundamental para crear condiciones de estabilidad, entendimiento y orden social. La responsabilidad del Estado, representado por el gobierno, a través de un sistema educativo sólido, es base para que sus habitantes tengan un medio para concertar, interactuar entre diferentes sectores y provocar acuerdos de beneficio en la convivencia social.

Como sucede en los mencionados casos de Corea del Sur y Finlandia, el sistema educativo opera inmerso en las sociedades que viven las transformaciones profundas, por sus modos de relacionarse con el mundo, en sus modos de producción y distribución de la riqueza, en su estructura social, en su sistema político, así como en su sistema cultural (Tenti, 2004, citado por Covarrubias-Moreno y Ángeles Lemus, 2013). La educación tiene una función básica, esencial para la colectividad. Un Estado debe ser garante de la salud, vivienda, seguridad, asistencia social y la educación, porque forman parte de los derechos fundamentales que se sostienen de los servicios públicos considerados esenciales y de interés general que aseguran la vida y la dignidad de las personas.

En su categoría del bien común e interés público como derecho social, el sistema educativo demanda sumar todas las fuerzas posibles del ámbito político y social para asegurar el acceso y la permanencia en el servicio a la mayoría de sus poblaciones. En la actualidad, se debe sostener una educación de calidad que permita hacer frente a los retos de la sociedad del siglo XXI. En gran medida, de este bien educativo dependen del presente y del futuro de la sociedad, por lo que corresponde a todos los habitantes de una comunidad, nación o país preservarlo y mejorarlo. (Cookson, 2009).

La transformación de Corea del Sur y otros países, que se han modificado por medio de los sistemas educativos no es algo pasajero. Las sociedades se han tenido que poner de acuerdo, en cuanto a las prioridades, para planificar estratégicamente sus objetivos. Cookson (2009) utiliza una metáfora para ilustrar cuán importante es la consistencia de las reformas educativas al mencionar que Homero cuenta en La Odisea, que Penélope rechazaba las propuestas de matrimonio con evasivas, que se justificaban en relación con la espera del regreso de su cónyuge Odiseo, quien había ido a la guerra de Troya, prometiendo responder cuando terminara la mortaja que tejía en previsión de la muerte de Laertes, su anciano suegro. Penélope empleó la treta de dedicarse durante el día a tejer la mortaja y a destejerla por la noche, hasta el regreso de su esposo. Así, la escuela o las reformas educativas que, como Penélope, nunca concluyen su cometido, siempre deben comenzar de nuevo. Lo que tejía Penélope durante el día se desvanecía en la noche y debía rehacerlo al otro día. Un sistema educativo que se debata así, en la dialéctica de la acción y la destrucción, en el proceso de realización y pérdida nunca podrá tener los resultados esperados. La metáfora anterior de Penélope también se puede comparar con el mito de Sísifo, quien debe cargar una pesada piedra hasta la cima para luego verla caer hasta el inicio de la cuesta. Tantas veces repetido el ejercicio que nunca podrá salir de ese ciclo; es como tener -en comparación- un sistema educativo que repita su propio fracaso al no adaptarse a los cambios en la posmodernidad.

Puerto Rico, por su parte, se ha caracterizado a lo largo de su historia por cambios constantes en el sistema educativo. En los últimos años, se ha observado una dinámica en los Secretarios de Educación, quienes son los que implantan la política pública, la cual se esboza cada vez que surge una administración gubernamental nueva. Se ha mencionado que la educación es como un sistema dinámico, diverso e incierto que interactúa con las acciones humanas y que requiere una adaptación continua. Administración tras administración, a base del proceso lineal de planificación, el sistema de educación se queda siempre en cambios en el plan de acción, en los estándares o en los marcos curriculares, cambios en documentos, pero las prácticas no cambian (Quintero, 2019).

En el proceso histórico de la educación en Puerto Rico, en 2018 se aprobó una nueva ley orgánica (Ley de Reforma Educativa de Puerto Rico, Núm. 85 de 29 de marzo de 2018 [Ley 85, 2018]). La exposición de motivos de la Ley 85 (2018) indica que la educación es la piedra angular de nuestra sociedad y un factor vital en el desarrollo del ser humano como futuro ciudadano. Su enfoque está dirigido a proveer el conocimiento y las destrezas necesarias para que el estudiante adquiera las herramientas y capacidades que le permitan atender las exigencias de un mundo cambiante y en constante evolución. Otra disposición de la Ley 85 (2018) indica que, en las economías modernas, la educación se ha convertido en uno de los factores más importantes de la producción nacional y que las sociedades que más han avanzado en sus aspectos económicos y sociales han logrado cimentar su progreso en el conocimiento, tanto el que se transmite con la escolarización, como el que se genera a través de la investigación, la productividad, la innovación, la creatividad y la competitividad económica. De igual manera, el desarrollo social y cultural de las naciones dependen, cada vez más, de la educación, los sistemas robustos de comunicación, ciencia e innovación tecnológica. El desarrollo de un sistema de instrucción pública moderno, eficiente, humano y de excelencia es indispensable para que el desarrollo de nuestra sociedad. Este modelo educativo debe ser sustentable que, a su vez, maximice los recursos disponibles en la actualidad sin comprometer el progreso de futuras generaciones.

La Ley 85 (2018) busca que los y las puertorriqueñas tengan una formación para ser personas competentes, sensibles y autodidactas; seres comprometidos con el bien común, con mantener, defender los principios y valores humanos que toda sociedad justa y democrática debe promover. Está proyectado, en la referida ley, que los seres humanos, quienes sean educados -en el sistema público- deben convertirse en humanistas empáticos ante la realidad y necesidades del prójimo y de las comunidades en que viven, trabajan y se desenvuelven. Además, al convertirse en profesionales emprendedores y ser capaces de insertarse en una economía global dinámica. El propósito es desarrollar pensadores críticos con sensibilidad y profundidad; hombres y mujeres de Estado, desprendidos y de un carácter resiliente, verticales, genuinos y comprometidos con el progreso y la sustentabilidad de nuestro país.

El logro de esos objetivos requiere de una visión abarcadora, que permita reconocer y honrar el pasado y la historia. Requiere, además, el compromiso de todos, para intercambiar y adoptar ideas de los sectores más diversos de la sociedad puertorriqueña, piezas clave dentro de esta transformación. En esta conceptualización se incluye a los padres, madres y custodios encargados, entidades sin fines de lucro del tercer sector, empresarios, instituciones educativas privadas, el sector de base de fe, eruditos de la academia, instituciones de educación superior, filántropos y emprendedores, en fin, todos los componentes de la sociedad civil (Ley 85, 2018).

La nueva ley ha impuesto al Estado, el deber y la obligación, de promover la excelencia en la calidad de enseñanza que se imparte en cada una de las escuelas del Sistema de Educación Pública de Puerto Rico. Es deber del Departamento de Educación y sus diversos componentes, proveer las herramientas necesarias para dotar a los estudiantes con los conocimientos, disciplinas y experiencias educativas que les permitan insertarse productivamente en el campo laboral. La educación de excelencia debe proporcionar a cada participante sea el núcleo de ideas innovadoras, con alternativas y soluciones a situaciones vinculadas a su comunidad y a la sociedad en general. Como consecuencia, las escuelas públicas deben servir como conducto de ideas concretas y soluciones viables, que respondan al desarrollo económico y social, tanto globalmente, como de nuestro Puerto Rico contemporáneo (Ley 85, 2018).

De acuerdo con la Ley 85 (2019) todo sistema educativo de avanzada, cuyo énfasis sea el bienestar de su población a la que sirve y de la sociedad en general, está cimentado sobre bases pedagógicas sólidas desarrolladas en su filosofía educativa, y cita el Diccionario de la Real Academia Española, donde se define el término filosofía como: "el conjunto de saberes que busca establecer, de manera racional, los principios más generales que organizan y orientan el conocimiento de la realidad, así como el sentido del obrar humano." La filosofía educativa es, pues, un concepto concerniente a la naturaleza del hombre y al concepto de la vida que, de forma directa o indirecta, orientan al desarrollo educativo de cada ser humano y, por ende, de toda sociedad. En su concepción colectiva, la filosofía educativa es un conglomerado de condiciones que llevan a establecer los fines que deben orientar a un sistema educativo.

El desarrollo de una filosofía educativa debe ser cónsona con la historia, la cultura, la idiosincrasia, la herencia, las influencias y las tendencias, así como con el desarrollo social y económico de Puerto Rico. Teóricos y estudiosos del campo, locales e internacionales, han elaborado marcos de referencia importantes que guían los sistemas educativos hacia su consecución máxima, que es la formación integral del educando. Estos marcos de referencia, a su vez, emanan de otros principios y andamiajes de estudio e investigación. La importancia de todo sistema educativo se debe fundamentar en su desarrollo cognitivo, sustentado en una filosofía que reúna los marcos de referencia más relevantes. De esta filosofía educativa depende todo el desarrollo social, cultural y económico de los educandos actuales y de las futuras generaciones (Ley 85, 2018).

El marco filosófico en que se fundamenta el sistema educativo en Puerto Rico tiene su génesis en la Declaración Universal de los Derechos Humanos. La Asamblea General de las Naciones Unidas en París, el 10 de diciembre de 1948, en su Resolución 217 A (III), proclamó estos principios como un ideal común para todos los pueblos y naciones. Obviamente, además de la Constitución de Puerto Rico, el pueblo de Puerto Rico ha desarrollado varias legislaciones que buscaron atender el desarrollo educativo de la Estado. Algunas de estas iniciativas tienen planteamientos sólidos en una reforma y filosofía educativa. Actualmente, el planteamiento filosófico vigente dispone que la educación es esencial en el proceso de liberación del ser humano. Es necesario comprender el término liberación, en el marco de una concepción del ser humano como enraizado en su sociedad y cultura. Liberar al ser humano requiere que éste comprenda su interacción con la cultura y la sociedad en que vive. Además, el habitante adquiera las diversas herramientas que su cultura le ofrece y desarrolle tanto, la capacidad de ser crítico de su propia cultura, como la imaginación para crear un espacio dentro de la sociedad (Ley 85, 2018).

El Departamento de Educación de Puerto Rico tiene la responsabilidad de garantizar que todos los y las puertorriqueñas tengan acceso a una educación liberadora, integral y pertinente que le sirva para desarrollarse plenamente en su vida. Para lograr este fin, la escuela debe crear las condiciones ideales para que el estudiante se apropie de las herramientas que la sociedad le ofrece para su desarrollo; por ejemplo, reconocer la diversidad de los estudiantes y elaborar diversas alternativas para lograr que desarrollen al máximo sus capacidades; apoyar el desarrollo socioemocional de sus estudiantes y permitir que los estudiantes encuentren o construyan un espacio propio en la sociedad (Ley 85, 2018).

El desarrollo pleno e integral de nuestros estudiantes requiere, además, elevar los estándares en el proceso de enseñanza y aprendizaje, promover la excelencia y reducir de manera significativa las brechas en el aprovechamiento académico. Deben impulsarse acciones que garanticen un proceso de enseñanza y aprendizaje de calidad, la responsabilidad y creatividad para la atención de las necesidades educativas de nuestros niños y jóvenes. Además, dotar al personal con los recursos necesarios que puedan apoyar su gestión educativa. De este postulado emanan una visión y una misión del Departamento de Educación (Ley 85, 2018).

La visión indica que la escuela puertorriqueña debe ser un instrumento eficaz para la construcción de una sociedad justa y democrática; cultiva en los educandos la ética, la solidaridad y la conciencia social. Debe ser una unidad dinámica de cambio social, capaz de desarrollar de manera explícita las actitudes, destrezas y conocimientos que preparen a los estudiantes de manera competente y con creatividad para enfrentarse a los retos del mundo moderno. La educación debe responder a las variadas necesidades y talentos de los estudiantes, diversificando los ofrecimientos con alternativas creativas de aprendizaje y evaluación, tanto en horario regular como en horario extendido. Reconocemos la importancia del desarrollo del conocimiento y las competencias académicas, en armonía con el desarrollo emocional y social del estudiante (Ley 85, 2018).

La misión, por su parte, indica que se tiene que garantizar una educación gratuita y no sectaria, que desarrolle las actitudes, destrezas y conocimientos de todos los estudiantes, para que los preparen para desempeñarse con éxito en un mercado laboral globalizado y de manera competente, con creatividad a los retos del mundo moderno, independientes, aprendices de por vida, respetuosos de la ley y del ambiente natural y capaces de contribuir al bienestar común (Ley 85, 2018).

Asistencia Obligatoria a las Escuelas

El interés del Estado por la educación de sus estudiantes, siempre ha estado presente. Desde La República de Platón se popularizó la idea de una educación obligatoria. Incluso, antes, los líderes judíos les exigían a los padres que proporcionaran al menos alguna educación informal para sus hijos. Los rabinos fundaron varias escuelas en toda la región y estimularon a los padres a enviar a sus hijos a la escuela, tan pronto cumplían seis años. La Triple Alianza Azteca, en

México, es reconocida como la primera nación en promover la educación obligatoria para todos los niños (Compulsory education laws: Background, 2018).

Martín Lutero, en la Reforma Protestante, concibió las leyes para una educación obligatoria que garantizara el que más cristianos pudieran leer la Biblia. A medida que la Reforma Protestante se extendió por Europa, también se extendió el concepto de educación obligatoria el las diversas legislaciones de los diferente Estados-Nación. Por ejemplo, Escocia estableció un mandato educativo para los hijos de familias privilegiadas en 1496. No incluía a los plebeyos hasta que el país promulgó la Ley de Establecimiento Escolar de 1616. El concepto de asistencia obligatoria a la escuela se extendió gradualmente a otras partes del mundo, basándose principalmente en los sistemas establecidos por Prusia en 1763 (Compulsory education laws: Background, 2018).

En 1642, el Tribunal General de Massachusetts anunciaba que los niños debían ser educados para que pudieran leer y comprender la religión y las leyes del Estado. Horace Mann, un propulsor del sistema de escuelas públicas, sostuvo que la educación era tan importante que el gobierno tenía el deber de proporcionarla a cada niño, con los conocimientos esenciales, así asegurar la manera para que los ciudadanos, en su momento, estuvieran aptos para votar. Thomas Jefferson vería la educación de los niños como una fórmula ideal para la preservación de la libertad y la felicidad Además, para asegurar que todos pudieran participar en la protección del gobierno recién formado. Benjamin Franklin sostenía que la educación exitosa se constituía cuando cada persona era capaz de hacer con sus habilidades y los conocimientos el bien común para formar parte de la sociedad productiva. Estas aspiraciones, de los diferentes pensadores a lo largo de la historia, con enfoques relativamente similares en torno a la educación, crearon la obligatoriedad en la misma. mica, política y social de cada lugar, como de cada época crearon las leyes de una educación obligatoria (Chicosky, 2015).

En Massachusetts, en el 1852, se aprobó la primera ley de asistencia compulsoria a las escuelas. En 1918, todos los Estados tenían esas disposiciones. El Tribunal Supremo de EE. UU. reconoce el derecho que tienen los Estados de aprobar este tipo de legislación al amparo de su poder para asegurar el bienestar y progreso de la sociedad que representan. En el caso de Pierce v. Society of Sisters, (1925), El Tribunal Supremo determinó que la asistencia a la escuela pública no es el único medio de cumplir con el requisito de asistencia compulsoria. Una ley de Oregon dispuso que los niños tenían que asistir a las escuelas públicas, pero el tribunal determinó que se cumplía con la asistencia compulsoria, tanto en escuelas privadas como públicas. El único requisito era que la calidad de la educación en las escuelas privadas fuera equivalente a la ofrecida en las escuelas públicas (Chicosky, 2015).

La tendencia fue similar en los tribunales estatales de los diferentes Estados en relación a la asistencia compulsoria. Algunas personas han intentado la educación en el hogar (Home Schooling), para cumplir con los requisitos de asistencia compulsoria. Esta práctica varía de acuerdo con la jurisdicción en que se desarrolle (Essex, 2015). Se ha cuestionado si la educación en el hogar es equivalente a la obtenida en la escuela privada o pública. En el caso de People v. Harrel, (1962), un grupo de padres fueron condenados por violar la ley de asistencia compulsoria de Illinois; ellos habían organizado una escuela donde enviaban a sus hijos, sin que fuera aprobada por el gobierno. El Tribunal estableció que la escuela no cumplía con la ley, porque los maestros enseñaban sin libros. Por aparte, el Tribunal Supremo de Indiana resolvió que un padre que emplea a un maestro para educar a su hijo en el hogar cumple con el estatuto de asistencia compulsoria, véase Steve v. Peterman (1904). Este tipo de educación en el hogar, está contenida en el término de escuela privada aceptada, sujeta a calidad y rigurosidad académica.

El caso de Wisconsin v. Yoder, (1972) se presentó la oportunidad de examinar una excepción a la asistencia compulsoria. Un grupo de padres de niños Amish son declarados culpables de violar la ley porque sacaron a sus niños de la escuela al llegar al octavo grado. Para los padres la asistencia a escuela superior era contraria a sus ideas religiosas. El Tribunal Supremo de Wisconsin revocó las convicciones, debido a que esas leyes atentan contra el derecho al libre ejercicio de la religión de los Amish.

El Tribunal Supremo de Estados Unidos de América concurrió con esa decisión porque se trataba de una creencia firme de los padres. Ellos, en su comunidad, podían continuar educando a sus hijos por medio de experiencias de agricultura vocacional, que les permitían tener éxito en la misma comunidad.

Se han seguido haciendo intentos por modificar las leyes para atemperarlas a sus necesidades con relativo éxito. Los tribunales están muy atentos a que las alternativas no públicas cumplan con ciertos estándares comparables.

Los siguientes son ejemplos de esa tendencia. En People v. Donner, (1951), un tribunal de Nueva York encontró que una escuela no se enseñaban materias convencionales, no era una educación comparable. Los maestros no poseían cualificaciones mínimas y no se llevaban registros de asistencia. F. & F v. Duval City, (1973), se determinó que no se podía sacar los niños de la escuela por el mero hecho de considerar que la integración racial era un pecado.

En Grigg v. Commonwealth, (1982), los padres de dos niños alegaban que la educación que ellos le ofrecían en la casa era igual o superior a la que le ofrecía el sistema de escuelas públicas de Virginia. Los tribunales de instancia no estaban de acuerdo, por lo que apelaron al tribunal Supremo de

Virginia. Allí ellos sostuvieron que constituían una escuela privada para los niños, por lo que cumplían con la ley del Estado. Los niños estaban recibiendo instrucción en el hogar, no en una escuela aprobada por el Estado y con maestros cualificados por la Junta de Educación local, de acuerdo con el Tribunal. Por lo tanto, los encontró en violación de la ley, confirmando las determinaciones de instancia.

Las leyes de asistencia compulsoria se han modificado en algunos Estados, en años recientes, para permitir educación alternativa y excepciones, pero manteniendo la autoridad del Estado, para requerir educación para los educandos. Por ejemplo, en Florida, donde un padre puede evadir ser procesado criminalmente por violar esta ley, si se acepta el cumplimiento de la siguiente manera: en una escuela pública, en una escuela parroquial, en una escuela privada, o por medio de un tutor que cumpla con todos los requisitos de la ley del Estado y los reglamentos de las Juntas locales. En ese mismo Estado, a un educando se le puede expedir un certificado que lo exima de la asistencia compulsoria, si se demuestran las siguientes razones: discapacidad física o mental, distancia entre su hogar y el medio de transportación pública más cercano, empleo legal y por recomendación del tribunal de relaciones de familia o juvenil (acompañado de un visto bueno del superintendente de escuelas).

Hoy día la importancia de la educación obligatoria es reconocida en todo el mundo. Independientemente de su filosofía política, cada país desarrollado tiene sus leyes de educación compulsoria. Los objetivos básicos de esas leyes son desarrollar ciudadanos ilustrados que necesitan para suplir las demandas emergentes de cada sociedad. No se conciben naciones verdaderamente libres sin un sistema de educación básica efectivo, especialmente luego de la II Guerra Mundial. Lo que podría variar es el período de años de escolaridad obligatoria requeridos, al igual que la responsabilidad de los gobiernos locales (Chicosky, 2015).

Legislación local en Puerto Rico

La Ley 85 (2018) hace una descripción completa a la obligatoriedad de a educación en Puerto Rico, dispone que: a) La asistencia a las escuelas será obligatoria para los estudiantes entre cinco (5) a dieciocho (18) años de edad, excepto: los estudiantes que participen de un programa educativo alterno de enseñanza primaria y secundaria o su equivalente; los estudiantes que estén matriculados en algún programa de educación secundaria para adultos u otros programas que los preparen para ser readmitidos en las escuelas regulares diurnas o que hayan tomado el examen de equivalencia de escuela superior. b) Queda terminantemente prohibido la salida de estudiantes de los planteles escolares durante el horario escolar, así como durante cualquier receso de la actividad docente. El director escolar y el maestro del estudiante serán corresponsables de la ausencia no programada de esta naturaleza y se consignará en su evaluación, sino se demuestran los esfuerzos claros y contundentes para evitarlos. Se dispone, además, que el Secretario vendrá obligado a establecer mediante reglamento a tales efectos, el procedimiento para autorizar la salida de estudiantes durante el horario escolar. Dicho reglamento contendrá, al menos, una disposición sobre autorización expresa del padre, tutor o encargado. c) Todo padre, tutor o persona encargada de un estudiante que alentase, permitiese o tolerase la ausencia de éste a la escuela, por un periodo igual o mayor de tres (3) días consecutivos sin justa causa, o que descuidase su obligación de velar que asista a la misma, y luego de haber recibido una advertencia sobre su incumplimiento, incurrirá en delito menos grave y será sancionado con una multado mayor de mil (1,000) dólares o una pena de servicio comunitario en la institución donde asista el estudiante de quien es responsable, por un periodo mínimo de cien (100) horas, o ambas penas a discreción del Tribunal. Incurrirá, también, en una falta administrativa que podría conllevar la cancelación de beneficios al amparo del Programa de Asistencia Nutricional, de Programas de Vivienda Pública y de Programas de Vivienda con Subsidio. Cada escuela desarrollará un plan estratégico para evitar la ausencia continua de los estudiantes al salón de clase. d) Ningún estudiante podrá estar fuera de algún programa educativo hasta terminar la escuela superior o su equivalente. Cada padre, tutor o persona encargada de un estudiante será responsable de la asistencia obligatoria del estudiante a la escuela. e) El Secretario, en conjunto con los Superintendentes Regionales y los directores escolares, establecerán los métodos o procedimientos que las Oficinas Regionales Educativas utilizarán para implementar las disposiciones de la asistencia obligatoria de los estudiantes, a través de un reglamento. [...] f) El Secretario rendirá al fin de cada semestre un "Reporte (sic) de Deserción Escolar en Puerto Rico, cuya información será presentada de manera clara y comprensible para el público en general. Dicho Reporte (sic) será sometido al Gobernador de Puerto Rico, a la Asamblea Legislativa a través de la Secretaría de cada Cuerpo y al Instituto de Estadísticas de Puerto Rico. Además, el Reporte (sic) estará disponible en la página electrónica del Departamento. El mismo deberá incluir, sin limitarse, la tasa de deserción total para cada uno de los grados por cada región educativa y por cada escuela; la tasa de aprobación del Examen de Equivalencia a Escuela Superior; datos sobre traslados, expulsiones, suspensiones y ausentismo; y cualquier otra información pertinente al progreso académico de los estudiantes. A su vez, el Secretario deberá hacer disponible en la página electrónica del Departamento, mensualmente, el informe de asistencia de cada escuela, el cual será reportado conforme al reglamento. g) Se designa al Instituto de Estadísticas de Puerto Rico como representante autorizado del Departamento para propósitos de que se comparta con el Instituto la información estudiantil, salvaguardando los derechos de confidencialidad del estudiante a tenor con el Artículo 1.05 de esta Ley. (Ley 85, 2018).

Jurisprudencia

16. Asociación Academias y Col. Cristianos v. E.L.A., 135 D.P.R. 150, 164. (1994)

[Resumen]

[Este caso clarifica definitivamente que el derecho a la educación en Puerto Rico no se extiende al ámbito de la educación universitaria y que la Universidad de Puerto Rico tiene autoridad para imponer criterios razonables de admisión.]

En San Juan, Puerto Rico, a 22 de febrero de 1994

Opinión del Tribunal emitida por el Juez Asociado señor FUSTER BERLINGERI.

Entre el 30 de abril y el 1 de mayo de 1991, la Universidad de Puerto Rico (en adelante UPR) informó a siete estudiantes que sus solicitudes de admisión no podían ser tramitadas debido a que éstos no eran egresados de escuelas certificadas por el Departamento de Educación (antes Departamento de Instrucción Pública). La UPR les informó que sus solicitudes serían mantenidas en moratoria hasta que las escuelas de donde provenían gestionaran su licencia con la agencia pública.

La Asociación de Academias y Colegios Cristianos, un grupo de escuelas adscritas a dicha organización, varios pastores y los siete estudiantes cuyas solicitudes fueron mantenidas en moratoria acudieron ante el Tribunal Superior alegando que el requisito de admisión a la UPR era inconstitucional por violar la cláusula sobre igual protección de las leyes, su derecho constitucional a recibir una educación y que el requisito de obtención de licencias era inconstitucional, porque infringía la doctrina de separación entre la Iglesia y el Estado.

El Tribunal Superior dictó una sentencia parcial en la que declaró inconstitucional dicho requisito de admisión a la UPR y ordenó a la Universidad que tramitara las solicitudes de admisión de los estudiantes. El Tribunal Superior basó su decisión en dos fundamentos. En primer lugar, estimó que el requisito de admisión contravenía la cláusula constitucional sobre la igual protección de las leyes, ya que no se aplicaba a todos los estudiantes con igual rigurosidad. En segundo lugar, el Tribunal Superior adujo que el requisito impugnado incidía sobre el derecho fundamental a la educación. El Tribunal concluyó que la Universidad no había podido justificar tal requisito rigurosamente.

La UPR apeló al Tribunal Supremo de Puerto Rico aduciendo que el Tribunal Superior había errado al decretar que el requisito de admisión violenta la cláusula de la igual protección de las leyes y el derecho fundamental a la educación.

El Tribunal Supremo revocó la sentencia por los siguientes fundamentos.

El Tribunal Supremo indicó que el Tribunal de instancia declaró inconstitucional el requisito de admisión a la UPR que exige de todo solicitante haberse graduado de una escuela autorizada para operar en Puerto Rico por el Departamento de Educación, por entender que dicho requisito era contrario a la cláusula de igual protección de las leyes y por incidir, impermisiblemente, sobre el derecho constitucional a la educación. El Tribunal de instancia concluyó que se aplicaba el requisito de admisión discriminatoriamente, porque a los estudiantes procedentes de escuelas superiores de Estados Unidos o del extranjero no se les exigía requisitos de licenciamiento o acreditación respecto a sus escuelas de origen como se les exigía a los de Puerto Rico.

De acuerdo con el Tribunal Supremo, el Tribunal de instancia erró en su determinación y explicó lo siguiente. Reiteradamente hemos resuelto que la cláusula constitucional que garantiza la igual protección de las leyes no exige un trato igual a todos los ciudadanos; sólo prohíbe un trato desigual e injustificado.

El requisito de admisión a la UPR que se impugna no está formulado sobre bases que aparejen una clasificación sospechosa. Tampoco afecta derecho fundamental alguno, constitucionalmente hablando, ya que el derecho a la educación consagrado en nuestra Constitución es uno de contornos limitados y no se extiende al ámbito de la educación universitaria.

El Artículo II sección 5 de la Constitución del Estado Libre Asociado dispone en lo pertinente:

Toda persona tiene derecho a una educación que propenda al pleno desarrollo de su personalidad y al fortalecimiento del respeto de los derechos del hombre y de las libertades fundamentales. Habrá un sistema de instrucción pública el cual será libre y enteramente no sectario. La enseñanza será gratuita en la escuela primaria y secundaria y, hasta donde las facilidades del Estado lo permitan, se hará obligatoria para la escuela primaria. Dicha disposición, evidentemente, no declara que existe un derecho a obtener del Estado una carrera universitaria. El propósito principal de la cláusula es definir las aspiraciones colectivas sobre la educación y crear un sistema de enseñanza pública a niveles primario y secundario exclusivamente. El lenguaje utilizado en el citado artículo y el claro historial de esta disposición en la Convención Constituyente indican, sin lugar a dudas, que el derecho a la educación allí reconocido se limita a la educación a niveles primarios y está sujeto a que el Estado tenga los recursos necesarios para su implantación.Como la Constitución no consagra un derecho a la educación universitaria, no podemos afirmar que existe en este caso un derecho fundamental que apareje la aplicación del escrutinio estricto sobre la igual protección de las leyes. Las expresiones sobre el derecho a la educación hechas por este Tribunal en el caso **Pagán v. UPR** *(1978), tampoco tienen el efecto de extender o crear en Puerto Rico un derecho a la educación universitaria. Erró el Tribunal de instancia al analizar la validez del requisito de admisión bajo el escrutinio estricto por no estar en juego un derecho fundamental. Veámos entonces, si existe algún problema de igual protección bajo el escrutinio racional. Como parte de los requisitos para solicitar admisión a la UPR, esta institución exige que los estudiantes solicitantes sean gra-*

duados de una escuela superior acreditada y autorizada para operaren Puerto Rico por el Departamento de Educación o mediante examen de equivalencia del Departamento de Educación. Si el estudiante procede de una escuela superior de Estados Unidos, éste debe someter evidencia de la acreditación de la misma por la Junta de Educación del Estado correspondiente.

El requisito exigido por la Universidad se basa en las disposiciones contenidas en el Artículo II-1 de la Ley Núm. 49, supra, que dispone: Será compulsorio el que toda institución educativa privada en los niveles preescolar, elemental, secundario, vocacional, técnico o post-secundario no universitario; que pretenda operar en el Estado Libre Asociado de Puerto Rico, obtenga una licencia del Secretario de Instrucción Pública de Puerto Rico. El Secretario de Instrucción Pública, en adelante denominado el Secretario, tendrá la autoridad exclusiva para extender licencias para autorizar el establecimiento y operación de las instituciones educativas privadas indicadas en esta sección.

Además, el Artículo III-3 del mismo cuerpo de ley dispone que: Ningún departamento, instrumentalidad, oficina, junta, negociado o comisión del Gobierno del Estado Libre Asociado de Puerto Rico podrá hacer determinaciones, autorizaciones o acreditaciones de instituciones educativas o reconocer o acreditar grados, diplomas, certificados o cursos pertinentes a los asuntos cubiertos en este capítulo.

La UPR aprobó el requisito en cuestión, tanto para cumplir con las disposiciones legales aludidas, que forman parte de la política pública del país sobre educación, como para facilitar el cumplimiento de su propia misión académica. Es bien conocido que la UPR cuenta con recursos limitados para realizar sus encomiendas. Debido a ello ha adoptado normas y reglamentos para administrar eficientemente sus recursos y así hacer posible su misión de desarrollar la riqueza intelectual del país, sobre todo de aquellos integrantes provenientes de los estratos menos favorecidos. Artículo 2 de la Ley Número 1, del 20 de enero de 1966, 18 L.P.R.A. Sec. 601. Parte de esta tarea ha sido la de decidir institucionalmente cuáles de sus aspirantes a admisión satisfacen unas exigencias mínimas de preparación y conocimientos académicos, para así darle cabida a los mejores cualificados. Como parte de este proceso, la UPR descansa en un criterio uniforme y de corroboración asequible para pasar juicio sobre la formación de sus aspirantes. Esta garantía consiste precisamente en la licencia que expide el Departamento de Educación. La licencia constituye el aval que acredita que el estudiante cursó estudios en una institución académica que, al menos, cumplía con unas normas mínimas de calidad. Además, le garantiza a la UPR que el estudiante que solicita admisión ha recibido una instrucción que cubría determinadas materias y tópicos que se estiman necesarios y que contaba con las facilidades para suplir la enseñanza curricular, tales como laboratorio y biblioteca.

Sin el requisito aquí en cuestión, sería muy difícil para la UPR poder distinguir con certeza entre aquellos estudiantes aptos para ser acreedores a una instrucción post-secundaria y los que no lo son. Sin dicho requisito se crearía el grave riesgo de que la UPR hiciese adjudicaciones de admisión en forma inconsecuente y arbitraria, dada la ausencia de un esencial parámetro uniforme que rija el proceso de selección de estudiantes.

Por otro lado, la anulación del criterio de admisión en controversia, en gran medida desvirtuaría los propósitos y la política pública contemplada en la Ley Núm. 31, según enmendada. Si la UPR viniera obligada a admitir estudiantes de escuelas sin licencia, no habría un incentivo real para que los colegios se sometieran al proceso de licenciamiento del Departamento de Educación. La autoridad del Departamento de Educación para licenciar escuelas sería entonces fútil. Es evidente, pues, que el requisito de admisión en cuestión persigue un fin legítimo del estado.

El requisito de admisión, además, se aplica válidamente a todos los solicitantes de admisión de la UPR. No existe, por ende, ningún tipo de discrimen. Todos los egresados de escuelas en Puerto Rico son tratados igualmente. La "clasificación" percibida por el Tribunal de instancia de que los egresados de escuelas fuera de Puerto Rico no son tratados igual que los de escuelas de Puerto Rico no afecta a los de-

mandantes, que son graduados de escuelas de la isla; y además las diferencias en la aplicación del requisito de admisión entre unas y otras son enteramente racionales. Los que proceden de escuelas de los Estados Unidos y pases extranjeros son considerados según unas normas análogas a las aplicadas a los egresados de escuelas de Puerto Rico. Si provienen de escuelas públicas de Estados Unidos, dichas escuelas están avaladas por el gobierno estatal que regula, opera y administra dichas instituciones. Si provienen de escuelas privadas de Estados Unidos, se les exige mostrar evidencia de que la escuela está licenciada o acreditada por el estado de origen. Si provienen de instituciones educativas de países extranjeros, se les requiere prueba de que las instituciones gozan de reconocimiento oficial. Finalmente, si el estudiante procede de una escuela de alguna jurisdicción que no licencia o aprueba sus escuelas, el estudiante tiene que tomar un examen de equivalencia que ofrece el Departamento de Educación de Puerto Rico.

Los estudiantes graduados de escuelas que operan en Puerto Rico presentan unas características similares, a saber que: adquirieron su educación en escuelas que operan bajo el Departamento de Educación; recibieron una educación principalmente en español, salvo los colegios donde el inglés predomina; tomaron una serie de cursos que son particulares de Puerto Rico, como sería el caso de los cursos de literatura e historia puertorriqueña; y lograron su formación social en nuestro ambiente cultural. A los estudiantes provenientes de fuera de Puerto Rico no se les puede exigir requisitos idénticos, pues evidentemente estos alumnos provienen de un medio educativo diferente del nuestro. Es válido, por tanto, imponerles a los egresados de Puerto Rico el requisito de admisión en cuestión y a los estudiantes de afuera exigirle un requisito análogo, que tiene leves variantes respecto al de Puerto Rico, con arreglo a las distintas circunstancias de cada caso. No es irrazonable ni arbitrario que a los estudiantes provenientes de los Estados Unidos o países extranjeros se les exija que la escuela de origen esté acreditada o licenciada por las autoridades educativas de su propia jurisdicción.

Por los fundamentos antes expuestos, se revoca la sentencia parcial dictada por el Tribunal de instancia en que declara inconstitucional el requisito de admisión a la UPR aquí discutido.

JAIME B. FUSTER BERLINGERI, JUEZ ASOCIADO

17. Asociación de Maestros de Puerto Rico v. César Rey Hernández, 178 D.P.R. 253 (2010)

[Resumen]

[Este caso ilustra la importancia que el Tribunal Supremo concede al derecho a la educación y lo manifiesta al examinar una ley que mandaba el garantizar que se nombraran unos maestros de educación física, acto que debía realizar el Secretario de Educación como una función ministerial, no discrecional.]

San Juan, Puerto Rico, a 16 de febrero de 2010.

Opinión del Tribunal emitida por el Juez Asociado señor Kolthoff Caraballo

Por medio de la Ley Núm. 68 de 1990 se hizo compulsoria, por primera vez en la Isla, la enseñanza del curso de educación física en todos los grados de nuestro Sistema de Educación Pública (Sistema). Con la aprobación de la Ley Núm. 149 de 1999, se eliminó el requisito de proveer educación física a los estudiantes de las escuelas públicas. Un año después, mediante la Ley Núm. 146 del 10 de agosto de 2000, se incorporó nuevamente la educación física como materia básica y obligatoria dentro del Sistema y se dispuso que cada escuela proporcionara a sus estudiantes un mínimo de tres (3) horas semanales de educación física. Además, se estableció que se garantizaría un maestro de educación física a cada escuela y que en aquellas escuelas con más de doscientos cincuenta (250) estudiantes, se nombrarían maestros adicionales por cada doscientos cincuenta (250) estudiantes o fracción.

Ante el incumplimiento con ello, la Asociación de Maestros (Asociación), alegó ante el Tribunal de Primera Instancia era un deber ministerial del Secretario de Educación cumplir con los requisitos de la Ley Núm. 146 del 10 de agosto de 2000. Solicitó que, en vista de que se había incumplido con lo anterior, el Tribunal de Primera Instancia le ordenase al Departamento cumplir con el alegado deber ministerial reseñado.

El Departamento alegó que desde 2001, había estado cumpliendo con la obligación que le imponía la Ley. Además, argumentó que crear todas esas en los cuatro años posteriores a la aprobación de la Ley, afectaría el cumplimiento de otras obligaciones del Departamento de Educación.

El Tribunal de Primera Instancia dictó una sentencia en la que indicó que el Departamento había cumplido con el mínimo requerido por la Ley, pero que el Departamento había incumplido con el requisito de proveer los maestros adicionales, de acuerdo con el número de estudiantes matriculados en las escuelas y le ordenó que debía presentar un plan de nombramientos que tuviera como objetivo cumplir a cabalidad con el mandato de Ley, conforme a la capacidad de dicho Departamento.

El Departamento de Educación apeló ante el Tribunal de Apelaciones y este revocó el dictamen del Tribunal de Primera Instancia. El Tribunal de Apelaciones concluyó que en este caso no procedía obligar al Secretario de Educación al cumplimiento de lo dispuesto en la Ley Orgánica del Departamento porque el reclamo que hacía la Asociación de Maestros estaba dentro de las funciones y deberes asignados al Secretario, pero que ello no representaba necesariamente que éstas fuesen deberes ministeriales, sino que eran discrecionales.

La Asociación de Maestros de Puerto Rico, acudió ante el Tribunal Supremo y señaló que el Tribunal de Apelaciones erró al determinar que el mandato establecido en la Ley 149 de 1999 en torno al nombramiento de maestros de educación física es un deber discrecional.

El Tribunal Supremo revocó la Sentencia del Tribunal de Apelaciones y reinstaló la Sentencia del Tribunal de Primera Instancia, Sala Superior de San Juan. Ordenó al Departamento de Educación a presentar un plan que tenga como objetivo cumplir a cabalidad con el mandato de ley, conforme a la capacidad del Departamento.

El Tribunal Supremo indicó que es altamente conocido que la educación ocupa un sitial prominente en nuestro país. Tan es así, que el derecho a la educación quedó plasmado en la sección 5 del Art. II de nuestra Constitución. El derecho a la educación es de tal importancia que los miembros de la Asamblea Constituyente incluyeron el afán por la educación como uno de los factores determinantes en nuestra vida como pueblo democrático. El Estado tiene un interés apremiante en que la educación, tanto pública como privada, sea una de excelencia. Además, expresamente hemos apuntalado que a través de la educación se imparte la preparación necesaria para que los ciudadanos participen en el desarrollo social y económico de nuestra vida colectiva".

En consecuencia, debido a las raíces constitucionales que nutren el derecho a la educación, nuestra Asamblea Legislativa ha creado y modificado en varias ocasiones las leyes que buscan hacer realidad dicho derecho. Como hemos mencionado, éste intenta proveer a nuestros niños y adolescentes la oportunidad de recibir una educación de excelencia y que propenda al pleno desarrollo de su personalidad, tal y como anhelaban los miembros de la Asamblea Constituyente.

Así pues, estos principios constituyeron la piedra angular de la Ley Orgánica del Departamento de Educación Pública de Puerto Rico, Ley Núm. 149, supra, la cual se fundamenta sobre tres premisas básicas: (1) El estudiante es la razón de ser del sistema educativo y el maestro su recurso principal. (2) La interacción entre estudiantes y maestros constituye el quehacer principalísimo de la escuela. Las demás actividades escolares, independientemente de su índole, se justifican sólo cuando facilitan la docencia, mejoran la gestión educativa o fortalecen los servicios de la escuela a la comu-

nidad. (3) Las escuelas pertenecen a las comunidades que sirven y estas deben participar en su gobierno.

Por consiguiente, esta ley ha dispuesto un extenso conglomerado de disposiciones que buscan hacer posible el prominente derecho constitucional a la educación. Ahora bien, para poder disponer de la controversia ante nos es imperativo delinear los contornos que la ley orgánica establece en torno a las funciones, facultades y obligaciones del Secretario del Departamento de Educación. El Secretario es el responsable de dirigir y supervisar el conjunto de actividades académicas y administrativas del Departamento de Educación. Este Tribunal resolvió que el Departamento de Educación constituye un sistema integrado, dirigido por el Secretario, quien ejerce todas las funciones ejecutivas, administrativas, operacionales, de supervisión y planificación de su ley orgánica. El Secretario encauzará la gestión educativa del Sistema a través de normas reglamentarias, de directrices de política pública y de actividades de planificación, auditoría, fiscalización y evaluación de los procesos académicos y administrativos de las escuelas. Ejercerá las facultades ejecutivas inherentes a su cargo en los casos que prevé la ley o cuando entienda que sea necesario para salvaguardar la armonía y los intereses del Sistema de Educación Pública de Puerto Rico. El Secretario organizará, planificará, dirigirá, supervisará y evaluará las actividades académicas y administrativas del Departamento. Además, el Secretario es el responsable de implantar la política pública que la Asamblea Legislativa y el Gobernador adopten con el fin de realizar los propósitos que la Constitución de Puerto Rico y la Ley Orgánica del Departamento de Educación pautan para el Sistema de Educación Pública.

En relación con las escuelas, el Secretario será directamente responsable, entre otras cosas, de la planificación fiscal del Sistema y la asignación presupuestaria de cada una de éstas, así como de la auditoría fiscal y del examen de los procedimientos de personal. Además, cuidará que las escuelas de la comunidad, autónomas en su funcionamiento, se articulen dentro de un sistema educativo coherente, orientado por propósitos comunes.

La Ley Orgánica enuncia un conglomerado de facultades y obligaciones del Secretario tanto en el ámbito académico como administrativo. En su función de Director Administrativo del Sistema de Educación Pública de Puerto Rico, la Ley dispone, entre otras obligaciones, que el Secretario, "[p]reparará y administrará el Presupuesto del Departamento, así como los fondos de origen externo que se le asignaren a éste. Es responsable de adoptar la fórmula para determinar el presupuesto de las escuelas del Sistema de Educación Pública, así como del nombramiento del personal del Departamento.

En el ámbito académico, el Secretario tiene la obligación de preparar un Plan de Desarrollo Integral donde se establecerán los objetivos de corto y mediano plazo del Departamento y su plan de trabajo para alcanzarlos. Este plan será de cinco (5) años y se revisará anualmente. Entre las múltiples funciones académicas a ser desempeñadas por el Secretario, además de las antes referidas, se encuentran las siguientes: [...] (b) Organizará los programas de estudio del Sistema de Educación Pública con arreglo al patrón de grados y niveles... (c) Establecerá un currículo básico para el Sistema de Educación Pública con márgenes de flexibilidad suficientes para que las escuelas lo adapten a sus necesidades. Incluirá como requisito del currículo los cursos de educación física. (Énfasis nuestro) (d) Prescribirá el plan de estudios correspondiente a cada grado y nivel del Sistema.

La educación física es la materia responsable de ayudar al desarrollo físico de los estudiantes. En virtud de esto, es incuestionable la importancia que debe ocupar dentro del proceso educativo. El Departamento de Educación reconoció dicha importancia y la enunció en el marco curricular del programa de educación física. En dicho marco, creado en el 2003 con la aprobación del entonces Secretario Dr. César Rey Hernández, se estableció, entre otras cosas, que: El Programa de Educación Física provee al estudiante las experiencias necesarias para el desarrollo de las destrezas motoras indispensables y para alcanzar la madurez física que le permita funcionar eficientemente en el mundo de hoy. (...) A través de la educación física se estimula el pensamiento y se facilita el desarrollo de un ser humano autónomo, capaz de dirigir su aprendizaje a través de las diferentes etapas de su vida.

El enfoque filosófico del curso de educación física concibe esta disciplina académica como la práctica formal e informal de las actividades físicas en sus diversas expresiones. Así, utiliza el movimiento del cuerpo como instrumento básico de aprendizaje, con el cual se influye positivamente en el desarrollo de la personalidad del estudiante, promoviendo su formación social, ética, espiritual, motriz, cognitiva y afectiva. Por tal razón, la educación física es esencial para lograr el desarrollo de un estilo de vida activo, significativo y saludable. Así pues, en virtud de la importancia que ostenta la educación física, el propio Departamento concibió la visión del Programa de manera abarcadora.

El Programa de Educación Física no sólo procura el desarrollo físico, sino que envuelve diversas experiencias en pro de una integración personal plena del estudiante. El Programa de Educación Física pretende desarrollar individuos que se constituyan en personas educadas físicamente, que posean las destrezas, los conocimientos y las actitudes necesarias para moverse en una variedad de formas, en armonía con su medio físico y sus semejantes, y capaces de seleccionar la actividad de movimiento más adecuada a sus propósitos personales con el interés de hacerla parte de su estilo de vida. Asimismo, será un ser humano conocedor de los procesos que le permitan dirigir sus propios aprendizajes, con la capacidad de trabajar en grupo y de ser un ciudadano productivo que exhiba dominio de la tecnología, y que esté comprometido con la protección del ambiente para el disfrute de todos y defensor de nuestra cultura.

El Artículo 3.04 de la Ley Orgánica, expone que las escuelas proveerán a todos sus estudiantes con un mínimo de tres (3) horas semanales de educación física. Se garantizará un maestro de educación física a cada escuela. Para el caso de escuelas con más de doscientos cincuenta (250) estudiantes se nombrarán maestros adicionales por cada doscientos cincuenta (250) estudiantes o fracción.68(Énfasis nuestro).

Debemos determinar inicialmente si el deber del Secretario de Educación de nombrar a los maestros de educación física adicionales, conforme al Artículo 3.04 de la Ley Orgánica del Departamento de Educación, es un deber ministerial o discrecional. El Artículo 3.04 de la Ley Orgánica del Departamento es intensamente diáfano e insondablemente específico al decir que existe un mandato de Ley claramente definido y expreso. El legislador estableció específicamente que toda escuela tenía que garantizar al menos un (1) maestro de educación física en cada escuela pública del país. Además, la Asamblea Legislativa quiso ser más específica al disponer, sin dar margen para la discreción, los pasos a seguir en las situaciones de escuelas que tuviesen más de doscientos cincuenta (250) estudiantes. Ciertamente, el legislador manifestó en puridad que en dichos casos el acto a ejecutar era el nombramiento de un maestro adicional por cada doscientos cincuenta (250) estudiantes adicionales o fracción.

De la letra de la Ley no surge nada que nos demuestre que el legislador le proporcionó discreción al Secretario para cumplir con dicha directriz. Por el contrario, el legislador fue categórico al disponer el escenario y la actuación específica en la que el Secretario debía proceder. Como hemos visto, el Secretario de Educación tiene unas obligaciones y deberes, establecidos por mandato de la Ley Orgánica del Departamento, que son inherentes a su cargo y para los que goza de plena discreción en la forma en que habrá de ejecutarlos. La existencia de discreción en la forma de cumplir con un deber ministerial no transforma tal deber en uno discrecional. Aunque el Secretario tenga la discreción para realizar un análisis de juicio, evaluativo y programático de su presupuesto, esto no es suficiente para revestir con dicha discrecionalidad todo deber impuesto en su Ley Orgánica.

Cabe señalar aquí, que el presupuesto de un gobierno ha sido definido como un programa que dirige toda la actividad gubernamental en su función de orientar los procesos sociales y servir a los intereses del pueblo. Así, los funcionarios ejecutivos gozan de amplia discreción en el ejercicio de dicha función. Sin embargo, esta función está enmarcada dentro de normas legislativas preexistentes que los funcionarios ejecutivos no deben ignorar. Por consiguiente, la discreción que ostente un funcionario ejecutivo, en su función presupuestaria, no puede ser invocada para incumplir claras normas legislativas, en contravención al balance de pesos y contrapesos entre la rama ejecutiva y la legislativa.

Los tribunales debemos considerar cuáles fueron los fines perseguidos por la Asamblea Legislativa al aprobar una ley y nuestra determinación debe atribuirle un sentido que asegure el resultado que originalmente se quiso obtener. Nuestra obligación fundamental debe ser imprimirle efectividad a la intención legislativa, propiciando de esta forma la realización del propósito que persigue la ley.

El Secretario no tiene facultad para eliminar los cursos de educación física del currículo. No albergamos dudas de que la Asamblea Legislativa, para asegurarse del cumplimiento de este mandato, estipuló en el Artículo 3.04 lo relacionado a (sic) los nombramientos de maestros de educación física.

Del examen paciente y riguroso de los objetivos legislativos, es indudable que al redactar la Ley Núm. 146 el legislador estableció la importancia del curso de educación física en el sistema escolar de Puerto Rico. Las enmiendas que dicha ley introdujo a la Ley Orgánica del Departamento fueron claras y específicas expresándose que el proceso educativo está incompleto si no incluye la instrucción y educación física de los estudiantes como elemento fundamental en su formación. Acorde con esta intención, la Asamblea Legislativa dispuso expresa y específicamente, y sin margen a la discreción, el deber de nombrar los maestros adicionales para su debido cumplimiento.

Al establecerse un mandato que de su propia faz no es discrecional, debemos presumir que el legislador consideró las consecuencias presupuestarias que éste acarrearía, correspondiendo entonces al funcionario a quien atañe el cumplimiento de ese deber ministerial la asignación o solicitud de los fondos necesarios para cumplir con el mandato de ley.

Han transcurrido diez (10) años desde que se aprobó la Ley Núm. 146, supra, y el Secretario del Departamento de Educación aún no ha cumplido con el deber ministerial antes expuesto. Durante este periodo de tiempo sólo se han contratado cerca de cuatrocientos maestros de educación física adicionales. De dos mil trescientos sesenta y siete (2,367) maestros de educación física existentes para el año 2000, hoy existen poco más de dos mil setecientos (2,700), cifra que se ha mantenido sin cambios sustanciales desde el año 2004. Cabe señalar que tanto el Procurador General en su alegato, como el propio Departamento de Educación en su recurso ante el Tribunal de Apelaciones, expresaron que dicho Departamento había creado setecientas veintiséis (726) plazas adicionales de maestros de educación física. Sin embargo, más allá de estas alegaciones no encontramos prueba alguna que compruebe la información. Al examinar los presupuestos del Departamento del año 2000 al 2009, éstos no reflejan la cantidad alegada. Al contrario, los presupuestos reflejan pocos cambios, siendo el mayor en el año 2004 y no alcanza las quinientas (500) plazas nuevas.

El argumento principal del Departamento en el caso de autos es que, dado el impacto presupuestario que supone los nombramientos conforme lo establece el Art. 3.04, la creación de todas las plazas adicionales necesarias en un término de cuatro años afectaría el cumplimiento de otras obligaciones. El Departamento no presentó prueba que persuadiera al foro primario en torno a esas otras obligaciones que alegadamente se afectarían al intentar dar cumplimiento cabal al deber ministerial impuesto.

La Comisión de Educación y Cultura de la Cámara de Representantes conocía sobre las repercusiones económicas que las enmiendas ocasionarían, a través de una comunicación hecha por la Asociación de Educación Física y Recreación de Puerto Rico. En ésta se advirtió sobre el costo aproximado de treinta y dos millones de dólares ($32,000,000.00) que implicarían los cambios, sólo en concepto de nómina. Por lo tanto, la Asamblea Legislativa tuvo presente el impacto presupuestario que las enmiendas acarreaban.

El cumplimiento de todo deber ministerial, por tenue que sea, conlleva la erogación de fondos de un presupuesto que, como regla general, el propio funcionario está obligado a administrar. De manera que, si no se cuenta con una partida presupuestaria para dar cumplimiento a ese deber ministerial ciertamente ello podría afectar otras partidas para las cuales sí se había presupuestado. No obstante, como anteriormente advertimos, tal circunstancia tenía que haber sido objeto de prueba. Se debía convencer al juzgador de que la concesión del recurso provocaba irremediablemente un déficit en otras partidas, que no podría ser subsanado, no en pese la pericia administrativa del funcionario. Además, el funcionario debió demostrar que dicho déficit a su vez afectaba otros servicios.

Por todo lo anterior, concluimos que no erró el Tribunal de Primera Instancia al determinar que el deber impuesto en el Art. 3.04 de la Ley Orgánica del Departamento de Educación, con relación al nombramiento de maestros adicionales y el mínimo de horas semanales de educación física, es un deber ministerial y que, por lo tanto, procedía ordenar su cumplimiento como de solicitó la Asociación de Maestros.

Las determinaciones judiciales no deben operar en un vacío, sino que necesariamente deben ajustarse a la realidad que vive la sociedad sobre la cual han de implantarse. Así pues, nos consta la difícil realidad económica que afronta el País. A base de los cambios fácticos que pueden haber ocurrido en el transcurso del litigio, la realidad económica actual, el interés en fomentar una educación de excelencia y nuestra discreción de diseñar un plan compatible con todos los intereses envueltos, entendemos que es acertada la disposición del Tribunal de Primera Instancia de ordenarle al Secretario la preparación de un plan de nombramientos que tuviese como objetivo cumplir con el mandato de ley, conforme a la capacidad del Departamento. No obstante, por los fundamentos antecedidos, el plan debe ser elaborado con premura y, una vez sea estructurado en el Tribunal de Primera Instancia, éste deberá ser cumplido en un término de dos años.

Se dictará sentencia de conformidad.

Erick V. Kolthoff Caraballo Juez Asociado

18. Consejo de Educación Superior v. U.I.A., 120 D.P.R. 224 (1987)

[Resumen]

[Este caso se relaciona con la importancia del proceso de acreditación de las instituciones educativas.]

23 de diciembre de 1987 -- Número: RE-86-248

LA JUEZ ASOCIADA SEÑORA NAVEIRA DE RODÓN emitió la opinión del Tribunal.

La UIA sometió al CES una solicitud de enmienda a su licencia de autorización para que se incluyera en la misma un nuevo programa de Maestría en Tecnología Médica en el Recinto de San Germán. El Consejo procedió a constituir la Junta Consultiva que se encargaría de evaluar el nuevo programa y hacer un informe. Una vez recibido el informe y las recomendaciones del Comité de Licencias y Acreditación, el Consejo en pleno denegó la solicitud de enmienda a la licencia.

Tras ser notificada de esta decisión la UIA solicitó vista administrativa. En esta vista le indicó al

Consejo que se diera por notificado del programa, permitiera su comienzo e hiciese la evaluación dentro de los (2) dos años de su inicio. El consejo denegó esta solicitud y reiteró su decisión original. El Consejo también denegó una solicitud de reconsideración planteada por la UIA. De la

decisión negándose a autorizar el programa la UIA no recurrió en revisión judicial al Tribunal Superior.

La UIA presentó una Moción Informativa, Aclaratoria y Solicitud de Reconsideración de Evaluación en la cual solicitó que se le tuviera por desistida de su solicitud de autorización o enmienda de licencia e informó que procedería a comenzar el referido programa independientemente de la denegaciones previas.

El CES en reunión extraordinaria decidió denegar la solicitud de desistimiento y le advirtió a la UIA que debía de abstenerse de comenzar o continuar ofreciendo el programa indicado, apercibiéndole que instaría la acción judicial correspondiente. La UIA comenzó el Programa de Maestría en Tecnología Médica el 10 de marzo de 1986.

El 17 de marzo de 1986 el CES presentó la petición de injunction ante el Tribunal Superior, Sala de San Juan. Los demandados presentaron una contestación a la demanda y moción de desestimación en la que argumentaron, que a tenor con la Ley Núm. 31 de 1976, el Reglamento sobre Acreditación de Instituciones Privadas de Educación Superior en Puerto Rico de 15 de setiembre de 1967 (Reglamento sobre Acreditación de 1967) y el Reglamento para la Otorgación de Licencia a Instituciones Privadas de Educación Postsecundaria de 9 de junio de 1977 (Reglamento sobre Licencias de 1977), la evaluación de un nuevo programa de estudio por el CES no tiene que hacerse antes de comenzar el programa. Esta puede hacerse mientras el mismo está en marcha. Adujeron, además, entre otras, como defensa que el CES no tenía autoridad para solicitar del tribunal un interdicto contra una institución que posee una licencia de acreditación, por el hecho de que ésta está ofreciendo un nuevo programa sin que el mismo haya sido previamente evaluado y autorizado por CES. De acuerdo con los demandados, el Artículo 8, se refiere exclusivamente a instituciones que operen sin licencia y la UIA posee una licencia de acreditación.

El Tribunal Superior le ordenó a la UIA que cesara y desistiera, so pena de desacato civil, de ofrecer y operar el programa de Maestría en Tecnología Médica, hasta que obtuviera la autorización correspondiente del Consejo.

Tribunal Superior determinó que como cuestión de hecho, en el pasado el CES ha permitido que se implanten nuevos programas en la UIA y en otras instituciones privadas de educación postsecundaria sin la evaluación previa y en algunos casos los nuevos programas han continuado sin evaluación posterior. De igual forma, en el pasado, la UIA en ocasiones, ha solicitado la evaluación previa del CES antes de comenzar nuevos programas.

El Tribunal Superior concluyó que como por ley las universidades privadas tienen que ser evaluadas para obtener la concesión de una licencia, igual requisito aplica para comenzar un nuevo programa o curso académico. Expresó que un resultado contrario frustraría "[e]l interés del Estado en la aprobación de la Ley 31 de 1976 el cual fue establecer una forma de supervisión de estas instituciones para provecho [tanto] de su matrícula como de la ciudadanía en general [y que este] interés nace del poder inherente del Estado para regular la calidad de la educación." No señaló, sin embargo, algún artículo en particular de los reglamentos aplicables o de la Ley Núm. 31 de 1976 que dispusiera expresamente el requisito de evaluación previa para comenzar nuevos cursos o programas en instituciones privadas que poseyeran licencia de acreditación. Tampoco determinó si el programa de Maestría en Tecnología Médica de la UIA constituía una nueva unidad académica o un cambio sustancial en los objetivos, campo de acción o control de la UIA. Artículo

5(a), (b) y (c) del Reglamento Sobre Licencias de 1977.

La UIA acudió al Tribunal Supremo alegó la comisión de ocho (8) errores por parte del Tribunal Superior, los cuales básicamente tienen que ver con la interpretación que hizo de la Ley Núm. 31 de 1976 y del Reglamento sobre Licencias de 1977 y del Reglamento sobre acreditación de 1967 y el planteamiento de censura previa.

El Tribunal Supremo dictó sentencia confirmando la dictada por el Tribunal Superior, Sala de San Juan. Concluyó que a tenor con el análisis que hemos hecho de las disposiciones de la ley aplicables, solo se requeriría una evaluación y autorización previa de CES si se determina que estamos ante la iniciación de una nueva unidad académica. Para el comienzo de un curso o

programa bastaría la notificación de esta intención. No obstante, la UIA optó por solicitar del CES la evaluación previa de su nuevo programa de Maestría en Tecnología Médica para el Recinto de Mayagüez y el CES acordó llevar a cabo dicha evaluación. Nada en la ley ni en los reglamentos pro-

híben tal petición y el CES posee amplia facultad y autoridad para acceder a la misma.

Sometida a este proceso de evaluación, la UIA presentó su moción de desestimar cuando ya se había completado el mismo y recaído decisión final contraria a sus intereses inclusive se había resuelto una moción de reconsideración en su contra. El proceso administrativo ante el CES había avanzado al punto donde la equidad y la conciecia requieren que se consideren que [la UIA] ha hecho una elección final y que ha renunciado su derecho al otro remedio.

No podemos permitir el que una parte que voluntariamente elige y se somete a un proceso administrativo, pueda hacer caso omiso a los resultados desfavorables de su gestión desistiendo de su solicitud una vez se le notifica una decisión adversa. Ante esta circunstancia el único remedio de revisión judicial disponible para que la UIA revisara la decisión del CES sobre el nuevo programa de Maestría en Tecnología Médica era el establecido en el Artículo 5 de la Ley Núm. 31 de 1976.

La UIA optó por no utilizarlo. La decisión de CES advino a ser final y firme. (35) La UIA no

podía continuar ofreciendo el programa que había sido evaluado negativamente por el CES. Procedía el injunction solicitado al amparo del Artículo 5 de la Ley Núm. 31 de 1976. La UIA optó por no utilizarlo. La decisión del CES advino a ser final y firme.

El establecimiento de las universidades privadas ha permitido que la educación -uno de los pilares formativos del ser humano, e ingrediente esencialísimo en nuestro sistema socioeconómico cultural- alcance y nutra a un gran número de estudiantes que de otra forma quedaría desprovistos de ésta. Constituyen, pues, las universidades privadas nuevos y ricos caminos, avenidas y recursos a la disposición de seres humanos ávidos de recibir enseñanza, entrenamiento y formación en diversas disciplinas, oficios, habilidades y destrezas, con el propósito primordial de lograr un decente sustento y alcanzar altos niveles de superación personal, profe-

sional y colectiva, que redundarán, bien encauzados, en un saludable y duradero bienestar social.

Las universidades privadas son, en nuestro sistema, un alivio necesario para la universidad pública, que no puede en muchas ocasiones, por diversas causas y circunstancias, abrir sus puertas a personas interesadas en obtener o proseguir su formación educativa. En adición, y aún de mayor relevancia e importancia, éstas constituyen nuevos foros para la libre discusión e intercambio de ideas, actividades y conducta innovadora, en muchas ocasiones, distintas alas de la universidad pública, con sabias aportaciones a nuestra sociedad. El contraste e intercambio de ideas y conceptos genera saludables debates que son la savia y esencia misma de toda sociedad democrática.

No se limita, pues, la educación a unos meros formalismos, ni a vistosos ropajes desprovistos de profundidad y sabiduría interior, ni tampoco a unos débiles y a veces perezosos intentos de trasmitir unos conocimientos con visos de autenticidad y certeza. Es mucho más que eso. Va dirigida y es parte consubstancial con la dignidad humana Por ello está revestida de un enorme y transcendental interés público. De ahí que todo el proceso de evaluación del sistema educativo, en todas o algunas de sus fases, aunque necesario, es imprescindible hacerlo cuidadosamente, teniendo presente que hay que hacer un balance entre la necesidad de asegurarse que la institución está equipada y puede llevar a cabo su cometido educativo y el deber de fomentar foros para la creación de nuevas ideas, conceptos y tendencias. La implementación de la ley debe resguardar este delicado equilibrio, conservando en las universidades privadas un ambiente de libertad y abstracción sustancial.

En Sánchez Carambot v. Dir. Col. Univ. Humacao (1982), expresamos el gran respeto y deferencia que se han ganado las instituciones universitarias debido a la importancia social de sus ejecutorias.

En la América de nuestro tiempo esa tarea destacada que desempeña la universidad como centro de investigación, de estudios y de crítica social no ha perdido trascendencia. La universidad latinoamericana se ha visto comprometida desde sus comienzos con la reforma social. La universidad luchó por su autonomía, la que se cristalizó con la Revolución Universitaria de Córdoba en 1918. Desde que comenzó la reforma se proclamó el deber universitario de asumir el liderato en la sociedad y de servir a sus necesidades; definiéndose así la ubicación en las tareas universitarias del estudio de lo político-social al margen de las preferencias del Estado. Así pues, en Latinoamérica la autonomía universitaria se concibe como el santuario donde conseguir una relativa libertad en el examen de las ideas.

En este sentido, el definitivo reconocimiento que las libertades civiles reciben en todo el ordenamiento nacional de sociedades como la nuestra, no puede ser razón hábil para nenoscabar las garantías de libertad de expresión y asociación que desde tiempos pretéritos gozan los estudiantes y profesores universitarios. Precisamente, para que las salvaguardas civiles no decaigan es imprescindible la crítica ilustrada, acuciosa y constante de parte de esos grupos dedicados al más elevado estudio. Callar sus denuncias puede poner en peligro las libertades que con tanta dificultad se plasmaron en un pasado no muy remoto.

Lo antes expuesto en Sánchez Carambot v. Dir. Col. Univ. Humacao (1982), tiene renovada vigencia en la presente controversia. Para que las universidades, bien sean las privadas o las del Estado, cumplan su función social de ser foro de discusión enérgica de las ideas" mediante la investigación, el estudio y la crítica social, debemos velar porque se les asegure una relativa libertad en el examen de las ideas. En este caso la institución como foro y taller de la comunidad universitaria que conforma merece el mismo respeto y deferencia que le hemos reconocido a los profesores y estudiantes.

El requisito de ley de que todas las instituciones privadas de educación postsecundaria tengan licencias de autorización y las posteriores de renovación (acreditación) es un elemento nuevo introducido a nuestro ordenamiento jurídico por la Ley Núm. 31 de 1976. Anterior a esta Ley, las instituciones educativas privadas podrían ofrecer sus servicios de educación superior postsecundaria sin el requisito de licencia de autorización o de algún tipo de acreditación por parte del Estado. La Ley Núm. 88 de 1949, le confirió al CES Superior de Enseñanza organismo predecesor del CES, la facultad de evaluar a los "colegio[s] o instituci[ones] que interesare[n] obtener reconocimiento acreditativo." Las instituciones privadas de educación al nivel postsecundario por conveniencia o por el prestigio que esta acreditación conllevaba, seguían este procedimiento acreditativo. El sistema de entonces era, pues, uno de sometimiento y evaluación voluntaria.

Bajo ese esquema de acreditación voluntaria se desarrolló un gran número de instituciones (privadas de educación postsecundaria)...a l[a]s cuales no les (aplicaban las disposiciones de la Ley Núm. 1 de 1966) ya sea porque no solicita(ron) la acreditación de sus programas o porque habiéndola solicitado no cualifica(ban) para dicha acreditación por no cumplir con los requisitos establecidos. No obstante, (estas instituciones) continua(ron) operando sin ninguna supervisión de parte del Estado." (14) La Ley Núm. 31 de 1976 le confirió al CES la facultad exclusiva para extender licencias de autorización para el establecimiento de instituciones educativas privadas al nivel...(post secundario o de educación superior,]... ya sean éstas de carácter académico,...[profesional o] técnico...dentro de los límites territoriales del Estado Libre Asociado de Puerto Rico." Por primera vez en una ley sobre esta materia se dispuso que "(n)inguna persona natural o jurídica operar(ía) en Puerto Rico una institución educativa...al nivel postsecundario o universitario...si no estuviera autorizada mediante licencias a tal efecto, expedida por el...[CES]". Art. 1 de la Ley Núm. 31 de 1976 18 LPRA sec. 2101). Dicha ley disminuyó el término por el cual se concedían licencias de acreditación, de diez (10) años a cuatro (4), al cabo de los cuales se renovarían por otro término igual; y dispuso que "toda renovación de licencias otorgada, por...el...(CES), se har[ía] de acuerdo a las normas de acreditación de instituciones y programas vigentes al momento en que se concede la licencia; de tal manera que la licencia de autorización equivaldrá a una licencia provisional y una licencia de renovación equivaldrá a una acreditación bajo las leyes vigentes y aplicables."

Es claro que en el caso de la UIA esta no pretende hacer un cambio de nombre a su institución, lo cual requería una enmienda a su licencia; ni realizar un cambio en la composición o funciones asignadas a la junta de directores de la institución. Lo que está planteando es si el nuevo programa de Maestría en Tecnología Médica es una nueva unidad académica para propósito del Artículo 5(c), Cap. IV, del Reglamento sobre Licencias de 1977, para lo cual se requeriría evaluación previa del CES, o si por el contrario, dicho programa constituye un cambio sustancial que altera significativamente los objetivos, el campo de acción o control de la institución lo que sólo requeriría notificación al CES, Artículo 5(a), Cap. IV, de dicho Reglamento.

Ahora bien, tanto la Ley Núm. 31 de 1976 como el Reglamento sobre Licencias refieren las normas de acreditación, entiéndase el Reglamento sobre Acreditación, para el procedimiento de renovación de licencia. Por reglamentar asuntos germanos, estos reglamentos deben interpretarse de forma armoniosa siguiendo el principio de hermenéutica.

Pasemos ahora a analizar las disposiciones reglamentarias pertinentes. El CES alega que el Artículo 21, Cap. II, del Reglamento sobre Acreditación de 1967 es incompatible con el sistema de licencia obligatorio. No le asiste la razón. La Ley Núm. 31 de 1976 fue aprobada con proyección hacia el futuro ante un mundo cambiante, dinámico, de continuos desarrollo técnicos y científicos y de un constante crecimiento poblacional, para regir en un área de sumo interés público. La intención legislativa no pudo ser otra que la de dotar al CES con el mayor grado de flexibilidad para que pudiese llevar a cabo la ingente y delicada función de acreditar instituciones educativas privadas al nivel postsecundario; al mismo tiempo que asegura que su intervención no socavaría el fomento de nuevos e independientes foros para la libre discusión de ideas e implantación de conceptos innovadores. La ley autoriza al CES a establecer las normas y requisitos que deberán estas instituciones privadas cumplir.

Este mandato es uno amplio, abarcador y flexible. La ley no lo limita en cuanto al momento, forma y manera en que se debe ejercer la función evaluativa. Consistente con este es-

quema, tampoco establece un listado exhaustivo de los requisitos que las instituciones deben cumplir para obtener y mantener la acreditación. El permitir que una institución educativa privada al nivel postsecundario que ha sido previamente acreditada comience un nuevo programa sin la evaluación y autorización previa de CES no es incompatible con el sistema de licencia obligatoria establecido por la Ley Núm. 31 de 1976.

El Reglamento sobre acreditación de 1967 expresa claramente que una institución previamente acreditada, como es el caso de la UIA, puede iniciar sin evaluación previa la revisión, modificación y ampliación normal de los programas previamente acreditados. Artículo 5a(l) del Capítulo II.

El Artículo 21 del mismo Capítulo dispone el procedimiento a seguir en los casos de ampliaciones de programas subsiguientes a la acreditación: "Cualquier ampliación subsiguiente a la acreditación que conlleve la creación de nuevos programas de estudio, o el otorgamiento de grados académicos o diplomas adicionales a los ya autorizados en colegios o instituciones acreditadas bajo este Reglamento, estará sujeto a una nueva evaluación respecto de los cursos o grados adicionales. En caso de evaluación favorable, se harán las enmiendas pertinentes al certificado de reconocimiento. Esta nueva evaluación deberá solicitarse, en lo posible, dentro de los dos (2) años subsiguientes a la creación de nuevo programa."

De lo anterior se puede colegir que estos programas nuevos pueden ser evaluados luego de iniciados. Bajo estas circunstancias, la institución, como requisito previo a iniciar un nuevo programa, tiene el deber de notificar el CES su intención de comenzarlo. El CES, a su vez, tiene facultad para evaluar el programa así iniciado cuando lo estime pertinente después de comenzado el mismo o puede esperar y llevar cabo la evaluación al momento en que está realizando la evaluación general para la renovación de la licencia de acreditación.

El CES tiene suficientes mecanismos a su alcance para permitir la iniciación de nuevos programas o cursos sin evalua-

ción previa, y aun poder realizar efectivamente la labor de supervisión que la Asamblea Legislativa le delegó cuando aprobó la Ley Núm. 31 de 1976. Sin pretender ser exhaustivos, veamos algunos de ellos. Utilizando el requisito de renovación de licencias que la ley acortó de diez (10) a cuatro (4) años, durante estas evaluaciones generales que se requieren para la reacreditación, el CES puede tomar en consideración la experiencia de la institución en relación con su ofrecimiento de nuevos programas, su patrón de conducta en esta área.

El CES también posee facultad para "disponer...para la revisión con mayor regularidad, así como informes de progreso sobre nuevos programas u otros aspectos." De esta forma se garantiza la libertad de iniciativa de nuevos cursos y programas; sin que sufra menoscabo la función de supervisión del CES sobre las instituciones educativas privadas al nivel postsecundario; se salvaguarda el que estas instituciones tengan ciertas condiciones de calidad, y seguridad mínimas en el ofrecimiento de nuevos programas, al mismo tiempo que se viabiliza y fomenta la actividad innovadora y creadora tan necesaria para el examen de ideas dentro del ambiente académico.

Por todo lo antes expresado, se dictará sentencia confirmando la dictada por el Tribunal Superior, Sala de San Juan.

MIRIAM NAVEIRA DE RODON, Juez Asociada

Capítulo IV

Derechos y Obligaciones de los Maestros

§1. Introducción

Algunos estudiosos de la historia, según las fuentes historiográficas, reconocen la figura del Maestro en el siglo V. a.C.; su origen se puede rastrear en la cultura griega. La figura del maestro se puede encontrar en la identificación de un personaje en relación de subordinación, quien acompañaba al hijo de un hombre pudiente para su formación. El maestro empleaba el método de la paciencia para enseñar a leer, escribir y contar al aprendiz. (Santoni, 1985, citado por Espinoza-Freire, et al., 2017). Sócrates es considerado como el primer maestro de la Grecia clásica. Quintiliano reivindica la profesión del maestro, escribe el primer manual de formación de enseñanza y considera al maestro como un sabio. Por lo que, la figura del maestro ejerce una fuerte influencia en el aprendiz y es considerado como un mentor o tutor tanto por los conocimientos como en su formación de valores (González, 1993, citado por Espinoza-Freire, et al., 2017). Durante la Edad Media, la responsabilidad de la educación de los hijos de los gobernantes estaba en manos de maestros especializados. En la época renacentista -de la Edad Moderna- destaca la figura de Juan Luis Vives (1492-1540), quien moderniza los programas educativos y se interesa por la escuela como institución, es considerado un pedagogo social (Espinoza-Freire, et al., 2017). Durante la Reforma se incrementa el número de escuelas, maestros y órdenes religiosas dedicadas a la enseñanza, pero continúan los métodos arcaicos y se utiliza las instituciones educativas como vehículo difusor de la ideología religiosa imperante. Comenio plantea una nueva visión de la pedagogía, la cual constituye las bases de la educación del siglo de las luces y en sus postulados propone los principios, métodos y contenidos que llegan hasta estos días. (Santoni, 1985 citado por Espinoza-Freire, et al., 2017).

En el siglo XVIII la enseñanza evoluciona notablemente, el maestro asume un papel protagónico por la dinámica en la transformación de la economía. Se institucionaliza la formación de maestros en varios países europeos y se fundan las Escuelas Normales. El siglo XIX instituye un tipo de maestro como una persona instruida, culta y capacitada profesionalmente. Se inicia una renovación de la enseñanza basada en el autoritarismo, la memorización y la competencia.

Es hasta finales del siglo XX que se concibe al maestro como un facilitador de conocimientos, el docente no dueño de la verdad ni del saber absoluto. El enciclopedismo, como característica docente, confería una indiscutible autoridad frente a los alumnos durante las primeras décadas del siglo XX (Espinoza-Freire, et al, 2017). En esa época, los maestros solían ser la principal fuente de conocimiento, todo giraba alrededor del maestro, él era el protagonista. Era un tipo de educación vertical, de acuerdo con Freire (1969, citado por Calvache López, 2017), "parecía una institución bancaria", eminentemente vertical, donde el maestro imponía las reglas, estableciendo una relación de opresor-oprimido en la realidad escolar. El educando se adaptaba al orden establecido, se puede considerar como una "invasión cultural", porque era el maestro quien escogía los contenidos a tratar. "Este paradigma magisterial se caracteriza, entonces, por un programa lleno de contenidos incoherentes, una enseñanza expositiva e impositiva, una evaluación que cuantifica el saber, un saber medido en cantidad de la información acumulada y por una adaptación pasiva ante el proceso, adaptación que elimina la creatividad, la conciencia crítica e impide el diálogo" (Calvache López, 2017).

Contrario a ese modelo de educación, ahora existe o se promueve una educación para la liberación; una educación que debe comenzar por la superación de la contradicción educador-educando. Sujetos que, intercomunicados, juntos aprenden, juntos buscan y construyen el conocimiento en la medida en que sientan que tienen un compromiso para hacerlo, la libertad y la capacidad de crítica. El maestro en este paradigma es problematizador, proporciona, juntamente con los estudiantes, las condiciones para que se dé la superación del conocimiento. El maestro comprometido con una educación para la liberación y para la transformación debe ser consciente que en ella desarrollen el amor, la fe y la esperanza. La responsabilidad del maestro es la formación de un ciudadano menos pasivo, más participativo, más informado, con mayor conciencia y responsabilidad social, dispuesto al cambio y a la convivencia pacífica (Freire, (1969), citado por Calvache López, 2017).

Por otra parte, la introducción de la Internet y demás tecnologías de la información y la comunicación (TIC), en el proceso educativo, han revolucionado las maneras de enseñar y aprender. Estas nuevas plataformas exigen del maestro su dominio como herramienta didáctica para la enseñanza y como instrumento para su propio aprendizaje y superación. Los nuevos adelantos, como el Internet hacen la labor del maestro más interesante, aunque llena de retos. Ahora los maestros, entre otros presupuestos educativos, deben enseñar a sus alumnos cómo obtener información y cómo utilizarla. El Internet, hace que muchas veces la información que los estudiantes reciben en la escuela sea una fracción del conocimiento al que habían estado expuestos por medio de la red. Este paradigma educativos de supra-información, en principio, es liberador, porque son los estudiantes quienes construyen su conocimiento o su desinformación como su negación educativa. En consecuencia, en la actualidad, el maestro debe considerarse como facilitador en los procesos de enseñanza y aprendizaje (Ujlakyné Szucs, 2009).

De acuerdo con Cruddas, (2019) los maestros actualmente se ven a sí mismos como agentes contribuyentes a la excelencia educativa, interesados en la creación de una sociedad justa y dispuestos a aportar al bien común, al ingresar a la profesión. Esto viene acompañado con un fuerte sentido de energía, propósito colectivo y profesionalismo. Aprovechar esa energía, propósito y profesionalismo y entusiasmar a los maestros, en torno a la enseñanza, siempre ha sido muy importante. En el siglo XXI, las nuevas exigencias de los sistemas educativos demandan procesos dinámicos y flexibles, para lo que se requieren maestros capaces de propiciar aprendizajes que permitan potenciar el desarrollo y calidad de vida de sus alumnos (Espinoza-Freire, et al., 2017).

Los líderes, encargados de formular las políticas educativas, enfrentan cada día exigencias complejas y ambiciosas para desarrollar sistemas encaminados a preparar a los jóvenes para las demandas del siglo XXI. No hay duda que los maestros son clave para el aprendizaje y que, como una unidad dialéctica, necesitan de los estudiantes para enfrentar los retos futuros. Las mejoras en los niveles de aprendizaje dependen en gran medida de la forma en que cada país concibe, considera y apoya a sus maestros (Ball y Forzani, 2009).

En Puerto Rico se exigen reformas educativas, desde hace muchos años. Durante los últimos treinta años, se han aprobado tres leyes que han creado algunas reformas al sistema educativo. En todas ellas se concibe de diferente forma del maestro. En la (Ley Núm. 68 del 28 de agosto de 1990, Ley

Orgánica del Departamento de Educación, [Ley 68], se indica que "[e]l Estado reafirma su reconocimiento de que el maestro desempeña un rol esencial en el sistema educativo y en la sociedad como agente de cambio constructivo. Énfasis en enaltecer y reconocer la responsabilidad y seriedad que el ejercicio del magisterio implica en el contexto social y cultural puertorriqueño". En la Ley Núm. 149 de 15 de julio de 1999, Ley Orgánica del Departamento de Educación de Puerto Rico, derogada, [Ley 149], se indica que "[e]l maestro es el recurso principal del proceso educativo. Su función primordial consiste en ayudar a los alumnos a descubrir sus capacidades, a realizarlas y a desarrollar actitudes y formas de comportamiento que les permitan desenvolverse como miembros de la comunidad. Se deben retener en el salón de clases a los maestros mejor cualificados y de mayor rendimiento." Recientemente se aprobó la Ley Núm. 85 de 29 de marzo de 2018, conocida como Ley de Reforma Educativa de Puerto Rico, se indica que "[e]l maestro es el recurso principal del proceso educativo, cuya función primordial es enseñar y educar al estudiante y ser guía y orientador en el proceso de enseñanza y aprendizaje de éste. Sus logros están estrechamente relacionados con su motivación". El Artículo 2.12. habla de los deberes y responsabilidades del maestro. Literalmente establece que:

"El maestro trabajará eficientemente para:

a. Educar y fomentar que los estudiantes alcancen o superen las metas de aprendizaje y que cumplan con los requisitos de rendimiento establecidos por el Secretario.

b. Atender las necesidades educativas de los estudiantes;

c. Fomentar la colaboración de los padres en el proceso educativo de los estudiantes.

d. Preparar a los estudiantes de modo que dominen las habilidades necesarias para graduarse de la escuela secundaria, para continuar estudios postsecundarios y/o para incorporarse a la fuerza laboral.

e. Informar inmediatamente al Director de Escuela sobre cualquier caso o sospecha de maltrato, de cualquier índole, contra un estudiante.

f. Cumplir con eficacia las exigencias técnicas relativas a los procesos de aprendizaje y su programación.

g. Planificar el trabajo docente, organizando la estructura de sus clases para dar el máximo aprovechamiento a la formación de los alumnos y disminuir los conflictos que puedan surgir en clase.

h. Orientar los estudios fundamentado en dónde, qué y cómo pueden estudiar sus alumnos.

i. Reconocer el esfuerzo y el éxito de sus alumnos.

j. Inculcar principios de trabajo en equipo;

k. Despertar la motivación interna del alumno por el aprendizaje, preparando con esmero las clases y los materiales didácticos con el fin de favorecer el aprendizaje.

l. Vivir los valores que se quieren transmitir.

m. Mantener sus registros de una forma precisa, oportuna y completa.

n. Contar con las condiciones óptimas para la enseñanza y el aprendizaje al ser proporcionados con:

1. Los recursos y las condiciones necesarias de trabajo para impartir clase.

2. Desarrollo profesional fundamentado en la investigación, sus intereses y necesidades de los estudiantes.

3. Incentivos.

4. Respeto como profesionales de gran valor para la sociedad.

5. Flexibilidad y autonomía para diseñar sus procesos de enseñanzas, siempre cónsonos con las leyes, reglas, reglamentos, órdenes, normas y directrices establecidos a estos fines.

6. Comunidades de aprendizaje entre pares donde puedan intercambiar ideas y buenas prácticas.

7. Espacio y voz en la mesa de toma de decisiones en las escuelas.

8. Aumento en las capacidades profesionales de los educadores a través del desarrollo profesional específico, intensivo y práctico, y el diseño de aprendizaje en red, que permita identificar las necesidades profesionales, especialmente las necesidades socioemocionales, el plan de estudio, la instrucción y la evaluación, así como la alineación de ofertas con estándares y evaluaciones.

"El maestro deberá observar y hacer cumplir los requisitos y responsabilidades establecidos mediante ley, reglas, reglamentos, órdenes, normas y directrices dirigidas a optimizar la calidad educativa".

Vista de esa forma la conceptualización del maestro en Puerto Rico, como en otros lugares, en el resto de este capítulo se estarán viendo cuales son los derechos y obligaciones que se le han reconocido a través de la jurisprudencia y otras leyes para que pueda llevar a cabo sus funciones.

§2. Certificación de maestros

Los maestros, además de tener unas actitudes y aptitudes para enfrentar los retos que les imponen los adelantos sociales y tecnológicos modernos, deben cumplir con unos requisitos especiales. La naturaleza de su trabajo requiere que cumplan con una preparación académica e idoneidad personal particular; deben estar sujetos a procesos de certificación muy estrictos constantemente. El Tribunal Supremo de Puerto Rico ha indicado que la educación pública es reconocida como uno de los servicios públicos más importantes ofrecidos por el Estado, por lo que se debe dar capacitaciones a los maestros de forma continua, con el objetivo que puedan proveer dicho servicio, como un interés de alto rango en el país (Stroman v. Colleton, 1992, citado en Martínez Conde, v. Departamento de Educación, 1999).

Las normas jurídicas que rigen la certificación de maestros se encuentran esencialmente en las leyes 94 de 21 de junio de 1955, según enmendada, [Ley 94, 1965], 115 de 30 de junio de 1965, [Ley 115, 1965], según enmendada y el Reglamento de Personal del Departamento de Educación de Puerto Rico, Núm. 9180 de 17 de junio de 2020 [Reglamento Núm. 9180, 2020]. Esas normas establecen los diferentes certificados que se le ofrecen a los maestros, luego de haber cumplido con unos requisitos establecidos. El certificado de maestro es un documento expedido por el Secretario, que faculta al tenedor para realizar la labor docente o técnica especificada en el mismo. El certificado provisional es un documento que autoriza, con carácter provisional y transitorio, para realizar labor docente, cuando no se reúnen todos los requisitos. Los certificados contienen el servicio autorizado, el nivel escolar, la fecha de su expedición y la fecha de expiración (Ley 94, 1965).

La Ley 94 (1965), establece los requisitos generales para ser maestros en Puerto Rico:

1. El primero que menciona es tener un mínimo de 18 años de edad (sic).

2. El segundo indica que quien desee recibir un certificado de maestro debe ser ciudadano de Estados Unidos de América o ciudadano extranjero con residencia oficial en Estados Unidos de América. Esta disposición en su origen disponía que tenía que ser ciudadano de Estados Unidos de América. En 1989, el Tribunal Superior, Sala de San Juan, declaró inconstitucional el inciso primero del Artículo 5 de la Ley 94, lo que fue confirmado por el Tribunal Supremo de Puerto Rico (De Paz v. Aponte Roque, 1989).

3. El tercer requisito para ser maestro es tener conducta moral intachable. Este requisito, aunque cualquier persona podría pensar que es incontrovertible, ha llegado a causar grandes controversias, especialmente, cuando se ha tratado de utilizar para crear diferencias entre los estilos de vida de las personas. En otros casos hay cierto relativismo, toda vez que para algunas ciertas conductas pueden ser inmorales mientras que para otros podría no serlo (Vélez Quiñonez (1962; Figueroa v. Fajardo, (1998). En la sección de jurisprudencia de este libro se resumen varios casos de incidentes que los tribunales de Puerto Rico y de Estados Unidos de América han determinado que constituyen violaciones del constructo de la conducta moral intachable.

4. Del cuarto al décimo requisito se establece la buena salud física y mental, independiente de cualquier impedimento

que pueda tener el solicitante; preparación académica; haber aprobado un curso de historia de Puerto Rico y uno de historia de Estados Unidos de América; haber aprobado un curso sobre la naturaleza y educación del estudiante excepcional. No aplica para los de educación de adultos; haber aprobado un curso sobre la tecnología de la computadora en la educación.

5. Haber tomado ciertas pruebas y estar al día en ASUME, si aplica (Ley 94, 1965).

El certificado regular se expedirá por 6 años, renovable por períodos adicionales de 6 años, siempre y cuando el maestro haya aprobado un mínimo de 15 créditos universitarios o su equivalente en educación continuada. La ley admite la concesión de certificados vitalicios de las distintas categorías, con los siguientes requisitos:

1. Haber trabajado satisfactoriamente en las escuelas públicas o privadas acreditadas de Puerto Rico durante un período no menor de 50 meses.
2. De los 50 meses deberán haber trabajado por lo menos 30 meses como maestro en una plaza de la misma categoría del certificado a expedirse.
3. La experiencia a base de un certificado de maestro provisional no cuenta para la expedición del certificado vitalicio (Ley 94, 1955).

El certificado provisional se expedirá por no más de un año para, con efectividad a la fecha de expedición y podrá renovarse por 5 veces, excepto por el Secretario, mediante justificación al efecto. Se otorgará para:

1. Trabajar como temporero en categorías no contenidas en el reglamento.

2. Haya dificultades de reclutamiento (Ley 94, 1955).

El Secretario de Educación puede cancelar el certificado de cualquier maestro permanentemente o suspender dicho certificado por tiempo determinado si existe justa causa. Pueden ser causas para ello: (a) Prevaricación [incumplimiento de las funciones públicas que se desempeñan], soborno o conducta inmoral; (b) Incompetencia en el desempeño de las funciones como maestro; (c) Negligencia en el desempeño de las funciones como maestro; (d) Insubordinación; (e) Convicción por un tribunal de justicia por un delito grave que implique depravación moral, (f) Incurrir en conducta prohibida en la sec. 393m del Tít. 3; (g) Observancia de una conducta desordenada, incorrecta o lesiva al buen nombre del sistema de educación de Puerto Rico; (h) Posesión del certificado mediante fraude o engaño; (i) Incurrir en violaciones a la Ley de Etica Gubernamental del Estado Libre Asociado de Puerto Rico (Ley 115, 1965).

En relación con la causal de observancia de una conducta desordenada, incorrecta o lesiva al buen nombre del sistema de educación de Puerto Rico, aquí se vio el caso de Figueroa v. Fajardo (1998). La profesora Figueroa fue arrestada por posesión con intención de distribuir cocaína y marihuana. Le concedieron la libertad condicional por un período de dos (2) años, sujeta a que se incorporara a un programa de desintoxicación, lo que cumplió. El Departamento de Educación (DE) le notificó a la Sra. Figueroa de su despido y de la revocación del certificado de maestra, porque su conducta moral afectó el buen nombre de la escuela.

Aquel maestro que haya sido afectado por una decisión que afecte su tenencia del certificado tiene derecho a una apelación. En la actualidad Junta de Apelaciones del Sistema de Educación Pública, [JASEP] es el foro apelativo administrativo con jurisdicción para considerar, o bien determinaciones administrativas de naturaleza disciplinaria que se tomen contra un maestro o empleado -ya sea cancelación, suspensión, denegación o modificación de un certificado de maestro, suspensión de empleo y sueldo, destitución, determinación de violación de deberes y obligaciones, formulación de cargos o imposición de medidas correctivas-, o bien actuaciones administrativas que impliquen violación al principio de mérito. En la primera circunstancia, es el maestro afectado por una sanción administrativa quien acude a la JASEP para cuestionar esa determinación. En la segunda circunstancia, es, también la persona afectada por la determinación administrativa, quien alega y constituye una violación al principio del mérito, quien tiene derecho a acudir ante la JASEP (Martínez Conde, v. Departamento de Educación, 1999).

Aunque el Departamento de Educación opera sin sujeción a la Ley del Servicio Público, conforme a su Ley Orgánica opera su propio sistema de personal basado en el principio de mérito. Ello significa que los procedimientos y reglamentos dentro del Departamento de Educación relacionados con asuntos de personal deberán ser consecuentes con dicho principio (Martínez Conde, v. Departamento de Educación, 1999).

El mérito es el principio rector que rige todo el servicio público de modo que sean los más aptos los que sirvan al Gobierno y que todo empleado sea seleccionado, adiestrado, ascendido y retenido en su empleo en consideración al mérito y a la capacidad, sin discrimen por razones de raza, color, sexo, nacionalidad, edad, origen o condición social, ideas políticas o religiosas (Reglamento Núm. 6743, 2003). Con dicho principio se pretende que sean los más aptos los que sirvan al Gobierno y que todo empleado sea seleccionado, adiestrado, ascendido y retenido en su empleo en consideración al mérito.

Jurisprudencia

19. **De Paz Lisk v. Aponte Roque,** 124 D.P.R. 472 (1989)

[Resumen]

[Este caso ilustra cómo una doctrina constitucional se aplica diferente en Puerto Rico a base de la importancia de los valores que se intentan proteger en la Constitución local.]

EL JUEZ ASOCIADO SEÑOR HERNÁNDEZ DENTON emitió la opinión del Tribunal.

Minerva de Paz Lisk es ciudadana de la República Dominicana y residente legal en el Estado Libre Asociado de Puerto

Rico desde 1978, en virtud de visado permanente expedido por el Servicio de Inmigración y Naturalización de los Estados Unidos de América. En 1981 completó en Puerto Rico, sus estudios universitarios obteniendo el grado de bachiller en artes con concentración en español y educación secundaria.

El mismo año de su graduación la demandante acudió al Departamento de Instrucción Pública (D.I.P.) para solicitar un certificado de maestra a tenor con la Ley Núm. 94 de 21 de junio de 1953, según enmendada, 18 L.P.R.A. secs. 260 et seq. (en adelante Ley Núm. 94), estatuto que en aquel momento regulaba la certificación de maestros, tanto en el sistema de instrucción pública, como en las escuelas privadas acreditadas por dicho Departamento.

El D.I.P.) se negó la certificación porque De Paz Lisk no era ciudadana de los Estados Unidos de América. Ante esta situación De Paz Lisk entabló una demanda alegando discrimen por razón de extranjería en violación de las cláusulas del debido proceso de ley y la igual protección de las leyes de la Constitución del Estado Libre Asociado de Puerto Rico

El Tribunal Superior, Sala de San Juan, declaró inconstitucional el inciso primero del Artículo 5 de la Ley 94 y ordenó a los demandados que otorgaran a De Paz Lisk en el plazo de quince días el certificado de maestra. El Departamento de Instrucción Pública expidió a la demandante un certificado provisional de maestra. Al mismo tiempo que sometió una apelación ante el Tribunal Supremo de Puerto Rico. El Tribunal Supremo indicó que no cabe duda de que el Congreso Federal cuenta con plenos poderes para aprobar leyes relativas a la inmigración a los Estados Unidos. En tal capacidad el Congreso decide quién puede entrar y permanecer en territorio norteamericano, así como el estatus legal de las personas admitidas. Históricamente, sin embargo, tanto los estados como Puerto Rico han legislado en el área del empleo público y distinguido entre ciudadanos y extranjeros. El Tribunal Supremo de Estados Unidos ha permitido libertad de acción a los Estados para reglamentar el ingreso de extranjeros a ciertas posiciones públicas (Cita omitida). También ha rechazado sin rodeos el argumento de que toda legisla-

ción estatal que de alguna forma incide sobre la política inmigratoria, está desplazada por la Cláusula de Supremacía Federal. No se puede afirmar que el Artículo 5 de la Ley 94 pretende regular la inmigración o la condición legal de los extranjeros en Puerto Rico. Ciertamente, no la prohíbe; tampoco la selecciona o limita. No le asiste la razón a la apelada en este planteamiento. La razón por la que se declara inconstitucional es porque la Constitución de los Estados Unidos en su Enmienda Decimocuarta, Sección Primera, establece en lo pertinente que ningún estado privará a persona alguna de su vida, de su libertad o de su propiedad, sin el debido proceso de ley, ni se negará a nadie, dentro de su jurisdicción la igual protección de las leyes. Hace 102 años el Tribunal Supremo Federal resolvió que los extranjeros son "personas para propósitos de esta enmienda y, por lo tanto, acreedores a la igual protección de las leyes.

La cláusula de igual protección de las leyes prohíbe a los estados negar a un extranjero los beneficios públicos de índole económica por razón de no ser ciudadano o residente del país. La otra categoría sobre la que no existe polémica tiene que ver con el acceso de los extranjeros a la práctica de una profesión o actividad económica privada. No se puede negar a un extranjero una licencia para la práctica privada de la ingeniería, tampoco puede condicionarse sobre esta base la admisión a la abogacía o práctica de la notaría.

En determinadas circunstancias rigurosamente definidas los estados pueden impedir que los extranjeros ocupen posiciones en el gobierno. El Tribunal Supremo reconoció que los estados tienen un interés legítimo en preservar para los ciudadanos ciertas posiciones públicas relacionadas íntimamente con el proceso de auto-gobierno, o que conllevan el ejercicio de poderes importantes en la comunidad. Clasificaciones que distinguen entre ciudadanos y extranjeros en esta área de funciones públicas que el Tribunal denominó políticas en el significado amplio del término ("political functions"), resisten el análisis constitucional siempre que guarden un nexo racional con el interés que el estado tiene en perpetuar los valores comunitarios.

El concepto de función política ha sido utilizado con éxito para excluir a los extranjeros de los jurados estatales, de la policía estatal, del magisterio público, y cargos de oficial probatorio. El Tribunal Supremo extendió la excepción a los maestros de escuela pública. Dicho Foro resolvió que el estado de New York podía exigir válidamente la ciudadanía norteamericana como requisito para la obtención de un certificado de maestro y subraya fundamentalmente la importancia del maestro dentro del sistema educativo norteamericano. Son ellos quienes preparan y condicionan a los jóvenes para ejercer en el futuro las prerrogativas del sistema democrático de gobierno, también inculcan los valores éticos fundamentales de nuestra sociedad.

Existe, no obstante, una diferencia estimable entre la ley de New York y la de Puerto Rico. El estatuto del estado de New York, contrario al de Puerto Rico, facultaba al Comisionado de Educación a crear excepciones a la prohibición general y así expedir certificados temporeros; de su faz la legislación sólo aplicaba a los extranjeros elegibles para obtener la ciudadanía, pero que la habían rechazado. Dicha circunstancia va a la esencia misma de la razón de decidir allí utilizada. De la exposición anterior se desprende que las cuestiones jurídicas presentes en el de De Paz Lisk constituyen un punto de intenso conflicto en la doctrina y jurisprudencia norteamericana.

Resta examinar el planteamiento bajo nuestros propios parámetros constitucionales y las actuales relaciones entre Estados Unidos y Puerto Rico. La Ley Núm. 94 regula de forma abarcadora la certificación de los maestros en el sistema de instrucción pública y, hasta hace poco tiempo, de los maestros de las escuelas privadas acreditadas. Al momento de radicarse la demanda de De Paz Lisk el Artículo 5 de la Ley exigía el requisito de ciudadanía sin hacer distinción entre escuelas públicas o privadas. El 19 de julio de 1986, sin embargo, la Legislatura enmendó la Ley a los efectos de eliminar el requisito de ciudadanía americana para los maestros de escuelas privadas. Luego de esa enmienda es evidente que De Paz Lisk sólo puede cuestionar la validez constitucional del Artículo 5, inciso 1, en la medida que le requiere ser ciudadana norteamericana para poder trabajar en las escue-

las públicas del país. De esa manera el Tribual Supremo de Puerto Rico debió determinar si la ciudadanía norteamericana puede ser la base de una clasificación permisible por el gobierno de Puerto Rico.

El Artículo II, Sec. 1, de la Constitución del Estado Libre Asociado dispone: que "La dignidad del ser humano es inviolable. Todos los hombres son iguales ante la Ley. No podrá establecerse discrimen alguno por motivo de raza, color, sexo, nacimiento, origen o condición social, ni ideas políticas o religiosas. Tanto las leyes como el sistema de instrucción pública encarnarán estos principios de esencial igualdad humana." Por su parte, la Sec. 7, afirma: "Se reconoce como derecho fundamental del ser humano el derecho a la vida, a la libertad y al disfrute de la propiedad. No existirá la pena de muerte. Ninguna persona será privada de su libertad o propiedad sin debido proceso de ley, ni se negará a persona alguna en Puerto Rico la igual protección de las leyes. No se aprobarán leyes que menoscaben las obligaciones contractuales. Las leyes determinarán un mínimo de propiedad y pertenencias no sujetas a embargo."

El término persona no tiene menor contenido que el homólogo bajo la Constitución Federal. Aclarado este extremo, no es necesario repetir recuentos. En innumerables ocasiones hemos expresado que cuando una clasificación legislativa afecta derechos fundamentales, o es sospechosa, la misma está sujeta a un estricto escrutinio judicial. En estas situaciones el Estado debe demostrar la existencia de un interés público apremiante que justifique dicha clasificación y, además, que ésta promueve o adelanta la consecución de ese interés. La Constitución no impide que las leyes contemplen situaciones distintas cuando la discriminación no es arbitraria ni responde a un propósito de hostilidad contra determinado grupo. Además, es indiscutible la facultad que tiene el Estado para reglamentar razonablemente ciertas profesiones por motivo de utilidad general. Ello incluye la comprobación de conocimientos indispensables y la necesaria solvencia moral del candidato.

La ciudadanía condiciona y define importantes derechos y obligaciones en nuestra sociedad; basta decir que sirve de base al ejercicio de los derechos políticos. Es concebible que el estado tenga la facultad de fijar restricciones racionales a la capacidad laboral de los extranjeros en ciertas posiciones gubernamentales que por su naturaleza inciden sobre la misma esencia e integridad de nuestro sistema de gobierno. La delimitación será difícil en los casos fronterizos. Por lo general, las restricciones en este campo sólo se justifican en aquellas funciones-además de las electivas-que participen directamente en la formulación y revisión de la política pública del país o que por su naturaleza conlleven un poder discrecional significativo en el proceso gubernamental. Aun en estos casos el estado no puede establecer criterios totalmente arbitrarios.

No cabe duda de que la función magisterial ocupa un lugar importante en nuestra escala de valores sociales. Ello no causa polémica. Lo que sí está planteado en el presente caso es si el criterio de ciudadanía de Estados Unidos es condición indispensable a la idoneidad profesional de la apelada, o constituye un atributo irreemplazable en cuya ausencia Paz Lisk no puede ser un portavoz adecuado de los valores comunitarios de la sociedad puertorriqueña. Tampoco hay unas circunstancias especiales en el país que requieran que en nuestras escuelas públicas sea razonable exigir esta condición.

El requisito de ciudadanía podrá justificarse en otras conexiones, pero no hace falta para tener carta de maestro. Cada candidato puede juzgarse individualmente en lo referente a su capacidad para el magisterio en Puerto Rico. La ciudadanía no se requiere para pertenecer a la facultad de la Universidad de Puerto Rico. Por otro lado, existen otros medios menos gravosos que el Estado puede utilizar para asegurarse que los maestros de escuelas primarias puedan educar a nuestros hijos y transmitir de forma apropiada nuestros valores. El DIP cuenta con suficientes mecanismos de supervisión y comprobación para asegurarse de que un candidato está en condiciones de comunicar los valores políticos, sociales y morales de esta sociedad-dentro de un ambiente no reñido con los principios de libertad de pensamiento y expresión-sin tener que recurrir a una norma de preterición automática.

De Paz Lisk tuvo que cursar estudios en una "institución colegial o universitaria debidamente acreditada" por el Estado como parte de los requisitos generales exigidos a todo candidato. Si el Secretario de Instrucción Pública considera que ello no es suficiente, está facultado para establecer por reglamento normas de preparación académica y profesionales adicionales para los candidatos no ciudadanos en aquellas áreas que ofrezcan una mejor visión de nuestra historia, costumbres y valores. Nuevamente, ante los intereses en conflicto, la prohibición resulta innecesariamente abarcadora y arbitraria. Como resultado, los extranjeros son juzgados a base de su estado legal en el país y no en virtud de sus características personales. El requisito del inciso primero del Artículo 5 opera, a lo sumo, como incentivo para que más extranjeros se hagan ciudadanos de Estados Unidos, pero no representa un criterio de lealtad o idoneidad profesional en el magisterio puertorriqueño.

Aquellas personas que no son ciudadanas están absolutamente impedidas de ejercer su profesión-enseñar en el sistema público de enseñanza. Ello incluye la escuela elemental-grados del primero al sexto-y la escuela secundaria, que comprende la escuela intermedia y superior. Tampoco hay especificación en cuanto a la labor docente; ya sea en la historia, las matemáticas, o la educación física. Existe una presunción insuperable de que los extranjeros no naturalizados no pueden contribuir a los esfuerzos educativos de una sociedad. La ley no contempla excepciones ni toma en consideración si la persona tiene residencia legal en Puerto Rico y los Estados Unidos, el tiempo que ha vivido aquí o su preparación académica.

No estamos ante una persona extranjera que aspira a una posición directiva o de formulación de la política pública dentro del sistema de instrucción pública. En este caso se trata de una maestra de escuela elemental y secundaria que es residente legal de Estados Unidos y Puerto Rico que desea enseñar español a nuestros jóvenes. ¿Es imprescindible ser ciudadano norteamericano para instruir en la poesía de Luis Llorens Torres, en la novela de Luis Rafael Sánchez?

En conclusión, nuestro estatuto es categórico al negarle un certificado de maestro a todo extranjero sin hacer excepciones. Los excluye del magisterio sin tomar en consideración, entre otros factores, la materia a enseñarse, el nivel de enseñanza, la naturaleza de la relación del extranjero con este país, las demostraciones de fidelidad a nuestros valores, la intención de hacerse ciudadanos o si tiene permiso de residencia expedido por el Servicio de Inmigración y Naturalización. Hay métodos menos drásticos para conseguir los fines perseguidos por el Estado.

La posibilidad de que unos extranjeros sean inadecuados para ser maestros no justifica que la prohibición cubra absolutamente a todos los extranjeros, incluyendo a los que tienen tarjeta de residente de los Estados Unidos. En vista del carácter ilimitado de la prohibición de la ley en controversia, la única forma de extender los beneficios del estatuto a los extranjeros con residencia es eliminando el requisito de ciudadanía americana, es decir, suprimiendo el inciso primero del Art. 5 de la Ley 94. Dicha disposición atenta contra los principios de igualdad ante la ley de las secciones 1 y 7 del Artículo II de nuestra Constitución.

Por los fundamentos expuestos en la opinión que antecede, la cual se incorpora íntegramente en la presente, se modifica la sentencia dictada por el Tribunal únicamente en la medida que halló responsable a los codemandados en su carácter personal, y así modificada se confirma.

FEDERICO HERNÁNDEZ DENTON, Juez Asociado

20. Vélez Quiñones v. Secretario de Instrucción Pública, 86 D.P.R. 755 1962

[Resumen]

[Este caso ilustra la aplicación de la norma de conducta moral para la práctica del magisterio en Puerto Rico.]

EL JUEZ ASOCIADO SEÑOR RAMÍREZ BAGES emitió la opinión del Tribunal.

El día 17 de enero de 1958, el Secretario de Instrucción Pública le formuló al Sr. Vélez Quiñones, maestro elemental rural permanente en el ejercicio de su cargo en la municipalidad de Guánica, un cargo por razón de inmoralidad consistente en que bajo promesa de matrimonio tuvo relaciones sexuales con una joven hasta que ésta tuvo seis meses de encinta; que éste trató de llevar a la joven en cuestión a una clínica para sacarle el muchacho, y que durante el embarazo, el recurrido se dirigió por carta a la madre de la joven, manifestando su deseo de ayudar económicamente a la joven para evitar ulteriores dificultades y para que ésta se quedara callada; y que el recurrido no cumplió su promesa de matrimonio. El Secretario de Instrucción Pública procedió a notificar al Sr. Vélez Quiñones que lo declaraba culpable del referido cargo y que lo destituía como maestro de instrucción pública efectivo el primero de agosto de 1957.

El Sr. Vélez Quiñones apeló ante el Tribunal Superior, Sala de Ponce, la que trasladó el recurso a la Sala de San Juan de dicho Tribunal. Este Tribunal Superior, Sala de San Juan, revocó la decisión del Secretario y ordenando la reposición del Sr. Vélez Quiñones en el cargo. El tribunal de instancia revocó al Secretario por no considerar inmoral el hecho que un maestro de instrucción pública, siendo soltero, sostuviera relaciones sexuales con una mujer soltera, en ausencia de prueba de que esas relaciones fueran públicas, y notorias, que tuvieran relación con su posición como maestro, que se les conocieran viviendo en concubinato, que la escuela, la comunidad, los discípulos, compañeros maestros tuvieran conocimiento o se afectaran por la conducta del recurrente.

El Departamento de Instrucción apeló al Tribunal Supremo alegando que el tribunal de instancia cometió error de derecho (1) al adoptar el anterior criterio sobre el concepto de "inmoralidad"; (2) al ignorar evidencia adicional que sostenía el cargo de inmoralidad formulado; y (3) al sustituir su criterio por el del Secretario de Instrucción Pública, a pesar de que las conclusiones de éste están sostenidas por evidencia sustancial y no obstante existir una base racional en la prueba para la formulación de dichas conclusiones.

El Tribunal Supremo revocó al Tribunal Superior Sala de San Juan y sostuvo la decisión del Secretario de Instrucción Pública que destituyó al Sr. Vélez Quiñones como maestro de instrucción pública por los fundamentos que se explican en adelante. La destitución del Sr. Vélez Quiñones fue decretada de acuerdo con las disposiciones de la Ley Núm. 94 de 21 de junio de 1955 la cual impone como requisito para ameritar un certificado de maestro que el candidato tenga conducta moral intachable y, autoriza la separación de un maestro de su cargo por razón de inmoralidad. El cargo de maestro en la sociedad es un sacerdocio que exige de la persona que lo ejerce una conducta, dentro y fuera de la escuela, de absoluta rectitud, intachable, libre de sospecha. Debe ser así, ya que el maestro no tan sólo imparte enseñanza a sus discípulos, sino que contribuye sustancialmente a forjar su carácter y sus hábitos y, en sus relaciones con éstos, les sirve de faro, de guía, de ejemplo. Se entiende por inmoralidad todos aquellos actos o prácticas reñidos con los principios establecidos por consentimiento común con el fin de lograr la decencia, el buen orden y una conducta personal correcta.

Por consiguiente, es inmoral todo lo que es hostil al bienestar del público en general y contrario a la moral; no se limita a cuestiones sexuales pues puede incluir aquella conducta que conflige con la rectitud o que es indicativa de corrupción, indecencia, depravación, de actitud licenciosa; o aquella conducta deliberada, flagrante y desvergonzada indicativa de indiferencia moral hacia la opinión de los miembros respetables de una comunidad; o la actitud desconsiderada con respecto al buen orden y al bienestar público. Lo cierto es que a algunos empleados públicos tales como el ingeniero sanitario, el oficial de policía y el maestro, se les impone, debido a la naturaleza de sus obligaciones, normas de conducta que no tienen equivalencia en la empresa privada. En términos de moralidad, el maestro debe tratar de ser un modelo de persona moral, esto es, debe guardarse de dar un ejemplo que induzca al niño a adquirir malos hábitos y, además, debe demostrar lo que significa dedicarse positivamente a mejorar la actitud y la conducta de sus semejantes. El Código de Ética de la Asociación de Maestros, provee en su introducción que el maestro debe observar una conducta in-

tachable de modo que sirva de ejemplo a sus discípulos, y que los maestros respetarán las sanas costumbres o tradiciones de la comunidad en que trabajan y se sujetarán a las normas morales establecidas por la sociedad puertorriqueña.

En Tracy v. School Dist., No. 22, Sheridan County, 243 P.2d 932 (Wyo. 1952), se resolvió que una carta imputándole a un maestro el cargo de beber dentro de los límites de la escuela y de dar bebida a discípulos se refería a bebidas intoxicantes y constituía aviso suficiente al maestro de los fundamentos para su destitución. La Corte en este caso dijo, citando de la obra The Law and Public Education, de Hamilton y Mort, que "La relación peculiar que existe entre el maestro y sus discípulos es tal que es muy importante que el carácter de aquél sea irreprochable. Está establecido, por lo tanto, que puede destituirse a un maestro por inmoralidad o mala conducta.

La Corte de Apelaciones de Kentucky ha dicho que tanto los padres como los alumnos consideran al maestro como una persona ejemplar cuya línea de conducta debe seguirse por sus discípulos, y la ley por implicación necesaria exige que el maestro no tenga una conducta que invite a crítica y sospecha de inmoralidad. Aun en el caso de cargos o reputación de inmoralidad, aunque no estén sostenidos por prueba plena, en ciertos casos pueden ser causa suficiente para destituir a un maestro. Es esencial para la mayor utilidad del maestro en la escuela que éste tenga no tan sólo buen carácter sino que goce de buena reputación."

En Appeal of Batrus, 26 A.2d 121 (Pa. 1942), se sostuvo la destitución de una maestra por dedicarse a la venta y distribución de bebidas de malta, obtener licencia de licores a su nombre, para así engañar a la Junta de Licencia de Licores que no hubiera expedido la misma a nombre del padre de la maestra, y no dar cuenta de todo esto, y por el contrario informar que ella no se dedicaba a negocio otro alguno, al solicitar la licencia de maestra, por constituir la enumeración de tales hechos una imputación de inmoralidad. La Corte se expresó como sigue: "Creemos que es evidente que la conducta de un maestro, que subvierte aquellas normas de rectitud moral que la ley establece tanto para conducta guber-

namental como social, no es conducente al mantenimiento de la integridad del sistema escolar público."

En Horosko v. School District of Mount Pleasant Tp., 6 A.2d 866 (Pa. 1939), al sostener la destitución de una maestra por inmoralidad e incompetencia basado en que servía de cantinera en un "beer garden" del marido y, en presencia de sus discípulos, bebía cerveza, jugaba a los dados con los clientes, y les mostraba cómo operar máquinas de jugar, la Corte dijo que "la inmoralidad no está esencialmente limitada a una desviación de la moral sexual; puede ser una línea de conducta que ofenda la moral de la comunidad y que sea un mal ejemplo para los jóvenes cuyos ideales debe el maestro fomentar y elevar."

En Gilmer v. Stover, 46 Dauph 257 (Pa. 1939), se determinó que el tener contacto carnal antes del matrimonio constituía un acto de inmoralidad en el caso de una maestra. Nos parece claro que en el caso ante nos, el tribunal de instancia dejó de considerar prueba que aparece del récord ante el comité investigador demostrativa de que el recurrido no tan sólo había tenido relaciones carnales con la perjudicada en muchas ocasiones sino que tales relaciones se convirtieron en notorias y escandalosas debido a los procesos judiciales iniciados en contra del recurrido por el delito de seducción y por abandono de menores, por su promesa no cumplida de contraer matrimonio con la perjudicada y por haber tratado de inducirla a someterse a un tratamiento para abortar. Tales hechos demostraban a cabalidad que el recurrido carecía de la conducta moral intachable, de la reputación irreprochable tan esencial al ejercicio del magisterio, que exige el estatuto y por consiguiente, concluimos que el tribunal de instancia cometió los primeros dos errores señalados por el recurrente.

El Tribunal Supremo de Puerto Rico concluyó que, en vista de lo expuesto, debe revocarse la sentencia del tribunal de instancia en el caso del Sr. Vélez Quiñones y en su lugar dictarse otra sosteniendo la decisión del Secretario de Instrucción Pública destituyéndolo como maestro de instrucción pública.

21. **Figueroa v. Fajardo,** 1 F. Supp. 2.o 117 (1998)

[Resumen]

[Este caso ilustra la aplicación de la norma de conducta moral para la práctica del magisterio en Puerto Rico, interpretada por el Tribunal Federal.]

OPINIÓN de: RAYMOND L. ACOSTA, Juez

1. *La Sra. Ivonne Figueroa era maestra regular y permanente en el Departamento de Educación (DE) en la escuela intermedia María Eugenia Rodríguez.*
2. *El 16 de diciembre de 1994 a la Sra. Ivonne Figueroa, la arrestaron por la posesión con intento para distribuir de cocaína y marihuana.*
3. *El 26 de julio de 1995 se le encontró causa probable, por violación del Art. 404(a) de la Ley de Sustancias Controladas de P.R.*
4. *El 3 de noviembre de 1995 condenaron a Sra. Figueroa a un período de dos (2) años en libertad condicional, condicionado a que se incorporara a un programa de desintoxicación.*
5. *El 15 de marzo de 1995 antes de que fuera procesada criminalmente el DE la suspendió del empleo con paga; y se le notificó de la intención de radicar cargos contra ella para despedirla, y de su derecho a solicitar una vista administrativa.*
6. *La Sra. Figueroa pidió una vista administrativa que se llevó a cabo el 18 de abril y 11 de mayo de 1995.*

7. *El 28 de agosto de 1995 el DE le notificó a la Sra. Figueroa de su despido, de la revocación del certificado de maestra, y de los argumentos para ello.*

8. *Al momento del despido el DE tenía en efecto un Manual del Programa de Ayuda Ocupacional ("PAO") publicado en conformidad con la Ley para un Lugar de Trabajo Libre de Drogas.*

9. *La Sra. Figueroa demandó y alegó que en el DE se le violaron los derechos garantizados ("ADA"), §§ 12111-12117 de 42 U.S.C.; Ley de Rehabilitacion, § 701-715 de 29 U.S.C. (1985 y supl.. 1997); y la Ley para el Trabajo Libre de Drogas, 41 U.S.C.; y la Cláusula del Debido Proceso de Ley, de la Constitución de Estados Unidos.*

En cuanto al debido proceso de ley la Sra. Figueroa alegó que su posición permanente como una maestra le dio derecho a las garantías de debido proceso antes de su despido, las cuales no fueron concedidas. El Tribunal Federa encontró que a la Sra. Figueroa se le dio el debido proceso procesal adecuado, según disponen las leyes orgánicas del DE. La ley pertinente proporciona salvaguardias procesales amplias para garantizar los derechos de la demandante. La carta de despido de 28 de agosto de 1995, relaciona los pasos tomados por el DE en respuesta al arresto dela demandante que conducen de la suspensión inicial con paga y a la cancelación eventual de su licencia de maestra. El aviso de la suspensión menciona específicamente el hecho de la causa probable encontrada contra ella para las violaciones de la Ley de Sustancias Controladas de Puerto Rico, basada en los acontecimientos que ocurrieron el 16 de diciembre de 1994; que le habían notificado de la intención de radicarle cargos a ella por esos acontecimientos, y de su derecho a solicitar una vista administrativa. Por requerimiento de la Sra. Figueroa el 18 de abril y el 11 de mayo de 1995 se llevó a cabo una vista administrativa donde ella se presentó por sí misma.

El Oficial Examinador de la vista concluyó que la evidencia en el expediente era suficiente para sostener los cargos en cuanto a que su conducta había afectado el buen nombre de la escuela donde ella enseñaba y ella había dañado su récord de conducta de ejemplar requerida a todos los maestros. Específicamente, se había determinado que ella había violado a la Sec. 274 del Título 18 de las Leyes de Puerto Rico Anotadas y el Art. 10.3 del Reglamento de Certificación de Maestros de 1984, los cuáles autorizan al Secretario del DE a cancelar el certificado por conducta inmoral o conducta perjudicial a la reputación del sistema educativo. Además, su conducta se consideraba contraria al estándar de conducta moral intachable requerido de todos los maestros en Puerto Rico.

La Sra. Figueroa insistió en que ella no fue convicta del delito imputado porque se benefició de un programa de desvío a tono con las leyes de Puerto Rico, mediante el cual se le revocan los cargos penales al que se somete y cumplen un período en probatoria. Sin embargo, su despido no resultó de una convicción criminal, sino de violaciones a varias disposiciones legales del DE. Además, las decisiones adversas de empleo se pueden basar en los mismos hechos que se encuentran o que han sido objeto de determinaciones en los procedimientos penales y no dependen de su resultado. Puesto que el peso de la prueba para cada procedimiento es diferente, el hecho de que se absuelva a una empleada de cargos criminales no imposibilita el despido de su empleo basado en la misma conducta imputada.

Dada la incuestionable evidencia en posesión del DE a la hora de su determinación no vemos qué prueba adicional se requería para el DE poder hacer su determinación de que la posesión y el uso de drogas ilegales por la demandante fue perjudicial al sistema educativo y contrario al buen ejemplo de conducta moral requerido a los maestros. No hay duda de que la demandante estaba en la posesión de drogas ilegales en diciembre de 1994 y que este hecho fue publicado ampliamente en la prensa local. Estamos de acuerdo en que tal conducta de una maestra es perjudicial a la reputación de una institución particular y al Sistema de Educación en su totalidad. Discrepamos de las argumentaciones de la demandante de que el DE tenía que probar específicamente efectos perjudiciales reales por su conducta. Los maestros están obligados a mantener un estándar moral más alto, por-

que son modelos para los estudiantes y la sociedad en general.

El Tribunal desestimó la reclamación de la Sra. Figueroa porque se acuerdo con los hechos no controvertidos, careció de conducta moral intachable esencial para la profesión de enseñanza requerida por la ley.

22. Martínez Conde, v. Departamento de Educación, 148 D.P.R. 648 (1999)

[Resumen]

[Este caso ilustra la norma relacionada con el foro ante el que se presentan las reclamaciones de los maestros por actuaciones de los administradores que afectan el principio de mérito.]

San Juan, Puerto Rico, a 25 de junio de 1999

Opinión emitida por el Juez Presidente señor Andreu García

En 1991, Ana Martínez Conde, maestra del sistema de educación pública, presentó una querella administrativa ante la División de Quejas y Querellas del Departamento de Educación. En ella alegó que ciertas actuaciones del señor Heriberto López Morales, director asociado de la escuela Ramón Baldorioty de Castro del municipio de Salinas, lugar donde ella trabajaba, lesionaron sus derechos personales y profesionales.

El Secretario de Educación ordenó el archivo de la querella bajo el fundamento de que de ella no surgía evidencia suficiente que sustentara las alegaciones de Martínez Conde.

La Sra. Martínez Conde presentó una apelación ante la Junta de Apelaciones del Sistema de Educación, [en adelante JASED]. El Departamento de Educación contestó la apelación. Adujo, en esencia, que ni la querella original, ni el escrito de apelación plantean violaciones a las áreas esenciales del principio de mérito, por lo que JASED carecía de jurisdicción para considerar los señalamientos de Martínez Conde.

La JASED emitió una resolución en la cual decretó el archivo de la querella por falta de jurisdicción. Una moción de reconsideración de la querellante fue rechazada de plano.

La Sra. Martínez Conde acudió al Tribunal. El caso fue referido a un juez de la extinta Unidad Especial de Jueces de Apelaciones, el cual devolvió el caso a JASED por estimar que dicho foro administrativo poseía jurisdicción para considerar los planteamientos de la Sra. Martínez Conde.

No conforme, el Departamento de Educación acudió ante el Tribunal de Circuito de Apelaciones el cual se negó a revocar la determinación recurrida por estimar que JASED tenía jurisdicción en la querella por ser sobre áreas relacionadas con el principio de mérito.

El Departamento de Educación acudió ante el Tribunal Supremo alegando que el Tribunal de Circuito de Apelaciones erró al resolver que JASED posee jurisdicción para considerar la querella de la Sra. Martínez Conde bajo el fundamento de que la misma está relacionada con las áreas esenciales al principio de mérito.

El Tribunal Supremo revocó la determinación del Tribunal de Circuito de Apelaciones de reinstalar la decisión de JASED por carecer dicho foro de jurisdicción para revisar la desestimación de la querella instada por la Sra. Martínez Conde.

La JASED es el foro apelativo administrativo con jurisdicción para considerar, o bien determinaciones administrativas de naturaleza disciplinaria que se tomen contra un maestro o empleado—ya sea cancelación, suspensión, denegación o modificación de un certificado de maestro, suspensión de empleo y sueldo, destitución, determinación de violación de deberes y obligaciones, formulación de cargos o imposición de medidas correctivas--, o bien actuaciones administrativas que impliquen violación al principio de mérito.

En la primera circunstancia, es el maestro afectado por una sanción administrativa quien acude a la JASED para cuestionar esa determinación. En la segunda circunstancia, es, también la persona afectada por la determinación adminis-

trativa, que alega constituye una violación al principio del mérito, quien tiene derecho a acudir ante la JASED.

Las circunstancias alegadas por La Sra. Martínez Conde no constituyen acciones de personal para propósitos de la jurisdicción de la JASED. Son meramente situaciones o supuestos que permiten al Secretario de Educación tomar acción disciplinaria contra el empleado querellado. No es sino hasta que la autoridad nominadora toma una acción de personal que la parte afectada por ella tiene derecho a apelar ante la JASED.

Por lo anterior, somos de opinión que en este caso JASED tampoco posee jurisdicción al amparo del artículo 7(a) de la ley 115. No ha mediado cancelación o modificación del certificado de maestro de la señora Martínez Conde. La peticionaria no ha sido suspendida o disciplinada en forma alguna. Tampoco ha sido procesada por una violación a las normas y reglamentos del Departamento de Educación. El Secretario de Educación tan sólo ha ordenado el archivo de una querella instada por ella contra un director escolar por estimar que carece de fundamentos. Este supuesto no está contemplado en la ley como una de las instancias en las que JASED posee jurisdicción apelativa.

No teniendo JASED jurisdicción para considerar la reclamación de la Sra. Martínez Conde, ese foro no está obligado en derecho a celebrar una vista administrativa para considerar sus planteamientos, según lo resuelto por el tribunal de apelaciones y por la extinta Unidad Especial de Jueces de Apelaciones.

Se emitirá la correspondiente sentencia revocatoria.

José A. Andréu García / Juez Presidente

23. **Dubuclet v. Home Ins. Co.** 660 So.2d 67 (1995)

[Resumen]

[Este caso ilustra la aplicación de la norma de conducta moral para la práctica del magisterio en Estados Unidos.]

Opinión del Juez Armstrong

Mr. Dubuclet era un maestro permanente en Orleans Parish. Fue arrestado por posesión de marihuana y cocaína. Hizo alegación de culpabilidad. Como era primer ofensor, su caso se sometió a un proceso de desvío. La ley dispone que, sin presentar una alegación de culpabilidad, el tribunal puede diferir los procedimientos penales posteriores y colocar al acusado en probatoria.

Si completa el proceso de probatoria, el acusado se releva y se le desestiman todos los procedimientos penales en su contra. Mr. Dubuclet completó satisfactoriamente su probatoria y se liberó de los procedimientos penales.

La Junta Escolar de Orleans Parish comenzó un proceso disciplinario contra Mr. Dubuclet, por su posesión de marihuana y cocaína. El fundamento principal para el procedimiento disciplinario fue inmoralidad y descuido voluntario de sus funciones como maestro, los que constituyen fundamentos para los procedimientos disciplinarios de un maestro permanente bajo la la ley del lugar.

La Junta Escolar de Orleans Parish concedió una vista, a la cual compareció Mr. Dubuclet, representado por Mr. Samuel. Se presentó en evidencia la alegación de culpabilidad de Mr. Dubuclet. Uno de los oficiales policiacos, Ronald Austin testificó sobre el uso de marihuana y cocaína que hizo Mr. Dubuclet. La Junta Escolar lo encontró culpable de inmoralidad, aunque no de descuido voluntario de sus funciones, y lo despidió.

El abogado de Mr. Dubuclet presentó dos reclamaciones relacionadas con el despido. Una de ellas se relacionaba con la denegación de compensación por desempleo para Mr.

Dubuclet. La otra reclamación se relacionaba directamente con este pleito de impericia profesional y pedía revisión judicial de la determinación de la Junta Escolar sobre el despido.

Mr. Dubuclet perdió el caso de la compensación por desempleo. Apeló a este tribunal, la que nosotros confirmamos.

La otra reclamación estuvo pendiente en el tribunal de instancia durante cinco años, sin que se viera actividad alguna, lo que provocó que se desestimara. El problema ante nuestra consideración es si Mr. Dubuclet pudo haber ganado dicho pleito de no haberse desestimado. Los demandados tenían el peso de la prueba para demostrar que no lo hubiera ganado.

Los demandantes alegan que la decisión de la Junta Escolar se hubiera revocado. Primero, argumentan que como Mr. Dubuclet fue relevado y los cargos criminales en su contra fueron desestimados, su despido no hubiera prosperado por la posesión de marihuana y cocaína. Es decir que la desestimación de los cargos criminales impedía al patrono despedirlo por la conducta en que estaban basados los cargos. Ellos sostenían que como ya Mr. Dubuclet no era convicto de un delito no podía ser procesado por el cargo de inmoralidad en la Junta Escolar.

El problema con que nos encontramos es que el estatuto bajo el cual la Junta Escolar despidió a Mr. Dubuclet, no require que la persona haya sido convicta de un crimen. A lo que se refiere la ley es a inmoralidad, que es más amplio, o por lo menos no idéntico a ilegalidad o convicción por un crimen.

Aunque Mr. Dubuclet nunca fue convicto del crimen de posesión de marihuana y cocaína, sí puede ser disciplinado debido al hecho de que él poseyó marihuana y cocaína.

En el caso que Mr. Dubuclet perdió al apelar la compensación por desempleo, el Tribunal sostuvo: "Al así resolver no nos persuade la confianza del reclamante en el estatuto que dispone que una alegación de culpabilidad por la posesión por primera vez de marihuana y cocaína debe ser desestimada sin adjudicación por parte del tribunal, en cuanto si el acusado fue culpable y si no se debe considerar como una convicción". "La eliminación de antecedentes penales de una persona no borra el hecho de que esta cometió los hechos, ni borra la incorrección moral de su conducta. Por lo tanto, aunque la alegación de culpabilidad no constituya una convicción penal, como cuestión de registro, la posesión de una droga ilícita permanece como un acto de mala conducta e inmoralidad que constituye el fundamento para descualificarle de los beneficios de compensación por desempleo".

El mismo razonamiento se aplica al presente caso. La desestimación de los cargos criminales a Mr. Dubuclet no impide que la Junta Escolar continúe con los procesos disciplinarios.

En este caso, hubo evidencia independiente sobre la posesión de marihuana y cocaína de Mr. Dubuclet. Se presentó el testimonio del Oficial Austin. De hecho ese es el fundamento que usa la Junta Escolar en su razonamiento para su decisión. Por todo lo anterior, se confirma la sentencia del Tribunal de Instancia. CONFIRMADA LA SENTENCIA

24. Hatton v. Wicks 744 F.2d 501, 20 Ed. Law Rep. 400 (1984)

[Resumen]

[Este caso ilustra la aplicación de la norma de insubordinación en la práctica del magisterio.]

JERRE S. WILLIAMS, Juez de Circuito:

Una maestra de sexto grado fue despedida por negarse a recibir en su sala de clase, a un estudiante de 13 años que tenía problemas disciplinarios. El estudiante la había escogido a ella como su maestra, de entre un grupo de tres profesoras disponibles. La maestra estaba muy bien cualificada y con 10 años de experiencia, bajo contrato para enseñar en Columbus Municipal Separate School District, Columbus, Mississippi.

Se llamó a la Sra. Hatton junto con otras dos maestras de sexto grado a la oficina del Director, Sr. Wicks,. El Director preguntó al estudiante que cuál de las tres maestras prefería para que fuera su maestra de sexto grado. El estudiante escogió a la Sra. Hatton. El Director dio por terminada la reunión y estableció que ella sería la maestra. El próximo lunes, cuando la madre se presentó con el estudiante, la maestra se negó a recibirlo. En la tarde de ese mismo día, el Director llamó a la Sra. Hatton y le indicó que estaba obligada a recibirlo. Ella se negó nuevamente, y abandonó la oficina.

El Director le escribió una carta, apercibiéndole de que tenía 10 días para cumplir con su obligación. La maestra no se presentó, mientras que el estudiante se le asignó a otra maestra.

La maestra fue despedida por insubordinación. Se le concedió una vista ante el Superintendente de Escuelas, y ante la Junta en Pleno. Se le permitió un proceso de revisión por parte del Departamento de Educación del Estado. Todos estos foros estuvieron de acuerdo con el despido.

Cinco años más tarde la Sra. Hatton presentó esta acción en el Tribunal de Distrito Federal, alegando que se le violó su derecho al debido proceso de ley sustantivo. Basó su reclamo en el fundamento de que unas autoridades escolares no tienen un derecho constitucional a despedirla bajo el debido proceso de ley. Visto el juicio en el Tribunal de Distrito, se decidió que no se le violaron los derechos constitucionales al despedirla. El Tribunal de Circuito confirmó la sentencia.

El Tribunal de Circuito indicó que aquí no hay ningún caso sobre violación al debido proceso de ley procesal. La apelante no reta la adecuacidad de las vistas administrativas que le fueron concedidas de acuerdo con la Ley de Mississippi. Ella sólo reta el resultado de esas vistas, las cuales no estuvieron de acuerdo con su reclamo.

Ella trae el asunto de si hubo evidencia sustancial, tanto en los procesos administrativos como en el Tribunal de Distrito, para establecer la existencia de una violación al debido proceso de ley. Pero el problema aquí no es uno de evidencia sustancial. Los hechos más importantes en este caso no están en disputa. El único problema ante este tribunal es, si la existencia de esos hechos y eventos constituyen una violación a los derechos civiles de la Sra. Hatton, bajo la cláusula del debido procedimiento de ley de la Enmienda Decimocuarta. Es un asunto de derecho, se trata de la interpretación y aplicación de la Constitución. Como tal, no estamos obligados por la norma de respeto a las decisiones de los organismos de instancia.

Aquí no se ha discutido el asunto de los motivos para el despido de la apelante. El hecho no disputado es que la apelante fue despedida por insubordinación, por negarse en dos ocasiones a aceptar un alumno en su sala de clases, cuando el Director se lo había ordenado.

La apelante asume la posición de que ella no podía ser despedida por insubordinación, debido a que, bajo la ley de Mississippi, insubordinación requiere un patrón constante o continuo de negarse a obedecer una orden, directa o implícita, de naturaleza razonable, dada por alguien con autoridad para hacerlo. Si sus actuaciones constituyen o no insubordinación, bajo la ley de Mississippi, no es algo importante en este caso.

No se pueden crear o eliminar derechos constitucionales federales por la mera forma en que Mississipi defina insubordinación, o cualquier otro motivo para el despido de los maestros. Los derechos federales son independientes de los estatales. No es necesario, desde luego, señalar que sus dos negativas a aceptar el estudiante en su clase pueden constituir insubordinación bajo la definición de la ley de Mississippi.

Aunque la apelante incurriera o no en insubordinación, bajo la ley de Mississippi, el problema que se encuentra ante este tribunal es si ella pudo demostrar que su despido, a base de los hechos admitidos y las circunstancias de este caso constituyeron una violación al debido proceso de ley sustantivo de la Enmienda Decimocuarta. El Tribunal de Distrito concluyó que ella no probó que se le hubiera violado tal derecho constitucional, y nosotros estamos de acuerdo.

La actuación del Director puede haber sido un tanto inusual, al darle la oportunidad al estudiante de seleccionar a cuál maestro prefería en el sexto grado. Se puede señalar, desde luego, que tal selección fue bajo la supervisión del Director, quien había dejado fuera otros dos maestros, que de otra manera hubieran estado disponibles para el alumno, porque sus salones estaban localizados en edificios temporeros, fuera del edificio principal, y que el Director pensaba que este alumno podía crear menos problemas si se mantenía en este edificio. Además, nadie sostuvo que este alumno fuera un serio problema, que constituyera tan serio problema que no pudiera asistir a clases con otros estudiantes. Al ella negarse a recibir a ese estudiante, se le asignó a otra maestra.

Finalmente, el registro revela que el estudiante tenía razones racionales y sensibles para seleccionar la clase de esta maestra en vez de las otras dos. Según dicho registro, a este estudiante se le dieron oportunidades que otros, generalmente, no tienen. Pero no podemos coincidir con la conclusión de un administrador escolar que sostiene que, tratando a un estudiante con ese cuidado, no pueda ser ventajoso para el mismo estudiante o para los otros. Esta discusión de las circunstancias evita el asunto constitucional. Si se encontrara una violación de derechos constitucionales, este Tribunal estaría interviniendo en los asuntos de la administración escolar.

La apelante y otras dos maestras fueron traídas a la oficina del Director para permitirle al estudiante que decidiera a qué clase deseaba asistir en sexto grado. El Director ordenó que la selección del estudiante se pusiera en efecto, y la apelante se negó. Luego, cuando el Director trató de hablar con ella se negó y se fue.

Ella no ha demostrado que tenga derecho a algún privilegio sobre las otras dos maestras. No hubo el mero asomo de discriminación racial, religiosa, de género o interferencia con su libertad de expresión, o algún otro derecho personal. A ella se le asignó un alumno que tenía derecho a estar en su clase. Se negó a recibirlo en dos ocasiones y fue despedida. Se debe reconocer que, en circunstancias como esta, un maestro que se niega a cumplir con sus obligaciones está interfiriendo con la operación regular de la escuela y se está involucrado en conducta que impide la operación y efectividad del programa educativo.

Se confirma la sentencia del Tribunal de Distrito.

25. Junta Escolar de la Ciudad de Hopkins v. Wood, 717 S.W.2d 837 (1986)

[Resumen]

[Este caso ilustra la aplicación de la norma de conducta moral para la práctica del magisterio.]

Oct. 16, 1986.

El Sr. Juez WINTERSHEIMER, emitió la opinión del Tribunal.

Greg Wood y Donnie Wood eran dos maestros permanentes en Escuelas de la Ciudad de Hopkins. Un Gran Jurado del Condado de Hopkins, investigaba un asesinato. Mientras investigaba, recibió testimonio a los efectos de que, dos días antes del asesinato dos muchachas de 15 años habían comprado 10 cigarrillos de marihuana y habían llevado la droga al apartamento de los hermanos Wood, donde se la fumaron junto a ellos y a otras personas. El Gran Jurado sugirió que la materia fuera investigada a profundidad. Los Wood fueron arrestados posteriormente por el delito menor de contribuir a la delincuencia de un menor de edad. El 20 de septiembre de 1983, los Wood se declararon culpables en el Tribunal de Distrito.

Los funcionarios la Junta de Educación de la Ciudad de Hopkins tomaron las declaraciones de las dos muchachas y a base de estas declaraciones, el 1 de septiembre de 1983, los hermanos Wood fueron despedidos por conducta inmoral, indecorosa e impropia de un maestro. El 28 de septiembre se les concedió una vista. En dicha vista, la Junta presentó la declaración de culpabilidad y a las dos muchachas como testigos. Los Wood negaron el haber fumado marihuana y otros tres testigos declararon que no los vieron fumando la marihuana. Testigos del carácter también se presentaron a nombre de los Wood. La Junta votó unánimemente a favor del despido de los hermanos Wood.

El Tribunal de Circuito confirmó la decisión de la Junta.

El Tribunal de Apelaciones revocó, reinstalando a los maestros y devolviendo el caso al Tribunal de Circuito para una determinación de la cuestión de la paga retroactiva y los daños. Aceptamos la revisión discrecional.

La Junta Escolar acude al Tribunal Supremo del estado, en cual revoca la decisión del Tribunal de Apelación y reinstala la del Tribunal de Distrito.

Los hermanos Wood argumentaron que la Junta no tenía derecho a terminar sus contratos por los actos cometidos durante horas fuera de servicio, durante el verano antes del comienzo del año escolar en la intimidad de su propio apartamento. La evidencia contra los hermanos Wood, según lo presentado por la Junta apoya que los maestros deben ser despedidos por conducta inmoral, indecorosa e impropia como maestros.

La evidencia indica que hubo conducta de naturaleza inmoral y criminal y conexión directa entre la mala conducta y el trabajo de los maestros. Los hermanos Wood se declararon culpables en el tribunal de Distrito de una transacción ilegal con un menor de edad, que habían llevado a esas dos niñas de 15 años a su apartamento a participar de una fiesta de marihuana. La ley establece que el contrato de maestro estará vigente mientras mantenga buena conducta, eficiencia y competencia.

La ley enumera cuatro causas para el despido que se relacionen con el funcionamiento profesional de la sala de clase, que requieren que las causas sean apoyadas por los expedientes escritos del funcionamiento del maestro. El propósito de las leyes de certificación de maestros es promover el buen orden en el sistema escolar, previniendo el despido arbitrario de maestros capaces y experimentados por caprichos políticos o personales. No debe proteger a los maes-

tros que violen las leyes penales. El maestro se mantiene en un estándar de conducta personal tal, que no permite la comisión de actos inmorales o criminales, debido a la mala impresión que se les causa a los estudiantes. Tradicionalmente al maestro de escuela como ejemplo moral para los estudiantes.

La conducta inmoral, indecorosa e impropia como maestros, a menos que ocurra en los predios de la escuela durante horas laborables, no se puede documentar con récords del desempeño profesional. Esos récords no incluyen las actividades fuera de la escuela. Por lo tanto, interpretar que la ley solo se refiere a conducta del maestro dentro de los límites de la escuela, sería llevar a resultados absurdos.

Lo que se debe tener bien presente y con mucho cuidado es asegurarse de que este tipo de conducta que pueda tener el efecto de costarle la certificación y el trabajo a un maestro sea documentada por fuentes imparciales. Además, la conducta debe tener algún nexo con el trabajo del maestro, como en este caso, que se trataba de fumar marihuana con los estudiantes. La intención de la legislatura no fue sujetara cualquier maestro a que sea disciplinado por conducta cometida previamente, sin que tenga relación o conexión con el desempeño del maestro en la comunidad. El poder para disciplinar a un maestro no se basa en el juicio moral personal de las personas que toman la decisión. Ese poder solo existe para defender los intereses legítimos del estado de defender y proteger a la comunidad escolar y los estudiantes de que se les causen daños.

Este tribunal sostiene que los maestros pueden ser despedidos por conducta inmoral, indecorosa e impropia como maestros, o conducta inmoral que involucra actividades fuera de la escuela, aunque esos maestros tengan un récord de excelencia profesional en el desempeño de sus funciones.

26. Junta Escolar del Distrito Núm. 1 de la Ciudad de Denver v. Cornish 58 P.3d 1091, 171 Ed. Law Rep. 1028 (2002)

[Resumen]

[Este caso ilustra la aplicación de la norma de insubordinación en la práctica del magisterio.]

9 de mayo de 2002.

Opinión del Juez Taubman

En marzo de 2001, el Superintendente Escolar del Distrito Escolar Núm 1 de Denver sometió cargos contra la Sra. Sherdyne Cornish, recomendando su destitución como maestra de matemáticas en la Escuela Superior Tomás Jefferson, por negligencia en el deber, insubordinación y otras causas justas y razonables.

La Sra. Cornish argumentó que la Junta la despidió a base asuntos relacionados con violación a los derechos de autor, currículo de matemáticas basado en normas y su certificación de maestra.

A. Planes de clase

La Sra. Cornish retó la conclusión del Juez Administrador (Examinador) que vio la vista administrativa, a los efectos de que ella cometió insubordinación al no suplir los planes de clase cuando se le pidieron. De acuerdo con el Examinador, la Sra. Cornish tenía la habilidad para cumplir con el pedido, pero los que entregó no estaban bien organizados, aun cuando el Principal le había entregado varios modelos de cómo hacerlo. Encontró que a la luz de la negativa de la Sra. Cornish a enseñar el curriculo de matemáticas de la escuela, la solicitud del Principal de que proveyera los planes era razonable y que la información que la Sra. Cornish suplió fue con el propósito de confundir más que iluminar. El Examinador determinó, además, que el cumplimiento técnico que hizo la Sra. Cornish fue para encubrir la negativa. Finalmente, observó que los efectos de la insubordinación en el ambiente escolar, al sostener que: sería virtualmente imposible llevar a cabo cualquier gestión si aquellos a quienes le corresponde implantar las acciones, no solo las retan, sino que las resisten activamente bajo el fundamento de que de acuerdo con su opinión las decisiones no son las mejores.

B. Violación de derechos de autor

La Sra. Cornish alegó que ella se negó a distribuir los libros de texto porque haciéndolo, hubiera violado las leyes de derechos de autor, al hacer fotocopias para suplementar los textos obsoletos. Ella trajo el asunto en apelación, pero nunca lo presentó ante el Examinador y es norma de los tribunales revisores no intervenir en asuntos que no se presentaron en instancia.

C. El currículo de matemáticas basado en normas (Standards-Based Math Curriculum)

La Sra. Cornish sostuvo que ella no descuidó sus deberes al negarse a enseñar el currículo de matemáticas, el cual, de acuerdo con sus principios, violaba las normas estatales de esa materia. El Tribunal no aceptó ese argumento. El descuido en el desempeño de los deberes ocurre cuando un maestro deja de llevar cabo sus obligaciones y responsabilidades relacionadas con la sala de clase y otras actividades auspiciadas por la escuela.

En cuanto a este asunto, el Examinador encontró que la Sra. Cornish se negó firmemente a enseñar el currículo de matemáticas adoptado por la Escuela Superior Tomás Jefferson y que su insubordinación al efecto fue extraordinaria. Indicó que hubo amplio testimonio en cuanto a que la adopción del currículo por la Escuela Superior Tomás Jefferson, fue muy estudiada. Además, encontró que hubo testimonio competente en cuanto a que los textos aprobados por la Escuela Superior Tomás Jefferson, eran basados en estándares (standards-based) con alguna suplementación. Más aún, cuando la Sra. Cornish expresó su opinión de que los libros estaban obsoletos, la escuela volvió a revisarlos y encontró nuevamente que cumplían con las normas. La misma Sra. Cornish admitió que ella pudo haber provisto educación a base de estándares (standards-based instruction) mediante el uso de los textos en controversia con alguna suplementación.

El examinador encontró que por el hecho de que la Sra. Cornish no siguiera el currículo establecido, sus estudiantes se quedaron sin recibir educación completa y apropiada en matemáticas. Además, determinó que ella incumplió sus deberes y obligaciones. Esos incumplimientos constituyen descuido en el desempeño de sus funciones. Por lo tanto, concluimos que la Junta no erró al despedir a la Sra. Cornish a base de este razonamiento.

D. Vencimiento del certificado de maestro

La Sra. Cornish alegó que ella no descuidó sus obligaciones al dejar vencer su certificado de maestro y que la pérdida de esa certificación no es motivo para su despido. El Tribunal no estuvo de acuerdo. Al interpretar una disposición similar en torno a la Ley de Permanencia de Maestros, el Tribunal Supremo del estado sostuvo, que nada en los estatutos sugiere que la expiración del certificado de maestro que tiene una persona contratada como tal, automáticamente resulta en la pérdida de su empleo. Desde luego, el término otra causa justa y buena fe fue suficientemente amplia para incluir asuntos relacionados con la expiración del certificado de maestro. Aquí, la escuela colocó a la Sra. Cornish en licencia administrativa, desde el 2 de noviembre de 2000 hasta el 23 de enero de 2001, por incumplir con la implantación del currículo de matemáticas. Su certificación venció el 18 de noviembre de 2000. El Examinador encontró que: (1) la Sra. Cornish sabía que no tenía un certificado válido cuando regresó de la licencia administrativa; (2) ella no informó a la administración de la escuela que su licencia no se había renovado; (3) ella continuó enseñado sin tener la licencia al día; (4) no tomó acción para renovarla; y (5) a sabiendas ocultó el hecho de que no tenía el certificado al día.

El Examinador concluyó que al permitir que su licencia se venciera, puso en riesgo su habilidad para enseñar y conducir clases y que ello demostró su incapacidad para llevar a cabo las tareas de enseñanza, por lo cual demostró otras buenas y justas causas para su despido. Concluimos que la

Junta no erró al despedir a la Sra. Cornish por estos argumentos.

27. **Kinniry v. Abington School Dist.** 673 A.2d 429 (1996)

[Resumen]

[Este caso ilustra la aplicación de la norma de actos que constituyen conducta moral para la práctica del magisterio.]

Opinión del Juez Friedman

Francis Kinniry (Kinniry) apeló de una decisión del Secretario de Educación, fechada el 31 de mayo de 1995, sosteniendo su despido del Distrito Escolar de Abington a base de inmoralidad a la luz de la sección 1122 del Código Público de 1949. Esa sección disponía que: serán causas válidas para la terminación de un contrato entre el Gobierno y un empleado gubernamental profesional la inmoralidad, incompetencia, intemperancia, crueldad, negligencia persistente, problemas mentales, participación en doctrinas antiamericanas o subversivas y violación voluntaria de las leyes escolares.

En 1993, Kinniry fue procesado y encontrado culpable de conspiración para traficar bienes con marcas registradas falsificadas. Se declaró culpable.

A base de esa convicción, se recomendó la terminación del contrato de trabajo de Kinniry, por inmoralidad. El 28 de septiembre de 1993, el Distrito envió una carta a Kinniry sosteniendo los cargos y ofreciéndole una vista para el 11 de octubre de 1993. En la vista, el Distrito Escolar presentó evidencia a los efectos de que las actividades ilegales de Kinniry fueron inmorales, comprometieron su honestidad, integridad y veracidad.

Se presento en evidencia la acusación y alegación de culpabilidad, así como el testimonio del Sr. McCaffrey, quien sostuvo que consideraba que las actuaciones de Kinniry comprometían su habilidad para enseñar honestidad, integridad y veracidad y para inculcar dichos valores a los niños, afectando su efectividad como maestro de escuela elemental. En oposición, Kinniry testificó en su defensa y trajo 31 testigos de reputación. El 23 de noviembre de 1993, adjudicó la controversia despidiendo a Kinniry a base de inmoralidad.

El 9 de diciembre de 1993, Kinniry presentó una apelación ante el Secretario de Eduación, el cual confirmó la decisión de la Junta el 31 de mayo de 1995.

Kinniry apeló ante el Tribunal argumentando que: (1) la evidencia presentada por el Distrito ante la Junta no demostró que su conducta ofendiera la moral de la comunidad o que fuera un mal ejemplo para los estudiantes; (2) los casi 18 meses que transcurrieron entre la apelación y la fecha en que el Secretario tomó la decisión violaron el debido procedimiento de ley, y (3) las funciones adjudicativas y procesales del Secretario se juntaron y privaron a Kinniri del debido procedimiento de ley.

El Tribunal indicó que bajo la sección 1122 del Código Escolar, inmoralidad es causa válida para la terminación del contrato de un maestro. Aunque el termino inmoralidad no se ha definido en la ley, el Tribunal Supremo de Pennsylvania ha determinado que se debe interpretar de acuerdo con su uso común y aprobado, teniendo en cuenta el contexto en que se usó por la legislatura. El Tribunal ha hecho notar que, entre las definiciones de inmoralidad está la conducta inconsistente con la rectitud moral. Para efectos de la sección 1122, inmoralidad puede ser tal curso de comportamiento que ofende la moral de la comunidad y constituye un mal ejemplo para la juventud, cuyos ideales un maestro debe proteger y elevar.

Los elementos de la ofensa de inmoralidad que el Distrito Escolar debe probar son tres. Primero, se debe probar que los hechos que se alegan constituyen inmoralidad, realmente ocurrieron. Segundo, el Distrito Escolar debe demostrar que esos hechos ofenden la moral de la comunidad. Tercero, demostrar que la conducta en cuestión constituye un mal ejemplo para los estudiantes, cuyos ideales el maestro está obligado a proteger y elevar.

En vista de que Kinniry se declaró culpable y estipuló que había violado la ley en el contrainterrogatorio a que fue expuesto, no hay duda de que el Distrito Escolar probó el primer elemento. Aunque es el Secretario quien determina si la conducta del maestro ofende las normas morales, dicha determinación es una legal, la cual se puede sostener, solamente si es legalmente correcta y sostenida por evidencia sustancial.

En este caso, Kinniry sostiene que el Distrito Escolar no presentó evidencia de que su conducta ofendió la moral de la comunidad o que constituyó un mal ejemplo para la juventud. Al contrario, Kinniry reclama que el Distrito Escolar no produjo evidencia relacionada con la norma moral de la comunidad. Kinniry también sostiene que el testimonio de 31 de los testigos de carácter estableció que no se ofendieron las normas morales de la comunidad y que no sería mal ejemplo para la juventud. Por otro lado, el Distrito Escolar, aunque no cuestionó el historial de servicios efectivos de Kinniry como maestro, sostiene que las ofensas federales por las que se declaró culpable son ofensivas per se, y que los delitos federales, ofenden la moral de toda comunidad en la nación. El Distrito Escolar se sostuvo en doctrinas de otros casos donde se ha considerado que ciertos tipos de actividad criminal son inmorales para efectos de la sección 1122, como por ejemplo hurto de mercancía en tiendas, apuestas ilegales y someter información falsa en solicitudes de licencia de licores.

Al tomar esta decisión, queremos recalcar la naturaleza de las acciones ilegales de Kinniry, las que cualifican dentro de la categoría de crimen in falsi. El crimen in falsi se define como aquel crimen que envuelve engaño, falta de veracidad, o falsificación. La deshonestidad inherente en este tipo de crimen los saca de una categoría particular, no sólo ante los ojos de las reglas de evidencia, sino ante los ojos y la mente de la comunidad.

Consideramos que traficar con bienes falsificados, por el elemento de engaño involucrado, es un crimen que ofende la moral de la comunidad y es un mal ejemplo para los jóvenes a quienes los maestros deben servir de modelo.

Aunque Kinniry argumenta que el asunto de si su conducta ofende la moral de la comunidad es una determinación legal que no se puede hacer sin evidencia sustancial, nosotros no estamos de acuerdo. Como los crímenes cometidos por Kinniry eran crimen in falsi, sostenemos, como cuestión de derecho, que el Distrito Escolar satisfizo los tres elementos necesarios para despedirlo por inmoralidad.

Más aún, Kinniry presentó varios testigos de reputación, pero no hablaron de las normas morales de la comunidad, como hubiera sido requerido. Sólo se limitaron a relatar las relaciones personales que habían tenido y sus percepciones en torno a Kinniry. El hecho de que exalumnos, amigos y compañeros de trabajo destaquen sus habilidades como maestro, es irrelevante al asunto de si sus acciones ofendieron las normas morales de la comunidad. Se confirma la decisión del Secretario.

28. **Whaley v. Anoka-Hennepin Independent School Dist.** No 11 325, N.W.2d 128 (1982)

[Resumen]

[Este caso ilustra la aplicación de algunas normas relacionadas con la separación del servicio de un maestro.]

El Sr. Gerald Whaley había servido durante diecinueve años consecutivos como maestro y director en el Distrito Escolar de Anoka-Hennepin, y los últimos tres años como maestro de lectura para los grados 4, 5 y 6 en la Escuela Primaria Sandberg. El 5 de mayo de 1980, el Sr. Whaley recibió un aviso de deficiencia de conformidad con la ley. Este aviso complementó un aviso similar emitido en 1978 bajo el cual no se habían tomado medidas disciplinarias contra Sr. Whaley. El aviso de mayo de 1980 alegaba las siguientes deficiencias:

(1) mala relación con los estudiantes;

(2) comunicaciones insuficientes con los padres y otros miembros del personal;

(3) uso inapropiado del tiempo de clase;

(4) no ser puntual o comparecer en las citas;

(5) incumplimiento del programa de lectura adoptado por la Junta Escolar;

(6) calificación irracional de los estudiantes; y

(7) falta de progreso de los estudiantes.

El Sr. Whaley habló con varios administradores escolares quienes le informaron que se recomendaría la rescisión de su contrato si estas deficiencias no se corrigieran durante el próximo año escolar.

La sección 6 de la Ley Escolar de Minnesota establece que contrato regular puede ser rescindido, efectivo al cierre del año escolar, por cualquiera de los siguientes motivos:

(a) Ineficiencia;

(b) Descuido del deber, o violación persistente de las leyes, normas, reglamentos o directivas escolares;

(c) Conducta impropia de un maestro que perjudica materialmente su efectividad educativa;

(d) Otros motivos buenos y suficientes que hagan que el maestro no esté apto para realizar sus tareas.

No se rescindirá el contrato por uno de los motivos especificados en las cláusulas (a), (b), (c) o (d), a menos que el maestro no haya corregido la deficiencia después de recibir una notificación por escrito de los artículos especificados en la queja y tiempo razonable para remediarlos.

Cuando se reanudaron las clases para el año escolar 1980-81, los administradores escolares evaluaron los métodos y el comportamiento de enseñanza de Whaley. Observaron su sala de clases en seis ocasiones diferentes entre septiembre y enero. Whaley tuvo participación en esta evaluación al reunirse con los miembros del personal para evaluar su desempeño docente. El 10 de febrero de 1981, unos nueve meses después de haber recibido el aviso de deficiencia del 5 de mayo de 1980, Whaley recibió un aviso de intención de rescindir su contrato. En su declaración de los motivos de intención de rescindir su contrato, la Junta Escolar enumeró los motivos especificados en la mencionada sección 6 (a), (b) y (c) (1980), e incluyó lo siguiente: (1) falta de relación con los estudiantes; (2) falta de progreso del estudiante; y (3) falta de técnicas disciplinarias apropiadas.

A solicitud de Whaley, durante los días 10, 11 y 12 de marzo de 1981 se celebraron vistas ante un oficial de audiencias independiente, para determinar si había causa suficiente para la rescisión del contrato. La prueba del distrito escolar consistió en el testimonio de los tres administradores que observaron en el salón, cuatro de sus los estudiantes, cuatro de sus colegas maestros y un padre. Whaley presentó su propio testimonio y el de cinco de sus estudiantes y un padre. Ningún maestro testificó en favor de Whaley.

El 30 de marzo de 1981, la Junta Escolar aprobó una resolución en la que rescinde el contrato de Whaley al final del año escolar 1980-81. La resolución incluye cuarenta y cuatro hallazgos de hechos directamente relacionados con la conducta del maestro. A partir de estos hallazgos, la Junta Escolar concluyó, de acuerdo con la sección 6 de la Ley Escolar de Minnesota que Whaley:

(1) era ineficiente;

(2) descuidó sus deberes;

(3) no siguió las instrucciones de su director, y

(4) no estaba en condiciones de realizar sus deberes.

Whaley acudió al Tribunal de Distrito el cual revisó el asunto y emitió una orden que dejó sin efecto la resolución de la Junta Escolar y ordenó restituirlo en su puesto.

La Junta Escolar apeló a esa orden al Tribunal Supremo estatal. El Tribunal Supremo revocó al de Distrito y sostuvo la decisión de la Junta Escolar. El Tribunal Supremo estatal estableció que al decidir contratar o despedir a un maestro, una Junta Escolar actúa en una capacidad administrativa; el tribunal debe ver el récord en su totalidad para determinar la existencia de evidencia sustancial; y en este caso había evidencia sustancial para apoyar la decisión de despido considerando, entre otras cosas, la falta de progreso de los estudiantes.

Al decidir si contratar o despedir a un maestro, una Junta Escolar está actuando en una capacidad administrativa. En la apelación ante este tribunal, la decisión de la Junta Escolar de despedir a un maestro se dejará sin efecto solo si la decisión es fraudulenta, arbitraria, irrazonable, no respaldada por evidencia sustancial en el récord, el asunto no está de su jurisdicción, o se basa en una teoría errónea del derecho. [Citas omitidas] Esta apelación plantea la cuestión de si la rescisión del contrato regular de Whaley por parte de la Junta Escolar se basó en evidencia sustancial en el récord.

Este tribunal ve el récord en su totalidad para determinar si las conclusiones de la Junta Escolar están respaldadas por evidencia sustancial. [Cita omitida]. El estándar de revisión es estrecho. La evidencia sustancial es "la evidencia relevante que una mente razonable podría aceptar como adecuada para apoyar una conclusión". Al revisar la fuerza probatoria de la evidencia, "no es el papel de este tribunal juzgar el asunto de novo [nuevamente] y sustituir sus hallazgos por los de la junta escolar". [Cita omitida]. Este papel judicial limitado en la aplicación de la revisión de evidencia sustancial se deriva del reconocimiento de que una considerable deferencia judicial debe extenderse a los procesos de determinación de hechos de una junta escolar que actúa en una capacidad administrativa. [Cita omitida]. Aplicando estos estándares en nuestra revisión de este asunto, encontramos que hay evidencia sustancial en el registro para respaldar la decisión de la Junta Escolar de rescindir el contrato de Whaley.

La Junta Escolar basó su decisión en cuarenta y cuatro hallazgos de hechos sobre el desempeño docente de Whaley. Estos hallazgos generalmente se referían a cuatro deficiencias principales: (a) uso excesivo de hojas de trabajo; (b) falta de relación con los estudiantes; (c) falta de disciplina estudiantil apropiada; y (d) falta de progreso del estudiante. Aunque hay evidencia en el registro de la cual se pueden extraer inferencias conflictivas con respecto a cada deficiencia, la pregunta crítica es si las inferencias extraídas por la Junta Escolar en el curso de su decisión de rescindir el contrato de Whaley están respaldadas por evidencia sustancial en el registro considerado en su conjunto. Encontramos que son tan compatibles.

Por ejemplo, la evidencia en el récord con respecto al uso de hojas de trabajo por parte de Whaley demuestra que usó las hojas de trabajo con más frecuencia y más extensamente que otros maestros en la escuela Sandberg, y que los estudiantes se quejaron de confusión y frustración como resultado de dicho uso. El director de la escuela, que observó el uso de las hojas de trabajo y evaluó el efecto de su uso en los estudiantes, testificó que este maestro usó las hojas de trabajo hasta el punto de frustrar a los estudiantes e inhibir su progreso. Del mismo modo, un consultor de instrucción que visitó el salón testificó que el énfasis indebido de Whaley en el uso de hojas de trabajo produjo un ambiente de aprendizaje deficiente. Teniendo en cuenta la fuerza probatoria de esta prueba, y de la prueba relacionada en todo el registro, encontramos que la determinación sustancial de la Junta Escolar de que Whaley usó las hojas de trabajo de manera inadecuada y en exceso, justificó la rescisión de su contrato.

De las tres deficiencias restantes en las que se basa la Junta Escolar para rescindir el contrato, sus hallazgos con respecto a la falta de progreso por parte de los estudiantes están más estrechamente relacionados con los motivos legales para su rescisión y los más claramente respaldados por prueba sustancial en el récord. La prueba en el récord respalda la determinación de la Junta Escolar de que los estudiantes no tuvieron progreso satisfactorio de acuerdo con el testimonio del personal y los miembros de la facultad que observaron a sus estudiantes en clase y que midieron su progreso por la velocidad a la que se movieron a través de las pruebas de habilidades y las hojas de trabajo utilizadas en el distrito. Por ejemplo, el consultor del currículo de lectura del distrito escolar observó el trabajo escrito de los estudiantes, y luego examinó los récords de estudiantes similares en el programa de lectura del distrito. Concluyó que los estudiantes de Whaley no lograron un progreso satisfactorio. Un compañero maestro responsable de mantener registros en el programa de lectura también realizó una revisión comparativa de los registros de los estudiantes y testificó que los registros indicaban que los estudiantes progresaron más lentamente que otros estudiantes en el programa de lectura.

Otros dos maestros que comúnmente trabajaban con los estudiantes de Whaley también declararon que progresaron más lentamente que sus propios estudiantes. Ningún maestro testificó a favor de Whaley. La única evidencia sobre este punto en el récord consiste en el testimonio ofrecido por algunos de los estudiantes de Whaley en el sentido de que estaban satisfechos con su progreso en la clase. Al revisar todo el récord, concluimos que la prueba sustancial respalda los hallazgos de la Junta Escolar de que los estudiantes de Whaley demostraron progreso insatisfactorio debido a su bajo rendimiento docente. Cuando así se establece, la falta de progreso de los estudiantes constituye los motivos requeridos bajo la sección 6 de la Ley Escolar.

29. Childs v. Roane County Bd. of Educ. 929 S.W. 2d 364 (1996)

[Resumen]

[Este caso ilustra la aplicación de una norma relacionada con el debido proceso de ley cuando un miembro de la profesión docente va a ser despedido.]

Opinión del Juez Fanks

La Junta Escolar del Condado de Roane (Junta Escolar) destituyó a la maestra Marilyn Childs. Ella interpuso esta acción alegando que se violó la Ley de Permanencia de Maes-

tros y que la decisión de la Junta Escolar fue arbitraria, caprichosa y que su despido no se correspondió con el debido proceso.

El juez de instancia determinó que la prueba presentada respaldaba las conclusiones de la Junta Escolar de que la maestra había cometido actos que demostraban ineficiencia, incompetencia, incumplimiento del deber e insubordinación. También determinó que las vistas, celebradas en tres sesiones, satisfacían los requisitos de la Ley de Permanencia de Maestros y cumplían con los estándares del debido proceso.

La Sra. Childs apeló, insistiendo en que la decisión de la Junta Escolar fue arbitraria y caprichosa. En primer lugar, los tribunales apelativos son reacios a sustituir su juicio por el de una Junta Escolar que ha ejercido su juicio conforme a la ley. [Cita omitida]. Se presume que las acciones de una Junta Escolar no son arbitrarias y caprichosas e irrazonables, a menos que se presente prueba de que haya evidencia clara de lo contrario. [Cita omitida]. El récord está repleto de testimonios de que la Sra. Childs no pudo controlar su salón de clases, mantuvo métodos cuestionables para determinar las calificaciones de los estudiantes y requirió ayuda extraordinaria de los administradores escolares y los padres para imponer disciplina. Dada esta prueba, la conclusión de la Junta de que la incompetencia, la ineficiencia, la insubordinación y el incumplimiento del deber justificaron su despido no fue arbitraria ni caprichosa.

Ante el Juez de Instancia Sra. Childs solicitó permiso para enmendar sus alegaciones para presentar la violación de una política de la Junta de Educación del Condado de Roane, que requería que el Superintendente Escuelas proporcionara una advertencia por escrito antes del despido. El Tribunal de Primera Instancia denegó la moción.

El récord no muestra que el tema de la falta de advertencia por escrito por parte del superintendente se haya planteado en ningún momento en las audiencias. Si el problema se hubiera planteado claramente o incluso mencionado, se podría haber obtenido un testimonio adicional del superintendente para tratar dicho asunto. La Junta Escolar no podría haber sabido razonablemente que se estaba planteando la violación de la política y la enmienda no debería basarse en esos motivos. Sin embargo, la conclusión del Juez de Instancia de que las quejas vagamente formuladas sobre el debido proceso fueron suficientes para plantear la violación de la política de la Junta Escolar es apropiada en las circunstancias de este caso.

La Sra. Childs insiste enérgicamente en que la acción de la Junta Escolar fue una negación de su derecho al debido proceso. La política de la Junta de Educación del Condado de Roane, requiere que: Cada vez que el desempeño de un empleado ha alcanzado el nivel considerado insatisfactorio y que podría llevar al despido, el Superintendente Escolar emitirá una advertencia por escrito al empleado involucrado. Después de dar la advertencia, se le dará al empleado un tiempo razonable para mejorar su desempeño.

La Junta reconoce que tal notificación no fue dada. El registro muestra que la única notificación escrita que la Sra. Childs recibió del Superintendente Escolar fue una carta fechada el 28 de agosto de 1992, informándole de los cargos a ser considerados por la Junta de Escolar y sus derechos bajo los procedimientos de despido de la Ley de Permanencia de Maestros.

No cabe duda de que el incumplimiento de la política puede ser una violación del debido proceso. La Junta de Educación del Condado de Roane estaba obligada por su política, pero concluimos que cumplió sustancialmente con ella. Las acciones del director sirvieron sustancialmente para los propósitos de la política del Condado, mediante advertencias repetidas y la cantidad de tiempo otorgado para la mejora. El testimonio de la Sra. Childs en su audiencia de despido y los registros escritos mantenidos por el director muestran que a principios del año escolar la demandante fue informada de que su trabajo estaba en peligro. Ella testificó que durante su segundo año en Rockwood Junior High, "en el otoño, el Sr. Thompson comenzó a decirme que no podía recomendarme el año próximo y que no tendría trabajo para el próximo año". También dijo: "El Sr. Thompson estaba muy molesto conmigo porque mi salón no funcionaba mejor y me lo hacía saber a diario". El récord muestra que el director le dio la Sra. Childs numerosos avisos escritos de actuaciones y problemas insatisfactorios. Estas advertencias se hicieron durante un período de meses y suscitaron numerosas preocupaciones sobre el desempeño de ella. Llegamos a la conclusión de que estas advertencias fueron lo suficientemente numerosas, específicas y serias como para advertir a la demandante de que tenía que mejorar su rendimiento o perder su posición. Estas notificaciones se entregaron meses antes del final del año escolar y le dieron la Sra. Childs "un tiempo razonable para mejorar".

Nuestro Tribunal Supremo ha dicho que los tribunales no deben interferir con la acción de una Junta Escolar por motivos de procedimiento, excepto en "el caso más claro de incumplimiento por parte de la Junta de los requisitos de la Ley de Permanencia de Maestros." El requisito de una demostración de prejuicio no ha sido desarrollado por nuestros tribunales. Sin embargo, el estándar de error inofensivo se corresponde con el razonamiento que otros tribunales han empleado para tratar con los requisitos del debido proceso. Además, un error legal puede ser inofensivo si no perjudica los derechos sustantivos de una parte. El testimonio Sra. Childs muestra que no sufrió ningún perjuicio por el incumplimiento por parte del Condado de su regla de que el Superintendente emitiera un aviso por escrito. Ella había notado abundantemente, al menos seis meses antes del final del año escolar, que su trabajo no era satisfactorio y que estos problemas la llevarían a su despido. Las advertencias del director cumplieron el propósito de la política del Condado, transmitir la amenaza de despido y dar al maestro un tiempo razonable para corregir la situación. Llegamos a la conclusión de que Sra. Childs no fue perjudicada por la falta de notificación y el incumplimiento de la política mencionada constituye un error inofensivo.

La Sra. Childs presentó otras irregularidades en las audiencias ante la Junta, que hemos considerado y consideramos que no tienen fundamento.

Se confirma la sentencia del Tribunal de Primera Instancia.

§3. Libertad Académica

El magisterio moderno ha experimentado cambios significativos en todos los órdenes. La libertad que tiene el maestro para impartir su enseñanza es una de las áreas de este cambio. Los interesados por los servicios que ofrecen los maestros, tanto estudiantes, como administradores o padres, requieren que se les ofrezca la información que satisfaga los intereses y necesidades de cada parte.

Los estudiantes demandan tener acceso a una información actual, la cual les permita interpretar su realidad y el entorno donde se desenvuelven. Los educandos han habituado a un caudal informativo, sin precedente, por los deferentes canales virtuales sobre los que tienen acceso. Los administradores escolares tienen que velar por que los maestros cumplan los requisitos curriculares, a los que se han comprometido, para aceptar a los estudiantes en sus aulas. Los padres, por otra parte, esperan que los maestros impartan a sus hijos, los conocimientos necesarios para ser personas de bien en la sociedad; pero, a la vez, de acuerdo con sus particulares intereses sociales, políticos o religiosos. Los maestros reclaman libertad académica para poder impartir el conocimiento a sus discípulos sin interferencia de otros actores. En este artículo nos proponemos discutir algunos de los fundamentos de la libertad académica o lo que algunos llaman libertad de cátedra.

Orígenes del concepto de libertad académica

Shoijet-Glembotzky (2013) ha indicado que las ideas de libertad de cátedra y de investigación surgen con el auge del liberalismo. El liberalismo, como doctrina filosófica, promueve el fin de las arbitrariedades de las monarquías absolutas: estimulando un clima de tolerancia ideológica y la aparición de nuevos derechos. Además, de las garantías contra encarcelamientos arbitrarios, las libertades de prensa, de asociación, de reunión, formación de partidos políticos y elección de autoridades. En el terreno de la educación el liberalismo llevó la secularización de esta en todos sus niveles de formación académica.

En la antigua Grecia, como se ha referenciado, se dio el origen de la educación; existen las primeras formas institucionales donde se castigaba el delito de opinión fuera del canon establecido. En ese aspecto, se aplicaba la pena de muerte, a las personas que difundieron doctrinas consideradas dañinas para la élite de la sociedad. Un ejemplo de esta intolerancia fueron las acusaciones contra Sócrates o Aristarco de Samos. Siglos más tarde, las primeras universidades europeas, por su estrecha conexión con la Iglesia Católica Romana y Apostólica, castigaron cruelmente -con la Inquisición- cualquier desavenencia a su doctrina y prohibieron la pluralidad opinión o de tolerancia ideológica con respecto a su teología. Sin embargo, hubo concepciones filosóficas elaboradas, incluso por filósofos cristianos, que disentían de la filosofía religiosa dominante. En ese aspecto, en la Edad Media la enseñanza de la filosofía de Aristóteles fue, inicialmente, prohibida por la Iglesia. No solamente hubo doctrinas prohibidas, sino que, incluso, la autoridad secular llegó a intervenir reafirmando estas prohibiciones. (Shoijet-Glembotzky, 2013).

En Europa, durante varios siglos, se produjo un enorme número de víctimas por la violencia que la Inquisición impuso como consecuencia del disenso en las ideas o doctrinas filosóficas. La persecución religiosa, como excusa de la intolerancias, ocurrió y aún ocurre en los muchas partes del mundo. Para la oscura Edad Media, tanto en Ginebra como en Suiza, los protestantes quemaron en la hoguera a científicos, por sus supuestas herejías. Las diversas monarquías impusieron medidas drásticas de control de la publicación y circulación de libros. Es en Francia, hasta finales del siglo XVIII, con los filósofos de la Ilustración, como Voltaire, quienes contribuyeron a crear un clima favorable a la tolerancia.

Las primeras instituciones que permitieron una pluralidad de opiniones fueron las universidades holandesas. Fue hacia finales del siglo XVII, cuando el profesor de la Universidad de Leipzig, Christian Thomasius, se vio forzado a dejar su cátedra, pero encontró un nuevo empleo en la Universidad de Halle, donde le reconocieron su libertad de cátedra. Esa libertad académica se extendió, con los años, a otras universidades, incluyendo a las alemanas (Shoijet-Glembotzky, 2013). Ese concepto de la libertad académica postula que los profesores, maestros o escolares (Scholars) "deben estar libres para buscar y enseñar la verdad." Sobre ese principio de libertad de cátedra, los docentes y profesores han resistido los intentos para influir en su enseñanza, contenido y metodología con la que imparten sus conocimientos (Madrid, 2013).

En el siglo XIX, varias instituciones en Estados Unidos persiguieron a algunos profesores partidarios de Darwin. Sin embargo, a partir de 1865 se establecieron cátedras especiales, financiadas por donantes adinerados, para sostener la compatibilidad entre ciencia y religión, en instituciones como el College of New Jersey (actualmente Universidad de Princeton), Oberlin College, y varias otras (Shoijet-Glembotzky, 2013). El desarrollo de este concepto proviene de la reacción de los profesores universitarios de la época ante las juntas de síndicos o consejos de administración, ("board of trustees") que estaban al mando de las universidades privadas. Estas juntas estaban compuestas por personas ajenas al mundo académico, quienes ejercían presión contra el claustro, para que las ideas y conclusiones de sus componentes se ajustaran y coincidieran con los principios morales de un cristianismo protestante conservador (Consejo de Educación Superior v. Roselló González, 1994).

§4. Libertad Académica en nivel K-12

El ámbito de la educación elemental y secundaria ha visto controversias que han llegado hasta los más altos tribunales en cuanto a la libertad académica. El Tribunal Supremo de Estados Unidos de América ha reconocido a menudo el poder del Estado, de las juntas escolares y administradores para ejercer control razonable en torno al currículo, instrucción y otras actividades escolares. Este poder está sujeto a ciertas restricciones constitucionales (Uerling, 2000).

En las escuelas k-12 la libertad académica se ve diferente debido los requisitos de la asistencia obligatoria y por la concepción generalizada de que los educandos a esas edades poseen mentes impresionables. La libertad académica en este ámbito tiene dos dimensiones: una sustantiva y otra procesal. La dimensión sustantiva se refiere a la libertad que tiene un maestro para determinar el contenido y la metodología que ha de usar para impartir su enseñanza. La dimensión procesal se refiere a la protección del maestro frente a un despido injustificado.

La persona que se dedica al magisterio se ve obligada a renunciar a algunos de los derechos que disfrutaría en otras circunstancias. Un caso del Tribunal Supremo de Estados Unidos de América resolvió que los maestros tienen libertad de asamblea, expresión, pensamiento y creencias. Lo que no tienen es derecho constitucional a trabajar en las escuelas públicas bajo sus propios términos y condiciones de empleo. Los maestros pueden trabajar allí bajo ciertos términos y condiciones. Si no están dispuestos a trabajar en esas circunstancias, están en libertad de irse a cualquier otro lugar. Un Juez disidente sostuvo que no existe en nuestro esquema constitucional, el poder de colocar empleados en categoría de segunda clase, negándole la libertad de pensamiento y expresión. La Constitución garantiza la libertad de expresión a todos en la sociedad. Nadie más que ellos (los maestros) la necesita (Adler v. Board of Education, 1952).

Más tarde en la década del 60, esa opinión disidente se convirtió en mayoritaria. El Tribunal Supremo de Estados Unidos de América expresó en esa ocasión que los derechos garantizados por la Primera Enmienda en las escuelas están disponibles, tanto para maestros como para estudiantes. Esos derechos pueden ser limitados por la naturaleza única de la escuela. No se pueden ejercer hasta el grado en que causen problemas. Tampoco se pueden limitar por el mero deseo de evitar incomodidad. Se trata de un asunto de balance de intereses (Tinker v. Des Moines, 1969).

Los asuntos más controversiales en materia de libertad académica, en su dimensión sustantiva, ha sido la enseñanza de temas supuestamente controversiales para la moral imperante, por ejemplo; la enseñanza de educación sexual; las asignaciones controversiales sobre los derechos reproductivos o de diversidad sexual; las discusiones en clase en torno a la violencia, discriminación o derechos de otros pueblos; temas religiosos, la enseñanza de materias de carácter prohibido por las normativas imperantes y asuntos relacionados con los métodos de la enseñanza.

Enseñanza de educación sexual

La enseñanza de educación sexual es uno de los temas que provocan las reacciones más volátiles. Existe gran variación entre los estados. Es un asunto natural y normal para algunos. Los opositores consideran que viola la primera enmienda, pues, sostienen que las escuelas no tienen autoridad para ofrecer dichos cursos. Un tercer grupo lo considera como un asunto sensitivo que podría cubrirse en cursos sobre vida en familia. La mayor controversia se concentra sobre visiones morales y religiosas. La jurisprudencia ha tratado de darle orden al concepto.

En State v. Board of School Directors, (1961) un maestro discutió temas de sexo con un grupo de estudiantes en una clase de redacción. Su presentación describió los procesos que se llevan a cabo en las casas de prostitución, discutió el acto del rompimiento del himen, condonó las relaciones premaritales y expresó anécdotas de naturaleza, supuestamente, vulgar. La Junta Escolar lo despidió. En su análisis el tribunal encontró que el maestro excedió los límites de lo que es propio.

En Pyle v. Washington City Sch. Bd., (1970) el maestro dirigía la banda escolar. Hacía comentarios en torno a sexo, virginidad y relaciones premaritales. Las autoridades escolares le despidieron. El tribunal confirma el despido. La decisión del tribunal se basó en el principio de que tiene que haber relación de la educación sexual y el contenido del curso. De acuerdo con el tribunal, los maestros no deben discutir temas sexuales, hasta el grado en que causen bochorno a los estudiantes. Tampoco, deben estimularles sentimientos que no sean incidentales al currículo.

En Medeiros v. Kijosaki, (1970), se impugnó una película relacionada con educación sexual. Esa escuela permitía que los padres opositores, no permitieran que sus hijos asistieran. El tribunal concluyó que no se le violaron los derechos porque tenían la opción de asistir o no. Si la educación sexual se incluye como materia opcional, se puede considerar su legalidad. Por su parte, si se prohíbe la presentación, entonces sí se le estarían violando los derechos a los que deseaban que sus hijos la vieran.

En Valent v. N. J. State Bd.of Ed., (1971) una disposición curricular requería que los niños asistieran a un curso de sexualidad humana. Un grupo de padres se opone y demanda. El tribunal resuelve que esa disposición viola los derechos constitucionales de los estudiantes, porque la asistencia era compulsoria. De acuerdo con el tribunal sería distinto si se ofreciera el curso en forma voluntaria.

Al diseñar el currículo, hay que tener presente, que si un curso enseña al estudiante cómo planificar su vida futura, o qué conducta es aceptable, se deben tomar precauciones. Si ambos tópicos chocan con creencias religiosas, se violan los derechos al libre ejercicio garantizados por la Constitución.

En Brown v. Coffeeville Cons. Sch., (1973) a una maestra de octavo grado los estudiantes le piden que definiera homosexualidad, mientras participan de la clase de gramática. Ante su insistencia, les discutió el tema en forma bien objetiva. Las autoridades escolares tomaron acción en su contra. El tribunal resolvió a su favor porque se trataba de una petición de los mismos estudiantes, y se llevó a cabo en forma objetiva.

Enseñanza de temas controversiales

Las personas que se dedican al magisterio poseen libertad para organizar sus clases y enseñar dentro de las escuelas. Esa libertad no es absoluta, puede haber algunas limitaciones. Ej. Un estado puede restringir la enseñanza de ciertos tópicos. En el caso de Goldwasser v. Brown, (1969) se trataba de un oficial de la fuerza aérea que enseñaba inglés a los nativos de otros idiomas. El currículo especificaba que tenía que cubrir "At the dentist," y "How to test a used car". El maestro, por su propia cuenta empezó a enseñar y a discutir temas en torno a la Guerra de Vietnam, y a hacer comentarios antisemitas en la sala de clase. Las autoridades escolares lo despidieron. El tribunal de instancia confirmó el despido. Su argumento principal fue que los comentarios del maestro no eran relevantes al tema de estudio.

Otro caso fue el de Knarr v. Bd. of Sch. Trustees, (1970). Las autoridades escolares despidieron a Knarr por comentar y discutir tópicos como actividades sindicales, poligamia, críticas al matrimonio, castigos a sus compañeros maestros y temas proselitistas. Le despidieron y el tribunal de instancia sostuvo el despido. Esos temas que discutía el maestro no eran asuntos que estaban contemplados en el currículo y no había justificación para hablar de ellos.

En Cooley v. Board of Education, (1971) se trataba de un maestro que fue despedido por insubordinación. Era ministro y conducía actividades en pro de los derechos civiles en la sala de clase. Sus actividades interrumpían las labores escolares. La administración de la escuela le llamó la atención en varias ocasiones. Cooley insistió en continuar con su conducta. Acudió al tribunal de instancia y allí se sostuvo el despido.

En State v. Beeson, (1970) se solicitó colgar un mural de Martin Luther King, Jr. en una de sus actividades. La Junta Escolar había decidido no colgar el mural. Beeson, uno de los maestros, interrumpió una asamblea que se celebraba y alegó que lo seguiría haciendo hasta que se colgara el mural. Las autoridades escolares lo despidieron por el vocabulario que utilizó y el reto que representó. El tribunal resolvió que como los actos de Beeson interrumpían la asamblea, sus palabras no estaban protegidas por las cláusulas de libertad de expresión. De acuerdo con el tribunal el interés del Estado en mantener orden en el sistema educativo es fundamental. Mantener el orden es necesario para lograrlo. La Primera Enmienda que reconoce el derecho a la libertad de expresión no se puede usar para derrotar esa necesidad.

En Harrod v. Bd of Educ., (1973) dos maestros presentaron un programa profano, obsceno y que inflamaba la incomodidad racial. Luego de la primera presentación, se les apercibió de las posibles consecuencias. Lo presentaron en una segunda ocasión. Esta vez se formó un motín en que resultaron varias personas heridas, desorden y un fuego. Las autoridades escolares les despidieron de la escuela y apelaron. Un tribunal de Missouri sostuvo el despido bajo fundamentos similares a los de Beeson.

El derecho a la libertad académica, como se dijo más arriba, no es absoluto. Las asignaciones que preparan los maestros tienen que estar a tono con la edad y madurez del estudiante. Es necesario que sean relevantes a los objetivos del curso.

En Paducci v. Ruthland, (1970) una maestra decidió asignar "Welcome to the Monkey House" de Vonnegut, a un grupo de undécimo grado. Este cuento contiene lenguaje vulgar y referencias a relaciones sexuales no deseadas. Se le apercibió de que asignar esa lectura constituía una violación a las normas de la escuela. Ella siguió adelante y se le despidió. El tribunal resuelve a su favor. Concluye que el uso de este cuento era apropiado si se comparaba con otras obras aceptadas. El tribunal procedió a enunciar dos principios distintos para determinar si una asignación controversial amerita el despido de un maestro. Primero, observar la relevancia del material asignado al tema que se está cubriendo. Segundo, la razonabilidad y balance de la presentación que hace el maestro.

En Lindros v. Gov. Bd. of Torrance, (1972) tenemos el caso de un maestro que fue despedido por leer un cuento de contenido vulgar, escrito por él mismo, a un grupo de estudiantes de décimo grado. Fue sancionado y en su defensa alegó que se trató de un ejercicio válido de libertad de cátedra. El tribunal de instancia sostuvo el despido. De acuerdo con el tribunal, cuando el maestro es la fuente de la vulgaridad a que son expuestos los alumnos, el reclamo de libertad de cátedra se debe observar más detenidamente.

El caso de Jergeson v. Sc. Bd., (1973) presentó el problema de un maestro que fue despedido por permitir que un poema vulgar escrito por los estudiantes fuera expuesto en la pizarra por dos semanas; aprobar que se publicara un retrato de una línea de urinales en el periódico de la escuela y utilizar el término violación frente a un grupo de niñas. Acudió al tribunal, y allí se sostiene la suspensión al resolver que esa filosofía y prácticas eran dañinas a los estudiantes de secundaria. Dice el tribunal que un número de circunstancias tomadas en conjunto, más que un incidente aislado, pueden determinar la inhabilidad de un maestro para enseñar. La libertad académica no incluye manifestaciones sobre compañeros de trabajo, discusiones de ciertos temas sexuales, discusiones irrelevantes al tema de estudio, excepto los solicitados por los mismos estudiantes y discusiones sobre estilos de vida de los maestros.

Discusiones en clase

En Sterzing v. Fort Bend, (1972) se le había indicado que tenía que ceñirse al texto y no discutir temas controversiales. Ofreció una unidad en torno a temas raciales, en que hizo comentarios de la raza y los prejuicios. Los padres de algunos estudiantes objetaron. Se le despidió y acudió al tribunal. El tribunal ordenó su reinstalación, al sostener que la enseñanza de Sterzing era aceptable. No hubo interrupciones de clases y los estudiantes no fueron indoctrinados por sus manifestaciones.

En Miles v. Denver Pub. Schs., (1991) se trató que durante una clase de gobierno de noveno grado, Miles declaró que la calidad de la escuela había disminuido desde 1967. Cuando un estudiante pidió ejemplos específicos, Miles respondió que en el pasado la escuela no tenía tanta basura y que la disciplina escolar era mejor. También comentó que no creía que en 1967 se hubieran visto a dos estudiantes besuqueándose en la cancha de tenis. Este comentario se refería a un incidente que supuestamente había ocurrido el día anterior y que era tema de los rumores en toda la escuela. El rumor era que se observó que dos estudiantes estaban teniendo relaciones sexuales en la cancha de tenis durante la hora del almuerzo. Miles había escuchado el rumor de un colega que había oído del incidente de dos estudiantes que afirmaban haberlo presenciado. Miles nunca buscó la confirmación oficial del rumor antes de repetirlo en clase. Sus manifestaciones provocaron burlas y bochorno a la pareja en cuestión. Estos se quejaron. Se disciplinó a Miles. El tribunal confirmó a las autoridades escolares debido a que el salón de clases no es un foro público de discusión ilimitada.

Materias prohibidas

Hay temas que por su contenido discriminatorio no pueden ser enseñados en las escuelas. Así tenemos temas como estereotipación racial, enseñanza de la Biblia como religión, predicar y leer la Biblia como ejercicios devocionales y la evolución como doctrina religiosa. En Meyer v. Nebraska, (1923) tenemos uno de los primeros casos en que un tribunal se enfrentó a enseñanza de una materia prohibida. Una ley del Estado de Nebraska prohibía que se enseñara en cualquier idioma que no fuera el Inglés a los niños de la escuela elemental. Los propósitos de la ley eran impedir que los extranjeros criaran a sus hijos en su idioma nativo y limitar la enseñanza de lenguas extranjeras hasta la escuela secundaria. A Meyer se le aplicó la ley y acudió al tribunal. El estatuto fue declarado inconstitucional. Violaba los derechos de los maestros y estudiantes. De acuerdo con el Tribunal Supremo de Estados Unidos de América, el derecho de Meyer a enseñar, y el de los padres a involucrarlo en la enseñanza de sus hijos, está protegido por la decimocuarta enmienda de la Constitución de Estados Unidos. El Tribunal Supremo de Estados Unidos de América indicó que está claro que el Estado puede hacer todo lo que esté a su alcance para mejorar la calidad física, mental y moral de sus ciudadanos. Pero los individuos tienen unos derechos fundamentales que tienen que ser respetados. La protección de la Constitución se extiende, tanto a los que hablan otras lenguas, como a los nacidos con el Inglés como su lengua nativa.

Métodos de enseñanza

El Estado tiene poder para determinar el currículo y la metodología de enseñanza que se llevará a cabo en las escuelas. Los maestros, por virtud de su adiestramiento y experiencia, gozan de libertad para escoger los medios de instrucción más adecuados. A los maestros ha de dárseles libertad en la preparación de las lecciones. No se puede tomar acción disciplinaria contra un maestro, por haber usado determinado método o técnica que sea relevante a la enseñanza de una materia. Sólo se le podrá disciplinar, si la administración puede demostrar que ese maestro sabía, porque se le notificó o aparece en el reglamento, que eso estaba prohibido y a qué se exponía.

En Downs v. Conway, (1971), una maestra le pidió a sus alumnos de segundo grado que escribieran cartas al supervisor de la cafetería para que les sirviera zanahorias, que dibujaran cartelones mostrando las fuentes de agua dañadas y que hablaran con el superintendente en relación con el incinerador en el patio. Las autoridades escolares le despiden con el argumento de que estaba enseñando a los niños a protestar. El tribunal ordenó su restitución porque tal acción no constituía protesta y que era propio enseñar eso a los niños.

En Oakland U. Sc. D. v. Oliker, (1972) se trata de una maestra que decidió permitir a los estudiantes que escribieran en torno al tema que desearan. Muchos de ellos escribieron temas de sexo y drogas. En vez de rechazarlos, ella los utilizó como instrumentos de enseñanza. Los duplicó y los distribuyó a otros estudiantes. La junta escolar la despidió por esa conducta. En el tribunal, le dan la razón a la maestra porque ese método, aunque cuestionable, no era inaceptable.

En Palmer v. Board of Education, (1979) se trataba de una maestra testigo de Jehová, que se negó a dar clases que tuvieran que ver con materias como patriotismo, la bandera estadounidense. Alegaba que era ofensivo a su religión. La directora le trató de hacer varios acomodos, pero no tuvo éxito, por lo que la suspendió. El tribunal resolvió que el maestro puede tener las creencias religiosas que desee, pero no puede anteponerlas sobre sus estudiantes, y negarse a enseñar ciertas materias.

Libertad de expresión

Este derecho se encuentra implícito en las cláusulas de asamblea y petición de la primera enmienda. Está protegido frente al gobierno federal y estatal. No es un derecho absoluto, puede ser condicionado para proteger el orden público y la seguridad de otros. En los años cincuenta y sesenta, a los maestros se les prohibía participar en actividades subversivas o de Derechos Civiles. Hoy día, a los maestros no se les restringe tanto ese derecho, siempre que se celebren fuera de la escuela y que no interfieran con la enseñanza.

En Beilan v. Bd. of Public Ed., (1958) se trataba de un maestro que se negó a contestar si pertenecía o no al Partido Comunista, a preguntas del superintendente. Se le despidió y el Tribunal Supremo lo sostuvo. En las escuelas públicas, el maestro no renuncia a la libertad de creer, expresarse o asociarse. No obstante, viene obligado a ser franco, cándido y cooperador al responder a preguntas que le haga su patrono al examinar su capacidad para servir como maestro.

En Shelton v. Tucker, (1960) una ley requería que los maestros revelaran las organizaciones a las que pertenecían o hubieran contribuido durante los pasados cinco años. Un maestro con 25 años de trabajo se negó a revelar todo lo que se le preguntaba. Testificó que no era comunista, pero que perteneció a la Asociación para el Avance de las Personas de Color. El Tribunal Supremo se reafirmó en que el Estado puede investigar la competencia de las personas que emplea. Desde luego requerir que un maestro revele todas las organizaciones a que pertenece, restringe su derecho de asociación. Se puede requerir que se revelen algunas, pero no todas, porque cada asociación no necesariamente tiene relevancia con lo que el maestro enseña.

Expresión pública

Los maestros, al igual que los empleados públicos se abstienen de expresarse sobre temas controversiales por temor a represalias. La Constitución los protege, aunque el derecho a la libertad de expresión no es ilimitado. Los tribunales van a estar pendientes de lo que se dice, el foro en que se dice y su efecto en el ambiente escolar. En Pickering v. Board of Education, (1968) un maestro hizo unas críticas contra la Junta Escolar y su énfasis en el atletismo. Expresó consternación por unas elecciones que se habían llevado a cabo. En su carta al periódico, Pickering criticó la forma en que la Junta manejó las elecciones y sus prioridades, criticó al superintendente por influir sobre los maestros para que no votaran. La Junta despidió a Pickering bajo el fundamento de que hizo alegaciones falsas en su carta. Pickering acudió al tribunal. Allí se sostuvo que las expresiones de Pickering estaban protegidas por la primera enmienda. Concedió valor al hecho de que los maestros se involucren en la discusión de asuntos de interés público. Los errores eran mínimos y los datos obtenidos de registros públicos.

En la época anterior a Garcetti v. Ceballos, (2006), mencionado en párrafos anteriores, los tribunales federales generalmente utilizaban un sistema de balance para determinar si la expresión de los empleados públicos estaba protegida por la Primera Enmienda. El Tribunal consideraba primero, si el empleado en efecto se expresó en el curso de sus responsabilidades laborales o como ciudadano privado, y si de lo que hablaba era una cuestión de interés público. Si no lo podía demostrar entonces la expresión no estaba protegida por la Primera Enmienda.

Si el empleado público demostraba que habló como ciudadano privado en torno a una preocupación por una cuestión de interés público, entonces el tribunal equilibraría el interés en hablar en contra del patrono público y interés en el funcionamiento general del lugar de trabajo. Si el interés del empleado en expresarse en torno al tema en cuestión sobrepasaba el interés del patrono en mantener un ambiente de trabajo funcional, entonces su expresión se consideraba protegida por la Primera Enmienda. La jurisprudencia posterior a Garcetti v. Ceballos ha ido modificando esa línea (Smith y Grantham, 2017).

En el caso de Lamb v. Booneville School District (2010), a una maestra de educación especial de Mississippi se le denegó la renovación de un contrato porque criticó el uso del castigo corporal por parte de un compañero de trabajo. Uno de sus alumnos de educación especial, un niño autista, fue castigado físicamente por otro maestro. Lamb expresó su disgusto con ese método de disciplina delante de otros estudiantes. El maestro se quejó en la oficina del director. Más tarde ese mismo día, se solicitó la presencia de Lamb en la oficina del Director y este le explicó que quejarse de un maestro al alcance del oído de los estudiantes era muy poco profesional. También se le dijo que el castigo corporal había funcionado bien como un medio de disciplina en esa escuela. Por eso no le renovaron el contrato. Lamb reclamó que la despidieron por ejercer su derecho de expresión al criticar al compañero. El Tribunal aplicó el precedente de Garcetti en el ámbito de la educación. Concluyó que Lamb estaba hablando como una empleada, expresando su opinión profesional de que el castigo corporal no era un medio efectivo de disciplina cuando se trataba con un niño autista. El tribunal dictaminó que, debido a la naturaleza relacionada con el trabajo, sus expresiones no estaban protegidas por la Primera Enmienda, por lo que la escuela podía disciplinarla válidamente.

Jurisprudencia

30. Pickering v. Board of Education, 391 U.S. 563 (1968)

[Resumen]

[Este caso ilustra los parámetros del derecho a la libertad de expresión de los maestros en las escuelas públicas.]

Decidido June 3, 1968

MR. JUSTICE MARSHALL emitió la opinion del Tribunal.

El Sr. Marvin L. Pickering, un maestro, fue destituido de su cargo por la Junta de Educación por enviar una carta a un periódico en relación con un aumento de impuestos propuesto recientemente. Criticaba la forma en que la Junta y el superintendente de escuelas del distrito había manejado propuestas anteriores para recaudar nuevos ingresos para las escuelas.

El Sr. Pickering acudió al tribunal y alegó que su carta estaba protegida por la Primera y la Decimocuarta Enmiendas quien confirmó su despido a base de que la la carta era perjudicial a los intereses del sistema

El Sr. Pickering apeló a la Corte Suprema de Illinois, quien confirmó la sentencia del Tribunal de Instancia. El Sr. Pickering apeló a la Corte Suprema de los Estados Unidos, quien revocó basándose en que el estatuto de Illinois que permitía su desestimación por los hechos de este caso era inconstitucional según se aplicaba en virtud de las Enmiendas Primera y Decimocuarta. El tribunal utilizó el análisis siguiente.

En febrero de 1961, la Junta de Educación pidió a los votantes del distrito escolar que aprobaran una emisión de bonos para recaudar $ 4,875,000 para construir dos nuevas escuelas. La propuesta fue rechazada. Luego, en diciembre de 1961, la Junta presentó otra propuesta de bonos a los votantes que pedía la recaudación de $ 5,500,000 para construir dos nuevas escuelas. Esta segunda propuesta fue aprobada *y las escuelas se construyeron. En mayo de 1964, la Junta presentó a los votantes un aumento propuesto en la tasa de impuestos que se utilizaría con fines educativos y fue rechazado. Finalmente, el 19 de septiembre de 1964, la Junta presentó una segunda propuesta para aumentar la tasa impositiva, que también fue rechazada. Fue en relación con esta última propuesta de la Junta Escolar que el Sr. Pickering escribió la carta en el periódico.*

La Junta despidió a Pickering por escribir y publicar la carta. De conformidad con la ley de Illinois, se requirió que la Junta celebrara una audiencia sobre el despido. En la audiencia, la Junta indicó que las declaraciones en la carta eran falsas y que la publicación impugnaba injustificadamente los motivos, honestidad, integridad, veracidad, responsabilidad y competencia tanto de la Junta como de la administración escolar. La Junta también denunció que las declaraciones falsas dañaron la reputación profesional de sus miembros y de los administradores escolares, interrumpirían la disciplina de la facultad y tenderían a fomentar controversias, conflictos y disensiones entre maestros, administradores, la Junta de Educación y los residentes del distrito. Se presentó el testimonio de una variedad de testigos sobre la veracidad o falsedad de las declaraciones en la carta.

La Junta determinó que las declaraciones eran falsas según los cargos. En ningún momento del proceso se presentó evidencia sobre el efecto de la publicación de la carta en la comunidad en su conjunto o en la administración del sistema escolar, y no se hicieron hallazgos específicos en este sentido.

El Tribunal Supremo indicó que el Sr. Pickering apeló a los tribunales de Illinois alegando que su carta estaba protegida por la Primera Enmienda fue rechazada sobre la base de que su aceptación de un puesto de maestro en las escuelas públicas lo obligaba a abstenerse de hacer declaraciones sobre el funcionamiento de las escuelas. Los tribunales de Illinois revisaron los procedimientos únicamente para determinar si las conclusiones de la Junta estaban respaldadas por pruebas sustanciales y si, sobre la base de los hechos, la Junta podría razonablemente concluir que la publicación del apelante de la carta iba en detrimento de los mejores intereses de las escuelas. Claramente rechazó la afirmación de Pickering de que, sobre la base de los hechos de este caso, no podía ser destituido constitucionalmente de su puesto de maestro.

En la medida en que se pueda leer la opinión de la Corte Suprema de Illinois para sugerir que los maestros pueden ser obligados constitucionalmente a renunciar a los derechos de la Primera Enmienda que de otro modo disfrutarían como ciudadanos para comentar sobre asuntos de interés público en relación con el funcionamiento de las escuelas públicas en las que trabajan, parten de una premisa que ha sido inequívocamente rechazada en numerosas decisiones anteriores de este Tribunal. La teoría de que el empleo público que puede negarse por completo puede estar sujeto a cualquier condición, por irrazonable que sea, ha sido rechazada de manera uniforme. Al mismo tiempo, no se puede negar que el Estado tiene intereses como empleador en regular la expresión de sus empleados que difieren significativamente de los que posee en relación con la regulación de la expresión de la ciudadanía en general. El problema en todo caso es llegar a un equilibrio entre el interés del docente, como ciudadano, en comentar asuntos de interés público y el interés del Estado, como empresario, en promover la eficiencia de los servicios públicos que realiza. a través de sus empleados.

La Junta sostiene que el maestro, en virtud de su empleo público, tiene el deber de lealtad de apoyar a sus superiores en el logro de las metas educativas generalmente aceptadas y que, si debe hablar públicamente, debe hacerlo de manera objetiva y precisa, de acuerdo con su educación y experiencia.

Debido a la enorme variedad de situaciones de hecho en las que declaraciones críticas de los maestros y otros empleados públicos pueden ser consideradas por los superiores, contra quienes se dirigen, motivos suficientes para el despido, no consideramos apropiado ni factible intentar establecer una norma general con la que se puedan juzgar todas esas declaraciones.

Sin embargo, al evaluar los reclamos contradictorios de la protección de la Primera Enmienda y la necesidad de una administración escolar ordenada en el contexto de este caso, indicaremos algunas de las líneas generales a lo largo de las cuales debe correr un análisis de los intereses en conflicto. Un examen de las declaraciones en la carta del Sr. Pickering objetada por la Junta revela que eran críticas a la asignación de fondos escolares por parte de la Junta entre programas educativos y deportivos, y de los métodos de información tanto de la Junta como del superintendente, o impedir que se informe a los contribuyentes del distrito de las verdaderas razones por las que se buscaban ingresos fiscales adicionales para las escuelas.

Las declaraciones no están dirigidas en modo alguno a ninguna persona con la que el Sr. Pickering normalmente estaría en contacto en el curso de su trabajo diario como maestro. Por lo tanto, aquí no se presenta la cuestión de mantener la disciplina por parte de los superiores inmediatos o la armonía entre los compañeros de trabajo. Las relaciones laborales del apelante con la Junta y, en un grado algo menor, con el superintendente no son el tipo de relaciones laborales cercanas por las cuales se puede afirmar de manera persuasiva que la lealtad y la confianza personal son necesarias para su correcto funcionamiento.

Los cargos originales de la Junta incluían alegaciones de que la publicación de la carta dañó la reputación profesional de la Junta y del superintendente y fomentaría controversias y conflictos entre la Junta, los maestros, los administradores y los residentes del distrito. Sin embargo, en la audiencia no se presentó ninguna prueba para respaldar estas acusaciones. Hasta donde revela el récord, la carta de Pickering fue recibida por todos menos por su objetivo principal, la Junta, con apatía e incredulidad total. La única forma en que la Junta podía concluir, en ausencia de evidencia del efecto real de la carta, que las declaraciones contenidas en ella eran per se perjudiciales para los intereses de las escuelas era equiparar los intereses de los miembros de la Junta con los de las escuelas. Ciertamente, una acusación de que los administradores del sistema escolar están gastando demasiado di-

nero en atletismo no puede razonablemente considerarse per se perjudicial para las escuelas del distrito

Tal declaración refleja más bien una diferencia de opinión entre Pickering y la Junta en cuanto a la forma preferible de operar el sistema escolar, una diferencia de opinión que claramente se refiere a un tema de interés público. La cuestión de si un sistema escolar requiere fondos adicionales es una cuestión de legítima preocupación pública sobre la cual el juicio de la administración escolar, incluida la Junta Escolar, no puede, en una sociedad que deja tales cuestiones al voto popular, tomarse como concluyente.

Sobre esta cuestión, el debate libre y abierto es vital para que el electorado tome decisiones informadas. Los maestros son, como clase, los miembros de una comunidad que tienen más probabilidades de tener opiniones informadas y definidas sobre cómo se deben gastar los fondos asignados al funcionamiento de las escuelas. En consecuencia, es esencial que puedan hablar libremente sobre tales cuestiones sin temor a un despido por represalia.

En estas circunstancias concluimos que el interés de la administración escolar en limitar las oportunidades de los docentes para contribuir al debate público no es significativamente mayor que su interés en limitar una contribución similar de cualquier miembro del público en general. Las declaraciones de funcionarios públicos sobre asuntos de interés público deben recibir la protección de la Primera Enmienda a pesar de que las declaraciones están dirigidas a sus superiores nominales. En resumen, sostenemos que, en un caso como este, en ausencia de pruebas de declaraciones falsas hechas a sabiendas o imprudentemente por él, el ejercicio de un maestro de su derecho a hablar sobre temas de importancia pública puede no proporcionar la base para su despido del empleo público. Dado que no se ha hecho tal demostración en este caso con respecto a la carta del Sr. Pickring, su destitución por escribirla no puede ser confirmada y la sentencia de la Corte Suprema de Illinois debe, en consecuencia, ser revocada.

31. **Garcetti, et al. v. Ceballos,** 547 U.S. 410 (2006)

[Resumen]

[Este caso ilustra las ocasiones en que un empleado puede expresarse en torno a asuntos relacionados con su empleo protegido por la Primera Enmienda.]

Supreme Court of United States

Decidido en may 30, 2006

El Juez Kennedy emitió la opinion del Tribunal

El demandado Richard Ceballos trabajaba desde 1989 como fiscal adjunto de la Oficina del Fiscal de Distrito del Condado de Los Ángeles. Ceballos ejerció ciertas responsabilidades de supervisión sobre otros abogados. En febrero de 2000, un abogado defensor se puso en contacto con Ceballos sobre un caso penal pendiente. El abogado defensor dijo que había inexactitudes en una declaración jurada utilizada para obtener una orden de registro. El abogado informó a Ceballos que él había presentado una moción para impugnar la orden, pero también quería que Ceballos revisara el caso.

Según Ceballos, no era inusual que los abogados defensores pidieran a los fiscales que investigaran aspectos de los casos pendientes. Después de examinar la declaración jurada y visitar el lugar que describía, Ceballos determinó que la declaración jurada contenía tergiversaciones graves. Habló por teléfono con el declarante de la orden judicial, un alguacil adjunto del Departamento del Sheriff del Condado de Los Ángeles, pero no recibió una explicación satisfactoria de las inexactitudes percibidas.

Ceballos transmitió sus hallazgos a sus supervisores, Carol Najera y Frank Sundstedt, y siguió con la preparación de un memorando. En el memorando explicó sus preocupaciones y recomendó el sobreseimiento del caso. El 2 de marzo de 2000 Ceballos remitió el memorando a Sundstedt para su revisión. Unos días después, Ceballos presentó a Sundstedt otro memorando, este describía una segunda conversación telefónica entre Ceballos y el declarante de la orden judicial.

A base en las declaraciones de Ceballos, se realizó una reunión para discutir la declaración jurada. Los asistentes incluyeron a Ceballos, Sundstedt y Nájera, así como al declarante de la orden judicial y otros empleados del departamento del alguacil. La reunión supuestamente se volvió acalorada, y un teniente criticó duramente a Ceballos por su manejo del caso.

A pesar de las preocupaciones de Ceballos, Sundstedt decidió proceder con la acusación, a la espera de la resolución de la moción de la defensa. El tribunal de primera instancia celebró una audiencia sobre la moción. Ceballos fue citado por la defensa y relató sus observaciones sobre la declaración jurada, pero el tribunal de primera instancia rechazó la impugnación de la orden. Ceballos afirma que a raíz de estos hechos fue sometido a represalias. Las acciones incluyeron el traslado a otro tribunal y la denegación de un ascenso. Ceballos inició una queja laboral, pero la queja fue denegada a base de que entendieron que no había sufrido represalias.

Insatisfecho, Ceballos demandó en el Tribunal de Distrito de los Estados Unidos para el Distrito Central de California, alegando que se le violaron derechos de la Primera y la Decimocuarta Enmiendas al tomar represalias en su contra por su memorando del 2 de marzo. Los peticionarios respondieron que no se tomaron represalias contra Ceballos y que todas las acciones de las que se quejó se explicaron por razones legítimas como la necesidad de personal. Además, sostuvieron que, en cualquier caso, el memorando de Ceballos no era una expresión protegida bajo la Primera Enmienda.

Solicitaron una sentencia sumaria y el Tribunal de Distrito se la concedió. El tribunal concluyó que Ceballos no tenía derecho a la protección de la Primera Enmienda al señalar que Ceballos escribió su memorando de conformidad con sus obligaciones laborales.

La Corte de Apelaciones del Noveno Circuito revocó, sosteniendo que las alegaciones de Ceballos de irregularidades en el memorando constituyen una expresión protegida bajo la Primera Enmienda. Para llegar a su conclusión, el tribunal examinó el análisis de la Primera Enmienda establecido en Pickering (1968). La Corte de Apelaciones determinó que el memorando de Ceballos, que recitaba lo que él pensaba que era una mala conducta del gobierno, era inherentemente un asunto de interés público. Habiendo concluido que el memorando de Ceballos cumplía con el requisito de preocupación pública, la Corte de Apelaciones procedió a equilibrar el interés de Ceballos en su discurso con el interés de sus supervisores en responder al mismo. El tribunal equilibró la balanza a favor de Ceballos, señalando que los peticionarios ni siquiera sugirieron interrupción o ineficiencia en el funcionamiento de la Fiscalía como resultado del memo. El tribunal además concluyó que los derechos de Ceballos de la Primera Enmienda estaban claramente establecidos y que las acciones de los peticionarios no eran objetivamente razonables.

Los demandados acudieron al Tribunal Supremo quien revocó al tribunal de Apelaciones por los argumentos que se resumen a continuación.

Como han señalado las decisiones de la Corte, durante muchos años el dogma indiscutido fue que un empleado público no tenía derecho a oponerse a las condiciones impuestas a los términos de empleo, incluidas aquellas que restringían el ejercicio de los derechos constitucionales. Ese dogma ha sido cualificado en aspectos importantes. El Tribunal ha dejado claro que los empleados públicos no renuncian a todos sus derechos de la Primera Enmienda por razón de su empleo. Más bien, la Primera Enmienda protege el derecho de un empleado público, en ciertas circunstancias, a hablar como ciudadano al abordar asuntos de interés público.

Una entidad gubernamental tiene una discreción más amplia para restringir la expresión cuando actúa en su función de empleador, pero las restricciones que impone deben estar dirigidas a la expresión que tiene algún potencial para afectar las operaciones de la entidad. Sin duda, realizar estas investigaciones a veces ha resultado difícil. Este es el producto necesario de la enorme variedad de situaciones de hecho en las que las declaraciones críticas de los maestros y otros empleados públicos pueden ser consideradas por sus superiores suficientes motivos de despido. Sin embargo, los objetivos generales de la Corte son evidentes. Cuando un ciudadano ingresa al servicio del gobierno, el ciudadano necesariamente debe aceptar ciertas limitaciones a su libertad. El gobierno como empleador tiene poderes mucho más amplios que los que tiene el gobierno como soberano. Los empleadores gubernamentales, como los empleadores privados, necesitan un grado significativo de control sobre las palabras y acciones de sus empleados; sin él, las posibilidades de una prestación eficiente de los servicios públicos serían escasas. Las oficinas gubernamentales no podrían funcionar si cada decisión de empleo se convirtiera en un asunto constitucional. Además, los empleados públicos suelen ocupar puestos de confianza en la sociedad. Cuando se expresan, pueden expresar opiniones que contravengan las políticas gubernamentales o perjudican el desempeño adecuado de las funciones gubernamentales.

Pickering y los casos decididos a su vez identifican dos investigaciones para orientar la interpretación de las protecciones constitucionales otorgadas la expresión de los empleados públicos. El primero requiere determinar si el empleado habló como ciudadano sobre un asunto de interés público. Si la respuesta es no, el empleado no tiene una causa de acción de la Primera Enmienda basada en la reacción de su empleador a la expresión. Si la respuesta es sí, entonces surge la posibilidad de una reclamación de la Primera Enmienda. La pregunta es si la entidad gubernamental relevante tenía una justificación adecuada para tratar al empleado de manera diferente a cualquier otro miembro del público en general. Esta consideración refleja la importancia de la relación entre las expresiones del hablante y el empleo.

Con estos principios en mente, pasamos al presente caso. El demandado Ceballos creía que la declaración jurada utilizada para obtener una orden de registro contenía serias tergiversaciones. Transmitió su opinión y recomendación en un memorando a su supervisor. Que Ceballos expresara sus opiniones dentro de su oficina, más que públicamente, no es determinante. En algunos casos, los empleados pueden recibir la protección de la Primera Enmienda por expresiones hechas en el trabajo. Muchos ciudadanos hablan mucho dentro de sus respectivos lugares de trabajo, y no cumpliría el objetivo de tratar a los empleados públicos como cualquier miembro del público en general. Mantener ese discurso dentro de la oficina está automáticamente expuesta a restricciones. El memo se refería al tema del empleo de Ceballos, pero esto tampoco es negativo. La Primera Enmienda protege algunas expresiones relacionadas con el trabajo del hablante. Como señaló el Tribunal en Pickering: Los maestros son, como clase, los miembros de una comunidad que tienen más probabilidades de tener opiniones informadas y definidas sobre cómo se deben gastar los fondos asignados al funcionamiento de las escuelas. En consecuencia, es esencial que puedan hablar libremente sobre tales cuestiones sin temor a un despido en represalia. Lo mismo ocurre con muchas otras categorías de empleados públicos. El factor determinante en el caso de Ceballos es que sus manifestaciones se realizaron en cumplimiento de sus funciones como fiscal. Ceballos no discute que preparó el memorando en cumplimiento de sus funciones como fiscal. Esa consideración —el hecho de que Ceballos hablara como fiscal cumpliendo la responsabilidad de asesorar a su supervisor sobre la mejor manera de proceder con un caso pendiente— distingue el caso de Ceballos de aquellos en los que la Primera Enmienda brinda protección contra la disciplina.

Sostenemos que cuando los empleados públicos hacen declaraciones de conformidad con sus deberes oficiales, los empleados no hablan como ciudadanos para los propósitos de la Primera Enmienda, y la Constitución no aísla sus comunicaciones de la disciplina del empleador. Ceballos escribió su memo de disposición porque eso es parte de lo que él, como fiscal, estaba empleado para hacer. Es indiferente si experimentó alguna gratificación personal al escribir el memorando; sus derechos de la Primera Enmienda no dependen de su satisfacción laboral. Lo significativo es que el memorando se redactó de conformidad con los deberes oficiales de Ceballos. Restringir la expresión que debe su existencia a las responsabilidades profesionales de un empleado público no infringe ninguna libertad que el empleado pudiera haber disfrutado como ciudadano privado. Simplemente refleja el ejercicio del control del empleador sobre lo que el propio empleador ha encargado o creado.

Cuando el gobierno se asigna de fondos públicos para promover una política en particular, tiene derecho a decir lo que quiera. Contraste, por ejemplo, las expresiones hechas por el maestro Pickering, cuya carta al periódico no tenía significado oficial y tenían similitudes con las cartas enviadas por numerosos ciudadanos todos los días. Ceballos no actuó como ciudadano cuando se dedicó a realizar sus actividades profesionales diarias, como supervisar a los abogados, investigar los cargos y preparar los expedientes. De la misma manera, no se pronunció como ciudadano al escribir un memorando que abordaba la debida disposición de un caso penal pendiente.

Cuando iba a trabajar y realizaba las tareas que le pagaban por realizar, Ceballos actuaba como empleado del gobierno. El hecho de que sus funciones a veces requirieran que hablara o escribiera no significa que sus supervisores tuvieran prohibido evaluar su desempeño. Este resultado es consistente con la atención de nuestros precedentes al valor social potencial del habla de los empleados. Negarse a reconocer las afirmaciones de la Primera Enmienda basadas en el producto del trabajo de los empleados del gobierno no les impide participar en el debate público.

Los empleados conservan la perspectiva de protección constitucional por sus contribuciones a la expresión cívica. Sin embargo, esta perspectiva de protección no les otorga el derecho a realizar su trabajo como mejor les parezca. Asimismo, nuestra participación está respaldada por el énfasis de nuestros precedentes en otorgar a los empleadores gubernamentales la suficiente discreción para administrar sus operaciones. Los empleadores tienen un mayor interés en controlar la expresión pronunciada por un empleado en su capacidad profesional. Las comunicaciones oficiales tienen consecuencias oficiales, lo que crea la necesidad de una coherencia y claridad sustantivas. Los supervisores deben asegurarse de que las comunicaciones oficiales de sus empleados sean precisas, demuestren un buen juicio y promuevan la misión del empleador.

El memorando de Ceballos es ilustrativo. Exigió la atención de sus supervisores y dio lugar a una acalorada reunión con los empleados del departamento del alguacil. Si los superiores de Ceballos pensaban que su memo era incendiario o equivocado, tenían la autoridad para tomar las medidas correctivas adecuadas. La regla contraria propuesta por Ceballos, adoptada por la Corte de Apelaciones, comprometería a los tribunales estatales y federales a un papel nuevo, permanente e intrusivo, ordenando la supervisión judicial de las comunicaciones entre los empleados del gobierno y sus superiores en el curso de los asuntos oficiales. Este desplazamiento de la discreción gerencial por la supervisión judicial no encuentra apoyo en nuestros precedentes.

Cuando un empleado habla como ciudadano sobre un asunto de interés público, la Primera Enmienda requiere un delicado equilibrio de los intereses en competencia que rodean la expresión y sus consecuencias. Sin embargo, cuando el empleado simplemente está cumpliendo con sus deberes laborales, no hay garantía para un grado similar de escrutinio. Sostener lo contrario equivaldría a exigir una intervención judicial permanente en la conducción de las operaciones gubernamentales en un grado incompatible con los sólidos principios del federalismo y la separación de poderes.

Exponer la ineficiencia y la mala conducta del gobierno es un asunto de considerable importancia. Los empleadores públicos deberían, como cuestión de buen juicio, ser receptivos a las críticas constructivas ofrecidas por sus empleados. Los dictados del buen juicio se ven reforzados por la poderosa red de promulgaciones legislativas, como las leyes de protección de denunciantes y los códigos laborales, disponibles para quienes buscan exponer las irregularidades. Los casos que involucran a abogados del gobierno implican salvaguardas adicionales en forma de, por ejemplo, reglas de conducta y obligaciones constitucionales aparte de la Primera Enmienda. Un miembro en el servicio gubernamental no podrá instituir o hacer que se instituyan cargos criminales cuando el miembro sabe o debería saber que los cargos no están respaldados por una causa probable. Estos imperativos, así como las obligaciones que surgen de cualquier otra disposición constitucional aplicable y mandatos de las leyes penales y civiles, protegen a los empleados y brindan controles a los supervisores que ordenarían acciones ilegales o inapropiadas. Sin embargo, rechazamos la noción de que la Primera Enmienda protege de la disciplina las expresiones que hacen los empleados de conformidad con sus deberes profesionales. Nuestros precedentes no respaldan la existencia de una causa de acción constitucional detrás de cada declaración que hace un empleado público en el curso de su trabajo.

Se revoca la sentencia de la Corte de Apelaciones.

Estilos de vida

Los estilos de vida constituyen de los retos recientes que más atención requieren del sistema de los tribunales. Muchos de ellos se refieren a relaciones heterosexuales, homosexuales y relaciones extramaritales. Algunos profesionales de la educación han sido procesados por inmoralidad, aunque se nota inconsistencia en las distintas jurisdicciones. Los tribunales definen inmoralidad de distintas maneras.

En Fisher v. Snyder, (1973) se vio el caso de una maestra divorciada de mediana edad, de una escuela secundaria en Tryon, Nebraska. La señora Fisher vivía sola en un departamento de una habitación. En varias ocasiones, la visitaban jóvenes y parejas casadas, que eran amigos de su hijo, Tryon. Debido a que los alojamientos de hoteles y moteles eran generalmente escasos y no estaban disponibles en Tryon, la Sra. Fisher permitió que estos invitados pernoctaran en su apartamento. Cliff Rowan, era un visitante frecuente que vivía en California. Él, visitaba regularmente a la Sra. Fisher durante sus vacaciones escolares y en otras ocasiones. Luego de la visita de Rowan, la junta escolar notificó a la Sra. Fisher que su contrato no se renovaría. Por ese comportamiento la maestra fue despedida. El tribunal revocó y sostuvo que por la forma en que estaba viviendo esta maestra se podía especular lo que pasó, pero no se puede inferir que haya ocurrido alguna conducta inmoral.

En Sullivan v. Meade City Ind. School Dist., (1975) una maestra fue despedida porque se comprobó que vivía con un compañero maestro que no era su esposo. Reclamó que se le violó su derecho a la intimidad y su derecho de asociación. El tribunal sostuvo el despido. Se basó en que la protección de la integridad de las escuelas era más importante que el interés libertario de la maestra. En este caso no se demostró la inmoralidad de la maestra. El Tribunal sostuvo que la escuela podía pensar razonablemente, que, por la reacción tan negativa de la comunidad, la conducta de la maestra podría tener efectos adversos en los niños de escuela elemental. Su conducta era vista en violación de los mores comunitarios. Era inconsistente con el interés de la comunidad en mantener un ambiente escolar apropiado para los niños.

§5. Libertad académica de los profesores universitarios

El objetivo de los profesores al promulgar el concepto tradicional de libertad académica fue liberarse de influencias externas no académicas para así desempeñar limpia y propiamente su trabajo. Los docentes deseaban libertad para plantearse los problemas y preguntas que estimaran pertinentes, investigar dichos asuntos y llegar a conclusiones, todo ello de acuerdo con la metodología impuesta por la disciplina académica correspondiente. Deseaban trabajar con independencia de las juntas de síndicos. En apoyo de la adopción por las instituciones universitarias de la libertad académica, los profesores argumentaron que, de no disfrutar de ella, su trabajo no podría ser realizado adecuadamente, lo cual resultaría en una pérdida para la sociedad en general. El asunto fue esbozado por ellos como uno de beneficio general para la sociedad, más allá de sus particulares intereses gremiales (Consejo de Educación Superior v. Roselló González, 1994).

La Asociación Americana de Profesores Universitarios aprobó en 1915 una Declaración que les permitió reflejar sus preocupaciones y aspiraciones. Ese documento definió la libertad académica como el derecho de un "scholar" a estar libre de control institucional de su expresión profesional. Dicho documento es de singular importancia para el desarrollo de la libertad académica. Se expone de manera sucinta y lúcida cuál es la misión de las universidades y los profesores, los beneficios resultantes para la sociedad y finalmente la necesidad del claustro de gozar de libertad académica para llevar a cabo su trabajo de una manera efectiva y competente. La Declaración de 1915 establece que la libertad académica del profesor comprende la libertad para plantearse preguntas y problemas, para investigar, para enseñar y hasta para expresarse y actuar fuera del recinto universitario (AAUP Committee on Academic Freedom and Tenure, 2009). La existencia de estas libertades se justifica de acuerdo con las funciones que tienen las universidades, siendo las principales las de educar y añadir al caudal del conocimiento humano (Consejo de Educación Superior v. Roselló González, 1994). Otros consideran la libertad académica como la libertad personal para proseguir la investigación, enseñanza y publicación de cualquier tema como una cuestión de interés profesional sin temor o amenaza de alguna sanción, salvo solo cuando se demuestre de manera adecuada una violación inexcusable de la ética profesional en el ejercicio de profesión. El derecho del académico, del alumno, y de los funcionarios administrativos de exponer su opinión en torno a cualquier punto, sin necesidad de que se encuentre fundada en ningún parámetro (Van Alstyne, 1990; Andreescu, 2009; Madrid, 2013).

La AAUP le dio seguimiento a la declaración de 1915 en 1940, con otra declaración en que detallaron los procedimientos que deben existir para que un sistema de permanencia proteja adecuadamente la libertad académica tradicional de los profesores. Una universidad está destinada en gran medida a la búsqueda de la verdad y su exposición libre. La permanencia es uno de los medios de asegurar dicha libertad a los miembros de la facultad de la institución. Para servir eficazmente al bien común, el papel de un miembro de la facultad de la universidad debe ser lo suficientemente atractivo para atraer a hombres y mujeres de capacidad. Esto, en parte, se logra a través de la seguridad económica y la satisfacción profesional sentida por el miembro de la facultad al que se le ofreció la permanencia. Por lo tanto, la permanencia contribuye eficazmente al éxito de la universidad en el cumplimiento de sus obligaciones a sus estudiantes y a la sociedad que sirve. Además, protege contra las presiones indebidas, a los profesores de dentro y fuera de la comunidad académica; Salvaguarda la libertad académica, que es esencial para la institución (Otero-Burgos v. Inter American University, 2009).

Jurisprudencia

32. **Otero-Burgos v. Inter American University,** 558 F.3d 1 (1st Cir. 2009)

[Resumen]

[Este caso ilustra la naturaleza del contrato permanente de un miembro de facultad de una universidad y establece claramente que no le aplica la Ley 80 de despido injustificado.]

Tribunal de Apelaciones de Estados Unidos, Primer Circuito.

Ante LYNCH, LIPEZ y HOWARD, Jueces de Circuito.

A. Trasfondo

El profesor Edwin Otero-Burgos había trabajado en la Universidad Interamericana ("IAU" o "la Universidad"), durante casi tres décadas, la mayoría de ellas en el Departamento de Negocios, en el momento de su despido en el año 2003. Durante un período de veinte años, ocupó diversos cargos docentes y administrativos, hasta que fue galardonado con la permanencia efectiva 01 de agosto de 1994.

Como profesor, Otero-Burgos gozó sistemáticamente de evaluaciones positivas de los estudiantes y colegas profesores. Recibió numerosos premios y reconocimientos por sus contribuciones a la Universidad, incluyendo el premio de Profesor distinguido en 1996.

En el primer semestre de 1999, Otero-Burgos enseñó un curso en torno a teoría de los negocios en el campus de Barranquitas de IAU. Un estudiante matriculado en la clase recibió una "D" como su nota final del semestre. Inconforme con la nota, el estudiante se reunió con Otero-Burgos y pidió una oportunidad para mejorarla. El profesor le negó la petición.

El 28 de marzo de 2000, el estudiante presentó una apelación ante el decano de asuntos académicos, Juan A. Negrón-Berríos, acusando a Otero-Burgos de irregularidades en la forma en el curso había sido enseñado y administrado. La queja principal del estudiante fue que Otero-Burgos inapropiadamente había eliminado uno de los exámenes anunciados, dando mayor peso a un proyecto de grupo de los estudiantes. El estudiante argumentó que había sido injustamente perjudicado de dos maneras: primero, porque él no participó en el proyecto del grupo, y segundo, porque la anulación del examen lo privaba de la oportunidad de mejorar su rendimiento.

El 05 de abril de 2000, Otero-Burgos se reunió con el decano Negrón-Berríos. Otero-Burgos escribió una carta al decano Negrón-Berríos, refutando las quejas del estudiante y estableciendo su posición. El decano Negrón-Berríos rechazó esas explicaciones y en su lugar instruyó a Otero-Burgos que éste elaborara un examen de reposición al estudiante. Otero-Burgos se negó una vez más, por lo que el decano Negrón-Berríos remitió el asunto a María H. Ramos, Directora del Departamento de Administración de Empresas.

La profesora Ramos, consultó con Vladimir Román, abogado de la Universidad, tras lo que enviaron una carta a Otero-Burgos en la que le ofrecieron dos opciones, que podía preparar un instrumento de evaluación suplementario que permitiera al estudiante ganar los puntos que le faltaban, o el Departamento nombraría a otro profesor para preparar un instrumento similar. Otero-Burgos se negó a preparar la evaluación complementaria. Siguiendo el consejo del abogado de IAU, Negrón-Berríos seleccionó otro profesor para diseñar y administrar la evaluación suplementaria. Con esa estrategia se cambió la nota del estudiante a una "C" según indicado por el decano Negrón-Berríos y por Irene Fernández-Aponte, Rectora del Campus de Barranquitas.

El 29 de mayo de 2000, Otero-Burgos presentó una querella ante el Comité de Apelaciones, alegando que la administración de la Universidad había violado su libertad de cátedra. En la querella el profesor relató los hechos relevantes e incluyó tanto una exposición general de la metodología de enseñanza que había empleado en el curso de teoría de negocios y una defensa específica de sus acciones en relación con la denuncia del estudiante.

El Comité de Apelaciones de la Facultad celebró una serie de reuniones extraordinarias y 04 de mayo de 2001, concluyó que la imposición de las alternativas sugeridas por Vladimir Román, abogado de la Universidad representaría una violación al derecho a la libertad de cátedra del Prof. Edwin Otero Burgos.

El 15 de junio de 2001, la Rectora Fernández-Aponte escribió una carta al Comité de Apelaciones de Facultad, afirmando que ella consideraba que las pretensiones de Otero-Burgos eran infundadas. Añadió: entiendo que no procede la reclamación de violación a su libertad académica y espero que este asunto se considere un asunto terminado.

Al enterarse de la carta de la Rectora, Otero-Burgos, invocando la sección 4.2 del Manual de la Facultad, apeló ante el presidente de la Universidad, Manuel J. Fernós, por vía de una carta fechada el 08 de noviembre de 2001. Otero-Burgos nuevamente acusó a la Universidad de violar su derecho a la libertad académica bajo el manual y describe varias maneras en las que la intervención de la Rectora fue inadecuada a la luz del procedimiento de querellas establecido en el manual.

Por último, el profesor pidió varios remedios específicos en relación con su queja, incluyendo la reincorporación de la nota "D" original del estudiante, ratificación de la decisión del Comité de Apelaciones de la Facultad, una carta de advertencia a Negrón-Berríos por una supuesta difamación y una carta de advertencia a la Rectora Fernández-Aponte por su incumplimiento con los procedimientos descritos en el manual de la facultad.

En respuesta, el 05 de diciembre de 2001 la Rectora Fernández-Aponte escribió su propia carta al Presidente Fernós, refutando estas alegaciones y pidiéndole que tomara las medidas pertinentes.

Mientras tanto, en un procedimiento separado a base de la sección 5.9.9 del Manual de Facultad, Negrón-Berríos seleccionó un Comité Ad Hoc de tres profesores encargados de revisar el trabajo hecho por el Comité de Apelaciones de facultad y el desempeño del profesor Otero-Burgos. La Rectora Fernández-Aponte envió una carta a Otero-Burgos, notificándole lo referente al Comité Ad Hoc y que iba a comenzar una investigación porque preliminarmente se había determinado que sus actuaciones probablemente violaban numerosas disposiciones del Manual de Facultad.

El Comité Ad Hoc emitió su Informe Final en junio de 2002, después de una investigación que duró varios meses. El Comité determinó, entre otras cosas, que Otero-Burgos había sido insubordinado; había violado las normas operacionales y políticas institucionales de la Universidad; había violado los derechos de sus compañeros de facultad, la administración y sus estudiantes; y que violentó el contrato entre la Universidad y un estudiante.

El Comité Ad Hoc recomendó la terminación permanente y definitiva del contrato de Otero-Burgos con Universidad a base de esas infracciones (la mayoría de las cuales constituye "justa justa" para la destitución de un profesor con permanencia bajo el Manual de Facultad.

El 16 de agosto de 2002, mediante una carta el decano Negrón-Berríos, le notificó formalmente a Otero-Burgos que había sido despedido. La carta informó al profesor que, conforme al artículo 5.9.9 del Manual de Facultad, su despido era principalmente debido a conducta inapropiada e incumplimiento o violación de los reglamentos de la Facultad, las políticas institucionales y las normas operativas de la institución.

El 30 de agosto de 2002, en una reunión con el decano Negrón-Berríos, Otero-Burgos continuó insistiendo en que él no había violado las reglas y reglamentos de la Universidad y, por lo tanto, fue despedido injustamente. Incapaz de persuadir al decano Negrón-Berríos, Otero-Burgos apeló su despido ante el Comité de Apelaciones de Facultad, que ya constaba de cinco miembros totalmente diferentes a los que en el 2001-2002 habían revisado su primera querella. Este Comité de Apelaciones de Facultad nuevo celebró audiencias sobre el tema en octubre de 2002, una vez más siguiendo el procedimiento descrito en la sección 4.2 del Manual de la Facultad. Después de completar su investigación, el Comité de Apelaciones Facultad emitió una decisión por escrito indicando que no se encontró causa para justificar el despido, y que el profesor Edwin Otero-Burgos debía ser reinstalado en su puesto como miembro de la facultad del Campus de Barranquitas con su respectivo salario y con los beneficios que tuvo a partir del 17 de agosto 2002.

El 23 de febrero de 2003, la Rectora Fernández-Aponte otra vez anula el trabajo del Comité y sostiene el despido de Otero-Burgos, quien apeló al Presidente de la Universidad y este último ratificó el despido del profesor. Después de su despido, Otero-Burgos se mudó a Ohio, donde había encontrado un nuevo trabajo.

Otero Burgos demandó por incumplimiento del contrato en el Tribunal de Distrito Federal en San Juan, quien desestimó la demanda. El Tribunal de Distrito concluyó que, aunque el despido del profesor Otero-Burgos pudo haber violado la relación contractual detallada en el manual de la facultad de IAU, el único recurso disponible para el profesor Otero-Burgos era la mesada que establecía la Ley 80..

Otero-Burgos acudió al Tribunal de Circuito de Apelaciones en Boston, quien revocó la determinación del Tribunal Federal de Distrito de San Juan de desestimar la reclamación de incumplimiento de contrato de Otero-Burgos.

Otero-Burgos argumentó que el Tribunal Federal de Distrito incorrectamente se basó en casos relacionados con los empleados del sector privado, no permanentes y omite la naturaleza especial de la relación de empleo descrita en su contrato de facultad con permanencia en la Universidad. Otero-Burgos afirma que él no está en la misma posición de un empleado de un supermercado, un banco o un restaurante de comida rápida para los propósitos de la ley 80. Otero-Burgos afirma que ley 80, en ausencia de un contrato de trabajo permanente, permite a un patrono a comprar con una indemnización de mesada el derecho de despedir a un empleado por cualquier razón.

Sin embargo, cuando un patrono se compromete voluntariamente a otorgar derechos y remedios a sus empleados, está obligado por un contrato y no puede ignorar sus consecuencias. Otero-Burgos alega que, en este caso, la Universidad se comprometió voluntariamente a proporcionar los remedios adicionales que explícita o implícitamente están contenidos en el Manual de la Facultad. Otero-Burgos cita la decisión del Tribunal Supremo de Puerto Rico en *Selosse v. Fundación Educativa Ana G. Méndez, 122 D.P.R. 534 (1988), que le reconoce la disponibilidad de una acción por incumplimiento de contrato a un profesor despedido en violación de lo que se establece en el Manual de Facultad de una institución educativa.*

La universidad por su parte alegó que era un patrono privado y que no contrató Otero-Burgos por un término fijo, por lo que esa ley 80 es su recurso exclusivo. Insistieron en que tratar Otero-Burgos, a pesar de su contrato de facultad permanente, en forma, diferente de otros empleados del sector privado, sería contrario al significado de la ley 80. Sostenía la Universidad que para los efectos de la ley 80, el profesor está en la misma posición que cualquier otro empleado que haya completado con éxito un contrato de probatorio de empleo, porque su permanencia en el empleo está condicionada a su continuo desempeño satisfactorio y al cumplimiento de las normas y reglamentaciones del patrono. Finalmente, argumentaron que la doctrina de Selosse v. Fundación Educativa Ana G. Méndez, (1988), es inaplicable aquí porque ese caso se refería a la negación de la permanencia, no al despido de un catedrático.

El Tribunal de Circuito de Boston revisó la determinación del Tribunal de Distrito Federal en San Juan a los efectos de que la ley 80 excluyó a Otero-Burgos de la reclamación de incumplimiento de contrato. En la revisión de esta conclusión jurídica, se preguntó si la ley 80 se aplica al contrato permanente de Otero-Burgos. Para responder esta pregunta, comenzamos examinando la Ley y el contrato permanente.

A. Ley 80

Ley 80 modifica el concepto de empleo a voluntad, que tradicionalmente permite el despido en cualquier momento y por cualquier motivo. La doctrina de empleo a voluntad dispone que un empleado sin un contrato por término fijo puede ser despedido por cualquier motivo o sin motivo. Estos empleados contratados a voluntad del patrono no tienen derecho propietario a continuar con seguridad en el empleo. Por esta razón, un empleado a voluntad que sea despedido no tiene derecho a compensación.

La Ley 80 ofrece alivio a cualquier empleado despedido sin justa causa del comercio, industria o cualquier otro negocio o lugar de trabajo en el que trabaja por algún tipo de compensación. En tales casos, la ley obliga al patrono a pagar al empleado despedido una forma de indemnización conocida como una mesada, que se calcula utilizando una fórmula proporcionada por el estatuto. Si un empleado es despedido por una razón que constituye una causa justa por la ley, el patrono no será responsable bajo la ley 80.

Los tribunales de Puerto Rico han sostenido que, para los empleados cubiertos, la Ley 80 es el remedio exclusivo para el despido injustificado, a menos que haya otra ley que se aplique específicamente a sus términos u condiciones.

El único recurso disponible para un empleado despedido sin justa causa y sin motivo discriminatorio, quien ha sido contratado por un período indefinido, es el alivio previsto en la ley 80. En contraste, el remedio disponible para un empleado contratado por un término fijo o para el desempeño de un trabajo específico, que es despedido antes de la expiración del contrato y en contravención de los términos de este, es una acción de daños por incumplimiento de contrato.

B. El Contrato de Permanencia

Las partes concuerdan en que el Manual de la Facultad de IAU establece los términos del contrato de Otero -Burgos. De acuerdo con dicho documento un nombramiento permanente es normalmente para el resto de los años de trabajo de la persona nombrada o hasta su renuncia, excepto en casos de estrechez financiera de buena fe, cambios o culminación de programas, o despido, de acuerdo con lo dispuesto en el Manual. Ausente causa justificada para el despido (como incapacidad mental o física prolongada) o cambios en los programas educativos que hagan su servicio innecesario, el otorgamiento de la permanencia en la UAI garantiza la continuación del profesor hasta que renuncie o se jubile. El Manual define el despido como la acción por la cual la Universidad Interamericana termina su relación contractual con un miembro del cuerpo docente permanente antes de la expiración de su contrato.

En 1940, la Asociación Americana de Profesores Universitarios y lo que ahora es la Asociación Americana de Colegios y Universidades, emitieron una declaración conjunta en la que describen la naturaleza y los objetivos de la permanen-

cia. Señala que la permanencia está destinada a fomentar la libertad académica y ofrecer el tipo de seguridad económica que haría que la profesión fuera atractiva para hombres y mujeres de capacidad. En efecto, el manual de la IAU expresa esta idea casi textualmente, afirmando que la permanencia contribuye a la capacidad de la Universidad para cumplir con sus obligaciones a sus estudiantes y a la sociedad al ofrecer seguridad económica y satisfacción personal a hombres y mujeres de capacidad y aprendizaje.

Hemos establecido que el contrato permanente entre Otero-Burgos y Universidad no es remotamente el arreglo de empleo a voluntad al que se dirige la ley 80. La pregunta que debemos responder ahora es si, a pesar de este hecho, Otero-Burgos debe considerarse como empleado sin tiempo fijo en el sentido del estatuto como afirma la Universidad.

Otero-Burgos sostiene que su contrato permanente se debe considerar hasta terminar la vida profesional del profesor, y que esos términos ponen su relación laboral con la Universidad fuera de alcance de la ley 80. En respuesta, la Universidad argumenta que debido a que el contrato permanente provee para la terminación en determinadas circunstancias enumeradas (como estrechez financiera o conducta inapropiada), Otero-Burgos todavía es contratado por un período de tiempo indefinido y, por lo tanto, es un empleado sin tiempo fijo bajo la ley 80.

Hay una clara diferencia entre un trabajador cuyo empleo no está sujeto a una limitación temporal específica, pero que puede ser despedido por cualquier motivo y Otero-Burgos, quien, bajo los términos de su contrato de permanencia, presumiblemente conserva su trabajo hasta su jubilación, ausente la ocurrencia de eventos específicos descritos en el contrato permanente. Un nombramiento con permanencia en IAU es normalmente para el resto de los años de trabajo de la persona designada o hasta renuncia. A Otero-Burgos se le garantizó la continuación del empleo a tiempo completo hasta que decidiera retirarse o se le despida por las causas justificadas específicas.

Al examinar estas disposiciones contractuales a la luz de la historia legislativa de la ley 80, concluimos que Otero-Burgos no era un empleado contratado sin tiempo fijo en el sentido de la Ley 80. Un régimen jurídico que no conceda a Otero-Burgos remedios más allá de los previstas por la ley 80 haría que el concepto de permanencia plasmado en el manual sea uno sin sentido.

Como observa Otero-Burgos, la permanencia como se describe en el Manual de Facultad no permite a la Universidad simplemente comprar con una mesada el derecho de despedir a un profesor permanente pagando una indemnización como la dispuesta en la ley 80.

La AAUP advirtió persuasivamente que la decisión del Tribunal de Distrito Federal en San Juan socavaría el consenso de larga tradición en cuanto a la naturaleza de la permanencia, tendría el efecto de deshacer un cuidadoso equilibrio entre los intereses respectivos de los profesores y las universidades, convirtiendo los profesores permanentes en empleados a voluntad en detrimento de la sociedad y, de hecho, de las instituciones de educación superior."

Los tribunales de Puerto Rico han reconocido la importancia de la permanencia y la singularidad de la relación laboral entre una universidad y un miembro del cuerpo docente permanente. En Selosse, una profesora a quien se le había denegado la permanencia demandó a su ex patrono, una universidad privada, por el incumplimiento del contrato de trabajo. El Tribunal Supremo de Puerto Rico, explicó que las normas y reglamentos que rigen los derechos y obligaciones de los miembros del profesorado y que aparecen en el manual de Facultad, son parte del contrato entre una universidad y sus profesores

El Tribunal Supremo invocó el Código Civil de Puerto Rico, que dispone que las obligaciones derivadas de los contratos tienen fuerza de ley entre las partes contratantes y deben cumplirse de conformidad con sus disposiciones.

El tribunal determinó que la Universidad no había cumplido con sus propios reglamentos en la realización de evaluación de la permanencia de Selosse, y que al negarle la permanencia de esa manera se violó el espíritu del debido proceso contractual. Por lo tanto, Selosse tenía derecho a una evaluación nueva y objetiva que cumpliera con los procedimientos establecidos en el contrato de trabajo.

En este caso no disputan la premisa de que el Manual de la Facultad era parte del contrato de trabajo entre la IAU y Otero-Burgos, la universidad afirma que Selosse se refería a una negación de permanencia, no una reclamación por despido injustificado dentro del ámbito de la ley 80, que excluye una reclamación de incumplimiento de contrato.

El Tribunal Supremo de Puerto Rico abordó los méritos de la reclamación por incumplimiento de contrato de una catedrática derivadas de un despido injustificado en Mercado Rivera v. Universidad Catolica de P.R., 143 D.P.R. 610, (1997). En dicho caso el Tribunal sostuvo que la Universidad no había incumplido su contrato con la profesora. En la opinión discute los méritos de la reclamación, discutiendo ampliamente el carácter vinculante del manual de Facultad que era un contrato libremente negociado. La opinión no menciona la ley 80.

De hecho, en una decisión que la Universidad caracteriza como lo que implica que la ley 80 aplica en las instituciones de educación superior privadas el Tribunal Supremo de Puerto Rico se centra en las características especiales de la relación de trabajo en el caso de una universidad pública. En Universidad de P.R. v. Asociación Puertorriqueña de Profesores Universitarios, 136 P.R. 335 (1994), el Tribunal Supremo de Puerto Rico determinó que los profesores de la Universidad de Puerto Rico eran empleados gerenciales, y por lo tanto no cubiertos por la Ley Relaciones Laborales de Puerto Rico. El tribunal fue categórico en la distinción de la condición de miembro de la Facultad de la de otros empleados, declarando que no hace sentido pretender poner en el mismo nivel de los profesores con los oficinistas, los trabajadores de mantenimiento y los guardias de seguridad de la institución que apenas ejercer cualquier discreción en la dirección de la [universidad].

El Tribunal mencionó la permanencia como uno de los varios factores que distinguen la condición de los profesores de universidad de los trabajadores de una empresa privada, como las que tradicionalmente considerados por las leyes de las relaciones laborales. El Tribunal observó que, bajo la ley 80, los patronos privados pueden prescindir un empleado sin previa determinación de causa justa sin ninguna otra responsabilidad que pagar la mesada.

Por el contrario, debido a la permanencia, nadie puede despedir a un profesor unilateralmente. IAU interpreta estos pasajes como una distinción entre la aplicabilidad de la ley 80 en universidades públicas y privadas.

El Manual de la Facultad de IAU confirma que esta entiende la permanencia como un compromiso sustancial y, más generalmente, que brinda cierta garantía en la continuación de su nombramiento a tiempo completo, a menos que se presente prueba suficiente para la terminación de sus servicios, tales como incapacidad mental o física prolongada, o de cambios en los programas educativos que hacen innecesarios sus servicios, o que el miembro de la Facultad permanente renuncia o se retira.

Abundando en las ventajas de la permanencia, el manual afirma que procura el bien común, que la Universidad está destinada a servir, depende en gran medida de la búsqueda de la verdad y su exposición libre, y que la permanencia es uno de los medios de asegurar dicha libertad a los miembros de la Facultad de la institución.

Para servir eficazmente al bien común, el papel de un miembro de la Facultad de la Universidad debe ser lo suficientemente atractivo para atraer a hombres y mujeres de capacidad. Esto, en parte, se logra a través de la seguridad económica y la satisfacción profesional sentida por el miembro de la facultad al que se le ofreció la permanencia. Por lo tanto, la permanencia contribuye eficazmente al éxito de la Universidad en el cumplimiento de sus obligaciones a sus estudiantes y a la sociedad que sirve. Además, protege contra las presiones indebidas, a los profesores de dentro y fue-

ra de la comunidad académica; Salvaguarda la libertad académica, que es esencial para la institución.

Contrario de lo dispuesto en el Manual, el contrato permanente de Otero-Burgos simplemente podría cumplir su función de salvaguarda de la libertad académica y proporcionar seguridad económica si la mesada fuera la única consecuencia que enfrenta la Universidad por un despedirlo en violación de ese contrato.

Resumimos nuestras conclusiones. La Universidad no disputó- ni podría haberlo hecho que el Manual de Facultad constituye un lazo entre IAU y su Facultad. La legislatura de Puerto Rico no pretendía escribir un estatuto remedial que, con el objeto proporcionar remedio a los empleados a voluntad del patrono, tuviera el efecto de limitar los derechos de un miembro de la facultad permanente con expectativas de continuar por el resto de sus días. El contrato permanente no es un contrato de trabajo sin un término fijo de terminación y no está sujeto a la Ley 80.

En consecuencia, la reclamación de incumplimiento de contrato de Otero-Burgos no debió ser desestimada. Tenía derecho a poder demostrar que la Universidad le despidió en violación de los términos de su contrato permanente. Si establece que fue despedido sin causa adecuada en el sentido del contrato permanente, será elegible para la panoplia de remedios generalmente disponibles. Su reclamación por incumplimiento de contrato debe seguir adelante.

Libertad Académica Institucional

El término libertad académica, en el ámbito jurídico, puede usarse para denominar tanto los derechos individuales del profesor universitario, como la protección constitucional a la institución universitaria propiamente. Pero, los conceptos de libertad académica individual e institucional son independientes. La libertad académica individual se refiere a la protección constitucional que se le ha reconocido a los derechos individuales de profesores y consiste principalmente en excluir a no-académicos de la toma de decisiones académicas, así como en exigir que los que tomen dichas decisiones lo hagan sobre bases propiamente académicas. La libertad académica institucional se refiere al derecho que protege a la universidad como institución. La libertad académica institucional en Puerto Rico emana de la Primera Enmienda a la Constitución de Estados Unidos de América y de nuestra cláusula constitucional de libertad de expresión. Se ha sostenido que ambos derechos pueden ser contradictorios ya que cuanta más libertad tenga una universidad frente al Estado, menos espacio tienen profesores y estudiantes para defenderse de la universidad mediante reclamos en los tribunales. Por otro lado, cuantos más derechos tengan los profesores como individuos, menos capacidad tiene la institución universitaria de determinar, libre de influencias del Estado, asuntos relacionados a la administración y política educativa de la institución (Consejo de Educación Superior v. Roselló González, 1994).

La libertad académica institucional está reconocida como un principio constitucional derivado de la libertad de expresión. El Tribunal Supremo de Estados Unidos de América ha sido enérgico al señalar las virtudes del derecho de libertad académica y en reconocer dicho principio como uno esencial en un sistema democrático. Ha sido aplicada para proteger tanto a los profesores como a las instituciones académicas contra interferencias indebidas del Estado con sus asuntos académicos medulares (Consejo de Educación Superior v. Roselló González, 1994; Van Alstyne, 1990; Strasser, 2017).

El Tribunal Supremo de Estados Unidos de América resolvió en Keyishian v. Board of Regents, (1967), que era inconstitucional que el Estado prohibiera a profesores de la universidad pública de Nueva York, tratar en clase temas relacionados con ideas revolucionarias. El caso no fue resuelto sobre bases relacionadas con libertad académica. Se resolvió al amparo de la doctrina de vaguedad, principio general derivado de la Primera Enmienda. Es importante notar también que el problema principal estaba relacionado con libertad académica individual de profesores frente a intentos indirectos del estado de intervenir o regular el contenido del discurso universitario, y sólo en menor grado estaba incluida la libertad académica institucional (Consejo de Educación Superior v. Roselló González, 1994).

Otro caso se relacionaba con las admisiones a la universidad. En University of California Regents v. Bakke, (1978), la universidad del estado argumentó que tenía un derecho de libertad académica institucional que incondicionalmente protegía el uso de criterios raciales al seleccionar quién sería admitido a estudiar. En esta opinión se reconoce que la universidad tiene derecho, bajo la libertad académica institucional, a tomar en consideración el factor racial al evaluar aspirantes, cuando al hacerlo se persiguen objetivos académicos legítimos y siempre que no se violente el principio constitucional de igual protección de las leyes.

Este caso no produjo una opinión mayoritaria del Tribunal. Los cuatro jueces que hubiesen resuelto a favor de discreción sin límite para la universidad no usaron como fundamento la libertad académica institucional. Por otro lado, los cuatro jueces que hubiesen resuelto que la universidad no puede tomar en consideración para nada el factor racial en sus decisiones de admisión, ello por razones estatutarias, ni siquiera discutieron si la libertad académica institucional de la Universidad le daría espacio a ésta para tomar en cuenta la raza del solicitante (Consejo de Educación Superior v. Roselló González, 1994).

El Tribunal Supremo federal reconoce expresamente por primera vez en Regents of University of Michigan v. Ewing, (1985), que la libertad académica institucional existe y que comprende las cuatro libertades. La libertad académica institucional se usó como fundamento para establecer un estándar laxo de revisión judicial bajo la cláusula de debido proceso, en su vertiente substantiva, frente a una impugnación de una decisión académica de una institución universitaria.

En University of Pennsylvania v. E.E.O.C., (1990), la universidad sostuvo que como parte de su libertad académica institucional de decidir quién enseña, tenía derecho a un privilegio, absoluto o al menos limitado, que protegiera la confidencialidad del proceso decisional. Argumentó que, de lo contrario, se vería afectado adversamente el proceso institucional de decidir libremente, usando criterios académicos, quién enseñaría en la universidad, debido al efecto intimidante que podría tener sobre los encargados de la decisión el saber que todo lo que expresen podría ser luego divulgado.

El Supremo federal rechazó este planteamiento y concluyó que como la intervención gubernamental en este caso no afectaba directamente el contenido del discurso universitario, la libertad académica institucional reconocida previamente no era aplicable. Distingue sus precedentes sobre libertad académica expresando que en aquellos se intentaba, de modo directo, controlar o dirigir el contenido de la expresión. Como consecuencia, no fue necesario enfrentar la interrogante de hasta qué punto la libertad académica institucional protegería a una universidad ante intentos indirectos de parte del gobierno de influenciar el contenido del discurso universitario (University of Pennsylvania v. E.E.O.C., 1990).

En Garcetti v. Ceballos, (2006), el Tribunal Supremo de los Estados Unidos América causó revuelo en la profesión jurídica al sostener que cuando los empleados públicos hacen declaraciones contra el interés de su patrono, en cumplimiento de sus deberes oficiales, no tienen la protección de la Primera Enmienda. Podría significar que, si los profesores están hablando en nombre de la universidad pública, deben representar las opiniones de éstas. Su discurso debe estar circunscrito a lo que se establece en el currículo para el cual han sido contratados. De esa manera la universidad podría controlar la expresión del profesor (Griffin, 2011; Levinson, 2011; Olivas, 2011). Este caso produjo unas expresiones emitidas por uno de los jueces que había sido profesor universitario, en la que presentó su preocupación en cuanto a los efectos de esta decisión en torno a la libertada académica. Se estima que no será hasta que llegue un caso al Tribunal Supremo relacionado con estos temas que surgirá una solución más clara. A esos efectos algunos autores han manifestado que el Tribunal Supremo debe establecer una clara excepción a la doctrina de libertad de expresión de los empleados públicos articulada en (Garcetti v. Ceballos, 2006) para permitir que el discurso académico prospere en su forma más completa. Ello abriría espacio para que un profesor universitario del Estado tenga garantizado el derecho a hablar libremente y sin consecuencias (Tran, 2012; Nugent y Flood, 2014; Strasser, 2017). La doctrina de Garcetti v. Ceballos, (2006) ha sido incorporada en decisiones posteriores de los tribunales de primera instancia en Estados Unidos de América. En Savage v. Gee, (2012) un profesor fue elegido representante del personal para el Comité Ejecutivo de Facultad y Personal. Se propuso la idea de designar un libro que leerían todos los estudiantes de primer año. Savage se describía a sí mismo como un cuáquero conservador. Le preocupaba que todos los libros sugeridos por los miembros del comité fueran libros con ideales liberales opuestos a los suyos. Savage originalmente sugirió Freakonomics, tratando de elegir un libro que fuera neutral ideológica, política o religiosamente. Un miembro del comité comentó que sentían que la universidad podía permitirse polarizar en ciertos temas. Por lo tanto, Savage recomendó cuatro libros más. En su segunda lista de recomendaciones, Savage propuso el libro The Marketing of Evil que contenía un capítulo que explica que la homosexualidad es un comportamiento humano aberrante que solo ha ganado aceptación en la sociedad debido a un intento de ser políticamente correcto. Uno de los miembros del comité era homosexual, por lo que esta sugerencia no fue aceptada. El libro se caracterizó por ser intolerante y homofóbico por naturaleza. La situación se tornó tan difícil que provocó la renuncia de Savage. Este acudió al tribunal donde alegó que se le violó su derecho a la libertad de cátedra. El Tribunal de Distrito federal encontró que la recomendación del libro que Savage hizo fue en su capacidad de empleado y relacionada con el trabajo, por lo tanto, no estaba protegido bajo la Primera Enmienda, a tono con la nueva doctrina de Garcetti v. Ceballos, (2006). Además, las situaciones que involucran el currículo y la programación generalmente no se consideran asuntos de interés público.

El Tribunal Supremo de Puerto Rico, por su parte, considera que las universidades, bien sean las privadas o las del Estado, cumplan su función social de ser foro de discusión enérgica de ideas mediante la investigación, el estudio y la crítica social, se les debe asegurar una relativa libertad en el examen de ideas. En este caso la institución merece el mismo respeto y deferencia que se le ha reconocido a los profesores y estudiantes (Consejo de Educación Superior v. U.I.A., 1987).

En el citado caso de Consejo de Educación Superior v. Roselló González, (1994), el Tribunal Supremo de Puerto Rico también indicó que la libertad académica institucional comprende no sólo la enseñanza, investigación y publicación de trabajos, sino los aspectos de selección de personal docente y estudiantes, así como otras actividades administrativas y académicas que deban ser protegidas para evitar que el Estado manipule políticamente los procesos académicos universitarios. Sostuvo, además, que al resolver un reclamo al amparo de la libertad académica individual o institucional, se deberá tomar en cuenta cuál es la función universitaria, qué la hace única, qué la distingue de las que llevan a cabo otras instituciones y cuál es el beneficio de esta función para la sociedad. También se deberá distinguir cuidadosamente entre los varios contextos en que pueden surgir problemas de libertad académica constitucional: reclamos de profesores contra colegas, administradores o síndicos; reclamos de profesores o funcionarios universitarios análogos contra el Estado y finalmente de la universidad contra el Estado. Será además importante, al resolver estas controversias, considerar la naturaleza pública o privada de la institución universitaria (Consejo de Educación Superior v. U.I.A., 1987).

El Estado no puede intervenir con las decisiones puramente académicas que tome la Universidad relacionadas con sus cuatro libertades fundamentales: el decidir quién enseñará u ocupará cargos docentes relacionados a investigación, qué se enseñará, cómo se enseñará y quién será admitido a estudiar. La libertad académica institucional protege a la universidad contra intervención por el Estado en esos asuntos académicos medulares e impide que la reglamentación estatal prive a la universidad de control directo sobre su destino académico (Consejo de Educación Superior v. U.I.A., 1987).

El Tribunal Supremo de Puerto Rico ha indicado que la libertad académica institucional no tiene un ámbito ilimitado. La principal función y característica que hace única a las universidades es la investigación desinteresada. Existen también otras funciones y valores únicos a las universidades, constitutivos del fundamento de la libertad académica institucional, todos en cierta medida relacionados al principal. La libertad académica institucional no impide reglamentación que incidentalmente afecte los derechos protegidos o que establezca unos requisitos mínimos de calidad en la enseñanza universitaria (Consejo de Educación Superior v. U.I.A., 1987).

Capítulo V
Derechos y Obligaciones de los Estudiantes

§1. Introducción

Los estudiantes constituyen el corazón de cualquier sistema educativo, su desarrollo -en todas sus manifestaciones- es el objetivo principal de su formación. El Estado, en cumplimiento con las normas locales e internacionales, es responsable de proveer servicios educativos a toda la población, especialmente a los qué están en la primera etapa de su formación. Por esa razón, desde hace muchos años se concibe la asistencia a la escuela como una responsabilidad ineludible que se impone a los padres, madres o encargados.

Se ha dicho que la educación obligatoria es un logro de las sociedades democráticas, porque protege los derechos de la infancia, favorece su desarrollo y prepara para la incorporación en la adultez a la dinámica social de los ciudadanos. La obligatoriedad no significa solo conformarse con abrir la escuela a todas los educandos, sino obligarse a hacer reales las oportunidades que promete ese derecho; su disfrute en condiciones de igualdad, el respeto a las diferencias no discriminatorias y su capacidad para la distribución de la cultura (Rebollo Espinosa, 2006). También significa que el Estado viene obligado a promover que los estudiantes estén en un ambiente que les permita lograr esas aspiraciones, donde se les respeten sus derechos y se les permita desarrollar las habilidades de convivencia tan necesarias para el desempeño como futuros ciudadanos productivos (Strouhal, 2020).

Ello es así, porque la educación en una sociedad democrática requiere que el educando puedan aprender a adaptarse a los tiempos cambiantes, para que luego en la adultez, puedan tomar decisiones en torno a cuestiones sociales y juzgar efectivamente el desempeño de los funcionarios públicos. Oropeza y Estepa Jiménez, (2012) han indicado que referirse a la democracia, actualmente, es un tema que plantea aspectos de vital importancia en muchos países del mundo. Un punto central sobre el que se discute, se puede estar de acuerdo o en oposición, generalmente, la democracia, se refiere a los asuntos del gobierno o, inclusive, se le concibe como las cuestiones electorales. Se habla de los beneficios que trae la democracia a los países en donde se practica, de los inconvenientes o los problemas de su aplicación. También se discute su relación con la pobreza, con la justicia, con la igualdad y con los derechos humanos para citar algunos puntos clave. Sin embargo, se encuentran menos referencias acerca de cómo educar a la ciudadanía para que reconozca sus derechos. Tampoco hay mucha información en torno a cómo se concibe la escuela de un país democrático.

Otros autores afirman que la democracia no se debe definir únicamente como el gobierno de la mayoría, su definición conlleva exigencias complejas, que incluyen el voto, el respeto a los resultados electorales. También implica la garantía de los derechos civiles, como la libertad de expresión, de distribución de información, de asociación y crítica. Para poder poner en práctica los derechos políticos, tales como el voto, la crítica o la protesta -necesarios en toda sociedad que se precie de ser democrática y respetuosa con los derechos de los ciudadanos- se debe ampliar el concepto de democracia más allá de los temas electorales. La democracia la concebimos como un valor universal, a pesar de todos los detractores que actualmente tiene, aunque no se haya llevado a la práctica universalmente, ni haya sido aceptada uniformemente, es una opción de gobierno que amplía sus fronteras en muchas culturas (Sen, 1999, citado en Oropeza y Estepa Jiménez, 2012).

Al cumplir con sus responsabilidades, las escuelas no solo deben proporcionar conocimiento de las materias y habilidades esenciales para el campo laboral, sino que también deben educar a los estudiantes en torno a los valores fundamentales de la sociedad como la equidad, la igualdad, la justicia, el respeto a los demás y el derecho a vivir en paz. Las personas deben ser formadas conscientes de sus derechos y deberes y capacitadas para ejercerlos. Los ciudadanos, como partícipes activos de la voluntad general que rige el destino de la sociedad, deben ser educados para que las personas sean libres en una sociedad plural (Jeffrey y Sargrad, 2019). Ciudadanía no es otra cosa que la integración de las personas, con participación real y efectiva en las decisiones, creación y disfrute de bienes, arte, normas y pautas de convivencia del colectivo que se considera ciudadano de un espacio y un tiempo concreto. El temor, la ignorancia, el fanatismo y la marginación, en todas sus facetas, deben ser contrarrestados mediante el cultivo de valores como la libertad de con¬ciencia y la autonomía moral de las personas, el conocimiento, la racionalidad científica y la igualdad como antídoto frente a las discriminaciones de cualquier tipo (Díez Bedmar, 2012).

Los cambios sociales, políticos y tecnológicos que suceden a diario en la sociedad han aumentado los reclamos de padres y estudiantes en torno a qué y cómo deberían enseñar las escuelas. En palabras de Delval (2013), hoy podemos percibir que existe una contradicción entre el tipo de educación que se proporciona en las escuelas y el modelo de sociedad al que formalmente se aspira. Las escuelas no son instituciones que hayan nacido en sociedades democráticas, que tengan en su origen una vocación democrática, y lo que tendríamos que conseguir es constituir escuelas que sean democráticas, que preparen a los individuos para funcionar en una sociedad democrática como auténticos ciudadanos, y no como súbditos. Además, debemos preparar a nuestros alumnos para desenvolverse en una sociedad que cambia muy rápidamente.

Por eso se expone de que la escuela más que transmitir unos conocimientos bien establecidos, tiene que enseñar a aprender y a adaptarse a situaciones cambiantes. Los educadores con frecuencia enfrentan la tarea de equilibrar las necesidades educativas de unos estudiantes que pertenecen a una generación que exige que se les escuche y que se les den oportunidades de manifestarse en diversos órdenes. Los maestros y demás personas a cargo del ambiente escolar están obligados a desarrollar medios para que los estudiantes sean atendidos de acuerdo con sus intereses particulares en un entorno de colaboración (Jeffrey y Sargrad, 2019).

Si el sistema escolar no se detiene a atender esta situación puede provocar episodios de impulsividad e inatención por parte de los estudiantes, lo que a su vez provoca problemas de conducta. El autocontrol ayuda a los estudiantes a afrontar los desafíos que le impone el proceso educativo para el logro de sus metas (Caspi et al., 2016; Moffitt et al., 2011; Moffitt et al., 2013; como se citaron en Li, Bi y Willems, 2021). Se ha encontrado que tanto la impulsividad, como la inatención reflejan un problema de control de estímulos. La disciplina escolar está significativamente asociada con el autocontrol que tiene el estudiante desde el preescolar hasta la escuela superior. Aunque investigaciones sugieren que la relación entre la disciplina escolar y el autocontrol es más fuerte para los estudiantes mayores (Li, Bi y Willems, 2021).

La atención se entiende como una baja relación entre un estímulo y la conducta esperada del individuo, mientras la impulsividad se entiende, por un lado, como una incapacidad para demorar reforzadores o baja tolerancia a la frustración y/o poca resistencia a la tentación y, por otro, como una falta de consideración de las condiciones estimulares presentes o precipitación e incapacidad de previsión de consecuencias. Este tipo de impulsividad, conocida hoy en día como un trastorno del bajo control, es la más evidente en algunos trastornos de conducta graves (Servera Barceló y Galván Pascual, 2001).

Ese mismo cuerpo estudiantil no atendido adecuadamente se comporta de una manera que reta y muy diferente, lo que requiere que los maestros y administradores desarrollen estrategias idóneas y creativas para atender sus necesidades. En aquellas ocasiones en que las autoridades escolares no han podido desarrollar métodos o estrategias para solucionar las diferencias en el ámbito escolar, los tribunales de justicia, que, aunque prefieren abstenerse de entrar en controversias del ámbito de la administración escolar, han tenido que acudir en auxilio para establecer normas que sean de aplicación general. Esas normas han dado origen a manuales, reglamentos o códigos de conducta de los estudiantes en las instituciones educativas. En este capítulo se discuten algunas de las normas jurídicas que se han desarrollado a través de los tribunales y que han servido a las escuelas para garantizar el debido proceso de ley en los casos de sanciones, suspensiones o expulsiones de la escuela por violaciones a las normas de conducta, así como las garantías de los derechos a la libertad de expresión y asociación, entre otras.

§2. Derechos relacionados con la disciplina

Sanciones

Los derechos y responsabilidades de los estudiantes se establecen en leyes, reglamentos, manuales o códigos de conducta de cada escuela. Las sanciones son mecanismos administrativos usados para manejar una conducta inaceptable e inducir al cumplimiento de las leyes, reglamentos y normas escolares. Aquellos estudiantes que violentan las disposiciones jurídicas de su escuela, están sujetos a medidas disciplinarias que varían de acuerdo con las circunstancias de cada caso. El Artículo 9.03 de Ley de Reforma Educativa de Puerto, Rico, Núm. 85 de 29 de marzo de 2018, [Ley 85 (2018)] establece las medidas y sanciones disciplinarias que se consideran en las escuelas públicas de Puerto Rico. Dispone que las medidas disciplinarias tomadas por el personal administrativo de la escuela deben encaminarse a lograr un cambio positivo en el comportamiento de los estudiantes de forma que redunde en un ambiente escolar seguro y óptimo para el aprendizaje, como también en una mejoría del desempeño académico del estudiante. El proceso disciplinario debe ser preventivo, gradual, justo y razonable, con el fin de rehabilitar y reeducar, respetando los derechos de toda la comunidad escolar.

Comúnmente al estudiante que viola alguna regla o norma de conducta se le niega un privilegio o se le impide obtener algo que hubiera logrado de no haber actuado incorrectamente. Por ejemplo, los maestros pueden retenerlos después de la escuela, impedirle que participen en actividades extracurriculares, instarle a disculparse, asignarles tareas especiales, etc. Aunque las sanciones son muy utilizadas, son pocos los casos que se han presentado en los tribunales. Estos casos usualmente terminan en victorias para los estudiantes reclamantes, porque se entiende que un estudiante es acreedor a aquello que se ha ganado con su esfuerzo.

En el caso de Valentine v. Ind. Sc. D., (1921) tres jóvenes se negaron a usar las togas de la escuela por el mal olor que expelían. Las autoridades escolares no les permitieron participar en los ejercicios de graduación y se les retuvo el diploma. Los estudiantes acudieron al tribunal y este determinó que estuvo bien que se les impidiera participar en los ejercicios de graduación. Pero, que no se les podía retener el diploma, ya que habían cumplido con todos los requisitos de graduación. Sostuvo que la escuela pública no tiene poder para retener el diploma de un estudiante simplemente porque no usara la tradicional toga y que el uso de una toga y birrete en la noche de graduación no tiene relación alguna con los valores educativos, la disciplina y las calificaciones escolares de los estudiantes. Otro estudiante fue suspendido por diez días cuando le faltaban pocas semanas de clase. Nunca regresó, pero al próximo año se matriculó en duodécimo y lo terminó sin problemas. Cuando solicitó la graduación las autoridades escolares le informaron que no se graduaba porque no terminó el grado once. Acudió al tribunal y este le dio la razón porque consideró irrazonable que después de que el estudiante cumplió con todos los requisitos no se le otorgara el diploma (State ex Rel. Sageser v. Ledbetter, 559 S.W.2d 230, 1978).

En otro caso Ladson v. Bd. of Ed., (1971) una estudiante agredió a la principal en medio de un altercado. Al terminar los estudios, las autoridades escolares le notificaron que no podía participar en los ejercicios de graduación. La estudiante solicitó la intervención del tribunal. El tribunal, en su análisis, vio el castigo como algo no relacionado con la ofensa y no apto para lograr los resultados a que aspira el sistema educativo. El juez ponente del caso se expresó en términos de que el castigo y la disciplina deben responder a los objetivos educativos a los que se dedica el sistema escolar. Los tribunales están dedicados no solo a la administración de las leyes, sino a la búsqueda de justicia, y los dos ideales deben caminar juntos. En este caso la justicia favorecía la asistencia de la joven a la graduación. Se trataba de una estudiante dedicada, que había perseverado durante toda su estadía en la escuela y había completado su último año bajo adversidades, a pesar de que parte de esas adversidades eran de su propia responsabilidad. Ya había sido aceptada en la universidad. Su ceremonia de graduación era importante y significativa para ella y para su familia, que nunca uno de sus miembros se había graduado de escuela superior. En su récord no aparecía prueba de que hubiera estado involucrada en otro incidente que no fuera el que provocó la decisión de las autoridades. De acuerdo con el tribunal, sería una distorsión del proceso educativo arrebatarle a una joven el disfrute de su éxito educativo, por lo que no se trataba de un castigo razonable destinado a fomentar los mejores resultados educativos.

Suspensión o expulsión de la escuela

De acuerdo con Black, (2016a), las escuelas públicas de Estados Unidos suspenden a millones de estudiantes cada año, pero solo el cinco por ciento de las suspensiones son por indisciplina de naturaleza grave. Los líderes escolares sostienen que estas suspensiones aseguran un ambiente educativo ordenado. La ciencia social demuestra lo contrario (Kafka, 2011, citado en Black, 2016a). A este respecto, Black (2016a) ha sostenido que la calidad de la educación que brinda una escuela está estrechamente relacionada con sus políticas disciplinarias. No obstante, si se trata de ofensas más serias, los estudiantes pueden ser suspendidos o expulsados. Los manuales, reglamentos o códigos de conducta de cada escuela tienen diferentes reglas en torno a cuándo se justifican tales acciones. Los motivos típicos incluyen traer un arma a la escuela, usar o traer drogas a la escuela, acosar a otros estudiantes, pelear o dañar la propiedad. Los tribunales han reconocido amplia discreción a las autoridades escolares para la aprobación de reglas cuya violación puede conllevar la expulsión, especialmente, cuando se trata de violaciones serias. No toda conducta tiene que estar escrita en los códigos de estudiantes para que pueda ser castigada. Pero, el estudiante tiene derecho a saber qué áreas son cuestionables y pueden llevar a la expulsión.

Lo que deben tener presente las autoridades es que antes de que suspendan, deben notificarle el motivo de la suspensión, explicarle la evidencia que tienen en su contra y darle la oportunidad de defenderse o impugnar la suspensión. La única excepción es que puede suspender de inmediato si el estudiante representa un peligro para otros compañeros de clase, pero debe concederse de ser oído lo antes posible. Los derechos constitucionales de los estudiantes impiden que las escuelas públicas discriminen contra ningún estudiante (Black, 2016a). En el caso de estudiantes con diversidad funcional, las autoridades deben determinar si el comportamiento fue causado por la condición, en cuyo caso tiene que aplicarle unas normas específicas establecidas en la legislación de educación especial.

De acuerdo con Losen, (2015), en 2014, ante la realidad de que las suspensiones y expulsiones estaban resultando muy poco adecuadas para atender los índices de indisciplina escolar, en Estados Unidos de América el Gobierno Federal intentó promover estrategias destinadas a reducir las tasas excesivas de exclusión escolar, así como las disparidades en las tasas de disciplina estudiantil. A esos efectos, proporcionó información para apoyar a las escuelas en sus esfuerzos por alejarse de las políticas ineficaces, como los enfoques de tolerancia cero que excluían a los estudiantes de la escuela y reemplazarlos con prácticas basadas en investigaciones que los mantuvieran seguros y mejoraran sus resultados educativos (Cardichon y Darling-Hammond, 2019).

La práctica de suspender regularmente a los estudiantes les afecta negativamente. En igualdad de condiciones, aquellas escuelas que manejan el comportamiento de los estudiantes a través de medios distintos a la suspensión producen rendimiento escolar mayor (Maynard y Weinstein, 2019). Varios Estados adoptaron estos enfoques menos punitivos para crear entornos de aprendizaje más inclusivos. California decidió establecer apoyos socioemocionales para los estudiantes, así como prácticas de justicia restaurativa centradas en promover respeto, asumir responsabilidad y fortalecer las relaciones interpersonales. Michigan creó una estrategia con el fin de desarrollar una política modelo que reemplazara las suspensiones y expulsiones con enfoques alternativos. Igual hicieron en Ohio y Colorado, donde la aprobación de la legislación estatal redujo el uso de prácticas disciplinarias excluyentes. Por ejemplo, en 2018, Ohio aprobó una ley que prohibía las suspensiones a menores de P-k a 3er grado, requería capacitación específica, memorandos de entendimiento para las autoridades escolares, y proporcionaba fondos para implantar intervenciones y apoyos al comportamiento positivo. Colorado, por su parte, aprobó una serie de leyes y adoptó políticas para reducir el uso de prácticas disciplinarias excluyentes y reemplazarlas con enfoques de justicia restaurativa, incluyendo asignación de fondos adicionales para esos esfuerzos (Cardichon y Darling-Hammond, 2019). Los críticos argumentaron que al restringir el uso de suspensiones por parte de los funcionarios escolares estaba resultando en riesgos para la seguridad de los estudiantes, lo que provocó que, en diciembre de 2018, el Departamento de Educación y el Departamento de Justicia rescindieron las directrices de 2014. (Cardichon y Darling-Hammond, 2019).

La deferencia que los tribunales deben a las decisiones de las escuelas ha provocado que en las controversias con los estudiantes que cometen actos de indisciplina, la mayoría de los casos salgan favorecidas las autoridades escolares. No obstante, esta propensión no es una excusa para que los tribunales se abstengan del análisis por completo en todas las instancias y encuentren que algunas políticas y procesos para efectuar los castigos son tan irracionales que no se pueden defender. Hay ciertos principios relacionados con la doctrina básica del debido proceso que las escuelas no pueden obviar al imponer un castigo legítimo sin tenerlos en consideración. Las políticas de tolerancia cero y disciplina severa violan rutinariamente los derechos constitucionales de los estudiantes si no se atienden adecuadamente (Black, 2016a).

El debido proceso impide que el Estado clasifique y castigue estudiantes significativamente diferentes sin distinguir la gravedad de las acciones de unos y otros. Por ejemplo, ante una política que prohíbe traer drogas a la escuela, un estudiante puede entrar con una pastilla de acetaminofén para el dolor de cabeza en el bolsillo, y no se puede categorizar como alguien que está traficando con drogas. Una escuela puede tener una base racional para imponer algún castigo a esos estudiantes, pero no tiene una base racional para expulsarlos y tratarlos como si fueran delincuentes. El debido proceso sustantivo requiere que estos estudiantes castigados compartan algunas características significativas y relevantes, no solo que compartan algunas características identificables (Black, 2016a).

De acuerdo con el debido proceso, el estado no puede castigar severamente a los estudiantes que se involucran en comportamientos inocuos o cometen errores de buena fe. El objetivo mismo del debido proceso es separar al culpable del inocente mediante el uso de reglas justa y razonables.

Las reglas y reglamentos que no toman en consideración esta distinción violan esta disposición constitucional. En esas circunstancias, por más audiencias y oportunidades de ser oído que se le ofrezcan al estudiante, no se va a poder remediar el daño recibido por este (Black, 2016a).

Las reseñas de casos que siguen ilustran cómo los distintos tribunales de justicia en Estados Unidos de América han considerado la conducta estudiantil en situaciones de suspensiones y expulsiones. En Mitchell v. King, (1975), la escuela expulsó a una estudiante por su presunta participación en un ataque de pandillas contra otro estudiante. Le imputaron haber violado una regla que decía: "La Junta de Educación de cualquier ciudad puede expulsar de la escuela a cualquier alumno, independientemente de su edad que, después de una audiencia completa, sea declarado culpable de conducta contraria a los mejores intereses de la escuela". Anna Mitchell recurrió al Tribunal y éste revocó a la Junta al sostener que esa regla era vaga, y no podía hacerse cumplir. De acuerdo con lo resuelto por el Tribunal, para que un estatuto, regla o reglamento se sostenga constitucionalmente, es necesario que declare una política legislativa, establezca estándares primarios para llevarla a cabo, o establezca un principio inteligible al que el oficial u organismo administrativo que la va a implantar deba ajustarse. Un estatuto que prohíbe o requiere una conducta en términos tan vagos que las personas de inteligencia común necesariamente deben adivinar su significado y pueden diferir en cuanto a su aplicación viola lo esencial del debido proceso. Las leyes y otras normas jurídicas deben dar a una persona de inteligencia ordinaria una oportunidad razonable de saber lo que está prohibido y evitar la aplicación arbitraria y discriminatoria. Un principio básico del debido proceso dispone que una ley contiene vaguedad si sus prohibiciones no están claramente definidas. Un estatuto vago puede inhibir el ejercicio de libertades protegidas constitucionalmente (Mitchell v. King, 1975).

En otro caso se le impuso una suspensión de 30 días a un estudiante por violar unas reglas que decían: "falta de respeto fragrante hacia los maestros ", "merodear en áreas de mucho tráfico" y "hacer ruido en las áreas de mucho tráfico". El estudiante acudió al tribunal donde esgrimió el argumento de vaguedad de la norma de conducta que le habían aplicado. De acuerdo con el tribunal el objetivo principal de las escuelas es la educación de los estudiantes. Para tener éxito en esta función, a veces es necesario que las autoridades escolares regulen formalmente su conducta. Si un patrón particular de conducta interrumpe el proceso educativo, una regla estricta para controlarla no está reñida con la constitución. Conductas como "falta de respeto fragrante hacia los maestros", "merodear en áreas de mucho tráfico" y "hacer ruido en las áreas de mucho tráfico" claramente interrumpen el proceso educativo. Esas reglas iban dirigidas a propiciar patrones de comportamiento que las autoridades escolares podían proscribir legítimamente a la luz de los estándares constitucionales mínimos de especificidad, por lo que las reclamaciones de vaguedad y amplitud excesivas no tenían aplicación al caso. De acuerdo con el tribunal, esa norma era lo suficientemente explícita para saber qué era lo que estaba prohibido (Alex v. Allen, 1976).

El caso de Dixon v. Alabama, (1961), se desarrolló en el ambiente universitario, pero sentó las bases para unos derechos que luego se extendieron a todas las escuelas. Un grupo de estudiantes de Alabama State College fue expulsado por aparentemente, haber participado en unas reclamaciones de derechos civiles en Montgomery. La expulsión se produjo sin previo aviso, notificación de cargos, oportunidad de comparecer ante la administración del colegio o cualquier otra audiencia, oportunidad de ofrecer testimonio en su defensa. Tampoco se les permitió, contrainterrogar testigos, apelación u otra oportunidad para defender el derecho de no ser expulsados arbitrariamente del Colegio. Los estudiantes reclamaron ante el Tribunal y este sostuvo sus alegaciones. Determinó que cuando las actuaciones del Gobierno, en este caso los administradores de Alabama State College puedan afectar los derechos de una persona, la Constitución exige que sea conforme al debido proceso de ley. La orden de expulsión de los estudiantes, emitida por las autoridades universitarias que funcionaban bajo los estatutos, leyes y reglamentos del Estado de Alabama, los privó de los derechos protegidos por la cláusula del debido proceso de la Decimocuarta Enmienda a la Constitución de los Estados Unidos. Los requisitos mínimos del debido proceso de ley dependen de las circunstancias. El Tribunal indicó que el debido proceso requiere notificación y alguna oportunidad de audiencia antes de que un estudiante sea expulsado por mala conducta y estableció que la notificación debe contener una declaración de los cargos específicos y los motivos que, si se prueban, justificarían la expulsión bajo los reglamentos de la institución educativa pública. La naturaleza de la audiencia puede variar según las circunstancias del caso. Un cargo por indisciplina, en oposición al incumplimiento con los estándares académicos de la universidad, por su naturaleza depende del análisis de hechos relacionados con la conducta imputada, a base de manifestaciones de testigos con conocimiento personal. En tales circunstancias, una audiencia que brinde a las autoridades administrativas de la universidad la oportunidad de escuchar a ambas partes con considerable detalle podría ser la más adecuada para proteger los derechos de todos los estudiantes involucrados. Esto no implica que se requiera una audiencia judicial completa, que podría ser perjudicial a la atmósfera educativa por la publicidad e interrupción de las actividades de la universidad. En el caso actual, el estudiante debe recibir los nombres de los testigos en su contra y un informe oral o escrito en torno a los hechos de los que cada testigo manifiesta. También se le debe dar la oportunidad de presentar a la Junta, o al menos a un funcionario administrativo de la universidad, su propia versión contra los cargos y presentar un testimonio oral o declaraciones juradas escritas de testigos a su favor. Si la audiencia no es directamente ante la Junta, los resultados y conclusiones deben presentarse en un informe que esté abierto a la inspección del estudiante. Si se siguen estos elementos rudimentarios del juego limpio en un caso de mala conducta de este tipo en particular, creemos que se habrán cumplido los requisitos del debido proceso legal (Dixon v. Alabama, 1961).

La aplicabilidad de estos requisitos a las escuelas elementales y secundarias tomó varios años hasta que el Tribunal Supremo de Estados Unidos de América resolvió el caso de Goss v. López, (1975). En dicho caso la ley de Ohio ofrecía educación gratuita a todos los niños entre las edades de seis y 21. La misma ley facultaba al director de escuela pública a suspender o expulsar a un alumno por mala conducta por hasta 10 días. En el caso de un alumno expulsado, se debía notificar a los padres del estudiante dentro de las 24 horas y exponer los motivos de su acción. A sus padres se les permitiría ser escuchados en una audiencia ante la Junta de Educación. La Junta podía reincorporar al alumno. No se proporcionaba un proceso similar para un estudiante suspendido.

Nueve estudiantes alegaron que habían sido suspendidos de la escuela pública en Columbus por hasta 10 días sin una audiencia y presentaron una acción contra la Junta de

Educación de Columbus y varios administradores del CPSS. La queja buscaba una declaración a los efectos de que esa disposición de la ley de Ohio era inconstitucional, ya que permitía a los administradores de escuelas públicas privar a los demandantes de sus derechos a una educación sin una audiencia de ningún tipo, en violación del componente procesal del debido proceso de la Decimocuarta Enmienda. Los estudiantes argumentaron que el estatuto y el procedimiento disciplinario de la escuela les privaron tanto de la propiedad (su derecho a la educación) como de la libertad (su reputación como se refleja en los récords escolares) sin el debido proceso de ley, ya que a los administradores escolares se les permitió actuar sin ningún tipo de tipo de audiencia antes de suspenderlos. El Tribunal de Distrito determinó que cada una de las suspensiones ocurrió sin una audiencia, antes o después de la suspensión, que cada suspensión era por lo tanto inválida y que la ley de Ohio era inconstitucional en la medida en que permitía tales suspensiones sin aviso o audiencia (Swem, 2017).

El caso llegó al Supremo Tribunal de Estados Unidos de América, quien sostuvo al Tribunal de Distrito al resolver que en ese tipo de suspensiones se le debe garantizar el debido proceso de ley a los estudiantes. Las normas que han quedado vigentes luego de los casos son notificación de cargos, que puede ser oral, pero se prefiere escrita; vista, conducida informalmente, para que el estudiante tenga la oportunidad de presentar sus argumentos, con por menos cinco días de antelación; asistencia de abogado; oportunidad de examinar prueba en su contra, impugnar al examinador, y refutar testimonio de testigos; confrontar y contrainterrogar testigos; privilegio contra la autoincriminación; transcripción de los procedimientos; y derecho a apelar. El Tribunal Supremo indicó que, aunque constituyen intrusión en los derechos de los estudiantes, las suspensiones de más de diez días se deben tratar de forma diferente a las de menos días. Las suspensiones de más de diez días o permanentes deben recibir la mayor parte de las garantías procesales disponibles por el debido proceso para garantizarles decisiones basadas en justicia sustancial. Las suspensiones breves son innumerables, por lo que imponer en cada uno de estos casos, los procedimientos que requiere una vista completa y formal de debido proceso tendrían el efecto de abrumar la administración de las escuelas. Además, formalizar aún más el proceso de suspensión y aumentar su formalidad y naturaleza adversativa no solo podría hacerlo demasiado costoso como herramienta disciplinaria regular, sino también destruir su efectividad como parte del proceso de enseñanza (Swem, 2017). Lo importante en estos casos es que el administrador de la disciplina le ofrezca la oportunidad al estudiante de conocer cuáles son las reclamaciones en su contra y que pueda refutarlas, independiente de lo corta que sea la suspensión.

El caso de Goss v. López, (1975), ha traído una serie de reclamos relacionados con la disciplina que han seguido esencialmente sus postulados. Por ejemplo, en Engele v. Independent School Dist., (1994), en Minnesota, Daniel Engele, un estudiante de ascendencia coreana estuvo siendo acosado por sus compañeros de clase por cierto tiempo y lo notificó a las autoridades escolares en varias ocasiones. Hizo amistad con uno de sus acosadores y se les vio compartiendo. Ese compañero falleció en un accidente de automóvil. Los compañeros de clase recibieron los servicios sicológicos requeridos en ese tipo suceso. En un momento dado un compañero hizo una broma que le causó risa a Engele. Los demás estudiantes pensaron que se estaba riendo y que estaba alegre por la muerte del compañero. Lo amenazaron de que pagaría por ello. Engele le comunicó a un Pastor que tenía miedo porque esos estudiantes llevaban cuchillos y armas a la escuela y que prefería irse a su casa. El Pastor se reunió con el director de la escuela y llegaron a la conclusión de que lo mejor era que Engele terminara las dos semanas de clases que le faltaban en su casa. Lo discutieron con el abuelo de Engele y acordaron que se le enviarían las tareas y asignaciones a su casa.

El padre de Engele reclamó que a su hijo se le excluyó de la escuela sin cumplir con los requisitos del debido proceso establecido en Goss v. López. El demandante afirmó que los que deberían haber sido excluidos eran los compañeros de clase que amenazaron a Engele, en lugar de excluirlo a él. El tribunal indicó que se les brinda gran deferencia a los administradores escolares en asuntos como el mantenimiento del orden y la disciplina. El objetivo de los administradores de proteger a Engele era legítimo. Engele solicitó terminar el resto del año escolar en casa y los administradores, después de considerar varias opciones, decidieron que excluirlo temporalmente de la escuela era la mejor manera de garantizar su seguridad. La decisión de excluir a Engele de la escuela y proporcionar educación en el hogar estaba racionalmente relacionada con ese interés y había sido discutida con él y su abuelo. El tribunal resolvió que, si bien es cierto que el estudiante no podía ser excluido de los últimos 10 días de escuela por su seguridad personal sin tener una protección mínima del debido proceso, lo cierto es que la participación del Pastor, del abuelo y la suya propia cumplió con los requisitos (Swem, 2017). Por lo tanto, el tribunal concluyó que el padre de Engele no demostró que la administración escolar violara el derecho al debido proceso de su hijo.

En relación con las suspensiones a corto plazo, se ha recomendado que las políticas y el lenguaje de los reglamentos y manuales de los estudiantes deben incluir una serie de estándares antes de tomar la decisión de suspender a un estudiante por 10 días escolares o menos. Un administrador (1) proporcionará al estudiante notificación verbal de la violación que se sospecha ha cometido y (2) brindará oportunidad informal para explicar la situación. Un administrador no debe suspender a un estudiante en una situación de emergencia, a menos que, después de notificarle y darle la oportunidad de explicar, el administrador esté razonablemente seguro de que este violó el código de conducta y que la suspensión es la consecuencia apropiada de sus actos (Swem, 2017).

Jurisprudencia

33. **Dixon v. Alabama,** 294 F.2d 150 (5th Cir.) cert. denied, 368 U.S. 930 (1961)

[Resumen]

[Este caso ilustra cómo opera el debido proceso de ley en relación con la conducta de los estudiantes.]

RIVES, Circuit Judge.

Alabama State College (ahora Alabama State University) ubicada en el condado de Montgomery, era una institución históricamente negra fundada en 1867.

El 25 de febrero de 1960, 35 estudiantes realizaron una protesta sentada [sit-in] en una cafetería segregada ubicada en el tribunal del condado de Montgomery. Protestaban por la política de servicio exclusivo para blancos en la cafetería. Consideraban una práctica particularmente irritante dada su ubicación en un edificio público que se suponía se dedicarse a impartir justicia. Los estudiantes llegaron poco antes del mediodía y se sentaron en nueve mesas. Pidieron servicio y se les negó. Se cerró la cafetería y se llamó a la policía. Los estudiantes se fueron de la cafetería y se pararon en el pasillo del tribunal. El Sheriff no intervino con ellos dado a que el palacio de justicia era propiedad pública, y podían permanecer en el pasillo siempre y cuando no bloquearan el acceso.

Aproximadamente una hora y media después de su llegada, los estudiantes dejaron el edificio. Ningún estudiante fue arrestado o citado por ningún delito.

El gobernador de Alabama, un demócrata y segregacionista acérrimo, llamó al presidente de la Universidad y exigió que se expulsara a cualquier estudiante involucrado en la protesta. El presidente no expulsó inmediatamente a los estudiantes.

El día después de la protesta, el 26 de febrero, los estudiantes organizaron otra demostración, esta vez para mostrar su apoyo a Harold Marco Stoutermire, que intentó registrarse para votar proporcionando intencionalmente información incorrecta. Los estudiantes se fueron después de que Stoutermire se declarara culpable. Luego marcharon dos millas de regreso al campus y celebraron una manifestación masiva a la que asistieron 500 estudiantes. Las protestas continuaron hasta el tercer día. El sábado 27 de febrero, alrededor de 300 estudiantes marcharon hacia una Iglesia Bautista y allí celebraron una reunión de cuatro horas. Durante esta reunión, el estudiante Bernard Lee emergió como uno de los líderes de las protestas estudiantiles. Después de la reunión, Lee envió una comunicación al gobernador Patterson en la que indicaba la cafetería segregada era un símbolo de injusticia y solicitó una reunión con él para que los representantes del cuerpo estudiantil tuvieran la oportunidad de discutir sus quejas. Patterson se negó a reunirse.

Más tarde, ese mismo día, grupos de hombres blancos (de 15 a 20) armados con bates de béisbol patrullaban el centro de Montgomery en las aceras y fuera de las tiendas. La situación se estaba volviendo peligrosa para cualquier afroamericano que caminara por el centro de Montgomery esa tarde. Se colocaron carteles de odio a la vista del público alrededor del área de Montgomery.

El 1 de marzo de 1960, unos 720 estudiantes marcharon al capitolio estatal para una manifestación pacífica en apoyo a la eliminación de la segregación. Fue la cuarta reunión pública desde la protesta sentada [sit-in] en la cafetería del Tribunal. El día después de la marcha hacia el capitolio, la Junta de Educación votó unánimemente para expulsar a nueve estudiantes y colocar a 20 en libertad condicional. Los nueve estudiantes expulsados fueron Bernard Lee, St. John Dixon,

James McFadden, Joseph Peterson, Edward English Jones, Leon Rice, Howard Shipman, Elroy Emory y Marzette Watts.

La junta ordenó a Trenholm que enviara cartas a los estudiantes notificando ellos de la decisión y que se basaba en la regulación estatal que disponía que un estudiante podía ser expulsado sumariamente por conducta perjudicial a la escuela y por conducta impropia de un estudiante o futuro maestro en Escuelas de Alabama, por insubordinación e insurrección, o por incitación

Los estudiantes no recibieron ni aviso, ni audiencia, ni otra oportunidad de ser escuchados. Unos meses después de la decisión de la junta, algunos de los estudiantes decidieron impugnar sus expulsiones sumarias en el tribunal. Sin embargo, el litigio no se centró sobre la ilegalidad de la segregación. El caso se enmarcó como una batalla por los derechos del debido proceso de los estudiantes y significativamente restó importancia a la segregación ordenada por el estado que los estudiantes estaban desafiando (Lee, 2014).

El 22 de agosto de 1960, el caso de los estudiantes fue litigado ante el juez Frank M. Johnson Jr. en el Tribunal de Distrito de los Estados Unidos para el Distrito Medio de Alabama.

Los estudiantes perdieron en el Tribunal de Distrito. El juez Johnson determinó que el debido proceso no era necesario aplicarlo siempre y cuando el despido no hubiera sido arbitrario. Hizo prevalecer la doctrina de in loco parentis. Entendió que las garantías constitucionales no se aplicaban a casos de disciplina estudiantil en las universidades estatales.

Los estudiantes apelaron al Quinto Circuito. Los jueces John Minor Wisdom, Richard Rives, y Benjamin Franklin Cameron escucharon la apelación. El Quinto Circuito revocó la decisión del Tribunal de Distrito.

Al tomar dicha determinación el Quinto Circuito reconoció por primera vez la importancia del derecho involucrado. La naturaleza precisa del interés privado involucrado en este caso de acuerdo con este tribunal era el derecho a permane-

cer en una institución pública de educación superior en la cual los estudiantes estaban matriculados. El tribunal indicó que no se requiere mucha argumentación para demostrar que la educación es vital y, de hecho, básica para sociedad civilizada. Sin la educación suficiente, los estudiantes demandantes no podrían ganarse la vida adecuadamente, disfrutar de la vida al máximo, o cumplir de la forma más completa posible con los deberes y responsabilidades de buenos ciudadanos.

El Quinto Circuito sostuvo que el debido proceso requiere notificación y alguna oportunidad de audiencia antes de que un estudiante en una universidad financiada con impuestos se expulsado por mala conducta. En el presente caso, dicho proceso requiere, como mínimo:

1. *Los estudiantes deben recibir un aviso que contenga una querella con los cargos y motivos específicos que, de probarse, justificarían su expulsión bajo las reglas de la Junta de Educación;*

2. *Los estudiantes deben recibir los nombres de los testigos contra ellos y un informe oral o escrito en torno a los hechos de los que cada testigo testificará;*

3. *Los estudiantes deben tener la oportunidad de presentarse ante la Junta, o al menos ante un funcionario administrativo de la universidad, y expresar su propia defensa contra los cargos, producir testimonio oral o declaraciones juradas escritas de testigos a su favor; y*

4. *Si la vista no es ante la Junta directamente, entonces los resultados y las conclusiones de la Junta deben presentarse en un informe que esté abierto a inspección por los estudiantes.*

Las autoridades estatales de Alabama apelaron la sentencia del Quinto Circuito al Tribunal Supremo de los Estados Unidos.

El Tribunal Supremo denegó la revisión del caso, por lo que prevaleció lo decidido por el Quinto Circuito.

34. **Goss v. López** 419 US 565 (1975)

[Resumen]

[Este caso ilustra la aplicación de debido procedimiento de ley en los casos de indisciplina de los estudiantes de escuelas primarias y secundarias.]

El Juez White emitió la opinión del Tribunal Supremo

Un grupo de estudiantes de escuelas públicas de Ohio fueron suspendidos por mala conducta por hasta 10 días. Presentaron una demanda de clase contra los administradores del Sistema de Escuelas Públicas (CPSS) de Columbus, Ohio alegando que habían sido suspendidos de la escuela secundaria pública en Columbus por hasta 10 días sin una vista.

La demanda buscaba una declaración de inconstitucionalidad de la Ley ya que permitía a los administradores de escuelas públicas privar a los estudiantes de sus derechos a una educación sin una vista de ningún tipo, en violación del componente procesal del debido proceso de ley de la Decimocuarta Enmienda.

Un Tribunal de Distrito declaró que a los demandantes se les violó el debido proceso de ley porque fueron suspendidos sin vista antes de la suspensión o dentro de un tiempo razonable a partir de entonces, y que la Ley de Ohio) y los reglamentos emitidos de conformidad con ellos eran inconstitucionales al permitir tales suspensiones. Se ordenó que todas las referencias a las suspensiones de los demandantes se eliminaran de los archivos escolares.

Los administradores escolares demandados apelaron la decisión del Tribunal de Distrito directo al Tribunal Supremo.

El Tribunal Supremo confirmó al Tribunal de Distrito por los siguientes fundamentos.

La Decimocuarta Enmienda prohíbe al Estado privar a cualquier persona de la vida, la libertad o la propiedad sin el debido proceso de ley. Los intereses protegidos en la propiedad normalmente no son creados por la Constitución. Más bien, son creados y sus dimensiones están definidas por una fuente independiente como los estatutos o normas estatales que dan derecho al ciudadano a ciertos beneficios.

En consecuencia, un empleado estatal que, de acuerdo con la ley estatal, o las normas promulgadas por los funcionarios estatales, tiene un reclamo legítimo de derecho a un empleo continuo en ausencia de causa suficiente para el despido, puede exigir la protección procesal del debido proceso.

Lo mismo pueden hacer los beneficiarios de asistencia social que tienen derecho a la asistencia social siempre que mantengan las calificaciones especificadas. En otros casos se han aplicado las protecciones de la Cláusula de debido proceso a las decisiones gubernamentales de revocar la libertad condicional, aunque una persona en libertad condicional no tiene derecho constitucional a ese estado

Aquí, sobre la base de la ley estatal, los apelados tenían reclamos legítimos de derecho a una educación pública. Las leyes de Ohio) ordenan a las autoridades locales que brinden educación gratuita a todos los residentes entre cinco y 21 años de edad, y una ley de asistencia obligatoria requiere asistencia durante un año escolar de no menos de 32 semanas. Es cierto que la Ley permite a los directores de escuelas suspender a los estudiantes por hasta 10 días; pero las suspensiones no pueden imponerse sin ningún motivo. Todas las escuelas tenían sus propias reglas que especificaban los motivos para la expulsión o suspensión. Habiendo optado por extender el derecho a la educación a las personas como los estudiantes demandantes en general, Ohio no puede retirar ese derecho por mala conducta, sin procedimientos fundamentalmente justos para determinar si la mala conducta ha ocurrido.

Aunque Ohio puede no estar constitucionalmente obligado a establecer y mantener un sistema escolar público, lo ha hecho y ha requerido que sus hijos asistan. Esos jóvenes no dejan sus derechos constitucionales en la puerta de la escuela. La Decimocuarta Enmienda, como se aplica ahora a los Estados, protege al ciudadano contra el Estado mismo y todas sus criaturas, las Juntas de Educación no están exceptuadas.

La autoridad que posee el Estado para prescribir y hacer cumplir las normas de conducta en sus escuelas, aunque es muy amplia, debe ejercerse de manera coherente con las garantías constitucionales. Entre otras cosas, el Estado está obligado a reconocer el derecho legítimo de un estudiante a una educación pública como un interés de propiedad que está protegido por la Cláusula de debido proceso y que no puede ser afectado por mala conducta sin cumplir con los procedimientos mínimos requeridos por esa Cláusula.

La cláusula de debido proceso también prohíbe las privaciones arbitrarias de libertad. Cuando el buen nombre, la reputación, el honor o la integridad de una persona están en juego debido a lo que el gobierno le está haciendo, deben cumplirse los requisitos mínimos de la Cláusula. Las autoridades escolares aquí suspendieron a los estudiantes de la escuela por períodos de hasta 10 días a base de unos cargos de mala conducta. Si se mantienen y registran, esos cargos podrían dañar seriamente la posición de los estudiantes con sus compañeros alumnos y sus maestros, así como interferir con las oportunidades posteriores de educación superior y empleo. Es evidente que el derecho reclamado del Estado a determinar de manera unilateral y sin proceso si esa mala conducta ha ocurrido inmediatamente colisiona con los requisitos de la Constitución.

Los administradores escolares argumentaron que, incluso si existiera un derecho a una educación pública protegida por la Cláusula de debido proceso en general, la Cláusula entra en juego solo cuando el Estado somete a un estudiante a un perjuicio o pérdida graves. Se dice que la pérdida de 10 días no es un perjuicio o pérdida grave, por lo que la Cláusula de debido proceso no es de aplicación. El Tribunal Supremo igualmente rechazó ese argumento. Para determinar

si los requisitos del debido proceso se aplican en primer lugar, debemos mirar no al peso sino a la naturaleza del interés en juego. Los estudiantes fueron excluidos de la escuela solo temporalmente, es cierto, pero la duración y la severi-

dad consecuente de una privación, no es determinante del derecho básico a una audiencia de algún tipo. La opinión del Tribunal ha sido que, siempre y cuando la privación de la propiedad no sea de minimis [mínima], su gravedad es irrelevante para la cuestión de si debe tenerse en cuenta la Cláusula del debido proceso. Una suspensión de 10 días de la escuela no es de minimis, en nuestra opinión, y no se puede imponer sin tener en cuenta la Cláusula de debido proceso.

Una suspensión corta es, por supuesto, una privación mucho más leve que la expulsión. Pero, la educación es quizás la función más importante de los gobiernos estatales y locales, [citando a Brown v. Board of Education, 347 US 483], y la exclusión total del proceso educativo por más de un período de 10 días es un evento grave en la vida del niño suspendido. Ni el interés de propiedad en los beneficios educativos temporalmente denegados ni el interés de libertad en la reputación, que también está implicado, es tan insustancial para que las suspensiones puedan ser impuestas constitucionalmente por cualquier procedimiento que elija la escuela, sin importar cuán arbitrario sea

Una vez que se determina que se aplica el debido proceso, la pregunta sigue siendo qué proceso se debe. La interposición judicial en la operación del sistema de escuelas públicas de la Nación plantea problemas que requieren cuidado y moderación. En general, la educación pública en nuestra nación está comprometida con el control de las autoridades estatales y locales. Sin embargo, hay ciertos puntos de referencia que nos guían. No puede haber ninguna duda de que, la Cláusula de Debido Proceso, como mínimo, requiere que la privación de la vida, la libertad o la propiedad por adjudicación sea precedida por un aviso y la oportunidad de escuchar lo apropiado a la naturaleza del caso. El requisito fundamental del debido proceso legal es la oportunidad de ser escuchado. Como mínimo, por lo tanto, los estudiantes que enfrentan suspensión y la consiguiente interferencia con un interés de propiedad protegida deben recibir algún tipo de aviso y recibir algún tipo de audiencia. Las partes cuyos derechos se verán afectados tienen derecho a ser oídas; y para que puedan disfrutar de ese derecho, primero deben ser notificadas.

También parece de nuestros casos que el momento y el contenido de la notificación y la naturaleza de la audiencia dependerán de la adaptación adecuada de los intereses en competencia involucrados. El interés del estudiante es evitar la exclusión injusta o errónea del proceso educativo, con todas sus desafortunadas consecuencias. La cláusula de debido proceso no lo protegerá de las suspensiones impuestas adecuadamente, pero perjudica tanto su interés como el interés del Estado si su suspensión es, de hecho, injustificada. La preocupación sería principalmente académica si el proceso disciplinario fuera un proceso totalmente preciso, infalible, nunca equivocado e injusto. Desafortunadamente, ese no es el caso, y nadie sugiere que lo sea. Las personas a cargo de la disciplina, aunque proceden de la mejor buena fe, con frecuencia actúan según los informes y consejos de otros; y los hechos que controlan y la naturaleza de la conducta bajo impugnación a menudo son disputadas. El riesgo de error no es en absoluto trivial, y debe evitarse si se puede hacer sin un costo prohibitivo o interferencia con el proceso educativo.

La dificultad es que nuestras escuelas son vastas y complejas. Un poco de disciplina y orden es esencial para que la función educativa se realice. Los eventos que requieren disciplina son eventos frecuentes y a veces requieren una acción inmediata y efectiva. La suspensión se considera no solo una herramienta necesaria para mantener el orden, sino un valioso dispositivo educativo. La perspectiva de imponer requisitos de audiencia elaborados en cada caso de suspensión se ve con gran preocupación, y muchas autoridades escolares pueden preferir el poder ilimitado para actuar unilateralmente, sin obstáculos por las reglas sobre notificación y audiencia. Pero sería un sistema disciplinario extraño en una institución educativa si las personas a cargo de la disciplina no buscaran comunicación con el estudiante en un esfuerzo por informarle de su violación a las normas y dejarle contar su versión de la historia para asegurarse de que sea una justa. El secreto no es compatible con la búsqueda de la verdad. No se ha ideado ningún instrumento mejor para lle-

gar a la verdad que dar a una persona en peligro pérdida grave la oportunidad de conocerlo.

No creemos que las autoridades escolares deben estar totalmente libres de requisitos de notificación y audiencia para que sus escuelas funcionen con una eficiencia aceptable. Los estudiantes que enfrentan una suspensión temporal tienen intereses que califican para la protección de la Cláusula de debido proceso, y el debido proceso requiere, en relación con una suspensión de 10 días o menos, que el estudiante reciba una notificación oral o escrita de los cargos en su contra y, si lo niega ellos, una explicación de la evidencia que tienen las autoridades y una oportunidad para presentar su versión de la historia.

La Cláusula requiere al menos estas precauciones rudimentarias contra hallazgos injustos o erróneos de mala conducta y exclusión arbitraria de la escuela. No debe haber demora entre el momento en que se da el aviso y el momento de la audiencia. En la gran mayoría de los casos, las personas a cargo de la disciplina pueden discutir informalmente la supuesta mala conducta con el estudiante minutos después de que haya ocurrido. Solo sostenemos que, al tener la oportunidad de explicar su versión de los hechos en esta discusión, primero se le dice al estudiante de qué se le acusa y cuál es la base de la acusación. Dado que la audiencia puede ocurrir casi inmediatamente después de la mala conducta, se deduce que, como regla general, el aviso y la audiencia deben preceder al retiro del estudiante de la escuela. Sin embargo, estamos de acuerdo con el Tribunal de Distrito en que hay situaciones recurrentes en las que no se puede insistir en la notificación previa y la audiencia. Los estudiantes cuya presencia representa un peligro continuo para las personas o la propiedad o una amenaza continua de interrumpir el proceso académico pueden ser retirados de la escuela de inmediato. En tales casos, la notificación necesaria y la audiencia rudimentaria deben seguir tan pronto como sea posible, como lo indicó el Tribunal de Distrito

Por otro lado, requerir un aviso efectivo y una audiencia informal que permita al estudiante dar su versión de los eventos proporcionará una cobertura significativa contra acciones erróneas. Al menos el disciplinario será alertado de la existencia de disputas sobre hechos y argumentos [p584] sobre causa y efecto. Luego puede decidir convocar al acusador, permitir el interrogatorio y permitir que el estudiante presente sus propios testigos. En casos más difíciles, puede permitir un abogado. En cualquier caso, su discreción estará más informada y creemos que el riesgo de error se reducirá sustancialmente.

El Tribunal de Distrito determinó que cada una de las suspensiones involucradas aquí se produjo sin una audiencia, ya sea antes o después de la suspensión, y que cada suspensión era, por lo tanto, inválida y el estatuto inconstitucional en la medida en que permite dichas suspensiones sin previo aviso o audiencia. En consecuencia, se confirma su sentencia.

Registros y allanamientos

Tanto la Constitución de Estados Unidos de América como la de Puerto Rico proveen protección contra registros y allanamientos a las personas. El Art. II, Sec. 10 de la Constitución de Puerto Rico dispone que "No se violará el derecho del pueblo a la protección de sus personas, casas, papeles y efectos contra registros, incautaciones y allanamientos irrazonables. No se interceptará la comunicación telefónica. Sólo se expedirán mandamientos autorizando registros, allanamientos o arrestos por autoridad judicial, y ello únicamente cuando exista causa probable apoyada en juramento o afirmación, describiendo particularmente el lugar a registrarse, y las personas a detenerse o las cosas a ocuparse. Evidencia obtenida en violación de esta sección será inadmisible en los tribunales." Por su parte la cuarta enmienda de la Constitución de Estados Unidos de América enuncia: "No se violará el derecho del pueblo a la seguridad de sus personas, hogares, documentos y pertenencias, contra irrazonables y no se expedirá ningún mandamiento, sino en virtud de causa probable, apoyado por juramento o promesa, y que describa en detalle el lugar que ha de ser allanado, y las personas o casas que han de ser detenidas o incautadas."

La controversia principal en cuanto a estas disposiciones ha girado en torno a lo que significa el concepto registro. Los tribunales han definido y descrito lo que incluye registro legal y razonable. No incluye todos los registros, sólo de los irrazonables. Esas disposiciones constitucionales garantizan al ciudadano el estar libre de la intervención gubernamental en su propiedad y posesiones. Para que el registro sea legal, deben concurrir tres elementos: (1) Orden judicial basada en causa probable; (2) Una declaración jurada en respaldo a la necesidad del registro; y (3) Especificidad en la identificación de los elementos que han de ser registrados.

Esta disposición constitucional aplica a oficiales de la ley en casos penales. En la escuela, la protección es menos rigurosa. Un registro en una escuela tiene que estar basado en el mantenimiento del orden y clima escolar. Un empleado de la escuela puede registrar para procurar la seguridad, condiciones sanitarias y materiales peligrosos. Es distinto cuando se trata de registrar al estudiante, su propiedad o pertenencias.

El caso más importante relacionado con esta materia en los Estados Unidos de América es New Jersey v. T.L.O., (1985). En este caso se le registró la cartera a una estudiante sospechosa de usar drogas. El Tribunal Supremo de Estados Unidos de América resolvió que el personal de la escuela está sujeto a las prohibiciones contra registros irrazonables, pero con algunas excepciones. El estándar que deben seguir es el de causa razonable, no de causa probable y no se les requiere que tengan orden judicial para actuar. Causa razonable es menos estricta que causa probable.

La necesidad de mantener la disciplina en la escuela provoca la necesidad de flexibilidad. Los estudiantes tienen expectativa de intimidad, pero se debe balancear con la necesidad de mantener la disciplina. El elemento clave es la razonabilidad. En ambos casos la razonabilidad se determina por dos consideraciones: (1) Justificación de la actuación del funcionario. Se justifica cuando hay motivos fundados para sospechar que el registro producirá prueba que el estudiante está violando la ley, o los reglamentos de la escuela; (2) Registro razonablemente relacionado con las circunstancias que justifican la intromisión en su intimidad. Los tribunales han seguido el precedente de T.L.O. consistentemente. En RDL v. State, (1986), se validó un registro de un estudiante a base de causa razonable, debido a que se encontraba en un baño en forma sospechosa. En In the Interest of Dumas, 515 A. 2d 984, (Pa., 1986) no se encontró causa razonable para registrar a un estudiante, simplemente porque tenía un paquete de cigarrillos. Esa no era razón suficiente para pensar que tenía marihuana consigo. En cambio, si se sospecha que tiene alcohol en el carro y al registrarlo se encuentra cocaína, el registro se valida, porque había causa razonable para registrar.

En State v. Stein, (1969), el tribunal distinguió entre propiedad escolar y otras clases de propiedad. Un "locker" de la escuela, no es como la casa, un carro o un "locker privado", que connotan posesión. El estudiante tiene control exclusivo frente a sus compañeros, pero no frente a las autoridades escolares. Para que se justifique un registro es necesario que el oficial tenga sospecha razonable de que se está violando la ley o el reglamento. Existe sospecha razonable cuando se tiene conocimiento o información sobre la existencia de materiales ilegales o peligrosos en la escuela. En Nelson v. State, (1975), se validó un registro por causa razonable cuando se encontró a un estudiante fumando, se le ordenó que se vaciara los bolsillos y allí tenía marihuana.

En el caso de People v. D., (1974), un maestro observa a un estudiante entrar al baño dos veces cada hora. Se mantenía allí por 5 o 10 segundos y salía. Se le observó por 6 meses. Durante ese tiempo se le vio almorzando con otro estudiante, que a su vez también era sospechoso. A juicio del maestro, esas circunstancias constituían conducta inusual, por lo que informó al coordinador de seguridad, también maestro. El coordinador informó al principal, quien ordenó al estudiante que acudiera a la oficina, donde al ser registrado frente al Decano de Estudiantes y al principal, se le encontraron drogas. Al llegar el caso al tribunal, se balanceó el interés de las autoridades de la escuela, con el derecho del individuo. El tribunal determinó que los derechos individuales son de suma importancia. Con la información que tenían las autoridades no era suficiente para exponerlo a un registro.

Cuando el Tribunal resolvió el caso de T.L.O., que abandonó la causa probable estándar para registros escolares de las pertenencias de los estudiantes, confiaba en que ayudaba con los esfuerzos de las autoridades escolares a mantener el orden en sus recintos sin autorizar intrusiones indebidas en la intimidad de los niños en edad escolar. El Tribunal consideró que el incorporar el estándar de razonabilidad garantizaría que los intereses de los estudiantes no serán afectados más de lo necesario para lograr el fin legítimo de preservar el orden en las escuelas. Sin embargo, veinticinco años después, el Tribunal se ha confrontado con dos funcionarios escolares que han desnudado a una niña de 13 años en busca de evidencia de distribución de píldoras prohibidas por los reglamentos (Dery III, 2012). Tal es el caso de Safford Unified School District #1 v. Redding, (2009).

Los hechos de este caso se pueden resumir así: luego de escuchar a varios compañeros de Savana (la niña afectada) decir que ella estaba llevando pastillas prohibidas a la escuela, el subdirector la llamó a su oficina y le mostró una agenda que contenía cuchillos y otro contrabando. Ella admitió ser dueña de la agenda, pero dijo que se la había prestado a una compañera y que el contrabando no era suyo. Luego mostró cuatro pastillas que estaban prohibidas por las reglas de la escuela. Ella negó tener conocimiento de ello, pero el subdirector le dijo que tenía un informe de que ella estaba dando pastillas a sus compañeros de estudios. Ella lo negó y accedió a dejar que registraran otras de sus pertenencias. El subdirector y una asistente administrativa registraron la mochila de Savana y no encontraron nada. Luego, el subdirector ordenó que la asistente administrativa llevara a Savana a la enfermería de la escuela para buscar pastillas en su ropa. Allí le pidieron a Savana que se quitara la ropa exterior, le dijeron que se quitara el sostén y lo moviera, y que se quitara el elástico de la ropa interior, exponiendo así sus senos y el área pudenda. No le encontraron pastillas.

La madre de Savana presentó una demanda contra el distrito escolar y los demás funcionarios, alegando que el registro sin ropa violaba los derechos de la Cuarta Enmienda. El Tribunal de Distrito encontró que no hubo violación de la Cuarta Enmienda. El Noveno Circuito en pleno revocó y sostuvo que el registro al desnudo no estaba justificado bajo la doctrina de New Jersey v. TLO, para registros de niños por funcionarios escolares. El Distrito Escolar solicitó revisión de la decisión al Tribunal Supremo. El Tribunal Supremo de Estados Unidos de América determinó que con la información preliminar que obtuvieron los funcionarios escolares tenían sospechas razonables de que Savana estaba llevando medicinas controladas a la escuela y se justificaba el registro de la mochila. Pero, que al obligarla a desnudarse para buscar en su ropa interior y el sostén se le violó la protección de la Cuarta enmienda, porque se excedió el alcance de lo permitido en un registro de esta naturaleza. El Tribunal Supremo concluyó que no se requiere ser un experto constitucional para comprender que desnudar una niña de trece años es una invasión de los derechos constitucionales de gran magnitud. Más que eso, constituye una violación de cualquier principio conocido de decencia humana. El simple sentido común indicaría que la conducta de los funcionarios de la escuela al realizar o permitir tal registro no solo fue ilegal sino indignante (Safford Unified School District #1 v. Redding, (2009).

Jurisprudencia

35. New Jersey v. TLO, 469 US 325 (1985)

[Resumen]

[Este caso ilustra el alcance de los registros y allanamientos de los estudiantes de escuelaspúblicas.]

Decidido el 15 de enero de 1985.

El 7 de marzo de 1980, una maestra de escuela secundaria en Nueva Jersey, descubrió a dos niñas fumando en un baño. Una de las dos niñas era la menor TLO de 14 años. Debido a que fumar en el baño estaba prohibido, la maestra llevó a las dos niñas a la oficina del director, donde se reunieron con el subdirector principal Theodore Choplick. La compañera de TLO admitió que había violado la regla. TLO, sin embargo, negó haber estado fumando en el baño y afirmó que no fumaba en absoluto.

El subdirector Sr. Choplick le pidió a TLO que entrara a su oficina y exigió ver su bolso. Allí encontró un paquete de cigarrillos, que sacó del bolso y lo sostuvo ante TLO cuando la acusó de haberle mentido. Cuando metió la mano en la bolsa, el Sr. Choplick también notó un paquete de papeles enrollables. Según su experiencia, la posesión de papeles enrollables por parte de estudiantes de secundaria estaba estrechamente asociada con el uso de marihuana. Sospechando que un examen más detallado del bolso podría arrojar más evidencia del uso de drogas, el Sr. Choplick procedió a buscar el bolso a fondo. La búsqueda reveló una pequeña cantidad de marihuana, una pipa, varias bolsas de plástico vacías, una cantidad sustancial de dinero en billetes de un dólar, una tarjeta que parecía ser una lista de estudiantes que le debían dinero de TLO, y dos cartas que implicaron a TLO en el comercio de marihuana.

El Sr. Choplick notificó a la madre de TLO y a la policía, y entregó la evidencia del tráfico de drogas a la policía. A pedido de la policía, la madre de TLO llevó a su hija al cuartel donde TLO confesó que había estado vendiendo marihuana en la escuela. El Estado presentó cargos por delincuencia contra TLO en el Tribunal de Menores y Relaciones Domésticas del Condado de Middlesex, a base de la confesión y la evidencia incautada por el Sr. Choplick.

TLO solicitó ante el Tribunal la supresión de la evidencia encontrada en su bolso, así como su confesión, sosteniendo que la búsqueda del Sr. Choplick de su bolso violó la Cuarta Enmienda. El Tribunal de Menores denegó la moción.

El Tribunal de Menores concluyó que la Cuarta Enmienda sí se aplicaba a las búsquedas realizadas por funcionarios escolares. Sostuvo que un funcionario de la escuela puede llevar a cabo una búsqueda de la persona de un estudiante si el funcionario tiene una sospecha razonable de que se ha cometido o se está cometiendo un delito, o una causa razonable para creer que la búsqueda es necesaria para mantener la disciplina o hacer cumplir las políticas escuela políticas escolares.

Aplicando esta norma, el tribunal concluyó que la búsqueda realizada por el Sr. Choplick fue razonable. La decisión inicial de abrir el bolso fue justificada por la sospecha fundada del Sr. Choplick de que TLO había violado la regla que prohíbe fumar en el baño. Una vez que el bolso estuvo abierto, la evidencia de violaciones de marihuana quedó a la vista, y el Sr. Choplick tenía derecho a realizar una búsqueda exhaustiva para determinar la naturaleza y el alcance de las actividades relacionadas con las drogas de TLO. TLO fue condenada como delincuente 8 de enero de 1982 para cumplir un un año en probatoria.

TLO apeló la sentencia del Tribunal de Menores. Una División de Apelaciones confirmó la decisión del Tribunal de Menores de que no había habido violación de la Cuarta Enmienda, pero anuló la adjudicación de la delincuencia y solicitó una determinación de si TLO había renunciado a sus derechos a guardar silencio de la Quinta Enmienda a sabiendas y voluntariamente.

TLO apeló y el Tribunal Supremo de Nueva Jersey revocó a la División de Apelaciones y ordenó la supresión de la evidencia encontrada en el bolso de TLO.

El Tribunal Supremo de Nueva Jersey estuvo de acuerdo con los tribunales inferiores en cuanto a que Cuarta Enmienda, se aplica a los registros realizados por funcionarios escolares. El tribunal también rechazó el argumento del Estado de Nueva Jersey de que la regla de exclusión no debería emplearse para evitar el uso en los procedimientos de menores de pruebas incautadas ilegalmente por funcionarios escolares. Al negarse a considerar si la aplicación de la regla a los frutos de los registros de los funcionarios escolares tendría algún valor disuasorio, el tribunal sostuvo simplemente que los precedentes de ese Tribunal establecen que, si un registro oficial viola los derechos constitucionales, la evidencia no es admisible en los procesos penales.

Con respecto a la cuestión de la legalidad de la búsqueda del bolso, tribunal estuvo de acuerdo con el Tribunal de Menores de que una búsqueda sin orden judicial por parte de un funcionario de la escuela no viola la Cuarta Enmienda, siempre que el funcionario tenga motivos razonables para creer que un estudiante posee evidencia de actividad ilegal o actividad que interfiera con la disciplina y el orden de la escuela.

Sin embargo, el tribunal discrepó de la conclusión del Tribunal de Menores de que la búsqueda del bolso era razonable. El contenido de la cartera de TLO no tenía relación con la acusación contra TLO, ya que la posesión de cigarrillos (en lugar de fumarlos en el baño) no violaba las reglas de la escuela. El deseo de encontrar evidencia que impugnara el reclamo de TLO de que ella no fumaba cigarrillos no podía justificar la búsqueda.

Además, incluso si una sospecha razonable de que TLO tenía cigarrillos en su bolso justificaría una búsqueda, el Sr. Choplick no tenía tal sospecha, ya que nadie le había proporcionado información específica de que había cigarrillos en el bolso. Finalmente, dejando de lado la pregunta de si el Sr.Choplick estaba justificado al abrir el bolso, el tribunal sostuvo que la evidencia del uso de drogas que vio en su interior no justificaba el extenso hurgar a través de los documentos y efectos de TLO.

El estado de Nueva Jersey solicitó revisión [certiorari] ante el Tribunal Supremo de Estados Unidos, quien revocó la sentencia del Tribunal Supremo de Nueva Jersey. Utilizó los siguientes argumentos.

Aunque originalmente otorgamos certiorari para decidir la cuestión del remedio apropiado en los procedimientos del tribunal de menores para registros ilegales de escuelas, nuestras dudas con respecto a la sensatez de decidir esa pregunta de forma aislada de la pregunta más amplia de qué límites, si los hay, la Cuarta Enmienda, coloca en las actividades de las autoridades escolares nos impulsaron a ordenar la reorganización sobre esa cuestión. Habiendo escuchado el argumento sobre la legalidad de la búsqueda del bolso de TLO, estamos satisfechos de que la búsqueda no violó la Cuarta Enmienda.

Al determinar si la búsqueda en cuestión en este caso violó la Cuarta Enmienda, inicialmente nos enfrentamos a la pregunta de si la prohibición de esa Enmienda sobre búsquedas e incautaciones irrazonables se aplica a las búsquedas realizadas por funcionarios de escuelas públicas. Sostenemos que sí.

Ahora es indiscutible que la Constitución Federal, en virtud de la Decimocuarta Enmienda, prohíbe los registros e incautaciones irrazonables por parte de los funcionarios estatales. Igualmente, indiscutible es la propuesta de que la Decimocuarta Enmienda protege los derechos de los estudiantes contra la intrusión de los funcionarios de las escuelas públicas.

Estas dos proposiciones, que la Cuarta Enmienda, se aplica a los Estados a través de la Decimocuarta Enmienda, y que las acciones de los funcionarios de las escuelas públicas están sujetas a los límites impuestos a la acción estatal por la Decimocuarta Enmienda, podrían parecer suficientes para responder a la sugerencia de que la Cuarta Enmienda, no proscribe búsquedas irrazonables por parte de funcionarios escolares. Sin embargo, el Estado de Nueva Jersey ha argumentado que la historia de la Cuarta Enmienda, indica que la Enmienda estaba destinada a regular solo los registros y las incautaciones llevadas a cabo por agentes del orden; en consecuencia, aunque los funcionarios de las escuelas públicas son agentes estatales a efectos de la Cuarta Enmienda, la Cuarta Enmienda no crea derechos exigibles contra ellos.

Bien puede ser cierto que el mal hacia el cual se dirigió principalmente la Cuarta Enmienda fue la resurrección de la práctica prerrevolucionaria de usar órdenes generales o ór-

denes de asistencia para autorizar las búsquedas de contrabando por parte de los oficiales de la Corona. Pero este Tribunal nunca ha limitado la prohibición de la Enmienda de registros e incautaciones irrazonables a las operaciones realizadas por la policía. Más bien, el Tribunal ha hablado durante mucho tiempo de la Cuarta Enmienda. Las restricciones como restricciones impuestas a la acción gubernamental, es decir, a las actividades de la autoridad soberana. En consecuencia, hemos mantenido la Cuarta Enmienda, aplicable a las actividades de las autoridades civiles y penales: inspectores de construcción, inspectores de la Ley de Seguridad y Salud Ocupacional, e incluso bomberos que ingresan a locales privados para combatir un incendio están sujetos a las restricciones impuestas por la Cuarta Enmienda. El propósito básico de esta Enmienda, como se reconoce en innumerables decisiones de este Tribunal, es salvaguardar la privacidad y la seguridad de las personas contra las invasiones arbitrarias de funcionarios gubernamentales. Debido a que el interés del individuo en la privacidad y la seguridad personal se ve afectado si la motivación del gobierno es investigar violaciones de leyes penales o violaciones de otras normas legales o reglamentarias, sería "anómalo decir que el individuo y su propiedad privada están totalmente protegidos por la Cuarta Enmienda solo cuando el individuo es sospechoso de comportamiento criminal.

Si las autoridades escolares son actores estatales a los efectos de las garantías constitucionales de libertad de expresión y debido proceso, es difícil entender por qué se debe considerar que ejercen la autoridad de los padres en lugar de la autoridad pública cuando realizan registros de sus estudiantes. En términos más generales, el Tribunal ha reconocido que el concepto de delegación parental como fuente de autoridad escolar no es totalmente acorde con las leyes de educación obligatoria. Los funcionarios de las escuelas públicas de hoy no solo ejercen la autoridad que les confieren voluntariamente sus padres; más bien, actúan en cumplimiento de políticas educativas y disciplinarias exigidas públicamente. Al llevar a cabo búsquedas y otras funciones disciplinarias de conformidad con dichas políticas, los funcionarios escolares actúan como representantes del Estado, no sim-

plemente como sustitutos de los padres, y no pueden reclamar la inmunidad de los padres de las restricciones de la Cuarta Enmienda.

Sostener que la Cuarta Enmienda se aplica a las búsquedas realizadas por las autoridades escolares es solo comenzar la investigación de los estándares que rigen dichas búsquedas. Aunque el mandato subyacente de la Cuarta Enmienda es siempre que las búsquedas y las incautaciones son razonables, lo que es razonable depende del contexto dentro del cual se realiza una búsqueda. La determinación del estándar de razonabilidad que rige cualquier clase específica de búsquedas requiere equilibrar la necesidad de buscar contra la invasión que conlleva la búsqueda. En un lado de la balanza se agrupan las expectativas legítimas del individuo de privacidad y seguridad personal; Por otro lado, la necesidad del gobierno de métodos efectivos para hacer frente a las infracciones del orden público.

Hemos reconocido que incluso un registro limitado de la persona es una invasión sustancial de la privacidad. Un registro de la persona de un niño o de un bolso cerrado u otra bolsa llevada en su persona, no es menos que un registro similar realizado en un adulto, es sin duda una grave violación de las expectativas subjetivas de privacidad.

La Cuarta Enmienda no protege las expectativas subjetivas de privacidad que no son razonables o que son ilegítimas. Para recibir la protección de la Cuarta Enmienda, una expectativa de privacidad debe ser una que la sociedad esté preparada para reconocer como legítima. El estado de Nueva Jersey ha argumentado que, debido a la supervisión generalizada a la que los niños en las escuelas están necesariamente sujetos, un niño prácticamente no tiene una expectativa legítima de privacidad en artículos de propiedad personal innecesariamente llevados a una escuela. Este argumento tiene dos premisas fácticas: (1) la incompatibilidad fundamental de las expectativas de privacidad con el mantenimiento de un ambiente educativo sólido; y (2) el interés mínimo del niño en traer cualquier artículo de propiedad personal a la escuela. Ambas premisas son severamente defectuosas.

Aunque este Tribunal puede tomar conocimiento judicial de la dificultad de mantener la disciplina en las escuelas públicas de hoy, la situación no es tan grave como para que los estudiantes en las escuelas no puedan reclamar expectativas legítimas de privacidad. Recientemente hemos reconocido que la necesidad de mantener el orden en una prisión es tal que los prisioneros no retienen expectativas legítimas de privacidad en sus celdas, pero casi no hace falta decir que el prisionero y el alumno se encuentran en circunstancias completamente diferentes, separados por los duros hechos de condena penal y encarcelamiento. Todavía no estamos listos para sostener que las escuelas y las cárceles deben equipararse a los efectos de la Cuarta Enmienda.

Tampoco la sugerencia del Estado de que los niños no tienen una necesidad legítima de traer bienes personales a las escuelas parece estar bien anclada en la realidad. Como mínimo, los estudiantes deben traer a la escuela no solo los suministros necesarios para sus estudios, sino también las llaves, el dinero y las necesidades de higiene y aseo personales. Además, los estudiantes pueden llevar en sus personas o carteras, artículos no disruptivos, pero altamente personales como fotografías, cartas y diarios. Finalmente, los estudiantes pueden tener razones perfectamente legítimas para llevar consigo artículos de propiedad necesarios en relación con actividades extracurriculares o recreativas. En resumen, los escolares pueden encontrar que es necesario llevar consigo una variedad de artículos legítimos que no sean de contrabando, y no hay ninguna razón para concluir que necesariamente han renunciado a todos los derechos de privacidad en tales artículos simplemente al traerlos a la escuela.

¿Cómo, entonces, deberíamos encontrar el equilibrio entre las expectativas legítimas de privacidad del alumno y la necesidad igualmente legítima de la escuela de mantener un entorno en el que pueda tener lugar el aprendizaje? Es evidente que el entorno escolar requiere un alivio de las restricciones a las que los registros por parte de las autoridades suelen estar sujetos. El requisito de la orden, en particular, no es adecuado para el entorno escolar: exigir que un maestro obtenga una orden antes de registrar a un niño sospecho-

so de una infracción de las reglas de la escuela (o de la ley penal) interferiría indebidamente con el mantenimiento de la rapidez y la informalidad de los procedimientos disciplinarios necesarios en las escuelas. Del mismo modo que en otros casos hemos prescindido del requisito de la orden de cuando es probable que la carga de obtener una orden judicial frustra el propósito gubernamental detrás de la búsqueda sostenemos hoy que los funcionarios escolares no necesitan obtener una orden judicial antes de registrar a un estudiante que está bajo su autoridad.

El entorno escolar también requiere alguna modificación del nivel de sospecha de actividad ilícita necesaria para justificar una búsqueda. Por lo general, una búsqueda, incluso una que se pueda llevar a cabo sin una orden judicial, debe basarse en una causa probable para creer que se ha producido una violación de la ley. Sin embargo, causa probable no es un requisito irreducible de una búsqueda válida. El comando fundamental de la Cuarta Enmienda es que las búsquedas y las incautaciones son razonables, y aunque tanto el concepto de causa probable como el requisito de una orden tienen que ver con la razonabilidad de una búsqueda, en ciertas circunstancias limitadas, tampoco se requiere. Por lo tanto, en varios casos hemos reconocido la legalidad de las búsquedas y las incautaciones basadas en sospechas que, aunque razonables, no alcanzan el nivel de causa probable. Cuando un equilibrio cuidadoso de los intereses gubernamentales y privados sugiere que el interés público está mejor servido por un estándar de razonabilidad de la Cuarta Enmienda que no llega a una causa probable, no hemos dudado en adoptar dicho estándar.

La legalidad de un registro de un estudiante debe depender simplemente de la razonabilidad, bajo todas las circunstancias. Determinar la razonabilidad de cualquier búsqueda implica una doble investigación: primero, uno debe considerar si la acción fue justificada desde su inicio; segundo, uno debe determinar si la búsqueda tal como se realizó estaba razonablemente relacionada en su alcance con las circunstancias que justificaron la interferencia en primer lugar. En circunstancias normales, un registro de un estudiante por parte de un maestro u otro funcionario escolar se justificará en su inicio cuando existan motivos razonables para sospechar que la búsqueda arrojará evidencia de que el estudiante ha violado o está violando la ley o las reglas de la escuela. Tal búsqueda será permitida en su alcance cuando las medidas adoptadas estén razonablemente relacionadas con los objetivos de la búsqueda y no sean excesivamente intrusivas a la luz de la edad y el sexo del estudiante y la naturaleza de la infracción.

En cuanto al registró a que se sometió a TLO una revisión de los hechos que rodearon la búsqueda en el bolso nos lleva a concluir que la búsqueda no fue en absoluto irrazonable para los propósitos de la Cuarta Enmienda.

El incidente que dio lugar a este caso en realidad involucró dos búsquedas separadas, con la primera: la búsqueda de cigarrillos que proporciona la sospecha que dio lugar a la segunda la búsqueda de marihuana. Aunque son los frutos de la segunda búsqueda los que están en cuestión aquí, la validez de la búsqueda de marihuana debe depender de la razonabilidad de la búsqueda inicial de cigarrillos. En consecuencia, es a la búsqueda de cigarrillos que primero llamamos nuestra atención.

La Corte Suprema de Nueva Jersey señaló dos razones para sostener que la búsqueda de cigarrillos no era razonable. Primero, el tribunal observó que la posesión de cigarrillos no era en sí misma ilegal o una violación de las reglas escolares. Debido a que el contenido de la cartera de TLO, por lo tanto, no influiría directamente en la infracción de la que fue acusada (fumar en un baño donde estaba prohibido fumar), no había razón para registrar su cartera. En segundo lugar, incluso suponiendo que una búsqueda en el bolso de TLO podría ser razonable en algunas circunstancias a la luz de la acusación formulada contra TLO, el tribunal de Nueva Jersey concluyó que el Sr. Choplick en este caso particular no tenía motivos razonables para sospechar que TLO tenía cigarrillos en el bolso. En el mejor de los casos, según el tribunal, Choplick tenía una buena corazonada. Ambas conclusiones son inverosímiles.

TLO había sido acusada de fumar y había negado la acusación en los términos más enérgicos posibles cuando declaró que no fumaba en absoluto. Seguramente no se puede decir que, bajo estas circunstancias, la posesión de cigarrillos por parte de TLO sería irrelevante para los cargos en su contra o para su respuesta a esos cargos. La posesión de cigarrillos por parte de TLO, una vez que se descubrió, corroboraría el informe de que había estado fumando y socavaría la credibilidad de su defensa ante el cargo de fumar.

Sin duda, el descubrimiento de los cigarrillos no probaría que TLO había estado fumando en el baño; ni, estrictamente hablando, necesariamente sería inconsistente con su afirmación de que no fumaba en absoluto. Pero se reconoce universalmente que la evidencia, para ser relevante para una investigación, no es necesario que demuestre de manera concluyente el hecho final en cuestión, sino que solo tiene alguna tendencia a hacer que la existencia de cualquier hecho que sea consecuencia de la determinación de la acción sea más probable o menos probable de lo que sería sin la evidencia. La relevancia de la posesión de cigarrillos por parte de TLO para la pregunta de si había estado fumando y para la credibilidad de su negación de que fumaba proporcionó el nexo necesario entre el artículo buscado y la infracción bajo investigación. Por lo tanto, si el Sr. Choplick tenía una sospecha razonable de que TLO tenía cigarrillos en su bolso, la búsqueda estaba justificada a pesar de que los cigarrillos, si se encontraban, constituirían meras pruebas de una violación.

Por supuesto, la Corte Suprema de Nueva Jersey también sostuvo que el Sr. Choplick no tenía sospechas razonables de que el bolso contendría cigarrillos. Esta conclusión es desconcertante. Un maestro había informado que TLO estaba fumando en el baño. Ciertamente, este informe le dio al Sr. Choplick razones para sospechar que TLO llevaba cigarrillos con ella; y si ella tenía cigarrillos, su bolso era el lugar obvio para encontrarlos. La sospecha del Sr. Choplick de que había cigarrillos en el bolso no era una sospecha incipiente y no particularizada o corazonada; más bien, era el tipo de conclusión de sentido común sobre el comportamiento humano, sobre la cual personas prácticas, incluidos los funcionarios del gobierno tienen derecho a confiar. Por supuesto, incluso si el informe de la maestra fuera cierto, TLO podría no haber tenido un paquete de cigarrillos con ella; ella podría haber tomado prestado un cigarrillo de otra persona o haber estado compartiendo un cigarrillo con otro estudiante. Pero el requisito de sospecha razonable no es un requisito de certeza absoluta: la probabilidad suficiente, no la certeza, es la piedra de toque de la razonabilidad bajo la Cuarta Enmienda. Debido a que la hipótesis de que TLO llevaba cigarrillos en su bolso no era irrazonable, es irrelevante que otras hipótesis también fueran consistentes con la acusación del maestro. En consecuencia, no se puede decir que el Sr. Choplick actuó sin razón cuando examinó la cartera de TLO para ver si contenía cigarrillos.

Nuestra conclusión de que la decisión del Sr. Choplick de abrir el bolso de TLO fue razonable nos lleva a la cuestión de la búsqueda adicional de marihuana una vez que se localizó el paquete de cigarrillos. La sospecha sobre la cual se fundó la búsqueda de marihuana se dio cuando el Sr. Choplick observó un paquete de papeles en el bolso mientras sacaba el paquete de cigarrillos. Aunque TLO no discute la razonabilidad de la creencia del Sr. Choplick de que los papeles indicativos indicaban la presencia de marihuana, ella sostiene que el alcance de la búsqueda que realizó el Sr. Choplick excedió los límites permisibles cuando confiscó y leyó ciertas cartas que implicaban a TLO en drogas relación comercial. Este argumento tampoco es persuasivo. El descubrimiento de los papeles enrollables dio lugar a una sospecha razonable de que TLO llevaba marihuana y cigarrillos en su bolso. Esta sospecha justificó una mayor exploración de la cartera de TLO, que arrojó más evidencia de actividades relacionadas con las drogas: una pipa, varias bolsas de plástico del tipo comúnmente utilizado para almacenar marihuana, una pequeña cantidad de marihuana y una cantidad bastante sustancial de dinero. En estas circunstancias, no era irrazonable extender la búsqueda a un compartimento separado con cremallera del bolso; y cuando una búsqueda en ese compartimento reveló una tarjeta que contenía una lista de personas que me deben dinero, así como dos cartas, la inferencia de que TLO estuvo involucrada en el tráfico de marihuana fue lo suficientemente sustancial como para justificar que Choplick examinara las cartas para determinar si contenían alguna evidencia adicional. Por tanto, no podemos concluir que la búsqueda de marihuana no fuera razonable en ningún aspecto.

Debido a que la búsqueda que resultó en el descubrimiento de la evidencia de tráfico de marihuana por parte de TLO fue razonable, la decisión del Tribunal Supremo de Nueva Jersey de excluir esa evidencia de los procedimientos de delincuencia juvenil de TLO por motivos de la Cuarta Enmienda fue errónea. En consecuencia, se revoca la sentencia de la Corte Suprema de Nueva Jersey.

Registros administrativos v registros policíacos

Se ha establecido una distinción entre registros por personas privadas y por oficiales gubernamentales. La Cuarta Enmienda es para restringir la autoridad gubernamental. La regla general es que prueba obtenida por un registro y allanamiento hecho por una persona privada puede ser admitida en un proceso penal, mientras esa misma prueba si la obtiene un funcionario del gobierno es inadmisible. En caso de que unos funcionarios escolares que actúan en su capacidad "in loco parentis" inician un registro y luego llaman a la Policía para que les ayude, los policías no necesitan orden judicial. El mismo caso iniciado por la Policía, necesitaría orden judicial. En Walters v. United States, (1973) se resolvió que a los oficiales escolares a quienes protege "in loco parentis" no están en la misma posición de aquellos que son agentes del orden público estatal.

En el caso de People v. Guillermo, (1982) se convalidó un registro hecho por un guardia de seguridad a un estudiante que traía un objeto en su mochila estudiantil. Al chocar con un objeto de metal, sonó raro, y el guardia procedió a registrarlo. De acuerdo con este caso, hay discrepancia entre los Estados en qué momento un oficial escolar se convierte en un agente del Estado para propósitos del registro. Si el registro se lleva a cabo en forma descuidada y la prueba y el estudiante se entregan a la Policía, se va a determinar que actuaba como agente del Estado.

Uso de perros en los registros escolares

El aumento del consumo de drogas en las escuelas se ha convertido en un asunto de política pública muy importante. La disponibilidad de drogas en las escuelas es muy alta, especialmente entre estudiantes de nivel superior. Las estadísticas más recientes muestran que casi el 20% de los estudiantes de secundaria se les ofrecieron, vendieron o les dieron drogas en las instalaciones físicas de la escuela. Un estudio reciente encontró que el 4.3% de los estudiantes de superior había consumido drogas en el mes anterior a la encuesta, lo que es más bajo que en años anteriores, pero que no deja de ser alarmante. Se han identificado varias causas posibles del fenómeno. Se cree que los estudiantes están reaccionando a la presión de sus compañeros y creen que recurrir a las drogas y el alcohol es la forma de lograr popularidad. Otros usan drogas para automedicarse por sentimientos dolorosos, y algunos recurren a medicamentos de ayuda para el estudio como Adderall o Ritalin, porque creen que estas sustancias mejorarán su rendimiento académico. La escuela superior es a menudo la primera vez que los jóvenes se encuentran con esas sustancias y la curiosidad los vence (Renzoni, 2021). Las autoridades escolares han tenido que crear estrategias de vigilancia para enfrentar el problema, que no es nada nuevo. No cabe la menor duda de que disuadir el uso de drogas por parte de los estudiantes es un interés gubernamental importante, si no imperioso (Vernonia, citado en B.C. v. Plumas Unified School District, 1999).

Han pasado más de cuarenta años desde que se introdujo el uso de perros para olfatear a los estudiantes en las escuelas en busca de evidencia de drogas. Desde su origen esa práctica viene planteando cuestiones constitucionales que han merecido consideración por los tribunales. Los tribunales de primera instancia han tenido que atender la situación para que los funcionarios escolares puedan ocuparse de la vigilancia sin infringir los derechos constitucionales de los estudiantes (The constitutionality of canine..., 1980).

New Jersey v. TLO provocó que los derechos de los estudiantes sean más limitados en el contexto escolar. Se ha reconocido que los funcionarios escolares pueden registrar casilleros, escritorios, estacionamientos y otras propiedades y equipos que sean propiedad o estén controlados por la escuela en busca de drogas ilegales, armas u otras sustancias o materiales ilegales o peligrosos, incluidos los registros realizados mediante el uso de perros especialmente entrenados. Si un perro olfateando la propiedad escolar produce evidencia de que un estudiante está violando una ley o reglamento, la escuela puede ocupar la evidencia y entregarla a la policía. Los estudiantes que no tienen expectativas razonables de intimidad en la propiedad de la escuela, como casilleros, escritorios y estacionamientos, o en las pertenencias personales dejadas en dicha propiedad. El Tribunal Supremo de los Estados Unidos de América no ha abordado específicamente la constitucionalidad de los registros aleatorios hechos por perros o las búsquedas posteriores a esa alerta en el entorno escolar, lo que ha tenido el efecto de provocar una serie de inconsistencias en la aplicación como norma común. A nivel de Circuito, se ha atendido el tema. Se determinó que el registro por un perro a los estudiantes en un salón de clases y el registro de un estudiante después de que un perro señaló al estudiante no violaba la Cuarta Enmienda. El tribunal fue persuadido de que llevar el perro a olfatear era constitucional porque había evidencia de un aumento reciente en el uso de drogas entre los estudiantes de la escuela. La jurisprudencia de otras jurisdicciones sugiere, sin embargo, que un registro de la propiedad de la escuela cuando los estudiantes no están presentes es diferente del registro de la persona del estudiante. Sugiere que mientras no se registre directamente a los estudiantes, no es necesario que haya evidencia de un aumento reciente del uso o posesión de drogas por parte del alumnado. Sin embargo, la jurisprudencia de otras jurisdicciones sugiere que el uso de los perros para olfatear la propiedad escolar no viola la Cuarta Enmienda si los estudiantes no están presentes (Wern y Tullock, 2019).

Doe v. Renfrow, (1980), fue el primer caso que se presentó en torno a este tema en una escuela que confrontaba problemas de drogas. Los oficiales escolares, en colaboración con la Policía, contrataron los servicios de una agencia privada que usaba perros adiestrados para detección de drogas. Llegaron a la escuela y llevaron los perros por cada salón del edificio. Si un perro marcaba hacia algún estudiante, se le pedía que colocara todos sus objetos sobre la mesa. Si el perro marcaba en una segunda ocasión en torno al mismo estudiante, se le registraba. Una niña de trece años fue registrada junto a otros 17 estudiantes. Desde principio, ella protestó e insistió en que no tenía drogas, lo que resultó correcto y por ello demandó. El tribunal determinó que el uso de perros era legal y no violaba la cuarta enmienda, pues se usan previos al registro. El registro de la niña sí violó la cuarta enmienda, por la forma escandalosa en que se llevó a cabo.

En Jones v. Tatexo, (1980), un tribunal de distrito federal se pronunció en contra del uso de perros. Sostuvo que esa práctica es una invasión a la intimidad de los estudiantes, por la presencia amenazante de los animales. En Horton v. Goose, (1982), también se declaró inconstitucional el uso de perros para registrar estudiantes, no así para registrar automóviles y "lockers".

Las pruebas de drogas en las escuelas

De acuerdo con United Educators, (2014), las mejores y más efectivas políticas relativas al uso, posesión, y distribución de drogas en las escuelas deben estar centradas en la prevención y la disciplina justa y constante, que mantenga a los estudiantes responsables de su comportamiento. Entre las estrategias que se han esbozado se encuentran los programas de pruebas de drogas. El uso de pruebas de drogas en las escuelas ha sido cuestionado por estudiantes (Mosher y Atkins, 2020). No obstante, estos programas han recibido el apoyo de los tribunales al considerarlos constitucionales y que no constituyen registros e incautaciones irrazonables bajo la Cuarta Enmienda de la Constitución de los Estados Unidos de América.

En Board of Education v. Earls, (2002), el Tribunal Supremo de Estados Unidos de América validó las pruebas de drogas para todos los estudiantes en los grados siete a doce que desearan participar en actividades extracurriculares competitivas. Dos estudiantes y sus familias llevaron una demanda contra la Junta Escolar de Tecumseh, Oklahoma, alegando que su política de pruebas de uso de drogas violaba la

Cuarta Enmienda de la Constitución de los Estados Unidos. Específicamente la Política de Pruebas de Drogas requería que todos los estudiantes dieran su consentimiento para pruebas de análisis de orina para detectar drogas como condición para poder participar en cualquier actividad extracurricular. El Tribunal de Distrito resolvió a favor del Distrito Escolar. El Tribunal de Apelaciones revocó al sostener que la política violaba la Cuarta Enmienda. El Tribunal de Supremo de los Estados Unidos de América revocó al Tribunal de Apelaciones en una opinión mayoritaria emitida por el juez Thomas. Este indicó que en actividades extracurriculares los estudiantes tenían una menor expectativa de privacidad y que la política de pruebas de drogas de la escuela promovía un interés importante de la escuela en la prevención del uso de drogas entre los estudiantes. Su razonamiento se basó en el precedente establecido por el Tribunal Supremo en Vernonia School District 47J v. Acton, (1995), fue una decisión de la Corte Suprema de los Estados Unidos de América que confirmó la constitucionalidad de un sistema de pruebas de drogas al azar implantado por las escuelas públicas en Vernonia, Oregon.

En otros casos los tribunales han dado el visto bueno a las pruebas de drogas de estudiantes que desean tener el privilegio de conducir y estacionarse en los predios de la escuela. También se ha permitido el uso de pruebas de drogas a un estudiante en particular si la escuela tiene sospechas razonables de que el estudiante ha usado drogas prohibidas o alcohol. En la mayoría de los casos, las escuelas deben obtener el consentimiento de los padres para realizar dichas pruebas a los estudiantes a base de sospecha razonable o al azar (United Educators, 2014).

En Odenheim v. Carltadt-East Rutherford (1985) se trataba de una política de la escuela a los efectos de que todos los estudiantes de secundaria se tenían que someter a un urinálisis. Al llegar al tribunal se invalida el examen, a base de lo resuelto el T.L.O., ya que ese urinálisis constituye un registro. Requerirles a los estudiantes que se sometan a ese examen interfiere con su derecho a la intimidad y no cumple con el requisito de razonabilidad esbozado en T.L.O. El requisito también viola el debido proceso del estudiante, toda vez que los resultados pueden llevar a la expulsión de la escuela. En otros lugares se ha permitido el urinálisis realizado al azar entre atletas.

En Anable v. Ford, (1985), una política escolar que requería que se sometieran a urinálisis aquellos estudiantes sospechosos de usar drogas. Una niña sospechosa de usar drogas en el baño de la escuela fue forzada a darse de baja y perdió todo un semestre. En el tribunal alegó que había sido forzada a darse de baja y que la política antidroga era irrazonable. El tribunal encontró el examen inútil. Ese examen puede detectar el uso de marihuana hasta varias semanas de haberse consumido, pero no puede detectar cuánta y dónde se consumió. El tribunal tampoco aceptó el argumento de que había necesidad de atacar el problema de drogas como justificación al examen. También encontró irrazonable obligar al estudiante a orinar en presencia de un adulto.

§3. Derechos relacionados con la libertad de expresión

Uso de Símbolos

Al ver los estudiantes desde muy jóvenes involucrados en asuntos nacionales captura la imaginación de muchas personas. En 1917, una turba blanca mató a treinta y ocho e hirió a cientos más de afroamericanos en St. Louis. En respuesta, cientos de jóvenes negros vestidos de blanco se tomaron de la mano y marcharon a través de Manhattan en un desfile silencioso, que tenía como objetivo hacer que el presidente Woodrow Wilson tomara conciencia del trato ilegal hacia los negros en todo el país (Jason, 2018, Fall).

Sea luchando por la igualdad, el fin de la guerra, la libertad religiosa, las oportunidades económicas, ideologías políticas o cualquier otro asunto de naturaleza social, los estudiantes siempre se han dejado sentir mediante protestas. Las protestas silenciosas son tácticas muy utilizadas para llamar la atención en torno a los problemas e injusticias de la sociedad. Tales protestas, incluidas llevar un mensaje en camisas, mascarillas, prendedores, botones, sentarse en los mostradores del comedor escolar, arrodillarse durante el himno nacional, pueden producir imágenes poderosas y provocar fuertes emociones (American Civil Liberties Union, 2021).

En muchos casos los estudiantes lideran protestas en las que arriesgan sus vidas para que sus voces sean escuchadas y en otras ocasiones lo hacen en forma pacífica a través de mensajes simbólicos. Uno de los ejemplos más recientes se vio con los estudiantes de escuela superior de todo Estados Unidos de América han salido a las calles en respuesta al tiroteo del 14 de febrero de 2018 en la escuela superior Marjory Stoneman Douglas en Parkland, Florida, que dejó 17 muertos. Ellos presionaban por una variedad de medidas de control de armas y de seguridad escolar (Waxman, 2018). De acuerdo con Páez Martínez, (2013), el símbolo siempre ha ocupado un lugar privilegiado dentro de la cultura de los escenarios educativos.

Antes de la década del ‘60 los tribunales no intervenían en las políticas que establecían las autoridades escolares en torno a estos asuntos. En esa década comenzó a manifestarse una nueva tendencia. En el caso de Burnside v. Byars, (1966), un grupo de estudiantes negros de una escuela superior en Mississippi solicitaron un interdicto contra una regla que les prohibía usar unos botones de libertad. El director les indicó que no podían usarlos en la escuela, basado en dos razones: (1) los botones no tenían ninguna relación con el proceso de aprendizaje; (2) el uso de los botones causaría conmoción en la escuela. Los estudiantes argumentaron que el uso de los botones era parte de su libertad de expresión protegida por la Constitución de Estados Unidos de América. El Tribunal de Apelaciones estuvo de acuerdo y ordenó que se invalidara la regla. Resolvió que los estudiantes tienen derecho a expresar sus ideas. Corresponde a las autoridades escolares demostrar que el uso de botones puede afectar el funcionamiento de la escuela. En Chandler v. McMinnville, (1992), se trataba de botones con frases alusivas a una huelga de maestros. El Tribunal sostuvo que las autoridades escolares no tienen discreción ilimitada para suprimir el discurso político. De acuerdo con el Tribunal, no existía relación entre su uso y los posibles disturbios en la escuela.

El caso más importante en torno a esta materia es de Tinker v. Des Moines, (1969), que atendió el Tribunal Supremo de Estados Unidos de América en 1969. Un grupo de estudiantes y sus padres decidieron manifestar su repudio a la Guerra de Vietnam por medio del uso de cintas negras en los hombros durante ciertos días. Las autoridades escolares se enteraron y aprobaron una medida para obligar a los estudiantes a que no las usaran. Si insistían en usarlas se les suspendería hasta que vinieran sin ellas. Tinker y otros las usaron, fueron enviados a su casa, hasta que vinieran sin ellas. No volvieron a la escuela hasta que pasó el tiempo de las protestas. Los estudiantes demandaron. En su reclamación alegaron que se les habían violado sus derechos civiles. El Tribunal de Primera Instancia desestimó la demanda, lo que confirmó el Tribunal de Apelaciones. Al llegar al Tribunal Supremo, éste revoca por lo siguiente: (1) el miedo a que surjan disturbios no es tan apremiante que justifique el que se interfiera con el derecho a la libre expresión de los estudiantes; (2) la regla en cuestión viola el derecho constitucional de los estudiantes, si no se puede demostrar que material y sustancialmente interrumpe el trabajo y la disciplina de los estudiantes.

Si el mensaje es vulgar, ofensivo, lascivo e indecente, se puede regular, independientemente de si el estudiante crea una interrupción sustancial (Bethel v. Fraser, 1968). Igualmente, una escuela podría regular el mensaje que promueva actividades ilegales (Morse v. Frederick, 2007). En términos generales, una camisa o mascarilla que apoya la campaña política de un candidato en particular estará protegida por la Primera Enmienda. Los administradores escolares deben demostrar hechos que puedan llevarlos razonablemente a pronosticar una interrupción sustancial o una interferencia material con las actividades escolares antes de prohibir una expresión de opinión en particular. Se ha considerado que una prenda de vestir que simplemente provoca que los demás se sientan incómodos o molestos generalmente no cumplirá con el estándar de interrupción sustancial establecido por la jurisprudencia.

Hamiel y Hanneman, (2019), resumen las ocasiones en que los tribunales han extendido la protección de la Primera Enmienda, al uso de símbolos como los siguientes: brazaletes negros en protesta por la guerra de Vietnam (Tinker v. Des Moines, 1969); pulseras de concienciación del cáncer de mama con el lema ¡I ♥ Boobies! (B.H. v. Easton, 2013); una camiseta con la foto del presidente de los Estados Unidos George W. Bush y las palabras Terrorista Internacional (Barber v. Dearborn, 2003); una camiseta que deletrea la palabra LOVE usando la "L" como una pistola, la "O" como una granada de mano, la "V" como dos cuchillos y la "E" como un rifle (Schoenecker v. Koopman, 2018); una camiseta con una imagen que mostraba tres siluetas negras de hombres con armas de fuego superpuestas a las letras "NRA" colocadas encima de la frase "SHOOTING SPORTS CAMP" (Association Newsom v. Albermarle County, 2003).

En Puerto Rico, el Reglamento General de Estudiantes del Departamento de Educación de Puerto Rico de 2019 en su Art. III Sección 4.2 dispone que "Se prohibirá a los estudiantes ostentar símbolos, objetos o tatuajes visibles alusivos al sexo, drogas y armas dentro de los predios escolares que constituyan o promuevan actos ilegales, promiscuidad, pornografía o inciten a la violencia. En el Art. V, Sección 5.2.6 de esa misma fuente se dispone que las pantallas en las orejas serán permitidas a los estudiantes, excepto alusivas a drogas, armas y sexo, pantallas que pongan en peligro la integridad física de los estudiantes como por ejemplo: pantallas de puyas en las cejas ni pantallas nariz ni en los cachetes, dentro de la escuela, en las salas de clases, en los predios escolares y en aquellas actividades auspiciadas por la escuela, a excepción de actividades extracurriculares debidamente autorizadas por el Director y el Consejo Escolar. No se permitirán piercings visibles de ningún tipo, para salvaguardar la integridad física y la salud de los estudiantes.

En resumen, las autoridades escolares deben revisar de manera proactiva sus políticas relacionadas con las imágenes y los mensajes con asuntos sociales y políticos. Las autoridades escolares deben abordar estos incidentes caso a caso para determinar si los mecanismos simbólicos usados por los estudiantes constituyen un tipo de mensaje protegido bajo la Primera Enmienda. Un mensaje que no esté protegido por la Primera Enmienda puede ser prohibido por las autoridades escolares. Los estudiantes tienen derecho a expresar sus opiniones a través de esos medios. Tal como se ha determinado en los Estados Unidos de América, una escuela solo puede regular el discurso de los estudiantes si puede demostrar que con su conducta causarían una interrupción sustancial o una interferencia material con las actividades escolares (Tinker v. Des Moines, 1969).

Jursiprudencia

36. Tinker v. Des Moines, 393 US 503 (1969)

[Resumen]

[En este caso se reconoce el derecho a la libertad de expresión de los estudiantes en las escuelas públicas.]

Tribunal Supremo de los Estados Unidos

El Sr. Juez FORTAS emitió la opinión del Tribunal.

John F. Tinker, de 15 años, Christopher Eckhardt, de 16 años y Mary Beth Tinker, hermana de John, de 13 años asistían a escuelas secundarias en Des Moines, Iowa.

En diciembre de 1965, un grupo de adultos y estudiantes en Des Moines celebró una reunión en la casa de Eckhardt. El grupo decidió dar a conocer sus objeciones a las hostilidades en Vietnam y su apoyo a una tregua usando brazaletes negros durante la temporada navideña y ayunando el 16 de diciembre y la víspera de Año Nuevo. Los estudiantes y sus padres habían participado previamente en actividades similares y decidieron participar en el programa.

Los directores de las escuelas de Des Moines se dieron cuenta del plan de usar brazaletes. El 14 de diciembre de 1965, se reunieron y adoptaron una política de que se le pediría a cualquier estudiante que llevara un brazalete a la escuela que se lo quitara, y si se negaba, sería suspendido hasta que regresara sin el brazalete. Los estudiantes conocían la regulación que las autoridades escolares adoptaron.

El 16 de diciembre, Mary Beth y Christopher usaron brazaletes negros en sus escuelas. John Tinker llevó su brazalete al día siguiente. Todos fueron enviados a casa y suspendidos de la escuela hasta que regresaran sin sus brazaletes. No regresaron hasta después de que el período planeado para usar brazaletes había expirado, es decir, hasta después del día de Año Nuevo.

Presentaron una reclamación en el Tribunal de Distrito, a través de sus padres. Solicitaron una orden judicial que restringiera a los funcionarios escolares y a los miembros de la directiva de la junta escolar del distrito de disciplinar a los estudiantes.

El Tribunal de Distrito desestimó la reclamación. Confirmó la constitucionalidad de la acción de las autoridades escolares sobre la base de que era razonable para evitar disturbios en la escuela. El tribunal se refirió, pero expresamente se negó a seguir un precedente del Quinto Circuito en un caso similar en el que el uso de símbolos como los brazaletes no se puede prohibir a menos que interfiera material y sustancialmente con los requisitos de disciplina apropiada en el funcionamiento de la escuela.

Los estudiantes acudieron al Tribunal de Apelaciones del Octavo Circuito. Este tribunal se dividió en partes iguales, y en consecuencia se confirmó la decisión del Tribunal de Distrito.

Los estudiantes acudieron al Tribunal Supremo, quien concedió el certiorari. [Significa que decidieron revisar la decisión del Tribunal de Instancia que había desestimado la queja de los estudiantes]. El Supremo revocó la decisión del Tribunal de Distrito por los siguientes fundamentos:

De acuerdo con el Tribunal Supremo, el Tribunal de Distrito reconoció que el uso de un brazalete con el fin de expresar ciertos puntos de vista es el tipo de acto simbólico que se encuentra dentro de la Cláusula de Libertad de Expresión de la Primera Enmienda.

Los derechos de la Primera Enmienda, aplicados a la luz de las características especiales del entorno escolar, están disponibles para maestros y estudiantes. Difícilmente se puede argumentar que los estudiantes o los maestros abandonen sus derechos constitucionales a la libertad de expresión en la puerta de la escuela. Esta ha sido la posición inconfundible de este Tribunal Supremo durante casi 50 años. El Tribunal ha resuelto que la Cláusula de Debido Proceso de la Decimocuarta Enmienda impide que los Estados prohíban la enseñanza de una lengua extranjera a jóvenes estudiantes y que un estudiante de escuela pública no puede ser obligado a saludar la bandera.

La Decimocuarta Enmienda, como se aplica ahora a los Estados, protege al ciudadano contra el Estado mismo y todas sus criaturas, las Juntas de Educación no están excluidas. Estas tienen, por supuesto, funciones importantes, delicadas y altamente discrecionales, pero ninguna que no puedan cumplir dentro de los límites de la Declaración de Derechos.

El hecho de que estén educando a los jóvenes para la ciudadanía es una razón para la protección escrupulosa de las libertades constitucionales del individuo, si no queremos estrangular su mente libre y enseñarle a los jóvenes a descartar principios importantes de nuestro gobierno.

El problema planteado por el presente caso no se relaciona con la regulación de la longitud de las faldas o el tipo de ropa, el peinado o la deportación. No se trata de acciones agresivas, disruptivas o incluso manifestaciones grupales. Nuestro problema involucra derechos directos y primarios de la Primera Enmienda.

Los funcionarios escolares prohibieron y trataron de castigar a los estudiantes por una expresión de opinión pasiva y silenciosa, sin que estuviera acompaña de desorden o molestia. Aquí no hay evidencia de la interferencia de los estudiantes, real o incipiente, con el trabajo de las escuelas o de la colisión con los derechos de otros estudiantes a estar seguros. En consecuencia, este caso no se refiere al discurso o acción que interfiere con el trabajo de las escuelas o los derechos de otros estudiantes.

De los 18,000 estudiantes en el sistema escolar solo cinco fueron suspendidos por usar los brazaletes negros. No hay indicios de que el trabajo de las escuelas o cualquier clase haya sido interrumpido. Fuera de las aulas, algunos estudiantes hicieron comentarios hostiles a los niños que llevaban brazaletes, pero no hubo amenazas ni actos de violencia en las instalaciones escolares.

El Tribunal de Distrito concluyó que la acción de las autoridades escolares fue razonable porque se basó en su temor a una perturbación por el uso de los brazaletes. Pero, en nuestro sistema, el miedo indiferenciado o la aprensión a los disturbios no son suficientes para superar el derecho a la libertad de expresión. Cualquier desviación de la reglamentación absoluta puede causar problemas. Cualquier variación de la opinión de la mayoría puede inspirar miedo. Cualquier palabra pronunciada, en clase, en el comedor o en el campus, que se desvía de las opiniones de otra persona puede iniciar una discusión o causar molestias. Pero nuestra Constitución dice que debemos correr este riesgo. Nuestra historia dice que es este tipo de libertad peligrosa, este tipo de apertura, la base de nuestra fuerza nacional y de la independencia y el vigor de los estadounidenses que crecen y viven en esta sociedad relativamente permisiva.

Para que el Estado en la persona de los funcionarios escolares justifique la prohibición de una expresión de opinión particular, debe ser capaz de demostrar que su acción fue causada por algo más que un simple deseo de evitar la incomodidad y la incomodidad que siempre acompañan a un impopular punto de vista. Ciertamente, cuando no hay hallazgos y no se demuestra que participar en la conducta prohibida interferiría material y sustancialmente con los requisitos de disciplina apropiada en el funcionamiento de la escuela, la prohibición no puede sostenerse.

En el presente caso, el Tribunal de Distrito no hizo tal conclusión, y nuestro examen independiente del récord no arroja evidencia de que las autoridades escolares tenían razones para anticipar que el uso de los brazaletes interferiría sustancialmente con el trabajo de la escuela o afectaría los derechos de otros estudiantes. Incluso un memorando oficial preparado después de la suspensión que enumeraba las razones de la prohibición de usar los brazaletes no hizo referencia a la anticipación de tal interrupción.

Por el contrario, la acción de las autoridades escolares parece haberse basado en un deseo urgente de evitar la controversia que podría resultar de la expresión en oposición a la parte de esta nación contra conflagración en Vietnam. Es revelador, a este respecto, que la reunión en la que los directores de las escuelas decidieron emitir el reglamento impugnado se convocó en respuesta a la declaración de un estudiante al maestro de periodismo en una de las escuelas de que quería escribir un artículo sobre Vietnam.

También es relevante que las autoridades escolares no pretendan prohibir el uso de todos los símbolos de importancia política o controvertida. El récord muestra que los estudiantes en algunas de las escuelas tenían botones relacionados con campañas políticas nacionales, y algunos incluso lleva-

ban la Cruz de Hierro, tradicionalmente un símbolo del nazismo. La orden que prohíbe el uso de brazaletes no se extendió a estos. En cambio, un símbolo particular, brazaletes negros usados para exhibir oposición a la participación de esta nación en Vietnam, fue señalado para su prohibición. Claramente, la prohibición de expresión de una opinión particular, al menos sin evidencia de que sea necesario evitar interferencias materiales y sustanciales con el trabajo escolar o la disciplina, no es constitucionalmente permisible.

En nuestro sistema, las escuelas operadas por el estado pueden no ser enclaves de totalitarismo. Los funcionarios escolares no poseen autoridad absoluta sobre sus estudiantes. Los estudiantes dentro y fuera de la escuela son 'personas' bajo nuestra Constitución. Poseen derechos fundamentales que el Estado debe respetar, así como ellos mismos deben respetar sus obligaciones con el Estado. En nuestro sistema, los estudiantes no pueden ser considerados como receptores de circuito cerrado de solo lo que el Estado decide comunicar. Es posible que no se limiten a la expresión de esos sentimientos que están aprobados oficialmente. En ausencia de una muestra específica de razones constitucionalmente válidas para regular su discurso, los estudiantes tienen derecho a la libertad de expresión de sus puntos de vista.

La protección vigilante de las libertades constitucionales no es en ningún lugar más vital que en la comunidad de las escuelas estadounidenses. El aula es peculiarmente el mercado de ideas. El futuro de la nación depende de líderes entrenados a través de una amplia exposición a ese intercambio robusto de ideas que descubre la verdad en una multitud de lenguas, (en lugar de) a través de cualquier tipo de selección autorizada.

El principio de estos casos no se limita a la discusión supervisada y ordenada que tiene lugar en el aula. El uso principal al que se dedican las escuelas es acomodar a los estudiantes durante las horas prescritas con el propósito de ciertos tipos de actividades. Entre esas actividades se encuentra la intercomunicación personal entre los estudiantes. Esta no es solo una parte inevitable del proceso de asistir a la escuela.

También es una parte importante del proceso educativo. Los derechos de un estudiante, por lo tanto, no abarcan simplemente las horas de clase. Cuando está en la cafetería, en el campo de juego o en el campus durante las horas autorizadas, puede expresar sus opiniones, incluso sobre temas controvertidos como el conflicto en Vietnam, si lo hace sin interferir material y sustancialmente con los requisitos de disciplina apropiada en el funcionamiento de la escuela y sin chocar con los derechos de los demás. Pero la conducta del estudiante, en clase o fuera de ella, que, por cualquier razón, ya sea por tiempo, lugar o tipo de comportamiento, interrumpe materialmente el trabajo de clase o implica un desorden sustancial o invasión de los derechos de los demás, por supuesto, no queda inmunizado por la garantía constitucional de libertad de expresión.

Según nuestra Constitución, la libertad de expresión no es un derecho otorgado solo para estar tan circunscrito que existe en principio, pero no de hecho. La libertad de expresión no existiría realmente si el derecho pudiera ejercerse solo en un área que un gobierno benevolente ha proporcionado como refugio seguro. La Constitución dice que el Congreso (y los Estados) no pueden resumir el derecho a la libertad de expresión. Esta disposición significa lo que dice. Lo leemos correctamente para permitir una regulación razonable de las actividades relacionadas con el habla en circunstancias cuidadosamente restringidas. Pero no limitamos el ejercicio permisible de los derechos de la Primera Enmienda a una cabina telefónica o las cuatro esquinas de un folleto, ni a la discusión supervisada y ordenada en un aula escolar.

Si los funcionarios escolares adoptaran una regulación que prohibiera la discusión del conflicto de Vietnam, o la expresión de cualquier estudiante de oposición a él en cualquier lugar de la propiedad escolar, excepto como parte de un ejercicio prescrito en el aula, sería obvio que la regulación violaría los derechos constitucionales de estudiantes, al menos si no puede justificarse demostrando que las actividades de los estudiantes perturbarían material y sustancialmente el trabajo y la disciplina de la escuela. En las circunstancias del presente caso, la prohibición del testigo silencioso y pasivo de los brazaletes, como lo llamó uno de los niños, no es menos ofensivo para las garantías de la constitución.

No expresamos ninguna opinión en cuanto a la forma de alivio que debe otorgarse, esto es un asunto que los tribunales inferiores deben determinar.

Revocaremos y reenviaremos para procedimientos posteriores consistentes con esta opinión.

Vestimenta y apariencia personal

El uso de uniforme escolar fue requerido en los inicios de los sistemas educativos. A la mayoría de los estudiantes solo se les exigía que la ropa fuera apropiada para su entorno de aprendizaje. Frecuentemente, si se les exigía usar uniforme, no asistían a una escuela. Desde hace algún tiempo se ha discutido si los uniformes escolares deberían ser una opción o si deberían eliminarse de las escuelas. El 23 de enero de 1996, el presidente Bill Clinton se convirtió en el primer presidente de Estados Unidos en mencionar los uniformes escolares en el discurso del Estado de la Unión, ocasión en que abogó su uso en las escuelas públicas (Washington, 2019). Las escuelas públicas de todo el país han seguido su recomendación. Otros sistemas no tienen uniformes obligatorios, pero han instituido códigos de vestimenta que prohíben el uso de ciertas prendas.

El Departamento de Educación de Puerto Rico recoge disposiciones relacionadas con este tema en el Reglamento General de Estudiantes de 2019 (Reglamento, 2019). El Art. III Sección 4.2 de ese documento dispone que se prohibirá a los estudiantes ostentar símbolos, objetos o tatuajes visibles alusivos al sexo, drogas y armas dentro de los predios escolares que constituyan o promuevan actos ilegales, promiscuidad, pornografía o inciten a la violencia. En su Art. III Sección 5.3 el Reglamento General de Estudiantes dispone que se prohibirá al estudiante utilizar camisetas y accesorios excesivos visibles, pero sin limitarse a: gafas de sol y gorras, lentes ahumados, cadenas, boinas, sombreros. Se harán excepciones por cuestiones de edad, religión o cuando medie alguna orden médica la cual el padre, la madre o el encargado del estudiante deberá presentar al director de escuela de forma inmediata.

En el Art. V, Sección 5.2.6 del Reglamento General de Estudiantes se dispone que las pantallas en las orejas serán permitidas a los estudiantes, excepto alusivas a drogas, armas y sexo, pantallas que pongan en peligro la integridad física de los estudiantes como por ejemplo: pantallas de puyas en las cejas ni pantallas nariz ni en los cachetes, dentro de la escuela, en las salas de clases, en los predios escolares y en aquellas actividades auspiciadas por la escuela, a excepción de actividades extracurriculares debidamente autorizadas por el Director y el Consejo Escolar. No se permitirán piercings visibles de ningún tipo, para salvaguardar la integridad física y la salud de los estudiantes.

Hamiel y Hanneman, (2019), sostienen que los funcionarios escolares pueden imponer esos códigos de vestimenta y políticas de uniformes, pero dichos mecanismos no pueden ser discriminatorios ni censurar la expresión de los estudiantes. Estas son de las áreas de más controversia constitucional en la actualidad. Estos códigos tienen personas que los apoyan y otras que están en contra. Los proponentes de tales medidas sostienen que ayudan al control de la disciplina y previenen la violencia. Estos autores indican que los uniformes y algunos códigos de vestimenta disminuyen la presión de grupo agravada por las divisiones socioeconómicas, promueven la unidad de espíritu y ayudan a los administradores a mantener los controles de acceso a los predios de las escuelas. Por otro lado, hay, además, un grupo de opositores que indican que tales medidas suprimen la individualidad y la libertad personal de los estudiantes. Estos argumentan que los estudiantes podrían alienarse si los funcionarios escolares cierran una de sus pocas vías de expresión. También cuestionan si los códigos de vestimenta restrictivos realmente hacen que las escuelas sean más seguras. Muchos padres argumentan que estas políticas restrictivas también infringen la libertad de los padres para criar a sus hijos (Hudson y Ghani, 2017). Los tribunales han tenido que atender reclamaciones de violación a los derechos de los estudiantes por reglamentaciones de los administradores. Cuando les llega una situación así aplican el estándar Tinker v. Des Moines para determinar si los funcionarios escolares pueden regular la vestimenta de los estudiantes.

En Bivens by Green v. Albuquerque, (1995) la madre de Richard Bivens presentó una demanda alegando violaciones del derecho a la libertad de expresión y asociación de la Primera Enmienda, porque su hijo fue suspendido de la escuela por contravenir el código de vestimenta que prohibía el uso de pantalones demasiado bajos en las caderas [sagging pants]. Las autoridades de la escuela reclamaron que la prohibición de los pantalones demasiado bajos en las caderas [sagging pants] era parte de un código de vestimenta que se adoptó en respuesta a un problema de pandillas que había en el lugar. Bivens no negó que existiera un problema de pandillas en la escuela, pero indicó que nunca había sido miembro de una pandilla, ni estaba afiliado a ninguna pandilla y ni aspiraba a ser miembro de una pandilla. Las autoridades de la escuela no sostenían que Bivens estuviera relacionado con pandillas.

Bivens afirmó que usaba los pantalones como una manifestación de su identidad como un joven negro y como una forma de expresar su vínculo con la cultura negra y los estilos de la juventud urbana negra. Afirmó que la prohibición era inconstitucional según se le aplicó, porque las autoridades escolares no pudieron demostrar que su uso interfería con el funcionamiento de la escuela.

Las autoridades escolares argumentaron que Bivens no tenía derecho constitucional de afirmar su identidad como un joven negro y como una forma de expresar su vínculo con la cultura negra y los estilos de la juventud urbana negra por medio del uso de sus pantalones porque esa conducta no era una conducta expresiva protegida por la Primera Enmienda. Afirmaron que el mero hecho de que Bivens pudiera tener la intención de transmitir algún mensaje con su ropa no coloca esa conducta dentro de la protección de la Primera Enmienda. También sostuvieron que el mensaje que se pretende transmitir subjetivamente debe ser particularizado, no abstracto y debe haber una gran probabilidad de que las personas que lo observan objetivamente lo entiendan. El Tribunal consideró que Bivens pudo demostrar que con el uso de los pantalones demasiado bajos en las caderas [sagging pants] transmitía un mensaje en particular, pero no pudo demostrar que otros observadores razonables lo entenderían.

Otros tribunales han indicado que un código de vestimenta escolar o una política de uniforme es constitucional si cumple con una serie de requisitos. Primero debe estar autorizada por la ley. En segundo lugar, debe avanzar un interés gubernamental importante. En tercer lugar, no se relaciona con la supresión de la libertad de expresión. Y cuarto, restringe la libertad de expresión en forma incidental (Hudson y Ghani, 2017).

Por ejemplo, en Canady v. Bossier Parish School Board, (2001), el Tribunal de Apelaciones del Quinto Circuito resolvió la escuela no infringió los derechos de los estudiantes al exigirles que usaran uniformes. La decisión confirmó la decisión de un juez del Tribunal de Distrito que sostuvo una política uniforme implantada por una Junta Escolar representaba un medio constitucional para tratar de mejorar la calidad de la educación. El propósito de la Junta Escolar al promulgar la política de uniformes era aumentar los puntajes de las pruebas y reducir los problemas disciplinarios en todo el sistema escolar. Dicho propósito no está relacionado de ninguna manera con la supresión del habla de los estudiantes.

Sin embargo, no todas las conductas pueden etiquetarse como expresión. El uso de un tipo o estilo de ropa en particular no suele considerarse una conducta expresiva. La vestimenta comúnmente prohibida incluye ropa que revela demasiado del cuerpo, que contiene símbolos racialmente insensibles, promueve el alcohol, el tabaco o que incita a la violencia. Algunas escuelas imponen restricciones en torno a los tipos de ropa permitidos. Si bien las escuelas pueden establecer dichas limitaciones, no pueden aplicar estándares que sean discriminatorios. Por ejemplo, una escuela pública puede prohibir que todos los estudiantes usen pantalones cortos, pero no puede decir que todas las niñas usen faldas y los niños usen pantalones. Aunque estos asuntos no son nuevos y aparecen regulados en el Título IX de las Enmiendas de Educación de 1972 ya se han desarrollado nuevas controversias en lo que respecta a los derechos LGBT.

En McMillen v. Itawamba, (2010), una estudiante identificada como lesbiana quería llevar a su novia al baile de graduación y usar un esmoquin de varón. Los funcionarios de la escuela le negaron el permiso, le dijeron que no podía traer una pareja del mismo sexo y que las niñas debían usar vestidos para el baile de graduación. McMillen demandó a su escuela. La escuela canceló el baile de graduación. El juez de instancia determinó que la escuela había violado los derechos de la Primera Enmienda de McMillen. Entendió que la actuación de la escuela restringió su posibilidad de representar abiertamente su orientación sexual en el baile de graduación. Finalmente, las partes llegaron a un acuerdo y la escuela terminó enmendando sus políticas para permitir que los estudiantes usen ropa formal para el baile de graduación que se identifique con su orientación sexual e identidad de género. Los casos relacionados con la identidad de género y los códigos de vestimenta continúan surgiendo. Los tribunales generalmente resuelven a su favor. En uno de los casos más recientes ha sido el de Grimm v. Gloucester (2020) en que el Tribunal Supremo de Estados Unidos se negó a revisar un dictamen del Tribunal de Circuito que validó una decisión de un Tribunal de Distrito a los efectos de que bajo a la igual protección de las leyes y el Título IX se puede proteger los estudiantes transgénero que desean afirmar su identidad de género y retar las políticas de uso de los baños de sus escuelas.

En lo referente al arreglo personal, la mayoría de los casos en los que se han presentado reclamaciones judiciales contra las escuelas han tenido que ver con el largo del cabello y los piercings. Se han sostenido reglas de aseo para los estudiantes que desean participar en actividades extracurriculares, incluido el atletismo. Crossen v. Fatsi, (1970), fue un caso de Connecticut donde se impugnaba una regla que exigía que todos los estudiantes estuvieran vestidos y recortados nítidamente, mantuvieran estándares de modestia y buen gusto conducentes a una atmósfera de estudio, y que se abstuvieran de usar ropa y peinados extremos (extreme). Un estudiante se dejó una barba y bigote. Cuando le llamaron la atención alegó que no las consideraba "extreme style or fashion." Además que su apariencia era un asunto de expresión privado y personal protegido por la Constitución. El Tribunal de Distrito declaró que la regla era inconstitucional. Sostuvo que la forma en que la regla estaba escrita era muy vaga e imprecisa. Dejaba al arbitrio del director de la escuela, el determinar qué era "extreme fashion or style". En cuanto al propósito de la regla, el Tribunal expresó que: (1) un código debe definir claramente las normas; (2) debe estar diseñado para evitar interrumpir la atmósfera del salón; (3) evitar la distracción de otros estudiantes; y (4) evitar interferencia con el proceso docente. Se le prohibió a la escuela el suspender al estudiante mediante el uso de esa regla. Se ordenó además, que se le eliminara de su record cualquier mención alusiva a esos incidentes.

En Davenport v. Randolph County Bd. of Educ., (1984), la escuela prohibía a los miembros del equipo fútbol tener barbas y bigotes que se extendieran más allá de las líneas de la boca o patillas que crecieran debajo de los lóbulos de las orejas. Los padres de unos jóvenes aprobaron la decisión de sus hijos de no cumplir con la política de la escuela y demandaron. Sostuvieron que la política de la escuela era inconstitucional porque constituía un acto arbitrario e irrazonable el exigir que los adolescentes de catorce y quince años se afeitaran para participar en los deportes de la escuela. El tribunal de distrito encontró que la política de aseo fue adoptada para lograr el objetivo legítimo de presentar la escuela de la forma más favorable y que caía dentro del poder de la escuela para regular el aseo personal. El tribunal de distrito determinó, además, y los demandantes no estuvieron en desacuerdo, que no había evidencia de que la política tuviera motivaciones raciales.

En Massie v. Henry, (1972), un grupo de estudiantes fue procesado por violar una norma que se refería al cabello y las patillas. El Tribunal de Distrito encontró razonable la norma. El Tribunal de Apelaciones para el cuarto circuito revocó. Se fundó en que no encontró prueba: (1) de que la salud se afectara por el largo del cabello; (2) que tuviera algún efecto irruptor del proceso de enseñanza. Sostuvo que la insistencia de los administradores en mantener una norma no es suficiente para sostenerla sin prueba de necesidad apremiante para atentar contra la libertad del estudiante.

En Domico v. Rapides Parish Sch. Bd., (1982), había una regla que decía que todos los ciudadanos tienen derecho a escoger el modo de arreglarse el cabello, y que ese derecho es uno libertario garantizado por la Décimo Cuarta Enmienda contra cualquier acción estatal arbitraria. Para que una regla en torno a la vestimenta la vestimenta o el arreglo del cabello pueda tener éxito en su implantación, las autoridades deben demostrar que el no ponerse en práctica le causaría un efecto adverso al proceso educativo.

Publicaciones de los estudiantes como expresión

Los periódicos estudiantiles son herramientas educativas valiosas tanto para los estudiantes como para la escuela. Son canales de inquietud estudiantil que deberían ser alentados, no reprimidos. Consistentemente las autoridades escolares han escogido el camino más fácil de controlar las manifestaciones estudiantiles; los directores se convierten en editores, con pleno control de la prensa estudiantil para limitar los derechos de libertad expresión de los estudiantes.

En Hazelwood v. Kuhlmeier, (1988), un grupo de estudiantes de la clase de periodismo en la Escuela Superior Hazelwood East en St. Louis, Missouri, escribieron en torno a las experiencias de sus compañeros relacionadas con el embarazo entre adolescentes y el impacto del divorcio. El periódico The Spectrum era patrocinado y financiado por la escuela. El director eliminó las páginas que contenían esos artículos antes de su publicación sin expresarlo a los estudiantes. Los estudiantes demandaron en el Tribunal de Distrito alegando que la escuela violó sus derechos reconocidos por la Primera Enmienda. Tribunal de Distrito resolvió que la escuela tenía la autoridad para ello porque eran parte de una clase. Los estudiantes apelaron y el Tribunal de Apelaciones revocó al decidir que el periódico era un foro público que se extendía más allá de las paredes de la escuela y que los administradores podían censurar el contenido solo en circunstancias extremas.

No conforme con esa interpretación, la escuela apeló al Tribunal Supremo de Estados Unidos de América donde se decidió que las acciones del director no violaron los derechos de libertad de expresión de los estudiantes. El Tribunal Supremo indicó que el periódico era patrocinado por la escuela y, como tal, la escuela tenía un interés legítimo en evitar la publicación de artículos que consideraba inapropiados o que afectaran la imagen de la escuela. Específicamente, señaló que el periódico no tenía la intención de ser un foro público en el que todos pudieran compartir puntos de vista. Se trataba de un foro limitado para que los estudiantes de periodismo escribieran artículos, sujetos a que cumplieran con los requisitos de su clase de periodismo.

En consecuencia, si la administración puede presentar una justificación educativa razonable se permitirá la censura. En estos casos, el director se convierte en una especie de editor-censor al realizar una revisión previa del material. También se vincula como un vigilante, al determinar qué material los estudiantes pueden leer, discutir y publicar. La determinación del Tribunal Supremo, en este caso, tuvo el efecto de recortar significativamente las protecciones de la Primera Enmienda que se les habían otorgado a los estudiantes de escuelas superiores públicas. En algunas escuelas, la censura se convirtió en el procedimiento operativo estándar. Cada vez que se presentaba una reclamación los tribunales utilizaban los lineamientos de este caso para derrotar los reclamos de los estudiantes (Boggs, 2005).

Esta postura de los tribunales se fue modificando con el paso del tiempo. En una escuela superior de Reynoldsburg, OH un periódico estudiantil criticó a unos entrenadores de atletismo por permitir beber y fumar a los jugadores. También hicieron expresiones negativas en torno a la policía de Columbus por su manejo de un concierto de rock. El director de la escuela detuvo la distribución de la edición. Ordenó que se quemara y la Junta Escolar lo respaldó. Además, ordenó que el periódico tuviese que enviarle todas las copias para su aprobación previa antes de que pudiera imprimirse de nuevo (Boggs, 2005).

La ACLU demandó en nombre de los estudiantes y se declaró sin lugar. En apelación se revocó la sentencia, y se afirmó que, si el material publicado en los periódicos de estudiantes de escuela superior no interfiere sustancialmente con la disciplina escolar, no pueden ser censurados. Además, ordenó a los administradores a que produjeran guías que especificaran lo que se consideraría perturbar o interferir con el proceso educativo (Boggs, 2005).

A medida que los funcionarios escolares consideren la revisión previa y la censura, primero deben examinar las políticas que rigen la publicación para determinar si es un foro público o no público. Los periódicos estudiantiles de foros no públicos podrían ser censurados bajo el estándar de Hazelwood. Los periódicos de foros públicos sólo podrán ser censurados cuando los funcionarios escolares proporcionen razones para justificar sus acciones. Se han identificado nueve factores que los tribunales deben tener en cuenta al analizar el tipo de foro al cual pertenece un periódico estudiantil: (1) si los medios estudiantiles son parte del currículo de la escuela superior; (2) si el personal estudiantil recibe calificaciones por publicar; (3) si el periódico está supervisado por un miembro de la facultad; (4) si la escuela se desvió de su política de producir el documento como parte del currículo; (5) el grado de control que ejerce la administración y facultad; (6) las declaraciones de política escritas; (7) la política de la escuela con respecto al tipo de foro; (8) la práctica de la escuela con respecto al foro y (9) la naturaleza del periódico en cuestión y su compatibilidad con la actividad expresiva (Boggs, 2005).

En los casos de publicaciones auspiciadas por las escuelas el solicitar que el material se someta a las autoridades escolares para examinarlo antes de su publicación no es irrazonable e inconstitucional per se. Se van a tomar en cuenta factores como: (1) presencia o ausencia de una razón estatal sustancial para requerirlo; (2) conocimiento de los estudiantes y facultad en torno a la política editorial y, hasta qué punto, se les ha notificado; (3) estudiar el propósito de la publicación; (4) lenguaje de la regla, si hay una prohibición que es vaga o si no especifica qué no se debe publicar y (5) si se han desarrollado garantías procesales para las solicitudes de la publicación.

Los tribunales han tenido que enfrentar diversas reclamaciones de estudiantes. En Gambino v. Fairfax, (1977), un grupo de estudiantes sometió un artículo titulado Los estudiantes sexualmente activos no usan contraceptivos a un periódico que la escuela publicaba titulado The Farm News. La administración le negó el permiso de publicación, porque el artículo exponía el uso de contraceptivos que violaban una circular que prohibía la inclusión de métodos de control de la natalidad en el currículo. Las demás partes podían ser publicadas. Los estudiantes acudieron al Tribunal de Distrito. El Tribunal de Distrito determinó que el periódico se estableció como un foro público para la expresión de los estudiantes y, por lo tanto, está sujeto a la protección de la Primera Enmienda. También concluyó que los estudiantes no son una audiencia cautiva simplemente por su asistencia obligatoria a la escuela. Finalmente, el tribunal concluyó que debido a que el periódico se estableció como un foro público y no como una publicación oficial, no puede ser visto como parte del currículo; en consecuencia, no se aplica el dictamen de censura de la junta para regular el contenido del periódico.

En Trachman v. Anker, (1977), un grupo de estudiantes de escuela superior sometió un plan para investigar las actitudes sexuales de los estudiantes por medio de unos cuestionarios. Querían publicar los resultados en el periódico de la escuela The Stuyvesant Voice. La administración de la escuela les negó el permiso. Acudieron al Tribunal Federal. El Juez resolvió a favor de la escuela. Las autoridades escolares lo convencieron de que el proyecto de publicación podría ser sicológicamente dañino para los estudiantes de 13 y 14 años. La justificación de su decisión estuvo basada en que los estudiantes de esa edad eran emocionalmente inmaduros. De acuerdo con el juez, no se le podría negar el permiso si se tratase de estudiantes mayores. Los estudiantes apelaron la decisión y el Tribunal Apelativo devolvió el caso con instrucciones de que se desestimara. Este Tribunal coincidió en el derecho a la libertad de expresión no incluye el derecho a obligar a otros a contestar preguntas cuando hay razones para pensar que podría tener consecuencias dañinas para ellos. Los oficiales escolares solo tienen que demostrar una base razonable para la prohibición de la distribución de las publicaciones. En resumen, los maestros y estudiantes estarán sujetos a revisión previa de los artículos que intenten incluir en publicaciones auspiciadas por la escuela, siempre que haya razones pedagógicas legítimas detrás de la actuación de la administración.

En la situación de publicaciones no auspiciadas por la escuela la controversia principal que ha surgido, en esta materia, se ha circunscrito a la autoridad de la administración escolar para regular tiempo, lugar y manera en que se distribuyen las publicaciones. La prohibición por contenido es la que ha presentado mayores dificultades. Se ha sostenido cuando está basada en evitar interrupción de las actividades escolares. En Thomas v. Bd. of Ed. Granville, (1980), se suspendieron cuatro estudiantes de escuela superior que habían preparado una publicación titulada Hard Times. La publicación se produjo casi exclusivamente fuera de la escuela. Las autoridades escolares suspendieron a los editores por cinco días, por producción de una publicación moralmente ofensiva, indecente y obscena. Los estudiantes solicitaron un interdicto al Tribunal de Distrito, el cual lo denegó porque el periódico no estaba protegido por la Primera Enmienda, debido a su potencial daño a la disciplina de la escuela. El Tribunal de Apelaciones revocó al de Distrito. De acuerdo con este Tribunal, las autoridades escolares se salieron de los límites de la escuela, y entraron a la comunidad general. En la comunidad, los estándares de protección a la libertad de expresión son más estrictos. Al hacerlo de esta manera, sus actuaciones se evalúan a la luz de las de cualquier otro funcionario gubernamental. El Tribunal indicó que esa expresión de los estudiantes que se origina fuera de la escuela debe ser evaluada por un ente imparcial e independiente, no por oficiales escolares. En vista de que en este caso no se siguió ese procedimiento, el castigo a los estudiantes violó la Primera Enmienda.

La violación a las reglas de tiempo, lugar y manera puede tener consecuencias. En gran cantidad de casos se ha intentado prohibir la distribución de materiales por libelos, vulgares, obscenos, repulsivos u objetables de alguna manera. No se ha llegado a un acuerdo en cuanto al grado de especificidad necesario. Es importante que los estudiantes conozcan el significado. Se requieren garantías procesales razonables para implantar esas prohibiciones.

En el caso de Quarterman v. Bird, (1971), se suspendió a unos estudiantes por violar una regla que prohibía la distribución de anuncios, folletos, material impreso, sin el permiso expreso del principal. El reglamento escolar no disponía de los criterios que deben seguir las autoridades escolares para determinar si conceder o denegar el permiso. Tampoco las garantías procesales en forma de un procedimiento de revisión expedito de la decisión de las autoridades escolares, en consecuencia, se declaró constitucionalmente defectuoso.

En Baughman v. Freienmuth, (1973), el tribunal elaboró unos requisitos que permiten evaluar la razonabilidad de las reglas: (1) deben contener criterios suficientemente claros en cuanto a lo que está prohibido, de forma que los estudiantes razonablemente conozcan qué pueden o no escribir; (2) se debe incluir una definición del término distribución y su aplicación a los distintos tipos de material; (3) la aprobación de los administradores debe ser rápida; (4) las consecuencias de la tardanza en actuar deben ser específicas y (5) se debe incluir un procedimiento de apelación rápido.

En Hernández v. Hanson, (1977), se desestimó la impugnación de una regla que exigía que se solicitara permiso para distribuir literatura en la escuela. La regla decía que ni los estudiantes, ni el personal, ni en las instalaciones de la escuela se podía promover o anunciar intereses foráneos de la escuela, sin permiso. Se establecían los procesos de solicitud escrita al principal, razones por las que el permiso podía ser denegado, inclusive, si se trataba de material obsceno, definía claramente lo que eso significaba.

La libertad de expresión garantiza el derecho recíproco de los estudiantes a recibir ideas, opiniones, información, etc. Los casos más interesantes se han dado sobre el retiro de libros de las bibliotecas escolares. En Estados Unidos de América se ha sostenido la discreción de las juntas escolares, siempre que puedan demostrar que se presentan vulgaridades, lenguaje indecente, etc. Por ejemplo, un caso muy importante en torno a esta materia es el de Board of Education, Island Trees Union Free School District No. 26 v.

Pico, (1982). En este caso se trató de que la Junta Escolar removió unos libros que se consideraban anti-americanos, anti-cristianos y anti-semitas. La Junta tomó la decisión porque uno de los miembros de la junta escolar estuvo en una reunión de una organización políticamente conservadora y allí entregaron una lista de libros objetables. Al cotejar la lista en la biblioteca, encontraron que algunos se encontraban en sus anaqueles y ordenaron su remoción. Pico y otros se enteraron y presentaron una demanda en el Tribunal de Distrito, para evitar el retiro de los libros. El Tribunal de Distrito resolvió a favor de Pico y los demás. La junta acudió al Tribunal de Apelaciones y este revocó. El Tribunal Supremo de Estados Unidos de América confirmó al del Tribunal de Apelaciones. Determinó que la Constitución, a través de la Primera Enmienda, no permite la supresión de ideas. La junta no demostró que los libros fueran de carácter vulgar. No podían retirarlos simplemente porque no estaban de acuerdo con las creencias políticas de los autores. Finalmente, el Tribunal Supremo de Estados Unidos de América señaló que los estudiantes, al igual que los adultos, tienen derecho a recibir información y que no se les debe impedir que reciban la información disponible, simplemente porque los funcionarios de la escuela no estén de acuerdo con sus fuentes. De acuerdo con el Tribunal Supremo, el mismo confirmó, al sostener que: (1) las juntas tienen amplia discreción en el manejo de los asuntos escolares; (2) los tribunales federales no deben intervenir con el proceso decisional de las escuelas; (3) los oficiales escolares tienen amplia autoridad para prescribir y controlar la conducta en las escuelas; (4) hay un interés comunitario legítimo en promover respeto hacia la autoridad y los valores tradicionales; (5) esas prerrogativas deben ejercerse de acuerdo con los imperativos de la primera enmienda; (6) el derecho de los estudiantes a recibir ideas es necesario para el ejercicio de sus propios derechos de expresión, etc.; (7) los oficiales escolares no pueden suprimir expresiones de sentimientos que ellos no desean combatir y, (8) la biblioteca escolar es la principal fuente de investigación y estudio, protegida por la Primera Enmienda. Una Junta Escolar no tiene discreción absoluta para decidir qué libros deben o no estar disponibles para los estudiantes.

§4. Derechos relacionados con la libertad de asociación

Las escuelas se consideran lugares idóneos para el ejercicio de libertad de asociación y reunión. Las enmiendas primeras y décimo cuarta de la Constitución de Estados Unidos y el Art. II Sec. 6 de la Constitución de Puerto Rico recogen el contenido mínimo de los derechos que cobijan a los componentes de los sistemas educativos sobre este particular. Los tribunales se han encargado de delimitar hasta dónde llega el alcance de esas disposiciones.

En Guy Alliance of Students v. Mathews, (1976), unos líderes solicitaron acreditación como una organización bona fide de la Virginia Commonwealth University. La solicitud les fue denegada y ellos acudieron al tribunal. Se llevaron a cabo los trámites de rigor y estipularon lo siguiente: (1) El reconocimiento de la Alianza aumentaría las oportunidades de contactos homosexuales; (2) estudiantes que de otra forma no hubieran entrado al grupo, ahora estarían tentados a hacerlo; (3) el reconocimiento tendría el efecto de atraer más homosexuales. El Tribunal de Distrito resolvió que la negativa de acreditación de la organización gay no violaba disposición legal alguna. La alianza de estudiantes apeló la decisión. El Tribunal de Circuito revocó, porque esa denegatoria violaba la Constitución de Estados Unidos de América. El tribunal fundó su decisión en que la gente tiene libertad de decidir si se asocia o no. En escuelas superiores el tribunal siempre ha protegido la existencia de las asociaciones. Cada estado ha intentado controlar el desarrollo de estos grupos mediante el argumento de evitar que se interrumpan las actividades académicas normales.

En el caso de Fricke v. Lynch, (1980), a un estudiante homosexual se le negó el permiso para llevar a un muchacho como su pareja al baile de graduación. El principal le indicó que se lo negaba por temor a que se formaran problemas de disciplina en el baile. Ese mismo estudiante había sido agredido en circunstancias similares. En esa escuela hacía un año que hubo una confrontación similar con otra pareja de homosexuales. El estudiante afectado por la decisión presentó su reclamación al tribunal. Entre sus alegaciones más importantes se encontraban: (1) su derecho de asociarse con quien el desee; (2) su derecho a expresar libremente sus preferencias sexuales y (3) su derecho a participar en el baile como cualquier otro miembro de la clase. El tribunal hizo un análisis muy cuidadoso y le dio la razón. De acuerdo con el tribunal, el temor a reacciones violentas no es suficiente razón para privar a una persona de su derecho a la libre expresión. La responsabilidad de la escuela era procurar seguridad para este estudiante y los demás, garantizando que no se formaran disturbios. El Tribunal Supremo de Estados Unidos de América siempre ha sostenido que el mantener una reunión pacífica para conducir la discusión de un asunto legítimo es un derecho constitucional protegido para todos los ciudadanos.

En Lawrence University Bicentennial Commission v. City of Appleton, (1976) se solicitó alquilar el gimnasio de una escuela superior para llevar a cabo un discurso de Angela Davis. La administración negó el permiso porque su política establecía que no se usarían para actividades religiosas o políticas a menos que la actividad sea no partidaria y no denominacional. Los reclamantes arguyeron que Angela Davis no iba a presentar un discurso partidista ni político. Alegaron que el lugar le había sido alquilado a otros grupos como la Liga de Mujeres Votantes. No había prueba alguna de que la participación de Angela Davis o el discurso que promoviera causara daños o violencia. El Tribunal concedió el interdicto y ordenó que se permitiera el uso de las instalaciones. Encontró que el uso de las palabras política y religiosa en la reglamentación de la institución eran impermisibles. Tenían el efecto de regular el discurso a base de contenido y el gobierno no puede hacer eso. Según el tribunal el Estado no está obligado a abrir las puertas de las escuelas al foro libre, pero si lo hace, no puede condicionarlo por las convicciones o afiliaciones de las personas.

§5. Derechos relacionados con los récords de los estudiantes

La información que recopilan las escuelas en relación con las actividades docentes y no docentes de los estudiantes es muy importante y puede tener pertinencia a través de toda su vida. El gobierno viene obligado a protegerla. A esos efectos se han desarrollado diversos mecanismos para su protección. Entre las más importantes se encuentran: (1) Family Educational Rights and Privacy Act, de 1974 (FERPA), también conocida como enmienda Buckley; (2) Enmienda Grassley a la Ley Metas 2000: Educar a América; (3) Sección 290dd-2 del Vol. 42 de United States Code en torno a la confidencialidad de los registros sobre tratamiento para el uso de sustancias controladas y (4) las disposiciones correspondientes de IDEA.

FERPA

La Family Educational Rights and Privacy Act de 1974 (FERPA), aplica a todas las instituciones educativas que reciben fondos a través de los programas del Departamento de Educación Federal. Los padres tienen unos derechos relacionados con los registros de los niños hasta que cumplen 18 años o se matriculan en educación post-secundaria. La Ley define ampliamente los registros educativos como aquellos registros, archivos, documentos y otros materiales que (i) contienen información directamente relacionada con un estudiante; y (ii) son mantenidos por una agencia o institución educativa o por una persona que trabaje para dicha agencia o institución. Su plan es proporcionar parámetros sobre las condiciones bajo las cuales las escuelas o instituciones pueden compartir datos relacionados con los estudiantes. Está destinada a garantizar que las escuelas o instituciones obtengan el consentimiento previo por escrito del estudiante o de sus padres o encargados para compartir información educativa de identificación personal antes de su divulgación (Fuller, 2017). Esta ley limita el que se provea información de los estudiantes sin permiso de los padres. En caso de que se dé permiso, tiene que ser por escrito, y especificar como mínimo, los registros que se incluyen, el propósito y las personas a quienes se confiere la autorización. Esta ley garantiza el derecho de los padres a una vista formal para dar lugar al contenido de información imprecisa, incorrecta o inapropiada en los registros de sus hijos. Esa vista puede dar lugar a que los registros no se modifiquen, en cuyo caso los padres tienen derecho a que en el expediente se incluyan comentarios relacionados con la impugnación. Los padres tienen derecho a inspeccionar y revisar los registros de sus hijos, las escuelas tienen que desarrollar procesos que lo permitan en un período razonable no mayor de 45 días. Las escuelas no vienen obligadas a copiar los materiales a menos que los padres no puedan hacerlo personalmente, en cuyo caso están autorizadas a recobrar el costo (Ramírez, 2009).

Una escuela o institución puede ofrecer información en torno a un estudiante sin consentimiento previo por escrito si la divulgación cae bajo una de varias excepciones. El requisito de consentimiento de los padres no aplica a: (1) empleados escolares con intereses educativos legítimos; (2) ciertas autoridades educativas estatales y federales mientas llevan a cabo funciones gubernamentales; (3) algunas agencias relacionadas con el ofrecimiento de ayuda económica al estudiante; (4) oficiales locales y estatales que estaban autorizados antes de la aprobación de la ley en 1974; (5) organizaciones que realicen investigaciones para la escuela; (6) los padres; (7) ciertas personas en casos de alguna emergencia que provoca que se ofrezca la información para proteger la salud y seguridad del estudiante; (8) oficiales de otras escuelas a los que el estudiante está solicitando admisión, pero hay que notificar al padre y ofrecerle oportunidad de recibir copia del registro; (9) cuando la divulgación es ordenada por un tribunal o mediante un subpoema, en cuyo caso la escuela tiene que notificar al padre previo al cumplimiento de la orden; (10) información de directorio como nombre del estudiantes, dirección, fecha y lugar de nacimiento, concentración en sus estudios, participación en actividades y deportes reconocidos oficialmente, peso y estatura, fechas en qué cursó sus estudios, grados y reconocimientos recibidos, última institución a que asistió y alguna otra cuya divulgación no se considere invasión a su intimidad (Fuller, 2017).

La información que se divulga para un propósito no puede utilizarse para otro sin el debido consentimiento de los padres. Cada escuela puede determinar qué información se va a tratar como directorio. Los padres deben tener la oportunidad de impugnar la inclusión de determinadas categorías. En estos casos, las escuelas o instituciones deben dar aviso público de las categorías de información que ha designado como [información cubierta bajo estas excepciones y permitirán un período de tiempo razonable después de que se haya dado dicho aviso para que un padre o encargado pueda informar a la institución o agencia que parte o toda la información designada no debe ser divulgada sin su consentimiento previo (Fuller, 2017).

Cada escuela debe poseer y tener disponibles su política escrita en la cual se detalla cómo cumple con FERPA. La política institucional debe incluir: (1) cómo le informa anualmente a los padres sus derechos bajo FERPA; (2) procedimientos de inspección de registros; (3) el tipo de información y cuándo se puede dar; (4) lista de los empleados autorizados a ver los registros y lo que la escuela considera que son intereses educativos legítimos; (5) indicar que se llevará a cabo un registro de divulgación que estará disponible a los interesados; (6) los tipos de información que se consideran de directorio; (7) indicar el derecho de los padres a requerir corrección de los registros y (8) notificación anual a los padres todo lo relativo a sus derechos bajo FERPA.

Las controversias jurídicas principales que se han suscitado con esta ley se relacionan con la definición de lo que son récords educativos, la naturaleza de los remedios disponibles ante la violación de la ley y las consecuencias que pueden sufrir las instituciones que incumplan. En Owasso Independent School Dist. v. Falvo, (2002), los maestros de tres de los hijos de Kristja J. Falvo utilizaban la calificación entre pares. Mediante este método los estudiantes intercambian trabajos entre ellos y los califican de acuerdo con las instrucciones del maestro, luego devuelven el trabajo al estudiante que lo preparó. El maestro puede pedir a los estudiantes que informen al grupo sus propias calificaciones. El estudiante podría decir en voz alta la puntuación o acercarse al escritorio del maestro y no revelarla. La nota es conocida al menos por el otro estudiante que hizo la calificación.

La Sra. Falvo pidió a la escuela que adoptara una política uniforme que prohibiera la calificación de pares y requiera que los maestros calificaran las tareas ellos mismos o al menos que prohibieran a los estudiantes calificar trabajos que no fueran los suyos. El distrito escolar se negó y la Sra. Falvo demandó alegando que esa política de calificaciones violaba FERPA. El Tribunal de Distrito desestimó la demanda. El tribunal sostuvo que las calificaciones hechas por otros estudiantes no son, en esa etapa, récords mantenidos por una agencia o institución educativa o por una persona que actúe en nombre de dicha agencia o institución y, por lo tanto, no constituyen récords educativos en virtud de la ley FERPA.

El Tribunal de Apelaciones revocó y sostuvo que la calificación por pares violaba la ley. Sostuvo que las calificaciones marcadas por los estudiantes en el trabajo de los compañeros son récords educativos protegidos por FERPA. De acuerdo con este tribunal el mero acto de calificar era una divulgación inadmisible de la información al alumno calificador.

El Tribunal Supremo de Estados Unidos de América revocó al Tribunal de Apelaciones al sostener que corregir el trabajo de un compañero de clase puede ser una parte tan importante de la tarea como tomar el examen mismo. Es una forma de volver a enseñar el material en un nuevo contexto. Las notas de los estudiantes no estarán cubiertas por FERPA al menos hasta que el maestro las haya recopilado y entrado a su libro de calificaciones.

El caso de U.S. v. Miami University, (6th Cir.2002) 294 F.3d 797, surgió a raíz de que el Tribunal Supremo de Ohio dictaminó que un periódico estudiantil tenía derecho a ver los récords disciplinarios de los estudiantes de acuerdo con las disposiciones de una ley estatal de registros abiertos y que FERPA no prohibía la divulgación de esos récords. A base de esa decisión el Chronicle of Higher Education, con sede en Washington, D. C., solicitó acceso a los récords disciplinarios de Miami University y Ohio State University como parte de su cobertura continua de delitos en el campus. Se le negó acceso a base de FERPA. Demandaron y el Tribunal de Distrito declaró con lugar la demanda. El Departamento de Educación federal y las universidades demandaron para evitar cumplir con la solicitud del Chronicle of Higher Education. El Tribunal de Apelaciones desestimó al Tribunal de Distrito al considerar que FERPA impone una obligación directa a las universidades de no divulgar los récords disciplinarios en cuestión y determinó que la definición de FERPA de récords educativos, incluye récords disciplinarios porque se relacionan directamente con un estudiante y son mantenidos por la universidad y no se encuentran dentro de ninguna de las exenciones de ese estatuto federal. El tribunal concluyó que, si el Congreso hubiera creído que los registros disciplinarios de los estudiantes no son registros educativos de acuerdo con FERPA, lo hubiera expresado.

FERPA no crea una causa de acción privada por violación a sus disposiciones. Los estudiantes afectados por una infracción de esta ley deben hacerlo a través de la Oficina de Cumplimiento de Políticas Familiares del Departamento de Educación de Estados Unidos de América, no del sistema judicial. En Gonzaga Univ. v. Doe, (2002), el Tribunal Supremo de los Estados Unidos de América sostuvo que los demandantes no podían demandar a las instituciones por daños y perjuicios para hacer cumplir una disposición de FERPA ya que la ley que regula los daños por violación a los derechos civiles (Sección 1983) proporciona un remedio solo para la privación de derechos, privilegios o inmunidades garantizados por la Constitución y las leyes de los Estados Unidos de América. Las disposiciones relacionadas con la no divulgación en FERPA no crean derechos civiles que reclamar y solo sirven principalmente para dirigir la distribución de fondos públicos por parte del Secretario de Educación de los Estados Unidos de América. Ahora bien, el que se establezca una causa de acción privada no significa que la violación resulta impune. La Ley otorga al Secretario de Educación la autoridad para (a) retener pagos de fondos federales bajo cualquier federal; (b) emitir una querella de cesar y desistir; (c) desarrollar y hacer cumplir un acuerdo de cumplimiento con una institución que ha violado la ley; o (d) tomar cualquier otra acción que propenda al cumplimiento de la ley. Algunos tribunales han determinado que el Departamento de Educación tiene derecho a demandar para preservar los derechos de FERPA. Esta ley tiene la limitación de que la única consecuencia de su incumplimiento es la pérdida de fondos federales por parte de las autoridades escolares. En los casos Fay v. South Col., (1986) y Tarka v. Franklin, (1989), se resuelve que los perjudicados por la violación a la ley podrían radicar una demanda de interdicto y solicitar daños y perjuicios.

Enmienda Grassley a la Ley Metas 2000

La Enmienda Grassley a la Ley Metas 2000: Educar a América concede a los padres y a algunos estudiantes el derecho a inspeccionar ciertos materiales usados en la escuela. Incluye todos los materiales educativos como; manuales del maestro, películas, grabaciones u otros materiales usados en conexión con cualquier encuesta, análisis o evaluación. Esta ley impone requisitos de consentimiento escrito en relación con ciertos proyectos de recopilación de información que tengan el efecto de revelar: (1) afiliación política; (2) problemas mentales y sicológicos; (3) conducta y actitudes sexuales; (4) conducta ilegal, antisocial y auto incriminatoria; (5) aprecio por individuos con quienes el estudiante tiene relación directa; (6) privilegios legalmente reconocidos, como médico-paciente, etc. y (7) información de ingresos, excepto la requerida para la elegibilidad para ayuda económica.

Sección 290dd-2 del Vol. 42 de United States Code

Esta disposición jurídica se relaciona con la confidencialidad de los registros sobre tratamiento para el uso de sustancias controladas. Dispone que los registros de tratamiento de drogas y alcohol deben estar protegidos y solo se pueden divulgar en limitadas circunstancias. La ley aplica a todo lo que tenga que ver con identidad, diagnóstico, pronóstico, o tratamiento de algún paciente involucrado en cualquier programa federal de educación, prevención, adiestramiento, tratamiento, rehabilitación o investigación. La protección incluye virtualmente toda información obtenida por el programa. La información se debe mantener bajo llave con acceso controlado.

El menor que tiene capacidad legal para solicitar y obtener tratamiento bajo la ley estatal debe ofrecer su consentimiento para divulgar la información a sus padres. El estado cuya legislación sobre esta materia requiera el consentimiento de ambos para tratamiento, también debe requerirlo para divulgación de información. El consentimiento no es requerido: (1) en caso de emergencia médica; (2) de personal cualificado que investiga, pero sin divulgar la identidad individual de los pacientes y (3) a cualquier persona por orden del Tribunal. La ley prohíbe el uso de información de pacientes para propósitos de investigación y procedimientos penales. Los requisitos de esta ley en la escuela difieren de FERPA y son en ciertos momentos más estrictos. Se deben mantener separados de los registros educativos. La violación de estas disposiciones, contrario a FERPA, puede conllevar penas criminales.

IDEA

La ley federal de Educación para los Americanos con Impedimentos (IDEA) garantiza a los padres el derecho a notificación, acceso a los registros, una vista, y representación legal relacionada con acciones que tengan impacto sobre identificación, evaluación y ubicación del estudiante. La escuela debe cumplir con cualquier solicitud para examinar los registros de los niños con discapacidades con la mayor diligencia, en un término no mayor de 45 días. La información sobre el nombre, dirección, teléfono, notas, asistencia, clases tomadas, año y grado alcanzado por el estudiante se debe mantener sin limitación de tiempo.

Capítulo VI
Responsabilidad por daños en el ámbito educativo

§1. Introducción

Los medios de comunicación presentan reseñas de actuaciones que llevan a cabo los componentes del sistema educativo, sean estos: estudiantes, maestros, administradores y los mismos padres, quienes causan daños a otros. Estas reseñas periodísticas reflejan, de alguna manera, lo complejo que se ha tornado el comportamiento de las personas que componen las comunidades escolares. Este entramado de personas y situaciones crea, desde la visión de los diversos actores, un clima organizacional con diversos retos. Los sujetos, quienes crean las organizaciones escolares públicas y privadas, tienen que hacer frente a esas múltiples responsabilidades en el ejercicio de sus delicadas funciones (Monterroso Casado, 2011). El entorno escolar se organiza esencialmente alrededor de actividades propositivas de experiencias en el aprendizaje para los estudiantes. No obstante, en ocasiones se suscitan incidentes que conducen a accidentes, a veces, por conducta inapropiada de los educandos y en raras ocasiones por situaciones que no fueron previstas con antelación. En consecuencia, los funcionarios escolares deben estar al tanto de su responsabilidad, con el fin de diseñar políticas efectivas para promover la seguridad de los estudiantes. Esa responsabilidad, para prever un potencial percance en el ámbito escolar es tarea de los administradores de la escuela junto con los maestros.

En nuestras sociedades que manifiestan parte de su equilibrio a través del litigio, el personal escolar se enfrentan a riesgos cada vez mayores de ser demandados (Osborn, 2021).

Guajardo Gómez (2016) ha indicado que la responsabilidad es la capacidad de dar satisfacción de los hechos propios o ajenos cuando estos causen daños a terceros. Las personas deben actuar de manera que, al llevar a cabo sus actividades o al ejercer sus derechos, no dañen a los demás miembros de la comunidad escolar. Si así lo hacen, deben conocer que la persona perjudicada tiene derecho de exigir que se le reparen los daños y perjuicios que se le hayan ocasionado, siempre y cuando no sean resultado de su propia responsabilidad o negligencia. La responsabilidad civil se divide en contractual y extracontractual. La contractual proviene del incumplimiento de un contrato u obligación voluntariamente adquiridas por las partes; la extracontractual, llamada también Aquiliana, se origina en el deber genérico de no ocasionar daño a los demás, por lo que recae sobre aquel que fuera de todo vínculo contractual, ha ocasionado un daño a otra persona o a sus bienes (Bolaños González, 2002).

La atribución de responsabilidad, por los daños causados a otra persona, es una acción con antecedentes históricos desde la antigüedad. La misma, aparece en las fuentes jurídicas en la antigua Roma, la Edad Media, o el Código Civil Francés, en Italia, Alemania, España y América Latina (Moreno 2018). Estos sistemas de derecho civil proporcionan reglas explícitas para dirimir las controversias relacionadas con los causantes de daños a terceros. A su vez, el derecho anglosajón también provee protección frente a los causantes de daños. El derecho anglosajón, derivado del sistema aplicado en la Inglaterra medieval, es el que se utiliza en gran parte de los territorios de las colonias británicas alrededor del mundo. Desde esa imposición colonial se adoptó como sistema jurídico en los Estados Unidos de América. El sistema anglosajón se basa, en gran medida, en los precedentes judiciales que se derivan de las adjudicaciones judiciales (Kaczorowski, 1990; Buckley, 2017). Tal como se relacionó con anterioridad, en Puerto Rico existe una doctrina de daños que, si bien tiene su base en el derecho civil codificado, en un momento, de su desarrollo se extendió por medio de la implantación de doctrinas basadas en precedentes, al estilo anglosajón.

En ese sentido, los orígenes de la responsabilidad se pueden atribuir a diversas fuentes de las obligaciones especialmente, los contratos; pero, a su vez, también puede surgir de hechos extracontractuales, al riesgo creado o responsabilidad objetiva. Pueden originarse por formas de actuar que no están consignadas en la vida jurídica o por virtud del libre ejercicio de la voluntad humana expresada por medio de un contrato. De acuerdo con el artículo 1063 del Código Civil de Puerto Rico de 2020, en Puerto Rico, se reconoce como fuentes de las obligaciones a las leyes, los contratos, los cuasicontratos (enriquecimiento injusto), los actos ilícitos, los actos u omisiones en que interviene culpa o negligencia y cualquier otro acto idóneo para producirlas, de conformidad con el ordenamiento jurídico. La última parte, del referido artículo 1063, dispone que también son fuente de obligaciones los actos y omisiones ilícitos en que intervenga cualquier género de culpa o negligencia. Esto se conoce en nuestro ordenamiento jurídico como daños y perjuicios.

§2. ¿Qué son los daños y perjuicios?

Los daños son actuaciones de personas o entidades jurídicas que pueden dar lugar a una reclamación de resarcimiento, generalmente en forma de daños y perjuicios, de parte del que lo sufre hacia aquel que lo causa. Las demandas por daños y perjuicios generalmente se basan en la idea de que los individuos o las entidades jurídicas son responsables de las consecuencias de su conducta (Osborn (2021). En el análisis de actuaciones u omisiones culposas o negligentes se incluye la ilicitud en su sentido más amplio. Se refiere a las actuaciones prohibidas por ley (ilegales). Se consideran actos ilegales aquellos constitutivos de delito público con respecto a personas o propiedades. También hay actuaciones que, sin estar prohibidas por ley, están reñidas con las buenas normas de convivencia humana (ilícitas). Los actos ilícitos, por su parte son actuaciones de una persona o entidad jurídica que causan daño a otra, al violar las normas de convivencia social que la comunidad espera que se observen, sin que estén consignadas en algún código respectivo.

Los daños y perjuicios se regulan en el artículo 1536 del Código Civil de Puerto Rico de 2020. Ese artículo dispone que la persona o entidad jurídica que por culpa o negligencia causa daño a otra, viene obligada a repararlo (Código Civil, 2020). Por su parte el artículo 1545 establece que la imprudencia concurrente del perjudicado no exime de responsabilidad, pero conlleva la reducción de la indemnización en proporción al grado de tal imprudencia. Una acción de daños y perjuicios bajo el artículo 1536, se configura si concurren tres requisitos: la actuación u omisión debe producir un daño, debe establecerse una relación de causa y efecto entre el daño y la acción u omisión y que la acción u omisión sea culposa o negligente. Las actuaciones de los participantes en las actividades escolares que dan lugar a demandas de daños y perjuicios se pueden clasificar en tres categorías: intencionales, negligentes y de responsabilidad absoluta.

§3. Actuaciones intencionales

Un daño intencional es un acto llevado a cabo por un individuo o entidad jurídica con la intención de hacer daño a otra persona o que por su naturaleza se entiende puede causar daño (Geistfeld, 2017). Surge como consecuencia de un acto voluntario intencional que causa daño a otro. Casi todas las acciones de daños y perjuicios por actos ilegales son de esta categoría, porque casi todos los delitos se refieren a actos intencionales. Un daño intencional común ocurre en casos de agresión en las escuelas. Una agresión se define como un acto que realiza toda persona que ilegalmente, por cualquier medio o forma, cause a otra una lesión a su integridad corporal (Código Penal de Puerto Rico (2012).

En el ámbito de la educación, la mayoría de las veces, los maestros son sometidos al proceso penal por cometer una agresión en el curso de atender un acto de indisciplina de un discípulo o evitar que un estudiante lastime a otro. Los tribunales son reacios a interferir con la autoridad del maestro para mantener control en el salón de clases (Pueblo v. Ponce Ávila, 1976). Sin embargo, algunos tribunales han encontrado culpables de agresión a ciertos maestros cuya conducta se considera cruel y excesiva, o cuando se prueba que el maestro ha tenido la intención de hacerle daño al estudiante (Osborn, 2021).

Jurisprudenia

37. Pueblo v. Ponce Ávila 105 DPR 213 (1976)

[Resumen]

[Este caso ilustra cómo se ha aplicado la doctrina de actos intencionales de un maestro de escuela mientras desempeña sus actividades rutinarias.]

EL PUEBLO DE PUERTO RICO, demandante y apelado, v. JESÚS PONCE ÁVILA, acusado y apelante.

Resuelto: 21 de septiembre de 1976 -- Número: CR-76-28

EL JUEZ ASOCIADO SEÑOR DIAZ CRUZ emitió la opinión del Tribunal Supremo.

Un maestro de cuarto grado le dio tres golpes con una vara (pointer) por las piernas a su discípulo de nueve años, Simón Spitz Mercado, que había observado una actitud contumaz de desobediencia frente a reiteradas llamadas al orden para que dejara de hablar y lanzara la goma de mascar que tenía en la boca. Al interponer su mano, el niño sufrió un golpe sin fractura en el dedo meñique. Tribunal Superior lo encontró culpable de agresión simple y lo sentenció a $25 de multa.

El maestro apeló la sentencia. El Tribunal Supremo la revocó e indicó que, planteada esta pequeña controversia en el cauce extraño del derecho penal, debe resolverse en estricta observancia de las normas de procedimiento criminal. La intención del maestro al recurrir a este método de disciplina no era otra que la de corregir o reprender, y al mismo tiempo proteger el orden en el salón de clases sin el cual no puede haber enseñanza. No encontró indicio alguno en la prueba que demostrará intención criminal de parte del maestro.

No obstante, el Tribunal Supremo dejó bien claro que el castigo corporal moderado del discípulo por el maestro en casos de persistente indisciplina es un método de reprensión dirigido a mantener el orden en el salón de clases y a sostener los principios de decencia y de respeto al derecho ajeno que queremos preservar. Confiada al maestro la instrucción del hijo debe entenderse implícita la autorización del padre para que en caso necesario se restrinja la conducta del alumno por medios físicos.

A pesar de ello, el Tribunal Supremo indicó que el método de represión física está prohibido por el Reglamento de Instrucción Pública. Sugirió que este caso pudo haberse mantenido y resuelto en el ámbito administrativo escolar. El citado Reglamento disponía que cualquier alumno que se creyere víctima de alguna injusticia cometida por su profesor deberá quejarse al superintendente de escuelas del distrito, de cuya decisión podrá apelar, si necesario fuese, al Secretario de instrucción Pública.

El Tribunal termino expresando que este caso no tenía los perfiles de gravedad que justifique una intromisión de los tribunales mediante el encausamiento criminal en la esfera de la educación. Hay niños que requieren un mayor grado de severidad en la etapa escolar de sus vidas que quizás les libre en su futuro de las sanciones punitivas con que la sociedad trata a los infractores adultos. En bien de ellos y de la docencia en nuestro país no debemos devolver al salón de clases un maestro con el estigma de una convicción, a enfrentarse desmoralizado a una comunidad escolar que se encargará de recordarle todos los días el fracaso del sistema.

El Juez Presidente Señor Trías Monge emitió una decisión disidente en la que estableció que no hubiera revocado la sentencia, toda vez que este método de disciplina estaba prohibido por los reglamentos y que la decisión de la mayoría del Tribunal lo que hacía era interferir con la política pública contra los castigos físicos en las escuelas.

§4. Actuaciones negligentes

Se refiere a aquella persona o entidad que se aparta de los deberes generales de corrección social o conducta correcta. Son deberes que no están escritos en los códigos pero que representan el presupuesto mínimo sobreentendido del orden de la vida social. Negligencia por función de riesgos. Surge del incumplimiento del deber de actuar con cuidado ante una situación peligrosa. Requiere que se demuestre: la realidad de un daño sufrido, un nexo causal entre el daño y la acción u omisión, y que el acto u omisión sea culposo o negligente. El Tribunal Supremo de Puerto Rico ha enumerado los factores a considerar para ver si una omisión genera responsabilidad: existencia de un deber jurídico de actuar por parte del alegado causante del daño, el incumplimiento del cual constituirá la anti-juricidad. Este es el deber de previsibilidad, que incluye tanto la obligación de anticipar como la de evitar que ocurran daños cuya probabilidad sea razonablemente previsible. Se ha dicho que se incumple con el deber de previsibilidad cuando no se actúa como un buen padre de familia (Zeno Santiago, 2015). El incumplimiento del deber ocurre cuando un funcionario escolar no actúa razonablemente bajo las circunstancias. Si de haberse realizado el acto omitido, se hubiera evitado el daño (Elba A. B. v. UPR, 1990).

La negligencia significa no hacer algo que una persona razonable haría o no haría. Los daños por negligencia son los que mayores preocupaciones ofrecen a los funcionarios escolares (Buckley, 2017; Eckes, Decker y Richardson, 2012). Los tribunales considerarán la admisibilidad de una querella, si un maestro no actúa como un educador razonablemente prudente hubiera actuado de manera similar ante la situación. Los casos de negligencia en las escuelas se centran en si una persona razonable en el puesto de funcionario escolar podría haber anticipado o previsto el daño (Russo, 2015). Los tribunales a menudo han razonado que el personal escolar no está obligado a anticipar todos los actos que ocurren en las escuelas. Los eventos de accidente que involucran niños que juegan, en la escuela, suceden tan rápido que, a menos que haya una supervisión directa de cada niño se puede decir que el suceso es casi imposible de prevenir.

Tal como quedó dicho, hay cuatro elementos esenciales que deben demostrarse para que los estudiantes y los padres prevalezcan en sus reclamaciones de negligencia contra los funcionarios escolares. Es necesario que demuestren que la escuela tenía un deber particular para con el estudiante afectado; que la escuela o el maestro violaron ese deber al no ejercer un estándar de cuidado apropiado; que la conducta negligente fue la causa del daño; y que se la han producido daños al reclamante (Osborne y Russo, 2011). No hay duda de que los maestros tienen el deber de supervisar a sus alumnos y cuando incumplen con ese deber, pueden ser considerados responsables por negligencia.

Los tribunales también han indicado que el nivel de protección debe guardar relación con la edad y la madurez de los niños. Se espera que los funcionarios escolares tengan cuidado al supervisar y disciplinar a los estudiantes y se considera que han incumplido su deber de diligencia cuando no se ajustan a una norma de cuidado adecuada. Antes de que se imponga responsabilidad a un funcionario por un daño al demandante, debe demostrarse un vínculo causal entre la negligencia y el daño. No es suficiente demostrar que la conducta del demandado causó el daño, el demandante debe demostrar que la negligencia o incumplimiento del deber fue la causa del daño (Eckes, Decker y Richardson, 2012).

Al determinar la causa próxima, los tribunales examinan si la acción está lo suficientemente cerca de la cadena de eventos que causaron el daño. A menudo al tomar una determinación con respecto a la causa próxima, los tribunales preguntarán si el incidente era previsible (Tormos Arroyo v. D.I.P, 1996). Así la determinación de causa próxima evita que un tribunal imponga responsabilidad cuando la conexión entre la negligencia del demandado y el daño al demandante es demasiado remota (Cruz Costales v. ELA, 1963).

En Hoyem v. Manhattan Beach City Sch. Dist., (1978), las autoridades de una escuela fueron consideradas responsables cuando un alumno abandonó los predios de la escuela durante el horario escolar y posteriormente fue lesionado por un automovilista en una intersección cercana. Los demandantes pudieron probar que la lesión del alumno fue la causa directa de la negligencia de los funcionarios escolares al no supervisar la salida del estudiante sin autorización antes de terminar el periodo lectivo. En otros casos se ha indicado que ese deber de custodia de la escuela cesa una vez que el niño vuelve al cuidado y control de sus padres al terminar las clases (Beninati v. City of Troy, 2018).

Todavía, aunque se cumpla con los requisitos de un deber, incumplimiento y causalidad, falta uno muy importante, el daño. El demandante debe demostrar la diferencia de valor entre dos situaciones: la precedente y la consiguiente al acto del demandado. El daño se llama material, si se relaciona con cosas, físico, si es contra la integridad corporal y moral, si es en relación con sufrimiento, angustia, tensión, enfermedad, etc., que la persona experimentó. Se trata del pago de una suma indemnizatoria por la pérdida sufrida o el perjuicio en la ganancia que deja de realizarse (Brenes Córdoba, 1977, citado en Bolaños González, 2002).

Jurisprudencia

38. **Elba A. B. v. UPR,** 125 D.P.R. 294 1990

[Resumen]

> [Este caso ilustra el comportamiento negligente de funcionarios universitarios que puede dar lugar a una demanda de daños y perjuicios por parte de un estudiante perjudicado.]

> *San Juan, Puerto Rico, a 23 de enero de 1990*

OPINION DEL TRIBUNAL EMITIDA POR LA JUEZ ASOCIADA SRA. NAVEIRA DE RODON

Elba A.B.M. para la fecha del incidente, el 6 de octubre de 1980, era estudiante nocturna de un programa especial del Centro de Desarrollo Gerencial del recinto de Río Piedras. Esa noche la profesora de uno de los cursos despachó la clase unos minutos antes de la hora acostumbrada. Elba A.B.M llamó a su casa desde un teléfono público en el Edificio Osuna para que la vinieran a recoger y se sentó a esperar en el vestíbulo. Este edificio está localizado en el área que agrupa los edificios de Ciencias Sociales Graduado, Ciencias Sociales, Comercio y Pedagogía, área que se conoce comúnmente en la U.P.R. como la de los "cuatro grandes".

Al poco tiempo de estar esperando se sentó a su lado un individuo joven. Este aparentaba estar nervioso. Sorpresivamente el individuo sacó un cuchillo puntiagudo y afilado que colocó en el cuello de la joven. Sujetándola por un brazo y mientras la amenazaba con el cuchillo, la obligó a levantarse del banco. Atravesaron primeramente el vestíbulo del edificio y luego cruzaron la calle para adentrarse en un área oscura frente al Edificio Osuna. En ese lugar no había alumbrado y la vegetación, de aproximadamente tres pies de alto, era tupida, cerrada y espesa. Cerca al lugar había árboles frondosos con lianas y bejucos haciendo el área más densa aún. Durante todo el trayecto no se toparon con persona alguna.

Al llegar al lado de un transformador eléctrico, el agresor ordenó a Elba A.B.M. detenerse y quitarse la correa y el pantalón que llevaba puesto. Ante el estado de confusión de la joven el agresor terminó por quitarle él mismo la ropa de la cintura hacia abajo inclusive sus prendas íntimas. Acto seguido éste procedió a violar y abusar sexualmente su víctima en forma oral, genital y anal.

Elba A.B.M. relató durante su testimonio en corte que luego de que el agresor ya la había violado, se levantó y le exigió entonces que colocara su genital en la boca de ella. Este le iba indicando, mientras seguía amenazándola con el cuchi-

llo, las cosas que quería que ella le hiciera. Mientras era sodomizada nuevamente ella se percató que el cuchillo del asaltante se hallaba en un lugar a su alcance. Haciendo uso de un pie fue acercando el cuchillo hasta que pudo tomarlo con su mano derecha.

Mediante un movimiento rápido y sobre su hombro izquierdo logró alcanzar y herir de muerte a su agresor. En estos momentos comenzó a gritar y pedir ayuda. El individuo, aunque herido, forcejeó con la joven en un intento final de quitarle el cuchillo. Durante este forcejeo Elba A.B.M. cayó al suelo con el cuchillo en la mano, enterrándolo en la tierra mientras el agresor intentaba quitárselo. Asustado por los gritos de ella, él optó por salir corriendo hasta desplomarse más adelante. Elba A.B.M. desnuda de la cintura hacia abajo, herida, sangrando y con el cuchillo aún en la mano, salió de los arbustos gritando y pidiendo ayuda. Ante esta trágica situación, varios estudiantes acudieron a socorrerla. Una estudiante le ayudó a ponerse la ropa, mientras otro fue en busca de la guardia universitaria.

Aunque se suponía que la noche de la agresión hubiese un guardia universitario en la valla de seguridad al lado del Edificio Osuna y otro dando ronda preventiva en motora a través de los cuatro edificios que ocupan ese lugar, esa anoche no había guardias universitarios cerca del lugar. Los dos guardias asignados al turno de 8:00 P.M. a 12:00 de la media noche habían informado que estarían ausentes de su trabajo. Estos no fueron sustituidos. No existía plan o procedimiento alguno para ello. La guardia universitaria no había establecido un sistema de prioridad para atender la seguridad de los estudiantes.

Los primeros guardias universitarios se personaron al lugar diez minutos después de que fuera el estudiante en busca de ayuda. Llegaron conduciendo una ambulancia. Elba A.B.M. y la señora Margarita Aguida, estudiante que momentos antes la había ayudado a vestir, subieron a la ambulancia. Luego de haber recorrido un corto trecho, uno de los guardias universitarios les informó que tenían que detenerse a recoger otra persona que se estaba desangrando dentro del Recinto. Esta persona resultó ser el agresor. A pesar de la desesperada oposición de la víctima de tener que compartir la ambulancia con su agresor, se le informó que no había otra ambulancia disponible, que el herido tenía preferencia y que su única opción era acompañarlos o bajarse de la ambulancia. Elba A.B.M. optó por bajarse.

El otro estudiante las trasladó en su vehículo al Hospital Guadalupe donde a pesar de estar sangrando, tanto anal y vaginalmente, como por otras partes de su cuerpo, le indicaron que no la podían atender porque su caso había que referirlo al Centro de Víctimas de Violación. Ante ese hecho los estudiantes la llevaron al Centro Médico, donde se le atendió y sometió a un examen pélvico. El informe médico conformó todos los aspectos principales del ataque y las condiciones físicas en que se encontraba la joven Elba A.B.M. después de la agresión.

Como resultado de los daños sufridos por Elba A.B.M por la experiencia vivida la noche del 6 de octubre del 1980 abandonó sus estudios en la universidad. Aunque más tarde intentó reanudarlos, no pudo lograrlo debido al estado emocional en que quedó. Temía quedarse sola en cualquier lugar por lo que recurría a sus hermanos para que la acompañaran cuando salía de la casa. Apenas socializa fuera de su hogar ante el temor constante de que se repitiese la experiencia. Aunque ha continuado trabajando, tiene mucha dificultad para concentrarse. La relación con su padre y sus hermanos desde entonces ha cambiado, ahora es inadecuada. Evita todo contacto social con miembros del sexo opuesto. Rechaza la idea de llegar a constituir una familia y tener hijos. Le aterra la posibilidad de tener una niña porque entiende que la haría desgraciada fiscalizándola continuamente. Durante estos años fue muy difícil el reajuste; tuvo que cambiar de trabajo y las pesadillas no desaparecieron. Desarrolló un temor a los muchachos y, aunque trataba de salir con ellos, experimentaba ansiedad y pánico. Se abstuvo de socializar con sus antiguas amistades, pues siempre le quedaba el temor sobre lo que podían pensar de ella. Empezó a estudiar de nuevo, pero no se concentraba bien y siempre asociaba el estudio con la experiencia. Esto le producía miedo. Han persistido las pesadillas de violencia y de la experiencia sufrida.

Elba A. B. M. (1) y a sus padres demandaron a la Universidad de Puerto Rico y su compañía de seguros, por los daños que sufrieran como consecuencia del incidente del 6 de octubre de 1980. El 29 de enero de 1986 el Tribunal Superior, Sala de San Juan, condenó a la Universidad de Puerto Rico y a su compañía de seguros la Corporación Insular de Seguros a pagar solidariamente a los demandantes, una suma de dinero.

La Universidad de Puerto Rico y su compañía de seguros apelaron al Tribunal Supremo. El Tribunal Supremo confirmó al Tribunal Superior en lo relativos a los daños al concluir que en este caso se demostró a cabalidad que la U.P.R. incumplió con su deber de ofrecer adecuada protección y seguridad a sus estudiantes, que ese incumplimiento fue la causa del daño ocasionado por el acto intencional de un tercero, y que el daño era uno previsible.

Al analizar la negligencia de la U.P.R., el Tribunal Superior encontró que más de un año antes de ocurrir el infortunado incidente, un grupo de estudiantes de la Escuela Graduada de Trabajo Social había efectuado un estudio sobre las agresiones sexuales que ocurrían en el recinto de Río Piedras. Los estudiantes informaron que, según su estudio, existían sectores del Recinto Universitario que no eran seguros. También sugirieron varias alternativas para prevenir las agresiones sexuales. Recomendaron aumentar la vigilancia en ciertas áreas; mejorar el alumbrado en las calles y áreas dentro del Recinto; establecer un centro de servicios para las víctimas de abusos sexuales; desarrollar una campaña de orientación a la comunidad universitaria; crear conciencia entre los administradores sobre la necesidad de atender el problema; y adiestrar al personal médico y de vigilancia para ayudar a las víctimas de abusos sexuales. Se hicieron reuniones informativas con funcionarios administrativos de la U.P.R., en las que se insistía enn la preocupación de que las estudiantes fueran víctimas de agresiones sexuales debido a las deficientes medidas de seguridad y vigilancia del lugar. Se hizo énfasis en la necesidad de podar los arbustos y sustituir los focos fundidos, el establecimiento de un centro de ayuda a víctimas de violación dentro del Recinto para ofrecer orientación, servicios médicos y sicológicos. Los administra-

dores informaron que no podían implementar las medidas sugeridas debido a la falta de los fondos necesarios para mejorar el alumbrado y dar mantenimiento al Recinto. En cuanto al programa de orientación le indicó que el mismo podía proyectar una imagen negativa del Recinto y asustar a los padres de los estudiantes.

En relación con la guardia universitaria se indicó que la guardia universitaria no recibía adiestramiento especial alguno. Lo único que se les enseñaba era a dar multas a los vehículos mal estacionados y a usar los radios transmisores portátiles ("walkie-talkies"). No se había establecido un sistema de prioridades en términos de seguridad, ni un procedimiento para sustituir los guardias universitarios que faltasen. Ellos no investigaban los actos delictivos que ocurrían en el Recinto, solamente los registraban en el Libro de Novedades. La investigación la hacía la policía estatal si el perjudicado se querellaba o si era de suficiente magnitud para que la guardia universitaria lo informara.

Al concurrir con la imposición de responsabilidad a la Universidad de Puerto Rico, el Tribunal Supremo indicó que, en el caso de las omisiones, la ocurrencia de éstas sólo da lugar a una causa de acción en los casos en que exista un deber de actuar. Para que ocurra un acto negligente como resultado de una omisión tiene que existir un deber de cuidado impuesto o reconocido por ley y que ocurra el quebrantamiento de ese deber. Cierto tipo de empresa, tales como las escuelas, los hospitales y los hoteles, tienen el deber de mantener unas medidas de razonable protección de sus huéspedes, pacientes y estudiantes que no tienen que suplir otros contratantes y empresarios, cuya actividad no absorbe necesariamente, en el ámbito de ejecución del contrato la protección de partes y terceros contra ataques criminales.

De acuerdo con el Tribunal Supremo el deber de cuidado incluye, tanto la obligación de anticipar, como la de evitar la ocurrencia de daños, cuya probabilidad es razonablemente previsible. La regla de anticipar el riesgo no se limita a que el riesgo preciso o las consecuencias exactas debieron ser previstas. Lo esencial es que se tenga el deber de prever en forma general consecuencias de determinada clase. Por otro lado para determinar lo que constituye un resultado razonablemente previsible se debe acudir a la figura del hombre prudente y razonable según definida ésta en nuestra jurisprudencia. El deber de previsión no se extiende a todo peligro imaginable que concebiblemente pueda amenazar la seguridad, sino a aquel que llevaría a una persona prudente a anticiparlo.

El Tribunal Supremo indicó que las instituciones educativas por su naturaleza, atraen una gran concentración de gente joven cuya característica principal usualmente es de una gran confianza en sí mismos y en sus semejantes, lo que engendra a su vez una despreocupación por su seguridad personal. Un porciento cada vez mayor de estos jóvenes son mujeres. Por otra parte, el interés primordial de los educadores y administradores se centra en la educación, no en la protección o medidas de seguridad contra actos delictivos. El fácil acceso a estas instituciones unido a estas circunstancias, crea una tentación u oportunidad especial que propicia la conducta criminal, especialmente de los delitos de agresión sexual contra los jóvenes estudiantes. Esto hace que sobre estas instituciones recaiga pues, una responsabilidad especial de velar por la protección y seguridad de estas estudiantes.

Si la institución educativa no toma las medidas de seguridad necesarias para proteger a las estudiantes minimizando las circunstancias que propician y brindan la oportunidad a terceros extraños para realizar estos ataques sexuales y causar daño, son negligentes por haber fallado en su deber para con la víctima, la estudiante. La ocurrencia anterior en el Recinto de actos delictivos similares, el hecho de que las autoridades universitarias conocían o debieron conocer de los mismos, la falta de un sistema adecuado de investigación y seguimiento a incidentes de esta naturaleza, la falta de divulgación de información sobre los peligros, la falta de un plan y facilidades para ayudar a las víctimas, el no corregir condiciones que propician la agresión sexual, la ausencia total de un sistema de prioridades para atender la seguridad de los estudiantes y la falta de personal adecuadamente entrenado para velar por la protección y seguridad son, entre otros, fac-

tores que demuestran incumplimiento con el deber de ofrecer una protección adecuada.

La Universidad, consciente de todas las circunstancias antes reseñadas, arguyó que por el tamaño del Recinto no se le puede exigir responsabilidad en cuanto a sus estudiantes y que la seguridad pública compete a la Policía de Puerto Rico. El Tribunal Supremo no lo aceptó e indicó que como institución educativa venía obligada a ofrecer a sus estudiantes un grado de protección y seguridad independiente del que puedan proveer las agencias de seguridad pública. Además, la Universidad no poseía un sistema efectivo de recopilación y evaluación de información que le permitiese percatarse adecuadamente de los riesgos y necesidades de su estudiantado. Tampoco tenía un plan para establecer prioridades de forma que las áreas de mayor peligro recibiesen mejor vigilancia, particularmente durante la noche, a pesar de que se habían promocionando cursos nocturnos. A pesar de conocer de todas estas condiciones, la U.P.R. no realizó las gestiones necesarias para corregir la flagrante y crasa ausencia de un sistema de protección y seguridad adecuada para sus estudiantes. El Tribunal Supremo entendió que de haber tomado medidas de seguridad razonables, a tono con las necesidades y realidades del Recinto, se hubieran minimizado los riesgos y hasta quizás evitado el desafortunado suceso que sufrió Elba A.B.M.

Finalmente el Tribunal Supremo aclaró que lo resuelto hoy en el caso Elba A.B.M. nada altera la norma general de que una persona o entidad no se es responsable de la criminalidad general que exista en el ambiente de la sociedad en que se desenvuelve, y que una entidad o institución no es un es responsable de la seguridad de las personas con las que se relaciona o la patrocinan. Sin embargo, dicha norma general no aplica cuando se llevan a cabo actividades que por su naturaleza esencial hacen necesario que la entidad o institución venga obligada a ofrecer un grado de protección y seguridad independiente del que puedan proveer las agencias de seguridad pública.

39. Tormos Arroyo v. Departamento de Instrucción Pública del Estado Libre Asociado, 140 P.R. 265 1996)

[Resumen]

[Este caso ilustra el comportamiento negligente (falta de previsibilidad) de funcionarios escolares que puede dar lugar a una demanda de daños y perjuicios por parte de un estudiante perjudicado.]

San Juan, Puerto Rico, a 13 de marzo de 1996

Opinión del Tribunal emitida por el Juez Asociado Señor Negrón García

El 30 de noviembre de 1989 Nathaniel Tormos Mercado salió de la escuela a almorzar en su casa situada cerca, a un solo bloque, acompañado de su hermano Jonathan, su novia Anibel Mondesí Padilla y el hermano de ésta, Aníbal. Salieron por el portón de atrás que estaba abierto, para que los estudiantes pudieran ir a almorzar y que da a una calle de residencias privadas en la urbanización Las Lomas. Cuando regresaban y se encontraban cerca del portón, se aproximó un grupo de cinco (5) a seis (6) jóvenes. Ellos se percataron de esos jóvenes como a una distancia de veinticinco (25) pies; el grupo atacante venía por el lado contrario a la calle de donde caminaban. Todos apresuraron el paso, presentían que algo iba a pasar y entraron a la escuela sin detenerse. Sin embargo, Nathaniel fue rodeado por el grupo y uno de los jóvenes lo agredió con los puños.

Simultáneamente, como era la 1:00 p.m. hora de almuerzo y entrada a clase dentro del plantel (balcones y patio), los estudiantes y empleados no se dieron cuenta de lo ocurrido hasta que Nathaniel estaba siendo agredido. El incidente se produjo tan rápido que ni Nathaniel ni sus testigos pudieron identificar a ninguno de los jóvenes, aunque pudieron describirlos. Luego de la golpiza, Nathaniel entró a la escuela y fue llevado a la oficina de la Directora quien llamó a sus padres. Nathaniel tenía la nariz hinchada y sangraba; le pusieron hielo. Sus padres lo llevaron a recibir asistencia médica y presentaron una querella en la Policía. Nathaniel sufrió una fractura de huesos y tabique nasales.

Carlos Tormos Arroyo, su esposa Clara L. Mercado Rivera y Nathaniel Tormos Mercado presentaron en el Tribunal Superior, Sala de San Juan, una acción de daños y perjuicios contra el Estado Libre Asociado (Departamento de Educación), el menor David López González, sus padres y la sociedad legal de gananciales, reclamándoles resarcimiento por los daños sufridos como resultado de una golpiza ocurrida a Nathaniel

El Estado Libre Asociado (Departamento de Educación) negó responsabilidad. Entre otras defensas adujo que los jóvenes que atacaron y golpearon a Nathaniel no eran estudiantes de la Escuela Intermedia William D. Boyce y que al ocurrir el incidente todos se encontraban fuera de los predios escolares.

El Tribunal Superior, Sala de San Juan (Hon. Jeannette Tomasini Gómez, Juez) desestimó la demanda. El tribunal de instancia concluyó que no se había probado ninguna relación causal entre los daños sufridos por los demandantes Carlos Tormos Arroyo, Clara L. Mercado Rivera y Nathaniel Tormos Mercado y la acción u omisión del Estado Libre Asociado (Departamento de Educación).

El Tribunal Supremo revocó la decisión del Tribunal Superior, Sala de San Juan (Hon. Jeannette Tomasini Gómez, Juez) y acogió la teoría de los demandantes a los efectos de que bajo la Ley Núm. 26 de 5 de junio de 1985 el Departamento de Instrucción (hoy Departamento de Educación), tiene la obligación de proveer protección y seguridad a los estudiantes que asisten a las escuelas públicas del país, y que en la medida en que tuvo lugar la agresión de Nathaniel es civilmente responsable, pues incumplió el deber legal de velar y proteger la salud y el bienestar de sus estudiantes al no tener un cuerpo de seguridad según lo requiere dicho estatuto.

También acogió la pretensión de los demandantes a los efectos de que la Ley Núm. 40 de 5 de junio de 1986, según enmendada, provee protección a los estudiantes contra comerciantes de drogas en los alrededores de la escuela.

De acuerdo con el Tribunal Supremo, la Ley Núm. Núm. 26 de 5 de junio de 1985 ordena al Secretario de Educación crear un cuerpo de orden público para la protección de estudiantes, maestros, empleados y propiedad escolar en los planteles escolares y sus alrededores, y desarrollar un sistema que garantice la prevención y no comisión de actos delictivos dentro y en los alrededores de la escuela. La Ley concede prioridad al asignar los servicios del Cuerpo de Seguridad Escolar a aquellos planteles escolares con mayores problemas de vandalismo e incidencia criminal. La Ley Núm. 26, confiere jurisdicción hasta una distancia de doscientos (200) metros que ha de contarse desde el punto más cercano al lindero exterior del predio ocupado por la escuela.

Lo primero que dejó claro el Tribunal Supremo fue que no se puede interpretar que en virtud de la Ley Núm. 26 el Estado es garantizador absoluto de la seguridad del estudiantado o facultad en todo momento y lugar. Como fuente generadora de responsabilidad, el deber dimanante de la Ley Núm. 26 no puede divorciarse del antiguo Art. 1802 del Código Civil, (hoy Art. 1536 del Código Civil de Puerto Rico de 2020). Para imponer responsabilidad es necesario que coexistan tres (3) factores: (1) acto negligente o culposo; (2) daños, y (3) nexo causal entre el daño y la acción u omisión de otra persona. Por otra parte, los elementos que han de considerarse en la determinación de si una omisión genera responsabilidad son: (1) la existencia o inexistencia de un deber jurídico de actuar por parte del alegado causante del daño, el incumplimiento del cual constituye la antijuridicidad, y (2) si de haberse realizado el acto omitido se hubiera evitado el daño.

El Tribunal Supremo reiteró que cuando hablamos de planteles escolares y sus alrededores, el estándar de cuidado exigible, si bien no es absoluto, es más riguroso. Los autores proporcionan ciertas reglas razonables y útiles para la solución de los casos, pero es éste un campo en donde el derecho no puede ser fijo y estático y los tribunales tienen que resolver cada caso de acuerdo con sus circunstancias parti-

culares. El Estado no es garantizador absoluto del bienestar público. No lo podría ser, pues conocidas son sus limitaciones económicas y humanas. Existen ciertos tipos de actividades, tales como las llevadas a cabo por las escuelas, que, por su naturaleza esencial, vienen obligadas a ofrecer un grado de protección y seguridad independiente del que puedan proveer las agencias de seguridad pública. Es el incumplimiento con este deber, unido al hecho de que el daño sea previsible y su incumplimiento la causa adecuada, lo que responsabiliza a la institución. El grado de seguridad que viene obligada a ofrecer una institución educativa depende de la naturaleza de la institución, de su localización y de la manera en que funciona y ofrece sus servicios.

¿Resultaba previsible el acto dañoso (golpiza que recibió Nathaniel Tormos Mercado)? ¿Pudo evitarse de haberse realizado el acto omitido? Esto es, ¿hubo relación de causalidad entre la omisión y el acto dañoso?

El deber de cuidado incluye tanto la obligación de anticipar como la de evitar la ocurrencia de daños cuya probabilidad es razonablemente previsible. De otro lado, la culpa consiste en la omisión de la diligencia exigible, mediante cuyo empleo podría haberse evitado el resultado dañoso. La diligencia exigible es la que cabe esperar del ser humano medio, el buen paterfamilias. Si el daño es previsible por éste hay responsabilidad. Si no es previsible estamos generalmente en presencia de un caso fortuito. No basta que concurran un daño y una acción u omisión negligente. Para generar responsabilidad es imperativo un nexo causal entre el daño y el acto culposo o negligente. ¿De haberse llamado la Policía o de haber existido el Cuerpo de Seguridad Escolar se hubiese evitado la agresión?

El Tribunal Supremo indicó que en el caso de Nathaniel Tormos Mercado no estamos ante un hecho fortuito o un riesgo tan remoto que no pudiera ser previsto por una persona prudente. No se trata de un accidente o sorpresa. Tampoco de una situación imprevisible de unas personas caminando por la acera, que inexplicablemente atacan a un estudiante.

Aquí los estudiantes contaban con permiso para salir a almorzar fuera de la escuela, para lo cual existía un portón abierto; que los acompañantes de Nathaniel anticiparon que algo iba a ocurrir y apresuraron el paso; que vieron a los atacantes como a veinticinco (25) pies de ellos, del lado contrario de la calle por donde discurrían, y que la agresión ocurrió a la hora de entrada a clase por almuerzo. Finalmente, el Tribunal Supremo determinó que de haber existido un cuerpo de seguridad escolar se pudo haber anticipado la agresión. El incidente ocurrió en los alrededores del plan-tel, esto es, dentro del área de doscientos (200) metros desde el punto más cercano al lindero exterior del predio donde está la escuela; al ser la hora de entrada de regreso al almuerzo y contando los estudiantes con permiso para salir a almorzar era previsible que varios estudiantes estuvieran en los alrededores del plantel, imponiéndose un requisito de mayor vigilancia en esos momentos. La presencia de un cuerpo semipolicial en dicho plantel hubiera cambiado la situación, no sólo por la posibilidad de una pronta y oportuna intervención o participación al percatarse de la situación de peligro potencial, sino como factor disuasivo dimanante del conocimiento de su existencia. Por los fundamentos expuestos, el Tribunal Supremo dictó sentencia para revocar la desestimación decretada contra el Estado Libre Asociado y devolvió el caso al Tribunal Superior para procedimientos ulteriores compatibles con lo resuelto.

El Juez Asociado Señor Fuster Berlingeri emitió una opinión de conformidad. El Juez Asociado Señor Hernán-dez Denton emitió una opinión disidente, a la cual se unieron la Juez Asociada Señora Naveira de Rodón y el Juez Asociado Señor Corrada Del Río.

40. Cruz Costales v. ELA, 89 D.P.R. 105 (1963)

[Resumen]

[Este caso ilustra el comportamiento negligente de un maestro que puede dar lugar a una demanda de daños y perjuicios por parte de un estudiante perjudicado.]

San Juan, Puerto Rico, 30 de septiembre de 1963

El Juez Asociado señor Rigau emitió la opinión del Tribunal.

Cruz Costales era un joven de 15 años que estudiaba en la Escuela José González Ginorio, del Barrio Romero de Villalba, Puerto Rico. Asistía a la clase de carpintería que estaba a cargo del maestro de Artes Industriales de dicha escuela, el Sr. Luis Ríos. Un día el Sr. Ríos no estaba en el salón el cual había abandonado hacía más de media hora. Su ausencia no fue explicada en modo alguno. Mientras los estudiantes estaban solos en el salón de clases, entró en el salón el individuo Juan Leonor Landrau, quien no era estudiante, y cogiendo un machete que allí había expresó que era medio loco y que se atrevía darle unos tajos al estudiante Ángel Marín que estaba allí al lado.

Cruz Costales fue a coger un metro que estaba sobre una mesa cercana y en ese momento, sin que mediara provocación alguna, Landrau lo cortó con el machete. El menor sufrió una herida en la mano derecha que le cogió los tendones de los dedos tercero y cuarto de la mano. No hubo fractura ni dislocación. La herida no fue grave y el menor quedó sin incapacidad en la función normal.

Cruz Costales demandó al Estado Libre Asociado de Puerto Rico en el Tribunal Superior, Sala de Ponce. El Tribunal Superior, concluyó que la ausencia del profesor Ríos en el salón de clases constituyó negligencia en el desempeño de sus deberes y que esa negligencia fue la causa de la agresión. Por ello condenó al Estado Libre Asociado a pagar a Cruz Costales una indemnización por los daños sufridos.

El Estado Libre Asociado apeló al Tribunal Supremo alegando que erró el Tribunal Superior al concluir que la ausencia del salón de clases del profesor Ríos fue un acto negligente en el desempeño de sus deberes cuya negligencia fue la causa de la agresión. El Estado Libre Asociado alegó en su apelación que sólo cuando el daño sufrido ha podido razonablemente preverse al realizarse el acto del demandado, que tal acto es la causa legal del daño; que el demandado no es responsable cuando surge una causa interventora remota e improbable que el demandado no podía razonablemente prever; que las autoridades escolares no son aseguradores de los estudiantes; que el deber de supervisión de las autoridades escolares sólo comprende el ejercicio de aquel cuidado que una persona razonable y prudente ejercitaría bajo las mismas o similares circunstancias; que el mero hecho de falta de supervisión de parte de los maestros no hace responsable en daños y perjuicios al Estado; y que en este caso las autoridades escolares no podían haber previsto la entrada ilegal e inesperada de Juan Leonor Landrau, un enajenado mental u otro criminal al salón de clases.

El Tribunal Supremo de Puerto Rico no lo aceptó y confirmó la sentencia del Tribunal Superior. El Tribunal Supremo los principios esbozados por el Estado Libre Asociado, y reconoció unas diferencias importantes. Estableció que es bien sabido que no hay regla exacta para determinar cuándo las causas de un accidente son próximas o remotas, y reconoce, cada caso debe ser resuelto tomando en consideración sus hechos y circunstancias especiales. Así como principio general, un demandado será relevado de responsabilidad por una causa interventora imprevisible y anormal que produce un resultado que no pudo ser previsto. La regla de anticipar el riesgo no se limita a que el riesgo preciso o las consecuencias exactas debieron ser previstas. Lo esencial es que se tenga el deber de prever en forma general consecuencias de determinada clase. No es defensa alegar que no se pudo prever el curso preciso o toda la extensión de las consecuencias, siendo de esa clase, que, como cuestión de hecho, ocurrieron. La responsabilidad no depende de si en el ejercicio de razonable diligencia, el demandado previó o debió prever, el daño específico reclamado pero la parte acusada de negligente puede ser responsable de cualquier cosa que después de completado el daño, aparezca ser una consecuencia natural y probable de su acto u omisión. Es por tanto innecesario que el demandado haya anticipado el daño específico imputándole o que haya anticipado que dicho daño iba a ocurrir en la forma precisa que ocurrió.

El Tribunal Supremo procedió a mencionar algunos casos que parecían sostener la posición del Estado Libre Asociado, para luego establecer la diferencia con el de Cruz Costa-

les. En el caso de Whitfield v. East Baton Rouge Parrish School Board, 43 So.2d 47 (1949), un niño de primer grado, de 7 años, se ahogó al caerse en una zanja que servía de límite al patio de la escuela. La zanja estaba a 150 pies del edificio de la escuela y no había verja. Como la zanja era de desagüe a veces tenía poca agua, pero a veces tenía mucha. El tribunal declaró que las autoridades escolares no eran responsables porque a los niños se les había prohibido acercarse a la zanja y porque el accidente ocurrió a la hora del recreo, había 3 profesoras al cuidado de los niños y a esa hora había 300 ó 400 niños jugando en el patio de la escuela.

En el caso de Taylor v. Oakland High, 83 P.2d 948 (1938) una niña fue golpeada en el patio de la escuela por un camión. Lo que estaba en controversia era si había causa de acción. El tribunal inferior resolvió que no y el tribunal apelativo resolvió que sí. El tribunal apelativo dijo que la decisión no quería decir que las autoridades escolares eran aseguradoras de los niños y añadió que la evidencia demostraría si hubo o no negligencia de parte de los demandados. En Ohman v. Board of Education, 90 N.E.2d 474 (1949) el accidente ocurrió dentro del salón de clases. Un niño le tiró un lápiz a otro, éste se bajó y el lápiz fue a darle en un ojo a otro niño destruyéndoselo. La ausencia temporera de la maestra del salón de clases fue explicada y justificada; ella se encontraba en una alacena situada en el corredor del edificio guardando un material escolar. Aunque la maestra no estaba presente el tribunal falló contra el demandante porque entendió que la ausencia de la maestra del salón de clases no fue la causa próxima del accidente, sino que éste fue ocasionado por la acción imprudente del niño. El tribunal razonó que, aunque la maestra hubiese estado presente no hubiese podido evitar ese acto súbito e imprevisible.

En el caso de Maurer v. Board of Education, 60 N.E.2d 759 (1945) el accidente ocurrió en una piscina de natación en donde había adecuada supervisión. En Clark v. City, 41 N.E.2d 459 (1942) el accidente ocurrió en el parque municipal y el municipio probó que era diligente mantener personal a cargo de la limpieza de la piscina. Este, igual que el caso de Maurer, es un caso muy distinto al de Cruz Costales nuestro. En Berner v. Board of Education, 36 N.E.2d 100 (1941) la lesión fue causada por una bola de goma que otro estudiante tiró mientras estaban jugando en el corredor del edificio escolar. El tribunal encontró que las autoridades escolares no habían incurrido en negligencia y que el acto, común entre niños de esa edad, no era peligroso per se. En el caso de Graff v. Board of Education, 15 N.Y.S.2d 941 (1939) un niño fue lesionado en un ojo cuando el maestro le tiró una bola mientras llevaban a cabo juegos escolares. El tribunal encontró que la actividad no era inherentemente peligrosa y que no había habido negligencia. En Reithardt v. Board of Education, 111 P.2d 440 (1941) una niña que estaba sentada en una ventana fue derribada por otra y sufrió lesiones. El accidente ocurrió en un salón mientras los estudiantes esperaban por el comienzo de una clase. El tribunal resolvió que el accidente había sido causado por la acción imprudente de la segunda niña (eran estudiantes de escuela superior) y que no había habido negligencia de parte de las autoridades escolares. En Frace v. Long Beach City High School District, 137 P.2d 60 (1943) un estudiante de escuela superior sufrió lesiones debido a la explosión de unos agentes químicos que otros compañeros le habían dado y con los cuales él se puso a hacer experimentos. Esto ocurrió en el garaje de la casa de uno de los estudiantes. Las sustancias químicas habían sido hurtadas por uno de los estudiantes de un salón de la escuela superior. Naturalmente, el tribunal falló a favor de la escuela.

El Tribunal Supremo de Puerto Rico, en el caso de Cruz Costales indicó que la jurisprudencia es abundante en esta materia, pues generalmente los niños son impulsivos y poco precavidos y es natural que en grupos de cientos y de miles de estudiantes que concurren a las escuelas den lugar a accidentes desgraciados, algunos de los cuales pueden preverse y evitarse por los maestros, pero otros no, desafortunadamente, imposibles de prever y de evitar. Los códigos, la jurisprudencia y los autores proporcionan ciertas reglas razonables y útiles para la solución de los casos, pero es éste un campo en donde el derecho no puede ser fijo y estático y los tribunales tienen que resolver cada caso de acuerdo con sus circunstancias particulares. Por ejemplo, es universal la regla de que los maestros deben ejercer para con los niños el cuidado que una persona razonable y prudente ejercitaría. Se ha resuelto que la relación entre el maestro y el niño es en cierto sentido una de in loco parentis, pero es fácil ver que lo que es razonable y prudente en relación con niños de primer grado no lo es necesariamente en relación con niños de octavo grado o de escuela superior. La multitud de casos y la infinidad de circunstancias posibles han producido y producirán jurisprudencia disímil.

Contrario a los casos anteriormente citados hay otros en que los tribunales han concedido indemnizaciones. En los casos más recientes como en el de Ferraro v. Board of Education, 212 N.Y.S.2d 615 (1961); y el de Christofides v. Hellenic Eastern Orthodox Christian Church, 227 N.Y.S.2d 946 (1962) los tribunales han exigido un mayor grado de cuidado de parte de las escuelas y los maestros para con los niños de poca edad, especialmente cuando éstos se encuentran en situaciones en que se supone que estén bajo la vigilancia de sus maestros, como cuando están en los salones de clase y llevando a cabo actividades dirigidas o supervisadas por los maestros. Es natural que así sea dada la tendencia actual jurisprudencial y de la doctrina en el campo de los daños y perjuicios.

El Tribunal Supremo de Puerto Rico indicó que el caso de Christofides es muy parecido al de Cruz Costales porque en ambos casos el factor tiempo disponible durante el cual el daño pudo haberse evitado de haber estado el maestro presente, unido a la ausencia injustificada del maestro del salón de clases producen la causa legal del daño. En Christofides los niños llegaron al salón de clases a tiempo, pero el maestro no estaba presente. Como es corriente en esos casos los niños empezaron a jugar y a correr por el salón, situación que duró como un cuarto de hora. No sabemos si intencional o accidentalmente, un niño cortó a otro con una cuchilla. La prueba demostró que el niño que portaba el arma por el salón. Al fallar a favor del demandante el tribunal razonó que si el maestro hubiese estado presente en el salón se hubiese percatado del peligro que representaba que mientras los niños jugaban o corrían por el salón hubiese uno esgrimiendo una cuchilla y en el ejercicio razonable de su deber lo hubie-

se evitado. O sea, al maestro ver la situación peligrosa es razonable esperar que el maestro en el cumplimiento de su deber le hubiese quitado la cuchilla al niño o le hubiese ordenado que la guardara, y no hubiese permitido que el niño continuara su juego peligroso por cinco o diez minutos. Encontró el tribunal relación entre la falta de supervisión que sufrieron los niños por la ausencia del maestro del salón de clases y la lesión sufrida por el demandante. Aunque la causa eficiente del daño fue el acto de una parte interventora (el niño que tenía la cuchilla) la causa legal radicó en la negligencia consistente en tener los niños en el salón de clases sin supervisión.

De acuerdo con el Tribunal Supremo de Puerto Rico, en el caso de Christofides como el de Cruz Costales, hay que conceder que la causa interventora fue imprevisible y extraordinaria. Esa circunstancia dentro de otro cuadro de hechos seguramente hubiese relevado de culpa al demandado, pero creemos que la causa legal del daño fue la ausencia, que nunca fue explicada, del maestro del salón de clases porque si el maestro hubiese estado presente es muy probable que hubiese podido evitar el acto que produjo el daño ya que, en primer lugar, la presencia de un maestro varón en el salón de clases posiblemente hubiese intimidado al intruso y éste no hubiese cortado al menor; además, como el intruso estuvo por unos minutos amenazando a los estudiantes durante ese tiempo el maestro, con su madurez superior a la de los niños, probablemente hubiese bregado con la situación en tal forma que se hubiese evitado la lesión. Por lo menos el maestro no hubiese permitido que el menor lesionado se acercase al intruso amenazante. Que nada de esto es imposible lo demuestra el hecho probado que después que el intruso cortó al demandante el maestro (quien debemos entender llegó al lugar) y otro estudiante sacaron al agresor del salón. Concluimos que, igual que en el citado caso de Chrirstofides, la ausencia del maestro fue la causa legal del daño porque la acción del tercero interventor (en este caso el intruso) no fue súbita e imposible de prever como lo fue en el caso Ohman, sino que hubo algún tiempo disponible en que el maestro pudo haber evitado la lesión si hubiese estado presente. Como se sabe hay circunstancias en que la causa interventora releva la responsabilidad al demandado y hay también circunstancias en que no lo releva. No es irrazonable esperar que durante las horas de clase no sólo los niños tengan que estar en el salón, sino que los maestros también.

§5. Negligencia educativa (Impericia profesional o malpractice)

Los padres envían sus hijos a la escuela con la expectativa de que el personal de la escuela los supervise, eduque y proteja. De acuerdo con un gran número de fuentes jurídicas la educación debe orientarse hacia el pleno desarrollo de la personalidad humana. Esa es la principal finalidad que se le atribuye a la educación en los instrumentos de derechos humanos de carácter internacional (ONU, 1948; ONU, 1966; ONU, 1990; ONU, 2004; ONU, 2009; UNESCO, 1960; UNESCO, 19940; UNESCO, 1995); UNESCO, 2001).

En Estados Unidos de América la Constitución Federal no contiene referencia alguna a la educación. No obstante, por medio de leyes federales que confieren fondos para educación a los Estados se atiente la necesidad de que los estudiantes reciban una educación de calidad. Por ejemplo, en 2001 aprobaron la Ley Federal No Child Left Behind (NCLB). Ley NCLB exigía a los Estados que todos los estudiantes tuvieran maestros altamente cualificados. Requería que se mejorara el perfil profesional de los profesores, que se reclutaran maestros con experiencia y competencia en aquellas escuelas con estudiantes de familias de bajos ingresos y estudiantes minoritarios (con especial atención a los africano-americanos e hispanos), o sujetas a un plan de mejoramiento (Ramírez-Soto, 2015).

En Puerto Rico la calidad de la educación, de los escolares, se le confirió rango constitucional, al requerir expresamente que sea una que propenda al pleno desarrollo de su personalidad y al fortalecimiento del respeto de los derechos del hombre y de las libertades fundamentales y propenda al pleno desarrollo de su personalidad. El derecho a la educación en Puerto Rico quedó plasmado en la sección 5 del Art. II de la Constitución del Estado Libre Asociado, Art II, Sec. 5 en 1952 [Constitución del Estado Libre Asociado (1952)]. Además, la Ley Orgánica del Departamento de Educación indica que se pretende el desarrollo pleno e integral de nuestros estudiantes y requiere, además, elevar los estándares en el proceso de enseñanza y aprendizaje, promover la excelencia y reducir de manera significativa las brechas en el aprovechamiento académico. Deben impulsarse acciones que garanticen un proceso de enseñanza y aprendizaje de calidad, la responsabilidad y creatividad para la atención de las necesidades educativas de nuestros niños y jóvenes y dotar al personal con los recursos necesarios que puedan apoyar su gestión educativa (Ley 85, 2018).

La calidad se ha estado discutiendo desde hace ya bastante tiempo. Este tema de la calidad en el contexto educativo se vuelve más interesante a la luz de la gran cantidad de casos que se han presentado con relación a la impericia profesional o negligencia de los maestros. No sucede lo mismo con el deber de educar, que supone que los maestros tengan las más altas cualificaciones para ejercer su labor y que deben mantener un ambiente propicio para llevar a cabo esas funciones en la sala de clases. En otras palabras, los educadores pueden ser demandados por brindar una supervisión inadecuada, pero no por brindar una instrucción inadecuada (DeMitchell y DeMitchell, 2007; Black, 2021).

Tokic (2014) indicó que el Tribunal Supremo de Estados Unidos de América nunca ha brindado orientación en torno a lo que los estudiantes pueden esperar como consumidores de un producto educativo. Los tribunales han rechazado repetidamente dichas reclamaciones por negligencia educativa. La barrera para que los padres no puedan demandar por educación inadecuada se erigió en Estados Unidos de América hace alrededor de cincuenta años. La falta de estándares para la práctica del maestro y una política pública con respecto a la responsabilidad financiera sirvió de base para que fracasaran las demandas por negligencia educativa. El caso que se ha citado consistentemente en apoyo de las desestimaciones de los reclamos por educación inadecuada ha sido el de Peter W. v. Distrito Escolar Unificado de San Francisco. Allí se presentó la controversia de si una persona que sostiene que recibió una educación inadecuada del sistema escolar público, puede presentar una causa de acción extracontractual contra las autoridades que operan y administran el sistema (Peter W. v. San Francisco Unified School District, 1976).

Peter W. alegó que el distrito escolar de San Francisco fue negligente porque lo graduó de la escuela secundaria cuando solo podía leer a un nivel de quinto grado. Un tribunal de apelaciones de California finalmente falló en contra de Peter W. porque no pudo encontrar base viable para imponer un deber de cuidado al distrito escolar. El tribunal estuvo renuente a identificar a las escuelas como la causa próxima de los malos resultados educativos de Peter W. De acuerdo con el tribunal la educación es producto de una serie de factores y no fue posible identificar cuánto contribuyó cada uno a la inefectividad de los resultados del demandante (DeMitchell y DeMitchell, 2007).

Más adelante continuó la lucha por lograr que se permitiera una causa de acción por impericia educativa. Esta vez en un caso de Nueva York (Donohue v. Copiague Union Free School District, 1979). El demandante alegó que, a pesar de haber recibido un certificado de graduación, carecía de la capacidad rudimentaria para comprender el inglés escrito a un nivel suficiente que le permita completar las solicitudes de empleo. Su deficiencia la atribuyó al incumplimiento de la parte demandada de sus deberes y obligaciones de educarle. El tribunal se negó a encontrar negligencia, pero por una razón diferente. El tribunal señaló en primer lugar que si a los médicos, abogados, arquitectos, ingenieros y otros profesionales se les exige un deber para con el público al que sirven, así mismo podría decirse que nada en la ley impide un trato similar hacia los educadores. Además, encontró que existe un deber de cuidado de parte de las escuelas para con sus estudiantes. Hasta aquí todo parecía que la situación se había solucionado (Dynarski, 2018). Pero, el mismo tribunal concluyó cualquier interpretación judicial que avale la transgresión del ámbito de la educación, implicaría la usurpación por los tribunales de las prerrogativas de la administración de los sistemas escolares, lo que tendría el efecto de soslayar los más elementales principios de hermenéutica jurídica. Si se determinara que las escuelas de Nueva York fueron negligentes estaría incurriendo en una intervención flagrante con la responsabilidad de la administración del sistema escolar público que la ley reserva a los organismos administrativos de las escuelas (Donohue v. Copiague Union Free School District, 1979).

Este tema de la calidad, en el contexto educativo, se vuelve cada día más interesante a la luz de la gran cantidad de casos que se siguen presentando en relación con la impericia profesional o negligencia de los maestros. Se han presentado demandas por impericia profesional contra todo tipo de instituciones educativas, incluidas las instituciones de educación primaria y secundaria, instituciones de educación superior, escuelas profesionales, y hasta entidades acreditadoras (Tokic, 2014). Algunos comentaristas han argumentado a favor de adoptar el concepto de negligencia institucional, en el contexto educativo, como forma de atender el asunto de la responsabilidad y la eficacia de las instituciones. Mediante el uso del concepto de negligencia institucional, en la industria de la educación, pondrían los procesos para asegurar la calidad deseada. En vez de imponer la responsabilidad en los educadores directamente, se haría responsables a las instituciones. Los mecanismos de aseguramiento de la calidad, a través de la institución, eliminan inherentemente el obstáculo principal del demandante de probar el incumplimiento del deber debido a la falta de un estándar de educación uniforme. En consecuencia, los tribunales tendrían que abordar los daños en el contexto de impericia educativa, para aclarar los parámetros de la obligación de enseñar de los maestros hacia los estudiantes (Tokic, 2014). El Tribunal Supremo de Puerto Rico ha indicado que las acciones por impericia profesional son aquellas que nacen cuando una persona desempeña su oficio, profesión u ocupación sin la debida prudencia o diligencia, o sin poseer la habilidad requerida (Colón Gorbea v. Sánchez Hernández, 2019).

De acuerdo con Dynarski (2018) los estudios de las reformas de negligencia médica han encontrado que los médicos mejoraron la calidad de su práctica cuando se elevaron los estándares de atención al paciente, mientras que no redujeron la calidad cuando se limitaron las cuantías de daños por impericia. Si la educación siguiera el mismo patrón, se esperaría que los administradores y los maestros prestaran más atención a la calidad de la enseñanza si estuvieran sujetos a los riesgos de responder por impericia profesional y negligencia relacionados con el empleo de maestros menos competentes. Osborn (2021) sugiere que los funcionarios escolares pueden reducir el riesgo de responsabilidad extracontractual mediante la creación de políticas efectivas para promover supervisión eficaz del maestro. Recomienda que esos administradores podrían contratar solo maestros que demuestren dominio de los más altos estándares profesionales de la docencia; ofreciendo mejoramiento en servicio relacionado con los estándares profesionales aceptados de docencia; manteniendo registros actualizados de los maestros que participan en actividades de desarrollo profesional; empleando estándares aceptados de supervisión; documentando las tareas y calificaciones de los estudiantes; atendiendo pronta y efectivamente deficiencias encontradas en los instrumentos de medición y rúbricas del dominio de las competencias.

Algunos comentaristas están optimistas que pronto llegará el momento que se reconozca una causa de acción por impericia profesional educativa. La gran demanda por la redición de cuentas puede finalmente llevar a los tribunales a abandonar todos esos años de insistencia en la desestimación de estos casos (Gray, 2010).

§6. Responsabilidad vicaria

La obligación de reparar el daño causado es exigible no solo por los actos u omisiones propios, sino por los de aquellas personas de quienes se debe responder. En Puerto Rico, el Art. 1540 del Código Civil de Puerto Rico de 2020 establece que responderán de los daños que causan la culpa o negligencia de sus dependientes, las siguientes personas: (a) el progenitor que tiene la custodia inmediata de sus hijos menores de edad no emancipados, por los daños que estos causan; (b) los tutores, por los daños que causan sus pupilos; (c) los maestros, directores de artes u oficios, por los daños que causan sus alumnos o aprendices mientras permanecen bajo su custodia; (d) los patronos públicos o privados, por los daños que causan sus empleados en el servicio de las ramas en que los tengan empleados o con ocasión de sus funciones. Este es el concepto que se conoce como responsabilidad vicaria.

En el contexto de la escuela, se trata de una típica responsabilidad por hecho ajeno, que recae sobre los directores de escuelas o colegios por el hecho de tener a su cuidado los alumnos y de la cual solo pueden liberarse si demuestran haber tenido el nivel de cuidado o vigilancia que se espera de ellos. Es decir, que los funcionarios escolares son responsables de los actos que puedan causar lesiones a un estudiante mientras se encuentra bajo su supervisión. Esas relaciones jurídicas de educación y vigilancia son susceptibles de generar responsabilidad para los funcionarios por daños provocados por sus alumnos menores, mientras estén bajo su cuidado. Estos funcionarios asumen la responsabilidad de los estudiantes en el lugar de los padres, lo que en términos jurídicos se conoce como in loco parentis. Se extiende a ellos la responsabilidad del padre de familia por hechos de sus hijos menores de edad, porque cuando están en la escuela se encuentran bajo la responsabilidad del director en ejercicio de la responsabilidad de tipo in vigilando (Bolaños González, 2002). Si los estudiantes que se encuentran bajo esta condición ocasionan un daño, el perjudicado puede exigir que se le repare.

Ante esa asunción de responsabilidad los funcionarios administrativos de la escuela tienen el deber de evitar que ciertos peligros previsibles causen daños a los estudiantes, tanto daños entre ellos mismos como daños provocados por personal escolar, incluyendo a los maestros. Hay ciertas condiciones peligrosas en las instalaciones escolares, tales como equipos defectuosos, pisos resbaladizos, condiciones insalubres y la presencia de materiales tóxicos en laboratorios, reconocidos -como tal- por las agencias gubernamentales que atienden los asuntos de salud ambiental. Además, de atender las condiciones físicas de la escuela, los administradores escolares deben tomar medidas razonables para evitar que los estudiantes se causen daños entre sí (Zimmerman, Kramer y Trowbridge, 2013). Lo mínimo razonable es que tengan recursos humanos suficientes para supervisarlos adecuadamente mientras permanecen en la escuela y tomar medidas razonables para protegerlos y garantizarle su seguridad. El tema de los recursos humanos también debe atenderse con cuidado, toda vez que son responsables de realizar verificaciones de antecedentes adecuadas al contratar maestros y otro personal.

Una escuela podría ser responsable por el abuso sexual hacia una estudiante si la escuela sabía (o debería haber sabido bajo las circunstancias) que un maestro o director tenía un historial de conducta sexual inapropiada (C.O. v. Williamson, (2020); Soto Rivera v. Ayala Amely, (1992). En Gebser v. Lago Vista Independent School Dist, (1998) el Tribunal Supremo de Estados Unidos de América determinó que procede una reclamación por daños bajo el Título IX (discriminación) cuando un funcionario escolar, con autoridad para implantar medidas correctivas, en nombre de la escuela recibe aviso real de los actos discriminatorios (relación sexual del maestro con la menor) y no responde de manera adecuada. El Tribunal Supremo señaló además que para que la respuesta de la escuela se considere inadecuada, debe probarse una indiferencia deliberada hacia los actos discriminatorios.

En relación con daños provocados por estudiantes contra otros estudiantes, la escuela podría tener que responder por la violación del deber genérico de no dañar (Goguen, 2021). Por ejemplo, al encontrarnos frente a la acción de un estudiante que provoque daño físico o moral de acoso entre escolares (bulling) la escuela puede venir obligada a responder por los hechos personales del menor que lo causa a base del principio general de no dañar (Bullying, violence common in schools worldwide, 2020). Es cuestión de demostrar que la administración de la escuela faltó a su deber de precaver o prever el evento que dio origen al daño (Colón Rivera v. ELA, 1971). Por esa razón, la vigilancia por parte de la administración de la escuela debe ser plena, a base de instrucciones claras e informadas a sus subalternos, de modo que los maestros y demás empleados comprendan y colaboren. Hay escuelas que poseen cientos y en ocasiones hasta miles de estudiantes, por lo que es imposible para el director vigilarlos y cuidarlos personalmente. Si desean liberarse de responsabilidad, deben demostrar que la vigilancia fue adecuada, de modo que hubiera sido imposible evitar el daño, o bien que el hecho fue repentino, imprevisible, inevitable, sin ningún tipo de antecedente o aviso previo (Cruz v. Rivera, 1952).

La responsabilidad resultante de uno o más actos realizados por los estudiantes tiene su origen en fuentes distintas. Depende de si el estudiante acude a una escuela pública o privada. La responsabilidad imputada al director o a cualquiera de sus dependientes en el caso de un colegio privado, tendrá su origen en el contrato de prestación de servicios educativos que surge en el momento en que los padres o tutores matriculan al escolar en ese colegio. En relación con las escuelas públicas, la fuente de la responsabilidad no surge de un contrato con los padres de familia o tutores, sino que se encuentra establecida en las leyes y reglamentos aplicables (Bolaños González, 2002).

En el caso de Puerto Rico, la primera obligación en ley la asume el Estado cuando el Artículo 1.04 de Ley Orgánica para el Departamento de Educación, Núm. 85 de 29 de marzo de 2018 [Ley Orgánica, 2018] dispone en su inciso (a) que la asistencia a las escuelas será obligatoria para los estudiantes entre cinco (5) a dieciocho (18) años de edad, excepto: los estudiantes que participen de un programa educativo alterno de enseñanza primaria y secundaria o su equivalente; los estudiantes que estén matriculados en algún programa de educación secundaria para adultos u otros programas que los preparen para ser readmitidos en las escuelas regulares diurnas o que hayan tomado el examen de equivalencia de escuela superior. El mismo artículo en su inciso (b) dispone que queda terminantemente prohibida la salida de estudiantes de los planteles escolares durante el horario escolar, así como durante cualquier receso de la actividad docente. El director escolar y el maestro del estudiante, serán corresponsables de la ausencia no programada de esta naturaleza y se consignará en su evaluación sino se demuestran los esfuerzos claros y contundentes para evitarlos. El Estado, al obligar a los padres a enviar los hijos a la escuela asume la responsabilidad de proveerle un ambiente seguro y libre de daños físicos o emocionales.

Jurisprudencia

41. Soto Rivera v. Ayala Amely, 132 D.P.R. 395 (1992)

[Resumen]

[Este caso ilustra cómo la falta de diligencia en atender una querella de parte de funcionarios escolares puede dar lugar a una demanda de daños y perjuicios por parte de un estudiante perjudicado.]

En San Juan, Puerto Rico, a 28 de diciembre de 1992

Opinión Concurrente emitida por el Juez Asociado Señor Alonso Alonso a la cual se une el Juez Asociado Señor Rebollo López

El menor R.M.S.F. era un adolescente de educación especial. Su inteligencia había sido catalogada como normal-lenta. No era retardado mental. A la edad de catorce (14) años, se encontraba en el quinto grado de la escuela elemental y recibía educación especial en la Escuela Mercado del poblado Rosario en Mayaguez. La escuela proveía enseñanza pública para estudiantes de los tres niveles primarios: elemental, intermedio y superior. El nivel elemental, al cual pertenecía el menor R.M.S.F., estaba a cargo de una directora o principal y el nivel intermedio y superior a cargo de otro. El Sr. José Ayala Amely era el principal de los niveles intermedio y superior de la referida escuela. Ambos principales respondían directamente al Superintendente de Escuelas de San Germán.

Allí también trabajaba el guardia escolar Francisco Morales Lugo, quien llegó a la escuela, el 5 de diciembre de 1986 y comenzó a confrontar problemas con Ayala Amely. Ayala Amely traía jovencitos que no eran de la escuela e impedía que el guardia los sacara. Según el testimonio del guardia, Ayala Amely tenía, entre algunos estudiantes, reputación de ser homosexual.

El guardia llegó a ver a Ayala Amely tocándole los cachetes y sobando a algunos estudiantes varones. Las diferencias entre el guardia y Ayala Amely rebasaron los meros resentimientos que del uno hacia el otro al punto de que hubo denuncias de Ayala Amely ante la Policía y del guardia ante las autoridades escolares. El guardia remitió el 2 de octubre de 1987 un informe extenso al Director Regional del Mayaguez del Departamento de Instrucción Pública. En dicho informe el guardia hablaba en relación con la conducta de Ayala Amely en el plantel:

Conducta del Sr. Administrador que pude captar.

1 - Toleraba que algunos estudiantes de su preferencia asistieran a la escuela en algunas ocasiones en estado de embriaguez o que habían ingerido bebidas alcohólicas, y yo no podía intervenir para poner disciplina (sic) porque él me lo prohibía debido a que éstos eran sus amigos y no quería disgustarlos.

2 - Noté que algunas jovencitas con problemas de conducta y con problemas con los maestros eran referidas al director y éste las trataba con malas palabras y las amenazaba con suspenderlas de la escuela sin analizar bien cuál era el motivo del problema, es decir no le daba la importancia que esto tenía.

3 - En ocasiones llevé estudiantes a donde el director porque me habían faltado el respeto y éste no me daba apoyo ni crédito a mis quejas ocasionando que los estudiantes trataran de burlarse de mi. Debido a esta situación me vi obligado a ir donde el Sr. Superintendente (sic) a dar la querella. También recibí humillaciones de palabras de padres y madres delante del director y también lo maltrataban a él y no se atrevía actuar como era debido.

6 - Tuve acercamiento con ciertas personas supervisores del departamento y le explicaba la problemática y entonces me contestaban que dejara todas las cosas quietas porque era peligroso, ya que supuestamente el Sr. Director pertenecía al partido en el poder y no se podía hacer nada en contra de él.

7 - En ocasiones tuve que aceptar jovencitos en la escuela que decían ser sobrinos del director y tenían permiso para permanecer todo el día en la escuela y participar de los beneficios del comedor escolar. En otra ocasión intervine con dos jóvenes de la escuela que habían brincado la verja de la escuela y penetraron en los baños y procedí a llevarlos al cuartel donde el agente Sr. Seda intervino haciendo una querella por la ley 30, antes de hacer la querella se los (sic) comunicamos al director y éste dijo que hiciéramos lo que tuviéramos que hacer entonces se procedió a llevar el caso donde el juez, cuando (sic) fuimos citado (sic) a la corte yo no pude asistir debido a que tuve asistir a una reunión al Depto. de Instrucción en Hato Rey, cuando regresé el agente Seda me informó que el Sr. Director había ido donde el juez a informar que estos jóvenes tenían su permiso para entrar a la escuela y entonces la denuncia se cayó y lo (sic) archivaron sin hacer nada al respecto.

9 - En ocasiones el director acudía a la escuela con personas ajenas en días y horas fuera de clases.

10 - Le daba quejas sobre vandalismos en la escuela y él no comentaba ni hacía nada para averiguar o corregir el problema, también pude notar que el director iba a la escuela con una guagua y sacaba sillas y mesas para utilizarlas en actividades que no eran de la escuela.

11 - En una ocasión se acercó a mí un profesor que tenía un problema con un estudiante para que yo lo llevara donde el director, el profesor me indicó que el estudiante le había comentado que el director no se atrevía a decirle nada porque él sabia que el director era homosexual (sic). Se habló con el director y se hizo una reunión donde estaba el padre del joven, el director, dos maestro (sic) y yo, entonces el profesor le dijo al director el comentario del estudiante y éste se tornó un poco abochornado (sic) y le dijo al estudiante que para él hacer esos comentarios tenía que haber tenido relación con él de esa índole, pero que si el le pedía perdón entonces todo quedaba olvidado y el no le guardaría rencor y todo quedó así.

Nota: De todos estos casos tienen conocimiento algunos supervisores escolares, la policía, el Sr. Cruz Beltrán, Sr. Toledo, Sr. Efrén Rodríguez y éstos me han solicitado todo por escrito.

Inesperadamente y sin previo aviso el Sr. Toledo me pidió que me necesitaba para trabajar en la escuela Long Fellow de San Germán donde según el Sr. Toledo tenía problemas con los padres y los estudiantes y el traslado se hizo enseguida. Con este cambio me sentí un poco defraudado porque sé que hice (sic) un buen trabajo en la escuela Laura Mercado del poblado el Rosario y sé que el cambio se debió a una petición del Sr. Ayala director de la escuela porque según el Sr. Toledo Ayala le indico que no necesitaba guardias en su escuela. Me gustaría ustedes (sic) hicieran una investigación de mi persona con todo el poblado del Rosario, con la policía, con los vecinos y padres, madres y estudiantes de dicha escuela.

Las autoridades escolares no hicieron nada con respecto a este informe del guardia, aunque con posterioridad a los hechos, el Superintendente de Escuelas sostuvo que en dicho informe se hacían acusaciones muy serias contra el Sr. Ayala Amely. El Superintendente de Escuelas del área no solicitó una investigación de la conducta alegadamente desplegada en la escuela por Ayala Amely porque creía que la denuncia de homosexualidad era un asunto difícil de probar. Por el contrario, la respuesta de las autoridades escolares a las quejas del guardia fue trasladarlo a otra escuela el 21 de diciembre de 1987.

El 20 de enero de 1988 el menor R.M.S.F. a la hora de salida de la escuela, se sintió mal pues le dolía el estómago. Caminó hasta la oficina de Ayala Amely, pues frente a ésta había un cuarto de servicio sanitario, y le pidió permiso a Ayala Amely para usarlo. Ayala Amely le autorizó a usarlo y le manifestó que no se preocupara si la guagua de transporte escolar lo dejaba, pues él lo llevaría en su carro a su casa. Al cabo de un rato el menor salió del servicio sanitario. Ayala Amely le preguntó que cómo se sentía. El menor le contestó que aún le dolía la barriga. Ayala Amely lo invitó a ir con él a su oficina. Una vez allí Ayala Amely le dijo al menor que se bajara el cierre de cremallera (zipper) de su pantalón, a lo que el menor accedió creyendo que Ayala Amely le examinaría la barriga o el ombligo.

El menor confiaba en Ayala Amely porque éste había dicho que era su amigo, que le quería mucho y que cualquier ayuda que necesitara se la pidiera. Ayala Amely utilizaba ocasionalmente al menor, en horas de clase, para que le ayudara a repartir papeles a los maestros. Tan pronto el menor se bajó el cierre de cremallera de su pantalón Ayala Amely introdujo su mano, le agarró el pene, lo sacó fuera del pantalón y se lo metió en la boca. El menor se quedó sorprendido, paralizado, sintió asco, miedo y empujó a Ayala Amely al mismo tiempo que le dijo: "Mister, que le pasa, usted es gay? Ayala Amely le respondió que eso no era nada malo, que era algo que él hacía con otros hombres, que otros hombres se lo hacían a él y que también lo hacía con mujeres. El menor le pidió entonces que lo llevara a su casa a lo cual Ayala Amely accedió diciéndole que no le contara nada de lo sucedido a su padre, Manuel Soto Rivera, pues éste podía matarlo.

El niño guardó silencio sobre lo sucedido hasta el día en que su padre, tras haber recibido información inquietante de una de las maestras de la escuela, decidió confrontar al menor. Resultó que, días después de los hechos, la madre del menor Evelyn Fraticelli Rivera acudió a la escuela a buscar las notas del menor y la maestra le comentó que le extrañaba que el principal Ayala Amely enviara frecuentemente al conserje de la escuela a buscar al niño para llevarlo a la oficina. Luego de que la madre le contara ese dato al padre del menor, quien había notado al niño abstraído, insomne e inapetente, lo confrontó y logró que le contara lo sucedido con Ayala Amely.

El 26 de enero de 1988, (unos seis (6) días después de ocurridos los hechos), enterados los padres del menor de lo sucedido, presentaron una querella ante la Oficina Regional del Departamento de Instrucción Pública en Mayaguez y otra ante la Policía de Puerto Rico. La denuncia policíaca llevó a la radicación de cargos criminales contra Ayala Amely imputándole el delito de actos lascivos e impúdicos. Art. 105 del Código Penal, 33 L.P.R.A. sec. 4067. En el caso criminal

Ayala Amely se declaró culpable de agresión agravada grave, Art. 95 del Código Penal, 33 L.P.R.A. sec. 4032. Fue sentenciado a cumplir dos (2) años de reclusión bajo los beneficios de una sentencia suspendida.

El 26 de enero de 1988, el Superintendente de Escuelas solicitó al Departamento de Instrucción Pública una investigación de la conducta de Ayala Amely catalogando de "acusaciones muy serias" las hechas por el guardia Morales Lugo en su informe. Ya habían acaecido los hechos por los cuales aquí se reclama responsabilidad al E.L.A. La investigación administrativa culminó con la destitución de Ayala Amely de su puesto en el Departamento de Instrucción Pública.

El 4 de febrero de 1988, los padres del menor, por sí y en representación del niño, instaron demanda en el Tribunal de Instancia, reclamando indemnización por los daños y perjuicios alegadamente sufridos por las acciones u omisiones de Ayala Amely y del Estado Libre Asociado, patrono de Ayala Amely.

La demanda contra el Estado Libre Asociado está predicada en dos (2) postulados distintos. En primer lugar, reclaman responsabilidad vicaria del E.L.A. por la conducta observada por su empleado Ayala Amely hacia el menor el día de los hechos, esto es, por la acción negligente o culposa de dicho empleado. En segundo lugar, reclaman responsabilidad vicaria del Estado por la conducta dejada de observar por otros empleados de éste (autoridades escolares, Superintendente, etc.) al no investigar a tiempo la denuncia del guardia escolar sobre conducta sexual desviada y otros incidentes, observada por Ayala Amely tres (3) meses antes del día de los hechos, esto es, por la omisión del E.L.A. en tomar acción afirmativa sobre tal querella y por su maestra no informar de la conducta de Ayala Amely con respecto al menor, conducta que era preocupante y poco común del principal de los niveles superiores de la escuela.

El Tribunal de Instancia dictó sentencia en la que declaró sin lugar la demanda respecto al Estado Libre Asociado y con lugar respecto a Ayala Amely. Los padres del menor, por sí y en representación del niño acudieron al Tribunal Supremo de

Puerto Rico en contra de la desestimación en contra del E.L.A. Ellos reclaman responsabilidad al E.L.A. predicada en la falta de diligencia de las autoridades escolares al no investigar adecuadamente la conducta de Ayala Amely, de la cual tenían conocimiento previo a los hechos.

Al Estado Libre Asociado se le imputó negligencia al no tomar acción afirmativa e investigar las querellas que el guardia de la escuela elemental había hecho contra el principal, y llevadas al conocimiento de las autoridades escolares, imputándole conducta inapropiada en el desempeño de sus funciones, y del conocimiento que su maestra y otros empleados escolares tenían de tal conducta.

El Tribunal Supremo de Puerto Rico modificó la sentencia dictada por el Tribunal de Instancia bajo los siguientes fundamentos. Indicó que bajo las circunstancias de este caso, el E.L.A. debe responder como co-causante por los daños sufridos por los demandantes. Por ello dispuso que el E.L.A. es deudor solidario [corresponsable del pago] de la indemnización impuesta por el foro de instancia en su sentencia excepto en el pago de los honorarios de abogado.

La falta de diligencia, de supervisión y de investigar adecuadamente una querella legítima presentada por un guardia escolar contra un principal de los niveles intermedio y superior de una escuela pública, unida a la omisión de la maestra del menor que se cruzó de brazos ante una conducta de dicho principal que le preocupaba, constituyeron actos negligentes de los funcionarios y empleados del Estado que causaron los daños probados al menor y a su familia.

Cuando se trata de niños de tierna edad en el nivel primario de enseñanza se requiere de las autoridades escolares (el Estado), bajo cuyo control los padres de dichos menores han puesto a sus hijos, tomen las medidas cautelares, preventivas y remediativas necesarias, según las circunstancias, para velar por y proteger la salud y bienestar de dichos menores. Este es un deber general de previsión impuesto por las circunstancias particulares y la naturaleza de la función que dichos funcionarios y empleados ejercen y por la espe-

cial condición de indefensión de las personas que tienen a su cargo: nuestros niños.

La consecución de estos fines impone en las autoridades escolares en este nivel primario, como parte del deber de brindar protección a los estudiantes, la función de investigar adecuadamente y tratar de esclarecer las imputaciones y querellas que los estudiantes, padres, personal docente y policíaco encargado de la vigilancia de los planteles escolares sometan a su consideración sobre bases fundamentadas relacionadas con la conducta impropia del personal docente, administrativo, etc. de la escuela. La función investigativa de los organismos rectores del sistema de instrucción pública primario es una actividad relacionada con la función diaria de las escuelas bajo su jurisdicción.

Esta función resulta de suma importancia para los padres, maestros y demás personal que día a día laboran en la encomiable labor de la enseñanza, pues resulta medular para la prevención de un sinnúmero de posibles problemas en las aulas de nuestro país. De ello depende, en gran medida, el bienestar y seguridad de los beneficiarios del derecho a la educación que se encuentran rodeados de un ambiente hostil, tanto dentro como fuera de la escuela, reflejo de las realidades sociales actuales.

Debemos fomentar el más eficiente desempeño de esta labor investigativa. Los intereses en juego así lo ameritan. De manera alguna, el imponer responsabilidad por la omisión de las autoridades escolares del nivel primario en cumplir diligentemente con este deber menoscaba el libre ejercicio de dicha función. Al contrario, la imposición de responsabilidad por tal omisión fomenta y promueve el eficiente ejercicio de la misma. El Estado, so pena de responsabilidad, deberá exigir su más cabal cumplimiento a sus funcionarios, agentes y empleados.

Frente a los problemas de conducta de los llamados a supervisar y administrar directamente los planteles escolares primarios en nuestro país, el único remedio disponible para los demás componentes de la escuela es someter las quejas sobre tal conducta ante las autoridades escolares de mayor jerarquía. La labor pedagógica es fundamental en la formación del individuo, particularmente en los grados primarios.

Los estudiantes en las escuelas públicas de nivel primario son niños de tierna edad. Su inmadurez, inexperiencia e inocencia los coloca frente a maestros, directores y otro personal escolar en una posición donde la autoridad puede formarlos o deformarlos. Los maestros son modelos, a los cuales los estudiantes miran como ejemplo. Su influencia en el desarrollo de la personalidad del menor es muy importante. Por ello, el grado de supervisión del Estado sobre quienes tiene a su cargo la delicada encomienda de ayudar a formar el carácter y desarrollar al máximo la personalidad y las potencialidades del niño, en este nivel primario, es mayor que en otros niveles.

42. Colón Rivera v. ELA 99 D.P.R. 741 (1971)

[Resumen]

[Este caso ilustra cómo la determinación de que unos actos no eran previsibles puede dar lugar a una desestimación de una demanda de daños y perjuicios de parte de un estudiante perjudicado.]

San Juan, Puerto Rico 15 de marzo de 1971 -- Número: R-70-253

La menor de 11 años de Marta Magdalena Colón Yera salió de clase a las 11 de la mañana. Entraba a clases nuevamente a las doce. Luego de almorzar en los predios de la escuela subió al segundo piso para ir al servicio sanitario. Entró al servicio y ocupó uno de los cubículos. Un niño de 11 años entró al servicio de las niñas e intentó penetrar en los cubículos donde estaban otras niñas. No lo logró porque las puertas tenían el pestillo cerrado. Entonces trató de entrar en el cubículo donde estaba Marta. Este halaba hacia afuera, la niña halaba hacia adentro. En el forcejeo la puerta le pilló el dedo índice de la mano izquierda a Marta perdiendo parte de la falange distal del dedo. Marta Magdalena Colón Yera y sus pares, demandaron al Estado Libre Asociado por los daños sufridos con motivo del incidente que sufrió en el servicio sanitario de la escuela a que asistía.

El Juez del Tribunal Primera Instancia Hon. Miguel A. Giménez Muñoz, declaró sin lugar la demanda. en daños y perjuicios.

El Tribunal Supremo confirmo la determinación del Juez de instancia. Se fundó en que la niña lesionada sufrió el accidente en un área que no es de libre acceso, donde no se supone que entren niños del sexo opuesto. No habiéndose se estableció que los profesores o los conserjes tuvieran conocimiento de que actos similares habían ocurrido anteriormente. Tampoco se estableció que los niños acostumbraran a entrar al servicio sanitario de las niñas. No era razonable anticipar la presencia de un niño tratando de entrar a un cubículo ocupado, en el servicio de las niñas. Desde el punto de vista del derecho lo acaecido no era previsible.

En este caso no se presentó evidencia de que la falta del pestillo en la puerta del cubículo fuera factor determinante de la responsabilidad del Estado Libre Asociado. El juez no formuló conclusión alguna respecto al tiempo que hacía que el pestillo estaba defectuoso, y no se elevó la transcripción de la evidencia para poner a este Tribunal en condiciones de hacer su propia determinación.

¿Si el pestillo se hubiera roto el mismo día en que ocurrió el accidente, qué responsabilidad podía imponérsele a la parte demandada? Es cierto que el Estado debe estar atento para que en los planteles de enseñanza exista vigilancia adecuada, y se tomen todas las medidas necesarias para velar por el bienestar y la seguridad de los miles de estudiantes que asisten a las escuelas públicas, pero ciertamente no es justo ni razonable hacerlo responsable de toda posible lesión que sufra un estudiante.

El Tribunal Supremo indicó que como expresamos en ***Cruz Costales v. E.L.A.****, 89 D.P.R. 105 -111 (1963): "Como puede esperarse la jurisprudencia es abundante en esta materia, pues generalmente los niños son impulsivos y poco precavidos y es natural que en grupos de cientos y de miles de* *estudiantes que concurren a las escuelas den lugar a accidentes desgraciados, algunos de los cuales pueden preverse y evitarse por los maestros pero otros son, desafortunadamente, imposible de prever y de evitar."*

En cuanto a la responsabilidad de los padres del menor que causó el daño, el Tribunal Supremo indicó que "no habiéndose elevado la transcripción de evidencia tampoco estamos en condiciones de determinar si la conclusión del tribunal de instancia al efecto de que en este caso no se ha demostrado que los actos o conducta del hijo se deban al incumplimiento por parte del padre o de la madre de su deber de vigilancia, reprensión, disciplina y educación", no está sostenida por la prueba.

[Notemos que en este caso el Tribunal Supremo no se expresó en torno a la responsabilidad del Estado Libre Asociado en ralción con la condición en que se encontraba el pestillo de la puerta del baño, ni tampoco en relación con la responsabilidad de los padres del menor que provocó el daño. Hubiera sido necesario presentar evidencia de cuanto tiempo llevaba el pestillo roto, y de cuantas veces se le notificó a la adimistración de la escuela ese asunto. En cuanto a la responsabilidad de los padres del menor, tenía que presentarse evidencia de la calidad del cuidado que le brindaban al niño, cuán responsables eran con su crianza, etc.]

El Juez Asociado Señor Rigau disintió en opinión separada.

43. Cruz v. Rivera, 73 D.P.R.682 (1952)

[Resumen]

[Este caso ilustra la ausencia o existencia de responsabilidad civil de los padres de una niña menor de 12 años por los daños y perjuicios causados por su hija al empujar a otro niño compañero de clases en un salón de escuela.]

JUANA CRUZ RIVERA, ETC., demandantes y apelantes, v. RAMON RIVERA y RAMONA SÁNCHEZ, demandados y apelados.

En San Juan, Puerto Rico, 29 de agosto de 1952

EL JUEZ ASOCIADO SEÑOR ORTIZ emitió la opinión del tribunal.

El 9 de septiembre de 1949, a eso de las 10:15 de la mañana, Juanita Cruz Rivera, Plácido Luis Rosa y Myrna Rivera Sánchez, menores cuyas edades fluctuaban entre ocho a doce años estaban en la escuela Jesús María Quiñones, en su hora de recreo. La profesora estaba en la puerta de su salón de clases, como a doce pies más o menos del lugar del accidente. Myrna Rivera Sánchez y Juanita Cruz Rivera, estaban de pie, entre dos filas de pupitres. Otro alumno, Plácido Luis Rosa iba con un canasto para echar los desperdicios que dejaban los muchachos de su merienda, así como los papeles que encontraba en el piso del salón. Myrna le pidió a Plácido que la dejara pasar para ir a botar una cáscara en otro zafacón. Plácido le contestó que para permitirlo tenía que tocar bocina. Entonces Myrna lo empujó y él se fue para atrás y se llevó el pupitre de Juanita Cruz Rivera cayendo ésta al suelo fracturándose el brazo derecho. A Juanita Cruz Rivera la llevaron al Hospital Municipal. Le sacaron radiografías y la enyesaron. La niña quedó con una limitación de flexión en ese brazo que es posible que desaparezca, pero el doctor no podía en esos momentos asegurarlo. El padre y la madre de Juanita Cruz Rivera sufrieron torturas y angustias mentales como consecuencia de dicho accidente. Myrna, por su parte, estaba en la escuela pública bajo la dirección de una maestra competente, como lo son todos los maestros designados por el Gobierno de Puerto Rico para regir sus escuelas; que, al enviarla a la escuela, sus padres observaron la conducta normal o "standard" de todo padre en relación con sus hijos de edad escolar.

Los padres de Juanita Cruz Rivera demandaron a los padres de Myrna Rivera Sánchez reclamando indemnización por los daños sufridos como consecuencia del accidente.

El antiguo Tribunal de Distrito de Puerto Rico, Sección de San Juan, dictó sentencia declarando sin lugar la demanda de daños y perjuicios.

Los padres de Juanita Cruz Rivera apelaron al Tribunal Supremo esa sentencia alegando que el Tribunal de Distrito de Puerto Rico, Sección de San Juan erró al declarar que la negligencia de la menor Myrna Rivera Sánchez no era imputable a sus padres.

El Tribunal Supremo confirmó al Tribunal de Distrito de Puerto Rico, Sección de San Juan al reconocer que no hubo prueba alguna de la presencia de los padres de Myrna en el sitio donde ocurrió el accidente, ni sobre actuación alguna por parte de éstos que los conectara con la causa del mismo, ni falta alguna por parte de ellos, en consecuencia de la cual pudiera atribuírseles negligencia como causa de los daños, ni de que Myrna fuera una niña de tales hábitos o características que requirieran una determinada negligencia u observancia en sus actuaciones.

El Tribunal Supremo indicó que los artículos 1802 y 1803 del Código Civil de Puerto Rico [edición de 1930] en su parte relevante a este caso, disponían que aquel que por acción u omisión cause daño a otro, interviniendo culpa o negligencia, está obligado a reparar el daño causado; la obligación que impone el artículo anterior es exigible, no sólo por los actos u omisiones propios, sino por los de aquellas personas de quienes se debe responder; y que el padre, y por muerte o incapacidad de éste, la madre, son responsables de los perjuicios causados por los hijos menores de edad que viven en su compañía.

La responsabilidad de que trata este artículo de acuerdo con el Tribunal cesará cuando las personas en él mencionadas prueben que emplearon toda la diligencia de un buen padre de familia para prevenir el daño. La responsabilidad de los padres que surge del anterior articulado es una de carácter primario, y no secundario.

El Tribunal Supremo utilizó una cita de Leonardo A. Colombo en el libro Culpa Aquiliana, para expresar que esa culpa o negligencia de los padres guarda relación con su deber de ejercer vigilancia sobre los hijos menores de edad que vivan en su compañía, de imponer la debida disciplina sobre sus hijos y de suministrarles una educación y un ambiente ade-

cuados, a fin de evitar la realización de actos dañosos por niños de poco discernimiento y reducida capacidad intelectual. El fundamento, sin embargo, ofrece matices especiales, porque si es cierto que los progenitores ejercen sobre sus descendientes vigilancia directa, tanto más necesaria cuanto menor sea la edad de estos, no lo es menos que esa vigilancia es la derivación práctica e inmediata de los deberes impuestos por la patria potestad, deberes reglamentados por la ley y que gravitan sobre el padre y la madre conjuntamente. Colocados los hijos bajo la potestad de los padres, éstos están en el deber y en la situación, con la autoridad que la potestad les confiere, de mantenerlos y obligarlos a moverse dentro de los límites del deber y del respeto debido a las personas y a la propiedad ajena. Si los hijos los franquean, esa extralimitación es, en la mayoría de los casos, debida a la falta de vigilancia y cuidado de los padres o a un relajamiento de la moral y de la disciplina del hogar doméstico.

El tribunal Supremo continuó definiendo los entornos de la responsabilidad de los padres al citar a Antonio Borrel Maciá en su obra Responsabilidades derivadas de culpa extracontractual civil, donde expresó que una de las funciones esenciales de la paternidad, después de poner los hijos en el mundo, es educarlos y cuidarlos para que el día de mañana sean hombres completos y aptos para la vida en relación con sus semejantes. El niño que viene al mundo sin poderse valer necesita absolutamente de sus padres, que han de proveer a su sostenimiento material, dándole los alimentos necesarios para su vida, y velar por su seguridad y la de sus semejantes. Tienen la máxima autoridad y prestigio sobre ellos; y si, a pesar de esto-caso raro en la naturaleza,-por despreciar los mandatos paternos, precisa imponer un correctivo al hijo, la ley brinda al padre la forma de hacerlo; y sólo en circunstancias verdaderamente extraordinarias, de tratarse de padres desalmados que, en vez de cuidar a sus hijos por amor, manifiestan odio para con ellos o los educan en un ambiente de inmoralidad, los incitan al crimen, etc., sólo entonces la ley se ve obligada a suspender la patria potestad y a prescribir los medios más adecuados para que el hijo no sufra las influencias perversas de sus padres, retirándole de su poder y compañía.

En Puerto Rico el Tribunal Supremo había impuesto responsabilidad a los padres en los casos de Nadal v. Miranda, 27 D.P.R. 323, y Portalatín v. Noriega, 33 D.P.R. 790. En el caso de Nadal v. Miranda, 27 D.P.R. 323, le impuso responsabilidad al padre de Rafael Miranda Carbó, hijo menor del demandado, por haber causado el hijo la muerte de otra persona, disparándole con una escopeta de cazar en forma negligente y temeraria. En Portalatín v. Noriega, 33 D.P.R. 790 declaró responsable en daños y perjuicios al padre de Cándido Noriega, menor de 18 años por haber este último conducido un vehículo negligentemente y haber arrollado al demandante. Allí se resolvió lo siguiente: Cuando se demanda al padre para que indemnice los daños y perjuicios causados por negligencia de su hijo menor de 18 años en la conducción de un automóvil, la defensa de que el padre empleó toda la diligencia de un buen padre de familia debe referirse a los hechos que ocasionaron el daño y no se prueba con la mera evidencia de que el padre hizo asistir a su hijo a escuelas o universidades, o que el menor había sido autorizado por el Gobierno, mediante examen, para manejar vehículo de motor. Como cuestión de hecho, el menor había sido multado con anterioridad al accidente por exceso de velocidad y que de esto tuvo conocimiento el padre, quien entonces pudo ejercer la debida diligencia de un buen padre de familia para prevenir ulterior responsabilidad, revocando el permiso que había concedido al hijo para el manejo del auto.

El Tribunal Supremo de Puerto Rico pasó luego a dejar claro que la responsabilidad de los padres por las actuaciones de sus hijos menores de edad no es absoluta. Los padres no son garantizadores de las actuaciones de sus hijos. Cada caso específico debe medirse por sus circunstancias especiales, y los hechos de cada caso deben ser considerados a los fines de determinar si hubo o no hubo negligencia de parte de los padres, en cuanto a si las actuaciones del hijo se deben al incumplimiento por el padre de su deber de vigilancia, represión, disciplina y educación. En los casos mencionados de Nadal v. Miranda y Portalatín v. Noriega, los hijos causaron daños disparando negligentemente una escopeta y conduciendo negligentemente un vehículo, es evidente que los hijos realizaron actuaciones que de por sí envolvían peligros a terceras personas. La peligrosidad de las actuaciones determinaba la negligencia de los padres. El deber de vigilancia guarda relación con el deber de anticipar riesgos, que, a su vez, depende en la peligrosidad de la conducta. El hecho en sí de que una persona menor de edad dispare una escopeta o conduzca un vehículo implica la probabilidad sustancial de que sus padres no hayan cumplido debidamente con sus deberes de vigilancia y educación. Esta conducta implica la probabilidad de un ambiente defectuoso en el hogar.

Las circunstancias del caso Juanita Cruz Rivera son distintas y no implican negligencia de parte de los padres de la menor causante del daño. Se trata de un juego entre niños, dentro de un salón de clases, en que una niña empuja a otro niño, como un incidente de una broma infantil, sin que hubiese mediado intención malévola de causar daños y sin haber mediado negligencia. Se trata de una actuación ordinaria y corriente entre niños, que no envolvía peligrosidad de por sí, y que más bien dio lugar a un accidente desgraciado. Los padres de la niña causante del daño no venían obligados a evitar, mediante la reprensión o la vigilancia anterior, el que su hija se dedicase a un juego infantil de manos con sus compañeros. Por más activa y eficaz que hubiese sido la vigilancia anterior, y por más adecuada que hubiese sido la educación en el hogar, ello no hubiera evitado accidentes ordinarios y corrientes como el que ocurrió en este caso. A un padre se le debe imponer la necesidad de ejercitar control para evitar aquella conducta de sus hijos que envuelva riesgos anticipables.

Sostiene el Tribunal Supremo que la negligencia del padre se manifiesta cuando el propio padre entrega objetos peligrosos a sus hijos o no reprime a un hijo que él sabe tiene tendencias peligrosas. Ninguna de esas situaciones es aplicable a los hechos del caso de Juanita Cruz Rivera. El hecho en sí de que la menor estuviera en la escuela al ocurrir el accidente no excluye cualquier posible responsabilidad de sus padres ya que la menor seguía viviendo en la compañía de sus padres, y continuaba sujeta a su autoridad. Sin embargo, aunque no es determinante de ausencia de responsabilidad, ese hecho debe ser considerado como uno de varios factores en la formación de un criterio en cuanto a si los padres han cumplido con su deber de vigilancia. Los padres actúan con justificación al desprenderse de su vigilancia inmediata de los hijos para someterlos a la custodia transitoria de las autoridades escolares, y no deben los padres sufrir las consecuencias de actuaciones ordinarias y corrientes de los hijos mientras están en la escuela.

El Tribunal Supremo terminó indicando que el Tribunal de Distrito de Puerto Rico, Sección de San Juan dictó sentencia declarando sin lugar la demanda a base de la prueba de la parte demandante. Si de la propia prueba de la parte demandante surge la ausencia de negligencia de los padres de la menor causante del daño, y esa prueba establece que no ha habido incumplimiento de su deber de vigilancia, y si esa prueba de los reclamantes es compatible con el ejercicio de una adecuada diligencia paternal, como ocurrió en este caso, entonces de la prueba de la parte demandante no ha surgido presunción alguna adversa a los demandados, y es innecesario que éstos últimos prueben afirmativamente el ejercicio de diligencia. A los niños de pocos años no se les requiere que cumplan con las normas de conducta que es razonable esperar de los adultos. Su conducta debe juzga se por la norma de conducta que puede esperarse de un niño de igual edad, inteligencia y experiencia. Los hechos de este caso no implican negligencia de parte de Myrna Rivera Sánchez.

44. **Caso Soto v. Corte 52 D.P.R.** 474 1938

[Resumen]

[Este caso ilustra la responsabilidad civil de los niños menores por los daños y perjuicios causados por ellos como dueños de empresas.]

Milton Abel Soto, representado por su madre con patria potestad, Ana Bermúdez, peticionario, v. Corte de Distrito de Mayagüez, Hon. F. Navarro Ortiz, Juez, demandada, Ángel Rafael Toro, interventor

En San Juan, Puerto Rico, 13-enero de 1938

El Juez Presidente Señor Del Toro emitió la opinión del tribunal.

Ángel Rafael Toro, demandó en la Corte Municipal de San Germán a Milton Abel Soto, menor de edad, representado por su madre con patria potestad sobre el mismo Ana Bermúdez, por los daños y perjuicios que le causara como consecuencia de haber chocado en la carretera insular núm. 2 de San Germán a Sabana Grande el 17 de marzo de 1935 un automóvil de servicio público propiedad del menor, guiado por su chófer Oscar Nazario con otro del demandante.

El menor Milton Abel Soto, asistido de su madre con patria potestad y por medio de su abogado, solicitó la desestimación de la demanda por falta de hechos constitutivos de causa de acción. La moción fue declarada sin lugar. El menor Milton Abel Soto contestó entonces haciendo una negación general y alegando como defensa que su edad era de sólo dos o tres años y que vivía en unión de su madre con patria potestad Ana Bermúdez, la cual era responsable de los actos que él llevara a cabo.

La Corte Municipal de San Germán falló el pleito en contra del menor Milton Abel Soto. Apeló ante la Corte de Distrito de Mayagüez que declaró sin lugar la apelación. Celebrado el juicio en septiembre 14, 1937, dictó sentencia declarando la demanda con lugar, sentencia que le fue notificada al demandado cuatro días después.

El menor Milton Abel Soto radicó solicitud de revisión de la determinación de la Corte de Distrito de Mayagüez ante el Tribunal Supremo el cual confirmó la sentencia. En su análisis el Tribunal Supremo indicó lo que había que determinar es este caso era si se resolvíua o no exclusivamente por el artículo 1803, párr. 2, del Código Civil de Puerto Rico (ed. de 1930), como sostenía el menor Milton Abel Soto, esto es, si la responsabilidad exigida por Ángel Rafael Toro correspondía a la madre y no a él.

El Tribunal Supremo citó el artículo 1803 del Código Civil de Puerto Rico (ed. de 1930), en sus párrafos primero y segun-

do, prescribe: "La obligación que impone el artículo anterior [1802] es exigible, no sólo por los actos u omisiones propios, sino por los de aquellas personas de quienes se debe responder" "El padre, y por muerte o incapacidad de éste, la madre, son responsables de los perjuicios causados por los hijos menores de edad que viven en su compañía."

El Tribunal Supremo indicó que no hay que esforzarse mucho para concluir que la responsabilidad de los padres lo es por los actos personales del hijo menor. Éste está bajo su custodia. Conocen ellos que su juicio no está aún formado y deben vigilarlo a fin de que no cause daño a otro. Si lo causa y no demuestran que para prevenir el daño emplearon toda la diligencia de buenos padres de familia, son responsables del mismo.

Cuando no es el menor el que actúa personalmente, sino que es la propiedad del menor en administración, su capital material en producción, su agente actuando a su servicio el que causa el daño, como sucedió en este caso, una situación distinta surge y no son los padres directamente, sino el caudal del menor, el responsable. Entonces el aplicable no es el párrafo segundo del artículo 1803 en relación con el artículo 1802 del Código Civil de Puerto Rico (ed. de 1930), sino el párrafo cuarto de dicho precepto legal a saber: "Lo son igualmente los dueños o directores de un establecimiento o empresa respecto de los perjuicios causados por sus dependientes en él servicio de los ramos en que los tuvieran empleados, o con ocasión de sus funciones."

Un menor no está impedido de poseer bienes que puedan consistir en empresas. Completada su personalidad en la forma que la ley ordena, puede ser dueño como aquí lo era de un automóvil de servicio público que él no guíe sino que maneje por su agente, y si éste por acción u omisión causa daño a otro interviniendo culpa o negligencia, el dueño no obstante ser menor es responsable en la forma y extensión que fijan los párrafos primero, cuarto y último del repetido artículo 1803 del Código Civil de Puerto Rico (ed. de 1930) exigiéndose en tal caso la responsabilidad de acuerdo con lo establecido por la ley procesal aplicable.

Referencias

A.A.R., Ex Parte 187 DPR 835 (2013)

AAUP Committee on Academic Freedom and Tenure. (2009). Protecting an independent faculty voice: Academic freedom after **Garcetti v. Ceballos**. http://www.aaup.org/NR/rdonlyres/B3991F98-98D5-4CC0-102-ED26A7AA2892/0/Garcetti.pdf

Academia San Jorge v. JRT 110 D.P.R. 187 (1980)

Accatino, D. (2015). **La teoría clásica del contrato y la discusión sobre su adaptación judicial.** Revista Chilena de Derecho, 42(1), 35-56. https://dx.doi.org/10.4067/S0718-34372015000100003

Acevedo Vilá v. Meléndez Ortiz, 164 DPR 875 (2005)

Achenbach, J. (2017). **Separation of powers and the role of political theory in contemporary democracies, International Journal of Constitutional Law,** 15(3), 861–865, https://doi.org/10.1093/icon/mox072

Adler v. Board of Education, 342 U.S. 485 (1952)

Agostini Pascual v. Iglesia Católica, 109 D.P.R. 172 (1979)

Alba Fernández, N., García Pérez, F. F. & Santisteban Fernández, A. (Eds.). (2012). **Educación para la participación ciudadana en las ciencias sociales**. (Vols. 1-2). Asociación Universitaria de Profesorado de Didáctica de las Ciencias Sociales y Díada Editora, S. L. https://dialnet.unirioja.es/servlet/libro?codigo=500467

Alex v. Allen, 409 F.Supp. 379 (1976)

Alexander, K. & Alexander, M. D. (2018). **American public school law**. (9h ed.). West Academic

Alexander, K. & Alexander, M. D. (2015). **The law of schools, students, and teachers in a nutshell** (5ta ed). West

Alvarado Pacheco v. ELA, 188 DPR 594 (2013)

Álvarez González, J.J (2010). **Derecho constitucional de Puerto Rico**. Editoral Temis

American Civil Liberties Union. (2021). Taking a knee: The rights of students to peaceful protest. The Author. https://www.aclu-wa.org/pages/taking-knee-rights-students-peaceful-protest

American Civil Liberties Union. (2018). Historia de la declaración de los derechos civiles. El Autor. https://www.aclu.org/historia-de-la-declaración-de-los-derechos-civiles

Anable v. Ford, 653 F. Supp. 22 (W.D. Ark. 1985)

Andreescu, L. (2009). **Foundations of academic freedom: Making new sense of some aging arguments. Studies in Philosophy and Education**, (28), 499–515 DOI 10.1007/s11217-009-9142-6

Arum, R. & Beattie, I. R. (2005). **Judging school discipline: The crisis of moral authority.** Harvard University Press

Asociación de Academias y Col. Cristianos v. E.L.A.135 D.P.R. 150 (1994)

Asociación de Maestros v. Hon. César Rey Hernández, 178 D.P.R. 253 (2010)

Asociación de Maestros v. José Arsenio Torres, 137 D.P.R. 528 (1994)

Asociación de Maestros v. Srio. de Educación,156 D.P.R.754, (2002)

Asociación de Maestros de Puerto Rico-Local Sindical, v. Departamento de Educación 2018 TSPR 150

Autoridad de los Puertos de Puerto Rico, v. Hermandad de Empleados de Oficina, Comercio y Ramas Anexas, 2012 TSPR 128

B.C. v. Plumas Unified School District, 192 F.3d 1260 (9th Cir. 1999)

B.H. v. Easton Area Sch. Dist., 725 F.3d 293 (3d Cir. 2013

Ball, D. L. & Forzani, F. M. (2009). **The work of teaching and the challenge for teacher education.** Journal of Teacher Education, 60(5) 497–511. https://www.ctc.ca.gov/docs/default-source/educator-prep/tap/jte_the_work_of_teaching.pdf

Barber v. Dearborn Public Schs., 286 F.Supp.2d 847 (E.D. Mich. 2003)

Baughman v. Freienmuth, 478 F.2d 1345 (4th Cir. 1973)

Beade, I. P. (2017). **Educación y progreso en la reflexión pedagógica kantiana.** Revista Complutense de Educación, 28 (2), 649-662. http://dx.doi.org/10.5209/rev_RCED.2017.v28.n2.50865

Beilan v. Bd. of Public Ed., 357 U.S. 399 (1958)

Beninati v. City of Troy, 163 A.D.3d 1241 (N.Y. App. Div. 2018)

Bergman, M. P. (1991). **Montesquieu's theory of government and the framing of the American Constitution**. Pepperdine Law Review. 18(1), 1-42 https://digitalcommons.pepperdine.edu/cgi/viewcontent.cgi?referer=https://search.yahoo.com/&httpsredir=1&article=1659&context=plr

Berberena v. Echegoyen, 128 D.P.R. 864 (1991)

Bethel Sch. Dist. No. 403 v. Fraser, 478 U.S. 675 (1968)

Bivens by Green v. Albuquerque Public Schools, 899 F. Supp. 556 (D.N.M. 1995)

Black, D. W. (2021). **Education law: Equality, fairness, and reform** (3ra. ed.). Wolters Kluwer

Black, D. W. (2014). **The constitutional limit of zero tolerance in schools.** Minnesota Law Review, 99(3), 823-900 https://scholarcommons.sc.edu/cgi/viewcontent.cgi?article=2046&context=law_facpub

Black, D. W. (2016a). **Ending zero tolerance: The crisis of absolute school discipline**. University Press

Black, D. W. (2016b). **Reforming school discipline**. Northwestern University Law Review, 111(1), 1-74. https://scholarcommons.sc.edu/cgi/viewcontent.cgi?article=2144&context=law_facpub

Blank v. Board of Higher Education, 273 N.Y.S. 2d 796 (1966)

Board of Education, Island Trees Union Free School District No. 26 v. Pico, 457 U.S. 853 (1982).

Bolanos Gonzalez, J. (2002). **La responsabilidad civil de los directores de centros educativos por daños ocasionados por sus alumnos,** Educación, 26(1) 135-146. https://revistas.ujat.mx/index.php/perfiles/article/view/1416/1221.

Boston, R. (2018, June). **The chaplain controversy**. Church & State Magazine.https://www.au.org/church-state/june-2018-church-state-magazine/featured/the-chaplain-controversy

Brown v. Coffeeville Cons. Sch., 365 F. Supp. 990 (1973)

Brown v. Junta Escolar, 347 U.S. 483 (1954)

Buckley, P. (2017). **Barriers to justice, limits to deterrence: Tort law theory and state approaches to shielding school districts and their employees from liability for negligent supervision**. Loyola University Chicago Law Journal, 48(4), 1015-39. https://lawecommons.luc.edu/luclj/vol48/iss4/7

Bullying, violence common in schools worldwide: Governments should urgently tackle education-related abuses. (2020, November 5). Human Rights Watch. https://www.hrw.org/news/2020/11/05/bullying-violence-common-schools-worldwide

Burch, A. M. (2014). **Evaluative study of legal literacy relative to principals' knowledge of the first, fourth, eighth, and fourteenth amendments and the impact on daily decision-making**. (Publicación Núm. 1640734423). [Disertación doctoral, Indiana University of Pennsylvania]. ProQuest Dissertations & Theses Global.

Burlington Air v. Municipio de Carolina, 154 D.P.R. 588 (2001)

Burnside v. Byars, 363 F.2d 744 (5th Cir. 1966)

Butlin M. & Trimmer K. (2018) **The need for an understanding of education law principles by school principals.** In: Trimmer K., Dixon R., S. Findlay Y. (eds) The palgrave handbook of education law for schools. Palgrave Macmillan, Cham. https://doi.org/10.1007/978-3-319-77751-1_1

Calabresi, S. G., Berghausen, M.E. & Albertson, S. (2012). **The rise and fall of the separation of powers**. Northwestern University Law Review 106(2), 527-549.

Calvache López, J. (2017). **El papel del educador en el pensamiento de Paulo Freire**. Estudios Latinoamericanos, (12-13). http://revistas.udenar.edu.co/index.php/rceilat/article/view/3262

Canady v. Bossier Parish School Board, 240 F3d 437 (5th Cir. 2001)

Cardichon, J. & Darling-Hammond, L. (2019). **Protecting students' civil rights: The federal role in school discipline**. Learning Policy Institute.

Chandler v. McMinnville, 878 F.2d 524 (1992)

Childs v. Roane County Bd. of Educ. 929 S.W.2d 364 (1996)

Cisternas Reyes, M. S. (2010). **Derecho a la educación: Marco jurídico y justiciabilidad.** Revista Latinoamericana de Educación Inclusiva, 4(2), 41-57

Com. de la Mujer v. Srio. de Justicia, 109 DPR 715 (1980)

Consejo de Educación Superior v. Roselló González, 137D.P.R.83 (1994)

Consejo de Educación Superior v. U.I.A., 120 D.P.R. 224 (1987)

Confidentiality of records, 42 U.S. Code § 290dd–2 –

The constitutionality of canine searches in the classroom. (1980). Journal of Criminal Law and Criminology, 71(1), 39-45. https://scholarlycommons.law.northwestern.edu/jclc

C.O. v. Williamson and Trillium Lakelands Dist. Sch. Bd, 2020 ONSC 3874 (CanLII)

Código Civil de Puerto Rico (2020). Ley Núm. 55 de 1 de junio de 2020. https://www.lexjuris.com/LexLex/Leyes2020/lexl2020055.htm

Código Penal de Puerto Rico (2012). Ley Núm. 146 de 30 de julio de 2012, https://www.lexjuris.com/Penal/CodigoPenal2012.htm

Colón Gorbea v. Sánchez Hernández y otros, 2019 TSPR 112

Colón Rivera v. ELA 99 D.P.R. 741 (1971)

Cooley v. Board of Education, 327 F. Supp. 454 (1971)

Cookson, P. W. (2009, September). **What would Socrates say?** Educational Leadership, 67(1), 8-14.

Corkill, P. M. & Hendricks, R. (1997, November). **Learning the law and loving the school attorney less.** School Administrator, 54 (10), 6-9. https://aasa.org/SchoolAdministratorArticle.aspx?id=15656

Cosme v. Hogar CREA, 158 D.P.R. 1 (2003)

Covarrubias Moreno, O. M., & Ángeles Lemus, R. C. (2013). **El déficit de coordinación social en la educación.** RIESED - Revista Internacional de Estudios sobre Sistemas Educativos, 1(1-2), 1-18. http://www.riesed.org/index.php/RIESED/article/view/2

Crossen v. Fatsi, 309 F Supp. 114 (D. Conn. 1970)

Cruz Costales v. ELA, 89 D.P.R. 105 (1963)

Cruz v. Rivera, 73 D.P.R.682 (1952)

Davenport v. Randolph County Bd. of Educ, 730 F.2d 1395 (1984)

De León Ruíz, I. S. (2018). **Perspectiva de los directores de escuelas privadas en torno a los roles gerenciales que desempeñan.** [Disertación Doctoral no Publicada]. Universidad Interamericana de Puerto Rico, Recinto Metropolitano.

De Paz Lisk v. Aponte Roque, 124 D.P.R. 472 (1989)

Decker, J. R., Eckes, S. E. & Rippner, J. (2020, January). **Five ways school leaders can avoid lawsuits in 2020**. Principal Leadership, 20. https://www.nassp.org/publication/principal-leadership/volume-20/principal-leadership-january-2020/legal-matters-january-2020/

Defendini Collazo V. E.L.A., 134 D.P.R. 28 (1993)

Delahoussaye, K. L. (2016). **A comprehensive analysis of educators' legal literacy in Texas.** [Publicación Núm. 10150172]. (Disertación doctoral, Lamar University). ProQuest Dissertations & Theses Global.

Delval, J. (2013). **La escuela para el siglo XXI**. Sinéctica, (40), 01-18. http://www.scielo.org.mx/scielo.php?script=sci_arttext&pid=S1665-109X2013000100004&lng=es&tlng=es

DeMitchell, T. A. & DeMitchell, T. A. (2007). **A Crack in the educational malpractice wall**. School Administrator, 64(9), 34-36. https://www.academia.edu/22805125/A_Crack_in_the_Educational_Malpractice_Wall

DeMitchell, T. A. & DeMitchell, T. A. (2003). **Statutes and standards: Has the door to educational malpractive been opened?** Brigham Young University Education and Law Journal, 2003(2), 485-518. https://digitalcommons.law.byu.edu/elj/vol2003/iss2/4

Dery III, G. M. (2012). **In a category of its own**": *T*he Supreme Court in Safford v. Redding offers schoolchildren little protection in placing limits on student strip searches, DePaul Journal for Social Justice, 5(2) 295-332. https://via.library.depaul.edu/jsj/vol5/iss2/4

Díez Bedmar, M. C. (2012). **Experiencias de enseñanza de la participación ciudadana: Reflexiones para un debate.** En N. de Alba Fernández, F. F. García Pérez & A.

Santisteban Fernández (Eds.), Educación para la participación ciudadana en las ciencias sociales. I (pp. 307-316). Asociación Universitaria de Profesorado de Didáctica de las Ciencias Sociales y Díada Editora, S. L. https://dialnet.unirioja.es/servlet/libro?codigo=500467

Díaz González, L. E. (2019). **Análisis constitucional sobre la implementación de vales educativos en Puerto Rico**. Revista Jurídica de la Universidad de Puerto Rico, 88(3), 837-67. http://revistajuridica.uprrp.edu/wp-content/uploads/2019/06/9-An%C3%A1lisis-Constitucional-sobre-vales-educativos-MACRO.pdf

Dixon v. Alabama, 294 F.2d 150 (5th Cir.) cert. denied, 368 U.S. 930 (1961)

Doe v. Renfrow, 631 F2d. 91 (7th Cir. 1980)

Donohue v. Copiague Union Free School District, 47 N.Y.2d

Domico v. Rapides Parish Sch. Bd., 675 F.2d 100 (5th Cir. 1982)

Días v. Colegio del Pilar, 123 D.P.R. 765 (1989)

Downs v. Conway, 328 F. Supp. 338 (1971)

Dubuclet v. Home Ins. Co., 660 So.2d 67 (1995)

Dynarski, M. (2018). **Can schools commit malpractice? It depends**.https://www.brookings.edu/research/can-schools-commit-malpractice-it-depends/

Eastern Washington University. (2020, January 16). **Importance of understanding school law as an administrator.** The Author. https://online.ewu.edu/degrees/education/med/educational-leadership-principal-certificate/understanding-school-law-as-an-administrator/

Eckes, S. E., Decker, J. R. & Richardson, E.N. (2012). T**rends in court opinions involving negligence in K-12 schools: Considerations for teacher and a dministration**. West Educational Law Reporter, 275, 50https://www.researchgate.net/publication/286459004_Trends_in_Court_Opinions_involving_Negligence_in_K- 12_Schools_Considerations_for_Teachers_and_Administrators

Eberwein, H. J. (2008). **Raising legal literacy in public schools, a call for principal leadership: A national study of secondary school principals' knowledge of public school law.** (Publicación Núm. 304576529). [Disertación doctoral, University of Massachusetts Amherst] ProQuest Dissertations & Theses Global

Elba A. B. v. UPR, 125 D.P.R. 294 1990

ELA v. Northwestern Selecta, 185 DPR 40 (2012)

Engele v. Independent School Dist. No. 91, 846 F. Supp. 760 (D. Minn. 1994)

Espinoza-Freire, C. E., Tinoco Izquierdo, W.E. & Sánchez-Barreto, X. R. (2017). **Características del docente del siglo XXI**. OLIMPIA. Revista de la Facultad de Cultura Física de la Universidad de Granma, 14(43), 39-53

Essex, N. L. (2016). **School law and the public schools: A practical guide for educational leaders** (6th ed.). Pearson

Ex Parte AAR, 187 D.P.R. 835 (2013)

Family Educational Rights and Privacy Act (FERPA) (20 U.S.C. § 1232g; 34 CFR Part 99)

Fay v. South Col. Cl. Dist., 802 F2d 21 (1986)

Fricke v. Lynch, 491 F. Supp. 381 (D.R.I. 1980)

Fernández Quiñonez, D. (1993). **Derecho administrativo y Ley de procedimiento administrativo uniforme**. Editorial Forum.

Fernández Ruiz, J. (2013). **La jurisdicción voluntaria en tribunales contenciosos administrativos**. México: Universidad Nacional Autónoma de México, Instituto de Investigaciones Jurídicas. https://archivos.juridicas.unam.mx/www/bjv/libros/7/3282/22.pdf

Figueroa v. Fajardo, 1 F. Supp. 2d 117 (1998)

Fisher v. Snyder, 476 F. 2d 375 (1973)

Franco Dominicci v. Dept. Educación, 148 D.P.R. 703 (1999)

Fuller, M. (2017). **An update on the Family Educational Rights and Privacy Act.** New Directions for Institutional Research, 2016(172), 25–36. https://doi-org.ez.inter.edu/10.1002/ir.20201

Fuster Berlingeri, J. B. (2011). **Derechos fundamentales y deberes cívicos de las personas**. Comisión de Derechos Civiles de Puerto Rico.

Gambino v. Fairfax Cty. Sch. Bd, 429 F.Supp. 731 (E.D. Va.), aff'd, 564 F,2d 157 (4th Cir. 1977)

Garcetti v. Ceballos (126 U.S. 1951 (2006)

García Durante, E. (2013). **El valor de la educación en tiempos de crisis económica**. RIESED. Revista Internacional de Estudios sobre Sistemas Educativos, 1(1-2), 167-72. http://www.riesed.org/index.php/RIESED/article/view/10/29

Garry, P. M. (2004) **The myth of separation: America's historical experience with church and state**. Hofstra Law Review, 33(1) http://scholarlycommons.law.hofstra.edu/hlr/vol33/iss2/4

Gebser v. Lago Vista Independent School Dist., 524 U.S. 274 (1998)

Geistfeld, M. A. (2017). **Conceptualizing the intentional torts**. Journal of Tort Law, 10(2) 159-196. https://doi.org/10.1515/jtl-2017-0024

Gencer, B. (2010). **Sovereignty and the separation of powers in John Locke, The European Legacy**, 15(3), 323-339, DOI: 10.1080/10848771003783611

Goldwasser v. Brown, 417 F.2d 1169 (1969)

Gonzaga Univ. v. Doe, 536 U.S. 273 (2002),

Goodill, C. A. (2017). **An analysis of the educational systems in Finland and the United States: A case study.** Honors Theses. Dayton, OH: University of Dayton, Department of Teacher Education. https://ecommons.udayton.edu/uhp_theses/118

Goguen, D. (2021). **School liability for student injuries**. https://www.alllaw.com/articles/nolo/personal-injury/injured-school-liability-immunity-lawsuits.html

Gorrín Peralta, C. I. (1991). **Fuentes y proceso de investigación jurídica.** Equity Publishing.

Goss v. López, 419 U.S. 565 (1975)

Grassley Amendment to Goals 2000: Educate America Act.140 Cong. Rec. S -

Gray, H. (2010). **New life for educational malpractice: Decades of policy revisited**. Loyola University Chicago, Child law and Education Institute Forum

Greenhouse, C. J. (2006). S**eparation of church and state in the United States: Lost in transition**. Indiana Journal of Global Legal Studies, 13(2), 493-502 http://www.repository.law.indiana.edu/ijgls/vol13/iss2/7

Griffin, O. R. (2011). **Academic freedom and professorial speech in the post-Garcetti world**. Seattle University Law Review, 35 (1), 1-54 https://digitalcommons.law.seattleu.edu/cgi/viewcontent.cgi?referer=https://search.yahoo.com/&httpsredir=1&article=2199&context=sulr

Grimm v. Gloucester County School Board, 19-1952 (2020)

Grudas, L. (2019, February). **The importance of the teachers**. Trust: The Journal for Executive and Governance Leaders. https://trust-journal.org.uk/2019/02/15/the-importance-of-the-teachers/

Guajardo Gómez, C. R. (2016). **Responsabilidad de los directores de centros educativos por hechos de los alumnos a su cargo y las excluyentes de responsabilidad a su favor**. Perfiles de las Ciencias Sociales, 4(7). https://revistas.ujat.mx/index.php/perfiles/article/view/1416 **Guy Alliance of Students v. Mathews**, 544 F.2d 162 (4th Cir. 1976)

Hamiel, C. & Hanneman, S. (2019). **The first amendment: Legal and practical considerations for schools in 2020**. National Law Review, X (293) https://www.natlawreview.com/article/first-amendment-legal-and-practical-considerations-schools-2020

Harrod v. Bd of Educ., 500 S.W. 2d 1 (1973)

Hatton v. Wicks, 744 F.2d 501 (1984)

Hazelwood v. Kuhlmeier, 484 U.S. 260 (1988)

Hernández v. Hanson, 430 F. Supp. 1154 (D. Neb. 1977)

Hernández Denton, F. (2006). **La separación de poderes y la interpretación constitucional.** Ponencia ante el XIII Encuentro de Presidentes y Magistrados de los Tribunales Constitucionales y de las Salas Constitucionales de América Latina http://www.scribd.com/doc/51523764/La-Separacion-de-Poderes-y-la-Interpretacion-Constitucional-en-Puerto- Rico-2006#scribd

Hevia, R. (2010). **El derecho a la educación y la educación en derechos humanos en el contexto internacional**. Revista Latinoamericana de Inclusión Educativa, 4(2), pp. 25-39 http://www.rinace.net/rlei/numeros/vol4-num2/art1.pdf

Horton v. Goose Creek Ind. Sch. Dist., 677 F.2d 471 (5th Cir. 1982)

Hudson, D. L. & Ghani, M. (2017). **Clothing, dress codes & uniforms.** First Amendment Institute. https://www.freedomforuminstitute.org/first-amendment-center/topics/freedom-of-speech-2/k-12-public-school-student-expression/clothing-dress-codes-uniforms/

In the Interest of Dumas, 515 A. 2d 984 (Pa. 1986)

Individuals With Disabilities Education Act, 20 U.S.C. § 1400 (2004)

Jason, Z. (208, Fall). A **look back at the history of student activism and whether today's protesters are making a difference**. Harvard Education Magazine. https://www.gse.harvard.edu/news/ed/18/08/student-activism-20

Jeffrey, A. & Sargrad, S. (2019). **Strengthening democracy with a modern civics education.** Center for American Progress. https://www.americanprogress.org/issues/education-k-12/reports/2019/12/14/478750/strengthening-democracy-modern-civics-education/

Jergeson v. Sc. Bd., 364 F Supp. 355 (Fla., 1973)

Jones v. Tatexo Ind. Sch. Dist., 499 F. Supp. 223 (E.D. Tex. 1980)

Kaczorowski, R. J. (1990). **The Common-Law background of Nineteenth-Century tort law**. Ohio State Law Journal, 51, 1127-1199. http://ir.lawnet.fordham.edu/faculty_scholarship/262

Keyishian v. Board of Regents, 385 U.S. 589 (1967)

Kinniry v. Abington School Dist., 673 A.2d 429 (1996)

Knarr v. Bd. of Sch. Trustees, 317 F. Supp. 832 (1970)

Kutsyuruba, B., Murray, J. & Hogenkamp, S. (2019). **Understanding pre-service teachers' legal literacy and experiences with legal issues in practicum settings: An exploratory study.** Canadian Journal of Educational Administration and Policy, (191), 54-71 https://journalhosting.ucalgary.ca/index.php/cjeap/article/view/61770/53731

Junta Esc. de Hopkins v. Wood, 717 S.W.2d 837 (1986)

Junta Esc. del Dist. Esc. de Denver v. Cornish, 58 P.3d 1091 (2002)

Ladson v. Bd. of Ed., 323 N.Y.S. 2d. 545 (1971)

LaMorte, M. W. (2011). **School law: Cases and concepts** (10th ed.) Allyn & Bacon.

Lamb v. Booneville School District , 2010 U.S. Dist. LEXIS 9728

Lawrence University Bicentennial Commission v. City of Appleton, 409 F. Supp. 1319 (E.D. Wis. 1976)

Lee P. (2014). The case of **Dixon v. Alabama State Board of Education**: From civil rights to students' rights and back again. Teachers College Record. (116),1-18. https://scholar.harvard.edu/philip_lee/publications/case-dixon-v-alabama-state-board-education-civil-rights-students%E2%80%99-rights-and

Levinson, R. B. (2011). **Academic freedom, shared governance, and the First Amendment after Garcetti v. Ceballos**. Presentación ante la 31 Conferencia Anual de la Facultad de Derecho de la Universidad Stetson. http://www.aaup.org/NR/rdonlyres/4C126513-1194-4317-8123- 459BD9F30A6D/0/Stetson2011AcadFreedom-FirstAmdmtoutline.pdf

Ley Núm. 68 del 28 de agosto de 1990, Ley Orgánica del Departamento de Educación de Puerto Rico, derogada

Ley Núm. 85 de 29 de marzo de 2018, (Ley Núm. 85 de 2018). conocida como

Ley de Reforma Educativa de Puerto Rico. http://www2.pr.gov/ogp/Bvirtual/LeyesOrganicas/PDF/85-2018.pdf

Ley Núm. 115 de 30 de junio de 1965, según enmendada.

Ley Núm. 149 de 15 de julio de 1999, Ley Orgánica del Departamento de Educación de Puerto Rico, derogada

Ley Núm. 212 de 12 de agosto de 2018 (Ley Núm. 212 de 2018). Ley de Registro y Licenciamiento de Instituciones de Educación. https://www.lexjuris.com/LexLex/Leyes2018/lexl2018212.htm

Lexington Theological Seminary v. Vance 596 S.W. 2d 295 (1979)

Li, J. B., Bi, S. S. & Willems, Y. E. (2021). **The association between school discipline and self-control from preschoolers to high school students: A -level meta-analysis**. Review of Educational Research, 91(1), 73–111 https://doi.org/10.3102/0034654320979160

López Díaz, M. (2019). **Puerto Rico: Sostenimiento de escuelas que no sean las del estado, escuelas chárter, escuelas públicas y su ordenamiento jurídico**. Revista Jurídica de la Universidad de Puerto Rico, 88(3), 868-92. http://revistajuridica.uprrp.edu/wp-content/uploads/2019/06/10-MACROS-Escuelas-charter.pdf

Losen, D. J. (2015). **Closing the school discipline gap: Equitable remedies for excessive exclusion.** Teachers College Press

McCarthy, M. M., Cambron-McCabe, N. H. & Eckes, S. E. (2013). **Public school law: Teachers' and students' rights** (7th ed.). Pearson.

McMillen v. Itawamba County School District et al., No. 1:2010cv00061 – Document 28 (N.D. Miss. 2010)

McCulloch v. Maryland, 17 U.S. 316 (1819) https://supreme.justia.com/cases/federal/us/17/316/

Madrid, R. (2013). **El derecho a la libertad de cátedra y el concepto de universidad.** Revista Chilena de Derecho, 40(1), 355-371. http://dx.doi.org/10.4067/S0718-34372013000100016

Martínez Conde v. Departamento de Educación, 148 D.P.R. 648 (1999)

Massie v. Henry, 455 F2d. 779 (4th Cir. 1972)

Maynard, N. & Weinstein, B. (2019). **Hacking school discipline: 9 ways to create a culture of empathy and responsibility using restorative justice.** Times 10 Publications.

Medeiros v. Kijosaki, 478 P. 2d 314 (1970)

Mercado Rivera v. Pontificia U. Católica, 143 D.P. R. 100 (1997)

Meyer v. Nebraska, 262 US 390 (1923) https://supreme.justia.com/cases/federal/us/262/390/

Miles v. Denver Pub. Schs., 944 F. 2d 773 (1991)

Mills v. Board of Education of the District of Columbia, 348 F. Supp. 866 (1972)

Mitchell v. King, 363 A2d. 68 (1975)

Monroy Cabra, M. G. (2002). **La Constitución como fuente de Derecho: Sistema de fuentes.** Presentado ante el IX Encuentro de Presidentes y Magistrados de los Tribunales Constitucionales y de las Salas Constitucionales de América Latina. https://revistas-colaboracion.juridicas.unam.mx/index.php/anuario-derecho-constitucional/article/viewFile/3548/3316

Monterroso Casado, E. (2011). **La responsabilidad por daños en los centros de educación superior.** CEFLegal: Revista Práctica de Derecho, 124, 5-48. https://www.researchgate.net/publication/275338442_La_responsabilidad_por_danos_en_los_centros_de_educacion_superior

Mora Oropeza, M. E. & Estepa Jiménez, J. (2012). **La democracia como fundamento para la enseñanza de la participación.** En N. de Alba Fernández, F. F. García Pérez & A. Santisteban Fernández (Eds.), Educación para la participación ciudadana en las ciencias sociales. I (pp. 93-100). Asociación Universitaria de Profesorado de

Didáctica de las Ciencias Sociales y Díada Editora, S. L. https://dialnet.unirioja.es/servlet/libro?codigo=500467

Moreno, V. (2018). **La responsabilidad civil de los establecimientos educativos.** (Tesis doctoral en Ciencias Jurídicas, Universidad Nacional de La Plata). http://sedici.unlp.edu.ar/handle/10915/82810

Morse v. Frederick, 551 U.S. 393 (2007)

Mosher, C. & Atkins, S. (2020). **Drugs and drug policy: The control of consciousness alteration** (3ra. ed.). Sage

Muñiz Arguelles, L., Fraticelli Torres, M. Muñiiz Fraticelli, V. K. & Serrano Medina, S. (2020). **La investigación Jurídica: Fuentes puertorriqueñas, norteamericanas y españolas** (6ta. ed.). Editorial Temis

Nelson v. State, 319 So. 2d 154 (FLA. App. 1975)

New Jersey v. T.L.O., 469 U.S. 325 (1985)

Newsom v. Albermarle County Sch. Bd., 354 F.3d 249 (4th Cir. 2003)

Noriega v. Hernández Colón 135 D.P.R. 406, 420 (1994).

Nugent, B. & Flood, J. (2014). **Rescuing academic freedom from Garcetti v. Ceballos: An evaluation of current case law and a proposal for the protection of core academic, administrative, and advisory speech.** Journal of College and University Law 40(1), 116–31 https://papers.ssrn.com/sol3/papers.cfm?abstract_id=2673709

Odenheim v. Carltadt-East Rutherford Sch.l Dist., 510 A.2d 709 (N.J. Super. Ct. 1985)

Oakland U. Sc. D. v. Oliker, 102 Cal. R. 421 (Cal. App., 1972)

Olivas, M. A. (2011). **Academic freedom and academic duty**. https://www.aals.org/services/presidents-messages/academic-freedom-academic-duty/

Olsson v. Board of Higher Education, 402 N.E. 2d 1150 (1980)

ONU. (2009). **Programa mundial de educación en derechos humanos- y el plan de acción para la educación en derechos humanos 2005- 2009.** https://www.ohchr.org/sp/issues/education/educationtraining/pages/programme.aspx

ONU. (2004). **Proclamación de las Naciones Unidas de la década para la educación en los derechos humanos (1995-2004).** https://www.ohchr.org/sp/issues/education/educationtraining/pages/decade.aspx

ONU. (1966). **Pacto Internacional de Derechos Económicos, Sociales y Culturales.** https://www.ohchr.org/sp/professionalinterest/pages/cescr.aspx

ONU. (1990). **Convención sobre los Derechos del Niño**. https://www.ohchr.org/sp/professionalinterest/pages/crc.aspx

ONU. (1948). **Declaración Universal de los Derechos Humanos.** https://www.un.org/es/about-us/universal-declaration-of-human-rights

OREALC/UNESCO. (2007). **El derecho a una educación de calidad para todos en América Latina y el Caribe**. Revista Electrónica Iberoamericana sobre Calidad, Eficacia y Cambio en Educación, 5(3), 1-21. http://www.rinace.net/arts/vol5num3/art1.pdf

Osborn, J. (2021). **Teacher tort liability**. https://www.udallshumway.com/wp- content/uploads/2011/07/Teacher-Tort-Liability.pdf

Osborne, A. G. & Russo, C. J. (2011). **The legal rights and responsibilities of teachers: issues of employment and instruction.** Corwin

Otero-Burgos v. Inter American University., 558 F.3d 1 (1st Cir. 2009)

Owasso Independent School Dist. No. I-011 v. Falvo, 534 U.S. 426 (2002)

Paducci v. Ruthland, 361 F. Supp. 352 (Ala., 1970)

Páez Martínez, R. M. (2013). **Educación, cultura y simbolismo**. Enunciación, 18(1), 56-69

Pagán Hernández v. UPR, 107 D.P.R. 720 (1978)

Palmer v. Board of Education, 603 F. 2d 1271 (1979)

Parrilla v. Concilio Iglesia Universal de Jesucristo, 2001 TSPR 47 (2001)

Pelsue, B. (2017, Fall). **When it comes to education, the federal government is in charge of ... um, what?** Harvard Education Magazine. https://www.gse.harvard.edu/news/ed/17/08/when-it-comes-education-federal-government-charge-um-what

Pennsylvania Ass. for Retarded Children v. Commonwealth of Pennsylvania 334 F. Supp. 1257 (1971)

People v. D., 34 N.Y.2d 483, 315 N.E.2d 466 (1974)

People v. Guillermo, 181 Cal. Repr. 856 (Cal. App. 1982)

Pérez-Archundia, E, & Gutiérrez-Méndez, D. (2016). **El conflicto en las organizaciones escolares.** Ra Ximhai, 12(3),163-180. https://www.redalyc.org/articulo.oa?id=46146811010

Perry-Hazan, L. (2015). **Freedom of speech in schools and the right to participation: When the First Amendment encounters the convention on the rights of the child.** Brigham Young University Education and Law Journal, 2015(2), 421-452 https://digitalcommons.law.byu.edu/elj/vol2015/iss2/4

Peter W. v. San Francisco Unified School District, 60 Cal. App. 3d 815 (1976) https://law.justia.com/cases/california/court-of-appeal/3d/60/814.html

Pickering v. Board of Education, 391 U.S. 563 (1968)

Pueblo v. Ponce Ávila, 105 DPR 213 (1976)

Pueblo v. Torres Rivera, 2020 TSPR 42

Puerto Rico. Consejo de Educación. (2019). **Acerca del CEPR.** http://www.agencias.pr.gov/agencias/cepr/inicio/acercadalcepr/Pages/default.aspx

Puerto Rico. **Consejo de Educación. (2018)**. Página de internet del Consejo de Educación de Puerto Rico. http://www.agencias.pr.gov/agencias/cepr/inicio/Pages/default.aspx

Puerto Rico. Consejo de Educación. (2018). **Plan de reorganización Núm. 1 del 27 de julio de 2010 para consolidar el Consejo de Educación Superior de Puerto Rico y el Consejo de General de Educación**. http://www.lexjuris.com/lexlex/Leyes2010/lexPR2010001.htm

Puerto Rico. Consejo de Educación. (2018). **Reglamento para el licenciamiento de instituciones de educación superior Núm. 8265 (2012).** http://www2.pr.gov/agencias/cepr/inicio/leyesyeglamentos/Documents/Reglamentos%20Educación%20Superior/Reglamento%20Licenciamiento%20IES%20de%20PR.pdf

Puerto Rico. Consejo de Educación. (2018). **Reglamento para el licenciamiento de institución de educación básica Núm. 8562 26 de marzo de 2015.** http://www2.pr.gov/agencias/cepr/inicio/leyesyeglamentos/Documents/Reglamentos%20Básica/Reglamento%20Num%208562%20para%20el%20Licencimiento%20de%20Instituciones%20de%20Educacion%20Basica%20en%20PR.pd

Puerto Rico. Consejo de Educación. (2018). **Reglamento para la acreditación de instituciones de educación básica en PR, Núm.8309 (2012).** http://www2.pr.gov/agencias/cepr/inicio/leyesyeglamentos/Documents/Reglamentos%20Básica/Reglamento%20Acreditacion%20Basica%208309.pdf

Puerto Rico. Consejo de Educación. (2018). **Reglamento de procedimientos adjudicativos sobre determinaciones del CEPR Núm. 8397 (2013).** http://www2.pr.gov/agencias/cepr/inicio/leyesyeglamentos/Documents/Reglamentos%20Educación%20 Superior/Reglamento%20Proc%20Adjudicativos%208397.pdf

Puerto Rico. Constitución del Estado Libre Asociado (1952). Art II, Sec. 5

Puerto Rico. Tribunal Supremo. O.A.T. Academia Judicial Puertorriqueña. (2015). **Glosario de términos y de conceptos jurídicos o relativos al Poder Judicial.** El Autor. http://www.ramajudicial.pr/orientacion/glosario.pdf

Puerto Rico. Tribunal Supremo. O.A.T. (2014). **El poder judicial del Estado Libre Asociado de Puerto Rico** (2da. Ed.). http://www.ramajudicial.pr/Educa/material_educa/PoderJudicial.pdf

Pyle v. Washington City Sch. Bd., 238 So. 2d 121 (Fla. 1970)

Quarterman v. Bird, 453 F.2d 54 (4th Cir. 1971)

Ramirez, C. A. (2009). **FERPA clear and simple: the college professional's guide to compliance**. Jossey-Bass

Ramírez-Soto, I. (2015). **La Ley Federal de Educación Pública NCLB en los Estados Unidos y Puerto Rico: Trayectoria e impacto, 2002-2015**. Cuaderno de Investigación en la Educación, 30. Recuperado de http://cie.uprrp.edu/cuaderno/2016/01/20/la-ley-federal-de-educacion-publica-nclb-en-los-estados-unidos-y-puerto-rico-trayectoria-e-impacto-2002-2015/

Ramos, C. (2000). **Nivel de conocimientos legales de los directores escolares de las regiones educativas de Arecibo y San Juan, y su relación con el aumento de querellas administrativas radicadas en el Departamento de Educación.** (Disertación doctoral no publicada) Universidad Interamericana de Puerto Rico, Recinto Metropolitano

RDL v. State, 499 So. 2d 31 (Fla. 1986)

Real Academia Española de la Lengua (2019). **Diccionario de la Lengua Española.** http://dle.rae.es/index.html

Rebollo Espinosa, M. J. (2006). **Reflexiones en torno a la obligatoriedad de la enseñanza.** Cuestiones Pedagógicas, 17, 217-227. https://idus.us.es/xmlui/bitstream/handle/11441/14082/file_1.pdf?sequence=1&isAllowed=y

Regents of University of Michigan v. Ewing, 474 U.S. 214, 226 (1985)

Reglamento de Personal del Departamento de Educación de Puerto Rico, Núm. 9180 de 17 de junio de 2020

Renzoni, C. (Ed.). (2021). **Drug Use in High School. The Recovery Village.** https://www.therecoveryvillage.com/teen-addiction/drug/high-school-drug-use/

Rivers, J. (2017). **The assessment of legal knowledge and perception of quality of training of Missouri school principals regarding teacher and student issues in school law.** (Publicación Núm. 28254815). [Disertación doctoral Baker University]. ProQuest Dissertations & Theses Global.

Rivera Ramos, E. & Verdiales Costa, A. (2012). **Derecho constitucional.** Revista Jurídica de la Universidad de Puerto Rico, 81 (2), 317-342. http://revistajuridica.uprrp.edu/wp-content/uploads/2017/02/1.EfrenRivera.Constitucional.81.2.pdf

Rivera Rodríguez & Co. v. Lee Stowell, etc.,133 D.P.R. 881, (1997)

Rodríguez v. Srio. de Instrucción, 109 D.P.R. 251(1979)

Rodríguez Rivera v. De León Otaño, 2014 TSPR 123

Russo, C. (2018). **The law of public education** (10th ed.). Foundation Press

Safford Unified School District #1 v. Redding 557 U.S.364 (2009).

San Antonio v. Rodríguez, 411 U.S. 1 (1973)

San Miguel Lorenzana v. E.L.A, 134 D.P.R. 405 (1993)

Sánchez Carambot, v. Matheu, 113 D.P.R. 153 (1982)

Savage v. Gee, 665 F.3d 732 (2012)

Schoenecker v. Koopman, 349 F.Supp.3d 745 (ED Wis. 2018)

Schoijet-Glembotzky, M. (2013). **Libertad académica y represión: Una ojeada histórica.** Revista Alegatos, (84), 607-634. http://132.248.9.34/hevila/Alegatos/2013/no84/13.pdf

Selosse v. Fundación Educativa, 122 DPR 534, 1988

Servera Barceló, M. & Galván Pascual, M. R. (2001). **Problemas de impulsividad e inatención en el niño: propuestas para su evaluación.** Ministerio de Educación Cultura y Deporte, Centro de Investigación y Documentación Educativa. https://sid.usal.es/idocs/F8/FDO7598/impulsividad.pdf

Serrano Geyls, R. (1986). **Derecho constitucional de Puerto Rico y los Estados Unidos** (V. II). Editorial Colegio de Abogados.

Shelton v. Tucker, 364 U.S. 479 (1960)

Shuffer v. Board of Trustees of the California State University, 136 C.A. 3d 208 (1977)

Simental Franco, V. (2012). **El contrato, elemento constante en el devenir humano, pasado, presente y futuro.** Revista de Derecho Privado, 1(2). doi:http://dx.doi.org/10.22201/iij.24487902e.2012.2.8991

Smith, M. E. & Grantham, D. (2017). **Regulating employee speech under Garcetti and its progeny: Political speech, academic freedom, and religious expression.** https://cdn-files.nsba.org/s3fs-public/14.%20SmithRegulatingEmployeeSpeech.pdf

Soto Rivera v. Ayala Amely, 132 D.P.R. 395 (1992)

State ex Rel. Sageser v. Ledbetter, 559 S.W.2d 230 (1978)

State v. Beeson, 266 A. 2d 175 (1970)

State v. Board of School Directors, 111 N.W. 2d 198 (1961)

State v. Stein, 203 Kan, 638, 456 P.2d 1 (1969), cert. denied, 397 U.S. 947 (1970)

Sterzing v. Fort Bend, 376 F. Supp. 657 (S.D. Tex. 1972)

Strasser, M. (2017). **Pickering, Garcetti, & Academic Freedom.** Brooklyn Law Review. 83 (2), 579-512 https://brooklynworks.brooklaw.edu/cgi/viewcontent.cgi?article=2132&context=blr

Strouhal, M. (2020). **On the current problems of education for democracy**. Journal of Pedagogy, 11(2), 73-87. https://doi.org/10.2478/jped-2020-0012

Sweezey, G. G. (1970). **Free speech and the students right to govern his personal appearance**. Osgoode Hall Law Journal, 7 (3), 293-310. http://digitalcommons.osgoode.yorku.ca/ohlj/vol7/iss3/

Swem, L. L. (2017). **Goss v. Lopez to today: The evolution of student discipline.** Presented at the NSBA COSA School Law Seminar (March 24, 2017), Denver, Colorado. https://cdn-files.nsba.org/s3fs-public/08.%20Goss%20v. %20Lopez%20to%20 Today%20Paper.pdf

Sullivan v. Meade City Ind. School Dist., 530 F. 2d 799 (8th Cir. 1975)

Tarka v. Franklin, 891 F. 2d 102 (1989)

Thomas v. Bd. of Ed., Granville Central School District, 607 F.2d 1043 (2d Cir. 1979). cert. denied, 222 U.S. 1081 (1980).

Tie, F. H. (2014). **Legal knowledge to carry out their legal responsibilities.** Education and Urban Society, 46(2) 192 –208 DOI: 10.1177/0013124512446220eus.sagepub.com

Tinker v. Des Moines Indep. Cmty. Sch. Dist., 393 U.S. 503 (1969)

Tokic, S. (2014). **Rethinking educational malpractice: Are educators rock stars?** Brigham Young University Education and Law Journal, 2014(1), 105-33. https://digitalcommons.law.byu.edu/elj/vol2014/iss1/6

Tormos Arroyo v. Departamento de Instrucción Pública del Estado Libre Asociado, 140 P.R. 265 (1996)

Torres v. Puerto Rico Junior College, 298 F. Supp. 458 (1969)

Torres Victoria, N. (2008). **Breve reseña histórica de la evolución y el desarrollo del derecho a la educación**. Revista Educare, 12(1), 83-9

Trachman v. Anker, 426 F. Supp. 198 (S.D.N.Y.), aff'd 563 F.2d 512 (1977)

Tran, C. N. (2012). **Recognizing an academic freedom exception to the Garcetti limitation on the First Amendment right to free speech.** Akron Law Review, 45 (4), 949-987 http://ideaexchange.uakron.edu/akronlawreview/vol45/iss4/7

Uerling, D. F. (2000). **Academic freedom in K-12 education**. Nebraska Law Review, 79 (12), 956-75 https://digitalcommons.unl.edu/nlr/vol79/iss4/12

Ujlakyné Szucs, É. (2009). **The role of teachers in the 21st century.** Sens Public. https://www.sens-public.org/article.php3?id_article=667&lang=fr

UNESCO. (2016). **Informe de seguimiento de la educación en el Mundo, 2016: La educación al servicio de los pueblos y el planeta: creación de futuros sostenibles para todos.** https://unesdoc.unesco.org/ark:/48223/pf0000248526

UNESCO (2001, octubre). **Plan latinoamericano para la promoción de la educación en derechos humanos**. https://www.iidh.ed.cr/multic/UserFiles/Biblioteca/IIDH/2_2010/AspecTeoMetodologico/Material_Educativo/Declaracion-Mexico.ht

UNESCO (1995). **Plan de acción integrado sobre la educación para la paz, los derechos humanos y la democracia.** https://dhpedia.wikis.cc/wiki/Declaraci%C3%B3n_y_Plan_de_Acci%C3%B3n_Integrado_sobre_la_Educaci%C3%B3n_para_la_Paz,_los_Derechos_Humanos_y_la_Democracia#Texto_completo_de_la_Declaraci.C3.B3n_y_del_Plan_de_Acci.C3.B3n

UNESCO (1994). **Declaración de la 44ª reunión de la Conferencia Internacional de Educación.** https://www.google.com/search?client=firefox-b-d&q=Declaraci%C3%B3n+de+la+44%C2%AA+reuni%C3%B3n+de+la+Conferencia+Internacional+de+Educaci%C3%B3n+%28

UNESCO (1960). **Convención relativa a la lucha contra las discriminaciones en la esfera de la enseñanza.** http://portal.unesco.org/es/ev. php- URL_ID=12949&URL_DO=DO_TOPIC&URL_SECTION=201.html

United Educators. (2014). **Public school policies: Keeping students drug and alcohol free.** The Author

United States v. Miami University, 91 F. Supp. 2d 1132 (S.D. Ohio 2000)

Universidad de Puerto Rico v. Laborde Torres y otros, 180 D.P.R. 253 (2010)

University of California Regents v. Bakke, 438 U.S. 265 (1978)

University of Pennsylvania v. E.E.O.C., 493 U.S. 182, (1990)

Valent v. N. J. State Bd.of Ed., 274 A. 2d 832 (1971)

Valentine v. Ind. Sc. D., 183 N.W. 434 (1921)

Van Alstyne, W. (1990). **Academic freedom and the First Amendment in the Supreme Court of the United States: An unhurried historical review. Law and Contemporary Problems,** 53(3), 79-154. doi:10.2307/119179

Vega Berríos, L. A. (2017). **El requisito de caso o controversia y la doctrina de legitimación activa como límites al acceso a la justicia.** Revista Jurídica de la Universidad de Puerto Rico, 86(3), 1029-1064

Vélez Quiñones v. Secretario de Instrucción Pública, 86 D.P.R. 755 (1962)

Vélez Reboyras v. Secretario de Justicia 115 D.P.R. 533 (1984)

Vernonia School District 47J v. Acton, 515 U.S. 646 (1995)

Waldron, J. (2012). **Separation of powers in thought and practice.** Boston College Law Review, 54 (2), 433-468. http://www.bc.edu/content/dam/files/centers/clough/pdf/01_waldron.pdf

Walters v. United States, 311 A2d 835 (DC 1973)

Washington, R. (2019). **Controversy: The true effectiveness of school uniforms.** https://commons.trincoll.edu/edreform/2019/05/controversy-the-true-effectiveness-of-school-uniforms/

Waxman, O. B. (2018, February 23). **Here's what happened when the Supreme Court ruled on whether students can protest during school.** Time. https://time.com/5171160/gun-control-student-protest-history/

Wernz, J. G. & Tullock, E. (2019). **Do I smell a problem? Considerations when implementing randomized drug dog searches in schools.** https://www.franczek.com/blog/do-i-smell-a-problem-considerations-when-implementing-randomized-drug-dog-searches-in-schools/

West Virginia State Board of Education v. Barnette, 319 U.S. 624 (1943)

Whaley v. Anoka-Hennepin Ind. Sch.Dist., 325 N.W.2d 128 (1982)

White, D. B. (2012). **An assessment of the level of school law knowledge of South Carolina school principals and the implications for litigation and social justice.** (Publicación Núm. 1282633254). [Disertación doctoral, University of South Carolina] ProQuest Dissertations & Theses Global.

Zeno Santiago, C. (2015). **Responsabilidad civil extracontractual de los empresarios: Estudio comparado entre España y PR**. Dykinson, S.L.

Zimmerman, S., Kramer, K., & Trowbridge, M. J. (2013). **Overcoming legal liability concerns for school-based physical activity promotion.** American Journal of Public Health, 103(11), 1962–67. https://doi.org/10.2105/AJPH.2013.301319

Fundamentos Jurídicos de la Educación, se terminó de diseñar en el mes de junio de 2022.

9 781733 719070

Made in the USA
Monee, IL
05 November 2026

67977836R00387